SÉRGIO BUARQUE DE HOLANDA

ESCRITOS COLIGIDOS

SÉRGIO BUARQUE DE HOLANDA

ESCRITOS COLIGIDOS

LIVRO I – 1920-1949

Marcos Costa (org.)

editora unesp

EDITORA FUNDAÇÃO PERSEU ABRAMO

CIP – Brasil. Catalogação na fonte
Sindicato Nacional dos Editores de Livros, RJ

H669s
v.1

Holanda, Sérgio Buarque de, 1902-1982
Sérgio Buarque de Holanda: escritos coligidos: livro I, 1920-1949 / Marcos Costa (org.). – São Paulo: Editora Unesp: Fundação Perseu Abramo, 2011.
2v. (648, 496p.): il., retrs.

Contém cronologia
Inclui bibliografia
ISBN 978-85-393-0093-8 (Editora Unesp)
ISBN 978-85-7643-064-3 (Fundação Perseu Abramo)

1. Holanda, Sérgio Buarque de, 1902-1982 – Coletânea. 2. Brasil – História – Século XX. 3. Brasil – Civilização. 4. Sociologia. 5. Antropologia. I. Costa, Marcos. II. Fundação Perseu Abramo. III. Título. IV: Título: Escritos coligidos: livro I, 1920-1949.

11-0795. CDD 981
CDD 94(81)

As editoras Unesp e Fundação Perseu Abramo agradecem ao Acervo Sérgio Buarque de Holanda pelas imagens cedidas para esta obra.

Fundação Editora da UNESP (FEU)
Praça da Sé, 108
01001-900 – São Paulo – SP
Tel.: (0xx11) 3242-7171
Fax: (0xx11) 3242-7172
www.editoraunesp.com.br
www.livrariaunesp.com.br
feu@editora.unesp.br

Editora afiliada:

Asociación de Editoriales Universitarias de América Latina y el Caribe
Associação Brasileira de Editoras Universitárias

Editora Fundação Perseu Abramo
Rua Francisco Cruz, 224
04117-091 – São Paulo – SP
Tel.: (0xx11) 5571-4299
Fax: (0xx11) 5571-0910

Correio eletrônico:
editora@fpabramo.org.br

Visite a página eletrônica da Fundação Perseu Abramo
www.fpabramo.org.br
www.efpa.com.br

Sumário

Década de 1930

Década de 1940

Sérgio Buarque de Holanda no Central Park. Nova York, 1965.

Acervo SBH

Apresentação

Sérgio Buarque de Holanda, desde sua época de estudante, escreveu artigos e resenhas em vários jornais e revistas tais como *Correio Paulistano*, *A Cigarra* e *Revista do Brasil*. Em 1921, já no Rio de Janeiro, onde cursava a Faculdade de Direito, foi representante da revista *Klaxon* e fundador da *Estética*, por meio das quais deu sua contribuição ao movimento modernista de 1922.

Desse período até 1929, quando partiu para a Alemanha, foi um crítico literário fecundo. Na Europa, passou a colaborar com a revista *Duco* e entrevistou vários intelectuais, entre eles o escritor Thomas Mann, que havia acabado de receber o Prêmio Nobel de Literatura. Na Universidade de Berlim, frequentou o curso do historiador alemão Friedrich Meinecke e teve contato com a Sociologia alemã, sobretudo com a obra de Max Weber, que mais tarde exerceria forte influência em seu livro *Raízes do Brasil*.

Nesse período também envia para jornais do Rio de Janeiro e São Paulo artigos sobre a situação política e a vida social e cultural na Polônia, na União Soviética e, em particular, na Alemanha. Essa produção pode ser considerada uma das primeiras levas de textos historiográficos produzidos por Sérgio Buarque de Holanda. Pode-se dizer ainda que é nessa época que ocorre a guinada do crítico literário para o historiador.

Quando voltou ao Brasil, logo após a Revolução de 1930, retomou seu trabalho como jornalista. Engajou-se nas campanhas contra a guerra e o fascismo – fenômenos políticos cujo aparecimento, na Europa, havia acompanhado de perto – quando surgiram no país as frentes antifascistas. Em 1936, publicou o livro *Raízes do Brasil*, cujo teor político da denúncia da permanência das raízes ibéricas era uma provocação, na antessala do Estado Novo (1937). Nos anos 1940 lançou um livro decisivo para os rumos da historiografia brasileira: *Monções*. Na ocasião, a obra não obteve muita publicidade; *Raízes do Brasil* continuava a ser o livro de referência do autor. Isso porque com o fim da Segunda Guerra Mundial e do Estado Novo, os interesses dos intelectuais brasileiros estavam voltados para a política. Com o início da Guerra Fria e a polarização do mundo entre capitalismo e comunismo, a política continuaria ofuscando por muitos anos, sobretudo no campo da produção das Ciências Sociais brasileiras, qualquer tipo de tema ou abordagem que não fosse nessa direção. Mas a originalidade da análise historiográfica de Sérgio Buarque nesse período está justamente nessa contramão. Enquanto todos, inspirados no marxismo, se interessavam pelas massas, pela superestrutura da sociedade, pela política etc., o autor voltava-se para os aspectos microscópicos da dinâmica social. E essa vai ser também a principal característica de outros dois livros fundamentais publicados nos anos 1950: *Caminhos e fronteiras* e *Visão do paraíso*.

Entre os anos 1960 e 1972, Sérgio Buarque coordenou a Coleção História Geral da Civilização Brasileira, na qual publicou diversos capítulos e o livro *Da Monarquia à República*. Em 1976, concedeu entrevista à revista *Veja* – publicada sob o título "A democracia é difícil" – com reflexões provocadoras para um período de ditadura. Nessa ocasião, traçou um perfil do mal-entendido que sempre foi a democracia no Brasil e deixou evidente, mais uma vez, que sua maior preocupação como intelectual era com a inclusão e a participação popular. Tratava-se de transpor o abismo existente entre a vida política e a vida social, entre as elites dominantes e a grande massa do povo, de fortalecer a sociedade civil e os espaços públicos.

Sérgio Buarque de Holanda sempre deixou clara e transparente sua posição política, desde *Raízes do Brasil*; na leitura da declaração de princípios contra a ditadura Vargas, na escadaria do Teatro Municipal de São Paulo; durante o 1º Congresso de Escritores, em 1945, com Sérgio Milliet e Antonio Candido, entre outros companheiros; na fundação da Esquerda Democrática, em 1946, que mais tarde receberia a denominação de Partido Socialista Brasileiro (PSB); nos textos que escreveu, em 1949, por ocasião do relatório da Organização das Nações Unidas para a Educação, a Ciência e a Cultura (Unesco) sobre a questão da democracia no mundo; no modo como se aposentou, voluntariamente, da Universidade de São Paulo (USP), em protesto contra o decreto do governo militar que visava punir professores em 1969; na fundação do Centro Brasil Democrático, ao lado, entre outros, de Oscar Niemeyer, em 1978; e na fundação, em 1980, do Partido dos Trabalhadores (PT).

Historiador do presente

Os textos agora reunidos nestes dois volumes são, em sua maioria, pouco conhecidos. Produzidos dentro de um corte cronológico longo, entre 1920 e 1970, o que os torna interessantes é que foram escritos e publicados enquanto o autor trabalhava em suas obras-primas. Representam um momento de pausa em suas reflexões mais sistematizadas e introspectivas para lançar o olhar, não menos atento, sobre os acontecimentos do tempo presente – do qual nunca se alienou e, ao contrário, fazia questão de acompanhar de perto. Acontecimentos esses nos campos político, cultural e científico, no âmbito das artes, da crítica literária, da historiografia e dos movimentos sociais e políticos. Esse material se constitui como uma fonte documental importante para quem queira estudar o pensamento do autor e compreender a própria dinâmica da realidade brasileira. Nesse período, não foram poucas nem superficiais as transformações pelas quais o país passou; foram, pelo contrário, determinantes no processo de modernização e de ruptura com o passado.

Esta coletânea traz novos elementos para uma arqueologia do pensamento de Sérgio Buarque de Holanda. Livros do autor, tais como *Cami-*

nhos e fronteiras, *Monções* e *Visão do paraíso*, que o público leitor conhece em suas versões finais, eruditas, inteiramente elaboradas e maturadas, estão aqui em seu processo de construção, em suas versões iniciais e fragmentadas. A imagem que poderíamos elaborar para visualizar melhor o que esse material representa é a de dissecação de livros clássicos do autor. E é justamente da análise desse processo que podemos entender melhor o tipo de material de que foram feitos, a maneira com que foram organizados, os atalhos e os rumos que o trabalho seguiu para se constituir, ao final, em obras bem-acabadas.

O critério para a seleção desses textos seguiu uma orientação cronológica, a partir da qual é possível entrever o desenvolvimento intelectual de Sérgio Buarque de Holanda ao longo dos anos e os diversos momentos em que suas temáticas, seus objetos e suas abordagens surgiram ou ganharam nova direção. Vários textos foram publicados mais de uma vez em jornais, datas e cidades diferentes, com ligeiras mudanças – seja pela supressão, seja pelo acréscimo de alguma palavra, sentença, parágrafo ou nota. Nesses casos, optamos sempre pela primeira versão veiculada – acrescida apenas, quando julgamos indispensável e esclarecedor, das notas e referências inseridas posteriormente nas reescrituras. Acreditamos fornecer, assim, um subsídio a pesquisadores interessados em investigar o pensamento de Sérgio Buarque de Holanda.

No primeiro volume encontramos alguns textos, tais como "Viva o imperador", "A quimera do monroísmo", "A bandeira nacional", "O homem-máquina", "Homeopathias" e "Pintura no Brasil", que fazem parte da fase que Francisco de Assis Barbosa chamou de "verdes anos" do historiador.

Nos primeiros textos da revista *A Cigarra*, as preocupações do jovem intelectual voltavam-se para questões políticas, como podemos notar no texto "A bandeira nacional", publicado no número 142 de agosto de 1920, em que Sérgio Buarque questiona os lapsos contidos na bandeira do Brasil às vésperas da comemoração do Primeiro Centenário da Independência.

A acidez e a valentia, próprias da juventude, bem como a segurança intelectual de quem sabia bem do que estava falando, atributo raro na juventude da época, transparecem nesse texto que diz:

> Em um país como o nosso, onde em todos e em tudo domina a filosofia tupinambá da negligência, só se olham como grandes benfeitores os homens que fazem reformas de efeito. Embora para isso seja necessário onerar a nação de dívidas e pejar seu futuro de incertezas é essa a maneira mais prática e mais cômoda para os nossos governantes de conquistar popularidade. Isso explica o existir muito quem dela abuse. Bussolados pelo interesse próprio que quase em regra não é o da nação, esses políticos barafustam-se em intentonas egoístas cujo único norte é o lucro próprio. Eis como no Brasil se faz de meros bonifrates de circo, homens representativos.[1]

Sérgio debate os equívocos cometidos na bandeira nacional no que diz respeito ao desprezo e à ignorância da tradição histórica brasileira, aos erros capitais de astronomia e ao "grave menoscabo da estética". Em franca oposição aos positivistas, ele diz, por exemplo, que a divisa *Ordem e Progresso* "pertence a uma seita cujos membros são minoria, exígua, minutíssima minoria entre nós". Não se poderia, portanto, conceber o fato de uma nação que, após um século de vida política autônoma, ainda não possuísse um emblema de acordo com suas tradições históricas e culturais.

No texto "A quimera do monroísmo", o autor faz uma análise da Doutrina Monroe de 1823 e muito sagazmente percebe que a questão proposta – "a América para os americanos", contra o colonialismo europeu na América Latina e a favor dos movimentos de independência – contém em si um significado intrínseco: por trás da afirmativa, lê-se, em verdade, a "América para os americanos dos Estados Unidos". Em contrapartida à investida imperialista e expansionista *yankee*, o Brasil teria de adotar uma política que, segundo o autor, alinhava-se de modo inexorável a uma entre duas vertentes: aceitar incondicionalmente a Doutrina Monroe e perder, com isso, a condição de Estado soberano; ou manter as tradições de povo livre. Ou seja, a opção seria entre a tutela e a independência.

1 Ver p.12.

O texto "Viva o imperador" faz uma análise do governo de Dom Pedro II, de sua biografia, de sua personalidade e de suas contribuições para o desenvolvimento do Brasil. Em sua conclusão, argumenta a favor da revogação do decreto de banimento da família real que, por determinação do novo governo, instalado com a Proclamação da República no Brasil, em 15 de novembro de 1889, teve 24 horas para embarcar num navio com destino a Portugal.

Segundo o jovem Sérgio Buarque, passados mais de trinta anos do decreto, tanto sua revogação como a translação para o Brasil dos restos mortais do imperador, que falecera em Paris em 1891, seriam uma forma de homenageá-lo pelos serviços prestados à nação.

Mas quem, na época, leu esses textos que transitam entre tantos autores clássicos (muitos então inéditos em português, lidos, portanto, em alemão, francês, italiano, espanhol e inglês) não poderia imaginar que o autor daquelas consistentes reflexões, de sagacidade crítica, seria um franzino jovem de 18 anos. Aliás, Manuel Bandeira, no livro *Flauta de papel*, diz que, ao conhecê-lo, espantou-se de tal maneira com sua erudição que ficou imaginando "como era possível que Machado de Assis no século XIX e Sérgio Buarque de Holanda no século XX tivessem chegado a ter, no Brasil, uma formação cultural tão séria".

Visões do Brasil

Estes dois volumes trazem também o texto considerado a primeira versão de *Raízes do Brasil*. Trata-se de "Corpo e alma do Brasil", publicado em 1935 na revista *Espelho*, então dirigida pelo amigo Américo Facó. Naquele ano, com as convulsões que sacudiam o país, Sérgio Buarque decide-se por elaborar sua visão do Brasil. No texto, o autor discute os acontecimentos recentes a partir de uma perspectiva histórica, sobretudo a hipertrofia da figura do Estado nas nossas relações sociais depois da Revolução de 1930, além de elaborar uma reflexão sobre o integralismo e o comunismo inseridos numa cultura completamente diversa de sua origem e as consequências dessa adaptação.

Na Alemanha, já havia escrito, em alemão e português, sobre o Brasil na revista *Duco*. Um texto sobre a crise do café intitulado "A elevação dos direitos aduaneiros sobre o café"; um outro sobre o falecimento do etnólogo Karl von den Steinen, e a importância do seu trabalho no Brasil para o desenvolvimento da Etnologia. Também escreveu sobre a eleição de Júlio Prestes, apresentando o novo presidente do Brasil para os alemães: "Dr. Júlio Prestes: der zukuenftige Bundespraesident der Vereinigten Staaten von Brasilien" [Dr. Júlio Prestes: o futuro presidente da República dos Estados Unidos do Brasil]. O historiador ainda nem imaginava que essa eleição não seguiria em frente como desencadearia a Revolução de 1930.

Quando retornou ao país após um período relativamente longo (dois anos) de convivência com a cultura europeia, Sérgio principiou a longa caminhada do movimento inverso, ou seja, a readaptação ao modo de convivência social brasileira, com todas as particularidades que um nativo só pode notar, às vezes, quando está fora do próprio país. A convivência com outros povos e culturas deu parâmetros para que ele percebesse o contraste que há em todo o ritualismo das relações sociais entre brasileiros, de um lado, e alemães e ingleses, de outro.

Em "Corpo e alma do Brasil", que o autor também pensou em intitular "Teoria da América", esses contrastes são discutidos. Segundo o historiador, para o brasileiro, ao contrário desses outros povos, todo o ritualismo social e as reverências tendem a ser substituídas, o mais brevemente possível, por um convívio mais familiar. Na própria linguística essa tendência se manifesta, na medida em que, para nos familiarizarmos com os objetos e aproximá-los do sentimental, há um pendor acentuado de colocá-los no diminutivo. Outra manifestação desse espírito cordial brasileiro é a omissão do nome de família, utilizado como forma de tratamento social nos países europeus, e a opção pelo uso corriqueiro do nome de batismo.

Há, portanto, no Brasil "o desconhecimento de outra forma de convívio que não seja a ditada por uma ética de fundo emocional".[2] Esse

2 Ver p.62.

fundo emocional representa um importante aspecto da vida social brasileira. A grande crítica de Sérgio Buarque a essa configuração do espírito nacional é que, transposta para a esfera pública, gera o personalismo, o clientelismo, a confusão entre público e privado, o patrimonialismo, o nepotismo, problemas que têm, historicamente, servido como um freio ao desenvolvimento do país.

Nos anos 1940, inspirado pela Sociologia alemã de Georg Simmel e pela Nova História Francesa de Marc Bloch e Lucien Febvre, Sérgio Buarque iniciará um projeto único na historiografia brasileira: vasculhar os desvãos da história do Brasil, os personagens secundários, os fatos inusitados e aparentemente sem importância, os costumes, os modos de vida, a cultura etc., temas e objetos que, nesse período, estavam há anos-luz de fazer parte do rol de interesse dos historiadores, do Brasil e do mundo. E esse trabalho se inicia quando, um pouco a contragosto, retoma o trabalho de crítico literário nos jornais *Diário de Notícias* e *Diário Carioca* – ambos do Rio de Janeiro –, assumindo o lugar do amigo Mário de Andrade. A contragosto porque àquela altura da vida a História já era sua grande paixão, ao passo que a crítica era, muitas vezes, um meio de vida.

Assim, Sérgio Buarque resenha algumas obras que, se por um lado, fugiam do aspecto literário para o qual havia sido contratado pelo jornal para ocupar-se, por outro, iam ao encontro de seus novos interesses.

Nos textos "Brasiliana" I e II, por exemplo, Sérgio resenhou alguns volumes da Coleção Brasiliana da Editora Nacional, que publicou obras de Barlaeus, Debret, Rugendas, Saint-Hilaire, Kidder, Wied-Neuwied, Martius, Maria Graham, entre outros relatos de viajantes estrangeiros. Para o autor, tais produções

> representam o elemento mais colorido com que conta o historiador para a evocação das épocas extintas. Eles completam o quadro muitas vezes deficiente e apagado que proporcionam os arquivos, penetram desvãos escuros do passado e animam de uma vida nova figuras esmaecidas pelo tempo. Sem tal colaboração, muita peça documental, valiosa embora, torna-se comparável a objetos de arqueologia, com

> sua linguagem mal articulada, que desafia a argúcia dos estudiosos e excita frequentemente a fantasia mais do que a observação serena e meticulosa.[3]

O texto "Capelas antigas de São Paulo", publicado em 1941 na *Revista do Patrimônio Histórico e Artístico Nacional* do Rio de Janeiro, dá indícios de como Sérgio Buarque já estava empenhado no estudo dos meandros obscuros da História do Brasil, sobretudo de São Paulo. As fontes que o autor utiliza para elaborar esse texto são as mesmas que permeiam as pesquisas para o livro *Monções*. São elas: as *Atas da Câmara de São Paulo*, os *Inventários e testamentos*, a Coleção De Angelis, os *Documentos interessantes para a história e costumes de São Paulo*, além de relatos de viajantes. Os ensaios publicados nos jornais mostram como o historiador se encontrava imerso nos mais diversos arquivos do Brasil e do exterior. Dizem que chegou a ir de Fusca, com Maria Amélia, sua inseparável companheira, do Rio de Janeiro a Assunção no Paraguai para consultar os arquivos históricos daquela cidade. Dessas aventuras, trazia pesquisas para a construção de capítulos inteiros de seus livros.

Nos textos "Missionário e viajante" I e II, resenhas dos livros de Serafim Leite – *História da Companhia de Jesus no Brasil* – e de Antonio Sepp – *Meine Reize zu den Indianern am Uruguai* –, Sérgio Buarque circula entre as principais fontes e referências que comporiam mais tarde seu livro *Monções*: Pedro Lozano, Nicolas Del Techo, Pierre Charlevoix, Pablo Pastells, Pablo Hernandez, Karl Teschauer, Jean-Pierre Gay, Jean de Lery, entre outros tantos.

No ano de 1945, com a publicação de *Monções*, e o objetivo conquistado, o autor retoma sua principal preocupação como historiador, que era lançar luz sobre a história do povo brasileiro, deixando de lado certo tipo de História ainda comum na historiografia da época, aquela preocupada em entender as grandes estruturas do desenvolvimento histórico e social do Brasil.

---

3 Ver p.174.

Segundo depoimento de Maria Amélia para a cinebiografia de Sérgio Buarque de Holanda, lançada em 2003, ele trabalhava "como um possesso". Ao que tudo indica, logo após a publicação de *Monções*, ele já tinha outros projetos em mente.

Caminhos e fronteiras seria seu próximo projeto. Esse livro alargaria a visão da História do Brasil exposta em *Monções*, aprofundando e lapidando a metodologia de análise dos vestígios da história por meio da escolha de novos objetos de estudo. É assim que, aproveitando um texto publicado em 1939, intitulado igualmente "Caminhos e fronteiras", Sérgio elabora o primeiro capítulo, com o título "Veredas de pé posto", do livro que seria publicado em 1957. Nesse capítulo são analisados mapas, com suas sinalizações ora confusas, ora sutis, que indicavam o amplo sistema de estradas que se expandia sertão adentro. Uma sutil sequência de galhos quebrados poderia indicar um atalho, um caminho ou até mesmo um perigo iminente, como um penhasco, uma queda-d'água etc.

Outros textos publicados nos anos 1940 e 1950 complementariam boa parte desse livro. À medida que ia elaborando seus estudos, publicava-os periodicamente na forma de pequenos ensaios que viriam a ser, mais tarde, os capítulos eruditos que o autor trabalhava na forja do seu universo mental. Assim foi, por exemplo, com os ensaios "A água e o sertão" I e II, publicados em 1947, que se tornaram o segundo capítulo da primeira parte do livro *Caminhos e fronteiras*, com o título "Samaritanas do sertão", em que o autor analisa a extraordinária capacidade de observação da natureza peculiar aos naturais da terra e inatingível para o adventício civilizado. Na busca pela água que permitiria a exploração do sertão hostil, o autor destaca o papel das fontes e das reservas vegetais, tais como a do umbuzeiro, do mandacaru, da bambusa e dos caraguatás.

Os textos "A fábrica de ferro de Santo Amaro", "Ainda a siderurgia de Santo Amaro" e "Algumas técnicas rurais no Brasil colonial I", publicados em 1948, ressurgem no primeiro capítulo da segunda parte de *Caminhos e fronteiras*, intitulado "Tradição e transição", no qual Sérgio analisa o recurso a numerosas técnicas primitivas, em parte ainda persistentes, de aproveitamento do solo americano, resultado do contato estreito que manteve o colonizador europeu com os antigos naturais da terra nos tempos que se seguiram às conquistas.

O texto "Algumas técnicas rurais no Brasil colonial II", publicado em 1951, reaparece como o terceiro capítulo da segunda parte de *Caminhos*, intitulado "Uma civilização do milho". Nele, Sérgio analisa o fato de a acolhida ordinariamente dispensada pela gente da terra aos métodos e recursos adventícios no aproveitamento de produtos nativos e a transferência para o milho de técnicas associadas no Velho Mundo ao tratamento do trigo não ter afetado os hábitos alimentícios da população. O texto "Algumas técnicas rurais no Brasil colonial III", publicado em 1952, tornou-se o capítulo subsequente, "Monjolo", que discute a implantação desse mecanismo na simplificação dos processos de elaboração dos produtos do milho.

Os textos "O algodão em São Paulo nos séculos XVI e XVII", "Fiação e tecelagem em São Paulo na Era Colonial", "Fiação doméstica em São Paulo" e "Lanifícios seiscentistas de São Paulo", publicados em 1947 e 1948, originam mais tarde o primeiro capítulo da terceira parte de *Caminhos e fronteiras*, intitulado "Técnicas adventícias". Nele são analisadas as técnicas absorvidas dos adventícios pelos naturais da terra, sobretudo o mister de tecer o algodão por meio de teares, aperfeiçoando, desse modo, a tecelagem de redes, roupas etc.

Os textos "Redes e redeiras de São Paulo" I, II e III, publicados em 1947, e os artigos "O fio e a teia" I, II, III e IV, de 1948, tornam-se a terceira parte do livro, que discute a técnica do fabrico de redes e a extensão da influência indígena. Sérgio demonstra claramente que a adaptação das técnicas, dos costumes e das tradições adventícias no planalto paulista ocorre com certa lentidão, devido, sobretudo, ao processo contínuo de adaptação ao meio, o que exigirá dos adventícios menor rigidez e inflexibilidade, bem como mais pluralidade em relação às práticas dos naturais da terra. A implantação de algumas formas de vida adventícias só foi possível "com a consistência do couro, não a do ferro ou do bronze, dobrando-se, ajustando-se, amoldando-se a todas as asperezas do meio".[4]

4 Buarque de Holanda, *Caminhos e fronteiras*, p.20.

Nova historiografia

A pergunta que alguns historiadores da época deviam fazer a si mesmos, seguidores que eram da velha cartilha de Langlois e Seignobos, era a seguinte: desde quando se interessar por sinais cravados nas árvores, por plantas que vertem água, por hábitos alimentícios e culturais era fazer História? Em tempos que tal atividade era se preocupar com aspectos políticos, Sérgio Buarque era tido como um intelectual excêntrico, que só nos anos posteriores seria totalmente compreendido e reconhecido como genial. E esse reconhecimento viria apenas a partir dos anos 1970, quando a terceira geração dos *Annales* revolucionasse, na França, a maneira de se fazer História, por meio da valorização da História cultural em detrimento da História política que se fazia até então. No Brasil, a História cultural só frutificaria no final dos anos 1980, e não é por acaso que data desse período o início das reedições dos livros de Sérgio Buarque de Holanda. Se a obra do intelectual brasileiro tivesse sido produzida na França, na Inglaterra ou na Alemanha, certamente seria uma referência mundial no campo da História das mentalidades ou da História cultural, posto que o autor é, sem dúvidas, um *avant la lettre* desse paradigma historiográfico.

Os ensaios "A língua geral em São Paulo" I, II e III, de 1946, serão incorporados mais tarde na segunda edição de *Raízes do Brasil*, de 1947, quando o autor reformula praticamente toda a obra, extraindo ou incluindo capítulos inteiros, anexos, citações etc., dando mostra, mais uma vez, de sua inquietação intelectual.

No final dos anos 1940, recém-terminada a Segunda Guerra Mundial, a preocupação maior que se tinha no mundo era com o fortalecimento da democracia. É nesse espírito que, em 1949, a Unesco, um dos organismos criados pela ONU, reuniu vários intelectuais de diversos países para debater e tentar encontrar caminhos para a incentivar regimes democráticos onde não existissem e fortalecê-los onde estavam fragilizados pela guerra. O representante brasileiro foi Sérgio Buarque de Holanda, de modo que o ano de 1949 marca o seu retorno à Europa para participar de tão importante projeto: o comitê composto por representantes de oito países, organizado com o objetivo de discutir o conceito de democracia.

Para o historiador, era fundamental pensar a questão da democracia, pois o Brasil havia acabado de sair de uma longa ditadura, cujo governo, em determinado momento, demonstrara simpatia pelos regimes totalitários. Pensar o conceito de democracia era, para ele, uma maneira e uma oportunidade de repensar a história recente do Brasil e retomar aquilo que é o fio da meada de sua produção historiográfica: a questão da participação do povo na história do Brasil.

No final dessa mesma década, Sérgio escreveu para os jornais *Diário de Notícias* e *Diário Carioca* alguns textos comentando suas impressões e sua contribuição ao trabalho que acabava de empreender junto à ONU. O que esses trabalhos evidenciam, além das análises tão acertadas logo após o fim da guerra, é a visão sofisticada que o autor tinha da conjuntura que se formou no período do pós-guerra no âmbito da política internacional.

Num primeiro texto que escreveu, intitulado "Os problemas da democracia mundial", ele comenta a primeira etapa do trabalho na ONU, que consistiu na aplicação em ampla escala de um inquérito largamente distribuído, cujas respostas deveriam – esperava-se – fornecer a maior variedade possível de pontos de vista acerca do conceito de democracia.

Essa era a preocupação central da época, pois logo que a guerra terminou, o que se procurava estabelecer era uma "família mundial das nações democráticas", com o propósito comum de alcançar uma solução para os conflitos econômicos, políticos e sociais da época, partindo dos princípios democráticos. Pois, como diz o autor:

> Mais do que qualquer outra época da história, as divergências políticas de nosso tempo são inseparáveis dos conflitos de ideias. Até onde aquelas divergências podem tomar vulto, convertendo-se em nova ameaça à paz entre as nações e, no interior das nações, entre as classes e os indivíduos, mostram-no a evidência dos sucessos desses três últimos decênios e, muito em particular, dos últimos três anos.[5]

5 Ver p.550.

E mais adiante:

> não se pode dizer que o alijamento, em 1945, dos fascismos nacionalistas como fator ponderável dos conclaves internacionais tenha ajudado decisivamente a clarear a atmosfera. A verdade, bem ao contrário, é que as esperanças de paz nunca pareceram mais longínquas e inúteis do que nos dias atuais. Subjugado o inimigo, que permitira uma composição ou um compromisso de emergência entre as forças antifascistas, o que testemunhamos presentemente é o expandir-se, de modo por vezes assustador, das diferenças radicais que de fato as separavam, mesmo nos anos de guerra. As posições adversas definem-se e elucidam-se com tamanha nitidez que deixam escassa margem a qualquer perspectiva de um entendimento tranquilizador.[6]

O inquérito empreendido pela ONU, um meticuloso questionário envolvendo uma parte considerável dos diferentes tópicos que gravitam em torno da expressão "democracia", visava precisar os conceitos de liberdade, direito, legalidade etc. e, por fim, procurar entender a fundo os dois mundos que ora se defrontavam.

Em outro texto, "A democracia e a tradição humanista", Sérgio Buarque trata das questões levantadas no comitê formado para debater as formas da democracia, no qual tentou-se renunciar à oposição entre democracia formal e real, ocidental e oriental, substituindo-a por "democracia liberal" e "democracia de massas". Para o historiador, o termo "democracia de massas", cunhado primitivamente para designar tanto o regime soviético como os regimes totalitários, traz em si uma "indistinção perigosa e discutível". Do mesmo modo, a designação "democracia liberal" também deveria incluir a forma socialista, que "se aproxima das democracias populares pelos seus objetivos, mas não subverte as formas de representação, as relações de classe e a estrutura do Estado".[7]

---

6 Ver p.551.

7 Ver p.556.

Portanto, a ambiguidade não reside, mais uma vez, no conceito de democracia, mas na variedade de sua interpretação. Variedade essa condicionada pelas condições históricas e sociais de cada povo. Ambiguidades à parte, a conclusão a que chegou o comitê foi que todas as formas de democracia participam de uma tradição comum de humanismo: "Tanto as formas coletivistas como as instituições liberal-democráticas procuram igualmente a justiça, a igualdade, a liberdade, a liberação do homem para o amplo desenvolvimento de suas faculdades, o igual acesso aos benefícios da civilização e a livre participação nas funções públicas".[8] Embora nenhuma delas professe a doutrina da dignidade superior de uma raça ou a prioridade definitiva do Estado sobre o indivíduo, ambas existem apenas no campo da pura abstração, já que, segundo Sérgio Buarque, "seria lícito objetar que, na prática atual, nenhum desses princípios é universalmente respeitado".[9]

Esse relatório da ONU serviu para alargar ainda mais a visão política de Sérgio Buarque, sobretudo sua convicção sobre a revolução social que se devia operar no Brasil acompanhada de uma democracia política. E o momento não poderia ser mais oportuno, pois, em 1945, como vimos, o autor estava diretamente engajado no processo de redemocratização do país.

Em 1950, Sérgio integrou a delegação brasileira que participou do 1º Colloquium de Estudos Luso-Brasileiros, realizado em Washington, no qual também era celebrado o 150º aniversário da Biblioteca do Congresso. De volta ao Brasil, publicou dois textos sobre essa viagem: "Sobre o Colloquium" e "Estudos luso-brasileiros".

Atividades acadêmicas

Em 1952, Sérgio Buarque seguiu em direção à Itália para lecionar na Universidade de Roma, assumindo a cadeira de Estudos Brasileiros, cargo que exerceria entre 1º de janeiro de 1953 e 31 de dezembro de 1954.

8 Ver p.559.

9 Idem.

Lá, atuou de forma intensa tanto no ensino como na pesquisa, que era o seu forte como intelectual. Nesse período em que esteve na Itália, pôde se dedicar inteiramente aos estudos históricos e à pesquisa nos privilegiados arquivos europeus, de onde traria uma vasta gama de fontes para suas investigações posteriores. Da preparação dos cursos que deu e das pesquisas que realizou, sobretudo no rico acervo do Archivio di Stato, de Florença, certamente ele trouxe material suficiente para escrever, anos depois, um clássico da historiografia brasileira: *Visão do paraíso.*

No ano de 1956, o mestre volta a ser estudante. Seu nome havia sido proposto pelo professor Eurípedes Simões de Paula, diretor da Faculdade de Filosofia, Ciências e Letras, para assumir a cadeira de História da Civilização Brasileira na USP, mas o pré-requisito para prestar o concurso de cátedra era o título de pós-graduação. Essa exigência levou Sérgio Buarque de Holanda a se matricular, no dia 4 de agosto de 1956, no mestrado em Ciências Sociais da Escola Livre de Sociologia e Política, onde era professor da cadeira de História Econômica do Brasil desde 1947 (cargo que ocuparia até 1957).[10]

No dia 4 de julho de 1958 recebeu o título de mestre em Ciências Sociais com a tese *Elementos formadores da sociedade portuguesa na época dos descobrimentos.* Participaram de sua banca de defesa os professores

10 Analisando a produção acadêmica do aluno Sérgio Buarque de Holanda é possível perceber que, pelos temas apresentados nela, a gestação do livro *Visão do paraíso* já estava em estágio avançado. Para a disciplina História Social do Brasil, ministrada pelo professor Octávio da Costa Eduardo, Sérgio apresentou o trabalho "São Vicente e as Índias de Castela", provavelmente tema oriundo da sequência de artigos "Pré-história das bandeiras", publicados em 1948. Em outro trabalho para a disciplina História Social do Brasil, apresentou "Formação de uma vila sertaneja", possivelmente derivado do texto "Piratininga 1532-1560", veiculado no jornal *Folha da Manhã*, em 1954. Para a disciplina Índios da América do Sul, apresentou o texto "Índios do Brasil – os Paiaguás". Para a disciplina Problemas de Aculturação, escreveu "As canoas de casca". Para a disciplina Índios do Brasil, entregou o trabalho "Os Caiapós do sul". Para a disciplina Problemas de Mudança Cultural, escreveu "Das piperis às balsas jesuíticas". Os trabalhos dessas três últimas disciplinas deram origem a uma sequência de ensaios publicados no jornal *O Estado de S. Paulo*, "Pré-História das Monções" (I – Uma povoação setecentista; II – Sebastianistas no Brasil; e III – Bandeirantes e judeus), todos veiculados entre 1957 e 1958. Para a disciplina Pesquisas no Brasil – Leituras Sistemáticas, apresentou o trabalho "João Emanuel Pohl e os viajantes do segundo decênio do século XIX", tema sobre o qual já havia resenhado para o *Diário Carioca*, em 1952, o livro *Viagem ao interior do Brasil*, de João Emanuel Pohl. Por fim, para a disciplina Pré-história da Europa, ministrada pelo professor Fernando Altenfelder Silva, escreveu "Pensamento e arte na Pré-História".

Herbert Baldus, Fernando Altenfelder Silva, Lolita Almeida e Octaviano da Costa Eduardo. Poucos meses depois apresentaria a tese *Visão do Paraíso*, que preparava como requisito para o concurso da USP e que, como veremos, abriria novos caminhos na seara da historiografia.

No segundo volume desta coletânea, é possível vislumbrar com maior profundidade o foco de análise do historiador Sérgio Buarque de Holanda, sobretudo o seu pensamento sobre os rumos da historiografia e as mudanças de paradigmas da disciplina, uma preocupação constante do autor. Isso pode ser notado, por exemplo, no texto "O senso do passado", publicado no *Diário Carioca* em 1952, que discute a relação entre presente e passado e diz:

> O próprio do historiador não está em querer ver e enaltecer o passado no presente, mas em reconhecer e estimar as formas diferentes que se sucedem através dos tempos [...] Refazer, porém, o presente nos moldes do passado, de um passado que escolhemos e arbitrariamente isolamos para convertê-lo em norma insistente é contrariar e é trair essa missão [...] O senso do passado é uma necessidade, não é um dever.[11]

Em "Apologia da História", publicado na *Folha da Manhã* em 1950, louva o lançamento da *Revista de História*, cujo objetivo era "mostrar o verdadeiro sentido de uma disciplina que vem se transformando, cada vez mais, de simples devaneio estético, ou exercício erudito, em questão vital para o tempo presente", posto que Sérgio sempre tinha em mente que "para o verdadeiro historiador há de importar primeiramente o esforço para a boa inteligência da hora presente, se quiser entender o passado". No texto "Para uma nova História", também publicado na *Folha da Manhã* no mesmo ano, preocupado com a metodologia do trabalho historiográfico, diz: "bem sabemos que os fatos nunca falam por si, que o verdadeiro historiador não é apenas o que conseguiu acumulá-lo no maior número possível, mas o que soube formular-lhes, a esses fatos, as perguntas realmente decisivas, dando-lhes ao mesmo tempo voz articulada e coerência plausível".

---

11 Ver p.218-9 do Livro II.

Outros textos importantes são: "Algumas técnicas rurais no Brasil colonial" I, II e III; "Movimentos da população em São Paulo no século XVIII"; "Considerações sobre o barroco no Brasil"; "Rio: o primeiro século", escrito em comemoração ao 4º Centenário do Rio de Janeiro e publicado na revista *Manchete* em 30 de janeiro de 1965. As pesquisas nos arquivos *medicei* de Florença, no tempo que lecionou na Itália, renderam também um artigo que, embora publicado na *Revista de História* em 1967, é praticamente desconhecido do público. Trata-se de um estudo sobre os "Projetos de colonização e comércio toscanos no Brasil ao tempo do grão-duque Fernando (1587-1609)".

Destacaria também uma sequência de textos chamados "Uma república não proclamada" I, II e III, que seriam aproveitados depois no livro *Da Monarquia à República*. Publicados em plena ditadura militar, os textos traçam um perfil dos militares e suas relações estreitas com o poder, nada mais sugestivo para a época. Neles o autor traça um perfil dos bastidores do movimento militar que em 15 de novembro e nos dias seguintes de 1889, proclamou a República e pôs fim a um "Império já sonolento e meio envergonhado".

No primeiro texto dessa série, Sérgio Buarque nos diz constar que o marechal Deodoro esteve no quartel general naquela manhã de 15 de novembro, acompanhado de Quintino Bocaiúva e de Benjamin Constant, para reunir-se com os ministros e discutiu asperamente com o Visconde de Ouro Preto, tendo ordenado até mesmo a sua prisão. No fim da manhã saíram os três cavalgando em direção ao centro da cidade. A essa altura

> já começava a correr boatos desencontrados. Falava-se até em República, mas que poderia surgir de um plebiscito [...] da abdicação de Dom Pedro, mas só para 2 de dezembro [...] ou até um golpe militar contra um gabinete considerado infenso às forças armadas, não propriamente contra a forma de governo.[12]

12 Ver p.446 do Livro II.

Que a República não havia sido proclamada nesse dia consta do depoimento do próprio marechal Deodoro num artigo que publicou no dia 18 de novembro, em que dizia: "eu quisera dar a essa data a denominação seguinte: primeiro ano da República, mas não posso infelizmente fazê-lo. O que se deu é um degrau, talvez nem tanto, para o advento da grande era".

A República não havia sido proclamada embora o despacho de Robert Adams Junior, diplomata norte-americano, que Sérgio Buarque de Holanda localizou no Arquivo Nacional de Washington, com data de 16 de novembro, fala em uma "revolução feita pelo Exército e a Armada, no imperador prisioneiro, no ministro da Marinha ferido, em dinastia deposta, Conselho de Estado abolido, Parlamento dissolvido".

O fato concreto ocorrido nesse dia é que o marechal Deodoro mandou prender Ouro Preto e para a presidência do Conselho, em seu lugar, Dom Pedro havia indicado o nome de Gaspar da Silveira Martins. Mesmo tendo sido substituído na mesma tarde por José Antonio Saraiva, Benjamin Constant fez chegar aos ouvidos de Deodoro o nome escolhido pelo imperador, pois sabia que "só a menção de Gaspar levaria o marechal a anuir a ideia de mudança de regime, como de fato aconteceu".

Em "Uma república não proclamada II", Sérgio Buarque nos diz que a referência a Gaspar Martins, levada aos ouvidos do marechal, seria apenas "um estratagema refletido para provocar as iras de Deodoro", quando já se sabia que o nome seria o de Saraiva e que a este o marechal não oporia objeções e talvez adiasse até a proclamação da República, pois "embora se tratasse de um liberal, era aceitável para os conservadores". Saraiva fora, portanto, o último chefe do governo do Império, tendo sido chamado até de vice-imperador; causou espanto o fato de não ter se passado nem uma semana após a queda do regime para se tornar correligionário da República.

No último texto da série, "Uma república não proclamada III", o historiador trata dos despachos de Robert Adams Junior que davam notícias dos acontecimentos aos Estados Unidos. Os republicanos ansiavam pelo reconhecimento daquele país e a 30 de novembro receberam um telegrama em que se lia: "dareis o reconhecimento formal e cordial em nome dos Estados Unidos à nova República, mas logo que a maioria do povo brasileiro manifestar seu assentimento à proclamação e à manutenção do regime".

Essa sobriedade em relação ao acontecimento se devia às próprias impressões que Adams transmitia ao seu governo. Num despacho de 19 de novembro, comentou:

> A revolução que acaba de verificar-se no Brasil é coisa mais extraordinária de que há notícia em toda história. Absolutamente inesperada, produziu-se sem efusão de sangue, sem tumultos, sem pausa no trem da vida cotidiana [...] Concluindo devo manifestar minhas hesitações acerca do efeito de vários atos da presente ditadura militar.[13]

Esses são apenas alguns textos que compõem esta coletânea, que no seu conjunto formam uma cornucópia de temas, abordagens e objetos que permeiam o vastíssimo universo historiográfico de Sérgio Buarque de Holanda. No entanto, é preciso que se diga, o autor não gostava muito de que se publicassem os seus textos mais antigos, mesmo que tenham sido veiculados por ele próprio. Não é difícil entender. Primeiro, porque é um autor conhecido pelo seu trabalho incessante, pela pertinácia e pelo rigor intelectual que eram a sua marca e, segundo, porque sempre que se começa a escrever muito jovem, é natural que com a maturidade a maioria dos escritores renegue muito daquilo que produziu. Justamente porque a busca de uma expressão que satisfaça com plenitude o escritor demanda tempo, esforço e perseverança. Foi assim também com Sérgio Buarque.

Um de seus amigos, pelo menos, sofreu as consequências por levar a cabo tal empreendimento. Leonardo Arroyo publicou em 1976, na *Revista do Arquivo Municipal de São Paulo*, os textos de Sérgio Buarque que saíram em 1923 em *O Mundo Literário*, na seção "Literatura dos Estados", o que teria magoado e irritado o autor. Depois desse episódio, somente no ano de 1988 (Sérgio havia falecido em 1982) foi que Francisco de As-

13 Ver p.454 do Livro II.

sis Barbosa tomou coragem para organizar *Raízes de Sérgio Buarque de Holanda*, um livro magistral, uma reunião de textos que ainda não receberam a atenção que merecem. Recentemente, Antonio Arnoni Prado organizou, em dois volumes, com maestria inigualável, a crítica literária do autor no livro *O espírito e a letra*. Nessa mesma linhagem de resgate da obra de Sérgio Buarque de Holanda, este livro, se não com a mesma maestria, colheu os textos mais representativos de sua origem intelectual.

Nos anos 1960, Claude Lévi-Strauss publicou *O cru e o cozido*, em que analisa a importância do trabalho do homem e da cultura no processo de transformação da natureza. O cru seria a representação da natureza, e o cozido a representação da passagem da natureza à cultura, na medida em que o ato de cozinhar, com os seus modos variados e temperos diversificados, vai diferenciando, sofisticando e refinando o produto inicial dado pela natureza aos homens. Essa metáfora pode ser útil para definir o significado destes dois volumes de textos de Sérgio Buarque de Holanda.

Aquilo que, à primeira vista, pareceria fios esparsos vai estabelecer conexões, preencher lacunas, compor uma teia de modo que, para utilizar uma expressão de Lévi-Strauss, "algo que se assemelha a uma ordem transparece sob o caos". Se fosse preciso definir o que são estes livros, diria que são uma coletânea multifacetada de textos que deixa ver a gênese, se entrelaça e esclarece caminhos percorridos por Sérgio Buarque de Holanda em sua prodigiosa trajetória teórica.

Desse modo, penso que essa é uma oportunidade rara, sobretudo para os jovens historiadores, de refletir sobre a metodologia de trabalho de um mestre e de aprender que o resultado final dessa obra, por simples que pareça, é produto de um trabalho árduo e de escrituras e reescrituras quase infindáveis e que a erudição não deve, necessariamente, ser sinônimo de pedantismo.

Reuni esse material ao longo de dez anos de pesquisa sobre a obra de Sérgio Buarque de Holanda, que rendeu uma dissertação de mestrado e uma tese de doutorado. Gostaria de registrar meu agradecimento a algumas pessoas e entidades: ao CNPq, ao Departamento de História e ao Programa de Pós-Graduação em História da Unesp (*campus* de Assis); ao professor Carlos Eduardo Jordão Machado, que foi meu orientador e de quem guardo as melhores recordações; ao fecundo grupo de estudos Experiência Intelectual Brasileira, onde tudo começou; a Edislane Barreiros de Souza, Celso Aguiar, Gil Manéa, Marilena e Marcélia Foltran – amigos de tantos anos; a Paulo Pina, da Biblioteca do Instituto Goethe de São Paulo, pela imensa boa vontade, raríssima hoje em dia, e por conseguir na Alemanha os textos da revista *Duco*; ao Arquivo Central da Unicamp; à Biblioteca Nacional; ao professor Antonio Candido e a Flamarion Maués, entusiastas deste projeto desde a primeira hora; a Sandra Brazil e a Rogério Chaves da Editora da Fundação Perseu Abramo; a Jézio Gutierre, da Editora Unesp, que também encampou o projeto; e, finalmente a Elaine Correia de Oliveira.

Década de 1920

Sérgio Buarque de Holanda aos 19 anos. São Paulo, 1920.

Acervo SBH

Viva o Imperador*

Põe-me ao pé do cruzeiro majestoso
Que no antártico céu vivo cintila
Fitando sempre o meu Brasil saudoso.
Dom Pedro II

Já se foram 95 anos que a nação brasileira ia em peso aos pés de um berço saudar o nascimento de uma criança. Contemplava-a, na frase de Alencar, com a efusão do homem que contempla seu primeiro filho e, assim, continuou a contemplá-la por três lustros, nunca desmentindo o amor devotado que sentia por aquele a quem mais tarde deveria entregar seus destinos. Quinze anos de incerteza e de angústias em que o terrível ponto de interrogação, que preside aos primórdios de todos os reinados, em todas as monarquias, pairava diante dos patriotas, atormentando-os, como a Caim atormentava o olho divino que o autor da *Lenda dos séculos* imaginou postado perenemente à vista do fratricida.

Seria um demente, à maneira de Calígula ou um tirano, que, abusando de suas liberdades de primogênito, mancharia de sangue um reinado? Por todo o Império se perguntava, à puridade, quais os destinos a que

* Artigo originalmente publicado na revista *A Cigarra*, São Paulo, jun. 1920. (N. O.)

levaria o recém-nato, à nação. Os que pespontavam de mais videntes, procuravam ler através da diafanidade do futuro, o que seria o país sob o cetro desse filho dos Braganças, nascido fora da vizinhança dos tronos que se disputavam na Europa a posse do mundo.

É de crer que um bafejo de esperança, ainda que peneirado pelos eventos que motivaram a abdicação do primeiro imperador, e o estupor geral que esta causara prognosticassem melhores dias. Não é, todavia, lícito acreditar que os Jeremias de então, que já os havia, fossem sem-número e cooperassem um tanto para o argumento do grande mal-estar que pesava então sobre a pátria. O Império atingira seu momento psicológico. Uma só preocupação possuíam os brasileiros, para uma só figura viravam-se todos ansiosos por assistir o desenlace desse momento fatal.

Era esse o estado de espírito da nação, quando Pedro II assume as rédeas do poder. Novas aclamações, novos aplausos, assinalam a passagem do país para um novo período que todos aguardam com ansiedade. Vida nova era o lema da pátria. E, pela segunda vez, partiu de todos os peitos, amistoso e sincero o "Viva S. M. Imperador!". Passaram-se os tempos e os mais otimistas viam cumprir-se, com fulgor nunca prenunciado, suas profecias. O príncipe, que tanto dera que pensar aos patriotas nos dias que antecederam a seu reinado, identificara-se agora com a própria pátria, com ela palpitava, participando de todas as suas vicissitudes e de todas as suas glórias. Deu-lhe o que de melhor podia dar, deu-lhe a liberdade.

Anos mais tarde, M. Ed. de Grelle, ministro da Bélgica, país justamente afamado pela sua constituição excessivamente liberal, admirava-se do grau que atingia, entre nós, aquele sentimento. "*Sur la terre brésilienne*", dizia ele, "*au milieu de la plus belle et la plus riche nature du globe fleurit la vraie liberté*".[1]

B. Mossé,[2] no seu livro sobre o Imperador, dizia que a causa disso era ter Dom Pedro II colocado a Majestade, não na prerrogativa, não

1 Do francês: "Sobre a terra brasileira, em meio à mais bela e à mais rica natureza do globo, floresce a verdadeira liberdade". (N. E.)

2 Mossé, *A vida de Dom Pedro II, imperador do Brasil.*

na pessoa, mas no caráter e nas obras. "Democracia coroada" é, como nos apelidara Bartolomé Mitre – que, apesar de republicano, apontava como modelo de liberalismo e tolerância –, o único país monárquico da América.

De mãos dadas à liberdade, pompeava, no Império, o progresso, e o prêmio que pelo seu devotamento à pátria merecia Dom Pedro II, não tardou que recebesse, e foi a estima dos brasileiros, sincera e única. A afeição ao imperador tornou-se então um sentimento profundamente nacional. Nela, como dizia o Visconde de Taunay, nada havia de condicional; nada desses intuitos que prendem o soberano à nação; nada dos deslumbramentos de poder supremo; nada dos hábitos de servilismo das praxes tão caras à índole dos cortesãos; nada interesseiro a bem da divisão em castas ou desses, não raras até em genuínas repúblicas. E o "Viva o Imperador!" continuou a ser repetido a cada um dos arroubos de glória da pátria que os eram também do soberano.

Como sói acontecer sempre, não tardou o aparecimento de invejosos que tomaram a peito fazer uma campanha contra o homem a quem o Brasil tudo devia. A essa vil campanha de ódios, que sofreu com a maior resignação, seguiu-se a expulsão do país que tanto amava, pelo povo que tantos benefícios lhe devia.

Assim, aquele que merecera a admiração de Vitor Hugo, Pasteur, Lamartine, Alexandre Dumas, Gladstone e Darwin era vítima da ingratidão de seus compatriotas. E desde então, por trinta anos até hoje, não se ouviu mais o "Viva o Imperador!" que a nação conclamava aos triunfos do monarca e do país. Apenas chegavam até nós os ecos longínquos das aclamações dos sábios e da imprensa do Velho Mundo que, até sua morte, não deixaram de o proclamar "Imperador Filósofo" e "Marco Aurélio americano".

Conta-se que o notável sábio Adolfo Frank[3] estando a fazer uma preleção acerca do problema da escravidão e percebendo a presença de Dom Pedro II que assistia incógnito, assim se dirigiu aos ouvintes:

3 Autor do livro *Elementos da educação cívica.*

Un grand empereur moderne a pris à coeur de supprimer dans son vaste empire cette plaie sociale que déshonore l'humanité. Cet empereur philanthrope et sage n'est pas un mythe; Il existe réelment; Il est plein de vie. Il parcourt toutes les capitales de l'Europe, pour y étudier les institutions et les moeurs occidentales. Non, cet empereur n'est pas un mythe; vous pouvez, messieurs, le voir, lui parler et contempler sa face auguste; Il est en Europe, en France, parmi vous, au milieu de vous: Il est à vos côtés.[4]

Imediatamente, refere um escritor monarquista digno de todo o crédito, todos os espectadores se levantaram, surpreendidos e ávidos por contemplar aquele condiscípulo régio, cuja presença ali não suspeitavam, e vendo-o sereno e majestoso dominando todos pela estatura avantajada e nobre, o auditório eletrizou-se e frenéticos aplausos reboaram espontâneos, saudando o Imperador Filósofo.[5]

Um homem de tantas virtudes e que tanto fez pelo seu país bem merecia dos brasileiros um parêntesis nas paixões políticas e uma justa homenagem, cuja realização já vai tardando.

Não se justifica mais a permanência em terra estranha os restos mortais daquele que em vida foi a encarnação perfeita da bondade e da justiça. É uma covardia infanda, a de temerem que os despojos de Dom Pedro II como os de sua augusta esposa possam abalar algo, a nossa atual forma de governo. Esquecem-se os ingratos de que foi sob sua augusta sombra, protegidos por sua clemência incomparável, que os propagandistas da república pregaram e implantaram o atual regime. Felizmente, o sr. Epitácio Pessoa teve a feliz lembrança de, na última mensagem apresentada ao Congresso Nacional, contemplar devidamente essa questão.

Se o entusiasmo de minhas dezessete primaveras ainda não poluídas pelo vírus das paixões políticas pudessem projetar ondas de luz e elo-

4 Do francês: "Um grande imperador decidiu empenhar-se para suprimir, de seu vasto império, esse flagelo social que desonra a humanidade. Esse imperador filantropo e sábio não é um mito; ele existe realmente; ele é cheio de vida, percorre todas as capitais da Europa para estudar as instituições e os costumes ocidentais. Não, esse imperador não é um mito; vocês podem, senhores, vê-lo falar e contemplar sua face augusta; ele está na Europa, na França, em seu meio: ele está ao seu lado". (N. E.)

5 Amaral, *O imperador.*

quência sobre estas palavras, eu ousaria pedir a s. excia. que estendesse a sua magnanimidade fazendo revogar o decreto, já sem razão de ser, do banimento da família imperial.

É meu anelo e, creio, de todos os bons brasileiros que possamos, ainda uma vez, como os discípulos de Frank e nossos compatriotas de antanho, fazer reboar o "Viva o Imperador!", em nada extemporâneo, pois, como disse Afonso Arinos, parodiando a frase de um orador célebre no elogio fúnebre a José Bonifácio, "morto, ele é ainda maior do que vivo".

A quimera do monroísmo*

Não é exagero afirmar que a grande maioria de nossos patrícios se avejou a considerar a convenção, a que é hábito chamar doutrina de Monroe, como uma panaceia destinada a deitar por terra todas as tentativas de colonização que por ventura hajam por bem empreender, no Novo Mundo, as potências europeias.

Estou, e comigo, aposto, muita gente boa, que nem a *doutrina* de Monroe é a panaceia que se entolha a muitos, nem é tanto para temer o expansionismo das nações de ultramar, quanto o da mesma que neste continente tem sido até hoje a mais interessada na sobrevida *doutrina.*

É fácil demonstrar a incongerência da fórmula de Holk, deduzida da declaração de Monroe em sua mensagem de 1823, fórmula em cuja interpretação há evidente ambiguidade. A América para os americanos, dizem os uigos e de oitiva repetem os Paugloss da América Latina sem refletirem na dualidade de modos por que podem ser interpretadas essas palavras. Certo, não é a mais vantajosa para nós a interpretação que lhe dão os norte-americanos. Assim a explica o Marquês de Banal Mont Serrat: "As asserções de Monroe foram sintetizando-se nesse adágio popular:

---

* Artigo originalmente publicado na revista *A Cigarra*, São Paulo, jul. 1920. (N. O.)

A América para os Americanos. É verdade que os chefes do governo de Washington acrescentavam em voz baixa: Aos Americanos, mas aos Americanos dos Estados Unidos".

Assim, no tempo em que isso escrevia o Marquês, hoje, não existem mais desses escrúpulos. É já em voz alta e à larga que os chefes de Estado, os ministros, os legisladores, os políticos de toda casta, os publicistas, os professores, os letrados, enfim, todos os que na República anglo-saxônica gozam algum prestígio ou exercem certa influência proclamam, convictos, nossa condição de submissos aos Estados Unidos.

Se fosse necessário invocar o testemunho de um conhecedor perfeito do povo norte-americano para demonstrar que a ideia de que devemos ficar sujeitos ao país não é patrimônio apenas de certas facções políticas, porém da maior parte da população dos Estados Unidos, bastaria a de Benjamin Ridd para quem "a necessidade do predomínio futuro dos povos de língua inglesa sobre o continente americano é já uma espécie de instinto nacional". E é preciso fixar bem que essa opinião não é uma novidade ou que o imperialismo, como parecem crer alguns na América Latina e na Europa, tenha sido uma consequência natural da Guerra Hispano-Americana e não esta, um efeito daquele. Disse algures Brooks Adams que a guerra contra a Espanha foi, nada mais, nada menos, que o choque causado pelo deslocamento do centro econômico do globo para oeste.

Quem se propusesse estudar todas as causas ao atual movimento expansionista que se opera na grande República chegaria à conclusão de que já seus primeiros colonizadores não tinham outro anseio que o de, na nova pátria, exercer sua religião livre de ganas da metrópole, desenvolvendo assim o "*instinct of sovereignty*" [instinto de soberania] de que fala Mandeville.

A independência, é natural, deu novas forças a esse instinto, de modo que, explanando-se gradativamente, se transformasse no atual *jingoísmo* cuja psicologia tão bem traçou o sr. E. Bontmy em seu notável estudo sobre o povo norte-americano. A *soi disant* doutrina de Monroe foi um fator somenos, se tanto, na evolução do imperialismo ianque. Muito antes de ser ela anunciada já a jovem República, ávida de maior grandeza, adquirira a Louisiana. Serviu, quando muito, para encobrir os esgarres e sorrisos de desdém com que Tio Sam sói encarar as questões americano--latinas. Foi, principalmente, uma máscara às suas ambições.

Stead, o célebre W. T. Stead, em seu notável livro, *A americanização do mundo*, escorça a sua opinião e a da maioria de seus conterrâneos a respeito da mesma doutrina. Para ele, esta não comporta mais a interpretação que lhe querem dar os idealistas das duas Américas.

"Essa doutrina", diz ele, "em nome da qual Tio Sam pretende possuir todo o território do sul do Rio Grande (sic) é puramente negativa. Ela diz simplesmente aos estados europeus: tu não anexarás. Mas para aí".[1]

Há ainda pouco tempo, no Senado norte-americano, Knox, ex--secretário de Estado, fez uso de uma expressão que "contém o verdadeiro pensamento dos representantes republicanos do monroísmo ortodoxo".[2]

Referiu-se a "*the policy involved in the Monroe doctrine*" [política concernida à Doutrina Monroe]. Essa *policy involved*, não há mister dizê--lo, é a mesma que, durante a questão da Venezuela, na discussão com Lord Salisbury, definiu o secretário Olney.

Para ele, "os Estados Unidos são hoje soberanos (*paramont*) neste continente e seu *fiat* é lei nas questões às quais confina sua interposição".

Diante disso e das recentes declarações do sr. Lodge que, sem ambages, proclamou que a aludida doutrina "foi apregoada sem intuitos altruísticos, mas exclusivamente para proteção dos Estados Unidos", fica--se pasmo ao ver que entre nós ainda exista quem nutra ilusões a respeito daquela utopia. A figura de destaque que ressalta no torvelinho dos estadistas ianques, uma das poucas que entre eles possuiu a compreensão razoável da mesma doutrina, Wilson, tem sido perseguida e humilhada pelos políticos de todos os partidos, Lodge à frente.

A política que o Brasil tem que seguir com relação aos Estados Unidos deve ser outra. De duas, uma, ou perderemos para sempre a condição de Estado soberano ou, de acordo com as tradições de povo livre, repelimos com dignidade e altivez os engodos com que nos procuram atrair os *amigos* do norte.

1 Stead, *A americanização do mundo*.

2 Lopez, *De "La reforma social"*.

Cumpre, pois, que o Brasil escolha entre a independência e a tutela o que melhor lhe convier. Se nos decidimos pela primeira, não será, porém, com essa nossa habitual política de submissão ao Tio Sam que a conservaremos.

Deve ter-se sempre em vista que a doutrina de Monroe muito se assemelha àquela dama que inspirou a Maciel Monteiro os celebres versos:

Quem pode ver-te sem querer amar-te?
Quem pode amar-te, sem morrer de amores?[3]

30 de junho de 1920

3 Cf. Oliveira e Silva, *Coletânea de poetas pernambucanos.*

A bandeira nacional*

Em um país como o nosso, onde em todos e em tudo domina a filosofia tupinambá da negligência, só se olham como grandes benfeitores os homens que fazem reformas de efeito. Embora para isso seja necessário onerar a nação de dívidas e pejar seu futuro de incertezas é essa a maneira mais prática e mais cômoda para os nossos governantes de conquistar popularidade. Isso explica o existir muito quem dela abuse. Bussolados pelo interesse próprio que quase em regra não é o da nação, esses políticos barafustam-se em intentonas egoístas cujo único norte é o lucro próprio. Eis como no Brasil se faz de meros bonifrates de circo, homens representativos.

Dada a natural tendência de nossos patrícios para as reformas fátuas e o consequente pendor de seus dirigentes para levá-las a efeito, é fácil concluir-se que os melhoramentos que se propõem como mais indispensáveis para as próximas festividades do centenário da Independência sejam em geral da classe dos que o público sabiamente qualificou de "para inglês ver". O que a ninguém se antolhou necessário e urgente foi a reforma do pavilhão disparatado, pretensioso e antiestético que nos

---

* Artigo originalmente publicado na revista *A Cigarra*, São Paulo, ago. 1920. (N. O.)

cobre há mais de trinta anos. Eduardo Prado demonstrou, à saciedade, que no plano da nossa bandeira nacional houve certamente:

1 – Desprezo ou ignorância da tradição histórica.
2 – Erro capital de astronomia.
3 – Grave menoscabo da estética.

O espirituoso cronista francês Charles Hugues, citado por Eurico de Goes, disse a propósito: "*Auguste Comte n'a qu'un groupe restreint de fidèles dans son pays, et il revolutionne les etoiles dans le Brésil*".[1]

Ainda desprezados os erros astronômicos e históricos em cuja enumeração ocupa Eduardo Prado dezenas de páginas, restrita a questão ao infeliz letreiro, há muito que dizer do governo provisório, adotando-o para lema da bandeira.

Não é plausível a desculpa de que as palavras nele contidas representam exatamente a meta de todas as nações civilizadas. Leia-se a respeito o que na introdução de seu livro *Evolucionismo e positivismo no Brasil* escreveu Silvio Romero: "Realmente", diz ele,

> foi duma infelicidade sem par a lembrança da faixa escrita no pavilhão nacional, exposto assim ao ridículo do próprio povo, sempre tão sensato e certeiro em seus juízos. *Marca Comela* [...] foi o brado geral [...]. E ficou a bandeira com o lema banal de Ordem e Progresso, duas coisas que existem na Rússia e na Turquia e o povo não é feliz porque falta-lhe a liberdade.[2]

É notável o embaraço que causa aos estrangeiros a tradução das palavras contidas no letreiro.

Fala Homem de Mello, em seu folheto *O Brasil de hoje*, do espanto de que foi tomado o gerente de uma fábrica de tecidos de seda em Zurique

1 Hugues apud Goes, *A bandeira positivista*. [Do francês: "Auguste Comte tem um restrito grupo de seguidores em seu país e revoluciona as estrelas no Brasil". – N. E.]

2 Romero, *Doutrina contra doutrina – evolucionismo e positivismo no Brasil.*

ao mostra-lhe ele entre outros pavilhões, o nosso, e especialmente ao dar--lhe a conhecer a tradução do dístico. "O pavilhão de uma nação, sendo destinado a ser conhecido universalmente, aquela inscrição em língua portuguesa, quase desconhecida, só falada por nós e pelo pequeno povo português", diz o autor, "dá lugar a que se confunda a bandeira da nação com os pendões de fantasia de diversas associações ou corporações civis".[3]

É muito desejável, pois, que o governo vá tratando desde já da modificação indispensável do atual pavilhão de modo a acordá-lo melhor com a história, com a astronomia, com a estética e, antes e acima de tudo, com a sensatez. Para isso o melhor que se pode fazer é nomear uma comissão de pessoas de reconhecido mérito dentre os intelectuais patrícios não devendo também ser desdenhado o concurso das classes a que mais diretamente pode interessar a sobredita modificação do pavilhão pátrio, como sejam *v.g.*, as classes armadas e a mocidade das escolas superiores. Sim, porque não se concebe uma nação que após um século de vida política autônoma ainda não possua um emblema de acordo com suas tradições e nem com suas crenças, pois a divisa "Ordem e Progresso" da nossa atual bandeira pertence a uma seita cujos membros são minoria, exígua, minutíssima minoria entre nós. Deve-se ter em mente que nem a desculpa de beleza, aliás só por si nula, pode existir, pois, como sabiamente ponderou Rodin, é feio em arte tudo que é falso, tudo que é artificial, que aspira o ser belo antes que expressivo, tudo que é pretensioso, tudo que carece de alma e de verdade, tudo que não passa de aparência, tudo que mente.

29 de julho de 1920

---

3 Homem de Mello, *O Brasil de hoje*.

O homem-máquina*

Ernesto Mello examina uma sorte de "mentiras" inconscientes que se vão tornando lugares-comuns, nas conversas, nos jornais e nos livros e chega à conclusão que essas "mentiras" são provenientes de uma falsa associação de ideias.

Essas associações, involuntárias, rápidas, inconscientes e inevitáveis, dirigem especialmente a imaginação, "potência terrível que tem seus hábitos na ordem da vida e na ordem da morte".

Para esclarecer bem o seu asserto, Mello exemplifica:

> Se afirmamos doutrinalmente a um jovem que é belo cometer-se um crime, este não nos dará crédito. Mas se lhe apresentamos em muitos melodramas, criminosos sublimes e pessoas de bem, de caráter comum, o jovem tomará o hábito de pensar que, para ser grande, é preciso ter cometido muitos crimes na vida.

Dessa classe é inegavelmente o que poderíamos chamar a mentira do utilitarismo. Antes de tudo é preciso que explique o que seja o utilitaris-

---

* Artigo originalmente publicado na revista *A Cigarra*, São Paulo, 1º mar. 1921. (N. O.)

mo. Nascido da ideia de que a felicidade só é atingida pela simplificação extrema da vida, ele foi um resultado inesperado e com o qual toda gente vai insensivelmente se conformando. A célebre panaceia assemelha-se a certos remédios que curam um mal embora arrastem consigo muitos outros, mais perigosos. A vida não se simplifica, contudo, mais que aparentemente. Disso, entretanto, não se quiseram convencer os zaratustras da nova espécie de super-homens – os homens-máquinas.

Há na sala um piano que, manejado por mãos hábeis, emite sons extraordinariamente agradáveis a qualquer pessoa dotada de mediano senso artístico. Bem, um dia, o dono dele resolve adquirir uma pianola que deleita da mesma maneira e lhe dispensa a maçada de estar dias inteiros estudando músicas.

Resultado, a vida *aparentemente* simplifica-se de modo notável. Isso explica a multidão de inventos nesse gênero, que aparecem diariamente. A pouco e pouco se vão dispensando os tenores, que os gramofones vão substituindo. Em breve não será mais impossível à máquina de raciocinar a *Ars Magna* de Raimundo Lullo,[1] máquina como só poderiam os modernos conceber, com porcas, parafusos, rodas dentadas, a eletricidade ou a vapor. Então, não se necessitará também de pintores, pois existirão aparelhos que os poderão suprir perfeitamente em suas funções e também serão capazes de se equiparar aos mais notáveis artistas no gênero. É uma ilusão, porém, supor-se que tudo isso vem a matar qualquer atividade possível. Já se observou que quando a um homem falta qualquer sentido os outros tomam grande desenvolvimento. Assim, desde que a vida por um lado se simplifica, por outro retoma uma atividade fora de toda expectativa. Uma pessoa que se aplica em fazer duas coisas e que, repentinamente, se vê sem a necessidade de fazer uma delas emprega a atividade que antes despendia em duas para uma apenas, e então naturalmente com mais obstinação e vontade. Eis aqui como se explica por que a ideia de que é necessário simplificar a vida produziu um resultado que ninguém esperava ou queria esperar. E, assim, quanto mais se luta

1 Lullo, *Ars Magna*.

por simplificá-la, mais ela se torna complexa e intensa, com o consenso unânime dos que, por meios tendentes a um fim oposto a esse, aqui chegaram insensivelmente. O mundo concebido ou não por eles, mas que sairá infalivelmente de suas ideias, é um mundo novo que nada tem a ver com o das *Mil e uma noites* ou o dos contos de [Charles] Perrault, tampouco com o dos contos de Edgar Allan Poe ou o das fábulas de Esopo. Será um mundo até hoje inconcebido, um mundo de máquinas, em que o próprio homem será um objeto de máquina adaptado e especializado a funções próprias. Ninguém pode compreender a indignação profunda de [John] Ruskin contra os efeitos do progresso, como o homem-máquina de amanhã não compreenderá as palavras sublimes de Renan: "Elevar-se acima das necessidades é remir-se".

O homem-máquina será então, apesar disso, um instrumento de segunda ordem ao lado dos aparelhos mecânicos que lhe encarem, um meio auxiliar de importância secundária; não será mais a criatura ideal, inteligente, o criador genial e criterioso.

O primeiro passo para isso será a especialização das atividades. E esse passo a muito já se está dando. Em seguida tornar-se-á o homem um ser impassível. O homem-máquina não chora porque não existe aspiração inferior, inclinação ideal, não há o entusiasmo, o amor, o desejo nobre, mas também não ri, porquanto nada exteriormente lhe impressiona. Não ri e não chora porque é, antes e acima de tudo, um impossível. Eis o grande característico do homem-máquina: a impassibilidade. Léon Bloy nota com razão que o entusiasmo, de há muito, está fugindo do gênero humano. E é de notar-se isso mais nos países anglo-saxões em que o utilitarismo vai substituindo, há bastante tempo, o idealismo. Pompeyo Gener atribui isso ao protestantismo e, para justificar o seu asserto, lembra que a Inglaterra da Renascença, anterior à Reforma, era por todos chamada *The Merry England*. Stewart Chamberlain diz igualmente que na Antiguidade a Inglaterra gozava em todo o mundo da fama do bem-estar e do "bom humor" e cita o caso de um viajante do século XV, que atribuía dedicarem-se os ingleses, mais que os outros povos, aos prazeres intelectuais, à sua vida menos intensa que a deles. O espírito utilitário dos anglo-saxões de hoje espalha-se por todo o mundo.

O chefe de uma dessas efêmeras escolas artísticas, como o futurismo, o cubismo e quejandas, chegou a dizer em seu manifesto, há cinco anos: "Ao adampetonista bastará para ser moderno, viver em uma cidade e possuir ao menos uma bicicleta ou uma máquina à benzina para acender o cigarro". E o adampetonista ainda não é o homem-máquina, que não possui a impassibilidade idiota dele. Esse nascerá como um produto espontâneo do utilitarismo porque é inconcebível que um homem possua um ideal possível. E o homem-máquina será um homem sem ideal nobre e sem inteligência portanto, pois esta chegando a ser um fator dispensável necessariamente se anulará. O homem fará tudo por instinto, não procurará saber a causa de nada, não raciocinará. Prevendo talvez este estado de coisas é que escreveu [Henri] Bergson as célebres palavras: "*La vie déborde l'intelligence*".[2]

Fevereiro de 1921

2 Bergson, *L'évolucion créatrice*. [Do francês: "A vida transborda da inteligência". – N. E.]

Homeopathias*

Para Sylvio W. Penteado

A mudança de opinião é num pensador o sinal mais evidente de sua vitalidade. Só os imbecis têm opiniões eternamente fixas.

*

Os verdadeiros artistas nunca são homens de seu tempo. São posteriores a ele.

*

É muito fácil e menos meritório dizer coisas verdadeiras que coisas novas.

*

As condições indispensáveis para uma verdadeira obra de arte são três – a primeira é a originalidade; a segunda, a originalidade; a terceira, a originalidade.

* Texto originalmente publicado na revista *Fon-Fon*, Rio de Janeiro, 8 out. 1921. (N. O.)

*

A melhor definição de arte seria a que a dá como "a expressão sensível do belo", se não houvesse nisso qualquer coisa de lugar-comum.

*

Os grandes idealistas como Romain Rolland surgem justamente na ocasião em que menos se precisa deles.

*

A tendência da humanidade é para afastar-se da natureza. Reconhece-se o grau de civilização e até o senso artístico de um povo ou de um indivíduo segundo ele se aproxima ou não dessa tendência.

*

Dos paradoxos e do desejo do luxo depende uma grande parte dos progressos do mundo.

Pintura no Brasil[*]

Caro F. Barata, li seu último artigo sobre "Pintura no Brasil", que me impressionou agradavelmente, tanto pela paixão com que você defende certos princípios, quanto pelo ponto de vista patriótico em torno do qual ele gira.

Infelizmente não pude concordar com certas ideias expendidas e, como *de gustibus non disputandum*,[1] creio que você não se zangaria por isso.

O seu artigo mostra claramente o acatamento que merece para você a velha teoria balarda e sem razão de ser da imitação dos mestres passados como necessária e imprescindível para o progresso da arte.

Ninguém, nem mesmo Marinetti, nega as influências que possam ou devam ter sofrido as ideias modernistas no tocante à arte "a literatura de um ou outro precursor do belo movimento futurista". O autor da *L'alcova d'acciaio* [A alcova de aço] frisa até certos nomes como os de Émile Zola, Walt Whitman, Rosny, o maior, Paul Adam, a quem chama de mestre, dedicando-lhe o *Le roi bombance* [O rei pândego], Octave

* Artigo originalmente publicado no *Rio-Jornal*, Rio de Janeiro, 7 dez. 1921. (N. O.)

1 Do latim: "gosto não se discute". (N. E.)

Mirbeau, Gustave Kahn e Emilie Verhaeren. O que todos devem desejar é o abandono da imitação cega do passado, condenada pelos verdadeiros artistas. Quando Gleizes e Netzsinger gritaram que o único erro possível em arte é a imitação e o primeiro manifesto futurista berrou que não devemos olhar atrás se quisermos atravessar as misteriosas portas do impossível, não se faz senão repetir verdades evidentíssimas a todos os espíritos lúcidos. Quando Pappini disse que o futurismo odeia apenas a vida artificial e póstuma de um passado morto, interpretou claramente as ideias de todos os bons modernistas.

Assim, o que se quer por enquanto é apenas, sim apenas, *Superar o Passado*. É necessário despojar-se do passado e necessário superá-lo com a própria personalidade para criar sinceramente e potencialmente, como dizia o grande Francesco Balilla Pratella em seu livro *Evoluzione della musica*. E a época da imitação já passou ou tende a passar por completo. O século XX será por essência criador. *Criador*.

Agora quanto ao incremento que você diz terem tomado as ideias modernistas, no que reporta à arte, entre nós, permita-me contradizê-lo.

Ao contrário do que você diz, ao contrário do que muito se diz, não há incremento tal. Principalmente em relação ao futurismo, não há. Porque Di Cavalcanti, nas ilustrações de uma tradução de Wilde por Elysio de Carvalho, se aproximou um tanto ou quanto de Aubrey Beardsley, o valente desenhista e escritor inglês, quer dizer que fez futurismo? Porque Guilherme de Almeida, em seu novo livro, fala a todo momento em asfaltos, táxis, em *jazz-band*, será um discípulo de Marinetti?

Amigos até me confessaram pessoalmente o horror que lhes inspira o exclusivismo dinamista da doutrina marinettiana. Ainda esses mesmos podiam ser considerados futuristas no sentido geral de reformadores ou antes de modernizadores, mas outros, tantos outros que vegetam a ufa por este Brasil afora.

Naquele sentido poder-se-ia compreender todo o moderno grupo dos "futuristas" de São Paulo que incontestavelmente formam o mais simpático e adiantado centro intelectual do nosso país. Afora esses, que são tão poucos e tão mal conhecidos no resto do Brasil, onde estão os apregoados iconoclastas? Onde estão os futuristas?

Monsenhor Bolle falava com uma indignação toda clerical nas ideias absurdas que se pode fazer a respeito da santidade. E contava a história de um camponês que dizia com toda a ingenuidade: "*ma grand mére était une sainte: elle ne nous a jamais compté un sou*".[2]

Atualmente entre nós, ou melhor, em todo o mundo, existem as mesmas ideias absurdas em relação ao futurismo. Você mesmo não contesta esse fato: "toda e qualquer asneira que o artista rabisca tem logo explicação: é futurismo". "Se escreve uma série de frases sem ideia, sem ligação, cheia de absinto, de efebos e coisas incoerentes e o público que a lê não compreende, pensa logo: esse com certeza é futurista." "Ali na exposição aparece um quadro sem planos, sem perspectiva, sem desenho, com um colorido estranho, sem significação – é um quadro futurista."

Marinetti que o saiba.

As primeiras palavras do seu manifesto aos independentes compreendem para mim um formidável *non sens*. Não posso absolutamente admitir que se chegue a ser independente "imitando os mestres do passado", se não procurando "superá-los" como já disse. Tampouco admito que seja preciso se "analisar na tela a nossa vida sertaneja, os nossos engenhos, as nossas fazendas, as nossas matas, os nossos rios, os nossos campos", para fazer pintura brasileira. Nada disso é preciso. Basta que se inaugure uma tendência nova e duradoura que a arte só vive dessas tendências. Não é apenas trazendo à tela as lendas do Mirapuru, da Cobra-Grande e da Mãe Guariba, como você diz, que se conseguirá a pintura brasileira. O retornelho do regionalismo cairá, por si mesmo e já é tempo de cair. Só uma forte tendência modernista absolutamente moderna poderá criar a arte nossa, a arte brasileira.

E você, meu caro Barata, guarde bem o que digo: ainda hei de lhe ver ao lado dos nossos, dos "futuristas", como você diz, entusiasta e corajoso, como sempre, lutando pelo nosso acariciado ideal, a criação da arte nossa, mas de uma arte nova.

---

2 Do francês: "Minha avó era uma santa; ela jamais nos cobrou um tostão". (N. E.)

Livros*

A conhecida Editora F. A. Brockhaus de Leipzig volta sua atenção recentemente para descrições de viagem. Na série dedicada a obras dessa natureza, apareceram, entre outros, alguns livros que têm algo em comum, algo que os diferencia de relatos isentos. Livros como, por exemplo, o de Gordon MacCreagh: *Weisswasser und Schwarzwasser* [Águas brancas e águas negras], são uma fonte revivificadora, depois de tantos relatos limitados e sobrecarregados de informação. MacCreagh classifica seu próprio livro como um "relato não científico", e ninguém pode afirmar, depois de fechar o livro, que aprendeu menos com esse relato que com volumosos livros como o de Felix Speiser, *Im Düster des Brasilianischen Urwalds* [Nas trevas da selva brasileira], da editora Strecker & Schrader de Stuttgart. As próprias rubricas do livro *Weisswasser und Schwarzwasser* já mostram, em uma rápida leitura, a espirituosidade fervilhante do autor. William Beebe, por sua vez, observa, em *Das Arcturus-Abenteuer* [A ventura em Arcturus], também publicado pela Brockhaus, o mundo de um outro posto de observação. Ele buscou a lenda e a encontrou no

* Artigo originalmente publicado na revista *Duco*, Berlim, set. 1929, sob o título "Bücher". Tradução do alemão: Mario Luiz Frungillo. (N. O.)

silêncio dos oceanos. Suas descrições são quadros magistrais das tragédias e dos jogos no fundo do mar. A maneira pela qual ele descreve a vida dos peixes e monstros deixa atônito até mesmo um leigo e o mantém numa tensão de tirar o fôlego da primeira à última linha, pelo desejo de vivenciar todos os acontecimentos. Pela Editora Brockhaus apareceram também os livros de Colin Ross, que recentemente viajou *Mit Kamera, Kind und Kegel durch Afrika* [De câmera, mala e cuia pela África]. Colin Ross vê o mundo através das lentes de seu próprio temperamento. Suas imagens são arrebatadoras, vívidas, coloridas, ditadas pelo momento, inspiradas. Como tais, é claro que não pretendem ser uma imagem confiável do que é descrito. Trata-se antes de um corajoso relato cinematográfico do que de um olhar objetivo. Em seu filme, a objetiva são seus próprios olhos, e é através das tomadas, das cores, do texto, que desponta o interesse vivaz, literário do autor.

Hoje, antes as imagens que as longas dissertações transmitem um conceito da cidade, do país, da gente. Nosso olho registra de modo mais duradouro do que nossa memória. Seguindo essa constatação, a Editora Albertus passou a publicar, sobre cidades, apenas relatos fotográficos. Assim, apareceram até agora uma obra sobre Berlim, que descreve como cresce e trabalha a metrópole cosmopolita, uma obra sobre Paris, Hamburgo e sobre os incansáveis colossos da região industrial da Alemanha: *Der Gigant an der Ruhr* [Os gigantes do Ruhr]. Imagens magistrais mostram a beleza das casas e do trabalho. Aqui também devem mencionar-se as publicações da Editora der Reihe, que em seu livro *100x Berlin* produz algo exemplar nessa área.

Sobre o livro do dr. Walther Schuck, *Bresilien, Volk und Land* [Brasil, gente e terra], falaremos num próximo número.

Em lugar de qualquer prefácio*

Brasil, a potência em formação não apenas no âmbito político, mas também e especialmente no econômico, um país cujos produtos de exportação e matérias-primas a Alemanha deve necessariamente importar, e que além disso é também um grande mercado para muitos produtos da indústria alemã, que pode e vai se tornar ainda maior – tal país é ainda muito pouco conhecido em grandes círculos da Alemanha.

Para muitos o Brasil ainda é apenas um conceito geográfico muito incerto. Do crescimento cultural e econômico do Brasil nada se sabe. Não se tem nenhuma compreensão para seu pronunciado orgulho nacional. Muitas vezes não se tem clareza nem mesmo a respeito da língua que ali é falada. Quantos comerciantes ainda enviam suas ofertas para o Brasil em língua espanhola ou francesa e não têm a menor ideia dos sentimentos com que tais ofertas são recebidas e, com muita frequência, atiradas diretamente ao cesto de papéis. Ainda é muito pequeno o número de bons livros e escritos recentes sobre o Brasil, e esses sabidamente são muito

* Artigo originalmente publicado na revista *Duco*, Berlim, set. 1929, sob o título "Statt Jeder Vorrede". Tradução do alemão: Mario Luiz Frungillo. (N. O.)

pouco lidos e levados em conta. Aventura, sensação, fatos exóticos é o que em geral se pensa estar ligado ao onírico conceito Brasil.

Queremos por isso lançar uma luz sobre as confusas lembranças que devem sua existência a descrições de viagens de dias passados, ou a fantásticos relatos de aventureiros e *globetrotters*, ou a representações modernas, produzidas com o intuito de causar sensação pela pena de repórteres dotados de uma fabulosa capacidade de reconhecer à primeira vista o cerne de todas as coisas e que logo se põem a escrever antes que a primeira impressão se corrija por si mesma. Queremos também lançar luz em lembranças que se enraízam pela observação e experiência pessoal, mas que foram adquiridas apenas de passagem ou na uniformidade regional de algum lugar do Brasil, lugar em que o país não está nem mais nem menos concentrado que a Europa estaria em um lugar do continente. Seja como for, em geral se sabe quase sempre estranhamente pouco.

Nada é mais constante que a mudança, e esse dito também se aplica em grande medida ao Brasil. Uma nação gigantesca, politicamente bem organizada sobre bases sólidas, mas economicamente multiforme e por ora muito desigual; geograficamente: uma região de todos os climas; fisionomicamente: a encarnação de uma grande diversidade, uma colorida variação, que vai de areias escaldadas pelo sol, de secos desertos cheios de cactáceas a esplêndidos prados, campos e plantações a perder de vista, de elevadas florestas de araucárias a enormes campos e savanas semelhantes a estepes, com matas ciliares e amenos bosques de miritis, de planaltos suavemente ondulados a bizarras serras e encostas cobertas por uma vegetação fantástica, de secas florestas de caatinga às selvas tropicais das planícies, úmidas, periodicamente inundadas, interrompidas apenas por enormes rios, vales e vias aquáticas de toda espécie, e tão ricas em beleza e utilidade.

Grandes cidades, duas das quais já ultrapassaram a marca de um milhão de habitantes, encontram-se num período de acelerado crescimento e de moderna evolução. Por extensas linhas férreas, que avançam cada vez mais profundamente em um território ainda pouco ou completamente inexplorado, essas cidades atraem para si os produtos comercializáveis e trocam valores culturais por produtos que promovem o bem-estar. Uma nação gigantesca tomada por um movimento incessante de progresso, introduzido e alicerçado pela ciência e pela técnica, levado a cabo pela indústria, pelos transportes e pelo comércio. Grandes e difíceis problemas já foram superados, outros estão sendo enfrentados. A solução de um já se constitui em preparação para outros. Conjunturas favoráveis conduzem eventualmente a uma evolução desordenada. Assim, as maiores e mais modernas conquistas, um esplêndido desenvolvimento, consistentes realizações científicas em institutos de pesquisa e ensino de renome mundial, riqueza e luxo convivem em imediata vizinhança com uma existência natural nua e original, envelhecida, no quadro geral decadente, muitas vezes do maior primitivismo. Mas pouco a pouco mesmo as menores cidades se revestem de uma roupagem moderna. Diante do novo Brasil, o antigo recua mais e mais com seus encantos e belezas românticos, mas também com seus entraves, suas dificuldades, seus perigos, quase sempre inventados, mas que se narram com tanta graça, com seu exotismo que dão ensejo às mais loucas invenções de repórteres sem o risco de se exporem ao ridículo. Hoje existem no Brasil muitas cidades que mal se distinguem de cidades europeias, muitas áreas rurais que mal se distinguem das correspondentes áreas europeias.

O Brasil é um país da extensão da Europa, dezessete vezes maior que a Alemanha. Constitui-se de vinte estados confederados com ampla autonomia, assim como de um Distrito Federal e do território do Acre, separado da Bolívia em 1903, uma espécie de Reichsland. Sua população cresceu nos últimos 28 anos de 19 para 39 milhões. O caminho para sua ascensão está aberto. O país é capaz de acolher e alimentar sem problemas 300 milhões de habitantes. Imigrantes afluem de todas as partes do mundo.

Países altamente industrializados observam com crescente atenção os acontecimentos no Brasil, a enorme ascensão do país, e sabem: os Estados Unidos do Brasil já são hoje um importante mercado para seus produtos, e as necessidades do gigante em crescimento aumentam dia após dia.

Assim, esses países criaram novos órgãos que propagam com palavras e imagens, e relatam, recordam e anunciam: buscamos novas áreas de comércio.

Poderosos concorrentes estão em primeiro plano.

A Alemanha não pode ficar de fora. Dois países que têm tanto a oferecer um ao outro precisam se conhecer melhor, precisam se aproximar através de relações de amizade e de comércio.

Queremos tomar a nosso cargo essa tarefa. Queremos ser o mensageiro da boa vontade, queremos levar a notícia do Brasil para a Alemanha e no Brasil chamar a atenção das realizações e das capacidades de realização da Alemanha.

Quando alguém faz uma viagem*

...tem de contar alguma coisa. Pois é claro que esse alguém vivenciou algo de especial, e afinal, para que é que ele tem olhos na cara e algum talento para narrar – mesmo que *apenas para as necessidades domésticas*? E todos prestam ouvidos. Não haveria nada a objetar a historinhas inofensivas, mesmo que frequentemente falsas, se nosso fiador se desse por satisfeito em reproduzir suas observações individuais, mesmo as mais bizarras, como tais. Mas isso evidentemente não lhe dá nenhum prazer. Ele não o faz sem pelo menos reconhecer o *típico*, o universal, e, diante de nossos olhos espantados, sacá-lo do deserto de nossa semicultura e dos nossos preconceitos.

Esta é a infelicidade: o narrador quer, a qualquer preço, se impor através de uma curiosidade que ele próprio observou no país estrangeiro, e todos estão prontos a tomar tudo por moeda sonante. Como cúmplice ele tem a nossa ausência de crítica diante de tudo o que soa esquisito.

* Artigo originalmente publicado na revista *Duco*, Berlim, out. 1929, sob o título "Wenn einer eine Reise tut". Tradução do alemão: Mario Luiz Frungillo. (N. O.)

Isso também se grava com a maior facilidade em nossa memória. Que sabemos nós de Diógenes, por exemplo, além de que ficava o tempo todo em seu barril e esperava por Alexandre, o Grande, temeroso de que por falta de luz solar não conseguisse manter o histórico diálogo por conta do qual esperava com razão conquistar fama universal? E, no entanto, sabe Deus tudo o que ele deve ter feito nesse entretempo... Pelo encanto da anedota é que sempre gostamos de dar um piparote na verdade.

Hoje a palavra é: Fatos! Queremos saber como são realmente as coisas no mundo, e não como elas se refletem na retina de poetas esotéricos ou de simples parlapatões. Sobre tal exigência todo mundo tem clareza, mas na prática as coisas ainda são muito diferentes.

Desde o sensacional duelo entre Syen Hedin e Ossendowsky, os escritores de viagens se tornaram – temos de admiti-lo – mais cuidadosos. Olhamos ressabiados uns para os outros. E tudo que soa inacreditável continua a sê-lo até que a honesta chapa fotográfica forneça uma prova irrefutável. Se alguém hoje em dia faz uma viagem, então esse alguém precisa, precisa, precisa: relatar. Contar não tem valor algum!

Karl von den Steinen*

Acaba de falecer em Kronberg, nas montanhas do Taunus, aos 74 anos de idade, o conhecido etnólogo alemão Karl von den Steinen, que era considerado uma das autoridades mais competentes acerca da Etnografia do Brasil primitivo. Seus trabalhos sobre as populações aborígenes do Amazonas e do Brasil central deram a seu nome um merecido prestígio, quase comparável ao do velho Martius, entre os estudiosos de nossa Etnografia.

Nascido em 1855 em Muhlheim, no Ruhr, von den Steinen cursou o Ginásio de Dusseldorf realizando, mais tarde, seus estudos médicos em Zurich, Bonn e Strassburgo. Em 1875, aos 20 anos de idade, publicou um estudo sobre a psicologia do diagnóstico da moléstia de São Guido, que foi sua tese de doutorado na Universidade de Strassburgo. Mais tarde partiu para Berlim como assistente de psiquiatria na clínica universitária do Charité.

Seguindo o exemplo do velho mestre Adolf Bastian, ao qual viria a suceder na direção do Museu de Etnologia de Berlim, Karl von den Steinen foi, pouco a pouco, deixando a Medicina pelas pesquisas antro-

* Artigo publicado originalmente na revista *Duco*, Berlim, dez. 1929. (N. O.)

pológicas e etnográficas. Uma expedição alemã ao Polo Sul, realizada em 1882, decidiu os seus estudos posteriores. Acompanhando essa expedição na qualidade de médico, Karl von den Steinen deixou-se seduzir pelos mistérios da ciência etnográfica. Os seus estudos nesse sentido deviam ser acentuados com a viagem que realizou pouco depois em torno do mundo, demorando-se particularmente nos mares do sul.

De volta a seu país, o jovem e alegre etnógrafo renano dispôs-se logo a preparar uma expedição de estudos científicos às regiões do lendário Amazonas, particularmente às margens do Xingu, cujos segredos desafiavam a atenção dos sábios. Acompanharam-no nessa viagem seu pai W. von den Steinen e o conhecido astrônomo Clausz. Regressando à Alemanha com um considerável material de pesquisa etnológica, von den Steinen continuou a interessar-se seriamente nos problemas científicos que o tinham conduzido à primeira viagem sul-americana.

Foi nesse espírito que preparou para 1887 uma nova expedição destinada ao estudo das populações indígenas do Alto Xingu. Os resultados de suas pesquisas, expostos no livro *Através do Brasil* e sobretudo em seu notável *Unter den Naturvolkern Zentral-Brasiliens* [Entre as populações primitivas do Brasil Central] asseguraram-lhe a reputação de uma das mais notáveis autoridades acerca da Etnografia sul-americana. A outra era o professor Paul Ehrenreich, que o acompanhara em sua segunda expedição ao interior do Brasil.

Seus estudos não se limitaram, porém, à América do Sul e ao Brasil. Na qualidade de diretor da seção americana do Museu de Etnografia de Berlim e de presidente da Sociedade de Geografia estendeu suas pesquisas etnográficas a todo o continente americano e mesmo a todo o mundo. Seu nome prende-se, por exemplo, aos estudos efetuados acerca da maravilhosa cultura das Ilhas Marquezas, onde empreendeu em 1897 uma viagem científica, permanecendo ali cerca de dois anos.

É indiscutível, porém, que aos seus trabalhos etnográficos sobre o Brasil deve o melhor de sua reputação científica. A eles deu os seus maiores esforços e grande parte de sua atividade. Hoje é indispensável, a quem deseje conhecer a Etnografia brasileira, um estudo meditado das suas pesquisas e das suas teses. Elas significam um progresso inestimável no conhecimento das populações primitivas do Brasil e, mais do que isso, um documento definitivo sobre a Etnologia e a Linguística dos silvícolas sul-americanos, particularmente dos que habitam a Amazônia.

Karl von den Steinen, que ainda recentemente não cessava de dedicar o seu mais vivo interesse no exame dos problemas referentes à Etnografia brasileira, residia, desde há muito tempo, em Kronberg, onde vivia uma vida solitária de meditação e de estudo. Foi ali que o velho sábio concluiu uma existência tão cheia de serviços à causa da ciência e que aos brasileiros deveria ser particularmente grata.

Década de 1930

Sérgio Buarque de Holanda quando era jornalista correspondente na Alemanha de *O Jornal*, dos Diários Associados. Berlim, 1930.

Acervo SBH

A elevação dos direitos aduaneiros sobre o café*

O aumento dos direitos aduaneiros sobre o café tem preocupado, nos últimos tempos, de modo considerável, a opinião pública. Salientou-se, a propósito, que a majoração dos direitos deveria ter como consequência um aumento dos preços de venda do café na Alemanha, e esse aumento conduziria, porém, forçosamente, a uma diminuição do consumo alemão do café, pela qual será afetada, em primeiro lugar, a exportação brasileira.

Compreende-se perfeitamente na Alemanha que o Brasil, devido às dificuldades a que chegou a sua defesa do café, atravesse, de fato, no momento, uma crise séria e que, já sob o ponto de vista puramente sentimental, deva ser mal recebida toda medida em virtude da qual sofra um entrave a venda de café em um dos países consumidores. Por outro lado, deve-se salientar o fato de que a majoração das tarifas aduaneiras sobre o café – que, agora, vai entrar em vigor – fora já legalmente fixada em 1922. Se então e no correr do tempo ela não foi efetivada (para essa política do governo alemão concorreu decisivamente, sobretudo, a consideração pelo

---

* Artigo originalmente publicado na revista *Duco*, mar.-abr. 1930. (N. O.)

Brasil, cuja sempre crescente produção de café reclama imperiosamente o alargamento dos mercados de consumo), se a não efetivação, durante anos, desse aumento de tarifas já resolvido significou, pois, uma considerável concessão por parte da Alemanha, é agora, infelizmente, chegado o momento em que as finanças do Reich requerem, como absoluta necessidade, um acréscimo da receita.

É claro que entre países amigos certas trocas de deferências, como reduções nas tarifas aduaneiras, só podem ser admitidas no caso da renúncia à arrecadação dos impostos mais elevados. Semelhante renúncia, porém, é hoje absolutamente impraticável para a Alemanha com as suas consideráveis obrigações de guerra e com sua situação financeira bastante tensa. As dificuldades das últimas semanas e as lutas no sentido de uma nivelação do orçamento e do saneamento das finanças alemãs falam uma linguagem que não admite réplicas.

O aumento dos direitos aduaneiros não constitui, pois, uma medida dirigida contra o Brasil ou contra qualquer outro estado cafeeiro, mas simplesmente uma resolução financeira ditada apenas pelas necessidades do momento.

Abstraindo de tudo isso, é insustentável a dedução que se pretende tirar de que o aumento dos impostos suscitaria uma elevação dos preços do café na Alemanha e, portanto, uma diminuição no consumo. Isso prova as alterações de preços ocorridas no curso dos últimos anos.

O preço bruto de 100 quilos de café cru, em Hamburgo (independentemente das taxas aduaneiras), era, em janeiro de 1929, de 213,48 marcos e desceu, no curso desse ano, a 126,66 marcos (dezembro de 1929), produzindo-se, assim, uma diminuição de cerca de 40%. Por conseguinte, fica a tonelada de café cru, em Hamburgo, de acordo com os direitos de entrada de 130 RM, em princípios de 1929, pelo preço de 213,48 + 130, ou seja, 348,48 RM. De acordo com o preço mencionado para dezembro de 1929 – conquanto não se tomem em consideração pequenas oscilações que eventualmente ocorreriam –, o preço do café, depois da entrada em vigor dos novos direitos aduaneiros, seria de cerca de 126,66 + 160 marcos, de modo que, os preços anteriores, não somente não seriam excedidos, como ainda se manteriam inferiores e numa proporção significativa. Não se pode, portanto, compreender, como, a despeito dessa extraordinária diminuição nos preços do café, ainda se possa discutir sobre o assunto, assegurando que, em consequência do aumento de 30 RM nos direitos de entrada, que permanece muito aquém da queda dos preços do café, estes se elevariam - quando as condições acima expostas demonstram, ao contrário, que se reduziriam em proporção não insignificante. Não se deve deixar de ter em vista que, desde o ano de 1922 - data da lei que manda aumentar os impostos aduaneiros, posto que a mesma não tenha sido posta imediatamente em vigor - a importação do café na Alemanha elevou-se em proporção considerável. Assim, em 1922, o total da importação de café cru foi de 367.903 e de café torrado, de 245, elevando-se em 1925 a 904.430 e 4.268 e, em 1929, a nada menos de 1.477.710 e 5.631. De modo que a importação do café, durante um período particularmente difícil, e a despeito dos preços elevados, subiu a mais do quádruplo. Os algarismos acima demonstram esse fato de maneira decisiva. Eles nos oferecem um quadro de crescente popularidade do café na Alemanha, cujo consumo, a despeito dos preços sempre mais elevados, experimentou um surto regular e importante nos últimos anos. É tanto menos insustentável a tese de que os aumentos de direitos, mais de que nivelados, em virtude da súbita baixa dos preços, pudesse agora suscitar uma diminuição de consumo na Alemanha, quanto, sobretudo, para um aumento nos preços, de acordo com o ponto de vista acima exposto, não existe nenhum fundamento. Tal aumento não somente não teria nenhuma razão de ser efetiva, como o público teria, nesse caso, o direito de reclamar que os preços de venda na Alemanha, acomodados, em sua generalidade, ao mercado do café, pudessem ser, com este, diminuídos.

Dr. Júlio Prestes: o futuro presidente da República dos Estados Unidos do Brasil*

Em completa tranquilidade ocorreu no dia 1º de março a eleição do presidente da República para o próximo período legislativo. As urnas deram a vitória ao dr. Júlio Prestes de Albuquerque, um homem que era tudo, menos um velho político, um pretendente ao cargo do mais alto dignitário da nação encanecido no serviço do Estado. Muito pelo contrário, o que o destaca especialmente é a rapidez com que, apesar de sua juventude e como consequência de sua manifesta energia, pôde se alçar a diversas posições da maior representatividade na vida pública de seu país. Tanto como parlamentar quanto como administrador ele pode contemplar atrás de si uma brilhante carreira. Já como deputado à Assembleia Legislativa do Estado de São Paulo, Júlio Prestes se mostrou

* Artigo originalmente publicado na revista *Duco*, Berlim, mar.-abr. 1930, sob o título "Dr. Júlio Prestes: Der zukuenftige Bundespraesident der Vereinigten Staaten von Brasilien". Tradução do alemão: Mario Luiz Frungillo. (N. O.)

um decidido combatente pela estatização da Estrada de Ferro Sorocabana, uma medida que deveria trazer tantas e decisivas vantagens para o seu estado. Mais tarde, como deputado de seus patrícios no Congresso Nacional, logo lhe foi conferido o cargo de porta-voz da maioria.

Um breve esboço como esse, porém, deve antes de mais nada contemplar sua atividade de administrador, pois a essa atividade é que Júlio Prestes deve sua candidatura ao posto de primeiro mandatário. Em três anos de governo como presidente do Estado de São Paulo realizou uma obra que lhe valeu o direito à estima e ao reconhecimento de todos os brasileiros. Ele se destacou especialmente pelos seus esforços em prol da construção do ensino público. Em diversas comunidades de São Paulo foram abertas 2.335 novos grupos escolares, ao lado de várias escolas profissionalizantes, como também escolas normais para a formação de professores. Ele soube também intensificar o interesse geral por estudos econômicos e por novos institutos importantes, como o Instituto Biológico, que se tornou a principal instituição de investigações e pesquisas e muito contribuiu para elevar o nível cultural do Brasil. Cuidou da construção das instalações da Faculdade de Medicina de São Paulo, assim como do leprosário de Santo Ângelo, que está entre os maiores de sua espécie, e também incentivou a construção de outros asilos dessa natureza, como o de Casa Branca e o de Bauru. Ele ainda mandou construir hospícios para criminosos inimputáveis, organizou numerosos postos de controle sanitário etc.

Sua energia se manifestou também de maneira semelhante em outros campos. O problema dos transportes entre o interior e o litoral foi solucionado através do prolongamento da Estrada de Ferro Sorocabana até Santos, que tirou o monopólio da São Paulo Railway. O trem que liga Juquiá a Santos foi assumido pelo Estado. Foram construídas estradas em grandes extensões. O fornecimento de água da capital foi assegurado, o que era uma tarefa especialmente difícil, pois as antigas obras foram pensadas para uma população de 300 mil habitantes, ao passo que São Paulo, num crescimento sem igual, já ultrapassou a marca de um milhão de habitantes. No que se refere ao campo e à agricultura, a energia do presidente Prestes se mostrou principalmente no impulso à policultura, ao cultivo de trigo, frutas, tabaco, algodão, juta etc. Campos experimentais e cooperativas de plantadores foram estabelecidos, sementes foram distribuídas, construíram-se instalações para a secagem do tabaco, criaram-se *packing-houses* para a exportação de laranjas. O Instituto Agronômico de Campinas passou por uma reestruturação apropriada. Foi criado um órgão para a criação de gado e o beneficiamento de produtos de origem animal. O serviço florestal foi organizado, um Alto Conselho para Indústrias Agrárias foi fundado, a normatização definitiva para o comércio de fertilizantes químicos foi promulgada e muitas outras coisas mais.

Entre as muitas iniciativas tomadas em seu governo, sejam mencionadas apenas as perfurações petrolíferas, a exploração das jazidas de apatite de Ipanema, a criação do Serviço de Caça e Pesca, a fundação da Escola de Pesca do Guarujá e a reestruturação da Escola de Veterinária. Foi também promulgada uma regulamentação sobre a exploração de recursos hídricos.

Apesar da situação financeira desfavorável, o presidente Prestes se esforçou para proporcionar um alto padrão de vida para a população. Ele elevou o salário do funcionalismo, sem, porém, recorrer à criação de novos impostos ou aumentar os já existentes. Também não emitiu títulos do tesouro estadual. Graças a uma sábia política econômica, ele conseguiu aumentar consideravelmente a arrecadação estadual.

Apoiado em tais méritos, o sr. Júlio Prestes se colocou diante do grande público, para assumir no dia 15 de novembro a direção dos destinos da nação brasileira pelo período legislativo de 1930-1934. Seu brilhante passado justifica a esperança de que seu governo seja um dos mais felizes e frutuosos para o Brasil.

A moderna literatura brasileira*

A moderna literatura brasileira nasceu no início do ano de 1921. Naquela época reuniu-se em São Paulo um grupo de jovens que rompera com as fórmulas acadêmicas, elaborara um combativo programa de modernização e saíra a campo contra as velhas tradições em arte e literatura. O evento logo tomou formas de uma inesperada virulência. De início se poderia pensar que a juventude queria fazer tábula rasa de todo nosso passado. Na verdade, o apaixonado movimento queria tão somente, como se diria na linguagem das finanças, elevar o valor nominal de nossa literatura.

Entre os incentivadores da inesperada iniciativa encontramos nomes respeitados, como os de Guilherme de Almeida e Menotti Del Picchia, e ao lado deles apareciam os de Mário e Oswald de Andrade, então ainda quase desconhecidos do grande público, mas que eram na realidade os líderes do movimento. No Rio de Janeiro, apenas Manuel Bandeira poderia ser levado em conta como precursor desses anseios de libertação. Seu livro *Carnaval*, que já continha em embrião quase todas aquelas ideias

---

* Artigo originalmente publicado na revista *Duco*, Berlim, abr. 1930, sob o título "Die Moderne Brasilianische Literatur". Tradução do alemão: Mario Luiz Frungillo. (N. O.)

que o grupo paulistano tornou realidade, fora, dois anos antes, quase totalmente ignorado pela crítica.

A ousadia do jovem grupo de São Paulo provocou, como era natural, escândalo e irritação. No Brasil, onde a palavra "literato" tem uma conotação extremamente ofensiva, instituições acadêmicas dificilmente alcançam popularidade, mas, apesar disso, uma reação contra instituições desse tipo tem de encontrar alguns pontos de apoio respeitáveis, como por exemplo a tradição. Porém, era justamente disso que os jovens renovadores não precisavam. Seus empreendimentos se baseavam na ideia, certamente um tanto simplista, de que num país como o Brasil qualquer tradição é um peso morto e, portanto, dispensável. Parecia-lhes necessário renovar tudo desde as bases. E, de fato, essa ideia guardava em si possibilidades ocultas, que os mais talentosos não tardariam a descobrir.

Graça Aranha, o famoso autor de *Canaã* e da *Estética da vida*, recém-regresso da Europa, interessou-se pelo novo movimento de São Paulo e levou a sério aqueles esforços, para desespero generalizado de seus colegas da Academia Brasileira e, especialmente, de alguns candidatos à imortalidade. Mas ele iria ainda mais longe. Empenhou-se pela coalizão dos diferentes elementos e por seu reconhecimento junto à opinião pública. Seu respeitado nome atraiu para o movimento novos e valiosos combatentes, como Ronald de Carvalho, o autor da *Pequena história da literatura brasileira* e de uma coletânea de poesias que recebera menção honrosa da Academia; além dele, o compositor Villa-Lobos, o ensaísta Renato de Almeida, entre outros. No Rio, Ribeiro Couto já havia pouco antes publicado um volume de versos que representaram uma novidade para a época e, ao contrário do *Carnaval* de seu amigo Manuel Bandeira, alcançou o merecido sucesso. Como adeptos da nova orientação também devem citar-se: o escultor Victor Brecheret, os pintores Di Cavalcanti, Anita Malfatti, Zina Aita, entre outros. No entanto, apesar do apoio de Graça Aranha e da participação da endeusada pianista Guiomar Novaes, a Semana de Arte Moderna realizada em São Paulo redundou num memorável e tumultuoso fracasso, que, no entanto, sob certos aspectos, se constituiu numa página gloriosa, pois desde então houve uma continuada discussão a respeito dos futuristas brasileiros.

Alguns meses depois o agitado grupo de São Paulo decidiu publicar sua primeira revista. *Klaxon* foi um grito estridente contra a perplexa literatura dominante. Criar novas formas era o propósito desse grito, mas também, principalmente, negar o estabelecido, o que, apesar de todos os exageros, era necessário e saudável. O único livro que então representava realmente o movimento, a *Pauliceia desvairada* de Mário de Andrade, era antes de tudo uma sátira veemente contra tudo que tinha de ser atacado como anódino e nocivo.

Os renovadores paulistanos absorviam todas as novidades que lhes chegavam dos países cultos: o cubismo francês, o expressionismo alemão e russo, o imagismo inglês e norte-americano e o ultraísmo espanhol... Mas o núcleo do novo movimento pouco a pouco se deslocou para o Rio de Janeiro, sob a orientação de Graça Aranha. Deve-se em primeira linha à reputação desse homem a rápida popularidade de que o movimento logo passou a desfrutar na capital federal. Ele tomou as proporções de um verdadeiro delírio desde o dia em que o autor de *Canaã* fez um apaixonado discurso na Academia Brasileira, diante de seus atônitos colegas, que teria como consequência o seu completo rompimento com a ilustre corporação. Mas o povo entusiasmado carregou Graça Aranha nos ombros e o levou em triunfo até os portões da Academia.

Porém, as ideias expostas pelo famoso escritor já não representavam mais o pensamento de toda a geração jovem. A vanguarda literária de São Paulo, encarnada especialmente por Oswald de Andrade, não podia se declarar de pleno acordo com as ideias de Graça Aranha. Dois dias depois do famoso discurso, Andrade publicou no *Correio da Manhã* um protesto, conhecido como "Pau-Brasil", que deveria tornar-se o manifesto fundador do novo movimento. Ele se caracterizava pela exigência de dar expressão às energias elementares do povo brasileiro. Opunha ao "objetivismo dinâmico" proposto por Graça Aranha o "primitivismo".

Algumas semanas depois entrou em cena um jovem crítico excepcionalmente dotado, dono de um talento singularmente penetrante, Prudente de Moraes Neto. Ele editou a revista *Estética* com o fito de conciliar de modo imparcial os dois grupos que estavam em vias de se separar. Em um volume de 150 páginas procurava-se oferecer uma visada geral sobre a atividade brasileira no âmbito literário, juntamente com um panorama da literatura mundial, um esforço quase titânico e uma dádiva inestimável a serviço do desenvolvimento cultural do Brasil. A revista londrina *Criterion*, de T. S. Eliot, registrou com espanto o surgimento na América do Sul de uma revista que se expressava criticamente, com admirável conhecimento especializado, sobre as últimas novidades da literatura inglesa.

A fundação da *Estética* coincidiu com a crescente divisão no âmbito da moderna literatura brasileira. Se o seu primeiro número ainda fazia esforços imparciais para conciliar os grupos em discórdia, os números que se seguiram tendiam sensivelmente, cada vez mais, para os "primitivistas" de São Paulo, que eram combatidos por Graça Aranha e seus adeptos.

Mais tarde, com o aparecimento da *Revista do Brasil*, no Rio de Janeiro, e devido à influência de Rodrigo de Mello Franco de Andrade, um dos mais profundos críticos da nova geração, os grupos de São Paulo, Rio, Belo Horizonte e Pernambuco puderam se expressar com liberdade ainda maior e combater com ainda maior intensidade a tendência defendida por Graça Aranha em sua *Estética da vida*. A linha de separação se tornava cada vez mais nítida. Em *Toda a América*, Ronald de Carvalho deu expressão brilhante ao cerne da profissão de fé do partido de Graça Aranha. Com base na *Estética da vida*, o autor se entusiasma pelas conquistas modernas, canta o império da máquina e da velocidade e profetiza um Brasil novo e forte, cheio de energia e vitalidade. Em suas poesias, nas quais são evidentes as influências de Walt Whitmann, Valery Larbaud e Marinetti, ele opõe com eloquência a energia da nova América à mentalidade acadêmica de uma Europa decadente e fatigada. Segue na mesma corrente, mas com maior originalidade, a última fase da evolução de Guilherme de Almeida, como demonstram seus livros *Meu* e *Raça*.

No campo oposto, os chamados "primitivistas" lutavam pela criação de uma espécie de autoctonismo literário. Em suas obras misturam-se as tradições dos nativos e dos elementos negros transplantados com a crônica ingênua dos primeiros colonizadores (entre eles, especialmente o alemão Hans Staden, que chegou ao Brasil no século XVI e caiu prisioneiro dos índios tamoios), como também as mais ousadas inovações dos modernos escritores da Europa e da América. A grande obra a encarnar essa tendência é *Macunaíma*, de Mário de Andrade, um livro sem igual na literatura brasileira, cujo significado não é possível enfatizar o bastante. Trata-se de um romance singular, que lembra Rabelais e Grimmelshausen, mas num paralelo apenas ligeiro e superficial. *Macunaíma* é, a seu modo caótico e avassalador, um livro incomparável. O autor escolheu como material uma lenda dos nativos, da qual o alemão Koch-Grünberg faz uma excelente descrição em seu livro sobre os índios do Amazonas. (Aliás, Mário de Andrade foi dos primeiros no Brasil a chamar a atenção para a grande importância do livro de Koch-Grünberg.) Para o seu romance ele tomou como ponto de partida uma lenda, mas na sequência modificou-a profundamente e deu-lhe um sentido completamente novo. O herói sem nenhum caráter de Mário de Andrade foi visto por muitos como um espelho da mentalidade brasileira, embora essa não fosse nem de longe a intenção do autor.

A esquerda do assim chamado "Movimento Pau-Brasil" se entusiasmou com *Macunaíma* e foi mais longe do que o seu próprio autor gostaria. Ela não queria mais se limitar ao âmbito da literatura, mas também abranger os costumes, a política, a história e a religião. Seus teóricos, especialmente Oswald de Andrade, fundaram um pequeno grupo cheio de ímpeto combativo, muito semelhante aos surrealistas franceses. Alguns de seus partidários se tornaram comunistas, embora o líder Oswald de Andrade professasse tendências antes conservadoras.

Figuras verdadeiramente interessantes do grupo são, ao lado de Oswald de Andrade, apenas Raul Bopp que, como Augusto Meyer, é originário do Rio Grande do Sul. O poema *Cobra Norato*, de Bopp, que recentemente se destacou por um merecido sucesso, é um importante sinal indicativo das possibilidades de evolução futura da poesia brasileira.

Entre aqueles que se opuseram aos princípios dos primitivistas destaca-se especialmente o crítico Tristão de Athayde. Trata-se de um crítico e pensador muito versátil, cujo amor pela ordem e pelos ideais de uma evolução edificante o levou recentemente para os braços do catolicismo. Como cultor da inteligência e da razão, ele pode ser alinhado à orientação de Jacques Maritain, Julien Benda, Georges Santayanna e Ernst Robert Curtius. O órgão da orientação neocatólica é a revista *A Ordem*, que conta entre seus colaboradores com alguns nomes significativos, como o do jovem poeta Augusto Frederico Schmidt. Descendente de alemães como Augusto Meyer e Raul Bopp, Schmidt revivifica alguns românticos brasileiros e se serve de uma forma surpreendente e magnífica, com a qual criou um meio de expressão altamente pessoal.

Fora dos grupos mencionados devem ainda destacar-se como pertencentes à vanguarda dos escritores modernos alguns nomes, em especial, pelo mérito de suas obras. Assim, Manuel Bandeira é talvez o maior lírico brasileiro dos últimos tempos. Suas criações foram de início ignoradas pela crítica. Recentemente ele as reuniu em um volume, alcançando então um sucesso surpreendente. Ao lado dele deve citar-se Ribeiro Couto, o poeta de *Um homem na multidão* e da novela *Baianinha*, cuja expressividade enérgica e sensível, à qual se mescla uma doce melancolia, garante-lhe um lugar entre os primeiros da nova geração. Prudente de Moraes, o fundador da *Estética*, continua a desenvolver uma vívida atividade no terreno da novelística e como crítico. Recentemente ele produziu verdadeiras obras-primas de boa observação e genuína sagacidade. No âmbito do ensaio não há muitos que se igualem em profundidade e cultura a Rodrigo de Mello Franco de Andrade, que durante algum tempo desempenhou a função de crítico literário no periódico *O Jornal*, do Rio de Janeiro.

Como joias da literatura brasileira têm ainda de ser mencionados dois nomes: Antônio de Alcântara Machado e Aníbal Machado. O primeiro analisou de modo delicioso e encantador a verdadeira e barulhenta vida da capital paulista em seus livros *Brás, Bexiga e Barra funda* e *Laranja da China*. Especialmente interessantes são suas discretas observações da vida dos imigrantes italianos que trabalham nas fábricas do Brás. O outro, Aníbal Machado, não obstante seu anunciado romance *João Ternura* ainda não ter sido publicado, é considerado um dos mais notáveis representantes da nova mentalidade brasileira. Suas investigações no terreno da imaginação o aproximam em certa medida do irlandês James Joyce, embora por outro lado ele tenda fortemente para os surrealistas franceses. Seus flertes com o grupo da *Revista de Antropofagia* de São Paulo não evoluíram a ponto de nos fazer acreditar que possam mudar fundamentalmente seu estilo pessoal e característico.

Outros jovens escritores, como o mineiro Afonso Arinos Sobrinho e os paulistas Couto de Barros, Rubens de Moraes, Sergio Milliet e Luís Aranha dão valiosa contribuição para a consolidação da nova literatura brasileira. Entre os grupos regionais merecem pleno reconhecimento, especialmente, os de Pernambuco, de Minas e do Rio Grande do Sul. Em Recife, Gilberto Freyre, que tem os pés fincados na tradição, exerce uma notável influência sobre sua geração. Ele viveu por muitos anos nos Estados Unidos onde estabeleceu excelentes relações e se tornou um lógico inabalável. O órgão dos pernambucanos é a *Revista do Norte*, editada em cores e Antiqua pelo seu próprio diretor, J. M. Albuquerque Mello. Com seus princípios essencialmente nacionalistas, ela contribui para o enriquecimento da nova literatura. O alagoano Jorge de Lima, o pernambucano Ascenso Ferreira e o potiguar Jorge Fernandes têm afinidades espirituais com esse grupo, mas também mantêm relações com a *Revista de Antropofagia* de São Paulo. Os mineiros reunidos em torno de *A Revista* também têm alguns nomes importantes a ser destacados, como João Alphonsus e, principalmente, Carlos Drummond de Andrade, que dão uma contribuição especialmente valiosa à nova poesia brasileira.

No presente esboço não há espaço para caracterizações detalhadas da nova literatura brasileira. Seja apenas dito que sua energia vital e de configuração é acentuada por uma incessante resistência a toda forma de sistematização e disciplina. Ela é impulsionada por um espírito nacional, e esse vínculo abarca todas as tendências de nossa moderna atividade cultural ou, em todo caso, os mais valiosos e essenciais.

Carvão de babaçu: o fruto oleaginoso do babaçu e sua extraordinária importância*

Quando examinamos os gráficos e os números que foram elaborados pela Primeira Conferência Mundial de Energia, e dos quais *Duco* publicou recentemente alguns, constatamos que o continente sul-americano é o menos agraciado com reservas de energias, se deixarmos de lado a energia hídrica, da qual o Brasil é especialmente rico. Apenas no extremo norte e no sul o petróleo constitui uma exceção à regra.

Quem está familiarizado com a geografia econômica sabe que as fontes de petróleo até agora conhecidas estão fora do Brasil, apesar da grande extensão territorial do país. Pode ser que em alguns pontos sejam

* Artigo originalmente publicado na revista *Duco*, Berlim, jul.-ago. 1930, sob o título "Babassu Kohle: Die Oelffrucht Babassu und ihre ausserordentliche Bedeutung". Tradução do alemão: Mario Luiz Frungillo. (N. O.)

feitas prospecções e perfurações com sucesso parcial. Mas por enquanto seria prematuro criar, a partir delas, expectativas concretas de que o Brasil venha a se tornar um fornecedor de petróleo. No que se refere ao carvão mineral, é um fato, contrariando a opinião dos otimistas, que as minas existentes em nosso país, pelo menos até onde foram examinadas, estão longe de poder atender às nossas necessidades econômicas. As minas mais importantes, as de Candiota, Criciúma, São Jerônimo, Urussanga e Araranguá, fornecem um material bem inferior ao produto importado.

Mas como poderiam ser exploradas economicamente as enormes jazidas de ferro que possuímos em nosso país, especialmente de Minas Gerais? Esse problema foi levantado frequentemente nos últimos tempos, e a ideia de uma indústria siderúrgica brasileira ocupa todos aqueles que se interessam pelo futuro do Brasil. O aproveitamento da energia hídrica foi muitas vezes sugerido, mas diversas circunstâncias fazem essa solução parecer pouco promissora. Contra uma utilização racional dessa alternativa clama principalmente a grande distância entre as jazidas e os recursos hídricos suficientes.

A grande importância que a questão da siderurgia tem para o futuro do Brasil justifica, porém, plenamente o grande interesse que recentemente foi despertado pela descoberta de algumas possibilidades econômicas. Uma dessas é oferecida pelo coco do babaçu. Se podemos dar crédito aos cálculos feitos por uma comissão de técnicos norte-americanos, depois de terem estudado extensamente a produção de babaçu no Norte e Nordeste do Brasil, há em nosso país nada menos que um milhão de palmeiras de babaçu. Trata-se de um tesouro natural que merece não apenas a atenção das autoridades brasileiras, como também de todos os que estão interessados no comércio exterior do Brasil.

Não queremos abordar aqui todas as múltiplas utilizações que a semente do babaçu oferece para diferentes ramos da indústria, e sim nos ocupar exclusivamente da utilização desse fruto como combustível, que atualmente está a exigir um interesse todo especial. As numerosas análises que já foram feitas do carvão de babaçu explicam plenamente a atenção que esse inestimável fruto da flora brasileira atraiu. O carvão de babaçu demonstrou ser muito valioso, segundo resultados obtidos pela

Societè de Produits Chimiques Dubois, da França. Segundo as pesquisas realizadas por esse instituto, a capacidade de inflamar-se do carvão de babaçu é 1,47 vezes maior que a do carvão de Cardiff, a duração da combustão 2,17 vezes mais longa e o grau de eficácia 3,06 vezes mais alto.

O quadro a seguir, retirado de um trabalho publicado recentemente pelo Instituto de Expansão Comercial do Ministério da Agricultura do Rio de Janeiro, demonstra de um modo ainda mais evidente as vantagens do babaçu em comparação com o carvão mineral:

Quadro 1 Comparação analítica entre o babaçu e o carvão de Cardiff

	BABAÇU	CARVÃO (CARDIFF)
Umidade	4,1%	1,68%
Materiais líquidos	16,4%	34,3%
Material carbônico sólido	75,25%	58,27%
Cinzas	4,25%	5,75%
	100%	100%
Calorias	8.010 cal/g	7.664 cal/g
Enxofre	0%	2,83%

Experimentos feitos pela Ford Motor Company nos EUA com o coco de babaçu levaram aquela sociedade a enviar especialistas ao Brasil com a incumbência de examinar as possibilidades da utilização desse combustível em novos sistemas de redução para a produção de aço de alta qualidade. Também na França, graças aos excelentes resultados das pesquisas, muitas usinas siderúrgicas que produzem ligas especiais (ligas de níquel, de cromo e de tungstênio) querem importar esse coco do Brasil para fabricar seus produtos em processo direto. Para esse fim foram fundadas sociedades na França que trabalham com capitais de até 2 milhões de marcos, assim como uma sociedade que tem por trás capitais ingleses, brasileiros, franceses e belgas no valor de 17 milhões de marcos.

Recentemente foi firmado um contrato entre o governo do Estado do Maranhão e uma sociedade francesa para a exploração comercial do coco de babaçu. Em 1927 uma sociedade norte-americana obteve a permissão para trabalhar no Brasil.

Esses exemplos do crescente interesse por esse novo produto fornecido pela flora brasileira devem bastar para dar uma ideia do que o babaçu pode vir a se tornar se explorado de modo racional. Eu deliberadamente evitarei aqui discorrer mais detalhadamente acerca dessas possibilidades, e me limitarei a enumerá-las. Há mais de dois séculos os cronistas da época do Brasil Colônia o descreveram como uma *terra prometida*. A dourada saga que foi tecida a respeito da riqueza natural do país estimulou a fantasia e espicaçou a cobiça de conquistadores europeus. Portugueses e holandeses, franceses, espanhóis e ingleses lutaram durante muito tempo pela posse daquela região abençoada. Pouco a pouco o país deixou de ser meramente um grande produtor da madeira vermelha que lhe deu o nome. Ele se tornaria um grande fornecedor de ouro e pedras preciosas. A descoberta de tais tesouros é o marco inicial de um importante período da história brasileira. Aventureiros entraram em cena, e surgiram centros mineradores. Caçadores de esmeraldas e negociantes de diamantes vieram em socorro e, principalmente, apareceram os temidos bandeirantes, que inconscientemente lançaram as bases da nacionalidade e ao mesmo tempo expandiram as fronteiras do país. No restante foi um período lamentável, que desviou forças de trabalho e as levou a lutas sangrentas, e criou o gosto pelo luxo e o abuso da superficialidade. A agricultura incipiente, que mais tarde se tornaria o fundamento econômico do país, renunciou à parca força de trabalho disponível, e o que foi ganho beneficiou quase que exclusivamente os grandes senhores que viviam do outro lado do Atlântico e cujos esforços se voltavam apenas para o objetivo de retardar a evolução econômica normal da Colônia. Mas a marcha dos bandeirantes foi, por outro lado, um meio de robustecer a energia dos homens e deles se formaram extraordinários pioneiros, que ampliaram as fronteiras do país, fundaram povoações e favoreceram a formação de uma firme consciência nacional.

Ao que tudo indica, encontramo-nos às vésperas de um renascimento da era da exploração das minas. Nossas jazidas de ferro, que são as mais importantes do mundo, estavam apenas à espera de um espírito empreendedor para entrar na concorrência. O interesse despertado pela qualidade combustível do babaçu nos autoriza já a crer que esse momento é chegado. Finalmente parece que o meio racional para o desenvolvimento da indústria siderúrgica brasileira foi descoberto. Por se tratar de um trabalho feito a quatro mãos pela agricultura e a mineração, o nosso processo de desenvolvimento tomará uma nova direção, sem pausas e meios artificiais. Assim podem ser criados novos e sólidos fundamentos para um novo ciclo econômico que certamente assegurará ao Brasil o lugar que lhe cabe no concerto das nações.

O mito do século XX*

Depois do triunfo do nacional-socialismo na Alemanha houve quem julgasse ver confirmadas algumas teses nacionalistas populares em países de tradição latina e católica, segundo as quais, a nação alemã representaria, do ponto de vista cultural, como do político, uma espécie de elemento intruso no conjunto da vida europeia. Desde os tempos da Reforma o mundo germânico apareceu insistentemente como a negação de Roma, e uma negação que no curso dos séculos jamais cessou de se disciplinar e de tomar consciência de si mesma. Assim simplificado, o problema oferece aspectos singularmente sedutores para alguns espíritos – e não só satisfaz de certo modo algumas vaidades nacionais, compensando os ressentimentos, como esclarece diversos fatos que de outro modo não se explicariam facilmente. Depois de 1917 foi possível dizer que a Rússia não pertence mais à Europa – hoje, com algum exagero, muitos dirão que a verdadeira Europa termina no Reno. Desse modo estabelecem-se barreiras precisas, e a oposição assinalada recebe um sentido histórico indiscutível. A Alemanha, que se rendera em 1917, torna agora às suas

* Artigo originalmente publicado na *Folha da Manhã*, São Paulo, 29 dez. 1934. (N. O.)

verdadeiras raízes, reagindo ostensivamente, violentamente, contra todo o imenso lastro de ocidentalismo que não pôde nunca absorver.

Os que assim julgam esquecem muitas vezes que nem o mundo antigo, nem o gótico, formaram só por si a Europa e que foi justamente do diálogo entre os dois princípios que nasceu tudo quanto há de grandioso e de fecundo na civilização de que nos orgulhamos. Pode-se culpar a Reforma por ter quebrado a harmonia que, apesar de tudo, ainda poderia subsistir com esse diálogo. Mas não foi o mundo mediterrâneo que, com a Contrarreforma e o jesuitismo, fechou as portas a qualquer entendimento?

Seja como for é inegável que o hitlerismo veio exacerbar definitivamente essa oposição entre dois mundos que não se querem compreender. Porque nada, ao menos neste momento, permite crer que o movimento ora dominante na Alemanha ficará sendo um simples episódio. Para a explicação do fenômeno nacional-socialista, não basta que nos limitemos a acentuar o aspecto de sua ideologia que se reduz à exaltação da ideia de raça. Mas a verdade é que nenhum outro aspecto nos permite compreendê-lo em toda a sua extensão, com tamanha nitidez. São bem conhecidas as metamorfoses que sofreu a ideia racista desde Gobineau, passando por Lapouge e Houston Stewart Chamberlain, até os seus partidários norte-americanos como Madison Grand e Lothrop Stodda. É indispensável, no entanto, para se ter uma noção melhor do racismo que impera na doutrinação dos nazi, conhecerem-se as formas algumas vezes desconcertantes que esse ensinamento assumiu entre certos teóricos e publicistas alemães recentes. Nenhum livro nos dá uma compreensão mais completa a esse respeito do que a obra já famosa de Alfred Rosenberg, *Der Mythos des 20 Jahrhundert* [O mito do século XX]. Desde o título ela nos recorda o livro célebre de H. S. Chamberlain. Mas as afirmações, que já escandalizavam tanto na obra desse inglês germanizado, empalidecem diante da aplicação quase furiosa com que Rosenberg se empenha em fundamentar a sua concepção, num volume de seiscentas páginas, em que se abrange todo o essencial do que deve saber e sobretudo acreditar um autêntico nacional-socialista. Qualquer página do livro de Rosenberg é um testemunho de como esse simples postulado da superioridade de uma raça sobre as demais pode tornar-se o fermento de uma inversão de valores, de uma verdadeira revolução, cujo aspecto político não é talvez o mais importante, nem o mais significativo.

Para Rosenberg, o primeiro dever que se impõe na hora presente é a repulsa a toda e qualquer ideia política, social e religiosa que não se funde na primazia da raça nórdica sobre as outras e, quando necessário, contra as outras. Essa primazia deve permitir também que se estabeleça uma hierarquia rígida dentro de cada complexo racial. Assim, todo universalismo é odioso, seja o da Igreja Católica, seja o do liberalismo, seja o da Internacional. O princípio universalista, abstrato e anêmico nasceu de interesses econômicos inconfessáveis ou é o fruto bastardo do caos étnico já denunciado por Chamberlain.

A Revolução Francesa, a outra *bete noire* de Rosenberg, representou apenas a negação do elemento germânico na França. Desde 1870 a nação francesa é dirigida pelo romanismo e pelo judaísmo. Importa assim, antes de tudo, que se evite um estado de coisas semelhante para a Alemanha. Nenhum povo da Europa se pode orgulhar de sua pureza de raça, nem sequer os alemães. Os estudos mais recentes dos etnólogos afirmam a coexistência na Alemanha de pelo menos cinco ou seis raças diferentes, "todavia" - observa Rosenberg -

> está fora de qualquer dúvida que a raça nórdica é a que se destaca entre todas as outras pela sua contribuição na Europa com frutos culturais legítimos. De seu sangue nasceram os grandes heróis, os artistas, os fundadores de Estados; os nórdicos construíram as cidadelas fortes e as santas catedrais, o sangue nórdico cantou canções e criou todas as formas musicais que honramos com a maior manifestação do nosso gênio. Assim, pois, a raça nórdica deverá ser para o futuro o fator determinante de toda a vida alemã. Sem isso a Alemanha também tombaria e se afundaria em um caos informe.[1]

1 Rosenberg, *Der Mythos des 20 Jahrhundert.*

Essa noção exclusivista penetra até o Direito e a Religião para lhes dar um conteúdo novo e imprevisto. As próprias sanções jurídicas são encaminhadas no sentido do princípio racista. Assim, a pena não é concebida senão como um afastamento, do corpo social, de indivíduos que lhe são estranhos ou contrários. Rosenberg diz isso explicitamente e acrescenta que é altamente recomendável a pena de morte ou de prisão para todo indivíduo que se torna culpado de um atentado contra a "etnia" e contra a dignidade racial. O problema religioso merece do autor de *O mito do século XX* uma particular atenção. Para ele, já que o cristianismo se tornou uma fatalidade, cumpre adaptá-lo ao ideal étnico, libertando-o de todos os elementos considerados dissolventes. Mestre Eckehart, o grande místico do século XIV, passa a ser para ele o fundador da nova religião. E acrescenta:

> da nossa religião, livre de todos os elementos exóticos, como os que nos inundaram, provenientes da Síria, do Egito ou de Roma. O culto da humildade é indigno de uma raça forte e consciente de sua superioridade. Assim também, não é a morte de Cristo que deve constituir o símbolo central da nova fé, mas antes a sua vida.[2]

Seria vão procurar destacar tudo quanto nos pode oferecer de pitoresco ou de extravagante o livro do famoso teórico do nacional-socialismo, ou tentar controlar as suas opiniões científicas frequentemente falsas ou duvidosas. Porque a verdade é que sua obra não deve ser encarada apenas como um repositório de opiniões individuais, mas antes de tudo como a expressão autorizada de um movimento que empolgou e que domina toda uma grande nação.

2 Ibid.

Corpo e alma do Brasil: ensaio de psicologia social*

O sr. Ribeiro Couto teve uma fórmula feliz quando disse que a contribuição brasileira para a civilização será de cordialidade – daremos ao mundo o "homem cordial".[1] A lhaneza no trato, a hospitalidade, a generosidade, virtudes tão gabadas pelos estrangeiros que nos visitam, formam um aspecto bem definido do caráter nacional. Seria engano supor que, no caso brasileiro, essas formas possam significar "boas maneiras", civilidade. São antes de tudo expressões legítimas de um fundo emocional extremamente rico. Na civilidade há qualquer coisa de coercitivo – ela pode exprimir-se em mandamentos e em sentenças. Entre os japoneses, onde, como se sabe, a polidez envolve os aspectos mais ordinários do convívio social, chega ao ponto de confundir-se, por vezes, com a reverência religiosa. Já houve quem notasse esse fato significativo, que as

* Texto originalmente publicado na revista *Espelho*, Rio de Janeiro, mar. 1935. (N. O.)

1 Referência ao texto "El hombre cordial, producto americano", publicado pelo escritor santista Ribeiro Couto na revista *Monterrey: Correo Literario de Alfonso Reyes*, n.8, mar. 1932. (N.E.)

formas exteriores de veneração à divindade, no cerimonial xintoísta, não diferem essencialmente das maneiras sociais de demonstrar respeito.

Nenhum povo está mais distante dessa noção ritualista da vida que o brasileiro. Nossa forma comum de convívio social é no fundo justamente o contrário da polidez. Ela pode iludir na aparência – e isso explica-se pelo fato de a atitude polida consistir precisamente em uma espécie de mímica deliberada de manifestações que são espontâneas no "homem cordial": é a forma natural e viva, que se converteu em fórmula. Além disso, a polidez é de algum modo organização de defesa ante a sociedade. Detém-se na parte exterior, epidérmica do indivíduo, podendo mesmo servir, quando necessário, como peça de resistência. Equivale a um disfarce, que permitirá a cada um preservar intactas sua sensibilidade e suas emoções.

Por meio dessa estandardização das formas exteriores da cordialidade, que não precisam ser legítimas para que se manifestem, revela-se um dos mais decisivos triunfos do espírito sobre a vida. Armado dessa máscara, o individual consegue manter sem dano a sua supremacia sobre o social. E, efetivamente, a polidez implica uma presença contínua e soberana do indivíduo.

Psicologia do nosso "homem cordial"

No "homem cordial" a vida em sociedade é de certo modo uma libertação do verdadeiro pavor que ele sente em viver consigo mesmo, em apoiar-se sobre si próprio em todas as circunstâncias da existência. Sua maneira de expansão para com os demais reduz o indivíduo à parcela social, periférica, que no brasileiro – como bom americano – é precisamente a que mais importa. Ela é antes um viver nos outros. Foi um pouco a esse tipo humano que se dirigiu Nietzsche, quando disse: "Vosso mau amor de vós mesmos fez de vosso isolamento um cativeiro".[2] Nada mais

2 Nietzsche, *Werke*, IV, p.65.

significativo dessa aversão ao ritualismo social, que exige uma personalidade fortemente homogênea e equilibrada em todas as suas partes, que a dificuldade em que se sente geralmente o brasileiro de uma reverência prolongada ante um superior. Nosso temperamento admite as fórmulas de reverência, e até de bom grado, mas somente enquanto não verem a possibilidade de um convívio mais familiar. A generalização entre nós do tratamento por "você", que perdeu, aliás, a tonalidade cerimoniosa e substituiu praticamente o tratamento pela segunda pessoa, poderia ser explicada por motivos especiais: limito-me a lembrar, por enquanto, que não foi talvez simples casualidade o que fez coincidir a extensão geográfica dessa forma de tratamento com a parte do território brasileiro em que teve maior força a escravidão africana: o extremo norte e, sobretudo, o extremo sul, utilizam-na menos de que o centro. A manifestação normal do respeito, em outros povos, tem aqui a sua réplica, em regra geral, no desejo de estabelecer intimidade. E isso é tanto mais específico de nossa gente, quanto é sabido o apego dos portugueses, tão próximos de nós sob tantos aspectos, aos títulos e aos sinais de reverência.

No domínio da linguística, para citar um exemplo, esse modo de ser peculiar reflete-se admiravelmente. Veja-se, por exemplo, nosso pendor tão acentuado para o emprego de diminutivos. A terminação "inho", aposta às palavras, serve para familiarizar-nos mais com os objetos e, ao mesmo tempo, para dar-lhes relevo. É a maneira de fazê-los mais acessíveis aos sentidos e também de aproximá-los do coração. Sabemos quanto é frequente entre portugueses o zombarem dessa particularidade de nossa fala, tão ridícula para eles quanto o é para nós, muitas vezes, a pieguice lusitana, lastimosa e amarga. Um estudo atento de nossas formas sintáxicas traria, sem dúvida, revelações preciosas a esse respeito.

A mesma ordem de manifestações pertence, certamente, à tendência para a omissão do nome de família no tratamento social. Em regra é o nome individual, de batismo, o que prevalece. Essa tendência, que entre os portugueses resulta de uma tradição com velhas raízes – como se sabe, os nomes de família só entram a predominar decisivamente na Europa cristã e medieval a partir do século XII –, acentuou-se entre nós de modo verdadeiramente abusivo.

O desconhecimento de outra forma de convívio, que não seja a ditada por uma ética de fundo emocional, representa um aspecto da vida social brasileira que poucos estrangeiros compreendem com facilidade. E é tão fundamental entre nós essa maneira de ser, que ela não desaparece sequer nas esferas de atividade que, por sua própria natureza, devem alimentar-se da competição e da rivalidade. Compreende-se bem o espanto do negociante de Filadélfia citado por André Siegfried em seu livro sobre a América Latina, ao verificar que no Brasil e na Argentina é preciso, para conquistar um cliente, começar por fazer dele um amigo.[3]

Nosso catolicismo tão característico, que permite tratar os santos com intimidade quase desrespeitosa, o que deve parecer tão escandaloso às almas verdadeiramente religiosas, provém ainda dos mesmos motivos. Gilberto Freyre, que tão bem se ocupou dessa "liturgia antes social que religiosa" e cuja obra representa o ensaio mais sério e mais completo que já se tentou sobre a formação social do Brasil, fala-nos dos anjos e dos santos que só falta tornarem-se carne e descer dos altares nos dias de festa para se divertirem com o povo, dos bois entrando pelas igrejas para serem benzidos pelos padres, das mães ninando os filhos com as mesmas cantigas de louvar o menino Deus etc.

A popularidade entre nós de uma Santa Teresa de Lisieux – Santa Teresinha – resulta muito do caráter intimista que pôde adquirir seu culto, um culto amável, quase fraterno, que se acomoda mal às cerimônias e que repele as distâncias. E o que também ocorreu com o nosso menino Jesus, companheiro de brinquedo das crianças e que faz pensar menos no Jesus dos Evangelhos canônicos de que no de certos apócrifos, principalmente as diversas redações do Evangelho da Infância. Os que assistiram às festas do Senhor Bom Jesus de Pirapora, em São Paulo, sabem da lenda do Cristo que desce do altar para sambar com o povo.

Essa forma de culto, que tem antecedentes na Península Ibérica e em geral na Europa medieval, é uma transposição característica para o domínio do religioso desse horror às distâncias, que parece constituir, por

---

3 Siegfried, *Amérique latine*, p.138.

enquanto ao menos, o traço mais distinto do caráter brasileiro. Note-se que ainda aqui nós nos comportamos de modo perfeitamente contrário à atitude anteriormente assinalada entre os japoneses, onde o espírito do ritualismo invade o terreno da conduta social para dar-lhe mais rigor. No Brasil é o próprio rigorismo do rito que se afrouxa e se humaniza.

Nossa antipatia instintiva pelas formas ritualísticas pode justificar-se em parte por isso, que no fundo tais formas não nos são necessárias. Normalmente nossa reação ao meio social não é uma reação de defesa. A vida íntima no brasileiro não é bastante coesa, nem bastante disciplinada, para envolver e dominar toda a personalidade, ajustando-o como uma peça consciente ao ambiente social. Ele é livre, pois, para se abandonar a todo o repertório de formas e de gestos que encontra em seu meio, ainda quando obedeçam ao mais rigoroso formalismo. Esse ponto é importante, principalmente porque nos elucida outro aspecto interessante da questão que nos ocupa. Nossa assimilação desses gestos e formas, por isso mesmo que não nos são necessários, tem caráter puramente mecânico. Não há aqui, entre parêntesis, um elemento precioso para a explicação do rastaquerismo, o vício específico dos sul-americanos?

Origens do estatismo brasileiro

Pode-se supor que essa aptidão para o social constituísse uma tendência aproveitável para a organização coletiva. É um engano. Nossa vida em sociedade, como foi dito acima, é um simples gesto de retirada, descompassado e sem controle; está muito longe de regular-se como livre iniciativa. Resta-nos o expediente, precário sempre, de confiar na sabedoria política das leis teóricas, acreditando ou fingindo acreditar em sua onipotência. Como é diversa, nesse ponto, a atitude característica dos ingleses, que formam uma nação virtualmente sem Estado, que não possuem uma Constituição escrita, que se regem por um sistema de leis confuso e anacrônico e que, no entanto, demonstram uma capacidade de disciplina espontânea sem rival em nenhum povo da Terra. Para nós, ao contrário, é a rigidez, a impermeabilidade e a perfeita homogeneidade da legislação que nos parecem os requisitos *sine qua non* de toda disciplina social. Não conhecemos outro recurso. Aí reside o principal fundamento de nosso tão acentuado estatismo.

A maturidade precoce, o estranho requinte de nosso aparato de Estado, é realmente uma das consequências mais interessantes dessa situação. O conde Keyserling chegou mesmo a assinalar uma semelhança extrema entre esse aparato de Estado e o da Rússia czarista. O alto funcionário brasileiro, a seu ver, comporta-se como irmão gêmeo do funcionário russo de antes da Revolução Bolchevista. Com uma diferença apenas, que a estrutura do Estado, no Brasil, parece-lhe sensivelmente mais aperfeiçoada e assentada sobre bases mais seguras, menos vulneráveis, e menos ásperas sobretudo. Essa impressão foi de tal ordem que Keyserling chegou a imaginar que, tivesse sido a Rússia governada como o Brasil, jamais seu povo se teria rebelado.

Horror ao despotismo e violência

O Estado, entre nós, de fato, não precisa e não deve ser despótico – o despotismo condiz mal com a doçura de nosso gênio –, mas necessita de pujança e de compostura, de grandeza e de solicitude, ao mesmo tempo, se quiser adquirir prestígio e também essa respeitabilidade que os nossos pais ibéricos nos ensinaram a considerar como a virtude suprema entre todas. Eles podem conquistar por esse meio, e só por ele, uma projeção verdadeiramente assombrosa em todos os departamentos da vida nacional. Mas é indispensável que todas as peças de seu mecanismo funcionem com certa harmonia e com garbo. O Império Brasileiro realizou isso em grande parte. A auréola que ainda hoje o cinge para os nossos contemporâneos resulta, quase exclusivamente, do fato de ter encarnado um pouco esse ideal. À margem de nosso país que vive como projeto e aspiração na consciência coletiva dos brasileiros não se pode desligar muito do espírito do Brasil Imperial. A concepção de Estado figurada nesse ideal não somente é válida para a vida interna da nacionalidade, como ainda não nos é possível conceber em sentido muito diverso nossa projeção maior na vida internacional. Ostensivamente ou não, a imagem que de preferência sonhamos para nosso prestígio no estrangeiro é a de um gigante cheio de bonomia superior para com todas as nações do mundo. Ainda aqui o Império procurou antecipar, tanto quanto pôde, tal imagem. Sua política entre os países platinos dirigiu-se insistentemente nesse rumo. Se lhe sobrava por vezes certo espírito combativo, faltava-lhe espírito militar. Oliveira Vianna observou que as guerras estrangeiras, como métodos políticos, sempre foram encaradas pelo país como importunas, e até criminosas, e, nesse sentido, especialmente a Guerra do Paraguai não deixou de sê-lo, os voluntários que a ela acudiram eram, de fato, muito pouco por *vontade própria*. Não ambicionamos o prestígio de país conquistador e detestamos notoriamente as soluções violentas. Queremos ser o povo mais brando e o mais bem-comportado do mundo. Pugnamos constantemente pelos princípios tidos universalmente como os mais moderados e os mais racionais. Fomos das primeiras nações que aboliram a pena de morte em sua legislação, depois de a termos abolido muito antes na prática. Modelamos a norma de nossa conduta entre os povos pela que seguem, ou parecem seguir, os países mais cultos, e então nos envaidecemos da ótima companhia. Tudo isso são feições bem características de nosso aparato político, que se empenha em desarmar todas as expressões genuínas e menos harmônicas de nossa sociedade, em negar toda espontaneidade nacional.

O desequilíbrio singular que gera essa hipertrofia é patente e não escapa aos observadores, mesmo superficiais. Um publicista cuja obra goza hoje de grande popularidade, Alberto Torres, salientava há cerca de vinte anos o paradoxo dessa situação. "A separação da política e da vida social" – dizia ele –

> atingiu, em nossa pátria, o máximo de distância. A força de alheação da realidade da política chegou ao cúmulo do absurdo, constituindo em meio de nossa nacionalidade nova, onde todos os elementos se propunham a impulsionar e fomentar um surto social robusto e progressivo, uma classe artificial, verdadeira superfetação, ingênua e francamente estranha a todos os interesses, onde, quase sempre com a maior boa-fé,

o brilho das fórmulas e o calor das imagens não passam de pretextos para as lutas de conquista e a conservação das posições. A política é, de alto a baixo, um mecanismo alheio à sociedade, perturbador de sua ordem, contrária a seu progresso, governos, partidos e políticos sucedem-se e alternam-se, levantando e combatendo desordens, criando e destruindo coisas inúteis e embaraçosas. Os governantes chegaram à situação de perder de vista os fatos e os homens, envolvidos entre agitações e enredos pessoais.

Atitude livresca de Alberto Torres

Alberto Torres não viu e não quis ver, todavia, que foi justamente a pretensão de compassar os acontecimentos pelos sistemas, as leis e os programas, a origem da distância em que se acha a nação de sua vida política. Acreditou sinceramente, ingenuamente, que a letra morta pode influir de modo enérgico sobre os destinos de um povo e, na sua doutrina política, sempre acentuou o que chama "eixo de ação consciente", inspirada "no sentido de uma utilidade a realizar-se e, portanto, previsível". Coerente consigo mesmo, o que nos legou como fruto de suas observações e de suas meditações foi tão somente um extravagante projeto de revisão constitucional.

O fato é que a ideologia impessoal e antinatural do liberalismo democrático, com as suas maiúsculas impressionantes e com as suas fórmulas abstratas, jamais se naturalizou entre nós. Só assimilamos efetivamente esses princípios até o ponto em que coincidam com a negação pura e simples de uma autoridade incômoda, em que confirmavam nosso instintivo horror às hierarquias e em que nos permitiam tratar com familiaridade aos governantes. A democracia no Brasil foi sempre um lamentável mal-entendido. Uma aristocracia rural e semifeudal importou-a e tratou de acomodar-se como pôde aos seus preceitos que tinham sido justamente a bandeira de combate da burguesia europeia, e isso somente porque esses preceitos pareciam os mais acertados para os tempos e eram exaltados nos livros e nos discursos. O pecado original dessa atitude livresca nunca mais se apagou de nossa vida pública. Pusemo--nos a viver fervorosamente contra nós mesmos a vida pelo espírito e não pelo sangue. Perdemos toda capacidade de experiência real. Como Plotino de Alexandria, que sentia vergonha do próprio corpo, procuramos esquecer tudo quanto fizesse pensar em nossa riqueza emocional, a única realidade criadora que ainda nos restava, para nos submetermos à palavra escrita, à gramática, à retórica e ao Direito abstrato. Por pouco não seguiríamos o ideal daqueles revolucionários pernambucanos que queriam impor o tratamento de "cidadão" inclusive na vida privada dos indivíduos.

Povo de advogados, negação do pragmatismo

O espírito legístico, tão característico de nosso povo – povo de advogados –, é uma das consequências de tal atitude. Em seu processo formativo intervém aquela mesma projeção para o exterior, que entre nós é tão verdadeira em relação às coletividades como aos indivíduos, e que resulta bem mais de um abandono de si, que de uma iniciativa livre e consciente. Essa projeção é função do terror do isolamento, já assinalado, que leva cada indivíduo a buscar sua razão de ser fora de si mesmo, fora da vida, no ambiente social ou no mundo das ideias. Não é outro o motivo da ânsia pelos meios de vida definitivos, que dão segurança e estabilidade, exigindo, ao mesmo tempo, um mínimo de esforço pessoal, como ocorre tão frequentemente com os empregos públicos. Para os homens organizados em sociedade é normal que, entre as mil alternativas acessíveis, dirijam suas ações de preferência para a atitude tradicional no meio em que se criaram. Não há nessa norma de ação nada que se pareça com o cumprimento de um dever imposto. Tudo se faz, por assim dizer, espontaneamente e sem esforço. De outro modo não vivem, em aparência, as térmitas, as formigas, as abelhas e, consideradas de certo ponto, também as sociedades primitivas. Para o homem chamado primitivo, a própria segurança cósmica parece depender da regularidade dos atos e dos acontecimentos; uma perturbação dessa regularidade tem qualquer coisa de ominoso. Os meios de prevenção, por variados que sejam, manifestam-se, de início, apenas no caso em que a estabilidade da existência sofreu um hiato. Em uma sociedade "civilizada" e construída sobre o sentimento da boa vontade mútua, cada caso concreto de homicídio ou de fraude pode provocar a sanção penal, como único meio de se manter a boa ordem entre os cidadãos. A sistematização dos meios de sanção é justificável se tivermos em vista que algumas vezes é necessário abstrair-se da vida para viver e que só o absolutismo da razão pode querer que se absolva a vida de todo elemento puramente racional. O racionalismo excedeu os limites apenas quando erigiu os conceitos assim arquitetados em regra suprema, separando-se de seu conteúdo vivo e criando com eles um sistema lógico, homogêneo e histórico. Nesse erro é que se apoiam todas as revelações modernas quando pretendem fundar os seus motivos em concepções abstratas como os famosos Direitos do Homem. O grande paradoxo do século passado foi ter feito preceder o mundo das formas vivas do mundo dos conceitos. Sobre-estimaram-se as ideias, que usurparam decididamente o lugar das forças vitais. Os homens representativos da mentalidade política dominante chamam atenção frequentemente, como se sabe, para as plataformas, os programas, as instituições, como únicas realidades verdadeiramente dignas de respeito. E julgam que esse respeito aos preceitos coordenadores nos programas e expressos nas instituições é o meio adequado de se assegurar às nações um porvir ditoso. Acreditam sinceramente que da sabedoria e da coerência das leis depende diretamente a perfeição dos povos e dos governos.

Complexo de inferioridade e os maus governos

Essa crença presidiu a toda história independente das nações ibero-americanas. As revoluções que desligaram essas nações das metrópoles adotaram, como base das suas cartas políticas, os princípios da Revolução Francesa, então na ordem no dia, pelos mesmos motivos que ainda hoje levam os povos coloniais a contemplar com unção os ideais apregoados pela Terceira Internacional. Nada de verdadeiramente fundamental levava aquelas nações a abraçarem os princípios que abraçaram, além do impulso de rebeldia contra os jugos aborrecidos, impulso que tais princípios confirmavam, embora com objetivos diversos. Um certo complexo de inferioridade, que se pode compreender, levou esses povos a enaltecer um sistema de ideias, que contrasta em absoluto com o que há de mais positivo em seu temperamento e que, bem compreendido, levaria a total despersonalização. Não é, pois, de estranhar, que o ponto extremo de despersonalização na esfera política fosse encontrado em um país sul-americano. O Uruguai battlista pretendeu, enquanto existiu, realizar, ao menos em teoria, a consequência lógica do ideal democrático moderno, ou seja, o mecanismo do Estado funcionando tanto quanto possível automaticamente e os desmandos dos maus governos não podendo afetar senão de modo superficial o funcionamento desse mecanismo. Colocado no polo aposto à despersonalização democrática, o "caudilhismo" muitas vezes não participa menos do círculo de ideias a que pertencem os princípios do liberalismo. Pode ser a forma negativa da tese liberal e seu surto é compreensível se nos lembramos que a História jamais nos deu o exemplo de um movimento social que não contivesse os germes de sua negação – negação essa que se faz, necessariamente, dentro do mesmo âmbito. Assim, Rousseau, o pai do contrato social, pertence à família de Maquiavel, o pioneiro da doutrina do poder; um e outro vieram da mesma ninhada. Essa negação do liberalismo, inconsciente em um Rosas, um Melgarejo, um Porfirio Díaz, afirma-se hoje como corpo de doutrina no fascismo europeu, que nada mais é do que uma crítica do liberalismo na sua forma parlamentarista, erigida em sistema político positivo. Uma superação da doutrina democrática só será possível, efetivamente, quando tenha sido vencida a polaridade impersonalismo-caudilhismo.

Seja como for, o fato é que o espírito legístico não conseguiu até hoje modificar profundamente a atitude natural dos povos latino-americanos que pretende orientar: quando muito conservou-se à margem dos acontecimentos, exacerbando mesmo, por contraste, as forças que queria neutralizar. Essa atitude – dentro ou fora do liberalismo – requer que atrás da estrutura abstrata do Estado existiam personagens de carne e osso. As constituições que foram feitas para serem cumpridas, as leis que existem para serem violadas, tudo em benefício de indivíduos e de oligarquias, são fenômenos correntes em toda história da América Latina. É em vão que os políticos fingem interessar-se mais pelos princípios do que pelos homens; seus próprios atos são o desmentido flagrante dessas pretensões. O grau das relações, da intimidade e do parentesco com os detentores do poder decide sempre do êxito de uma carreira, muito mais que os argumentos de ordem legal ou doutrinária. Quaisquer que sejam as revoluções "regeneradoras" nunca chegarão a frear de maneira eficiente a importância dos empenhos e dos "pistolões". Até na tão malsinada primazia das convivências particulares sobre os interesses de ordem geral, revela-se ainda uma vez o predomínio do elemento emocional sobre o racional. A verdadeira solidariedade só se pode sustentar, realmente, nos círculos restritos, e nossa predileção confessada ou não, pelas pessoas e os interesses concretos, não acha alimento muito substancial nos ideais teóricos em que se há de apoiar, necessariamente, um grande partido. A crítica que dirigiu o cientista norte-americano Hebert Smith ao nosso espírito partidarista no tempo do Império, quando dominava – escreve ele – a concepção de que é desonroso para uma pessoa desertar de um chefe ou de uma facção política, embora essa deserção se faça em proveito de ideais muito nobres, é válida certamente do ponto de vista em que se colocava o autor e que também era, aliás, o ponto de vista de nossa democracia coroada, ao menos em teoria. Essa crítica repousa na incompreensão intolerante que é forçoso existir entre dois estilos de vida radicalmente diversos.

É imprudente, no entanto, julgar-se inofensivo o nosso bovarismo democrático. Devemos atribuir-lhe, ao contrário, grande parte de responsabilidade na divergência que Alberto Torres viu entre a "vida social" e a política entre nós. Pode dizer-se, na realidade, que não existe no Brasil nenhum contrato, nenhum território comum entre a Nação e o Estado. As conquistas liberais foram feitas aqui de surpresa; a grande massa do povo recebeu-as sempre com displicência, quando não com hostilidade. Elas não emanavam de uma predisposição espiritual e emotiva particular, de uma concepção de vida bem definida e específica, que tivesse chegado à plena maturidade entre nós. Os campeões das novas ideias esqueceram com frequência de que as formas de vida não são expressões voluntárias, não se "fazem" ou "desfazem" impunemente. A célebre carta de Aristides Lobo sobre o Quinze de Novembro é um documento flagrante do imprevisto que foi entre nós, a despeito de toda propaganda, de toda popularidade entre a mocidade das Academias, a realização da ideia republicana. "Por ora" – dizia célebre paredro do novo regime – "por ora a cor do governo é puramente militar e deverá ser assim. O fato foi deles, deles só, porque a colaboração do elemento civil foi quase nula. O povo assistiu aquilo bestializado, atônito, surpreso, sem conhecer o que significava." Essa distância entre o elemento "consciente" e a massa brasileira, entre o nosso *Ethos* e o nosso *Eros*, patenteou-se, aliás, em todos instantes supremos da vida nacional. A fermentação liberalista, que precedeu à Proclamação da Independência, foi obra de minorias exaltadas, sua repercussão foi bem limitada entre o povo, bem mais do que querem fazer crer os compêndios de história pátria. Saint-Hilaire, que por essa época anotava suas impressões de viagem pelo interior brasileiro, observa que as agitações liberalistas foram promovidas por europeus e que as revoluções das províncias foram obra de algumas famílias ricas e poderosas. "A massa popular" – diz – "a tudo ficou indiferente, parecendo perguntar como o burro da fábula: Não terei a vida toda de carregar a albarda?"[4]

Sentimentos se chocam com as construções políticas liberais

Seria de certo modo um exagero considerar-se a dissonância entre a política e a nação como sintomática de uma intromissão absolutamente ilegítima dos princípios de 1789 em nossa estrutura social. Poderiam acentuar-se até algumas zonas de convergência e simpatia bastante no-

4 Saint-Hilaire, *Voyage au Rio Grande do Sul*.

táveis entre alguns ideais do liberalismo e condições peculiares de nossa formação nacional. Eu citaria, mesmo, os dois seguintes fatores, que podem ter influído na eleição do ideal e do liberalismo, por parte dos responsáveis de nossa orientação política, além de certos elementos puramente exteriores, de caráter antes literário e demagógico:

1 – a repulsa, instintiva nos povos americanos, descendentes dos colonizadores e da população aborígene, por toda hierarquia racional, por qualquer composição da sociedade, que possa se tornar obstáculo sério à autonomia do indivíduo;

2 – a ausência de uma tradição bem fundada, que opusesse resistência enérgica a certas influências novas (por exemplo à do primado da vida urbana, do cosmopolitismo etc.).

Pode ver-se, pois, que o ideal do liberalismo e os móveis instintivos do povo coincidiram aqui, sobretudo no que apresentavam de negativo ou pouco consistente. Mas, além disso, o liberalismo também se funda, em parte, numa atitude que não estranha ao temperamento nacional. Já se disse que o despotismo condiz mal com a doçura de nosso gênio. É claro que a ideia da bondade natural do homem é singularmente propícia para lisonjear o nosso já assinalado "cordialismo". A tese de uma humanidade má de natureza e de um combate de todos contra todos há de parecer-nos extremamente antipática e inquietante. É nesse ponto que o "homem cordial" enxerga uma possibilidade de articulação entre os seus sentimentos e as construções políticas liberais. Patenteia-se nesse caso a importância extraordinária do exame dos fundamentos antropológicos das sociedades para a compreensão das teorias do Estado. É um fato instrutivo o das doutrinas que exaltam o princípio de autoridade pressuporem fatalmente a ideia de que os homens são maus de natureza.

Se, todavia, não nos detivermos na configuração exterior da vida nacional, pura projeção da vontade, mas penetrarmos ainda, e sobretudo, as formas subjacentes, só nos cumprirá confessar que se limita a essa coincidência todo contato entre os dois pontos de vista. Com efeito, no liberalismo a ideia da bondade natural é um simples argumento; seria enganoso imaginar-se que tal convicção repouse em uma simpatia particular pelo gênero humano, considerado no seu conjunto, ou em cada um dos indivíduos. Trata-se de uma teoria essencialmente neutra, despida de emocionalismo e enquadrada em fórmulas.

Contraste entre o ideal humanitário e a realidade

No fundo, a própria coincidência entre os ideais que apregoa e aquelas formas subjacentes, espontâneas, é apenas aparente e resulta de uma espécie de ilusão de ótica. Todo pensamento democrático-liberal pode resumir-se na frase célebre de Bentham: "A maior felicidade para o maior número". Não é difícil perceber que essa ideia está em contraste direto com qualquer forma de convívio humano de base emocional. Todo afeto entre os homens funda-se forçosamente em preferências. Amar a alguém é amá-lo mais que aos outros. Há nisso uma parcialidade absolutamente estranha ao ponto de vista jurídico e neutro em que se firma o liberalismo. A *bienveillance* democracia é comparável à polidez – resulta de um comportamento social bem definido e que pretende orientar-se apenas por um equilíbrio dos egoísmos. O ideal humanitário, que na melhor das hipóteses ele predica, é paradoxalmente impessoal; sustenta-se da ideia absurda de que o maior grau de amor está por força no maior número de homens e, por isso mesmo, insiste na excelência, na infalibilidade, na intangibilidade do voto da maioria ("o povo não erra", pretendem os declamadores liberais), subordinando assim, sub-repticiamente, os ideais qualitativos ao número.

É claro que um amor humano que se asfixia e morre fora de seu âmbito restrito não pode servir de cimento a qualquer sorte de organização humana concebida em escala ampla. Com a cordialidade e a bondade não se criam os bons princípios. É necessário um elemento normativo sólido, inato na alma do povo, ou implantado pela tirania, para que possa haver cristalização social. A tese de que os expedientes tirânicos nada realizam de durável é apenas uma das muitas invenções fraudulentas da mitologia liberal, que a história jamais confirmou. O liberalismo, empenhado em justificar e reforçar os seus conceitos, desaprendeu os homens dessa verdade. Parece-nos hoje definitivamente impossível imaginar que a confiança na grandeza, ou mesmo na eficiência absoluta dos processos liberais, repouse em fatos evidentes.

O ponto vulnerável da nossa organização social

É certo que isso não constitui argumento sério contra o liberalismo e que existem, sem dúvida, outros recursos além das tiranias, para a consolidação e a estabilização de um organismo social e nacional. Importa, no entanto, relegar aos seus justos limites o domínio dos princípios e das fórmulas políticas. E é o que raramente temos conseguido com sucesso. Aqueles pioneiros de nossa Independência e de nossa República, que em 1812 não desejavam em nada modificar a situação dos negros escravos, embora "não reconhecessem o direito dessa situação", foram de uma sinceridade que nunca mais se repetiu no decurso de nossa vida de nação. Depois deles, os políticos mais sábios e os mais prudentes preferiam não mencionar o ponto vulnerável de uma organização social que desejavam perfeita e coerente consigo mesma, ainda que somente no papel. Eles não duvidaram um único momento de que a sã política é filha da moral e da razão. E assim preferiam esquecer a realidade, feia e desconcertante, para se refugiarem no mundo ideal de onde lhes acenavam os doutrinadores do tempo. Criaram asas para não ver o espetáculo detestável que o país lhes oferecia.

É frequente o fato daqueles que em política fazem obra puramente realista pretenderem agir, ao mesmo tempo, segundo critérios morais: alguns ficariam sinceramente escandalizados, por outro lado, se lhes dissessem que uma ação moralmente recomendável pode ser praticamente ineficaz ou nociva. Não faltam exemplos de ditadores que realizam atos de autoridade perfeitamente arbitrários e julgam, sem embargo, fazer obra democrática. Essa atitude não é muito diversa da que, por outras razões, adotaram os "caudilhos esclarecidos" da Europa moderna. Não é impossível, pois, que o fascismo de tipo italiano, a despeito de sua apologia da violência, chegue a alcançar o sucesso entre nós. Hoje, os partidários do fascismo já descobrem o seu grande mérito em ter tornado possível a instauração de uma reforma espiritual abrangendo uma verdadeira tábua de valores morais. Não há dúvida que, de certo ponto de vista, o esforço que realizou significa uma tentativa enérgica para mudar o rumo da sociedade, salvando-a dos "fermentos de dissolução". O sistema que instituiu para sustentar a estrutura material imposta com violência pretende compor-se dos elementos vitais das doutrinas que repele em muitos dos seus aspectos; nisso está um dos títulos de orgulho prediletos dos criadores do regime. Esse sistema lhe dá, aparentemente, a dignidade de um triunfo positivo sobre o liberalismo e sobre as pretensões revolucionárias da esquerda. Quem não sente, porém, que sua reforma é, em essência, apenas uma sutil contrarreforma? Quem duvida que entre os seus motivos diretos subsiste o intuito, algumas vezes confessado, aliás, de dar sentido e fundamento às reivindicações materiais que, em verdade, lhe servem de base? Não é preciso extraordinária argúcia para se perceber que nesse subterfúgio repousa muito de sua energia. E, efetivamente, é ainda uma negação disciplinada o que se exprime antes de tudo em sua filosofia de emergência.

Os intelectuais neurastênicos e o nosso integralismo

Não seria difícil prever o que poderia ser o quadro de um Brasil "fascista". Desde já podemos sentir que não existe quase mais nada de agressivo no incipiente mussolinismo indígena. Na doutrinação dos nossos "integralistas", com pouca corrupção à mesma que aparece nos manuais italianos, faz falta aquela truculência desabrida e exasperada, quase apocalíptica, que tanto colorido emprestou aos seus modelos da Itália e da Alemanha. A energia sobranceira destas transformou-se aqui em pobres lamentações de intelectuais neurastênicos. Deu-se com eles coisa parecida com o que resultou do comunismo, que atrai entre nós precisamente aqueles que parecem menos aptos a realizar os princípios da Terceira Internacional. Tudo quanto o marxismo lhes oferece de atraente, essa tensão incoercível para um futuro ideal e necessário, a rebelião contra a moral burguesa, a exploração capitalista e o imperialismo, combina-se antes com a "mentalidade anarquista" de nosso comunismo do que com a disciplina rígida que Moscou reclama dos seus partidários. No caso do fascismo, a variedade brasileira ainda trouxe a agravante de poder passar por uma teoria meramente conservadora, empenhada no fortalecimento das instituições sociais, morais e religiosas de prestígio indiscutível, e tendendo, assim, a tornar-se praticamente inofensiva aos poderosos, quando não apenas o seu instrumento. Com efeito tudo faz esperar que o "integralismo" será, cada vez mais, uma doutrina acomodatícia, avessa aos gestos de oposição, que não deixam ampla margem às transigências, e partidária sistemática da Ordem, quer dizer, do Poder Constituído. No plano teórico ele fica satisfeito em ser perfeitamente insignificante, por menos que confesse. O que deseja no íntimo, e algumas vezes até com desconcertante ostentação, é a chancela, o *nihil obstat* da autoridade civil. Segue nesse ponto a grande tradição brasileira, que nunca deixou funcionar os verdadeiros partidos da oposição, representativos de interesses permanentes ou de ideologias.

O personalismo sempre prevalece às ideias

O que ainda nesse caso se evidencia é que somos um povo pouco especulativo e que as teorias não têm força entre nós a não ser indiretamente, como simples pretextos. Podemos organizar campanhas, formar facções, armar motins, se preciso for, para fazer vencer uma ideia. Todos estamos lembrados do enorme poder de sugestão que até há bem pouco tempo exercia, sobre muitos homens de boa-fé e de boa vontade, a fórmula mágica do voto secreto. Houve mesmo quem demonstrasse, acenando com o exemplo de outros povos mais felizes, que essa fórmula nos asseguraria não só o respeito devido ao sufrágio popular, como ainda a prosperidade material, a paz, o bem-estar econômico e muitas outras coisas inapreciáveis. Quem ignora, porém, que o aparente triunfo de um princípio jamais significou no Brasil – como no resto da América Latina – mais de que a vitória de um personalismo sobre outro?

Por motivos psicológicos, que já abordamos, o personalismo é entre nós uma noção positiva – talvez a única verdadeiramente positiva que conhecemos. A seu lado, todos os temas da democracia liberal são conceitos puramente decorativos, sem raízes fundas na realidade. Isso explica bem como países latino-americanos – onde o personalismo, ou mesmo a oligarquia, que é o prolongamento do personalismo no espaço e no tempo, conseguiu abolir as resistências da demagogia liberal, acordando os instintos e os sentimentos mais vivos do povo – conseguiram assegurar uma estabilidade política que de outro modo não conseguiriam. O Chile teve os três decênios mais felizes da sua história sob o regime inaugurado por Diego Portáles, que conseguiu arrancar o país do domínio das ditaduras ou da anarquia, mediante um poder acentuadamente oligárquico. A formação de elites de governantes, em torno de personalidades prestigiosas, tem sido, ao menos por enquanto, o princípio político mais fecundo em nossa América. Ainda hoje a estabilidade e a prosperidade da pequena república da Costa Rica, entre as suas irrequietas irmãs da América Central, justificam-se largamente pelos mesmos motivos. A ideia de uma entidade imaterial e impessoal, pairando sobre os indivíduos e presidindo aos seus destinos, é absolutamente incompreensível para a mentalidade dos povos da América Latina.

Somos apenas um povo endomingado, uma periferia sem um centro

É notório que no tempo da Monarquia, no Brasil, os jornais e o povo criticavam com muito mais aspereza a Câmara dos Deputados, eleita pelo povo, do que o Senado, cujos membros eram escolhidos pelo Imperador. A República, embora fizesse o país pulsar em uníssono com o resto do continente, não melhorou os hábitos políticos que dominavam. No vocabulário dos seus propagandistas trai-se com frequência o sentido íntimo das suas aspirações: o Brasil ia entrar em um novo rumo, porque "se envergonhava" de suas instituições, reflexos de sua imagem secreta; porque se envergonhava de si mesmo, de sua realidade *biológica*. Aqueles que pugnavam por uma vida nova representavam a ideia de que um país não pode nascer das suas próprias entranhas: deve formar-se de fora para dentro, deve merecer que "os outros" lhe deem sua sanção e seu aplauso. Não quer dizer que o Império representasse em todos os sentidos uma forma definitiva, ou sequer o gérmen de um sistema orgânico com o *substratum* da nacionalidade. É indiscutível, porém, que estava menos longe disso que a República. O princípio do Poder Moderador, chave de toda organização política e aplicação da ideia do *pouvoir neutre*, em que Benjamin Constant definiu a verdadeira posição do chefe do Estado constitucional, representava, até o ponto, a ideia da monarquia tutelar, tão em harmonia com o regime agrário e patriarcal que compunha o esqueleto de nossa organização; a divisão política em dois partidos, menos representativos de ideologias que de personalidades e de famílias, satisfazia nossa necessidade fundamental de solidariedade e de luta; finalmente, o próprio parlamento tinha uma importante missão a cumprir dentro do quadro da vida nacional, dando uma imagem visível dessa solidariedade e dessa luta. Assim, a monarquia brasileira trazia em si alguns elementos verdadeiramente afirmativos e construtivos, e havia certa grandeza no ideal que se propôs. Hoje somos apenas um povo endomingado. Uma periferia sem um centro.

Elisabeth Foerster*

Já não resta margem possível à imaginação diante da vida de Friedrich Nietzsche. Sabemos com grande precisão que ele nasceu em tal dia de tal ano, a tantas horas; que só aos dois anos e meio de idade começou a falar – "mas desde então bem regularmente", informa-nos sua biógrafa[1] – conhecemos o tema e mesmo alguns trechos de suas primeiras composições; possuímos seus retratos, suas cartas, seus escritos mais íntimos, desde a juventude até a tragédia final e mesmo os tristes fragmentos que lhe saíram da pena depois que já não era mais do que a sombra de um homem. Numa época em que andam em moda as biografias romanceadas, todas essas precisões parecem excessivas e importunas – no caso de Nietzsche a "biografia" toma espaço demais para deixar lugar ao "romance". A resenha dos fatos conhecidos de sua vida exterior é a tal ponto extensa e numerosa que quase nada se pode dizer de novo sobre ela. E isso explica um pouco o não ter encontrado até agora o seu Maurois ou o seu Ludwig.

Na verdade, nenhum outro gênio moderno sugere tanto a ideia de uma aparição quase milagrosa entre os homens de seu tempo. Sem esfor-

* Artigo originalmente publicado na *Folha da Manhã*, São Paulo, 19 dez. 1935. (N. O.)

1 Andreas-Salomé, *Friedrich Nietzsche in seinen Werken*.

ço imaginaríamos o criador de Zaratustra como um desses personagens de quem nos resta apenas o eco misterioso de uma voz morta e a memória de uma existência pouco sabida, em torno da qual nosso engenho poderia construir histórias maravilhosas – um Mestre Eckhart, um Paracelso, um Boehme.

A vida sentimental de Nietzsche foi pobre. Falta à biografia do mais alto dos românticos – ao mesmo tempo o primeiro a superar definitivamente o romantismo – aquela constelação de sombras femininas que rodeiam os outros poetas do seu século e de seu país. O que procurou constantemente nas mulheres foi antes um meio de se esquivar a uma exacerbante solidão espiritual. Certo, há indícios de onde um historiador indiscreto poderia retirar suspeitas sobre os sentimentos que lhe teria inspirado Cosima Wagner e sobre a importância desses sentimentos para sua vida íntima. Em algumas palavras e em referências escritas do último período de sua vida, em uma alusão misteriosa ao vulto de Ariadne no Zaratustra e em outros fatos, houve mesmo quem quisesse ver elementos ponderáveis para a suposição de que às razões intelectuais de seu rompimento com o mago de Parsival se mesclavam outros motivos, humanos, demasiado humanos. Em todo caso, os diários que nos ficaram de Cosima Wagner em nada nos esclareceram a esse respeito.

Aí estaria, talvez, o único mistério da vida de Nietzsche que não nos foi devassado pela única mulher de quem sabemos, com certeza plena, que exerceu papel decisivo em sua vida. Essa mulher, cujo falecimento nos anunciam telegramas recentes, foi sua irmã e chamou-se Elisabeth Foerster-Nietzsche. Podemos saber, pela própria narrativa dela, o caráter do afeto que associou desde cedo aos dois irmãos. A "sala dos tesouros" onde a pequena Elisabeth, desde os 6 anos de idade, preservou tudo quanto dizia respeito a seu Fritzschen, iria transformar-se com o tempo no famoso Arquivo Nietzsche, que tão decisivamente contribuiu para o muito que hoje sabemos de sua vida e de sua obra. E ninguém ignora, por outro lado, com que confiança ele correspondeu sempre a essa solicitude. Ao menos nesse domínio de puro sentimento ele achou na irmã por onde fugir à solidão de que não o tirariam nem Malwida von Meysenburg, nem Lou Andreas-Salomé, nem os seus amigos mais íntimos.

Não que decorressem em perfeita tranquilidade ou sem desarmonias as relações entre os dois irmãos, Elisabeth não lhe podia dar mais de que uma amizade fraternal, embora mista de admiração quase religiosa. Mas Nietzsche exigia bem mais, exigia que Elisabeth servisse até o sacrifício a missão espiritual que ele se impusera, à pureza e ao prestígio dessa missão. Se na sua existência íntima quisermos descobrir um prolongamento do paralelo já consagrado – e em alguns pontos justo – com Pascal, teremos de convir que havia em sua irmã muito pouco de *soeur* Jacqueline, mas precisamente essa diferença nos ajuda melhor a situar os dois grandes pensadores, o do século de Luiz XIV e o da era de Bismarck, e a distingui-los. A dureza de Nietzsche nas cartas a Elisabeth, quando lhe diz todo o horror que lhe causa o casamento dela com um chefe antissemita, o dr. Bernhard Foerster, é bem diversa, bem menos explicável, menos "normal", sem dúvida, de que a hostilidade de Pascal à vocação da irmã. Aqui, quando muito haveria simples egoísmo de sentimento; ingressando em Port Royal, Jacqueline apenas levara às extremas consequências sua adesão a uma fé partilhada pelo irmão, arriscava-se até onde este não ousara avançar.

Em Nietzsche o mesmo egoísmo complicava-se de uma antipatia convulsiva, não precisamente contra a possibilidade do casamento de Elisabeth ou sequer contra a pessoa do cunhado, mas contra as ideias que este representava. Para ele o dr. Foerster não era apenas o rival aparentemente vitorioso, mas ainda, ou melhor, antes de tudo, a personificação dos valores políticos da época, do antissemitismo, do bismarquismo, do imperialismo. O casamento da irmã atingiu-o como um golpe traiçoeiro. Bem mais tarde, quando nada mais lhe restava senão conformar-se à situação, dirigia-se nestas palavras a ela, então no Paraguai: "Malwida escreveu-me certa vez para dizer que fui injusto contra duas pessoas: contra Wagner e contra ti. E por quê? Talvez porque vos amei a ambos extremadamente e não sei dominar meu rancor ante o fato de me terdes abandonado".

Os que censuravam a Nietzsche por sua injustiça contra Elisabeth e contra Wagner esquecem-se de que, para ele, o seu pensamento, as suas ideias, a sua obra, não foram coisa separada de sua vida. Não procurou no domínio do pensamento apenas uma filosofia de salvação, como Pascal. E daí, principalmente, a trágica e invencível incompreensão que o perseguiu sempre, de parte daqueles mesmos que dele se aproximaram e que o aplaudiram.

Não faltou, por outro lado, quem censurasse Elisabeth por ter animado, através dos "Arquivos Nietzsche", a formação de uma opinião unilateral e falsa sobre a personalidade do filósofo, de ter procurado fundar a glória de seu irmão sobre bases ilegítimas. Talvez houvesse razão nessa censura, partida principalmente dos homens de esquerda, dos socialistas. Mas seria, porventura, menos ilegítima e menos superficial a atitude desses homens quando pretendiam criar um Nietzsche à sua imagem?

Caminhos e fronteiras*

Um mapa do século XVII apenso à *Istoria delle Guerre del Regno del Brasile*, do carmelita Giuseppe de Santa Teresa, representa-nos a Vila de São Paulo como centro de um minucioso sistema de estradas, expandindo-se em todos os rumos do sertão e da costa. Os nomes estropiados e o desenho tosco desorientariam quem pretendesse recorrer dos curiosos documentos para elucidar pontos obscuros de nossa geografia histórica. Recorda-nos ele, entretanto, a singular importância desses caminhos rústicos para a região de Piratininga, cujos destinos transparecem, assim, em panorama simbólico.

Os demais sítios povoados não passam de simples manchas dispersas ao longe da marinha, mal plantados na terra e quase independentes dela. Situam-se em paragens mais bem acomodadas à arribada de navios do que de bom acesso ao interior, como se sua existência estivesse exclusivamente voltada para o outro lado do Atlântico. Aqui procuram os portugueses provocar um ambiente adaptado às suas tradições nacionais e à sua experiência africana e asiática. O processo evolui graças à

* Artigo originalmente publicado na *Revista do Brasil*, Rio de Janeiro, mar. 1939. (N. O.)

importação de cana-de-açúcar. A cultura da cana gerou o engenho. E o engenho chamou o negro. Essa é a moldura em que se apresenta nos seus matizes vários a colonização portuguesa em uma larga extensão da costa. Mais tarde ela poderia servir como padrão a quase todas as instalações duráveis de europeus no Trópico.

Paisagens igualmente significativas, mas de colorido social bem diverso, contrapõem-se nos dois quadros. E se fosse possível distingui-las por um desses traços característicos, que valem por uma síntese, poderíamos dizer que, comparada à sociedade constituída no litoral e principalmente no litoral do Nordeste, nas terras do massapé – onde a riqueza agrícola procurava afinar os homens pelos gostos e até pelos requintes da Europa –, essa que se forma no planalto da Capitania de Martim Afonso encontra sua determinação antes no caminho, que convida ao movimento, do que no engenho de cana, que produz indivíduos sedentários.

Todo o sentido da história paulista prende-se por muito tempo aos caminhos, atalhados de pé posto ou estradas seguidas, sobretudo às vias de penetração criadoras de cidades e disciplinadoras do povoamento. O estudo desses caminhos detém-nos justamente no processo através do qual a plasticidade admirável dos colonizadores procura imprimir a um mundo novo e desconhecido estilos de vida que lhes são mais familiares e aplica-se nisso com extraordinária consistência. A consistência do couro – não a do ferro e do bronze – dobrando-se, adaptando-se, amoldando-se a todas as asperezas e peculiaridades da terra.

Em um dos belos estudos sobre a civilização da cana-de-açúcar, o sr. Gilberto Freyre faz-nos o elogio dos rios pequenos como fatores importantes na formação rural do Brasil, mostrando até onde se prestaram aos misteres da velha e pachorrenta rotina agrária. Com a mesma justiça pode-se salientar a significação decisiva dos caminhos estreitos, das picadas e atalhos que, por entre as florestas densas e as planícies desertas, foram prestimosos auxiliares dos sertanistas.

Donos de um instinto de orientação quase infalível, em que tão bem se revelam as suas afinidades com o gentio da terra, mestre e colaborador valioso nas entradas e descimentos, os paulistas sabiam sempre como transpor pela passagem mais breve as matas espessas ou as montanhas aprumadas e como escolher o sítio adequado para fazer pouso ou plantar mantimentos.

Eram de várias espécies os tênues e rudimentares caminhos de índios. Quando em terreno fragoso e coberto de vegetação, distinguiam-se, por exemplo, graças aos galhos quebrados dos arbustos. Aquele que encontrasse um ramo partido e adiante um outro podia considerar-se dono de uma pista. Para os caminhos marcados, de uso tão frequente entre os indígenas em toda América, exigia-se uma perícia de que já não podemos formar ideia remota. Onde houvesse árvores, os caminhos eram assinalados comumente nos troncos mais robustos, a golpes dados com os instrumentos de pedra. Nos campos extensos, porém, as marcas de caminho chegavam muitas vezes a extremos de sutileza. Koch-Grünberg viu uma dessas marcas no noroeste do Brasil: constava simplesmente de uma varinha dobrada em partes iguais, a maior metida no solo e a outra, em ângulo reto com a primeira, apontando para um rio. Só a um olhar muito apurado seria perceptível a indicação.[1]

A segurança com que a simples observação dos rastros guiava tantos índios como sertanistas era realmente inexcedível. Foi pelos vestígios de um abarracamento dos sertões de Vacaria e pela configuração geral do lugar, que Manuel Dias da Silva, correndo aquela campanha pelo ano de 1736, averiguou terem estado ali castelhanos, justamente um mês antes e com personagem de patente grande. Um cronista, que refere o episódio, acrescenta entre parêntesis: "até pela figura dos ranchos e cinzas do fogão conheciam os sertanistas, pouco mais ou menos, o tempo que tinha passado depois que naquele sítio estivera alguma tropa".[2]

Embora a documentação existente seja precária nesse ponto, há razões para supor que nessas jornadas os bandeirantes andassem geralmente descalços. Montoya diz dos homens de São Paulo que a pé e descalços marchavam por terras, montes e vales, trezentas e quatrocentas léguas,

1 Vargas Machuca, *Milícia y descripcion de las Indias*, p.187; Prado, *Paulística*, p.5; Koch-Grünberg, *Zwei Jahre unter den Indianern*, p.200.

2 Paes Leme, Nobiliarquia paulistana histórica e genealógica, p.1.

como se passeassem nas ruas de Madrid. E os inventários feitos no sertão mostram a escassez relativa de calçados durante as longas expedições ao interior. Em muitos casos não há sequer menção deles, como ocorre no inventário de Paschoal Neto, mandado fazer por Antonio Raposo Tavares na paragem de Ibitucaraiba; no de Manuel Preto, o moço; no de Pedro Sardinha; no de Francisco de Almeida; e no de Gaspar Fernandes. Algumas vezes surgem uns sapatos de couro de veado "novos", como no de Antonio de Oliveira, sinal de que estariam reservados, talvez, para as solenidades do arraial.

É sabido que o pé calçado teve com frequência um prestígio quase místico em terras de portugueses, valendo como prova da importância social de quem os usava. Houve quem dissesse que, no Brasil colonial, o sapato era o verdadeiro distintivo da liberdade, e em Angola, segundo relata Silva Correa, em fins do século XVIII, chamavam "brancos" aos negros que, pelo trato e distinção, estivessem em condições de andar calçados.

Nas longas e aventurosas correrias pelo interior é crível, porém, que tudo isso parecesse supérfluo. Os próprios europeus recém-chegados andavam frequentemente descalços em empresas semelhantes, seguindo o uso dos selvagens. Estes, não há dúvida, desconheciam qualquer sistema de calçado, ao menos na área onde se desenvolveu a colonização. Nada entre eles que fosse comparável, embora remotamente, ao mocassin dos índios norte-americanos, de que só nos Estados Unidos e no Canadá, Clark Wisler distinguiu dezenove variedades diferentes. São esporádicos os casos como o que ainda hoje se assinala nas regiões pedregosas de Roraima, onde os indígenas inventaram uma espécie de sandália, leve e elástica, fabricada com as hastes do miriti. Esse caso, segundo um etnólogo, constitui dos raros exemplos de um sistema autóctone de revestidura para os pés na floresta tropical.[3]

Das longas e constantes marchas que se habituavam desde meninos, provém os pés disformes e alargados que Ehrenreich notou em muitos

3 Krickeberg, Amerika. In: Buschan, *Illustrierte Völkerkunde*, I, p.261.

índios brasileiros.[4] "Pés largos" é a designação dada à casta de gentio de que há menção frequente nos velhos documentos da história paulista. A identidade desses selvagens é ainda hoje um mistério para os estudiosos de nossa Etnografia Histórica. Sabe-se que não deviam assistir longe da Vila de São Paulo e que vizinhavam aparentemente com os Tupiniquins. Ao menos em uma prática dos caciques de Loreto, que publicou o famoso Don Luis de Céspedes Xeria em 21 de janeiro de 1629, fala-se nos Tupis e "*piés largos de San Pablo*". Seriam os Guaianases. Uma referência contida em um dos trechos ainda não traduzidos do relato das peregrinações de Anthony Knivet admite essa suposição. Tratando dos Guaianases na Ilha Grande, que percorriam a região da Mantiqueira e da Serra do Mar, o aventureiro inglês diz que eram de pequena estatura, ventre volumoso e "pés largos".[5] Tão poucos atributos não bastam para definir uma raça; em todo caso há uma coincidência que pode impressionar entre a descrição de Knivet e o nome da tribo indígena, que tanto abasteceu de escravos os colonos e as aldeias de São Paulo. Se é exata a presunção de Capistrano de Abreu, quando diz de Guaianases, Guarulhos e Guaramonins, que eram um só grupo falando língua diversa da geral, haverá outros motivos de insistir na identificação sugerida, pois dos Guarulhos há notícia de que tinham ventre desproporcionado, e seu próprio nome se aparenta ao do peixe guaru, ou aru, também chamado "barrigudinho".

Desses índios sabemos por mais de uma referência, sobretudo das "Atas da Câmara paulistana", que eram gente andante e sem pouso. Muito caminho pisado mais tarde pelos bandeirantes foi aberto e trilhado inicialmente por eles, e assim terão contribuído, antes da colonização, para marcar definitivamente a fisionomia da terra onde vagaram. De sua prática nos terrenos montanhosos, que corte o Vale do Paraíba, muito se teriam valido os colonos, primeiro quando necessitaram de escravos –

4 Ehrereich, *Antropologische Studien über die Urbewohner Brasiliens*, p.104.

5 "*These canibals are of low stature, great bellies, and broad feet.*" Cf. Knivet, The Admirable Adventures and Strange Fortunes of Master Antonie Knivet. In: Purchas (ed.), *Harkluytus Posthumus or Purchas his pilgrims*, XVI, p.1228.

pois os índios iam buscá-los na serra, sempre que lhes encomendavam – e finalmente quando precisaram de guias nos caminhos do sertão.

Esses caminhos eram naturalmente terrestres, como o eram em grande parte os que demandavam ao Guairá e ao Paraguai, também frequentados antes da conquista europeia, e de um dos quais guardou-se o primitivo nome indígena Peabiru, convertido pelos jesuítas espanhóis em Caminho de São Tomé. É bem significativo que uns e outros, os que dariam nos descobertos auríferos e os que levavam más reduções de Guaranis, tenham fixado as duas direções iniciais da expansão paulista. Só mais tarde foram utilizados os rios como vias de penetração, e isso já ponderou com razão o sr. Alfredo Ellis Júnior, combatendo os que descobrem no Tietê o grande caudal do bandeirismo. O valor dos rios estava menos em serem vias de navegação do que meios de orientação; acompanhando-lhes as margens ninguém se desnorteia. Mais tarde, já nos tempos de decadência, um capitão-general dos paulistas, o desastrado Martim Lopes Lobo de Saldanha, indicava, em ofício sobre remessa de tropas ao sul, as outras vantagens que representavam os rios para os seus governados, dizendo que esses banzavam no mar e preferiam trilhar os caminhos terrestres, matando caça e banhando-se nas águas, "ao uso americano".[6]

A locomoção animal, por outro lado, era extremamente difícil nas brenhas ou lugares acidentados e, embora os homens de São Paulo fossem bons cavaleiros desde os tempos de Fernão Cardim, pouco valeria essa virtude nas veredas e picadas dos indígenas. Dos recursos europeus pode-se dizer, aliás, que em quase nada melhoraram os processos primitivos, quando se tratou de devassar as terras desconhecidas. Falando sobre a pouca eficiência dos espanhóis para se medirem com os paulistas, Montoya dizia em um memorial de 1643: "são bons atiradores de escopetas, mas nada exercitados em caminhos; porque são bons ginetes e a pé não dão um passo".[7]

6 *Documentos interessantes para a história e costumes de São Paulo*, p.142.

7 Ver Fenandez, *Organización social de las doctrinas guaranies*, p.634.

As montarias só serviam para pequenas marchas em lugares descampados do planalto e da zona litorânea da capitania. Os próprios serviços de carga eram feitos de preferência nos ombros dos escravos da terra. Sonhando sempre com novos Potosis, d. Francisco de Sousa pensou um momento em importar lhamas do Peru para os transportes nas minas; houve até uma provisão real nesse sentido.[8] A experiência, porém, não se realizou, como não se realizaram os sonhos maravilhosos do senhor de Berigel, ao menos enquanto viveu. A marcha do peão feita até certa hora do dia e acompanhada de descanso ou de digressões venatórias, marcha à paulista, como então se chamava, constituiu o verdadeiro modo de locomoção e o único possível nas empresas dos bandeirantes.

O pé que calca a terra e marca os caminhos, não a mão que trabalha e colhe o fruto do trabalho, foi o grande instrumento que os índios puseram ao serviço dos colonizadores e aventureiros. O esforço produtivo, que demanda tempo para frutificar – e isso é particularmente verdadeiro do trabalho agrícola –, era entre eles missão feminina e provavelmente afrontosa. Compreende-se que fosse de pouco préstimo nas terras onde imperou o latifúndio açucareiro. Nelas era menos difícil ao europeu instalar-se em comunidade bem composta e dócil aos interesses da Metrópole. A proximidade do mar garantia, em parte, o domínio e o prestígio dos delegados do Reino; isso explica os regulamentos cominatórios instituídos para aqueles que, sem mandado, ousassem internar-se sertão adentro. Já o "Regimento dos provedores da Fazenda", de 1548, determinava penas severas para os infratores.

Em tal sistema poderia crescer e prosperar um centro como o Rio de Janeiro ao ponto de chegar a ser a verdadeira capital do sul, mesmo antes de Garcia Rodrigues e do caminho novo, apenas por oferecer porto seguro e bom abrigo, embora separado do resto do continente por toda sorte de obstáculos geográficos. Mas nesse mesmo sistema os antigos

8 A provisão, dada em 1609, e que está publicada no volume I do *Registro Geral da Câmara de São Paulo*, fala na realidade em "carneiros de carga, daqueles que costumam trazer a prata de Potosí", recomendando que se procurasse fazer casta deles e que nunca faltassem. Carneiros do Peru ou carneiros de carga era como costumavam chamar lhamas.

donos da terra teriam de acomodar-se às necessidades dos adventícios ou perecer. E não se acomodaram. Sua importância na sociedade formada à custa dos engenhos desaparece rapidamente e, já em fins do primeiro século, é pouco sensível. Da África e das ilhas portuguesas – sobretudo de Cabo Verde, espécie de viveiro do Brasil –, vêm a princípio as variedades animais e vegetais que farão a grandeza e a opulência da colônia. Sob esse aspecto, a África, fornecendo embora elementos tão valiosos para o desenvolvimento dessas regiões ao ponto de só graças ao negro ter sido possível ali uma civilização de brancos, surge com uma contribuição bem mais minguada do que faria supor a semelhança de climas.[9] Sua função foi, pois, essencialmente, a de uma grande fonte de energias físicas, manancial do carvão humano de que a terra precisava para prosperar. E Portugal como a Holanda compreenderam bem cedo que não poderiam prescindir de terras africanas se quisessem conservar o Brasil. "Sem negros não há Pernambuco e sem Angola não há negros", disse Antonio Vieira em uma das suas cartas, denunciando a posição complementar, quase subsidiária, que devia ter a África em relação ao Brasil colonial.

O gentio da terra, se entrou nesse conjunto, foi para trazer o elemento do desleixo, da facilidade e do lazer. Com ele aprende o conquistador o vício de fumar e beber fumo, o processo primitivo das queimadas para as roças – que empobrece a terra, mas poupa trabalho –, o modo de tornar comestível a mandioca, dispensando o pão de trigo, e, finalmente, a rede para dormir e descansar.

9 Já se calculou em 32 o número de plantas úteis vindas do continente africano, ao passo que os vegetais da América ali propagados orçariam por 81. Ver Schweinfurth, Was Afrika na Kulturpflazen Amerikas zu verdanken hat und was es ihm gab. In: Koch-Grünberg, *Festschrift Eduard Seler*, p.541.

Década de 1940

Encontro de intelectuais no restaurante Lido. Da esq. para a dir.: Múcio Leão, Ribeiro Couto, Sérgio Buarque de Holanda e Austregésilo de Athayde. Rio de Janeiro, 1940.

Acervo SBH

O índio no Brasil*

"Mas o melhor fruto que [na terra] se pode fazer me parece que será salvar essa gente, e essa deve ser a principal semente que vossa alteza nela deve lançar." Assim dizia, referindo-se aos índios, o primeiro repórter brasileiro, Pero Vaz de Caminha.

Depois daquele choque do escrivão com a gente que lhe parecia, malgrado todas as riquezas, a melhor e mais útil riqueza a preservar, passaram-se quatrocentos anos de espoliações, massacres, êxodo e miséria. Acossados, os índios, que a princípio receberam bem o invasor, retiraram-se para os sertões indevassados. Outros morreram sob a presença das novas doenças que o invasor transmitia, ou transformados na triste carne de um negócio ignóbil, escusas transações de terras e de braços. De quase todo o Brasil, o índio desapareceu. Não deixou rastros acentuados. Não possuía instrumentos duradouros, se exceptuarmos a cerâmica de Marajó, que hoje levanta o interesse dos especialistas e já se apresenta como tentativa de criação de um novo estilo. Não deixou monumentos, pois suas casas eram de frágeis materiais, pobres elementos onde

* Ensaio originalmente publicado no *Observador Econômico e Financeiro*, Rio de Janeiro, abr. 1940. (N. O.)

não entrava a pedra que eterniza a presença do homem. Apagaram-se por isso os vestígios de sua presença nas grandes terras onde outrora viveram.

Mas ficou a sombra, inapagável, no rosto dos habitantes, em certas peculiaridades de temperamento, marcando a remota presença do índio. Em 1922, apurava Roquette-Pinto, que a percentagem de índios puros na constituição antropológica do povo brasileiro correspondia a 2%, pequena, de certo, mas muito maior do que julgam os desprevenidos. E a proporção de caboclos chegava a 11%. Em fins do Império, Couto de Magalhães, que depois de José Bonifácio foi um dos únicos a se interessarem pela sorte dos índios, caracterizava com admirável intuição a importância da contribuição do índio na formação antropológica do povo brasileiro:

> Que proveito temos nós tirado dos selvagens? – perguntam muitos. Tiramos nada menos do que metade da população atual do Brasil. Não da população que ocupa os altos cargos, as funções públicas, os salões, os teatros, as cidades; mas da população que extrai da terra milhares de produtos que exportamos ou consumimos; da população quase única que exerce a indústria pastoril; da população sobre quem mais tem pesado até hoje o imposto de sangue, pois é o descendente do índio, o mestiço do índio, do branco e do preto o que quase exclusivamente ministra a praça de preto ou o marinheiro.[1]

Pode alegar, para ficar de acordo com estultas "teorias" raciais agora revigoradas por motivos independentes e estranhos à ciência, uma possível inferioridade do índio, pois que não se tem encontrado com frequência o mestiço de índio na elite intelectual do país. Mas se soubermos que em seus contatos com o branco, ele raramente chegou às áreas urbanas, e forneceu, por isso, o grande contingente misturado do homem rural, e mais, que ele contribuiu, por seus descendentes mestiçados, para a formação dos marinheiros e soldados profissionais, e foi essa a sua úni-

1 Couto de Magalhães, Ensaios de Antropologia: região e raças selvagens. *Revista do Instituto Histórico e Geográfico Brasileiro*, XLVII, n.36, p. 359-516.

ca oportunidade para afluir às cidades; se soubermos, além disso, que a maior parte dos homens exponenciais procedentes dos estados centrais, no Império e na República, tem no sangue, em proporção mais acentuada do que os do litoral, considerável contribuição índia, compreenderemos a importância do estudo do índio e de sua contribuição para o conhecimento do povo brasileiro.

Mas nem só desse estudo, de valor digamos histórico, poderíamos fazer um tema de exame. Importa acentuar também que uma boa, ainda que comparativamente pequena, parte do povo brasileiro – os índios – não tem merecido a atenção de seus compatriotas, senão em raros intervalos inconsequentes. O espetáculo doloroso e degradante dos índios que, devidamente industriados, vêm à capital da República, em grupos andrajosos, pedir ao presidente da República – que eles chamam "Papai Grande", ou "Capitão" – ferramentas e roupas tem constituído, geralmente, para a imprensa, oportunidade para acentuar o pitoresco e o anedótico desses vergonhosos episódios. Os índios não sabem pedir, e muito menos reclamar, aquilo que lhes tem faltado: proteção contra a miserável exploração dos espertos que os aviltam, e oportunidade para vencer, num milagre histórico, todas as etapas pelas quais passamos em séculos de laboriosa evolução.

Não há que admirar, portanto, que os índios continuem a sua decantada e maravilhosa inconsciência, sem outra preocupação que a do dia de hoje, incapazes de previdência, entregues à solércia dos "regatões", no Amazonas, à aventura dos "bandeirantes" de nova espécie, nos sertões de Goiás e Mato Grosso, degradados e moribundos no Vale do Rio Doce, como uma legião dispersada, embrutecida, entregue aos aventureiros, relatos de amargura contra a civilização e de desconfiança contra os brancos que há quatrocentos anos não fazem mais do que enganá-los, explorá-los sem piedade.

Os parecis, em suas festas comemorativas, entoavam um "*ualalu*" que era assim:

Nozani naôrekuá
Kazá etê

Nozani naôrekuá
Nozáni noterahá ôlôniti
Notuhã koseloza
Noterá Kenakiá
Nê-e ená ualalô giráhalô.

Segundo tradução do general Rondon esse canto de alegria quer dizer o seguinte: "Vou dançar, vou vestir trajes novos, vou beber vinho e xixa e comer mingau de milho e de mandioca".[2]

Nesse canto, que bem exprime a atitude do índio diante da vida, quando a vitória chegou, e o dia é todo seu, encontrar-se-ia matéria para duras reflexões sobre a irremediável imprevidência do selvagem. Mas não se diria, de certo, que o índio tem, por experiência feita em sua própria carne, todos os motivos para descrer de nossas pregações sobre o valor do trabalho e da previdência. Sua inconsciência é admirável porque é uma força de vida, força que o sustenta e o faz continuar na tradição das selvas. Que é que a civilização lhe pode dar, se ela apenas lhe oferece trabalhar para o branco. Trabalhar para os outros, e morrer pela mão dos outros, foi o que ofereceram ao índio em quatro séculos de devastação.

No entanto, eles podem ser úteis, porque conhecem os segredos da selva, de tudo quanto nos tem ensinado, já aproveitamos tanto que pudemos esquecer o valor dos seus ensinamentos. Mas não nos esqueçamos de que se há de nossa parte o dever de assistir a esses compatriotas, também podemos decifrar com eles, antes que se extingam ou se desfaçam na doença e na miséria, muitos segredos da terra, que só eles nos podem ensinar. E não será demasiado pensar que eles possam um dia fazer tudo o que nós fazemos, quando sabemos que eles são iguais àqueles outros índios de onde nós saímos para desprezá-los.

Esta reportagem visa examinar os aspectos cruciais da questão dos índios, com uma franqueza que não nos parece excessiva, porque já é

2 Rondon apud Lima Figueiredo, *Índios do Brasil*.

tempo de ampliar o protesto apaixonado dos pioneiros da incorporação do índio, contra o descaso, o ceticismo e os interesses inconfessáveis. Por isso, devemos examinar a origem dessa atitude, pois que uma atitude dessas tem explicação. Possam as verificações que aqui fazemos servir à melhor compreensão do problema, criando um estado de espírito, uma atitude favorável ao índio, porque só assim poderá ser feita a incorporação do índio e ao mesmo tempo evitada a exploração que em seu nome se faz.

O choque com a civilização

Importa acentuar, de início, que a principal condição a ser respeitada e compreendida do índio é o seu temor, seu justo ressentimento contra a civilização. Não lhe bastassem as manifestações atuais dessa incompreensão do civilizado em relação às suas concepções de vida, pretendendo forçá-lo a atravessar, sob o cano da carabina ou sob a adoração das imagens, a toda pressa, séculos de formação espiritual, que os distancia do tempo, não bastassem essas manifestações, teríamos as outras mais importantes, sem dúvidas representadas pelo primeiro choque com o invasor. Não apenas o choque de corpos e de ambições contrárias à sua vida braviamente livre, mas também o choque de culturas – como hoje se diria para definir um antigo fenômeno. Do primeiro temos os mais remotos e também mais expressivos exemplos, nas caçadas ao índio, que os obrigavam a migrações bruscas, superiores às próprias tendências e necessidades do seu nomadismo, pois que os deslocavam, acossados pela cobiça do invasor, por distâncias intermináveis, nas quais até a diferença de clima bastaria para exigir deles novas condições de adaptação, provocando a decadência e a morte. Do segundo, isto é, do choque de culturas como fator de desbaratamento da vida do índio, e até da sua própria estrutura social, temos o primeiro, remoto e significativo exemplo das migrações forçadas, aquilo que Manoel Bomfim chamou "*transplante de tribos*". Em apoio de sua verificação, citava Bomfim o padre Vieira e o ardente e sincero Nóbrega. O primeiro dizia:

> Estava esta gente [os potyguaras] distante do rio um mês de caminho, ou de não caminho, porque tudo são bosques cerrados atalhados de grandes lagos, serras, e eram dez aldeias, as que haviam de descer, com mulheres, meninos e crianças, enfermos e todos os outros impedimentos que se acham na transmigração de povos inteiros. Enfim, depois de dois meses de excessivos trabalhos e vigilância, chegaram os padres com eles ao rio, onde os embarcaram para as aldeias do Pará.

Nóbrega, este, acentua Bomfim, "compreendeu muito bem a vantagem suprema de tornar os índios inteiramente sedentários, estáveis". Mas, acrescenta, "há uma grande diferença entre o converter as aldeias do gentio tupi, já agrícola, em estabelecimentos definitivos, e o andar desencaminhando tribos já aldeadas, afeitas a uma região, para outras terras, em êxodos como esse dos tupinambás, descidos na mesma ocasião".[3]

À natural tendência migratória dos índios acrescentaram-se, a partir do começo do século XVI (verificação de Métraux), as migrações por intervenção de fatores religiosos e econômicos, seja na fuga desesperada à devastação do europeu, seja no seguir "feiticeiros brancos" como aquele que Claude d'Abeville aponta, a propósito do êxodo de milhares de índios de Pernambuco, os quais seguiam um branco que "*les faisait croire, soit par charme, soit par piperie, qu'il n'estait pas homme né de père ni de mère comme les autres*".[4] "No trajeto", acrescenta J. F. de Almeida Prado, "ao chegarem à Serra de Ibiapaba encontraram forte resistência por parte dos tabajaras. Morreu o feiticeiro no cerco de uma aldeia indígena, e a fome e as doenças se encarregaram de dispersar os seus comandados".[5]

A luta era uma constante da vida índia. Mas não se pode negar que a intensificação de caminhadas e migrações em massa, sejam compelidas pelo terror do branco, sejam por instigação do missionário para o "transplante de tribos", aumentava os contatos entre diferentes tribos,

---

3 Bomfim, *América Latina*.

4 Do francês: "fazia-os crer, seja por encanto ou trapaça, que ele não era homem nascido de pais ou de mães como os outros". (N. E.)

5 Almeida Prado, *Primeiros povoadores do Brasil*.

criava novas exigências de tribos recém-chegadas em zonas onde outras já existiam e, portanto, aumentava as possibilidades de luta até um grau inimaginável. Métraux, o grande etnólogo, acredita mesmo que os brancos influíam nas migrações de índios para levá-los a descobrir ouro. E o índio, que desconhecia o valor do ouro, passava a acreditar nas lendas que em seu próprio nome os brancos criavam. Assim, por exemplo, os tupis chegaram até o Peru.

Fernão Cardim fornece a prova decisiva: "[...] e eram tantos os dessa casta (o índio do litoral norte) que parecia impossível poderem se extinguir, porém os portugueses lhes têm dado tal pressa que quase todos são mortos e lhes têm dado tal medo, que despovoam a costa e fogem pelo sertão a dentro até trezentas e quatrocentas léguas".[6]

O padre Durand, citado por Lima Figueiredo, relata que "em todo o vale do Amazonas, do seu extenso estuário até as suas mais altas cabeceiras, os íncolas eram tão numerosos, que pareciam enxames de mosquitos".[7]

Apontam-se, no século XVI, distribuídas por dezenove grupos linguísticos diferentes, mais de cem variedades de tribos brasileiras, segundo sua distribuição dialetal. É quanto basta para demonstrar a extraordinária dispersão dos índios, que assim tornou fácil a obra de destruição empreendida pelo invasor. Muitos deles, como os cariris, que no vale do São Francisco resistiram à invasão e ali se afeiçoaram à criação de gado, aldeados pelos missionários – primeiro desmentido à lenda de que o índio é incapaz para o trabalho –, converteram-se em mão de obra para jesuítas e colonos. Outros, muitíssimos outros, refugiaram-se nos sertões, onde até hoje seriam caçados – como, em muitos casos, têm sido com a mesma inconsciência dos primitivos preadores, e uma ferocidade ainda mais vergonhosa – e ali mantêm seu ressentimento secular e seu desinteresse por tudo quanto lhes possa parecer forma de civilização branca, isto é, aparência destinada a enganá-lo e massacrá-lo. O índio, considerado em seu conjunto, já não é mais aquele ingênuo de que dizia

6 Cardim, *Do princípio e origem dos índios do Brasil.*
7 Durand apud Lima Figueiredo, op. cit.

Gandavo: "*os índios acreditam em tudo o que se lhes diz*". Não importa que individualmente ele continue crédulo, sendo a credulidade uma característica do primitivo. Mas na experiência que independe de suas aventuras, uma como tradição de temor e de espanto, desconfiança e desprezo, condicionada pela atração invencível do que há de cintilante, aos olhos do índio, em nossa civilização, nessa experiência gravada com fogo e sangue na consciência do índio, a civilização para ele não é apenas desconhecida: é indesejável, porque equivale a uma sentença de morte ou um decreto de sujeição.

E esses índios eram aqueles de quem Gabriel Soares, em 1587, dizia, a propósito dos Guananas (do grupo guarani):

> Não são maliciosos, nem refalsados, antes simples e bem acondicionados e facílimos de crer em qualquer coisa [...] Não matam aos que capturam nas guerras [...] São grandes flecheiros e inimigos de carne humana [...] Se se encontram com gente branca, não fazem nem um dano, antes boa companhia [...] Não costumam fazer guerra a seus contrários fora de seus limites, nem os vão buscar em suas vivendas.[8]

Em nome do combate à antropofagia singularmente exagerada pelos viajantes e cronistas, processou-se a extinção de tribos inteiras. Uma legislação que João Francisco Lisboa chamou "hesitante e contraditória", durante todo o período colonial, ora os protegia para entregá-los às reduções jesuíticas, ora os protegia para entregá-los à fúria de quem mais ousasse.

Na disputa de colonos e missionários pela posse do índio, gerou-se a lenda da inadaptabilidade do índio para qualquer trabalho. Todos os argumentos surgiram, apesar da observação de alguns viajantes mais otimistas, como Yves d'Evreux, que conheceu os índios e disse deles que "são muito mais fáceis de civilizar do que o comum dos nossos camponeses da França".[9]

8 Soares, *Tratado descritivo do Brasil em 1587.*

9 D'Evreux, *Voyage dans le nord du Brésil.*

A existência do preconceito em relação às possibilidades do trabalho tornou-se, por culpa dos historiadores que copiaram uns dos outros essa afirmação, um dos tantos enganos de que se enchem a nossa história. Ainda hoje não faltam sociólogos para repetir esse mesmo engano, malgrado todas as provas decisivas que o índio pudesse apresentar em seu favor. No comércio do pau-brasil, que deu causa às lutas consideradas por Calógeras, "em última análise, a primeira campanha pela integridade nacional",[10] destacou-se o índio. Dir-se-á que a derrubada do pau-brasil para o comércio era apenas atividade destrutiva. E o que é, em nossos dias, o comércio do pinho no sul, o de essências preciosas na Amazônia, o de grandes árvores para carvão no Rio Doce?

Nas lutas entre portugueses e franceses, entre portugueses, brasileiros e holandeses, entre portugueses, brasileiros e espanhóis, entre facções metropolitanas, entre colonos e jesuítas, em suma, em todas as lutas da colônia, o índio foi a carne de campanha, forneceu o braço e a flecha. Servia, portanto, ao menos para os trabalhos de guerra. E na paz? Por que não serviam os índios?

História de uma dupla servidão

Aqui precisamos examinar, de modo tão definitivo quanto possível, a lenda da inadaptação do índio para o trabalho, em suas origens, a fim de explicar a persistência desse preconceito, fonte de todo desinteresse com que temos visto o extermínio e o abandono dos índios.

Sabemos que de início foram os recém-chegados bem recebidos na terra. É o padre Nóbrega quem diz: "Qualquer cristão que entra em suas casas, dão-lhe de comer do que tem e uma rede lavada em que durma".[11]

Mas a traição e a cobiça caminharam depressa. As próprias intrigas entre colonos estenderam-se aos índios, e a devastação atingia mais aos homens do que as próprias riquezas naturais, a princípio irreveladas.

10 Calógeras, *A política exterior do Império*.

11 Nóbrega, *Cartas do Brasil e mais escritos*.

Em 1504, a Coroa espanhola declara legítima a escravidão dos Caraíbas por "antropófagos e bestiais", no que deu lugar "a que para as partes do norte do Brasil aparecesse navio a carregar escravos".[12] Mas o papa Paulo III, anos depois, em 1537, em "Breve" dirigido ao cardeal-arcebispo de Toledo, declarou que os indígenas "eram entes humanos como os demais homens" e que não podiam ser escravizados. Esse "Breve" tornou-se extensivo ao Brasil por bula de Urbano VIII. Mas a questão da escravidão ou liberdade dos índios, que chegará a exigir tão ingênua quanto expressiva decisão, continuava fervente, a ponto de se converter, como diz o autor do *Jornal de Timon*, na "questão abrasadora da Colônia".

Quando chegaram os donatários das capitanias recém-criadas, vinham autorizados a incluir entre suas regalias a de promover até "morte natural aos peões escravos e índios", assim como de "capturar gentio para o seu serviço e dos navios e de mandá-los vender a Lisboa até certo número cada ano livres de siza, a que eram aliás sujeitos os escravos que ali entravam".[13]

Inicia-se então, de forma aguda, aquela dura luta que já os primeiros embates prenunciavam, entre o missionário e o colono, um pela força bruta, outro pela força mais persuasiva da catequese, todos, porém, interessados em obter para a civilização o trabalho do índio. Já o padre Nóbrega, com sua franqueza, diria mais tarde do governador geral Tomé de Sousa, denunciando uma orientação que por muito tempo vigorou: "em toda a costa se tem geralmente por grandes e pequenas, que é grande serviço de Deus fazer aos gentios que se comam, e se travem uns com os outros; e nisso dizem consistir o bem e segurança da terra; e isso aprovam capitães e prelados, eclesiásticos e senhores".[14]

Contra a impressão geral, repetida até por muitos historiadores, não foram os jesuítas os primeiros missionários no Brasil. Simão de Vasconcelos, em sua *Crônica da Companhia de Jesus do Brasil*, informa que os franciscanos já haviam aqui chegado e fundaram em 1503 a primeira

---

12 *Jornal de Timon*, III, p.30-1 apud Perdigão Malheiro, *História Geral*, I.

13 Varnhagen, *História Geral do Brasil*.

14 *Jornal de Timon*, III, p.478 apud Perdigão Malheiro, *História Geral*, I, p.30-1.

feitoria, denominada Santa Cruz. Ali, dois franciscanos tentaram a catequese, como refere frei Antonio da Piedade na *Crônica da Província da Arrabida*, citada por Varnhagen. Outras, muitas outras ordens vieram ao Brasil para catequizar e aqui se estabeleceram. Mas nenhuma - essa é a opinião unânime - chegou aos mesmos resultados dos jesuítas. Por isso mesmo, é em relação aos jesuítas que a grande disputa do período colonial se vai travar, pela posse do braço índio, até que a intensificação do tráfico de africanos, favorecida pela Metrópole (que assim ganhava o imposto de escravos na África e no Brasil), e recomendada pelos jesuítas (que assim ficavam livres de catequizar o índio sem ter que manter luta com o colono), veio amenizar a guerra entre catequistas e preadores de índios.

Essa disputa, diga-se de passagem, muito pouco interessaria neste trabalho, se não fosse ela a origem do preconceito sobre a incapacidade do índio para qualquer atividade útil. Por isso, decidimos estudá-la a fim de que não persista uma noção falsa baseada em premissas viciadas pelo interesse dos contemporâneos e servilmente repetida, por comodidade e também por interesse, pela maioria dos historiadores.

Do espírito com que o invasor buscava atiçar o ódio entre os índios, temos a própria carta de Nóbrega, já citada, na qual ele dizia ainda: "dão [capitães e prelados, eclesiásticos e seculares] carne humana a comer não somente a outros índios, mas a seus próprios escravos. Louvam e aprovam ao gentio o comerem-se uns aos outros, e já se achou cristão a mastigar carne humana para darem disso exemplo ao gentio".[15]

E a corroborar a indignada denúncia de Nóbrega, o padre José de Anchieta escrevia a Laynez: "[...] para esse gênero de gente não há melhor pregação do que a espada e a vara de ferro".

João Mendes de Almeida em suas *Notas genealógicas* define a questão com muita propriedade:

> A verdade é que os pobres indígenas do Brasil, que foram os verdadeiros construtores das cidades e das povoações, e sem os quais os portugueses

15 Nóbrega, op. cit.

> teriam perdido a conquista, pois que eram impotentes para a colonização de tão vasto território, e ainda mais impotentes para o defenderem dos franceses, dos holandeses, dos ingleses, a verdade, dizemos, é que os indígenas do Brasil não mereciam dos portugueses senão o rigor e os maus-tratos e, por sobrecarga, o desprezo dos próprios que deles descendem e que consentem ao apagamento de todos os sinais de sua natural procedência.
>
> Ainda por [...], não tem faltado escritores brasileiros que em vez de reerguerem pela verdade histórica o indígena, hão preferido aceitar e afirmar todas as apreciações falsas dos europeus que os vieram explorar! Foram, com efeito, só os índios os edificadores das igrejas, dos conventos, dos hospitais, dos palácios, das fortalezas e dos armazéns reais. Os governadores e os capitães-mores não conheceram outros operários nas obras públicas. Mesmo os particulares obtinham para seu serviço doméstico índios livres. Inúmeras cartas régias dão testemunho desses fatos.

Dos resultados da dupla utilização do índio, pelo colono e pelo jesuíta, temos provas fartas, uma das quais é mencionada por Contreiras Rodrigues:

> Para a colheita dos produtos da mata, como especiarias indígenas e plantas medicinais, podiam os jesuítas empregar os bugres mediante salários como qualquer fazendeiro, e guiados por um arrais branco, que recebia um quinto dessa colheita em pagamento da sua pilotagem. As aldeias que estavam muito terra a dentro exploravam esse gênero de indústria em grande escala e sem interrupção, porque não bastavam os dois meses da lei para mandar os índios que despejavam maior quantidade de produtos naturais nos mercados de Belém e Lisboa, ao ponto de ser distribuído aos padres o intuito de monopolizarem o comércio dessas praças.[16]

16 Contreiras Rodrigues, *Traços da economia colonial*, p.53.

Mais ainda, temos nos *Apontamentos da Província de São Paulo* documentos como este, que mostram a necessidade e utilidade do trabalho do índio e a resolução dos jesuítas em mandar prear índios no sertão:

> Aos 28 dias do mês de dezembro de 1648, neste convento de Nossa Senhora do Carmo, da Vila de São Paulo, juntos todos os religiosos em capítulo, propôs o reverendo padre-prior dele, frei Angelo dos Martyres que, vista a limitação dos bens deste convento, e que o remédio dele depende do serviço dos índios, dos quais o convento vai tendo grande falta, o que, visto lhe parecia que convinha mandar alguns moços ao sertão arrimados a um homem branco, pagando-se-lhes todos os gastos e aviamentos necessários. E logo todos os religiosos *una voce* responderam que era da melhor conveniência para os bens do convento. Em fé de que se fez este termo, que todos assinaram. Fr. Angelo dos Martyres, prior; fr. Antonio da Piedade, subprior; fr. Miguel Calheiros; fr. Baltazar do Rosário; fr. João das Chagas; fr. Manoel de Santa Catarina; fr. Domingos da Luz; fr. Manuel de Sant'Anna; fr. Cristovão de Jesus; fr. Antonio da Cruz.[17]

No Pará e no Maranhão, as "administrações" dos índios faziam com que "em breves dias de serviço ou morriam à fome e excessivo trabalho, ou fugiam pela terra a dentro, onde as poucas jornadas pereciam, havendo por esta causa perecido e acabado inumerável gentio no Maranhão e Pará, e em outras partes do Estado do Brasil", segundo consta no alvará de 10 de novembro de 1647. Vieira calculava a chacina, só no Maranhão e Pará, em mais de 2 milhões de índios.

Em São Paulo, a luta foi mais forte. Os colonos empreendedores precisavam de braços – que os jesuítas recusavam fornecer-lhes. Eram os jesuítas, na ocasião, monopolizadores do braço índio, por necessidade de protegê-los contra o colono, segundo autorização expressa da Metrópole, sancionada pelo Papa. Os colonos, por diversas vezes, envia-

17 Azevedo Marques, *Apontamentos da Província de São Paulo*, p.195.

ram delegados à Metrópole, a fim de reclamar contra esse monopólio. Os aldeamentos jesuíticos absorviam índios para o trabalho exclusivo, com prejuízo dos colonos. O exemplo, mais tarde patente, da tentativa de governo e de Estado jesuítico nas Missões, influiu decisivamente no ânimo dos paulistas, que em suas correrias pelo sertão foram e destruíram os aldeamentos mais remotos, com grande indignação dos jesuítas. E em todas essas lutas, evidentemente, morriam índios, escravizavam-se índios, punham-se índios a brigar. Já então os governantes haviam compreendido que

> se não quisessem os índios descer, mas se mostrassem inclinados a observar a fé cristã nos seus sertões, os padres os estabelecessem em aldeias nos mesmos sertões do modo o mais cômodo – porque não permite a justiça que sejam tais homens obrigados a deixar as terras que habitam – quando não repugnam ser cristãos, e além disso é conveniente que as aldeias se dilatem pelos sertões para que possam mais facilmente penetrar e se tirem as vantagens pretendidas.[18]

A aliança maliciosamente conseguida por invasores de outros países com o índio, contra o domínio português, inspirou melhor política a Portugal. Mem de Sá, governador geral, começa a organizar as missões, reunindo várias aldeias de índios, sob o governo de um principal dentre eles, e auxílio espiritual dos padres da Companhia de Jesus, os quais todavia "exerceram desde logo também alguma autoridade temporal, embora em forma paternal e conciliatória".[19]

Com alternativas de domínio jesuítico ou de sujeição aos colonos, passando de um senhor para outro, o índio trabalhava sempre. Nem por outro motivo os colonos desejavam tê-los a seu serviço. Quanto aos jesuítas, fornecem a melhor prova da capacidade de trabalho do índio, quando convenientemente preparado, segundo depoimentos colhidos por Contreiras Rodrigues no autorizado jesuíta Teschauer, S. J., no pro-

18 Perdigão Malheiro, op. cit., p.237.

19 Ibid.

testante Southey, no economista de origem calvinista, Charles Gide (*Les républiques des jésuites au Paraguay*):

> assinava-se um lote de terra a cada chefe de família [índio] para cultivá-lo com os seus, plantando milho, amendoim, batata, algodão etc. Com a velhice ou a morte passava esse lote a outro ocupante. Ao mesmo tempo que essa propriedade familiar, temporária ou condicional, vigente na Missão, havia também a propriedade coletiva ou terra da comunidade (*tupamba*, ou possessão de Deus) dividida em dois lotes, dos quais um para cereais e legumes, outro para algodão. Para cultivar esse campo contribuíram os moradores com seu trabalho e os padres com as sementes. A colheita era depositada em celeiro comum para pagamento das sementes recebidas, e alimento e vestes dos velhos, crianças, inválidos, viúvas e doentes. Para atender às necessidades da igreja, tudo era comprado. Na ocasião do matrimônio, era assinada uma casa ao casal e emprestados o anel e o dinheiro simbólico do ato. As crianças pertenciam à comunidade, embora convivessem com os pais para manter os laços de afeto, entrados na puberdade, passavam os rapazes a tomar suas refeições em casa do reitor, à custa do celeiro comum, ao passo que as raparigas, que nunca entravam em casa dos jesuítas, assinavam-se-lhes como função cuidarem das plantações espantando pássaros e colhendo algodão. Era emprego dos rapazes mais humildes compor estradas e montar campos e lavouras, enquanto os filhos de caciques, para manter a desigualdade imposta pela dignidade dos pais, aprendiam a ajudar missa, a executar a medicina, assim como funções públicas.[20]

Não se pôde documentar melhor o desmentido à calúnia que a história impôs ao índio. Que o índio trabalhava, e podia trabalhar, aí está a prova. Se fosse preciso acrescentar outra, teríamos a própria guerra aos aldeamentos jesuíticos, movida pelos bandeirantes e preadores, precisamente porque necessitavam dos braços que o jesuíta monopolizava. Valia

---

20 Contreiras Rodrigues, op. cit., p.57.

tanto o escravo índio, evidentemente não apenas como luxo ou enfeite, mas como elemento de trabalho, que em Carta Régia de 30 de maio de 1718 (simples exemplo, entre muitos) autorizava o "resgate", isto é, a escravização de duzentos índios "para com o produto da venda dos mesmos auxiliar-se a construção de uma nova igreja catedral".[21]

E tão bem compreendia o jesuíta o valor desse trabalho do índio, que assegurava a rigorosa segregação do índio aldeado de todo contato: "Cada aldeia tinha uma hospedaria afastada, para que os estranhos que lá tivessem de pernoitar não privassem com os índios senão o tempo preciso para os seus negócios, pois era convicção de que o contato com os brancos só podia prejudicar".[22]

A luta em São Paulo, como dissemos, foi a maior do Brasil, no terreno da rivalidade jesuíta-colono pela posse do braço índio. Azevedo Marques, nos *Apontamentos da Província de São Paulo*, transcreve copiosa documentação, extraordinariamente significativa, a propósito dessa luta, que culminou com a expulsão dos jesuítas em seguida ao levante dos colonos contra as reduções religiosas. São de Azevedo Marques estas considerações:

> Fiéis aos seus planos, e tenazes no seu sistema de tudo conseguir por meio de aparentes desinteresses e humanidade, os padres foram sempre ganhando terreno até que a irritação do povo tocou a meta. Coincidiu esse estado de coisas com a chegada, vindo de Roma, do padre Francisco Dias Tanho, superior da missão jesuítica do Paraguay, o qual, apontando o Rio de Janeiro, aí demorando-se por algum tempo, dera publicidade à bula datada de março de 1638, que havia conseguido do papa Urbano VII, pela qual a direção dos índios ficava exclusivamente pertencendo à Companhia de Jesus.
>
> O conhecimento dessa bula exasperou os habitantes do Rio de Janeiro, que romperam em demonstrações hostis aos dois emissários; mas a explosão foi abafada pelo governador Salvador Correa de Sá, conheci-

21 *Jornal de Timon*, III, p.440 apud Perdigão Malheiro, op.cit., p.88.

22 Contreiras Rodrigues, op. cit.

damente amigo dos jesuítas; ele conseguiu que se lavrasse pelo povo e padres uma escritura de amigável composição, datada de 22 de junho de 1640, em que o padre Dias Tanho e os do colégio do Rio de Janeiro desistiam de dar cumprimento à bula na cidade de São Sebastião.[23]

Roquette-Pinto é mais sereno, e também mais explícito, ao traçar uma síntese da situação:

> Pelo ouro e pelo escravo lá se foram os bandos de São Paulo, cujas incursões tomaram âmbito maior depois de 1596, quando os padres da Companhia de Jesus receberam, pelo alvará de 26 de julho, o governo e a administração dos índios. Pouco importa discutir aqui a interferência dos padres para apurar se combatendo a escravidão dos índios desejavam o monopólio dos trabalhadores catecúmenos. Basta registrar que o resultado dessa conduta dos inacianos foi animar a obra do descobrimento das grandes terras do oeste. Não podendo obrigar os índios da vizinhança, nem querendo pagar a Companhia de Jesus, apoiada ao rei, o tributo que esta lhes impunha, os paulistas lançaram-se à aventura, para ir conquistar os infiéis e os bárbaros, obreiros que seriam de suas culturas e lavras. Outras causas não teve o aumento da importação de negros, começada em 1542, quando Duarte Coelho pediu ao rei d. João II que lhe "fizesse mercê de lhe dar licença e maneira de haver alguns escravos da Guiné".[24]

E o Visconde de Porto Seguro, com sua insuspeita autoridade, informa:

> não temos nenhuma sorte de prevenções contra os ilustrados filhos de Santo Inácio, que tão assinalados serviços prestaram à instrução pública e ao cristianismo, mas quando os documentos acusem deles algumas irregularidades, não trataremos de as contar com artificiosos disfarces,

23 Azevedo Maques, op. cit., p.13.

24 Roquette-Pinto, *Rondônia*, p.23-4.

> que antes pareciam adulação injusta. Os povos viram, na pretendida filantropia e proteção dos índios, uma verdadeira decepção contra eles, quando os braços começavam a escassear para as primeiras necessidades da indústria. A Corte, sem conhecimento do caráter dos índios e influída pelos mesmos jesuítas, julgou a princípio dever libertar aqueles completamente. Representou o povo em contra, provando que os que pertenciam às aldeias ou missões da Companhia eram sim absolutamente imunes e protegidos contra toda classe de tropel estranho, mas que, bem considerado o caso, eram verdadeiros escravos; pois trabalhavam como tais, não só nos colégios, como nas terras chamadas dos índios, que acabavam por ser fazendas e engenhos dos padres jesuítas.[25]

Oliveira Martins, mais apaixonado, mas não menos rigoroso na sua documentação, afirma que os jesuítas "colaboravam com os capitães na guerra contra os indígenas". A escravização dos índios pelos missionários, diz ele, "é apenas uma forma mais benigna e mais inteligente de exploração".

No auge da luta pela posse do braço índio – o inadaptado, o mandrião, o incapaz para o trabalho que tantos historiadores tem apresentado –, os jesuítas mandaram emissários à Corte e a Roma, para representar contra os colonos, cuja ação prejudicava o trabalho do índio nas suas aldeias e reduções. Foram eles o padre Ruy de Montoya (autor do *Vocabulário, arte e tesouro da língua guarani*), que foi à Corte, e o padre Francisco Dias Tano, que foi a Roma. Voltaram com a bula de 22 de abril de 1639, que provocou revolta no Rio de Janeiro, em São Paulo e em outras partes do Brasil.

Por sua vez, os paulistas mandaram procuradores à Corte com uma representação contra os jesuítas. Entre eles, Amador Bueno, representante da Câmara de São Paulo (ver Pedro Taques e Frei Gaspar da Madre de Deus).

---

25 Visconde de Porto Seguro apud Lima Figueiredo, op. cit., p.43.

Eis um exemplo da rivalidade entre os dois grupos de senhores do braço índio:

> Sr. juiz ordinário – o padre Manoel Pedroso, da Companhia de Jesus, reitor do Colégio de Santo Inácio, nesta Vila de São Paulo, diz que o dito seu colégio tem uma fazenda e nela algum gentio da terra, de que tem a administração e de que se ajuda nas suas lavouras como costumam os mais vizinhos desta vila, e por quanta muitos moradores com menos respeito ao decoro que se deve aos religiosos, sem ordens deles, inquietam aos ditos índios de seu serviço, contratando com eles a fim de lhes descerem cargas ao mar, como se fossem dos que S. M. tem em suas aldeias para se servirem por seu estipêndio, donde resulta ao dito colégio nas levas que faz de suas drogas grande detrimento, *alugando talvez por dinheiro* índios de fora à falta dos seus, e outrossim ser isso em grande prejuízo da administração de sua fazenda, por os ditos índios muitas vezes se deixarem ficar longo tempo na Vila de Santos pelo que pede a V. M. que atendendo ao que lhe faça mercê, sob as penas que for servido impor, mande dar remédio a essa violência, pelo que R. M. – o padre Manoel Pedroso.
> Despacho – Passe mandado com pena de 30 dias de prisão – S. Paulo, 7 de agosto de 1672 – *Velho.*[26]

A Câmara de São Paulo queixava-se de que os jesuítas só desejavam os índios para si, "de modo que entre os seus domésticos se contavam para cima de 700".[27] Baltazar da Silva Lisboa[28] conta que a questão chegou a ser tão grave que o reitor do Colégio dos Jesuítas em São Paulo, padre Francisco de Moraes, foi compelido a lavrar, em 24 de junho de 1677, um acordo para que os jesuítas não influíssem em bem da liberdade dos índios, sob pena de sofrerem o que ao povo aprouvesse.

26 Cartório da tesouraria da fazenda de São Paulo, maço 4º de próprios nacionais, papéis apreendidos dos extintos jesuítas. Apontamentos.

27 Visconde de São Leopoldo, *Annaes*, parágrafo 235.

28 Lisboa, *Annaes*, I, p.139.

O escândalo da escravização chegará a tais limites que a Metrópole, "hesitante e contraditória", considerando, pela lei de 1º de outubro de 1680, que

> tem mostrado a experiência que são da maior ponderação as razões que há para proibir o cativeiro em todo o caso, cerrando a porta aos pretextos, simulações e dolos com que a malícia abusa, e desejando reparar tão graves danos e inconvenientes e principalmente facilitar a conversão dos gentios, atendendo, por outro lado, ao que mais convinha ao bom governo, tranquilidade e conservação do Estado do Brasil, onde por muitos anos se experimentaram os mesmos danos e inconvenientes que ainda então se sentiam no do Maranhão, ordenou que dessa época em diante se não pudesse cativar índio algum no dito Estado em nenhum caso, nem ainda nos excetuados nas leis anteriores, sendo livres os que fossem prisioneiros nas guerras defensivas ou ofensivas que os colonos lhes fizessem, como se usa nas da Europa; *podendo somente ser entregues nas aldeias de índios livres católicos, para que se pudessem reduzir à fé e servir ao Estado.*[29]

Essa lei, transcrita por Perdigão Malheiro, tem uma explicação. Ante os abusos anteriores, ficará determinado pela Metrópole que só seriam suscetíveis de cativeiro os índios apanhados em "guerra justa" pelos colonos, como consta da Carta Régia de d. Sebastião, em 1568:

> Defendo e mando que daqui em diante se não use ditas partes do Brasil dos modos que se até ora usou em fazer cativos os ditos gentios, nem se possam cativar por modo nem maneira alguma. Salvo aqueles que forem tomados em guerra justa que os portugueses fizerem aos ditos gentios, com autoridade e licença minha, ou do meu governo das ditas partes, ou aqueles que costumam saltear os portugueses, e a outros

29 Cf. Perdigão Malheiro, op. cit.

gentios para os comerem, assim como são os que se chamam aymorés e outros semelhantes.[30]

Conta Perdigão Malheiro:

Os jesuítas conseguirão, entretanto, da Corte de Madri outra lei em 11 de novembro de 1595 [Citada nas leis de 30 de julho de 1609 e 10 de setembro de 1611; e extratada na Synopsis de Figueiredo II, 271, e melhor nas ditas leis] e a *Provisão* de 26 de junho de 1596 [Citada e extratada na lei de 30 de julho de 1609, também referida por Figueiredo – Synopsis II, 274, e João Pedro Ribeiro – Índice Cronológico I, 22] regulando não só as condições para que se entendesse justa a guerra ao gentio e, consequentemente, nesse caso único, legal o cativeiro, mas também a maneira porque os padres se haveriam com os mesmos e os tratariam. Só seria justa a guerra mandada fazer por provisões especiais assinadas do real punho.[31]

Verifica-se que desde então toda guerra passou a ser justa e foram numerosas como nunca as expedições rotuladas de lição, exemplo e edificação do gentio. Assim burlavam os colonos os jesuítas e o monopólio por estes exercido.

Mas os jesuítas, que estavam nas boas graças da Coroa, conseguiram a lei de 1º de outubro de 1680, pela qual os próprios índios apanhados em guerra justa só teriam um destino, que era a entrega nos seus aldeamentos onde eles incumbiriam de reduzi-los à fé e ao serviço de Estado.

Essa regalia, entretanto, não bastou. Como mais tarde, em 1686, reconheceria o regimento então baixado, todos os esforços das leis promulgadas tinham sido inutilizados pelo que o regimento chamava "malícia dos moradores que inventam e descobrem novos modos de se não observarem".[32] Por isso, os jesuítas, que haviam reiteradamente repre-

30 D. Sebastião apud Perdigão Malheiro, op. cit.

31 Perdigão Malheiro, op. cit.

32 Ibid., p.75 et seq.

sentado à Metrópole contra os abusos dos colonos e as sucessivas burlas ao seu monopólio, voltaram vencedores de Lisboa, trazendo na bagagem a Carta Régia e o Regimento de 21 de dezembro de 1686, denominado "Regimentos das Missões", pelo qual lhes era entregue não só a direção espiritual das aldeias de índios, mas também o governo temporal e político, objeto constante de seus esforços e ambição, embora o mesmo concedesse aos religiosos de Santo Antônio, e consequentemente a outras ordens religiosas, a quem se permitiu aldear índios. E por reconhecer, no preâmbulo, que as leis anteriores eram sempre burladas pela malícia dos colonos, entregava dessa vez, de modo explícito e definitivo, aos jesuítas, os cuidados dos índios – e consequentemente o provento do trabalho destes – com as seguintes resoluções:

> 1ª – que os padres tornassem ao Estado do Brasil; 2ª – que teriam o governo não só espiritual como dantes tinham, mas também o temporal e político das aldeias de sua administração, como igualmente se concedia aos padres de Santo Antonio relativamente às suas, com a declaração de se observarem neste governo as leis régias, em ordem a prestarem-se os índios à defesa do Estado, guerras do sertão e outros serviços etc.[33]

Entre os outros itens preceituados no referido regimento figura o 8º, nos seguintes termos: "que os padres tivessem muito em cuidado o aumento da população índia nas aldeias, por ser isso conveniente não só à segurança na defesa do Estado mas às entradas no sertão e serviço dos moradores".

Aí está demonstrado, portanto, o seguinte: 1º – os jesuítas, como os colonos, aproveitam do trabalho de índio; 2º – logo, o índio trabalhava; 3º – o trabalho do índio era bom, pois que jesuítas e colonos brigavam para consegui-lo com caráter exclusivo; 4º – a Coroa já reconhecia o valor do índio na defesa, no povoamento e na civilização da terra do Brasil,

33 Ibid.

uma vez que recomendava aos jesuítas, investidos do governo exclusivo desses índios, especial interesse na proliferação dos ditos índios.

Os colonos, entretanto, não se deram por vencidos. Pedem ao rei, com insistência e muita proteção de gente altamente colocada, a volta do regime de escravização franca do índio por qualquer preador. Em 1683, portanto três anos depois do regulamento que deu aos jesuítas todo o privilégio sobre o trabalho dos índios, o governador do Maranhão, Gomes Freire de Andrade, em ofício de 13 de outubro, representou ao rei sobre a decadência das capitanias por falta de dinheiro e de braços para o trabalho. Lembrava, entre outras providências, a volta ao regime de escravização dos índios "até com grande vantagem da Fazenda Pública", abastecendo-se os moradores de braços, "e evitando que os índios buscassem os estrangeiros para lhes venderem os escravos". Dizia Gomes Freire de Andrade, com grande realismo:

> [...] Grande barbaridade é deixá-los perecer por esse modo, quando as razões para permitir-se o cativeiro dos negros de Guiné não são tão justificadas [...]; mandaram-se ao resgate oficiais de Fazenda acompanhados de religiosos da Companhia. Poder-se-á comprar cada escravo por quatro ou cinco mil réis a troco de ferramentas, velórios e outras bagatelas, e vendendo-se depois por trinta, não só lucrará S. M. um grande avanço, como ficarão os moradores remediados para beneficiarem os seus engenhos desmantelados; o que com índios forros jamais poderão conseguir, porque, além de os não haver, sabida coisa é que o trabalho das suas fábricas só escravos podem suportar [...] Sem a permissão de escravos nunca poderá este Estado ser nada, tendo aliás tanto com que ser grande. Além de que é de recear que, não podendo os índios fazer conosco o comércio, busque para ele os estrangeiros confinantes.[34]

A legislação metropolitana atravessa então um período de absoluto favor aos jesuítas. Eis um exemplo, citado por Perdigão Malheiro:

34 Andrade, *Jornal de Timon*, III, p.280.

> 4º – que só os missionários da Cia. de Jesus poderiam ir ao sertão trazer, catequizar e administrar os gentios, que pela grande confiança que neles tinham perderiam o temor do cativeiro e prestariam inteira fé à liberdade que a nova lei lhes afiançava; sendo certo que não só os mesmos missionários se haviam mostrado sempre os mais práticos e zelosos nesse santo ministério, cujo desempenho se lhes confiava exclusivamente, mas porque eram graves e notórios os inconvenientes de ser ele exercido ao mesmo tempo por diversas religiões; 5º – que os missionários nunca se acompanhassem de gente de guerra, pelo temer que inspirava aos índios, exceto quando absolutamente fosse isso indispensável por precaução, e mesmo assim à sua escolha e aprazimento; 6º – finalmente, aos padres se mandaram restituir todas as aldeias e entregar qualquer outras que estivessem vagas e sem párocos.[35]

É o autor da *História Geral* que afirma que com essas leis ficavam os índios sob a tutela quase exclusiva dos jesuítas – os quais, acentua o ilustre historiador – já cuidavam mais de atentar para os bens temporais da Ordem com vistas ambiciosas de predomínio, e desenvolviam a sua indústria agrícola e até comercial, "com o grande auxílio do braço dos indígenas, que tinham em grande número nas fazendas e engenhos",[36] acrescenta Southey, por modo que, faltando trabalhadores aos colonos para as suas lavouras e serviços, e opondo-se os jesuítas a que escravizassem os índios, ou mesmo retirassem das aldeias ou povoações os já domesticados, levantaram-se, sobretudo em São Paulo, bandeiras para irem apreender índios bravos fora da jurisdição dos padres. Define Southey as bandeiras como "reunião de indivíduos armados, com destino a internarem-se pelas terras e sertões a prear e perseguir índios, pretextando debelá-los".[37]

Finalmente, sob constantes e reiterados pedidos de d. João V, o papa Benedito XIV baixou a bula de 20 de dezembro de 1741 – muitos

35 Perdigão Malheiro, op. cit.

36 Southey, *História do Brasil*.

37 Ibid.

anos, portanto, depois do monopólio concedido aos jesuítas, motivo de tantas e tão graves lutas – na qual, apoiando-se nas bulas de Paulo III e Urbano VIII, proibia terminantemente a escravização dos índios, qualquer que fosse a pessoa a escravizá-los, "secular ou eclesiástica", sob pena de excomunhão. Essa bula, dirigida aos bispos e ao arcebispo do Brasil, e outros domínios nas Índias Ocidentais e na América, foi publicada no Pará (registra Perdigão Malheiro) pelo bispo d. frei Miguel de Bulhões,

> com muitas recomendações do rei para que se fizesse efetiva a sua execução. Mas infelizmente surgiu logo oposição dos povos que o impediram, ficando assim suspensa *de fato*; suspensão que durou alguns anos por entender o bispo que, achando-se já então enfermo, o rei, da moléstia de que veio a falecer, não devera agravar-lhe os padecimentos com tais notícias.[38]

Fosse mesmo por isso, ou porque a proibição atingia tanto os colonos quanto os eclesiásticos, o fato é que a bula não foi cumprida, até que, morto o rei, o filho que ocupou o trono, d. José, pela mão do Marquês de Pombal, "levou avante a primitiva intenção", dessa vez com rigor inflexível, atingindo sobretudo aqueles que mais reivindicaram seus direitos sobre o índio, apoiados nos direitos da fé, mas com vistas no trabalho do gentio.

Foi assim que Pombal, "resolvido a castigar os jesuítas severamente", conseguiu do papa Benedito XIV a bula de 1º de abril de 1758, pela qual ficava autorizado o cardeal Saldanha a reformar a Companhia de Jesus em Portugal e seus domínios. A calúnia contra o grande estadista, depois veiculada por numerosos historiadores, não procede, portanto, pois foi baseado na própria bula de Benedito XIV que ele levou avante o projeto que visava subtrair os índios e em geral todo o Brasil à influência do jesuíta. Em consequência, foi proibido aos inacianos a continuação

38 Perdigão Malheiro, op. cit.

do comércio que "faziam com o maior escândalo, contra a proibição canônica, no reino e colônias, assim como confessar e pregar", segundo consta da *Coleção de breves e cartas régias,* citada por Perdigão Malheiro, o maior senão único historiador da escravidão no Brasil.

Pelo regimento do Marquês de Pombal, a situação dos índios ficava assim regulada:

> A autoridade temporal nas vilas pertencia ao poder civil de um diretor de vila. As aldeias foram elevadas à categoria de vilas e lugares, conforme o estado de prosperidade. Foram revogadas todas as leis anteriores contrárias à liberdade dos índios e estes elevados à condição civil dos brancos, para que se preparasse a fusão dos dois elementos e a formação de um só povo.
>
> Podiam os índios exercer cargos públicos, foi decretado em Lisboa um salário mínimo equivalente ao dobro do custo de vida diária para o jornaleiro e o triplo para o artífice. Ao índio se pagava esse salário em pano, instrumento de ferro ou em dinheiro, conforme a vontade do trabalhador, e a princípio adiantadamente, mas algum tempo depois só pela metade, para impedir a deserção.
>
> A terra das adjacências das vilas e lugares era distribuída em propriedade aos índios. Foi decretada obrigatória a língua portuguesa e o seu ensino, por meio de mestres pagos pelos pais e pelos patrões das crianças. Era dever dos índios andarem vestidos, plantarem feijão, arroz, milho, algodão e tabaco. A esses deveres podiam ser compelidos pelo diretor, a que assistiam também atribuições para fiscalizar o comércio e impedir o pagamento de mercadorias com álcool. Para isso revistavam as embarcações chegadas e confiscavam o excesso de aguardente até o dia da saída. Para evitar essa complicação e entorpecimento ao comércio, empenhavam-se os diretores por enviar os produtos, tanto das vilas como do interior, diretamente à capital. Estes eram principalmente o peixe salgado, a manteiga de tartaruga, bálsamo de copaíba, óleo de andiroba, plantas medicinais e especiarias do Brasil etc. O diretor da vila era pago com a sexta parte da colheita, deduzida da parte que ficava para o consumo de cada família ou indivíduo.

> Aos diretores competia ainda avaliar as plantações e colheitas para lançar o dízimo que deviam pagar os índios como súditos do rei. Os dízimos sobre o cacau, café, especiarias e salsaparrilha eram pagos pelo comprador antes do embarque. Quando iam os índios à capital vender os seus produtos, ali pagavam os seus dízimos e em tudo eram assistidos por um representante do Tesouro, que devia agir como seu tutor. Dos 13 aos 60 anos de idade eram todos inscritos em registros para os efeitos da sua distribuição como trabalhadores pelos engenhos e fazenda, onde não podiam ser chamados antes de dois anos de aldeamento. Aos brancos era permitido habitarem as vilas, mas adquirirem terra dos índios era-lhes vedado.[39]

Assim, o admirável Pombal prenunciava uma verdadeira legislação sobre o índio, que, embora reservasse para a Coroa, como era inevitável, o melhor quinhão do trabalho do silvícola, dava-lhe ao menos a dignidade humana que a luta entre jesuítas e colonos lhe havia tirado. Por outras palavras, transformava o escravo em servo de gleba.

Se soubermos que a história não foi feita por Pombal, mas pelos prejudicados pelo regimento pombalino, não nos admiraremos de ver desfigurada a ação desse grande homem de Estado.

O certo, porém, é que as disputas não cessaram. Já em 1773, no Pará, sendo governador João Pereira Caldas, o antigo ouvidor e intendente geral dos índios, dr. Antonio José Pestanha da Silva, dirigiu ao rei uma representação na qual mencionava os abusos que a legislação não pudera prever e muito menos remediar, e recomendava certas medidas para o desenvolvimento do comércio e agricultura, inclusive a "introdução e comércio dos escravos de Angola e Guiné, para alívio dos índios e proveito dos moradores, desenvolvimento da agricultura etc., além da vantagem espiritual de serem reduzidos à fé católica os negros",[40] dizendo textualmente na referida representação:

39 Segundo resumo de Contreiras Rodrigues, op. cit.

40 Perdigão Malheiro, op. cit.

> bem claro fica que de nada servirão as leis dos índios para serem amparados na sua liberdade. O diretório [dos índios] é um labirinto ou mistura de determinações que dá cauda a muitas ilusões e desacertos que hoje se praticam no Estado. Sejam bons os europeus, que será supérfluo o constrangimento para os índios seguirem o útil, o honesto e o bom. Desempenhem-se as leis, seja completa a liberdade dos índios, sejam livres suas pessoas, sua ações e seus bens, que haverão lavouras, domicílios estabelecidos, e o comércio se exercitará sem os descômodos e a violência das distribuições, sem opressão e constrangimento dos miseráveis.[41]

Do que se passou em São Paulo em matéria de abusos em torno da legislação de Pombal, diz José Arouche de Toledo Rondon,[42] que os índios, para não repartirem ou darem a sexta parte das colheitas ao diretor, abandonavam as aldeias. Ordenou d. Luis Antonio de Souza, em consequência, que de tudo quanto ganhassem os índios se deduzissem a terça parte para o índio, dos outros dois terços tirasse o diretor a sua sexta parte e o mais fosse recolhido ao cofre para a igreja e o pároco; de sorte que, acrescenta Toledo Rondon, sendo o salário do índio naquele tempo 400 réis por dia, apenas recebia ele 33 réis para se sustentar a si, mulher e filhos. A miséria, a devassidão, o roubo e a fuga foram as consequências necessárias, conclui o memorialista.

Ainda uma vez verificamos que o índio trabalhava bem, e que só a concussão, a espoliação mais vergonhosa, frustrava o primeiro apoio legal que eles haviam conseguido, desgostando-os e fazendo-os abandonar a companhia dos civilizados.

Na região do Rio Doce, onde em nossos dias vegetam os últimos restos de tribos prestes a se extinguirem, fazendo com que à primeira vista se confirmem todas as lendas sobre a inadaptabilidade do índio ao trabalho organizado, verifica-se que em 1808, 1809, 1811, por sucessivas

---

41 Pestanha da Silva apud Perdigão Malheiro, op. cit.

42 Rondon, *Memória sobre as aldeias dos índios da Província de São Paulo.*

cartas régias, reconhecia o rei que os diretores dos índios abusavam e que os índios fugiam para "os bosques". Eis o texto:

> Havendo a experiência demonstrado que as aldeias ou povoações de índios não têm igualmente prosperado, antes vão em decadência, já pela natural indolência e pouco amor deles ao trabalho, já pela ambição de pessoas que o título de diretor e outro qualquer só têm em vista tirar partido de gente grosseira, rústica e pouco civilizada, para absorverem à sua sombra os socorros dados pela Minha Real Fazenda que tendo sido muito considerável, são em parte infrutíferos [...] serão obrigados nas devassas anuais denominadas janeirinhas a perguntarem pelos que desencaminham índios, ou os induzem a fugir para os bosques e subtrair-se à civilização.
>
> [...] sendo certo que, por se não haverem sustentado os índios eficazmente na liberdade, é que se tem extinguido o grande número das aldeias e povoações, desertando milhares de índios, internando-se outra vez nas suas habitações silvestres, e diminuindo-se os braços que são necessários para cultivar a terra e colherem-se os muitos e preciosos frutos que ela é capaz de produzir.

Outro trecho de indisfarçável importância:

> a fim de que prospere o aldeamento, conservado-se [os índios] que presentemente existem, e a fim de que animem outros muitos índios a descer os sertões é de suma necessidade que o diretor lhes faça ver, e que eles se convençam, de que são inteiramente livres, e isentos de toda escravidão, podendo dispor livremente de suas pessoas, sem outra sujeição temporal que não seja a que devem ter às leis do Soberano.

É ainda de uma carta régia de 1811 a seguinte confissão:

> acontecendo que este meio não corresponda ao que se espera, e que a nação canajá continue nas suas correrias, será indispensável usar contra ela da *força armada*; sendo este também o meio de que se deve lançar

> mão para conter e repelir as nações apinagé, chavante, cherente e canoeiro; porquanto, suposto que os insultos que elas praticam tenham origem no rancor que conservam pelos maus tratamentos que experimentaram de alguns comandantes das aldeias, não resta presentemente outro partido a seguir senão intimidá-los e até destruí-los, se necessário for, para evitar os danos que causam.

Não temos a pretensão de divulgar, neste estudo, documentos inéditos. Todos estão publicados, embora a maioria deles só seja acessível, até agora, aos iniciados nas devassas de biblioteca. É de admirar, portanto, que até agora sejam repetidas as mesmas tolices sobre os índios, sobre sua incapacidade para o trabalho, e que ainda tenhamos de ver completamente desvirtuada a natureza do conflito entre jesuítas e colonos, que, por todo o Brasil Colonial se arrastou com violência e golpes de astúcia, em torno do monopólio do braço índio, luta que afinal se encerrou com o incremento do tráfico de escravos africanos.

Esse tráfico, diga-se ainda uma vez, não proveio de superioridade do negro sobre o índio para o trabalho. Se é certo que vieram negros agricultores, não é menos certo que tivemos negros de nações atrasadíssimas, em estado tanto ou mais primitivo do que os índios. O que decidiu da preferência foi o fato de esse tráfico constituir: 1º) solução para o conflito entre colonos e jesuítas; 2º) interesse dos traficantes; 3º) escassez do braço índio, já devastado ou afugentado para as brenhas; 4º) interesse da Coroa, que assim podia auferir renda do tráfico, nas mesas de renda instaladas na costa da África e no Brasil, enquanto na preação de índios nada ganhava a Metrópole, por ser impossível o controle.

E finalmente, uma circunstância que não deve ficar por mais tempo esquecida: enquanto o negro vinha como escravo, o índio, depois das sucessivas leis metropolitanas que transformavam sua situação jurídica, culminando no Regimento de Pombal, passava da condição de escravo para a de servo. Como servo, ele tinha pagamento, terra, plantação, colheita e pagava tributos. O negro, como escravo, rendia não só o que o seu trabalho produzisse, mas também o que valia o seu próprio corpo. Por outras palavras, o índio-servo era força de trabalho, enquanto o negro-

-escravo era mais, porque era, ele próprio, mercadoria. Essa circunstância contribuiu em grande parte, somadas às outras já mencionadas, para o incremento de tráfico de africanos e o abandono do índio.

A espoliação das terras também foi causa do recuo dos índios para os sertões remotos, ao mesmo tempo que foi causa de extermínio sem piedade.

A guerra aos índios, para tomar-lhes terras, era ainda no início do Império fato permissível e recomendável, que muito honrava os seus promotores. Em 1801, no sul do Estado do Rio, que já prosperava preparando-se para atingir o apogeu cafeeiro, guerreava-se os coroados, "indígenas do sertão entre os rios Paraíba e Preto, além da Serra dos Órgãos", para "chamar ao grêmio da Igreja tantas almas perdidas e agregar ao estado tão numeroso povo, lançando-se mão das terras por eles ocupadas".[43]

Os negros fugidos não raro internavam-se nas brenhas, onde encontravam por parte do índio fraternal acolhimento, tal como outrora ele dera ao branco invasor. Roquette-Pinto, em *Rondônia*, menciona todas as peripécias da perseguição aos negros aquilombados com os Nambiquaras da Serra do Norte, onde até hoje existem vestígios, quer na mestiçagem, quer nos costumes, desse antigo contato de africanos e índios.

A devastação pelas moléstias não deixou de ser também causa importante do abandono do índio como elemento de trabalho. Aclimatados em relação a muitas moléstias, desconheciam muitíssimas outras ante as quais seu organismo reagia com extrema sensibilidade, tornando-os – como ainda hoje – vulneráveis a moléstias que para nós pouco significam. A gripe – que os Caigangues de São Paulo chamam "*cofuro*" – sempre fez devastações, e continua fazendo, como resultado do contato com o branco. O sarampo, levado pelos colonos espanhóis aos Caigangues, fez devastações quase idênticas às das armas do invasor. A varíola, que era completamente desconhecida, entre eles, alastrou-se por toda parte, recebendo em tupi o nome de "*mereba-ayba*", doença maligna. E Martius,

43 Ferreira, *História de Valença.*

em seu grande livro traduzido e copiosamente anotado por Pirajá da Silva, que tanto acrescentou ao valor da obra, afirma:

> Infelizmente se deve dizer que os imigrantes europeus, em algumas regiões do interior das províncias do Maranhão e de Pernambuco, têm contribuído para isso, com malícia diabólica, a fim de alastrar a peste entre os selvagens e por meio dela [...] à mais cruel das mortes uma população indígena.

Já no Império foi José Bonifácio o primeiro a chamar por um tratamento digno para os índios, apresentando a sua famosa *Memória* e consequente projeto para civilização dos indígenas. Consigna Perdigão Malheiro "as ideias de liberdade, mais vivazes nessa época, fizeram inserir no Projeto de Constituição apresentado à Constituinte um artigo favorável aos índios bem como um outro sobre a abolição gradual da escravidão dos negros".

Mas a Constituinte foi dissolvida, e na Constituição outorgada por Pedro I "nada se dispôs a respeito". Finalmente, em 27 de outubro de 1831, como resultado das agitações liberais que determinaram a abdicação de 7 de abril, foi promulgada a lei que dispôs o seguinte:

> Artigo 1º) fica revogada a Carta Régia que mandou declarar guerra aos índios bugres da Província de São Paulo, e determinou que os primeiros fossem obrigados a servir por 15 anos aos milicianos ou moradores, que os apreendessem; Artigo 2º) ficam também revogadas as cartas régias de 13 de maio e de 2 de dezembro de 1800 na parte em que autorizam na Província de Minas Gerais a mesma guerra e servidão dos índios prisioneiros; Artigo 3º) os índios todos até aqui em servidão serão dela desonerados; Artigo 4º) serão considerados como órfãos e entregues aos respectivos juízes para lhes aplicarem as providências da Ord. Liv. 1º Tit. 88; Artigo 5º) serão socorridos pelo Tesouro do preciso, até que os juízes de Órfãos os depositem onde tenham salários ou aprendam ofícios fabris; Artigo 6º) os juízes de paz nos seus distritos vigiarão e ocorrerão aos abusos contra a liberdade dos índios.

Em 1850, já com as necessidades do trabalho livre evidenciadas para os homens esclarecidos, fundava-se a Sociedade contra o Tráfico de Africanos e Promotora da Colonização e Civilização dos Indígenas, com sede na capital do Império, sendo fundador "o dr. Nicolau Rodrigues dos Santos França Leite e outros distintos cidadãos", infelizmente sem resultado.

Em todo caso, estava aberta a campanha, retomada por Couto de Magalhães, e depois, na República, reencetada por Rondon e seus companheiros.

Com este longo estudo, que não esgotou o assunto, visamos desfazer a lenda da incapacidade do índio para o trabalho. Julgamos ter demonstrado que o índio era aproveitado para trabalhar na lavoura, nos tempos coloniais e mesmo em boa parte do Império. Demonstramos que a própria luta, feroz e encarniçada, entre colonos e jesuítas, ambas as facções visando assegurar o direito de dispor do índio para trabalhar em suas lavouras, foi a "questão abrasadora" da Colônia, para usar a expressão do *Jornal de Timon*. E depois de deixar documentado, com muito menos provas do que seria possível obter, se estas não bastassem, que só o interesse em desfigurar a realidade, depois seguido por muitos historiadores, de uma visão unilateral e de servil espírito de cópia de velhos argumentos viciados, poderia apresentar o abandono do índio e a preferência pelo trabalho do africano como resultado da incapacidade daquele e da superioridade deste para o trabalho.

Sobretudo devemos acentuar, ainda uma vez, que o escravo africano interessava mais por ser escravo do que por ser africano. Escravo, ele era mercadoria a produzir mercadoria. Rendia imposto à Coroa, movimentava o tráfego comercial marítimo, facilitava a obra devastadora igualmente realizada na África.

O índio, este, depois de ter por longo tempo servido como escravo, passará a ser apenas servo, em virtude da legislação resultante da disputa entre jesuítas e colonos, alternativamente vencedores na direção dos índios e na posse do monopólio do braço indígena. Servo, o índio possuía direitos, terra, possibilidade de progresso – referimo-nos aos remanescentes e sobreviventes das grandes carnificinas coloniais – e não constituíam seus corpos mercadoria, além de não poder ser controlado seu comércio, para efeito de arrecadação tributária, pela Coroa.

Essa é a verdadeira origem do preconceito sobre a incapacidade do índio para o trabalho organizado. Essa é a explicação, que não é nossa, mas apenas decorrente dos próprios documentos, para a luta entre jesuítas e colonos, malgrado todo o caráter principal que se tem pretendido dar a certos interesses secundários envolvidos na questão.

Esse preconceito explica muito da atitude atual para com os índios, aludindo aí, como atual, a um período que vem desde o Império. Daí o interesse em esclarecer a questão, porque só assim poderemos recolocar, sobre bases mais sólidas, a questão dos índios.

A teoria do homem natural e o realismo romântico

Em pleno Império, irrompe nas elites intelectuais do país um súbito interesse pelo índio como "motivo" literário. Foi o indianismo na literatura, fenômeno até hoje inexplicado pelos críticos e observadores de nossa evolução. A partir de Santa Rita Durão e de Basílio da Gama, culmina a primeira fase indianista em Gonçalves de Magalhães que, publicando em Paris seus *Suspiros poéticos*, uniu para sempre o interesse pelo índio ao romantismo ideológico no Brasil. Em seguida, Gonçalves Dias procurou fundamentar em observações etnográficas os temas de sua inspiração indianista.

Perderam-se, à espera de quem os estude, as origens desse movimento. Já houve quem procurasse filiar a teoria do homem natural de Rousseau à influência exercida, através de Montaigne, pela aparição de índios brasileiros na Europa. Toda essa cadeia de influências, pela qual o índio brasileiro teria dado a Rousseau a plataforma sobre a qual assentou seu programa de reconstrução social e humana, tem muito pouca importância, e talvez não represente mais do que simples expressão anedótica. Rousseau, instrumento da época, ainda que inconsciente de sua significação e da importância de sua obra (como demonstram as *Confissões*, obra-prima de literatura e também obra-prima de incompreensão), traduziu a aspiração do tempo, quando novas forças sociais se erguiam e visavam, fazendo tábula rasa de todos os valores até então vigentes, construir a sociedade sobre novas bases.

A volta ao homem natural, a procura de civilizações exóticas e de sociedades primitivas para exemplo e pretexto de suas dissertações, por parte de quase todos os grandes autores dos séculos XVI e XVII na Europa, traduz precisamente essa ânsia por uma revisão dos valores sociais, uma como ordem de "começar de novo", característica dos fins de época e de aurora de tempos novos, em todos os momentos críticos da evolução da sociedade humana.

Com os exageros naturais, o indianismo no Brasil, que se expressou sobretudo em literatura por falta de fôlego para pretender um estudo mais profundo e mais fundamentado, por um movimento de tomada de consciência nacional, sob o influxo de novas ideias chegadas da Europa.

Mas um homem, tomando profundamente a sério os motivos humanos do indianismo, graças a seu conhecimento da odisseia do índio e à sua experiência dos sertões, deu conteúdo concreto e ativo ao indianismo. Esse homem, que foi presidente da Província de Mato Grosso e devassou as brenhas onde o índio se refugiou depois de acuado pela invasão colonial, foi Couto de Magalhães. Na enxurrada de mediocridades arvoradas em críticos e até em sociólogos, que fez tudo para esquecer a tão famosa e tão mal conhecida "realidade brasileira", desprezou-se também a obra e o programa de Couto de Magalhães, incluindo-o no rol dos românticos incorrigíveis; o que já seria, pelos motivos acima indicados, um título de honra e um diploma de compreensão dos fundamentos daquele movimento ideológico iminentemente dinâmico, que se poderia chamar *Pragmatismo Romântico.*

No entanto, Couto de Magalhães foi o verdadeiro iniciador do movimento contra o preconceito contrário à compreensão do índio como elemento de trabalho e de possibilidade humana, ao traçar um programa de recuperação dos valores que o índio poderia apresentar, em muitos pontos exagerado, é certo, mas exato e preciso em suas linhas gerais. Ao notar essa circunstância, não nos move interesse apologético, mas apenas a caracterização de um ponto de partida, no qual devemos buscar razões de sobra para manifestar, com toda a paixão necessária, o interesse pelo índio.

A proteção aos índios – Rondon

Candido Mariano da Silva Rondon nasceu em Mimoso, perto de Cuiabá, em 5 de maio de 1865. Aos dois anos, órfão de pai e mãe, foi entregue ao avô, mais tarde a um tio que o matriculou no Liceu de Cuiabá. Aos 16 anos, obtém um diploma de professor público. Pobre, não podia continuar seus estudos. Por isso, tal como numerosos outros jovens nas suas condições, assentou praça, para obter matrícula na Escola Militar. Não obteve matrícula no ano seguinte, mas foi nomeado amanuense do Quartel Mestre General. Em 1883, finalmente, obteve matrícula, e em 1886 foi nomeado alferes-aluno. Em 1889, ao concluir o curso, tomou parte nas manifestações republicanas que culminaram na proclamação de 15 de novembro. Bacharel em Matemática e Ciências Físicas, em 1890, promovido a 2º e 1º tenente, foi nomeado ajudante da comissão da construção de linhas telegráficas de Cuiabá ao Araguaia, chefiada pelo então coronel Gomes Carneiro. Benjamin Constant, seu professor e seu amigo, nomeou-o substituto de uma cadeira de Matemática na Escola Militar, cadeira que, junto com a de Astronomia, veio a reger mais tarde. Em 1892, "acentuando-se suas crenças positivistas", diz um biógrafo, pediu demissão do cargo por lhe parecer essa função incompatível com suas ideias. Nomeado chefe do distrito telegráfico de Mato Grosso, com 100 léguas de sertão, e encarregado da linha de Cuiabá ao Araguaia, trabalhou desde então na abertura de estradas e no levantamento de linhas telegráficas. Nesse trabalho, que ele realizou com extraordinário sucesso, em travessias penosíssimas, desvendando pela primeira vez sertões onde ninguém até então penetrara, soube Rondon formar auxiliares à altura da missão de que o incumbiram os governos republicanos.

Já Couto de Magalhães notara que o problema de nossas comunicações internas estava estreitamente ligado, na parte relativa às zonas ainda por desbravar, ao problema do índio. Rondon, em suas explorações, tivera numerosas oportunidades para confirmar a observação do autor de *O selvagem*. Seu interesse pelo índio aumentava dia a dia, estimulado por dois fatores de maior importância: sua própria origem, ligado pelo sangue, proximamente, ao índio, e suas convicções filosóficas, que lhe davam argumentos para encarar a assistência ao índio como um problema da mais alta significação.

A marcha do café em São Paulo prosseguia para o interior, e já atingia território dos índios. Na construção da estrada de ferro que, partindo da capital paulista, demandava os sertões, surgiu o problema do contato com os "ferozes Caigangues", apresentando-se um dilema então sério e amplamente discutido na imprensa e nos círculos de governo: estabelecer relações pacíficas com os Caigangues, ou exterminá-los completamente, para assegurar a vida e propriedade, para permitir o avanço da civilização, o prosseguimento das obras, o surto das plantações, o nascimento das cidades no sertão paulista. "O governo paulista", diz um relato autorizado,

> ofereceu vantagens aos que quisessem tentar a pacificação, dotações para a catequese passaram a figurar nos orçamentos estaduais e, além disso, aos que se apresentaram para efetuar essa catequese foi doada uma grande área de excelentes terras – uma verdadeira fortuna, com o correr dos tempos – no local onde hoje existe a cidade de Penápolis, para base dos seus trabalhos.

Só um episódio destacou-se das tentativas ambiciosas e cruéis tentadas contra os "ferozes Caigangues" por não menos ferozes civilizadores. Monsenhor Claro Monteiro, de crucifixo alçado, como se diz das antigas expedições de conversão do gentio, foi flechado pelos "ferozes Caigangues". Diante do malogro dessa tentativa, que fora honesta e sincera, desiludiram-se todos, mesmo os conspícuos sociólogos, e desde então, retomando a tradição da colônia, passou-se a recomendar a feroz extinção dos "ferozes Caigangues" como única forma de permitir a civilização naquelas regiões.

Essa opinião encontrou amparo no depoimento do então diretor do Museu Paulista, o ilustre dr. Von Ihering. Sustentando que os caigangues eram, por natureza, "inabordáveis", "ferozes" e incapazes de "domesticidade", considerava o extermínio condição indispensável para se levar a estrada de ferro às margens do Rio Paraná e para o consequente aproveitamento das terras em colonização e lavoura.

Era então a presidência Nilo Peçanha. O novo ministro da Agricultura, dr. Rodolfo Miranda, também por convicção filosófica cheio de "piedosa simpatia" pelos índios, conhecia a marcha da Comissão Rondon em territórios de índios pelo menos tão ferozes quanto os Caigangues. Escreve então o ministro ao chefe da Comissão Rondon, a seguinte carta, que vale por uma profissão de fé:

> Rio de Janeiro, 2 de março de 1910. Sr. Coronel Candido Rondon. Visa a presente carta revestir de cunho oficial o convite que, pessoalmente vos dirigi, em nome da causa dos nossos silvícolas.
>
> A espontaneidade da escolha de vosso nome, para fomentar e dirigir a catequese que o governo da República deliberou empreender, é a consagração formal da conduta humanitária, generosa, que tanto vos recomendou à confiança do indígena, na longa e heroica jornada que realizaste por zonas até então vedadas aos mais audaciosos exploradores. Quem denodadamente, e com rara abnegação, sacrificou a sua quietude, a calma de seu lar, a sua própria vida, por bem servir à nação; quem pode fazer do indígena – na plenitude de seu domínio no seio das florestas, defendido dos artifícios da civilização pelas asperezas da vida inculta – um amigo, um guia cuidadoso, reúne, sem dúvida, os requisitos de bondade, de altruísmo, que devem caracterizar a campanha que há de redimir do abandono os nossos silvícolas e integrá-los na posse de seus direitos.
>
> Não cabe ao governo insistir em práticas seculares que falharam aos seus ideais, revelando-se, no longo decurso de seu predomínio, baldas de prestígio para deter a corrente avassaladora de uma raça varonil, votada à escravidão e ao extermínio. Cumpre-lhe, ao contrário, constituir em bases novas a catequese, imprimir-lhe feição republicana, fora de privilégios, de castas, sem preocupação de proselitismo religioso,

constituindo serviço especial centralizado nesta capital, com irradiação pelos estados onde se torne necessária a ação que é chamado a exercer, pacientemente e sem intermissão de esforços.

A direção superior desse serviço vos será confiada, se aquiecerdes à consulta que ora vos faço, antes das formalidades oficiais de requisição ao ministério a que pertenceis, e tenho bem radicada em meu espírito a crença de que será satisfeita a aspiração comum, mediante o influxo de vossa cultura científica, de vossa capacidade moral, de vossa fé republicana e da energia de vontade que vos fez o primeiro dentre os exploradores do território brasileiro.

Apresento-vos as seguranças de minha estima e legítima consideração.

Saúde e fraternidade – (a.) *Rodolfo Miranda.*

Em 1911, pelo decreto 9.214, de 15 de dezembro, cria-se o Serviço de Proteção aos Índios, cujas atribuições, definidas no regulamento baixado com o decreto, visavam: "prestar assistência aos índios do Brasil, que vivam aldeados, reunidos em tribos, em estado nômade ou promiscuamente com os civilizados". Assim, abrangia todas as formas pelas quais podiam os índios ainda viver.

O regulamento procurava, antes de mais nada, assegurar aos índios *a posse da terra* em que vivem, "base indispensável de sua segurança e desenvolvimento futuro".[44]

Candido Mariano da Silva Rondon, propulsor do telégrafo – que os índios Parecis chamaram "língua de Mariano" –, sabia o que tinha a fazer. Sem nenhum encargo oficial para esse gênero de trabalho, já promovera numerosos contatos com os índios, a fim de conseguir que estes admitissem as obras do telégrafo e a existência dos estranhos fios e dos estranhos postes que mudavam a paisagem da selva, abrindo picadões e clareiras nas brenhas mais remotas. Criou o Serviço, subdividido em inspetorias. A de São Paulo foi entregue ao 1º tenente Manoel Rabelo. Começaram os primeiros contatos com os "ferozes Caigangues". Os processos

44 *Relatório Rondon.*

de atração, de conhecimento, de simpatia, foram utilizados então com método e firme determinação pacificadora. "Morrer se for preciso, matar nunca" era desde então, como até hoje, o lema do Serviço de Proteção aos Índios. Não deixaram os Caigangues de atacar. Estavam demasiado feridos, demasiado escarmentados, para consentir que impunemente devastassem suas terras. Mas afinal venceu o programa do Serviço de Proteção aos Índios. L. B. Horta Barbosa, já então chefe da Inspetoria, em substituição ao primeiro-tenente Rabelo e hoje presidente do Conselho Nacional do Petróleo, dá finalmente por terminada a primeira parte da missão que o levara aos sertões paulistas.

Uma comissão de "ferozes caigangues" vai a São Paulo, dirige-se ao Museu, entra no gabinete do diretor. E o dr. Von Ihering "nobremente confessou seu erro". Os ferozes caigangues até hoje vivem em suas terras, embora rudemente, em virtude do abandono de que foram vítimas. Ainda recentemente Herbert Baldus nos dá conta da vida desses índios, nos *Ensaios de Etnologia brasileira.*

Aspecto atual do problema

Atualmente, como no passado, com as modificações que a própria marcha do tempo determina, quer nos processos, quer na mentalidade dos que se dedicam a civilizar os índios, duas orientações se defrontam: a do processo leigo, representada pelo Serviço de Proteção aos Índios, e a da catequese, representada pelas diferentes missões religiosas, das quais se destacam, por sua importância, as missões salesianas.

Outra corrente, de menor vulto, mas de péssimos efeitos, surge esporadicamente: a dos modernos "bandeirantes" que se arrogam a tradição das bandeiras como pretexto de suas arremetidas predatórias, matando o índio para obterem o título de civilizadores, provocando as tribos, roubando seus instrumentos de trabalho e desrespeitando a própria lei que protege a vida, a propriedade e os territórios índios. Ao fim de uma dessas expedições usa-se muito publicar um livro, no qual se encontram, sob forma de relato empolgante para ginasianos, capítulos como estes: "Seguidos, espiados, ameaçados", "Os Chavantes rondam os nossos passos", "Fogo, sempre fogo!", "contato com os bárbaros" etc. Será preciso dizer mais?

Numerosas expedições, entremeadas de alguns raros exemplos de abnegação e espírito científico – cujos serviços, aliás, seria ocioso acentuar –, contribuem para aumentar o mal-estar dos remanescentes índios, já cruelmente espoliados por quantos sabem aproveitar seu trabalho e suas terras.

Conta-se que certa vez, em expedição a zonas de índios ainda não devassadas, o general Rondon, depois de estabelecer contato com um grupo de silvícolas desconhecidos, perguntou-lhes em língua da região: "Quem é o capitão?" – respondeu-lhes então o principal dentre eles: "*Moi pas capitaine, moi colonel*". Já por ali andara um explorador francês, deixando algumas palavras do seu idioma como recordação, e o posto de coronel para o cacique. Essa disponibilidade em que se encontram as florestas e as vidas dos índios, à mercê do primeiro que se apresente, para, por conta própria, e para próprio lucro, seja em notoriedade, seja em benefícios mais concretos, invadir zonas de índios, foi interrompida por um decreto que procurou regular as atividades das expedições, determinando exigências elementares para que elas se realizem sob controle. Mas esse mesmo decreto não raro tem sido desrespeitado, sob pressão de entrevistas e notícias de jornais amigos. Constantemente, depois de sua reorganização, tem o Serviço de Proteção aos Índios dado parecer contrário às pretensões de bandeirantes retardatários.

Inegavelmente, as duas grandes tendências que se enfrentam, através da história dos contatos de índios com civilizados, em todo o período republicano, tem sido a orientação leiga – inspirada no positivismo – dos serviços oficiais, e a orientação da catequese pelas missões, especialmente salesianas.

Dada a natureza desse conflito, cumpre estudá-lo à luz dos documentos, para deixar esclarecida a questão, de modo objetivo.

Antes de mais nada procuraremos fixar um ponto decisivo, que é a forma sob a qual se apresenta em nossos dias a questão dos índios. Hoje, a questão do braço índio passou para segundo plano, pois é precedida de outra questão fundamental: o problema da terra. A espoliação das terras dos índios é a base de todo o sistema de extermínio e descaso pelo índio, assim como, logicamente, a manutenção das terras dos índios é o ponto de partida para toda política de aproximação com eles.

Diz, a propósito, um relatório extraordinariamente documentado do Serviço de Proteção aos Índios:

> Se uma individualidade qualquer chegar a uma aldeia de índios e, sob um pretexto qualquer, mesmo o de fazer desses índios sábios ou santos, conseguir das administrações estaduais a passagem das terras da dita aldeia para o nome próprio dela, o SPI não estará mais isolado no pretexto que fizer em nome da Constituição, das leis e regulamentos e, sobretudo, da Moral e da Razão, como até agora tem estado e lhe tem valido as intrigas e a campanha de descrédito que periodicamente se repetem, causa, por vezes, de colapsos e quiçá de sua quase extinção.

O problema não é de difícil solução. Mas ninguém negará sua complexidade. No fundo, é a própria natureza dos processos de aproximação dos índios o que aí se apresenta. Diz o Serviço de Proteção aos Índios (relatório citado):

> Qual é o meio de catequizar convincentemente o índio?
> É ensinar em cada tribo alguns meninos a ler e a escrever, conservando-lhes o conhecimento da língua materna e, sobretudo, não aldear nem pretender governar a tribo selvagem.
> Deixemo-los com seus costumes, sua alimentação, seu modo de vida. A mudança mais rápida é aquela que só pode ser operada com o tempo e no decurso de mais de uma geração, pela substituição gradual das ideias e necessidades, que eles possuem no estado bárbaro, em comparação com as que hão de ter desde que se civilizem. Limitemo-nos a ensinar-lhes que não devem matar aos de outras tribos. É a única coisa em que eles divergem essencialmente de nós.
> Quanto ao mais, seus costumes, suas ideias morais, sua família e seu gênero de trabalho para alimentar-se são muito preferíveis, no estado de barbaria em que se acham, aos nossos costumes que eles repelem

enquanto podem, e aos quais se não sujeitam senão quando, enfraquecidos por contínuas guerras, se vêm entregar a nós para evitar a morte e a destruição.
Cada tribo que nós aldeamos é uma tribo que degradamos, e a que por fim destruímos, com as melhores intenções e gastando o nosso dinheiro.
Por que razão sustentá-los ou obrigá-los a fazer roça a pretexto de que só assim perdem os hábitos da vida nômade, quando eles se sustentam perfeitamente bem, sem ter tais roças?
Não entrará pelos olhos adentro de todo homem de bom senso que reduzir à vida sedentária homens que não têm artes necessárias para subsistir nela, ou equivale a destruí-los à custa da fome e privações, ou equivale a fazer pesar sobre nós o encargo de sustentá-los?
Mas, dizer-se-á, os índios aldeados aprenderão logo a cultivar a terra e poderão viver à sua custa e felizes.
Se a natureza moral de um povo fosse como uma tira de papel, onde se escreve quanto nos vem à cabeça, então seria tão fácil mudar-lhes os costumes como é fácil escrever.
Feliz ou infelizmente não é assim. Esses costumes rudes são mais tenazes do que os de um povo civilizado; entrelaçam-se com seus sentimentos, suas necessidades e até com suas crenças e superstições religiosas. O mais rudimentar conhecimento da natureza faz ver que é impossível alterar essas coisas sem o decurso de algumas gerações, e por outro meio que não seja a educação do menino, especial e dirigida para esse fim, e com vistas de reduzi-lo a intérprete que sirva de laço entre o índio e o cristão.
Aldear o índio em um ponto e obrigá-lo a cultivar a terra para obter um sustento de que ele não necessita é um pecado contra o senso comum, e desses que bradam aos céus.

A degeneração do sistema de catequese já era apontada por Perdigão Malheiro, que em 1867 escrevia:

A redução à fé católica, à civilização dos indígenas, não era senão pretexto irrisório de semelhante procedimento, o bem espiritual era posto, de fato, à margem, alma era no que menos se pensava e se cuidava. A realidade, a triste verdade era – tirar do braço indígena o maior proveito material possível, reduzir os índios a instrumento de trabalho, ainda mesmo aqueles que (quase por escárnio) se mandavam reputar livres, pois que de livres só tinham o nome, estivessem aldeados ou em mão particular, ou até nos sertões, que lá mesmo os iam buscar para o serviço, quisessem ou não eles deixar as suas terras e bosques, as suas pobres choupanas, as suas canoas, a vida, enfim, que tanto amavam na liberdade.[45]

O recentíssimo relatório do Serviço de Proteção aos Índios, base preciosa de documentação e esclarecimento, atualiza a questão:

> A das ordens religiosas, dados os seus sistemas absolutos e disciplinares, embora bem-intencionados, começa desorganizando a família e o sistema de vida dos índios, pelo segregamento dos filhos nos educandários, pela mudança do modo de trabalho e de aplicação desse trabalho. Tudo isso levando o índio a um profundo desgosto e desânimo, que se traduz no seu próprio aspecto físico, nos seus semblantes tristes e cabisbaixos, em contraste com a vivacidade, com o tom de superioridade e consciência, até mesmo exagerada, do próprio valor, manifestados pelos índios da mesma tribo, ainda virgens do domínio estranho. O decréscimo da natalidade e a desaparição das aldeias, onde passam a agir as Missões, como se verificou também na Califórnia e se verifica na Colômbia, são devido à impropriedade dessas intromissões, sejam religiosas ou leigas. [...] É, pois, de opinião que a proteção ao índio, por parte do Estado, deve consistir essencialmente no seguinte:
> 1º) garantir em toda plenitude as suas terras e as suas pessoas contra espoliações e ataques;
> 2º) não interferir para modificar seu sistema de vida ou organização de sua família ou tribo;

45 Perdigão Malheiro, op. cit.

> 3º) pôr ao seu alcance os recursos que eles possam espontaneamente utilizar para melhorar a sua vida e o seu trabalho, e preservá-los de contatos malsãos;
> 4º) facultar-lhes qualquer transação que queira fazer com os civilizados, de produtos do seu trabalho em troca de utilidades admissíveis entre eles.
> Dessa maneira, com um pouco mais de tempo, porém íntegros moral e fisicamente, os índios, por eles mesmos, espontaneamente, incorporar-se-ão na comunidade brasileira.

Em seguida, compara o relatório os dois sistemas com os seguintes comentários:

> Sabido que os silvícolas geralmente não suportam a retirada do seu "habitat" e a mudança brusca de seu modo de vida, o SPI leva a sua assistência a esse "habitat" e não intervém na sua organização doméstica e tribal, senão em casos especiais.
> Os salesianos, apesar de constatarem os efeitos danosos de tal procedimento que acarretou, segundo afirmativa de d. Aquino Correa, a quase extinção dos borôros de suas colônias,[46] ainda insistem nele, não só relativamente aos borôros, como a outras tribos que procuram atingir, e que constituem verdadeiras iscas para a pesca das subvenções e esmolas de toda natureza que vão enriquecendo a sua Missão, senhora já de valiosas e extensas terras no interior e fronteiras do país.
> O SPI também não pode concordar com esse procedimento que, além de contrário aos seus dispositivos regulamentares, é danoso e fatal aos índios.
> Os índios chavantes habitam, por infelicidade deles, a região do Rio das Mortes, de terras férteis, auríferas e diamantíferas. Correm para lá aventureiros de todos os matizes e procedências, em busca dessas riquezas.

46 Cf. *Revista do Serviço Público*, de junho e agosto, p.34.

> A Missão Salesiana também compareceu, não para buscar ouro, mas apenas para conquistar as "almas dos índios".[47]
> Para começar, constituiu elementos de posse em duas grandes áreas daquela terra de grande riqueza presente, pelo ouro que contém em certa parte, e de grande futuro pela fertilidade de outras partes.
> Para conquistar as almas dos índios, é necessário ir ao seu encontro.
> Eis como o padre Carletti descreve uma dessas missões: "partiu da colônia borôro de Meruri um outro grupo de 40 homens (garimpeiros, agricultores, camaradas) que atravessará o Rio das Mortes. Dessa vez os conduz o mesmo monsenhor Couturon, administrador apostólico do Araguaia. Queremos alcançar aquelas pobres almas – os chavantes – e permanecer em seu meio".
> Vê-se pela composição desse agrupamento que se trata de uma "bandeira" como as outras que têm entrado nesse sertão, mas ainda com piores elementos. Compare-se com a de Piratininga, cujo recolhimento foi determinado pelo Ministério da Guerra.
> Sabe-se que os componentes são vaqueiros e "capangas", todos bem armados de "carabinas" e providos de "bateias" para conquistar as almas dos chavantes!

Quanto ao Serviço de Proteção aos Índios, sua atitude é ditada pelos seguintes preceitos legais, em consequência mesmo da orientação que deu origem à sua organização:

> É livre a iniciativa particular de catequese religiosa, sem prejuízo da fiscalização do inspetor competente em tudo que se refira ao interesse dos índios.[48]
> Art. 45 – É vedado ao Serviço de Proteção aos Índios estabelecer, subvencionar ou embaraçar o exercício de cultos religiosos junto aos índios, sem prejuízo da colaboração recíproca em prol do interesse coletivo.

47 Cf. carta do padre Carletti à *Fanfulla*, de São Paulo, nov. 1935.
48 Brasil, art. 47 da Lei 5.484 de 27 de junho de 1928.

> § 1º – Será especialmente defeso aos serventuários do Serviço de Proteção aos Índios fazer propaganda ou catequese religiosa, seja qual for a crença de sua preferência pessoal.
> § 2º – Será sempre garantida aos sacerdotes ou pregadores, sem distinção de cultos ou doutrinas, a faculdade de fazer catequese ou praticar cerimônias religiosas.
> § 3º – Esta liberdade religiosa será mantida em toda a sua plenitude, desde que a pregação ou catequese, as práticas ou cerimônias religiosas não perturbem os trabalhos de estabelecimentos ou aldeias e sejam feitas sem ônus para os cofres públicos e sem constrangimento ou coação dos índios.
> § 4º – A colaboração prestada ou a prestar, em benefício dos índios, por qualquer pessoa ou associação, leiga ou religiosa, será reconhecida e aceita, mas não isenta, junto desses índios, dos deveres, atribuições e obrigações constantes da lei e do presente regulamento.
> § 5º – Os índios são também inteiramente livres, quando queiram, de guardar e praticar as crenças e os ritos de seus maiores e com eles atingirem a incorporação à nacionalidade, intervindo apenas os funcionários do Serviço de Proteção aos Índios por meios suasórios: 1º) para modificar práticas anti-higiênicas e antissociais, se existirem; 2º) para dar aos aborígenes, a esse respeito, tão somente, educação cívica e profissional e pô-los em contato com os métodos mais apropriados de trabalho.[49]

Monsenhor Pedro Massa, prelado do Rio Negro e do Rio Madeira, na Amazônia, em seu interessante livro *Pelo rio-mar*, fornece algumas informações sobre a importância das missões salesianas no mundo. São em número de 27 as missões salesianas no mundo, diz ele, "com 1.299 missionários, 1.081 obras missionárias ou em favor da juventude, e mais ou menos 114.119 catecúmenos e alunos dos institutos que funcionam nos lugares da missão".[50]

---

49 Brasil, art. 45 da Lei 5.484 de 27 de junho de 1928.

50 Massa, *Pelo rio-mar*, p.59.

Nesse mesmo livro, o sr. Soares d'Azevedo, que subscreve o prefácio, declara:

> É incalculável, ultrapassa talvez as raias da imaginação o que os salesianos, sob a direção do monsenhor Pedro Massa, têm realizado no Amazonas, a ponto de o comandante Rogério Coimbra, interventor do Estado [1933] haver declarado ao chefe do Governo Provisório: "Os salesianos do Amazonas, excelência, são fazedores de cidades".[51]

Informa, por sua parte, citando um exemplo, o Serviço de Proteção aos Índios, apoiado em documentos devidamente autenticados, que a Missão Salesiana

> obteve por dádivas as terras onde fundou a Colônia Indígena de Palmeiras a que o padre Carletti se refere na sua citada conferência. O governo Nilo Peçanha fez-lhe doação para a dita Colônia, com destino aos índios, é claro, de parte das máquinas da extinta fábrica de pólvora de Caxipó, perto de Cuiabá. A Colônia foi montada com essas dádivas e com a espoliação de terras possuídas por trabalhadores nacionais seus vizinhos (posse trintenária), o que custou a vida do padre Taunhauber, fuzilado pelo preto Tobias, um dos possuidores referidos.
>
> A Colônia, que também fabricava cachaça e era trabalhada pelos índios nas condições que se sabe, foi mais tarde vendida com índios e tudo, inclusive a maquinaria recebida do governo com destino aos índios, à firma Gaudie Ley, de Cuiabá, conforme escritura cuja cópia foi remetida a este Serviço pela Inspetoria em Mato Grosso e aqui se acha arquivada. Levado o caso ao conhecimento das autoridades de quem o Serviço então em 1935 dependia (o Estado Maior do Exército, através da Inspetoria de Fronteiras), o serventuário que tomou essa providência, acoimado de "sectarista", foi pouco depois dispensado da comissão que exercia neste Serviço, apesar de servir desde a sua fundação em 1910.[52]

51 Soares d'Azevedo, Prefácio. In: Massa, *Pelo rio-mar*.

52 Ibid.

O Serviço de Proteção aos Índios afirma que, fiel aos preceitos legais

nunca interveio em assuntos de catequese religiosa, quando essa atribuição espiritual é a única de que o missionário se ocupa. Quando porém esse missionário exerce sobre os silvícolas ações de outra natureza, o SPI tem que intervir e fiscalizar, a bem dos interesses dos índios e da nacionalidade.

O padre Carletti, inspetor da Missão Salesiana, em entrevista concedida em Roma ao jornal *Avvenire d'Italia*, e também publicada no *Il Leggionario*, de 28 de julho de 1934, disse o seguinte:

> *Ma è certo che ogni Salesiano - anche se non italiano - porta sempre e spande attorno a se una particolare nota di italianità.*
> [...] *A mezzo de S. E. il comm. Pietro Parini, il giovane e zelante direttore generale degli Italiani all'Estero, abbiamo tutti i libbri e il materiale scolastico che ci a bisogno. A me, in particolare, ha concesso due instrumentali per banda, una macchina cinematografica con films della nostra bella Italia, una macchina per proiezioni con centinaia di veduto, e sopratutto un radio ricevente e transmittente ad onde corte, che io porterò in aeroplano ai miei eiroici confratelli del Rio das Mortes. Così podremo communicare anche con Roma.*[53]

Essa entrevista, subordinada ao belicoso título de "Le eroiche missioni fra le selvaggi e feroce tribu dell Matto Grosso", causou estranheza aos remanescentes do Serviço de Proteção aos Índios, então desarvora-

53 Padre Carletti, *Il Leggionario*, 28 jun. 1934. [Do italiano: "Mas é certo que todo salesiano - mesmo se não for italiano - leva sempre consigo e difunde um traço particular de italianidade. Por conta de S. E. com. Pedro Parini, o jovem e zeloso diretor-geral dos italianos no exterior, temos todos os livros e o material escolar de que precisamos. A mim, em particular, foram concedidos dois instrumentos para a banda, uma máquina cinematográfica com filmes de nossa bela Itália, um projetor com centenas de exibições e, acima de tudo, um receptor de rádio e transmissor de ondas curtas que eu levarei no avião para meus heroicos confrades do Rio das Mortes. Então, poderemos nos comunicar também com Roma". - N. E.]

do. Para que, argumentava-se, precisariam as missões salesianas de um transmissor de onda curta, entre os chavantes?

Dizia também a entrevista do padre Carletti que, à falta de gasolina para a lancha da missão nos sertões do Rio das Mortes, utilizavam os seus tripulantes, no motor, "*olio pesanti, uma qualità di olio che si estrai de uma pianta della stessa foresta*",[54] o que seria, sem dúvida, uma importantíssima descoberta.

Algum tempo depois, no Círculo Italiano de São Paulo, foi feita uma conferência pelo mesmo padre Carletti, publicada na *Fanfulla*, de 5 de maio de 1935, na qual se encontram os seguintes trechos:

> *Naturalmente gli indi non possono stare con noi tutta la vita. Di mano in mano che abbiamo richieste di mano d'opera dai centri civili, mandiamo le famiglie, che religiosamente e socialmente sono più gente la missione si transforma in catechese volante (specie di cattedra religiosa) che continua ad assistere ali antichi... parrochiani, andando a visitar li dove si trovano, due, tre volte all'anno, per mantenerli nello spirito religioso e diffenderli avventualmente dalle prepotense dei padroni sotto cui lavorano. Ogni domenica prima della messa grande si radunano tutti quei del villaggio nello spiasso davanti alla chiesa, per la cerimonia dell'alsa bandiera. Sono due: quella brasiliana e quella italiana, e due gli inni cantati con accompagnamento di banda: l'inno nazionale e "Giovinezza".*[55]

Dessa conferência concluíram os encarregados do Serviço de Proteção aos Índios, então paralisado, o seguinte:

54 Do italiano: "óleo pesado, uma qualidade de óleo que se extrai de uma planta dessa mesma floresta". (N. E.)

55 Padre Carletti, Conferência. [Do italiano: "Naturalmente, os índios não podem permanecer conosco por toda a vida. Pouco a pouco, pedimos recursos humanos aos centros civis, enviamos as famílias; que religiosa e socialmente são mais gente, a missão transforma-se em uma espécie de catequese itinerante (uma espécie de ensino de religião), que continua a ajudar os antigos [...] paroquianos, visitando-os onde estão duas, três vezes por ano para manter o espírito da religião e defendê-los eventualmente da prepotência dos patrões para quem eles trabalham. Todos os domingos, antes da missa, todos se reúnem em frente ao espaço da vila da igreja para a cerimônia da bandeira. São duas: a brasileira e a italiana, e dois hinos são cantados com acompanhamento da banda: o hino nacional e 'Giovinezza'". – N. E.]

1º) que o ensino aos indiozinhos é feito também em italiano;

2º) que os índios das colônias salesianas entram em forma, habitualmente, nas aldeias para assistir ao hasteamento da bandeira italiana ao som da "Giovinezza";

3º) que o padre Sacilotti enuncia, em telegrama ao seu superior, a sua divisa de penetração no Brasil: "*Spedizione in marcia verso ignoto - morale elevatissimo - pensiero genitori, superiori - Italia - Viva D. Bosco*".[56]

Na já mencionada entrevista ao *Avvenire d'Italia*, em Roma, dizia ainda o inspetor das Missões, padre Carletti:

> No Brasil há missionários italianos, franceses, alemães, brasileiros, espanhóis, iugoslavos, polacos etc. Cada qual é apenas missionário - procura unicamente o bem das almas, respeitando a língua, que é para eles, de dever aprenderem na perfeição, os usos e costumes do lugar, submetendo-se à autoridade e às leis. Mas é certo que todos os salesianos - embora não italianos - levam sempre consigo e expandem em torno uma nota particular de italianidade. Não fora de outro modo, com a língua que fala, que é o italiano. Entre irmão e irmãs, somos mais de 20 mil, de todas as raças e nações, e todos falam italiano, porque nos noviciados e nos educandários é obrigatório o estudo da língua italiana, com exame prestado antes da profissão religiosa. Nós, italianos, pois, damos especial atenção, no estrangeiro, aos nossos conacionais (como, aliás, o fazem com os seus, alemães, franceses, polacos etc.), e temos, por toda parte, escolas italianas.

Citando abundante documentação, o Serviço de Proteção aos Índios, depois de reorganizado, assim concluiu uma de suas informações oficiais: "Por isso, este Serviço dá sempre parecer contrário aos requerimentos feitos por essa Missão pedindo subvenções para efetuá-las - e que ela acaba obtendo".

56 Do italiano: "Expedição em marcha para o desconhecido - moral elevadíssima - pensamento pais, superiores - Itália - Viva D. Bosco". (N. E.)

Não raro, as acusações se entrecruzam. No jornal *A Noite*, de 3 de março de 1931, com grandes títulos, foi publicada uma veemente acusação aos serviços oficiais de proteção ao índio, acompanhada de uma apologia da catequese salesiana, com a seguinte conclusão, entre outras: "Nos Postos de Proteção o índio é tratado como um animal bravio, castigado barbaramente, ou como um animal doméstico de tração e de trabalho".[57]

Essa afirmação, desacompanhada de provas, foi rebatida por um padre, o reverendo Alfredo Damaso, que em carta depois editada em folheto, com notável isenção e simpatia, desmentia as afirmações veiculadas naquela publicação, e dizia: "Que importa ser positivista parte da gente da Proteção, quando lhe é vedado catequizar e quando a obra é inteiramente livre".

O Serviço de Proteção, por sua vez, aponta numerosos exemplos das consequências do internamento e segregação em que se encontram os índios aldeados pelos missionários. Entre esses, o seguinte: "Foi o regime do internato e consequente separação forçada das crianças de suas famílias que determinou o massacre da Missão Católica do Alto Alegre pelos guajajaras, e que lhes custou, em revanche, massacre muito maior".

Não perde o SPI oportunidade para reafirmar seus princípios fundamentais:

> 1º) O SPI é obrigado por lei a defender a terra dos índios e tem como seu primeiro dever integrá-los na sua posse, ao passo que a Missão Salesiana se apropria dessas terras, registrando-as em nome dela sempre que pode (documentos em apoio) deixando os silvícolas, para sempre, legalmente desprovidos de tudo. Não concordar com essa espoliação tem sido na opinião dos defensores da Missão Salesiana, "sectarismo". 2º) O SPI não desenraiza os silvícolas de suas terras, ensinando aí mesmo, por meio suasórios, a utilizá-las em exclusivo benefício deles, até a incorporação final, como proprietários de seu torrão e contribuindo, com o cultivo dele quanto possível, para a vida nacional.

57 *A noite*, 3 mar. 1931.

A afirmação, segundo a qual as missões salesianas registrariam como de sua propriedade as áreas pleiteadas para os índios, como bem percebeu o Serviço de Proteção aos Índios, seria uma leviandade se não apresentasse documentos comprobatórios. Infelizmente esses não faltam. Assim, por exemplo, em 1939 o diretor da Missão Salesiana entre os índios, padre Hyppolito Chovelon, dirigiu ao presidente da República e ao ministro da Educação um ofício solicitando subvenção, no qual se encontra o seguinte texto:

> A expedição subiu o Rio das Mortes até mais de 140 léguas da sua barra com o Rio Araguaia, tomando notas interessantes sobre o percurso do rio para guia das viagens futuras. Realmente, o Rio das Mortes percorre uma zona riquíssima de campinas e matas, próprias para lavoura e criação de gado. O povoamento depende tão só da pacificação dos índios Chavantes, que até agora fazem o terror dos moradores das vizinhanças pelas suas correrias e ataques traiçoeiros. Daí decorrer a necessidade urgente de amparar a Missão Salesiana, que já tem obtido um encontro amistoso, a fim de favorecer-lhe os meios de uma penetração mais eficaz, tendendo ao aldeamento e educação da tribo chavante, abrindo assim essa imensa zona entre os rios Xingu e Araguaia aos progressos da nossa civilização. É, pois, obra eminentemente patriótica, e por isso não duvido que v. excia, cujas vistas estão lançadas para este oeste tão futuroso e de grandes reservas para o Brasil, saiba compreender o alcance dessa avançada pacífica e conquistadora.[58]

Devidamente encaminhado ao Museu Nacional, para informar, e daí ao Serviço de Proteção aos Índios, o memorial do padre Hyppolito Chovelon recebeu copiosas informações, das quais destacamos a seguinte:

> A Missão Salesiana obteve por dádivas a maior parte das terras da "Colônia Indígena de Palmeiras", para a qual o governo Nilo Peçanha

58 Carta do padre Hyppolito Chovelon. Diretor da Missão Salesiana em 1939.

> entregou-lhe máquinas da extinta fábrica de pólvora do Caxipó, em Cuiabá. Não satisfeita, a dita Missão se apossou dos terrenos vizinhos. Houve reação dos seus possuidores de mais de 30 anos, de que resultou a morte do padre Tannhuber. Mantida com os aludidos auxílios e espoliações, venderam os salesianos, pouco depois, a "Colônia Indígena", habitada por muitos índios, com as terras e as máquinas doadas pelo governo, à firma Gaudie Ley & Almeida, de Cuiabá.
> Desviou, portanto, em seu benefício, o que lhe fora dado para os índios, além de espoliar, aproveitando da estadia de um bispo salesiano no governo do estado, as terras legalmente possuídas pelos trabalhadores nacionais, seus vizinhos. É certo que *colônias indígenas* é o nome que a missão dá às suas fazendas, só para fazer jus aos auxílios do governo, mas nas quais, na realidade, tudo está posto cuidadosamente em seu nome por escritura pública, tendo sido os índios desapossados de tudo.[59]

Na *Gazeta Oficial do Estado de Mato Grosso*, nº 7.074 de 5 de setembro de 1935, consta de um discurso pronunciado pelo deputado Agrícola Paes de Barros, à página 5, o seguinte:

> b) vai agora o outro caso, esse recente e mais característico ainda da falta de escrúpulos e da insaciável sede de ouro desses "beneméritos" padres.
> Pela Resolução nº 761, de 26 de junho de 1918, o governo de Mato Grosso concedeu em usufruto aos índios 75 mil hectares de terras de pastagens e lavoura, fazendas salesianas chamadas por eles "colônias indígenas", já estando as antigas terras dos índios em que essas "colônias" se montam, em nome da missão. No título expedido a 30 de junho de 1921, no governo de d. Aquino, figura como representante dos índios o padre Hermenegildo Carrá.
> Agora, em requerimento de 23 de outubro de 1931, por intermédio do monsenhor João Batista Couturon, pede a Missão Salesiana "que sejam

59 Ibid.

concedidos, a título gratuito e em caráter definitivo, 50 mil hectares dessa mesma terra", dos índios a quem diz proteger. Vide *Gazeta Oficial* de 25.3.1935.

O parecer nº 73, do consultor jurídico do Estado, defendeu o índio e o Estado do insidioso bote dos devotados e desinteressados amigos, no seguinte pedacinho do seu luminoso parecer que recompõe a verdade adulterada no requerimento da missão:

"O usufruto foi concedido não à Missão Salesiana, mas aos índios Borôros, só a estes, pois, poderá o governo conceder as terras, uma vez que o seu estado de civilização o permitisse".

E assim não puderam ainda os Salesianos arredondar o enorme latifúndio que já possuem em Mato Grosso à custa dos índios, em o qual se contém as melhores terras e aguadas da estrada de Araguaiana, em zona plenamente aurífera e diamantífera, como todos sabem.

E com a sua conhecida ousadia em pedir e com a fraqueza brasileira em dar, acabarão obtendo, de um governo qualquer, ilaqueando os dispositivos legais, a posse definitiva e gratuita, como requereram, em 1931, depois que as ditas terras foram examinadas por um perito norte-americano, sendo aí verificada a existência de ouro. Foi então entabolada a venda com esse americano, cujo nome e endereço na Pensilvânia são aqui conhecidos, e lá aguarda o chamado dos salesianos para ultimar a transação da terra concedida em usufruto dos índios.

E ainda há entre nós quem se anime a dizer que os salesianos cuidam ou beneficiam índios. Como se vê, são eles os maiores inimigos dos nossos silvícolas. Tomam as suas terras, exploram-nos como mão de obra, transformando-os de senhores livres e seculares dessas terras, em párias, em servos distribuíveis pelos fazendeiros.[60]

Araripe Junior, em parecer oficialmente emitido, com fundamento na legislação sobre os silvícolas, considera a civilização dos índios "serviço de ordem administrativa, importando em essência o exercício da

60 *Gazeta Oficial do Estado de Mato Grosso*, n.7.074, 5 set. 1935.

soberania e o policiamento das hordas selvagens sujeitas, como habitantes do território, à suprema autoridade da lei brasileira".

Segundo a conceituação do Serviço de Proteção aos Índios, o artigo 154 da Constituição Federal que garante as terras dos índios, cuja definição se encontra no Regulamento que baixou com o decreto 736, de 6 de abril de 1936 (Art. 2º, item 5º, letra "g"),

> entende-se por terra de índios: 1º) aquelas em que presentemente vivem e que já primitivamente habitavam; 2º) aquelas em que habitam e são necessárias ao meio de vida compatível com seu estado social: caça e pesca, indústria extrativa, lavoura e criação; 3º) as que já lhe tenham sido ou venham a ser reservadas para seu uso, ou reconhecidas como de sua propriedade a título qualquer.

Em consequência, além de numerosos outros casos, o consultor jurídico do estado de Mato Grosso, em 8 de março de 1935, emitiu o seguinte parecer sobre um requerimento no qual a Missão Salesiana pedia que lhe fossem concedidos, a título gratuito e em caráter definitivo, 50 mil hectares de terras devolutas:

> Preliminarmente – diz a Constituição Federal, no seu artigo 130, que nenhuma concessão de terras de superfície superior a 10 mil hectares poderá ser feita sem que, para cada caso, proceda autorização do Senado Federal. Por esse dispositivo, não é de se deferir o pedido de doação à Missão Salesiana, por parte do Estado, a título gratuito, de 50 mil hectares de terras devolutas. "*De meritis*" – o pedido de fls. dois não tem fundamento legal. Por títulos expedidos em 30 de junho de 1921, o Estado concedeu, pelo prazo de dez anos, aos índios borôros, usufruto das terras reservadas pela Resolução número 761, de 26 de junho de 1921, sendo aqueles documentos passados em nome do padre doutor Hermenegildo Carrá, inspetor das Casas Salesianas de Mato Grosso. As terras não saíram do patrimônio do Estado, este apenas concedeu aos índios o direito de fruí-las durante aquele lapso de tempo. Esgotado este, o que se verificou em 30 de junho de 1931 cessou, senão de fato, pelo menos

de direito, como consequência necessária, aquele *jus inre alinea* (Código Civil, artigo 739 – 11). Findo o usufruto, deve o usufrutuário entregar ao dono os bens que recebera devidamente conservados (Código Civil, artigo 729). O regulamento de terras, baixado com o decreto número 786, de 23 de dezembro de 1927, dispõe no seu artigo 8º – "Quando se tratar de aldeamento de índios mansos ou colonização de indígenas, as terras para isso reservadas e por eles distribuídas, serão destinadas ao seu usufruto e não poderão ser alienadas, enquanto o governo não lhes conceder o pleno direito delas, por ato especial quando assim o permitir o seu estado de civilização". O usufruto foi concedido, não à Missão Salesiana, mas aos índios Borôros, só a estes, pois, podia o governo conceder-lhes as terras, uma vez que o seu estado de civilização o permitisse. E não pode a Missão Salesiana, pelo seu administrador, requerer em nome dos índios, de vez que, pelo decreto federal número 5.484, de 27 de junho de 1928, que regula a situação dos índios nascidos no território nacional: os índios de qualquer categoria, não inteiramente adaptados, ficam sob a tutela do Estado, que a exercerá segundo o grau de adaptação de cada um, por intermédio dos inspetores do Serviço de Proteção aos Índios e Localização dos Trabalhadores Nacionais, sendo facultado aos ditos inspetores requerer ou nomear procuradores, para requerer em nome dos mesmos índios, perante as justiças e autoridades, praticando para o referido fim todos os atos permitidos em direito (Decreto citado artigo 6º). À vista do exposto, opino pelo indeferimento do requerido. – (a.) Oscar Corrêa Pina, consultor jurídico.

Os lotes de terras registrados no Estado de Mato Grosso em nome do padre Antonio Maria Malna, membro da Missão Salesiana de Mato Grosso, são, entre outros, os seguintes:

1º) Água Quente – com 2.268 hectares (demarcação realizada), livro nº 7, de 1902 a 1906. Registro 1.569, fls. 176 a 177 da D. Terra do Estado.
2º) Aracy – (Sede da Colônia Imaculada Conceição), livro 7, de 1902 a 1906. Registro nº 1.568, fls. 178 e 176v. Diretoria do Estado de Mato Grosso.

3º) Barreido de Cima – com 2.875 hectares (demarcação realizada), livro 7, de 1902 a 1906, fls. 175 a 176. Título 1.568. Diretoria de Terras do Mato Grosso.
4º) Boqueirão – com 2.522 hectares (demarcação realizada), livro 7, de 1902 a 1906, fls. 174 a 175. Registro nº 1.566. Diretoria de Terras do Mato Grosso.
5º) Sangradouro Grande – com 742 hectares (demarcação realizada), livro 1, de 1901 a 1902, fls. 113v e 114. Diretoria de Terras do Mato Grosso.
6º) Ribeirão das Malas – com 2.018 hectares (demarcação realizada), livro 1, de 1901 a 1902, fls. 157v a 158. Diretoria de Terras do Mato Grosso.
7º) Macacos – com 3.538 hectares (demarcação realizada), livro 1, de 1901 a 1902, fls. 113 e 113v. Diretoria de Terras do Mato Grosso.
Total: 17.645 hectares, já demarcados e com títulos definitivos de propriedade.

Quanto ao Estado do Amazonas, são os seguintes lotes de terras registrados em nome da Missão Salesiana, por doação do Estado, no município de São Gabriel, segundo o *Diário Oficial do Estado* (número de 1º de setembro de 1933):

1º) Lote Jauaretê-Cachoeira – área de 43.560 m^2, um perímetro de 37.478,008 m.l., e uma frente, em linha reta, de 15.780 metros, bem em cima da linha divisória com a Colômbia, no Rio Uaupês.
2º) Lote Taracuã – área de 33.078.771 m^2, um perímetro de 29.205.600 m.l., e uma frente, em linha reta, de 3.570 metros, a 90 kilômetros da dita fronteira.
3º) Lote São Gabriel – área de 2.518.741 m^2, um perímetro de 7.359.10 m.l., e uma frente, em linha reta, de 485 metros, a 154 quilômetros da fronteira e abrangendo grande parte da Vila de São Gabriel.

Ao encerrar a documentação sobre posse de terras dos índios, devemos notar que a disputa entre catequistas e leigos na proteção dos índios resume-se, em última análise, no velho problema que desde o início deste trabalho temos acentuado: de um lado, problema da terra, posse da terra pelo índio ou posse da terra em nome do índio. De outro lado, problema de compreensão social e psicológica: pode o índio, proveitosamente, ser subitamente arrancado de seus hábitos, para uma conversão brusca, uma nova e inesperada forma de vida, na qual será impossível afirmar que ele se sente bem? Ou, pelo contrário, deve a aproximação com o índio ser feita, como diria Couto de Magalhães, pelos intérpretes, pelos professores a serviço do Estado, que nada quer tirar do índio, nem mesmo a crença consuetudinária?

Desses dois pontos fundamentais derivam todos os mal-entendidos e as acerbas disputas entre a catequese missionária e a proteção do Estado, leigo por definição, mas também entremeado de pretensões confessionais, uma vez que ele subvenciona os catequistas. E as consequências são tanto mais funestas para os índios e para o Brasil quanto mais conhecida é a verdadeira situação dos índios e de suas terras.

Distribuição atual dos índios

É lícito afirmar que não nos parece provável a existência de uma noção clara e compreensível sobre a distribuição atual dos índios no Brasil. Esse trabalho, aliás, já poderia estar feito, se não fosse o colapso do SPI em 1930.

Em todo caso, já foi possível classificar os índios do Brasil, para efeito de programação dos trabalhos a serem desenvolvidos entre eles, nas seguintes situações, em relação aos civilizados: a) índios arredios e mais ou menos hostis, no Amazonas, território do Acre, Pará, Maranhão, Mato Grosso, Goiás e Paraná; b) índios em relações pacíficas com os civilizados, porém mantendo ainda seus aldeamentos com organização peculiar e costumes próprios; c) índios em promiscuidade com os civilizados, tendo perdido muitos os seus usos e costumes e adquirido outros dos civilizados que os rodeiam. Essa classificação, adotada pelo Serviço de Proteção aos Índios, parece-nos satisfatória, pois que na realidade abrange todas as hipóteses.

O cálculo da população índia pura no Brasil ainda não pode ser, nem de longe, rigoroso. As avaliações mais autorizadas, que são as do próprio SPI, calculam de um mínimo de 320 mil a um máximo de 800 mil indivíduos. No recenseamento de 1920, em que não foi computada a população índia arredia, diz o major Frederico Rondon, "somos levados a admitir que 30% da população global do Estado do Amazonas eram formados por elementos indígenas incorporados às populações civilizadas".[61]

O aludido monsenhor Pedro Massa, em *Pelo rio-mar*, informa que no alto Rio Negro existem 3.546 índios aldeados (em 1933) e 2.779 não aldeados.

Lima Figueiredo, em *Índios do Brasil*, consigna no Amazonas sete tribos de Aruaks, uma de Cubeuas, nove de Tucanos, uma de Tarianas, uma de Macus, quatorze na Bacia do Rio Madeira, sete no Rio Japurá, quatro no Javari, nove no Rio Amazonas, seis na região do Rio Jauaperi, nove no Rio Branco, vinte no Rio Purús, dez no Rio Juruá. São, portanto, 99 tribos só no Amazonas. E isso, informa Lima Figueiredo, comportando apenas "os índios registrados na Inspetoria de Proteção aos Índios, em Manaus".[62]

No Acre, consigna oito tribos na Bacia do Perús e seis na do Juruá. Em Mato Grosso, ao norte, três no Rio Ji-Paraná, três no Tapajós, cinco no Xingu, quinze em diversos rios. Ao sul, seis. A leste, oito, inclusive os borôros, os nambiquaras, os parecis etc. Mas anota Lima Figueiredo, além dessas quarenta tribos de Mato Grosso, existem no estado outras "que vivem ainda arredias ao contato com o civilizado".

Apesar de numerosos estudos já publicados, como os de Koch-Grünberg, Von den Steinen, Rivasseau, Métraux, Roquette-Pinto (este entre os Nambiquaras), dos próprios trabalhos dos componentes da Comissão Rondon e do SPI e outros, pode-se dizer que a maioria dos índios brasileiros ainda são praticamente desconhecidos em seus hábitos, costumes, tendências, e, portanto, não podem oferecer ainda um campo inteiramente livre às aproximações úteis. O próprio Serviço de Proteção

61 Rondon, *Pelo Brasil Central.*

62 Lima Figueiredo, op.cit.

aos Índios reconhece que "havendo ainda a proceder, simultaneamente, estudos científicos ou de erudição, que o SPI, colocado no ponto de vista prático, e obrigado a aplicar todos os seus recursos, aliás sempre insuficientes, em socorro imediato dos índios, nunca dispôs de tempo, meios e pessoal para fazê-lo", evidenciando, desse modo, a necessidade de completar os serviços de proteção com os serviços de investigação científica, colheita de material e estudo sociológico, que só eles podem dar à prática uma base para amplo conhecimento dos índios.

Valor econômico do índio

Couto de Magalhães compreendia muito bem, em 1876, "o selvagem como elemento econômico". Quase um século antes, em 1786, no *Diário da viagem filosófica pela Capitania de São José do Rio Negro, com a informação do estado presente*,[63] informa o autor que no Rio Negro "a agricultura dos índios consiste em maniba e algum café". "Assim", acrescenta o memorialista, "essa gente não é tão falta, como se pensa, das ideias de interesse". Outro autor, igualmente citado por Taunay, também menciona as culturas de cacau, arroz, algodão, milho, feijão etc. em pontos do litoral brasileiro, pelos índios.

Os Tapuias, escreveu Elysée Réclus, eram, antes da introdução do vapor no Amazonas, os intermediários de todo o comércio, os guias de todos os viajantes. Acrescenta Frederico Rondon: "E quantos rios não há ainda em nosso país, nos quais os transportes e as viagens só se fazem a custa do esforço, do trabalho e da habilidade dos índios?" Sobre os Tapuias, escreveu Couto de Magalhães: "Se o vale do Amazonas não possuísse o Tapuia, seria atualmente uma das mais pobres regiões do país, quando, com ele, e justamente porque ele é semibárbaro e se pode entregar a essas indústrias, a região é uma das mais produtivas que possuímos".[64]

63 Couto de Magalhães, *Diário da viagem filosófica pela Capitania de São José do Rio Negro* apud Taunay, *História do café*.

64 Rondon, op. cit.

Evidentemente, Couto de Magalhães escrevia essas palavras quando a borracha era uma riqueza amazônica. Se não podemos aproveitar o estímulo do rendimento da Amazônia, a fim de por esse meio aproximar os índios da nossa civilização, a culpa não é do índio e sim dos que o deixaram à margem. Sem o regatão, sem o abandono, com a organização do plantio e do comércio, poderia a borracha ter constituído o mais precioso elemento de aproximação do índio da Amazônia. Em vez disso, utilizaram-no da pior maneira, exploraram-no, dizimaram-no, aviltaram-no, para afinal restituí-lo, inutilizado, a condições ainda mais precárias de que a primitiva da qual saíra para transacionar com o regatão.

Barbosa Rodrigues, de um ponto de vista extremado, escreveu na *Revista Antropológica*, em 1882: "Os índios, fora das doutrinas e dos meios que empregam os civilizados, são ágeis, trabalhadores e inteligentes, é a fatal civilização que mata-lhes a inteligência, traz o atrofiamento das famílias e os inutiliza". Monsenhor Pedro Massa reconhece a veracidade dessa informação, quando escreve:

> Todos esses dotes privilegiados, acrescidos à sua natural docilidade, diligência e acessibilidade à civilização, tornaram-nos os maiores auxiliares dos missionários carmelitas no século XVIII, contribuindo eficazmente para o desenvolvimento dos aldeamentos do Rio Negro e do Solimões. Eram nessa época avaliados em cerca de 1.500, hoje estão quase desaparecidos; como atestado das suas qualidades físicas e morais, ainda se observa a disputa das poucas mulheres passé, como amas de leite, pelas famílias da cidade de Manaus.[65]

Já Couto de Magalhães, sempre tão documentado nessa questão, acentuará a importância do índio como fator de expansão da pecuária:

65 Massa, op. cit., p.27. Refere-se monsenhor Pedro Massa aos índios Passé.

> Na presidência de Goiás e Mato Grosso eu vi experimentalmente que o principal instrumento de trabalho na indústria do interior – a criação do gado – é o índio antigamente catequizado pelo jesuíta, ou o mestiço seu descendente. Mais tarde, viajando pela República do Paraguai, Corrientes, Santa Fé e outras províncias argentinas, vi que ali, como no interior o Brasil e províncias do Rio Grande, Paraná, São Paulo, o principal instrumento da riqueza pública, o vaqueiro por excelência, não era nem o branco, nem o preto, e sim o gaúcho, o caipira, o caburé, o caboclo, o mameluco, o tapuia, nomes que indicam a mesma coisa, a saber: o antigo índio catequizado pelo jesuíta, ou pelos corpos de línguas e intérpretes tão sabiamente organizados pelos antigos portugueses e espanhóis.
> [...] Nessa indústria, como na de extração de produtos naturais, o homem próprio para a sua exploração é aquele que, pelo atraso de sua civilização, ainda possui os hábitos quase nômades que ela exige.

Nas províncias criadoras o principal instrumento desse trabalho ou é o indígena civilizado, ou é o seu descendente.

Estevão Pinto, em *Os indígenas do Nordeste*, informa:

> Não se pode obscurecer a complexidade e o avançado estágio da indústria dos indígenas nordestinos. Já tivemos ocasião de referir-nos a numerosos utensílios de atividade fabril dos nossos silvícolas, sobretudo quando estudamos os seus instrumentos de caça ou pesca, os seus utensílios de cozinha e os seus objetos de adorno. Armadilhas, tocaias, zaiacutes, redes, anzóis, covos, urupemas, aparelhos ignígenos, igaçabas, cabaços, cuias, colheres, *petiguas*, panacus, talhas, fornos, moquéns, tipitis, pentes, botoques, colares, braceletes, diademas, gargantilhas, mantas, ligas, cocares, plumas, o sabão, o sal, a pimenta, os narcóticos, as bebidas, a farinha, os óleos, os corantes, a almecega etc. – tudo está a indicar a riqueza e a variedade da vida manufatureira das populações nativas do Brasil.[66]

66 Pinto, *Os indígenas do Nordeste.*

Sendo a posse da terra pelo índio que a habita o problema número um do Serviço de Proteção aos Índios, porque essa terra servirá de base ao seu possível desenvolvimento, é urgente que se cogite de todos os meios de assegurá-las às tribos, não só obtendo dos governos estaduais a sua reserva, de acordo com a Constituição, como mandando medi-la e demarcá-la para o indispensável registro. Assim o SPI manifesta a sua opinião autorizada sobre o problema fundamental, que é a posse da terra.

Mas para que esse respeito à terra do índio seja obtido e mantido decentemente, é necessário que todos estejam convencidos – ao menos os que não visem usurpar essas terras – do valor do índio como elemento de trabalho. Ora, não nos parece que essa convicção seja muito difundida. Em relação ao índio não existe o preconceito de raça, evidentemente. Mas não existe o conhecimento das qualidades, dos atributos, das tendências que um processo ainda primitivo de civilização lhes confere. E quando se julga conhecer alguma coisa, é quase sempre errada, por um vício histórico contraído nos primitivos historiadores interessados em desfigurar a verdade, e perpetuando em nossas crônicas e relatos atuais, apesar de certos testemunhos veementes dos antigos, um pouco por desleixo e muito porque interesses antigos ainda persistem...

O desprezo pelo dia de amanhã deu ao índio fama de imprevidente e até se diz que por culpa dele somos nós, o povo brasileiro, imprevidentes também. Embora ainda não se possa demonstrar que a previdência seja um atributo transmissível pelo sangue, convém não esquecer as boas lições de História que os antigos nos dão. Por exemplo, Simão de Vasconcelos que dizia: "Os índios da América não eram tratados como verdadeiros homens. Podia tomá-los para si qualquer que os houvesse e servir-se deles, da mesma maneira que de um camelo, de um boi ou de um cavalo, feri-los, maltratá-los".

Na *História da agricultura*, que Luiz Amaral vem publicando, encontra-se uma referência de Hoehne, que define de modo preciso essa famosa imprevidência do índio:

> Dirão – escreve Hoehne – que os aborígenes não tinham comércio, nem indústria capazes de demonstrar a sua produtividade agrícola

> e industrial, que eram gente indolente, sem estímulo e sem ambição. Isso é fato. Os naturais eram verdadeiros desocupados, mas no entanto possuíam sempre o necessário para as suas necessidades. Isso evidencia-se das palavras do próprio silvícola, a quem Jean de Lery, à viva força, pretendeu demonstrar a vantagem que havia no comércio e na exploração dos produtos naturais das selvas e da lavoura; bem vejo – replicou – que vós *mairs* [franceses] sois uns loucos, atravessais o mar com imenso risco e grande incômodo, e labutais tanto, com um único objetivo: juntar riquezas a fim de deixá-las para os filhos ou parentes. Para que tanta preocupação? A terra que vos alimentou não será capaz de nutrir também seus filhos ou parentes? Nós também temos filhos e parentes, e os amamos tanto quanto vós, mas, como temos certeza que depois de falecermos, a terra, que nos forneceu o essencial para a vida, os alimentará também, ficamos perfeitamente descansados, sem a menor preocupação.[67]

Esse episódio, que vale por um apólogo, mostra a importância da terra para o índio. Se é ela que lhe sustenta a vida, é através dela que o índio chegará a compreender o valor das colheitas maiores do que a necessidade diária de alimentação; em suma, a noção de mercadoria. Por isso – repita-se –, a posse da terra é parte essencial da questão dos índios. Tudo mais depende desse ponto de partida. E a defesa dessa posse é o objetivo principal do Serviço de Proteção aos Índios. Daí, como é óbvio, suas lutas e dissabores.

É principalmente entre os índios que vivem em promiscuidade com os civilizados, que essa dificuldade sobre terras mais se faz sentir. "Não só porque suas terras estão muito invadidas e cheias de complicações antigas", diz o SPI, "como por estarem, devido a contatos fora de toda fiscalização, viciados e desmoralizados, sem falar das inevitáveis interferências desses civilizados em suas vidas, introduzindo o alcoolismo etc.".

67 Hoehne apud Amaral, *História da agricultura*.

Habitualmente, os auxílios que recebem em ferramentas ou qualquer outro utensílio, os índios vendem por qualquer dinheiro – quando em contato com civilizados – para se manterem e "prosseguir na mania ambulatória". São os desenraizados, inadaptados à vida civilizada, mas já deslocados artificialmente da vida selvagem. Os índios da Serra do Norte, por exemplo, depois da missão de Rondon, em plena vida selvagem, abandonaram os machados de pedra e cada um passou a possuir um machado de aço. "Riem-se até os nambiquaras daquele venerável instrumento que, há dois ou três anos, era elemento fundamental da sua vida."[68]

A grande questão consiste em criar necessidades para o índio: a ferramenta – cuja utilidade eles logo compreendem – de boa qualidade, pois a má eles recusam, o sabão, o sal, a sanfona que levam ao baile, e assim por diante.

O deslocamento repentino produz resultados como aquele que Mello Morais Filho apontava nos índios do Rio Doce, e que ainda hoje pode ali ser visto, na decadência espantosa dos últimos índios da região:

> Não precisamos ir longe [...] os índios que para aqui vieram do Rio Doce, em um mês apenas de ausência de seus lares, começaram a sentir profundas alterações na saúde, estão pálidos e subictéricos, depauperados, denotam perturbações funcionais de importantes órgãos, e se em pouco tempo não voltarem a seu país natal, o prognóstico a formular é tão reservado que deve ser fatal.[69]

O SPI define admiravelmente a questão nestes termos:

> Os nossos silvícolas em geral oscilam entre a super e a subalimentação. Alguns há, porém, habitando terras tão dadivosas à margem de rios tão piscosos, que vivem na abastança o ano todo, enquanto os civilizados ou tribos menos favorecidas não os vão de lá expelir.

68 Ver Roquette-Pinto, *Rondônia*.

69 Mello Morais Filho, *Revista de Antropologia*.

> Outros, infelizmente, passam graves necessidades pela falta de sistematização de suas culturas, pobreza de suas matas e rios e até mesmo por falta de terras suficientes e virgens para plantar. E se não fora a mandioca que mais ou menos se adapta a todas as terras, onde espontaneamente se armazena e se conserva para as necessidades do tempo de escassez, muitas tribos já estariam extintas.
>
> De modo que o problema não só tem em vista as áreas a lhe serem reservadas, que devem ter a extensão necessária ao modo "extensivo" de cultura e de vida das tribos mais primitivas – caça, pesca e busca de frutas selvagens –, como interessá-las em culturas estáveis que lhes permitam o provimento regular da subsistência durante todo o ano, a mandioca, o feijão, o arroz e a cana-de-açúcar, sobre todos. Para isso, é ainda indispensável a verba a ser aplicada ao pagamento do trabalho efetuado pelos índios e que eles disponham de terra para plantar.

O regulamento do SPI determina "aproveitar quanto possível os indígenas em todos os serviços compatíveis com suas aptidões, remunerando-os segundo sua capacidade de trabalho e o estabelecido para os demais trabalhadores". A aplicação desse dispositivo, comenta uma autoridade, é essencial e indispensável para o efeito da educação prática do índio e para orientar sua atividade, acostumando-o aos esforços metódicos para a obtenção normal das coisas de que necessita. Essa aplicação dos índios em larga escala para a execução dos trabalhos que interessam à comunidade indígena e ao país já foi utilizada pela Comissão Rondon, e depois pelo SPI na construção de linhas telegráficas, pontes, cercas, açudes, edifícios etc., "com os melhores resultados para o governo e para os próprios índios".

A educação necessária deveria ter maior assistência por parte de professores especializados, de acordo com um plano a ser estabelecido. A orientação do SPI, quanto ao tipo de escola, é acertada:

> As escolas deverão ser da comunidade, do tipo "escola ativa", para uso de todos os membros da comunidade, quer para adultos, quer para crianças. As construções serão adotadas de acordo com as necessidades

> locais e não seguindo as plantas convencionais das escolas. A construção mais simples possível deverá ser usada empregando-se material local e trabalho dos índios, não só pelos motivos usuais, inerentes ao programa do Ministério das Obras Públicas, como também a fim de aumentar a participação dos índios nos trabalhos das escolas e da comunidade.
>
> E ainda:
>
> Os índios que se distinguirem nos estudos dos Postos de Assistência, Educação e Nacionalização ou mostrarem pendor especial por determinadas ocupações deverão, se desejarem, ser encaminhados, no sentido de se desenvolverem no assunto de sua predileção, por conta do SPI, sendo para isso necessário que haja subconsignação permitindo essa dispensa.

Mas depois de um curso de emergência sobre a vida do índio, curso prático de vida na selva, poderiam ser preparadas pequenas turmas de educadores especializados para seguirem em missão educacional, trabalhando junto aos postos de proteção do SPI, bem como estudantes de nossas primeiras escolas de Ciências Sociais, para colheita de estudo dos materiais etnográficos, de *folk-lore* etc., bem como para fotografias de valor documentário.

Certas atividades como a sericultura e a apicultura, já tentadas com sucesso pelo SPI, adaptam-se esplendidamente à tendência do índio, tudo dependendo de um ensino sistemático e de fornecimento de recursos suficientes para a disseminação desses dois trabalhos entre silvícolas.

A imposição de costumes estranhos à sua vida, por mais suave que seja, determina no índio dois movimentos alternados: ou a repulsa imediata, ou uma aceitação submissa, passiva, cujos resultados são, em última análise, piores do que os da recusa peremptória. Domesticam-se, por essa forma, os índios. Mas nada se obtém com eles, pois desde então passam a ser míseros restos do que foram antes, livres da selva, com sua vida própria.

Basta um exemplo: a casa. O internamento do índio, seu confinamento em casas no gênero das nossas – tal como em geral pensa fazer o missionário, com as melhores intenções – determina uma revolução total nos seus hábitos. O arejamento a que estão habituados, e que lhes é indispensável num grau que as casas de nosso sistema não dão – acentua o SPI –, facilita os resfriados e gripes, geralmente fatais à constituição do índio. E não respeita a hierarquia que observam em suas malocas, nem a colocação da casa em obediência aos pontos cardeais (como fazem os Borôros), a forma das aldeias, "e motivos também por nós ignorados", diz o SPI. A propósito afirma: quando se pretendeu localizar as habitações em arruamento, os índios de certa tribo protestaram: "Não, cumpadre. Caboco que é assim: e com o indicador, em posição vertical, apontando para o chão, faziam um círculo".

Até o começo da crise mundial, os outrora famosos Caigangues de Palmas (São Paulo), "ganhavam a maior parte do sustento colhendo erva-mate. Agora, da sua região não se exporta mais o mate. Surpreende, de modo singular, ouvir-se da boca dos índios a palavra crise". E acrescenta Herbert Baldus: "Os Caigangues não vivem mais de ideias", no dizer do velho chefe Koikang, "mas pensam em ganhar dinheiro".[70]

Algodão, mandioca, amendoim, favas – só os Nambiquaras conhecem mais de cem favas diferentes, para nós inaproveitadas –, um milho mole que dá em três meses (observação do dr. Estigarribia), todo ele maisena, branco, essencialmente farináceo; mandioca cipó, da qual se come o caule, ananás, mamão, bananas (frutas que os Nambiquaras cultivam há muito tempo) e guaraná – que, como se sabe, recebemos dos índios Maués – são alguns dos produtos que eles conhecem e trabalham com a maior facilidade. De modo geral as culturas de pequeno ciclo os apaixonam, como é o caso do arroz, que os crenaques do Espírito Santo adotaram com grande alegria. Do café e do cacau não gostam muito porque "quando chegasse a dar, já eles tinham morrido".

O general Horta Barbosa, quando chefe de uma Inspetoria do Serviço de Proteção aos Índios, escreveu o seguinte num trabalho intitulado *Pelo índio e pela proteção oficial*:

70 Baldus, *Ensaios de Etnologia brasileira*.

E qual a arte, o ofício ou o gênero de atividade que ainda não se conseguiu que aprendessem e exercessem com proveito? Como trabalhadores de machado não encontram quem os iguale entre os machadeiros de todas as origens; como canoeiros, navegadores de rios, são inigualáveis; como campeiros de gado alcançam e excedem os nossos mais reputados boiadeiros do norte e do sul; como lavradores, adaptam-se a todos os gêneros de cultura; no Sul, o trigo, e em São Paulo, o café, no Norte, o algodão e por toda parte o milho, o feijão, o arroz, a mandioca, a cana-de-açúcar etc. Se lhes fornecemos escolas como as que o Serviço mantém nas povoações indígenas e em certos postos, com facilidade aprendem a ler, escrever e cantar. Suas mulheres aprendem a coser à mão e à máquina e eles ajeitam-se aos trabalhos dos motores a vapor, das serrarias mecânicas, dos maquinismos de beneficiamento de cana, de café, de mandioca, de algodão e de cereais. Se o ensejo se lhes oferece, ei-los tripulantes, foguistas e pilotos de embarcações à vapor e à gasolina. Tornam-se ferreiros, carpinteiros, seleiros, alfaiates, enfim, oficiais de qualquer profissão elementar que se lhes queira ensinar. Extratores de erva-mate, de óleo de capaíba, de poaia, de castanhas, de cautchu e de numerosos outros produtos florestais, transformando-se em trabalhadores de construção e de conservação de estradas de ferro e de rodagem, ou de linhas telegráficas.[71]

Colapso e reorganização do Serviço de Proteção aos Índios

O Serviço de Proteção aos Índios, como vimos, foi consequência do convite do Ministério da Agricultura do governo Nilo Peçanha, dr. Rodolfo Miranda, ao então chefe da Comissão Rondon, que construía linhas telegráficas nos sertões brasileiros. O Serviço desenvolveu atividades em zonas de índios, até que em 1930-1931 irrompeu uma crise que determinou

71 Barbosa, *Pelo Índio e pela sua proteção oficial.*

o colapso da organização. Essa, como outras crises de menor intensidade, derivou em grande parte da campanha de descrédito e do abandono a que foi relegado o problema dos índios. Nessa ocasião, tinha o SPI, disseminadas pelo interior, 8 inspetorias e 67 postos de atração em contato imediato com os índios, além de cerca de 100 delegacias para atender os silvícolas em regiões onde ainda não haviam sido instalados postos de atração.

Com a Lei 5.484, de 27 de junho de 1928, que regulou a situação dos índios nascidos em território brasileiro, essa organização tinha base legal para levar adiante seu admirável trabalho. Em 1931, com o colapso do SPI, foram destituídos ou encarregados de outros serviços os inspetores, e a questão dos índios ficou entregue ao Departamento Nacional do Povoamento, até então especializada em questões de colonização por imigrantes.

Afinal, em desespero de causa, o organizador do SPI, a fim de evitar a extinção completa do Serviço, obteve sua transferência para o Ministério da Guerra. Funcionava, por esse tempo, o escritório central do Serviço de Proteção aos Índios numa dependência do Instituto Nacional dos Surdos-Mudos. Em 12 de junho de 1934, finalmente, o Decreto 24.700 efetuou a transferência do SPI para o Ministério da Guerra, e determinou nova regulamentação. No Ministério da Guerra agravou-se a escassez de verba, como adiante veremos; em compensação, houve força para garantir a propriedade dos índios contra as espoliações de que têm sido alvo, segundo copiosíssima documentação do coronel Vicente de Paulo T. P. Vasconcelos, atual chefe do SPI.

Em resumo da legislação sobre os índios, pode evidenciar a evolução do problema. A partir do decreto já mencionado, que em 1934 transferiu o SPI, *in articulo mortis*, para o Ministério da Guerra, verifica-se que o novo regulamento, aprovado pelo Decreto 736, de 6 de abril de 1936, baseou-se no alvará de 1º de abril de 1680, que dizia: "Porque na concessão de sesmarias se reserva sempre o prejuízo de terceiros, e muito mais se entende, e quero que se entenda, ser reservado o prejuízo e direito dos índios, primários e naturais senhores delas", determinou que as terras habitadas pelos índios sejam automaticamente reservadas para eles, não dependendo de legitimação de posse nem de registro – tal como já determinava o Regulamento 1.318, de 30 de janeiro de 1854.

Nas terras reservadas para os índios ou por eles habitadas, nas de sua propriedade, ou naquelas a que se refere o Artigo 154 da Constituição de 1934, ninguém poderá construir ou fazer benfeitorias para o gozo ou lucro próprio, sob pena de incorrer nas culminações da última parte do artigo 547 do Código Civil e mais disposições legais que resguardam as propriedades em geral e especialmente as dos índios.

Em relação à liberdade dos índios, o Regulamento determina:

> Fazer respeitar a organização interna das tribos, seus hábitos e instituições, só intervindo para alterá-los, quando indispensável, com brandura e persuasão; exercer vigilância e impedir que os índios sejam coagidos a prestar serviços ou sejam explorados de qualquer maneira, velando pelos contratos que forem feitos com eles para qualquer gênero de trabalho, bem como assistindo e zelando para que não sejam lesados em suas relações comerciais e econômicas com os civilizados, devendo ficar estatuídos em tais contratos, sempre feitos por livre vontade dos índios, as seguintes obrigações, essenciais por parte dos contratantes: Artigo 6, § 1º – É vedado a qualquer civilizado retirar, sob que pretexto for, índios menores, de suas aldeias ou malocas, cabendo aos funcionários do SPI promover perante as autoridades competentes a respectiva apreensão. Artigo 10 – Os índios trabalharão livremente e terão plenos direitos ao produto integral de seu trabalho [para evitar o sistema de pagamento em fichas, como muitas vezes constataram os inspetores do SPI] e de suas propriedades, ressalvadas as restrições do Decreto 5.484, de 27 de junho de 1928.

Depois de garantir a catequese, contanto que não exima os funcionários do SPI do cumprimento de suas atribuições legais na fiscalização dos preceitos que salvaguardam os direitos do índio, diz o § 5º do Artigo 45:

> Os índios são também inteiramente livres, quando o queiram, de guardar ou praticar as crenças e os ritos de seus maiores e com eles atingirem a incorporação à nacionalidade, intervindo apenas os funcionários do SPI, por meios suasórios, para modificar práticas anti-higiênicas e

antissociais, se existirem, e para dar ao aborígene, a esse respeito, tão somente, educação cívica e profissional e pô-los em contato com métodos mais apropriados de trabalho.

Em relação à vida e dignidade do índio, dispõe a Lei 5.484, de 27 de junho de 1934, que regula a situação dos índios nascidos no território nacional, o seguinte:

> Artigo 23 – Os crimes de qualquer natureza, cometidos por civilizados contra índios, considerar-se-ão sempre como praticados por superior contra inferior e, como tais, terão suas penas agravadas pela circunstância do artigo 59, § 9º *in fine*, do Código Penal vigente, além das demais em que porventura incorram os matadores.
> Artigo 24 – Os crimes contra a honra e honestidade (Código Penal, título VIII) das mulheres indígenas das 1ª, 2ª e 3ª categorias, quando forem cometidos por civilizados, serão punidos com as penas legais já existentes e mais a agravante caracterizada no artigo precedente, ainda mais quando tenha havido no ato proposta ou consentimento da paciente, de seu pai, marido, irmão ou chefe de tribo.
> Artigo 25 – Invadir à mão armada as sesmarias ou quaisquer terras sob a posse dos índios, quer para hostilizá-los, quer para o fim de explorar os produtos naturais das ditas terras; cometer depredações ou violências contra arranchamentos, aldeias, povoações indígenas ou postos de serviço; aliciar gente para impedir, por qualquer meio de coação, a continuação da posse dos índios nas terras por eles ocupadas. Pena de prisão celular por um a três anos, além daquelas em que incorrer pela violência.
> § único – A entrada à noite nos pousos de qualquer espécie em que se abrigam índios é equiparada, para os efeitos penais, quando praticada por indivíduo civilizado, à violação de domicílio, de que trata o artigo 196 do Código Penal.
> Artigo 26 – A destruição ou danificação da coisa de qualquer valor, móvel, imóvel ou semoventes, de propriedade de índios, será punível segundo o disposto no artigo 329 do Código Penal.

Artigo 27 – Todo aquele que, abusando da boa-fé, ingenuidade ou atraso mental do índio, sujeitá-lo à exibição ou espetáculos, diante de terceiros, com o fim de tirar disso lucro ou proveito, será punido de acordo com os artigos 180, 181 e 182 do Código Penal (Dos crimes contra a liberdade pessoal, segundo as circunstâncias).
Artigo 28 – São equiparados aos menores de que trata o artigo 30 do Código Penal os índios nômades, os arranchados ou aldeados e os que tenham menos de 5 anos de estabelecimento em povoação indígena.
§ 1º – O índio de qualquer das três categorias acima, que tiver praticado qualquer infração, obrando com discernimento, será recolhido, mediante requisição do inspetor competente, a colônias correcionais ou estabelecimentos industriais disciplinares, pelo tempo que ao mesmo inspetor parecer, contanto que não exceda de cinco anos.
§ 2º – Entende-se por estabelecido em povoação indígena aquele que efetivamente mora nela, qualquer que seja a sua condição, descontando-se no respectivo computo as interrupções que porventura se derem com a volta temporária do índio à selva.
Artigo 29 – Os índios que tiverem mais de cinco anos de residência em povoação indígena, quando cometerem qualquer infração prevista na legislação penal, comum, serão punidos com a metade somente das penas nela instituídas.
Artigo 30 – As circunstâncias agravantes previstas nos artigos 30 e 41 do dito código influem para a diminuição das penas impostas aos índios das mencionadas categorias.

A legislação, como se vê, é admirável. O aparelho destinado a aplicá-la e fazê-la respeitada, porém, não tem recebido os recursos indispensáveis a essa função.

Vejamos, ainda mais, o Artigo 18 do Regulamento do Serviço de Proteção aos Índios:

a) impedir pelos meios legais e policiais a seu alcance que as populações civilizadas ataquem os índios ou invadam suas terras, comunicando às autoridades os fatos dessa natureza que ocorrerem;

b) atrair por meios brandos as tribos arredias ou hostis, estabelecendo entre elas relações amistosas, esforçando-se por estender tais relações às populações próximas;
c) não permitir qualquer violência física contra os silvícolas, ainda quando partam deles as hostilidades, observando e fazendo observar religiosamente a divisa do Serviço de Proteção aos Índios: "Morrer se for preciso, matar nunca";
1) aproveitar essas circunstâncias para demonstrar a grandeza, a eficiência e a generosidade de nossa civilização, usando dos amplos meios com que a ciência e a indústria modernas, superiormente nos aparelha, não para destruir povos imberbes, desarmados e na infância social, mas sim para despertar-lhes o desejo de compartilhar conosco do progresso a que atingimos;
2) empregar, em consequência, instrumentos de ferro, uso dos fósforos e outros meios de obter facilmente o fogo; projeções luminosas, aparelhos sonoros ou falantes; caçadas com armas de fogo e ajuda de cães; uso de pequenos motores nas embarcações e, quando possível, voos de aviões e autogiros ou outros recursos que atraiam os índios e os levem a desejar nossa convivência;
3) entreter e avivar esses desejos com dádivas apropriadas, tanto de objetos de ferro, de utilidade imediata nas selvas, como de frutos e alimentos cobiçados pelos índios. Os presentes deverão ser colocados, ainda quando parte dos índios permaneça arredia e hostil, em ranchos ao longo das estradas e em torno dos acampamentos de pacificação, e constituirão principalmente em objetos de ferro: machados, facões ou foices, e outros artigos de utilidade;
4) ter muito em conta que os índios arredios só se utilizam de alimentos – mandioca, milho, cana, ou outros já de uso deles – quando os encontram ainda em roças, de modo que eles próprios possam colhê-los, a princípio, na suposição de que fazem sem nosso consentimento, acabando por verificar a nossa dádiva e intenções amistosas;
5) manter sempre o acampamento na mais perfeita ordem moral e material e de modo a dar aos índios a melhor impressão de nossa civilização, estabelecendo desde o primeiro dia o culto sistemático

à bandeira nacional, com a assistência de hinos cantados ou mesmo fonografados;

6) qualquer funcionário do Serviço de Proteção aos Índios, seja qual for sua categoria, aqui mais do que em qualquer outra parte, deverá sentir nitidamente que é seu primeiro dever bem preencher a sua própria função especial, mas que a boa ordem dos trabalhos a que se devotou exige que cada qual assista ou coadjuve, na medida de suas forças, a realização das outras funções quaisquer, de modo que todos concorram e convirjam o seu devotamento cívico e social para a mais perfeita e rápida consecução dos objetos comuns, fazendo com que a conduta de cada um, como de todos em conjunto, possa servir de modelo ou exemplo aos indígenas atraídos;

d) não consentir que seja imposta aos silvícolas nenhuma obrigação relativamente a serviços, religião, ensino e aprendizagem que não aceitem.

Por decreto de 22 de novembro de 1939, o governo da República criou o Conselho Nacional de Proteção aos Índios, para estudar todas as questões que se relacionem com a assistência e proteção aos silvícolas, seus costumes e línguas, cabendo-lhe também sugerir ao governador, por intermédio do SPI, a adoção de todas as medidas necessárias à consecução das finalidades desse Serviço e do próprio Conselho, que se compõe de sete membros, designados por decreto do presidente da República "dentre pessoas de ilibada reputação e comprovada dedicação à causa da integração dos silvícolas à comunhão brasileira". O conselho ficou constituído pelos seguintes membros – presidente: General Rondon; vice-presidente: professor Edgar Roquette-Pinto; membros: general Manoel Rabelo, professor Boaventura Ribeiro da Cunha, dr. Francisco Assis Iglesias (do Serviço Florestal), sra. Heloisa Alberto Torres (do Museu Nacional), e coronel Vicente de Paulo Teixeira da Fonseca Vasconcelos, diretor do Serviço de Proteção aos Índios.

Reorganizou-se, ao mesmo tempo, o Serviço de Proteção aos Índios, que voltou ao Ministério da Agricultura. Mas uma questão surgiu: é que do pessoal do SPI, que era pouco em sua primeira fase, existem remanescentes de inegável eficiência, é certo, mas insuficiente para uma ampliação de serviços. Para admitir novo e mais numeroso pessoal torna-se necessário conceder facilidades de admissão e dispensa, tal como procede as Comissões de Limites do Ministério do Exterior. Em 1940, segundo informa, o SPI espera contar com 35 Postos de Assistência, Educação e Nacionalização, 31 existentes e a reconstituir e 4 a fundar; 18 Postos de Atração, sendo 12 existentes e a reconstituir e 6 a fundar.

As verbas destinadas ao Serviço de proteção aos Índios nunca foram suficientes para um verdadeiro serviço, com a amplitude necessária. De 1.200 contos em 1910, passou a 1.400 em 1911. Em 1912, foi de 1.140 contos. Passou a 2.200 em 1913, baixando a 800 em 1914, a 300 em 1915; foi a 360 em 1916; em 1917 passou a 540, para descer a 500 em 1918. Foi a 800 em 1919, a 900 em 1920, a 1.060 em 1921, mantendo-se em 1922, 1923 e 1924. Em 1925 foi a 1.960, em 1926 se manteve, em 1927 foi a 2.620, em 1928 a 3.460, em 1929 baixou ligeiramente a 3.440, em 1930 subiu a 3.880, em 1931 baixou bruscamente a 1.560, descendo ainda a 1.420 em 1932, a 1.300 em 1933, a 1.080 em 1934, a 909 em 1935, para subir um pouco a 980 em 1936, a 966 em 1937, a 1.043 em 1938, a 1.133 em 1939. No orçamento de 1940, foi reservada uma verba de 3.450 contos. Essa verba não é suficiente ainda. Mas sobretudo importa que seja pelo menos estável, sem oscilações que obriguem a abandono de serviços e interrupções de lamentável efeito.

Certos recursos são ainda inexistentes, como cuidados médicos, enfermagem etc. A aviação, que poderia ser empregada com grande êxito nesses serviços, ainda não pôde ser utilizada. A parte científica da questão não pôde também ser cuidada como devia e ela é indispensável, porque, longe de ser luxo de erudição, só ela pode tirar ensinamentos úteis para o índio e para o civilizado.

Em 1930, ao sofrer o colapso que tão desastrosos resultados viria determinar, facilitando a ação dos aventureiros, ao mesmo tempo que retardando a obra efetiva de reabilitação do índio, possuía o SPI, segundo mapa então levantado, 18 estabelecimentos na Inspetoria do Amazonas e Acre, 11 na do norte de Mato Grosso, 13 na do sul do Mato Grosso e São Paulo, 1 em Goiás (posto Redenção Indígena), 6 na Inspetoria do Pará e Maranhão, 1 posto em Pernambuco (Águas Belas), 7 na Inspetoria do Espírito Santo e Minas (abrangendo 5 postos na Bahia), 9 na Inspetoria do

Paraná e Santa Catarina e 1 posto no Rio Grande do Sul (Passo Fundo). Possui 7 escolas independentes e 58 delegacias (agências de colaboração gratuita). Portanto, era um total de 67 postos distribuídos por 6 inspetorias e 3 postos isolados, 7 escolas independentes e 58 delegacias.

No litoral, encontram-se índios em São Paulo. No interior, de sul para norte, as manchas que indicam presença de índios vão da zona da serra no Rio Grande do Sul, repontam depois na zona do Rio Chapecó e nas circunvizinhanças da região de colonização alemã em Santa Catarina, surgem no Estado do Paraná, de modo acentuado na zona do Rio Iguaçu e seu afluente, o Chopim; na do Rio Ivaí, e depois numa ampla região que a partir do Rio Tibagi e de outros afluentes do Paranapanema, vai ter a esse rio, na fronteira paulista. Em São Paulo, além da zona litorânea, de Itanhaém e Peruíbe, margeando pequenos afluentes do Tietê, havia indicações de índios nas proximidades de Bauru (Avaí etc.), e na zona de Araçatuba (rios Aguapeí, do Peixe etc.). Em Mato Grosso, toda a ponta do Estado que marca fronteira com o Paraná e o Paraguai e em numerosas outras zonas, que entram pelo Amazonas e território do Acre. No Pará, três grandes manchas marcam zona de índios. No Maranhão, além de uma zona lindeira do Pará, outras no centro do estado e uma, pequena, na fronteira goiana. Em Goiás, toda a região do Araguaia, inclusive a Ilha do Bananal, entrando por Mato Grosso no curso do Rio Tapirapés. E no centro do estado, na Bacia do Tocantins, a região do Rio do Sono. Em Pernambuco, fronteira alagoana, a zona de Águas Belas, Palmeira dos Índios (esta em Alagoas). Na Bahia, boa parte da zona sul e uma parte fronteira do Espírito Santo (Rio Jequitinhonha, Rio Prado, Rio Itanhaém). No Espírito Santo, a zona do Rio Mucuri, a zona alta dos rios São Domingos e São Mateus. Depois, a zona do Rio Doce.

Note-se que essas indicações do mapa levantado em 1931 referem-se apenas a zonas onde existem postos, delegacias ou quaisquer instalações do SPI, excluídas as zonas onde ainda não se fazia sentir, de modo efetivo, a ação desse serviço.

Na pequena região baiana em que existem índios (Paraguaçu etc.), foi inventada por um grupo de aventureiros, há cerca de três anos, uma "conspiração" dos índios.

O objetivo dessa denúncia, como ficou depois evidenciado, era promover o massacre dos remanescentes de antigas tribos devastadas, para espoliar-lhes, com a vida, as terras excelentes para plantações de cacau.

Perspectivas e conclusões

Evitar que o civilizado realize em terra de selvagens o que o selvagem não mais realiza em terra de civilizados, eis o que se define com a impressionante constatação de C. A. Eastman, que, pensando nos trucidadores de índios nos Estados Unidos, escreveu estas expressivas palavras: "The indian woman in her quiet way preserves the dignity of the home. From our standpoint the white man is a law-breaker!".[72]

Os problemas de aculturação, do contato de povos em diferentes estágios de civilização e as consequências que tais contatos determinam, devem ser minuciosamente estudados, em relação ao problema dos índios. Não esquecer que no Brasil, enquanto grande parte da população fala em siderurgia, usa o rádio e a eletricidade, o avião, o automóvel, o cinema, como elementos cotidianos, outra parte, bem menor, mas ainda viva, está na idade da pedra, desconhece o simples uso do ferro. Não deixar de ter bem presente a delicadeza do processo pelo qual se conseguirá que essa parte vença, em poucos anos, com o nosso amparo, aquelas etapas que a outra grande maioria levou algumas centenas de milhares de anos para atravessar. Com essas duas noções, podemos compreender o crime que representa, e o prejuízo que acarreta, a tentativa sumária e pueril de vestir índios, ensinar-lhes certos preceitos simplistas demais ou excessivamente complexos e pensar com isso tê-los civilizado, e principalmente arrebatar-lhes as terras, as crenças, os milenares instrumentos de trabalho, as prerrogativas da vida que afeiçoou seu organismo a certas características que não se sujeitam a uma súbita transformação sem decadência e morte certa.

---

72 Eastman, *Old Indian Days*, p.184. [Do inglês: "A mulher indígena, com seu modo discreto, preserva a dignidade do lar. De nosso ponto de vista, o homem branco é um infrator!" – N. E.]

Do terror ante a natureza ao monoteísmo decorreram milhares de séculos. Não basta, portanto, ser monoteísta e ter alguma ternura e humana compreensão, para vencer tamanha diferença. Essa obra de adaptação não pode ser senão nacional e unânime, através de um movimento geral de atenção para o problema, devidamente conduzido por um órgão centralizador, capaz de corrigir e depurar defeitos de processo e assegurar uniformidade de orientação.

A documentação com que enchemos este trabalho demonstra que uma velha querela sempre se fez em torno do braço índio, da terra dos índios, da consciência dos índios, desde os começos de nossa história conhecida. Não se pense que estranhamos esses acontecimentos, ou que tenhamos procurado acentuá-los para deles tirar efeitos teatrais. A história se faz assim, entre rapina e dor. Está certo. Monstruoso, porém, é que isso continue a ser feito, por desfastio, displicência, impulso adquirido, ignorância, cobiça, incompreensão, depois que cessou a necessidade inelutável, a conjuntura histórica desse fenômeno que passa a ser crime contra a dignidade do gênero humano. O episódio pitoresco do cacique que recentemente telegrafou ao Ministério da Guerra perguntando se podia fazer guerra a outros índios, junto com centenas de episódios igualmente expressivos, demonstram que a possibilidade de uma compreensão nacionalizante, por parte do índio, não é tão remota nem tão impossível que valha a pena consentir, mesmo por omissão, na pilhagem e no massacre do índio, e muito menos, talvez, no assalto à sua consciência.

Com exagero louvável, porque sincero, o poeta dos índios, Gonçalves Dias, escreveu certa vez: "Eles foram o instrumento de quanto aqui se praticou de útil e grandioso; são o princípio de todas as nossas coisas; são os que deram a base para o nosso caráter nacional, ainda mal desenvolvido, e será coroado das nossas prosperidades o dia de sua inteira reabilitação".

Demonstramos que o índio é capaz para o trabalho, ao mesmo tempo que procuramos evidenciar seus direitos em face do civilizado. O movimento que ora retoma seu curso interrompido em 1931, se devidamente completado pela cooperação da opinião pública, criando ambiente favorável ao seu trabalho de reabilitação do índio no Brasil, virá realizar aquela previsão com que o Visconde de Araguaia, concluindo sua resposta em favor do índio, contra Varnhagen, dizia há tantos anos: "A razão, tarde e fora de tempo, será ouvida". Tarde ela será. Fora de tempo, ainda não.

Brasiliana I*

Os relatos de viajantes estrangeiros representam o elemento mais colorido com que conta o historiador para a evocação das épocas extintas. Eles completam o quadro muitas vezes deficiente e apagado que proporcionam os arquivos, penetram desvãos escuros do passado e animam de uma vida nova figuras esmaecidas pelo tempo. Sem tal colaboração, muita peça documental, valiosa embora, torna-se comparável a objetos de arqueologia, com sua linguagem mal articulada, que desafia a argúcia dos estudiosos e excita frequentemente a fantasia mais do que a observação serena e meticulosa. Quanta coisa não ficaríamos ignorando sobre a Itália às vésperas do Renascimento sem as memórias de um Philippe de Commynes,[1] ou sobre a França às vésperas da Revolução sem as narrativas de um Artur Young.[2] Por isso, nada ilustra melhor o interesse que as atuais gerações vêm dedicando aos estudos de nossos problemas sociais, políticos, econômicos, todos eles com fundas raízes no passado, do que a profusão crescente de traduções de obras estrangeiras sobre o Brasil.

---

* Artigo originalmente publicado no *Diário de Notícias*, Rio de Janeiro, 22 set. 1940. (N. O.)

1 Commynes, *Mémoires*.

2 Young, *Travels in France*.

É inútil recomendar com excessivo calor algumas dessas iniciativas editoriais. O importante é frisar que elas encontram um público acessível e apto a garantir-lhes bom êxito. Basta lembrar o caso da edição brasileira do Barlaeus,[3] lançada pelo Ministério da Educação e que apenas saída do prelo passou a constituir verdadeira preciosidade bibliográfica. Ou o mais recente de um Debret,[4] publicado com o texto em português pela livraria Martins de São Paulo e cuja edição de luxo se esgotou em 48 horas.

São dois exemplos que fazem meditar na estranha mudança operada em um público até aqui pouco atento aos assuntos que dizem respeito a nosso passado, parecendo querer confirmar as frases sonoras onde Joaquim Nabuco lavrou a condenação em bloco de nossa vida, de nosso horizonte, como coisas destituídas de sentido para a imaginação. Pode-se dizer que já estamos bem longe de ser aquela solidão melancólica que o escritor pernambucano comparou ao Paraíso Terrestre antes das primeiras lágrimas do homem. É que, com a idade, nossa própria imaginação fez-se mais doméstica e menos exigente de aparato. O passado já interessa pouco pelo que tem de monumental ou tonitruante e não quer mais ser contemplado como se contempla um espetáculo. Principiamos a vivê-lo como vivemos o presente, a dar preço ao que ele tem de próximo, de familiar, de quotidiano. Não o vemos como uma coisa que desapareceu sem deixar traços e que está perdida para sempre, mas como aquilo que simplesmente nos precedeu e continua a subsistir dentro de nós.

É o despertar desse senso de continuidade histórica, um dos motivos que nos leva a buscar nos livros onde se fala em nosso passado, antes um enriquecimento do que um divertimento para o espírito. A ver neles mais do que meros alfarrábios, bons para professores e eruditos. Um indício poderoso dessa verdadeira revolução no gosto do público está no êxito crescente de coleções como a *Brasiliana* da Editora Nacional, ou como os *Documentos Brasileiros,* da José Olympio. A ambas, que se podem considerar pioneiras no gênero, cabe acrescentar agora a *Biblioteca His-*

---

3 Barlaéus, *História dos feitos recentemente praticados durante oito anos no Brasil e noutras partes sob o governo de Wesel, tenente-general de cavalaria das Províncias-Unidas sob o príncipe de Orange.*

4 Debret, *Viagem pitoresca e histórica ao Brasil.*

tórica da Livraria Martins de São Paulo, com um programa ainda mais ambicioso e que só neste ano já nos ofereceu quatro obras capitais para a melhor inteligência do Brasil.

Bem orientada pelo sr. Rubens Borba de Morais, um dos conhecedores mais autorizados da bibliografia estrangeira sobre nosso país, da nossa xenobibliografia como preferiria dizer Afonso de Taunay, essa coleção não só veio reparar o injusto esquecimento em que se encontravam algumas daquelas obras como conseguiu fazê-lo de maneira exemplar. Com o lançamento em nova edição de um Rugendas e agora de um Debret – a mesma editora prepara-nos também um Ribeyrolles e já há quem cogite de um Chamberlain –, nossos estudiosos poderão obter com mais facilidade uma visão ampla de certos aspectos típicos da vida brasileira de há um século. O valor documental de tais livros não tem alcançado muitas vezes o merecido prestígio, como se neles a boa qualidade da arte devesse ofuscar o resto. A verdade é que a própria necessidade em que se encontraram seus autores de escolher motivos, de fixar em nossa paisagem humana o que lhes pareceu mais "pitoresco", isto é, mais colonial, menos europeu, já representa em si uma contribuição de primeira ordem para os que se preocupam com os graves problemas de história social. Esses pintores não nos viram certamente pelos olhos da equidade ou, falando em linguagem mais moderna, não nos viram com seio científico. Seria evidentemente absurdo exigir deles semelhante zelo. Mas apreendendo em uma era de intensa europeização – a era que envolve os reinados de Dom João VI e do primeiro Pedro –, o que resistia melhor a essa mesma europeização, o que ainda guardava forte sabor americano, ou até africano e asiático, seus quadros deixam uma ampla margem de interesse, que não afeta unicamente a sensibilidade estética. E isso é sobretudo verdadeiro com relação a Debret, pois em Rugendas a emoção artística deve ter sido mais viva e espontânea diante da paisagem natural. Mesmo onde os temas pareciam pedir a presença do meio urbano, como em "Negros do Rio de Janeiro", "Costumes do Rio de Janeiro", "Costumes da Bahia" e "Negro e negra na Bahia", essa presença é quase insensível ou absolutamente nula. Em outros casos ela serve, quando muito, como um meio de compor a cena. Para esse compatriota de Humboldt, alma de *squatter*, as árvores da floresta falavam mais do que os homens e as casas. Se apesar disso não deixou de ser admirável todas as vezes em que o seduziram visões menos rústicas e aspectos citadinos que seriam tão pouco familiares aos seus olhos de europeu e de nórdico, a nota dominante em sua obra foi sem dúvida a nota agreste. Fato aliás explicável até certo ponto pelas circunstâncias em que viu e visitou nosso país.

Debret, ao contrário, ou porque tivesse mais gosto pela pintura de costumes, ou pelas suas virtudes características – sua objetividade, sua clareza, sua agudeza de observação, justamente salientadas em uma das notas de Sérgio Milliet à edição brasileira – ou por outras razões que não vêm ao caso discriminar, deixou-nos trabalhos sempre ricos de interesse em qualquer dos seus aspectos, mesmo abstraindo da alta significação artística dessas 153 pranchas que encerra a *Viagem pitoresca e histórica ao Brasil*.

Brasiliana II*

Além das obras clássicas de um Debret e Rugendas, cuja importância não somente artística, mas também documental, foi posta em relevo em meu artigo anterior, a *Biblioteca Histórica*, editada pela livraria Martins, enriqueceu-nos este ano de duas valiosas contribuições estrangeiras para o melhor conhecimento do Brasil: a *Viagem à Província de São Paulo*, de Saint-Hilaire, traduzida pelo sr. Rubens Borba de Morais, e as *Reminiscências de viagens e permanência no Brasil*, de Daniel Kidder, traduzidas pelo sr. Moacir de Vasconcelos. Com essas obras e com a *Viagem ao Brasil* do príncipe Maximiliano de Wied-Neuwied, que inaugura magistralmente a *Brasiliana – Grande formato*, da Companhia Editora Nacional, não poderiam ficar melhor servidos os estudiosos e curiosos de nosso passado.

Os três livros compõem um belo tríptico da vida brasileira em vários dos seus aspectos, entre os anos que precederam a Independência e os que precederam a maioridade. Em nenhum deles o país é visto com idílicas ternuras ou com entusiasmos irrestritos, mas pelo menos com simpatia

* Artigo originalmente publicado no *Diário de Notícias*, Rio de Janeiro, 29 set. 1940. (N. O.)

e honestidade, virtudes que não sobram em muitos viajantes escritores que nos visitaram.

A expedição de Neuwied ao Brasil não foi das mais vultosas se tivermos unicamente em conta a extensão da área percorrida. Só sobre tal aspecto a obra que ele nos deixou não é comparável a de um Martius, de um Gardner, de um Castelnau, por exemplo. Seu compasso era diverso. Se não teve a preocupação de abarcar distâncias imensuráveis, tudo quanto seus olhos alcançaram foi visto com nitidez perfeita e muitos dos juízos que formulou podem passar por definitivos. Considerados a importância do território visitado e os resultados obtidos, é forçoso concluir que sua contribuição para os estudos brasileiros não foi mais modesta do que a de seus ilustres sucessores. Sobre a Província do Espírito Santo e o sul da Bahia, disse o historiador Handelmann que formavam a região mais pobremente povoada em todo o Império, exceção feita ao Alto Amazonas. E admirava-se de que trezentos anos de colonização tivessem deixado um território tão selvagem precisamente entre a Bahia de Todos os Santos e a Bahia de Guanabara. Pois foi esse o território que Neuwied tornou objeto de suas explorações. Martius e Saint-Hilaire conheceram-no somente em parte. De outra parte fala-nos Freyreyss em interessante estudo já publicado em tradução portuguesa pela *Revista do Instituto Histórico de São Paulo*. Há, ainda acerca da mesma zona, os apontamentos de problemático valor científico deixados pelo aventureiro Douville que se encontram em manuscritos na biblioteca de Sainte-Geneviève, em Paris (pelo menos lá ainda se encontravam às vésperas da ocupação alemã). Nenhum desses exploradores, porém, fez estudos de conjunto da região e nenhum examinou com a amplitude e a minúcia de Neuwied, cuja obra na edição original compreende dois opulentos volumes acompanhados de um atlas de 41 pranchas. Da sua alta significação para os estudos zoológicos fala-nos com justificada ênfase e autoridade Oliverio Pinto, prefaciando a tradução portuguesa. Poderia falar também de sua importância não menos considerável para os estudos etnológicos. As observações de Neuwied sobre as tribos de cultura primitiva que se estendiam desde o território atual do Rio de Janeiro, aproximadamente até Ilhéus, abrangendo o Espírito Santo e a mata mineira, são hoje de valor extraordinário. Quase tudo quanto sabemos de algumas delas deve-se ainda às suas descrições. Dos diversos vocabulários que nos preservou, valeu-se integralmente Martius ao compor os seus *Glossaria Linguarum Brasiliensium*, e valeram-se etnólogos recentes, para separar aquelas tribos, em sua maioria, da família linguística Jê, em que tinham sido arbitrariamente incluídas até agora. Acresce que tais tribos foram extintas ou absorvidas em grande parte pelas populações brancas e mestiças, salvo se ficar melhor apurada a notícia que teria dado o sr. José Oiticica, ao sábio americanista Chestmir Loutkoka, e consignada por este em estudo inserto numa revista de etnologia, de que muitas ainda vivem "em postos indígenas fundados e mantidos pelos positivistas". Seja como for, já hoje nada pode diminuir o mérito de Neuwied, que estudou minuciosamente as condições de cultura desses povos naturais antes de terem eles entrado em contato com os civilizados.

Outro ponto em que sua obra pode ser vantajosamente comparada às de outros naturalistas de profissão ou de vocação, sem excluir as do próprio Martius, está na sua compreensão simpática do caráter dos selvagens. Os traços menos atraentes da psicologia dos indígenas, que estudou com raro zelo, atribui-os ele sobretudo às crueldades de que eram constantemente objeto. Refere, entre outros, o caso das roupas de variolosos propositadamente abandonadas nas florestas e que eram causa de perecerem muitos, contagiados pelo terrível mal. Desse processo de extermínio há exemplos conhecidos em vários pontos do Brasil, o que mostra ter sido bastante generalizado. Não admira que em seu estudo, tão frequentemente injusto, sobre a atividade colonial dos portugueses, o historiador Georg Frederici o destaque com particular insistência.

A respeito das condições reinantes nos centros policiados é bem menos apreciável a contribuição de Neuwied. No momento em que visitou o nosso país, a europeização desses centros fazia-se a passos rápidos e seus olhos, tão atentos a mínimas particularidades da vida nas florestas, não encontraram neles muita coisa digna de registro. Depois de se referir às descrições do Rio de Janeiro e da Bahia, deixadas por Lindley e Andrew Grant, observa:

> Nessas duas capitais, que crescem todos os anos consideravelmente, fazendo progressos no caminho da civilização, não se veem hoje tantas extravagâncias, tantos usos ridículos, nem os costumes pouco em harmonia com espírito moderno, que esses viajantes observaram. Por exemplo, não existe mais a mínima diferença entre o modo de se vestir dos habitantes das cidades do país e o dos europeus; o luxo e a elegância reinam em alto grau, por toda parte.[1]

O que falta sob esse aspecto ao livro de Neuwied fornece-nos em abundância o do pastor Daniel Kidder, que embora nos tenha visitado em data bem posterior, percorreu o país do sul ao norte, detendo-se particularmente nos centros mais populosos. Enquanto não se publicam as traduções já anunciadas dos livros de Thomaz Ewbank e Maria Graham, as *Reminiscências de viagens e permanência no Brasil*, constituirão, sem dúvida, dos depoimentos mais preciosos que já se podem ler em português sobre nossos costumes e instituições durante a primeira metade do século passado. Há desse livro – que não deve ser confundido com o célebre *Brazil and Brazilians* de Kidder e Fletcher – uma única edição inglesa, o que explica a sua extrema raridade. Caracteriza, sobretudo, a obra de Kidder, o realismo bem anglo-saxão com que pinta os costumes e, em particular, os personagens que teve ocasião de conhecer no Brasil. É típico, por exemplo, o retrato que nos deixou de Feijó e convém reproduzir aqui, ao menos em parte, o trecho em que descreve o seu primeiro encontro com a grande figura da Regência:

> Tivemos a honra de mais uma entrevista com o ex-regente Feijó. A primeira realizou-se em São Paulo, em companhia de um seu íntimo amigo, na sala inferior de uma grande casa onde se achava hospedado. Não houve cerimônia. Parecia que sua reverendíssima estivera deitado numa alcova contígua e se levantara apressadamente para nos receber. Não trazia vestes eclesiásticas. De fato, vestia uma roupa de algodão

1 Wied-Neuwied, *Viagem ao Brasil*.

listada que não parecia nova e sua barba parecia por demais crescida para permitir que se sentisse confortavelmente, em dia tão quente. Feijó era baixo e corpulento, aparentando 60 anos de idade, mas de compleição robusta e feições saudáveis. Sua cabeça e seu aspecto traziam a marca da inteligência e davam-lhe uma expressão de benevolência, conquanto houvesse algo em seu olhar que justificasse a observação que nos haviam feito, antes da entrevista, de que ele tinha uma expressão felina.[2] (No original lê-se "*physionomy of a cat*" – cara de gato –, o que me parece mais sugestivo do que "expressão felina".)

O livro de Kidder é, em suma, a despretensiosa narração das experiências de um pastor metodista, incumbido de divulgar a bíblia em nosso país. Pela própria natureza de tal missão, entrou em contato com pessoas eminentes da época e pôde transmitir-nos um quadro fiel de tudo quanto viu e ouviu às vésperas da Maioridade. Sua obra é, mais do que outra coisa, uma reportagem. Reportagem sincera e algumas vezes de precisão quase fotográfica. Nisso está todo o seu mérito.

A obra de Saint-Hilaire, se não tem em tão acentuado grau essas qualidades, apresenta sobre a de Kidder e as dos muitos outros viajantes, vantagens consideráveis, que justificam largamente seu velho prestígio entre nós. O cientista francês não se limitou a observar e a observar atilamente o que lhe mereceu interesse durante suas longas caminhadas pelo Brasil. Fez mais do que isso, estudou com espírito científico nossas condições naturais em seus diversos aspectos, leu e criticou com lucidez tudo quanto se disse do nosso país, confrontou com as de outros viajantes suas próprias impressões e opiniões, e só entrou a escrever definitivamente, depois desse lento trabalho preparatório. Seus livros interessam igualmente à Geografia, à História, às Ciências Naturais e às Ciências Sociais. Esse volume, por exemplo, começa por uma síntese da história de São Paulo, que é superior a tudo quanto se escreveu no gênero, até o aparecimento do *Quadro histórico* do brigadeiro Machado

2 Kidder, *Reminiscências de viagens e permanência no Brasil.*

de Oliveira, não obstante já estivessem publicadas as *Memórias para a história da Capitania de São Vicente*, de Frei Gaspar. Seguem-se extensas divagações sobre a geografia, a vegetação, a população – onde se aproveitam habilmente os parcos e duvidosos elementos que as estatísticas proporcionavam –, a administração, a justiça e as finanças locais. Não se poderia querer mais nem melhor para situar o leitor no assunto. A simples relação da viagem é, por si só, de um alcance excepcional, se considerarmos que, para a ciência estrangeira, São Paulo continuava a ser, naquela época, a "bela sem dote", de que falou Bobadella. Os poucos viajantes sábios que por lá andaram, um Mawe ou um Martius, viram a capitania apenas em alguns aspectos isolados e quase de relance. Entretanto, em território paulista, pela banda de Goiás e do sudoeste de Minas, seu roteiro coincidiu mais ou menos com o antigo caminho de Anhanguera, permitindo-lhe conhecer em estado primitivo uma das zonas onde assentaria, mais tarde, a pujança econômica da província e do estado. Dessa zona só há uma descrição contemporânea da sua, a do engenheiro português Luiz d'Alincourt. Depois percorreu a velha região colonial do Parnaíba, Itu e Sorocaba e rumou para o sul, seguindo a velha estrada das tropas. Conseguiu compor, assim, um quadro vivo e exato da terra e da gente paulista, no momento decisivo em que o país se preparava para a sua emancipação política.

Da *Viagem à Província de São Paulo*, já existia uma tradução parcial, publicada em 1922, sob o título *São Paulo nos tempos coloniais*. Essa, que agora nos apresenta a *Biblioteca Histórica Brasileira*, abrange a zona correspondente ao atual Estado de São Paulo. Prefaciada por Rubens Borba de Morais, seguida de uma ampla bibliografia e de um opúsculo menos conhecido, o "Resumo das viagens ao interior do Brasil, à Província Cisplatina e às missões do Paraguai" é, sem contestação possível, de todos os livros de Saint-Hilaire traduzidos para o português, o que surge com melhor apresentação. A obra original, compreendendo dois volumes, intitula-se *Voyage dans le provinces de Saint Paul et Saint Catherine*. Abrange o relato das viagens e explorações feitas pelo autor no território correspondente aos atuais estados de São Paulo, Paraná e Santa Catarina. As partes referentes aos dois últimos já tinham sido anteriormente traduzidas e publicadas em volumes separados. É lamentável que não se possa corrigir tão cedo a fragmentação a que foi sujeita entre nós a obra de Saint-Hilaire. Em realidade, cada um dos seus livros obedece a um ritmo uniforme e a uma íntima harmonia, que essas mutilações sempre perturbam. Confiemos em que algum editor futuro tenha o ânimo de pôr em ordem esses trechos esparsos e restitua ao conjunto sua economia natural. Enquanto isso não é possível, cabe-nos aprovar calorosamente esforços como esse da *Biblioteca Histórica Brasileira*, que nos deu com a tradução da *Viagem à província de São Paulo* um trabalho digno do autor e do assunto.

O problema das culturas I*

Em artigo de jornal publicado há pouco mais de dez anos, Gilberto Freyre traçou dos autores sem livros um retrato sugestivo, cheio de terna compreensão e simpatia. Parecia-lhe então que o livro verdadeiramente capaz de satisfazer e deliciar o puro artista ou o pensador é o que fica para sempre em estado de elaboração no espírito, dócil às alternativas que a experiência íntima vai constantemente propondo.

A tese é defendida com o desprendimento irônico de quem advoga causa própria e de antemão condena. Mas de repente a malícia que envolve toda a argumentação deixa irromper esta frase inesperadamente austera, semelhante a uma confissão há muito recalcada: "Só quando o autor encontra um público capaz de o acompanhar nesse processo de recriação, vale a pena escrever livros".

Depois disso, Gilberto Freyre – então simples autor de artigos e *plaquettes* – publicou uma quinzena de volumes e ficou célebre. Sua obra já não é hoje apenas das mais numerosas, como também das mais importantes e fecundas da nossa atual geração de escritores. Sua ação e seu exemplo foram indiscutivelmente dos principais responsáveis pelo

* Artigo originalmente publicado no *Diário de Notícias*, Rio de Janeiro, 27 out. 1940. (N. O.)

interesse crescente que o estudo da História Social e da Sociologia vem merecendo entre nós. Não há exagero em dizer-se que o autor encontrou enfim o público estimulante e compreensivo que desejava e que lhe serve de sexo oposto ao espírito.

Não é desses livros já longamente tratados e debatidos que me proponho falar agora e sim de dois mais recentes, nos quais o autor procura fixar, em alguns traços marcantes, o problema das nossas heranças culturais e das influências que tenderam e ainda tendem a enriquecê-las ou a corrompê-las. Entenda-se "culturais", nesse caso, com o timbre especial que a palavra cultura adquiriu entre os modernos antropologistas europeus e americanos. Cultura compreendida como o conjunto global de crenças, ideias, hábitos, normas de vida, valores, processos técnicos, produtos e artefatos que o indivíduo adquire da sociedade como um legado tradicional e não em consequência de sua própria atividade criadora. Nesse sentido, pelo qual se distingue particularmente do conceito de raça, definindo-se quase por essa distinção, compreende-a também o autor em toda a sua obra. Já sabíamos até onde é falsa, do ponto de vista rigorosamente científico, a identificação entre raça e cultura. Hoje sabemos que não é somente falsa, mas também perigosa. O partido que os imperialismos modernos têm podido tirar da confusão dos dois termos já é bem notório e o próprio [Franz] Boas, mestre sempre acatado de Gilberto Freyre, previu esse perigo quando, há oito anos, o denunciou perante um auditório alemão como fonte de futuras dificuldades para o mundo.

Mas a simples afirmação enfática das particularidades culturais seria mais inofensiva? A verdade é que todos os conceitos particularizadores têm sentido polêmico e só subsistem pela presença de particularizações diferentes. Isso é tão verdadeiro das sociedades policiadas como das organizações chamadas primitivas. Martius observou a propósito dos nossos índios, que quando mencionam o nome de sua tribo fazem-no seguir, com frequência, do nome da tribo inimiga. Como se a existência de cada grupo organizado encontrasse sua própria explicação e justificação na existência do grupo contrário. O conceito de cultura, posto que legítimo, não estaria isento de tais riscos, se colorido por certo profetismo ingênuo, tão generalizado nos dias atuais, ou mesmo por algumas hipóteses sociológicas de caráter acentuadamente especulativo, como as que explicam a sociedade à imagem de um organismo ou recorrem a entidades superindividuais, no gênero da "consciência coletiva" de Durkheim. Nesses casos, a ideia converte-se facilmente em ideal e as culturas particulares correm o perigo de se transformarem, de objetos de investigação, em objetos de culto.

Desse perigo está longe Gilberto Freyre. Seu esforço para a reabilitação da obra colonizadora de Portugal funda-se em estudo sereno e atento, não em uma inclinação sentimental ou emotiva. Os pontos de vista do autor vêm expostos em uma apologia sincera da colonização portuguesa do Brasil.[1] A palavra apologia e o próprio título do livro podem soar mal para quem espera uma análise desapaixonada e conscienciosa do problema, de sua significação e de suas consequências. Mas a verdade é que nada destoa aqui das verificações já feitas pelo autor e expressas em trabalhos anteriores. O apologista serve-se do sociólogo não como de uma bagagem incômoda, mas como de um guia prestimoso e fiel.

Também não se pode ver na clara intenção polêmica do autor em face de certos fatores tendentes a deformar nosso estilo tradicional de civilização um motivo para duvidar de sua objetividade. A própria cultura luso-brasileira ele a reverencia precisamente pelas suas qualidades universalistas, pela sua capacidade de acolher as formas mais dissonantes, acomodando-se a elas sem com isso perder seu caráter. No esforço colonizador dos portugueses, Gilberto Freyre não vê preocupações da exclusividade biológica, sociológica e mesmo econômica de "fechar a natureza vegetal e animal dentro de ilhas ou de áreas".[2]

Esses mesmos motivos levam-no a erguer-se contra os etnocentrismos que no extremo sul pretendem implantar-se à custa dos valores humanos, cristãos e universalistas peculiares à cultura luso-brasileira. Os sintomas algumas vezes alarmantes que revelam essa força desintegradora de nossa unidade cultural são abundantes e bem conhecidos. Um artigo recente publicado em revista norte-americana, em que o professor

1 Freyre, *Uma cultura ameaçada: a luso-brasileira*.
2 Ibid.

Reinhard Maack manifestou seu mau humor contra as leis brasileiras de nacionalização, encontrou entre nós repercussão considerável. O próprio Gilberto Freyre cita-o como expressivo de certa opinião corrente entre alemães e nazistas acerca da colonização germânica no Sul do Brasil.

Em realidade, o artigo do conhecido geógrafo não passa, em muitos pontos, de uma compilação de dados e argumentos já apresentados em outros estudos de menos responsabilidade. Em um deles, de autoria do dr. Karlheinrich Oberacker e publicado por uma instituição anexa à Universidade de Marburgo, explica-se por exemplo que a etnia brasileira só conseguiu verdadeiramente impor-se a negros, índios e mestiços porque o baixo grau de cultura dos mesmos não lhes permitia oferecer resistência à lusitanização. Isso, porém, não ocorre com os descendentes de alemães e italianos, que insistem e com razão – observa – em manter sua individualidade étnica, embora dentro do Estado brasileiro. "Em essência" – diz Oberacker – "a brasilidade [não sei de outra tradução mais confortável para a palavra *Brasilianertum*] independe da etnia lusa. Se os negros e índios se deixam lusitanizar, isso é de sua conta".[3]

Mesmo em obras mais objetivas, como a do dr. Hans Porzelt sobre o campônio alemão no Sul, aliás um dos estudos realmente dignos de interesse para quem pretenda conhecer a vida social nas colônias, Gilberto Freyre encontraria traços dessa curiosa concepção que deseja manter os brasileiros de sangue germânico vinculados para sempre à cultura alemã – outros dizem à "nação" alemã –, embora leais ao Estado brasileiro. Menos adverso do que muitos ao "lusitanismo" (é bem típica a preocupação que partidários da preservação integral da cultura alemã nos estados do Sul põem em dizer-se "lusitanizar-se", por exemplo, quando seria mais natural dizer "abrasileirar-se"), o dr. Porzelt explica que os rio-grandenses de origem portuguesa são em grande parte descendentes de colonos açoritas e, por conseguinte, dos flamengos, que povoaram os açores em eras remotas. Isso explica a seu ver "a aparência

3 Oberacker, *Die Volkspolitische Lage des Deutschtums in Rio Grande do Sul.*

nórdica ou parcialmente nórdica que ainda hoje têm muitas vezes" os gaúchos autênticos.[4]

Diferente nesse ponto de outros livros puramente sociológicos de Gilberto Freyre, esta obra conclui. E a conclusão não provém de um raciocínio sobreposto às reflexões anteriores do autor; decorre delas naturalmente e sem violência. O corretivo proposto para essas forças negadoras, que deixadas à lei da natureza tornariam o país "simples espaço geométrico, aberto a todas as intransigências étnicas e culturais", está no próprio caráter acolhedor de nossa cultura luso-brasileira. Estimulando a miscigenação, a mistura de raças, o intercurso das culturas, teremos aberto caminho à solução do problema, sem nos afastarmos dos princípios e dos métodos que constituem, segundo o autor, a maior contribuição portuguesa e brasileira para o melhor ajustamento das relações entre os homens.

É interessante assinalar que tal solução indicada por Gilberto Freyre como conforme as nossas tradições culturais é justamente a que em outras terras, mais avessas ao franciscanismo lírico que o autor descobre nos portugueses, tem sido sugerida como a única verdadeiramente racional. O sociólogo Emory S. Bogardus, que estudou detidamente os problemas de assimilação étnica nos Estados Unidos, baseia pelo menos no intercurso cultural a "teoria da comunidade", contrária a que prevê uma imposição radical da cultura do país novo ao imigrante ou descendente de imigrante – por sinal qualificada de teoria prussiana: "Americanizar", diz ele, "é dar ao imigrante o melhor que a América pode oferecer, e reter para a América o melhor que lhe pode oferecer o imigrante". Nada mais de acordo com o espírito da cultura brasileira tal como o expõe, interpreta e elogia o autor de *Casa-Grande e Senzala*, em toda a sua conferência.

Já notei como essa interpretação coincide, por sua vez, com os resultados colhidos por Gilberto Freyre em suas investigações sociológicas e expostos em outras obras. Não irei, é claro, ao ponto de considerar sempre justos e indiscutíveis tais resultados. Quando o autor critica, por

4 Porzelt, *Der Deutsche Bauer in Rio Grande do Sul.*

exemplo, Sérgio Milliet, pela afirmação de que o português colonizador não se afeiçoa muito ao trabalho da terra, penso que a razão está com Sérgio Milliet, não com Gilberto Freyre. Se contra a mesma afirmação podem invocar-se numerosos casos particulares, não creio que ela deforme arbitrariamente a realidade ou constitua uma generalização mal apoiada. Não faltam indícios de que a atividade dos portugueses, em quase todas as épocas, e já antes da colonização do Brasil, se associou antes à mercancia e à milícia do que à agricultura e às artes mecânicas. Em outras palavras, foi bem mais sensível às incitações do espírito de aventura do que às do espírito de trabalho. Se friso esse ponto de vista, já defendido por mim em escrito anterior, não é tanto pelo fato de ser ele expressamente contestado na mesma passagem em que Gilberto Freyre combate a opinião de Sérgio Milliet, mas porque ainda me parece defensável e justo. Contra o desapego dos reinóis à vida rural, contra a circunstância de se abandonarem facilmente às imposições da natureza, de não procurarem mobilizar pelo esforço próprio suas energias produtivas, sempre clamaram, com expressiva uniformidade, os economistas de Portugal. Um deles, Luis Mendes de Vasconcelos, observava em princípios do século XVII: "Mas nós, deixando tudo à disposição da natureza, gastando o que ela produz, se a não ajudarmos com o nosso artifício e diligência, virá a faltar por culpa nossa a abundância que da sua providência estava certa".[5]

Se a economia rural chegou alguma vez a ter papel dominante na formação da sociedade portuguesa foi aparentemente durante a primeira dinastia. Isso mesmo observa um historiador contemporâneo, Veiga Simões, em admirável capítulo da *História da expansão portuguesa no Mundo*, no qual procura fixar o momento decisivo em que as cidades substituem os campos como centro de gravidade da economia do país. "Com o mundo novo do cronista" – diz esse historiador –

5 Vasconcelos, *Diálogos do sitio de Lisboa*.

a economia da terra cede lugar à economia movediça e instável do capital. A Igreja, que assentava seu império na existência da sociedade rural, e que com as lutas entre o clero e o poder central dava caráter ao que se tem erradamente chamado - a monarquia agrária - assistia a um deslocamento da autoridade social em benefício das sociedades mercantes e em seu próprio prejuízo: desde que a cidade se constituíra, o mosteiro cedera-lhe o lugar como fulcro da vida social.[6]

Assim, as origens desse desapego à vida rural não devem ser buscadas apenas em condições especiais, impostas pela própria natureza da atividade colonizadora. Ele já existiria no reino, e bem antes de se descobrir o Brasil. Terá sucedido em Portugal, durante longo tempo, o mesmo que ocorreu no resto das Espanhas, onde segundo Menendez Pidal, "el médio ordinário que para gafiar al plan tenia todo caballero español era estabelecerse em tieras de moros". Lá os mouros, aqui índios e negros, foram as mãos e os pés dos senhores.

Julgo perfeitamente acertada, por outro lado, a crítica dirigida por Gilberto Freyre à possibilidade de uma explicação racial - no sentido biológico do termo - para o desapego do colonizador português ao trabalho duro e lento na terra. Essa explicação parece admiti-la Sérgio Milliet, quando declara que "talvez primassem os [motivos] de ordem racial, como sugere Sérgio Buarque de Holanda". Peço perdão para dizer que jamais sugeri qualquer explicação racial e houve no caso uma interpretação errônea ou, na melhor hipótese, imprecisa de parte do autor do *Roteiro do café*. Não vejo realmente como as explicações raciais possam por si sós levar a grandes coisas no estudo dos fatores culturais.

Em muitos outros pontos dessa conferência examinam-se com justeza e extraordinária acuidade os traços característicos do esforço colonizador dos portugueses. E não me parece que seja menoscabo a esse esforço admitir que em mais de um ponto ele não foi admirável.

---

6 Simões, *História da expansão portuguesa no mundo.*

O problema das culturas II*

Em *Um engenheiro francês no Brasil*,[1] retoma Gilberto Freyre o problema das nossas heranças culturais para estudar-lhes o desenvolvimento ao contato de uma civilização já formada e amadurecida. Serve de motivo a semelhantes estudos onde, para usar das próprias palavras do autor, um fato maciçamente histórico se dissolve em fato sociológico, o *Diário íntimo do engenheiro Vauthier*,[2] manuscrito adquirido em Paris por Paulo Prado que o cedeu ao escritor pernambucano. Graças ao Serviço do Patrimônio Histórico e Artístico Nacional e ao zelo esclarecido do seu ilustre diretor, Rodrigo M. F. de Andrade, acha-se hoje ao alcance do público esse admirável documento em tradução convenientemente anotada.

Não direi que os dois livros se completam, porque, em realidade, o manuscrito serve apenas de ponto de apoio para o ensaio e não deixa pressentir em toda a sua amplitude o vasto inquérito que empreende Gilberto Freyre acerca da influência francesa em nosso desenvolvimento cultural e social. Longe de constituir simples glosa às observações do

* Artigo originalmente publicado no *Diário de Notícias*, Rio de Janeiro, 10 nov. 1940. (N. O.)

1 Freyre, *Um engenheiro francês no Brasil*.

2 Vauthier, *Diário íntimo do engenheiro Vauthier (1840-1846)*, Prefácio e notas de Gilberto Freyre.

engenheiro Vauthier durante os seus seis anos de residência em Pernambuco, onde chegou a chefe da repartição de obras públicas, esse ensaio logo se emancipa de seu motivo inicial para ganhar vida própria. A oportunidade não poderia ser mais feliz para que o autor nos mostrasse, ainda uma vez, seu saber e sua competência já largamente comprovados em assuntos dessa natureza.

A aversão decidida por certo escolasticismo sociológico, a preferência pelo estudo social do passado, em que há sempre margem para alguma interpretação arbitrária, o próprio estilo – sobre o qual seria possível escrever todo um longo estudo literário –, as comparações e metáforas insistentes, mais de artista do que propriamente de cientista, desconcertarão, diante da obra de Gilberto Freyre, um historiador muito apegado a cronologia ou um sociólogo muito exigente de sistematizações. De quase todos os seus ensaios pode-se dizer que são mal compostos, como se diz que um romance é mal composto. Mas, se é certo que a boa composição não é a virtude capital nos bons romances, também é inegável que a maneira quase impressionista desse autor abre-nos perspectivas que um trabalho mais metódico poderia deixar à margem.

No estudo da influência francesa sobre nossa sociedade e nossa cultura, Gilberto Freyre, se quisesse fazer obra exaustiva, não deixaria de examinar, por exemplo, sua importância no movimento de ideias que preparou entre nós a Conjuração Mineira. O assunto, realmente interessante, mereceu a atenção de um dos historiadores mais consideráveis, Henri Hauser, e sobre ele Afonso Arinos de Melo Franco vem preparando um estudo. Mas, justamente o que o autor não quis nesse livro, foi fazer obra exaustiva. Pretendeu, tão somente, situar-nos melhor no tema que constitui o objeto de sua investigação e, para isso, teve de renunciar a qualquer propósito de organizar um plano prévio no qual se abrangessem, sem exceção, e dispostos em boa ordem, os aspectos vários da influência francesa sobre nossa vida social.

É evidente que, se essa influência foi sensível na cultura intelectual e artística, no meneio das ideias, na inspiração doutrinária de mais de um movimento político, não deixou de manifestar-se através de agentes técnicos – a expressão é do próprio Vauthier, nota do autor – em outros aspectos menos estudados, mas não menos significativos de nossa formação. E tais agentes são os que merecem particularmente seu interesse.

O livro começa por um estudo em torno dos primeiros contatos dos franceses, mercadores e navegantes quinhentistas, com a terra do Brasil, quando lhes caberia, ao lado dos portugueses, reduzir nossa natureza ainda bravia a uma natureza cristã e doméstica.

Creio que se pode, sem exagero, atribuir aos franceses, em seu afã colonizador, muitas das qualidades de adaptação e acomodação que Gilberto Freyre costuma, com bons motivos, considerar típicas dos portugueses. É sabido que quando não conseguiam elevar o nível de cultura dos indígenas, "*franciser les sauvages*", como se dizia ao tempo de Luiz XIV, muitos não hesitavam em descer ao nível deles. O resultado é que, se quisermos buscar fora de nossa América portuguesa uma réplica dos bandeirantes mamelucos, ela deve estar antes entre os *coureurs de bois* franceses e mestiços, do que entre os *squatters* anglo-saxões, mais refratários à mistura de raças.

O autor não se esquece, aliás, de mencionar, ao par da influência de cultura que teriam exercido entre nós os franceses sobre os antigos filhos da terra, sua influência de sangue, igualmente apreciável. E lembra, de passagem, a frase em que Capistrano de Abreu trata da "mestiçagem brasilo-galicana", como causa ponderável da abundância de cabelos louros na zona do Nordeste. O fato tem dado motivo a divagações algumas vezes bem audaciosas sobre influências nórdicas nas populações daquelas zonas e, ainda recentemente, um fascista convicto, Theodor Kadletz, procura atribuir a presença de cabelos louros e olhos azuis entre sertanejos nordestinos à "herança de colonos germânicos do século XVI e também à imigração de portugueses do norte"[3] da estirpe dos suevos e visigodos.

O interesse que pode merecer a ação dos primeiros colonos franceses é naturalmente subsidiário para Gilberto Freyre. O importante do seu ponto de vista é assinalar o cuidado que punham eles em desenvolver no indígena as habilidades técnicas e artísticas. É possível dizer, neste caso,

3 Kadletz, *Jahrbuch für Auslandische Sippenkunde*.

que o autor é bem mais afirmático e peremptório do que seria natural, à vista de escassa documentação que possuímos, particularmente quando enaltece esse traço do espírito dos colonos franceses, em detrimento dos jesuítas. Não existem, a rigor, elementos seguros para um confronto entre o esforço que desenvolveram aparentemente os franceses, a fim de habituarem os índios a ofícios e ferramentas de civilizados e o que efetuaram sem sombra de dúvidas os padres da Companhia no mesmo sentido. Mas, a alegação de que os franceses, sobretudo calvinistas, orientaram os indígenas em primeiro lugar para as atividades práticas, posto que se funde em simples dedução, é admissível como tal. Os historiadores do calvinismo têm acentuado a importância numérica dos artífices e negociantes, entre os primeiros huguenotes. E a influência da diáspora calvinista sobre o desenvolvimento do trabalho industrial em países da Europa, se é possível explicá-la em parte pelo alto grau de adiantamento que tinham alcançado no setor econômico, França e Holanda, terras de onde, principalmente, se originou aquela dispersão, vincula-se, também, ao sentimento da dignidade do trabalho manual, sentimento esse tão próprio de protestantes como acentua muito bem Gilberto Freyre.

Não há mal em suspeitar que, no primeiro encontro com o problema da educação do indígena, prevalece essa mesma atitude entre os franceses. Mas, o esforço que fizeram ou teriam feito, permaneceu sem seguimento, ou sem maiores consequências. As técnicas rotineiras, resguardadas em grêmios de mecânicos, não eram estimuladas a qualquer inovação, além das que vinham com compreensível atraso da metrópole. Tênue arremedo de instituições europeias, aclimadas entre nós com dificuldade, esses grêmios, que existiram aqui desde o primeiro século e que em alguns casos alcançaram certo grau de prosperidade – a ponto de existirem ainda hoje, nas velhas cidades, vestígios do arruamento de materiais por ofícios –, não tiveram, até agora, seu historiador. Quem lê as atas da Câmara de São Paulo pode perceber o empenho que punham os editais, desde 1585, na criação de juízes e taxas de ofício. Em outras regiões essa organização foi, sem dúvida, mais antiga e não será de admirar se algum pesquisador, esquecido talvez de que esses grêmios constituam a forma normal do trabalho livre em todos os lugares mais ou menos policiados, for levado por tais fatos a exagerar desmedidamente sua importância entre nós. Sobre o assunto, que ainda há pouco tempo foi tratado por Péricles Madureira do Pinho em sua excelente tese sobre a sindicalização rural, fala, ainda, Gilberto Freyre nesse livro, mostrando a significação que tiveram no Pernambuco setecentista.

O zelo com que nessas organizações se preservavam os métodos tradicionais, transmitidos de geração em geração, constituiu certamente um dos maiores estorvos à ação dos técnicos estrangeiros surgidos depois da vinda de Dom João VI. Tal ação – conforme nos mostra o autor – não se irradiou sem os choques com a rotina regional, com as tradições nacionais, com os interesses econômicos feridos ou arranhados. A revolução trazida com a importação de artífices e artefatos europeus operou-se de modo irregular, mas decisivo, e a parte que coube aos franceses em semelhante revolução foi, certamente, das mais importantes. Para ajuizar dessa importância, Gilberto Freyre soube encontrar um instrumento acessível nos anúncios de jornal, que explorou com admirável habilidade.

Pode-se imaginar o que não significou a ação lenta e persistente desses agentes técnicos mais felizes do que seus precursores quinhentistas na transformação dos hábitos estereotipados, na criação de novas necessidades e de novos luxos, desajeitadamente acolhidos pela sociedade da época, ainda imbuída de preconceitos patriarcais. O amor à ostentação mais do que à comodidade constitui, muitas vezes, motivo plausível para o rápido acolhimento de certas novidades aparatosas, mas é difícil não ver nessa nota do caráter nacional um fator positivo de progresso.

Isso explica e até certo ponto justifica algumas oposições suscitadas pela influência estrangeira e, em particular, pela atuação de estrangeiros como Vauthier. As informações, quase sempre cheias de interesses que proporciona o diário íntimo desse antigo aluno da Politécnica de Paris, Gilberto Freyre ajusta-as engenhosamente à respeitável documentação colhida em outras fontes, sobretudo nos anúncios editoriais da imprensa, nos papéis burocráticos em arquivos oficiais, eclesiásticos e particulares, para compor um quadro admiravelmente vivo e claro do que foi a influência dos elementos civilizados da França sobre o Brasil e, particularmente, sobre Pernambuco, em meados do século passado.

Estamos bem habituados a distinguir na influência francesa em nossa cultura quase exclusivamente do lado espiritual. A originalidade desse livro – como nota Paul Arbousse-Bastide, em seu longo prefácio – está em mostrar a alta significação que assumem certos contatos mais humildes, contatos técnicos e psicológicos, na transformação de nossa paisagem social. Para semelhante empreendimento, servem de pretexto as notas escritas por um estrangeiro, ao mesmo tempo agente e testemunha daquela transformação. Pretexto excelente, aliás, e admiravelmente adequado aos propósitos do autor. As mil surpresas, criações e destruições que intervêm aos poucos para modificar nossa rotina são encaradas aqui com lucidez perfeita, que não exclui aprovação e simpatia. Sente-se mesmo um desapego mal dissimulado ante certos quadros tradicionais que entravam a ação da técnica europeia, desapego quase surpreendente em quem escreveu *Uma cultura ameaçada* e tantas outras páginas de envolvente ternura pelas coisas de nosso passado português e colonial. É que em Gilberto Freyre a visão do historiador e do sociólogo pode ser nítida sem precisar ser friamente científica. Assim, as qualidades excepcionais do escritor, longe de distrair, antes reforçam no pesquisador uma inteligência, não direi serena, mas bem equilibrada e, naturalmente, generosa.

Capelas antigas de São Paulo*

São Miguel

As terras do Uraraí, segundo refere a tradição, serviram de abrigo, nos anos seguintes à fundação de São Paulo, a parcialidades indígenas que abandonaram por aquele tempo os campos de Piratininga. Não há prova de que desde então se tenha fundado ali uma capela com a invocação de São Miguel, embora semelhante versão seja abonada pela autoridade de um frei Gaspar.

Também não tem cabimento, por outro lado, a suposição, partida de alguns historiadores, de que a aldeia só tivesse sido criada pelos anos de 1622 ou 1623. No relatório da visita feita por vários representantes do Instituto Histórico e Geográfico de São Paulo em 1925 a essa localidade, e publicado no volume XXIII da respectiva revista, contesta-se com razão a escolha daquela data para a fixação da época em que se instalou a aldeia. "Sem elementos seguros que autorizem a fixação rigorosa dessa data" – diz-se nesse relatório –

* Artigo originalmente publicado na *Revista do Serviço do Patrimônio Histórico e Artístico Nacional*, Rio de Janeiro, 1941. (N. O.)

podemos, contudo, afirmar, sem receio de contestação, a existência da aldeia de São Miguel em 1609[1] afastando de quatorze anos a sua fundação, à vista dos termos da carta de data de meia légua de terras em quadra junto a São Miguel, aldeia de índios, concedida a Maria Álvares a 16 de novembro daquele ano.

De resto pode-se, com a mesma segurança, afastar ainda mais a data da fundação da aldeia, pois na sessão de 1º de junho de 1583 da Câmara paulistana, já há menção dos índios da aldeia de "Riraí".[2] O próprio nome de São Miguel aparece na *Informação da Província do Brasil para nosso padre*, escrita aparentemente em 1585, onde se lê que os padres da Companhia tinham a seu cargo as aldeias de Nossa Senhora da Conceição de Pinheiros e outra "intitulada de São Miguel". Entre ambas teriam mil pessoas.[3] Anos depois, em 1589, o procurador do Conselho censurava os moradores da aldeia por terem aberto um caminho novo "em royn invenção" e prejuízo dos habitantes de São Paulo.[4] Nesse documento também há menção do nome de São Miguel.

A sesmaria das referidas terras aos índios cristãos foi concedida pelo capitão Jerônimo Leitão a 12 de outubro de 1580. Abrangia 6 léguas em quadra a começar de onde acabavam as datas de João Ramalho e Antonio de Macedo, "que dizem que eram até onde chamam Jaquaporeba [Jaquaporessuba]". O texto da carta de data foi conservado e pode ser lido no *Registro Geral da Câmara de São Paulo*, I, página 354 e nas *Cartas de datas de terra*, I, página 21. É lícito acreditar que entre 1580 e 1584 se ergue ali uma capela com a invocação de São Miguel. Que existia a capela nessa última data não deixa dúvida a leitura da *Informação do Brasil e suas capitanias*, de 1584, onde há referência à aldeia sem menção de nome, e com a indicação de que nela havia igreja.[5] É provável que fosse

1 No texto impresso lê-se 1602, sem dúvida por erro de impressão. A sesmaria de Maria Álvares é de 16 de novembro de 1609.

2 *Atas da Câmara da Vila de São Paulo*, I, p.211.

3 Anchieta, *Cartas*, p.424.

4 *Atas da Câmara da Vila de São Paulo*, I, p.372.

5 Anchieta, op. cit., p.321.

esse aldeamento o que vemos assinalado na *Narrativa epistolar*.[6] Nele o padre Fernão Cardim batizou, em 1585, trinta adultos e casou em lei de graça outros tantos.

Isso indica que os índios do Ururaí, entregues mais tarde aos padres capuchos, estariam então aos cuidados dos jesuítas. Sabemos por Simão de Vasconcelos que Anchieta assistiu em São Miguel, onde censurou Frutuoso da Costa por querer levar consigo uma índia e previu-lhe morte desastrada.[7]

Nada indica que a igreja hoje existente na localidade seja a mesma que se ergueu na segunda metade do século XVI. Sabe-se que pouco depois do ano de 1620 mudaram-se para ali, em grande número, índios de Itaquaquecetuba. O padre Francisco de Morais, que naquele ano partira para a missão dos Patos, descrita por Antonio Vieira na *Anua* de 1624-1625, encontrou essa mudança efetuada quando veio de volta para São Paulo em 1624. Assim a transferência se fez entre 1620 e 1624. Nessa ocasião teria sido construída a capela hoje existente. O que condiz com a inscrição que ainda se lê gravada no batente superior da porta principal: "Aos 18 de julho de 1622 – São Miguel". A informação de Francisco de Morais consta de certidão, reproduzida por Azevedo Marques,[8] em resposta a uma ordem do reitor do Colégio de São Paulo em 1654, padre Lourenço Craveiro, para que "em virtude da santa obediência" e como "velho natural desta terra" dissesse o que sabia acerca das terras que os índios possuíam em Itaquaquecetuba "antes que se passassem para a aldeia de São Miguel onde hoje estão".

Nessa mesma ordem pergunta ainda o padre Craveiro se é certo que a aldeia de São Miguel se chamava São Lourenço antes de se passarem para ela os índios de Itaquaquecetuba. A tal questão nada responde o padre "Malagueta", mas já vimos como não há razão para se suspeitar que antes de 1622 São Miguel tivesse outro nome. Pode-se admitir que com a mudança dos índios de Itaquaquecetuba, e conseguintemente com

6 Cardim, *Tratados*, p.355.

7 Vasconcelos, *Vida do P. Anchieta*, p.190.

8 Marques, *Apontamentos*, I, p.204.

o aumento da população da aldeia de Ururaí, se tenha transferido o sítio para lugar próximo, segundo hábito frequente naqueles tempos. Mas é indiscutível que a invocação de São Miguel já existia. E é provável que sua devoção estivesse bem arraigada entre os moradores da região. Assim se explica o fato de Matias de Oliveira, que possuía sítio e fazenda no Ururaí, ter deixado ordem em seu testamento, feito em 1624, para que se rezasse por sua alma uma missa a São Miguel, além de outra, ao santo de seu nome.[9] Os sitiantes brancos da região não seriam escassos, pois em 1675 o Ururaí era "parada povoada de muitos moradores".[10]

Dos fatos acima expostos deduz-se que não há motivo algum para repudiar o ano de 1622 como data da construção da capela ora existente. Segundo Azevedo Marques, consta do inventário de Fernando Munhoz, feito em 1673, que se deve ao mesmo Munhoz e ao padre João Álvares a construção da capela de São Miguel. Esse João Álvares, o mesmo que teria fundado em Itaquaquecetuba a igreja de Nossa Senhora da Ajuda, morava em Mogi no ano de 1610, quando pedia uma sesmaria.[11] Ora, São Miguel fica no caminho de Mogi para quem sai de São Paulo, não é de admirar que o padre João Álvares conhecesse bem a paragem e nela edificasse a igreja.

Sucede que no texto do testamento de Fernão de Munhoz, ultimamente publicado pela *Revista do Instituto Histórico de São Paulo*, de acordo com cópia existente no Arquivo Aguirra, não há referência à participação de João Álvares na construção da capela. Se essa referência existiu deve estar ilegível. Diz-se apenas, em certo ponto, que parte das terras deixadas por Munhoz lhe tinham sido dadas pelos índios, com beneplácito de seu capitão e administrador e do padre João de Almeida, "em pagamento *do dito defunto* [Fernão Munhoz] *fazer a igreja de São Miguel* como consta pela escritura".[12]

9 *Inventários e testamentos*, VI, p.270.
10 *Inventários e testamentos*, XVII, p.491.
11 *Sesmarias*, I, p.89.
12 *Revista do Instituto Histórico e Geográfico de São Paulo*, XXXVI, p.265.

De qualquer modo, a participação do padre João de Almeida na doação referida ocorreu provavelmente só depois de 1624, ano em que esse jesuíta regressou a São Paulo de sua segunda missão aos Patos, tendo partido em 1621 depois de uma visita aos Goitacazes. Sabe-se por Vasconcelos que a João de Almeida fora entregue o cuidado, no espiritual, tanto da aldeia de São Miguel como de Pinheiros e Barueri. Essa preeminência dos jesuítas no governo espiritual da aldeia persistiu por longos anos.

Ainda em 1678 uma denúncia enviada a sua alteza o príncipe d. Pedro dizia que em São Miguel como nas outras três aldeias do distrito da Vila de São Paulo (Barueri, Pinheiros e Guarulhos) havia igrejas com todo o necessário para a administração dos sacramentos, e que não obstante isso apenas nos dias do orago de cada aldeia os índios eram assistidos e confessados

> *e as mais das vezes pelos padres da Companhia*, que por caridade acodem a estes sacramentos, sendo chamados sem terem essa obrigação, mais que a do serviço de Deus, e em todo o mais tempo do ano se não celebra nelas; em razão de serem levados os ditos índios por casas dos moradores a servir sem terem assistência das ditas aldeias, levando-os às mais capitanias.[13]

Sobre a data em que a aldeia passou à direção religiosa dos capuchos diz José Arouche de Toledo Rondon, em sua *Memória sobre as aldeias de índios da Província de São Paulo*, que era ignorada, sabendo-se apenas que já em 1716 aqueles religiosos tinham os índios a seu cargo. Segundo se lê no tit. Taques e Pompeus da *Nobiliarquia paulistana*, a resolução régia dando um missionário a cada uma das aldeias do real padroado com o título de superior e funções paroquiais foi consequência de uma representação do administrador capitão-mor Pedro Taques de Almeida. De acordo com essa resolução ficaram os monges de São Bento com

13 *Registro Geral da Câmara Municipal de São Paulo*, III, p.169.

Pinheiros, os carmelitas calçados com Barueri e os capuchinos com São Miguel e Escada.

Carapicuíba

A carta de sesmaria das terras dos índios concedida por Jerônimo Leitão a 12 de outubro de 1580 dá ao gentio de Pinheiros 6 léguas em quadra a começar onde acabavam as terras de Domingos Luiz e Antonio Preto. Esse documento é o assento de batismo tanto de Pinheiros como de São Miguel. As terras cedidas ficavam "onde chamam Carapicuíba ao longo do rio de uma parte e da outra". Essa indicação da carta de data provocou confusões e alguns historiadores, mesmo dos mais doutos, têm chegado a falar de Pinheiros e Carapicuíba como se fossem uma só aldeia. Da primeira há numerosas menções em textos dos fins do século XVI. Foi nela que os índios contrários quebraram em 1590 a imagem da Virgem do Rosário lá existente e esse fato teria influído para acender a devoção dos fiéis paulistanos que nos anos seguintes, a 8 de setembro, faziam romaria a Nossa Senhora dos Pinheiros. Em 1608 chegou-se, por esse motivo, a adiar uma eleição de vereador na Câmara de São Paulo.[14] Mais tarde encontramos a aldeia de Pinheiros entregue à direção dos beneditinos.

Carapicuíba, ao contrário, esteve sob os cuidados da Companhia de Jesus até a extinção da mesma, em resultado de doação feita à Capela de Nossa Senhora da Graça por Afonso Sardinha e Maria Gonçalves de sua fazenda, cabendo aos padres da Companhia cuidar "*de toda a sua gente forros goaramins, como de outras nações*". A escritura da doação data de 9 de julho de 1615 e acha-se transcrita no volume 44 dos *Documentos interessantes para a história e costumes de São Paulo*. Já então tinham os doadores dado à capela "hua pouco de prata a saber duas cruzes hum alampadario e castiçaes de prata e hum ornamento de damasco e tella". Os padres tomariam conta de tudo como de sua fazenda, podendo dar,

14 *Atas da Câmara da Vila de São Paulo*, II, p.217.

doar, descambar ou trocar para bem e proveito da capela de Nossa Senhora da Graça, e para ornar e paramentar o altar seriam senhores e administradores absolutos. Isso se estendia aos índios pois os doadores julgavam que assim convinha para bem de sua consciência e liberdade dos ditos índios forros sem ninguém os inquietar nem pretender.[15]

A ocupação das terras pelos padres não se fez aparentemente sem alguma oposição. Em 1633 – 18 de julho –, o vereador Sebastião Medeiros Ramos requeria na Câmara paulistana que se "puzesse cobro nas terras de Cuty (Cotia?) e Coraquapuiba (sic)", onde os padres da Companhia queriam usurpar as terras e não consentiam que as lavrassem os moradores.

Situada junto ao caminho obrigatório dos que iam ao sertão de Parnaíba, a paragem de Carapicuíba teve, desde cedo, a vizinhança importuna dos lavradores brancos e mestiços, que não se limitariam a frequentar a capela para a desobriga, mas procurariam usar dos índios para seu serviço. Muitos possuíam sítios na vizinhança, como Ana Luiz Grou, com sua casa de três lanços de taipa de pilão, corredores de uma banda e cobertas de telha da outra, além de um lanço de taipa de mão coberta de telha, tudo avaliado em 20$000 no ano de 1644.[16] Quando mais tarde se pensou em mudar a aldeia, a razão alegada foi de que o lugar já não produzia nada. Nem assim pareceu bem a mudança ao padre Belchior de Pontes que assistiu em Carapicuíba quando veio da Bahia. Segundo nos conta seu biógrafo, esse sacerdote dissera então que não havia de deixar de ser aldeia Carapicuíba.[17]

"O tempo" – prossegue Manuel da Fonseca –

> tem mostrado que foy vaticínio; porque alguns dos Índios mudados para Itapycyrica nunca deixarão o lugar em que se tinhão criado; e por mais diligencia que fizerão os religiosos, para que vivessem juntos, chegando a derrubar-lhes as casas, que tinhão em Carapicuyba, nunca o puderão conseguir, porque elles assistindo na Aldeas, que lhes assigna-

15 *Documentos interessantes para a história e costumes de São Paulo*, XLIV, p.362.

16 *Inventários e testamentos*, XXIX, p.116.

17 Fonseca, *Vida do venerável padre Belchior de Pontes*, p.121.

> larão, nos dias em que erão buscados, vinhão nos outros fazer as suas lavouras na sua amada Carapicuyba, sendo tão tenazes no seu propozito, que foi necessário condescender com elles; e tem multiplicado desorte, que já se lhes fez Igreja dedicada a São João Baptista, aonde de tempos em tempos tem Missionário, que os doutrine, diga Missa, desobrigue da Quaresma e acuda também a festejar cada anno o Santo seu Padroeiro.

A tentativa de mudança deve ter ocorrido pelas imediações de 1698, pois nessa data o padre Aleixo Moreira, reitor do Colégio de Santo Inácio da Vila de São Paulo, manifestava a intenção de transformar a aldeia de seu sítio antigo, por não ter terras capazes em Carapicuíba,

> onde assiste parte dos índios de sua administração para lavrar nem fazer suas roças e lavouras em ordem à continuação e sustento do Colégio, e seus religiosos, nem para lavrarem os índios de sua administração para poderem viverem e sustentarem-se segundo a ordem de Sua Majestade que Deus guarde por estarem as terras já canssadas e tornadas todas em campos gerais sem algum mato como é bem notório e manifesto.[18]

A igreja dedicada a São João Batista foi feita em 1736. Sabemo-lo pelo padre Manuel da Fonseca, que a propósito narra o caso de se ter acabado a construção a tempo em que não houve lugar de lavrar madeira para uma cruz que se pretendia levantar defronte da porta, de modo que foi posta uma cruz antiga, a mesma que estivera no adro da velha igreja. Dessa cruz dissera o padre Belchior que ainda serviria para uma igreja nova que ali se havia de fazer. E com efeito ainda durou mais de oito anos depois de mudada, "para que se não perdesse com a sua ruína a memória de tão assinalada profecia".

Com a extinção da Companhia ficou Carapicuíba sujeita no espiritual ao vigário da paróquia de Cotia. Mas a dificuldade de se fornecer côngrua suficiente e a pobreza dos moradores tornavam cada vez mais

---

18 *Sesmarias*, II, p.5-6.

precária a vida da antiga aldeia. "Já não existia em 1774", diz Azevedo Marques. É desse ano, no entanto, a nomeação de frei José da Santa Família para superior da aldeia, como se pode ler na lista de patentes, provisões e sesmarias correspondente ao período de 1721 a 1820, arroladas por Campos Aguirra. Nessa mesma lista nota-se ainda, em 1813, uma patente de Alferes de Ordenanças para a "Freguesia" de Carapicuíba.

O certo é que na aldeia continuaram a vegetar até nossos dias descendentes dos antigos índios, sem qualquer espécie de assistência e quase sem contato com o resto do mundo. Já em 1777 o bispo d. Manuel da Ressurreição dizia referindo-se ao então pároco da aldeia: "Vive como pode". Esse relativo isolamento durante mais de um século explicaria o fato de persistir em Carapicuíba melhor do que em outros lugares um tipo de edificação bem característico das velhas aldeias jesuíticas e que chamou a atenção de alguns observadores. "A Vila de Carapicuíba" – declara o sr. Luiz Saia em interessante artigo na *Revista do Arquivo Municipal* de São Paulo, número XL – "é construída na forma tradicional de desenho quadrangular, num alto, de maneira que os fundos dos edifícios se encontram num declive às vezes tão pronunciado que a diferença de nível existente entre os beirais atinge comprimento igual ao da altura da fachada". As necessidades de defesa imporiam tal expediente.

Embu

Boy, *Bohi*, *Bohu*, *Emboi*, *Alboy* (!), *Embohu*, *Mboy*. Aí estão alguns poucos exemplos da variedade das grafias usadas a princípio para designação dessa localidade. Às vezes, em um mesmo documento deparamos o nome da aldeia jesuítica registrado sob duas e mais formas discrepantes. Apenas os jesuítas, que tinham aprendido, desde a Arte de Anchieta, a servir-se do MB para assinalar um fonema tupi de difícil representação, empregaram, já inicialmente em seus escritos, a forma Mboy, que até há poucos anos iria prevalecer. A anomalia dessa forma explica a longa resistência ao seu emprego, que nos textos oficiais só se impôs pela segunda metade do século XVIII, quando já extinta ou a extinguir-se a Companhia de Jesus. Ainda em 1748, em uma patente de capitão do mato lavrada em favor de Antonio Nunes, encontramos consignada a forma Boy.

Não é certamente das mais antigas essa aldeia, que só vimos mencionada em documentos do século XVII. Na preciosa coleção dos *Inventários e testamentos*, publicada pelo Arquivo do Estado de São Paulo, achamos pela primeira vez referência aos "campos de Boy" em um documento de 1615.

Informa o padre Manuel da Fonseca que as terras onde foi erguida a primeira Embu pertenceram inicialmente a Catarina Camacho, que as legou ao Colégio de São Paulo, lembrada talvez de que nele tinha seu filho, o padre Francisco de Morais. Nesse caso, a doação só se teria feito depois de 1621, ano em que o "Malagueta" entrou para a Companhia, tendo nascido em 1600. Deduzimos isso de uma certidão passada pelo mesmo padre Francisco de Morais, transcrita por Azevedo Marques em seus *Apontamentos*,[19] em que o sacerdote declara, isso em 1674, que contava 74 anos de idade e 53 de Companhia.

Com efeito, pelas "Relações dos bens apreendidos e confiscados aos Jesuítas de S. Paulo", importante documento publicado pelo Arquivo do Estado, sabemos que em escritura feita na nota do tabelião Simão Borges aos 24 de janeiro de 1624, Fernão Dias e sua mulher Catarina Camacho fizeram doação de seus bens ao Colégio de Santo Inácio da Companhia de Jesus. A doação ainda foi objeto de dúvidas e demandas, sendo, entretanto, confirmada em testamento de Catarina, datado de 1655 e aprovado em 1668. Nessa aprovação lê-se o seguinte:

> Declarou que na sua fazenda de Bohy tinha hua igreja da Virgem do Rozario muito bem aparamentada pedia e rogava a seus herdeiros a conservem e aumentem solemnizando o seu dia quando for possível. Declarou mais que o curral que tinha na dita fazenda he da Virgem do Rozario, procedido de sete novilhos que lhe deo de esmolla para a lim-

19 Marques, op. cit., p.204.

> peza de seu altar e para o sustento dos Religiosos assistentes na fazenda e para na festa da Snra. se dar a gente duas ou três rezes.

Ao fazer-se o sequestro da aldeia a 2 de dezembro de 1759, nela se acharam somente duas vacas com suas crias que, segundo o mesmo documento, pertenciam à Senhora do Rosário.[20]

A aldeia estava situada em uma ladeira algum tanto alcantilada, mas com pouca vista, por se achar cercada de montes, embora as araucárias, que formavam em volta dela como uma muralha, tornassem-na vistosa a quem entrava. Assim se exprime a seu respeito o padre Manuel da Fonseca. Desse sítio mudou-a Belchior de Pontes para outro, pouco distante, onde corriam ribeiros piscosos. Fabricou-lhe igreja, dedicando-a a Nossa Senhora do Rosário. A data dessa mudança pode ser fixada aproximadamente em fins do século XVII ou princípios do seguinte. Em todo caso depois de 1698 se, como vimos ao se tratar de Carapicuíba, a transferência dos índios dessa aldeia para Itapecerica ocorreu por aquele ano e se o padre Belchior, como informa seu biógrafo, assistiu em Carapicuíba antes de ir para Embu.

Ao edificar a nova igreja, Belchior de Pontes colocou em seu altar uma famosa imagem, "querendo que até pelos olhos lhes entrasse um cordial afeto a tão Soberana Senhora". "Vê-se hoje este Templo" – prossegue o padre Manuel da Fonseca –

> ornado de hum formoso retabolo de talha primorozamente lavrada e há dourado: nem lhe faltão preciosos ornamentos, com que se celebre o santo Sacrifício da Missa; porque ainda que naqueles tempos não pode o padre orna-lo, não faltarão com tudo sucessores, os quais levados da devoção que tinhão a Senhora, fizerão todo o possível, para que naquele ainda que pequeno palácio estivesse com decência, que se lhe devia como Rainha.

20 *Documentos interessantes para a história e costumes de São Paulo*, XLIV, p.368 et seq.

Havia ainda no mesmo templo, além da imagem de São Miguel, particularmente estimado dos índios, as de Santo Inácio, São Francisco Xavier e Santa Catarina.

Em 1777, conforme depoimento do bispo d. Manuel da Ressurreição na *Relação geral da Diocese de São Paulo*, era pároco da aldeia Inácio Rodrigues Barbosa, de 70 anos, "muito exemplar e zeloso". Sua côngrua anual, para sustentação e guisamentos, era de 60 mil réis e vinha-lhe do trabalho dos índios e rendimentos da aldeia. E mesmo essa parca importância não lhe era paga em ordem.

Capela de Santo Antônio em São Roque

A principal fonte de informações históricas acerca dessa velha ermida é o artigo do barão de Piratininga publicado em 1881 no *Almanaque Literário da Província*, de José Maria Lisboa. O trabalho do sr. Mario de Andrade no número 1 da *Revista do Serviço do Patrimônio Histórico e Artístico* constitui excelente contribuição para o estudo da capela do ponto de vista arquitetônico e artístico.

Sua fundação deve-se a Fernão Pais de Barros que a mandou construir pelo ano de 1681 em sua terras de Boi-Porussugaba no lugar de um antigo oratório que, parece, não satisfazia o fervor religioso de sua segunda esposa, d. Maria de Mendonça. No pedido que dirigiu às autoridades eclesiásticas para a bênção da nova capela alegou Fernão Pais que as terras de Boi-Porussugaba, onde assistia, ficavam distantes da capela de São Roque, de onde era freguês, que não podia ir à missa por ser o caminho áspero e ele achacoso, sendo impossível transportar toda a família. O apelo foi atendido em provisão de setembro de 1681 concedida pelo dr. Francisco da Silveira Dias, protonotário do bispado do Rio de Janeiro. A bênção efetuou-se a 12 de junho de 1682, sendo oficiante o padre Francisco de Almeida Lara, então "vigário de Araçariguama", segundo informa o barão de Piratininga.

Deve haver engano quanto a esse último ponto, pois Araçariguama só foi feita paróquia em 1701. E entre os seus vigários existiu com efeito um padre Almeida Lara, mas chamava-se Inácio, não Francisco, tendo dirigido a paróquia em data muito posterior, isto é, em 1720-1750.

O que há de provável é que um dos padres de Nossa Senhora da Piedade de Araçariguama, talvez mesmo um padre Francisco de Almeida Lara, tivesse celebrado a bênção da capela de Santo Antonio de São Roque. Como esses missionários, segundo refere d. Duarte Leopoldo,[21] tinham jurisdição quase paroquial, explica-se o lapso do barão de Piratininga.

A capela da Piedade existia desde 1653, tendo sido seu fundador o pernambucano Francisco Rodrigues Penteado, tronco da família desse apelido e que parece ter tido relações assíduas com os padres da Companhia. Seus netos, o padre Lourenço Leite Penteado, Francisco Xavier de Sales e padre José Manuel Leite Penteado chegaram mesmo a mestres em artes pelo Colégio dos jesuítas em São Paulo. E o padre Lourenço foi administrador da capela da Piedade com a morte de seu pai, Francisco Rodrigues Penteado, o moço. A residência efetiva dos jesuítas em Araçariguama é de data bem posterior, sendo seu primeiro superior, em 1717, o padre Belchior de Pontes. Seja como for a influência dos religiosos da Companhia na região, dadas as relações que manteriam com os Penteado, vem de muito antes. Isso explicaria, talvez, o gosto jesuítico que o sr. Lúcio Costa descobriu em alguns ornamentos da capela de Santo Antônio.

O último administrador da capela foi o alferes João de Deus Martins Claro, que morreu em 1854 aos 105 anos de idade, segundo consta. A fazenda de Santo Antônio esteve vinculada até essa data. Em virtude do vínculo foram ditas na capela 8.650 missas por alma do fundador, Fernão Pais de Barros.

Escreve-me o cônego Luiz Castanho de Almeida, residente em Sorocaba, que nessa cidade paulista existem ainda em poder da família dos antigos donos da fazenda, algumas imagens que pertenceram à capela, inclusive dois anjos de cabreúva feitos por índios.

---

21 *Notas de história eclesiástica. As capelas de Araçariguama e seus fundadores*, p.8.

No Museu Paulista há dois candelabros antropomorfos representando escravos da Guiné, que segundo o sr. Mario de Andrade teriam sido levados da capela de Santo Antônio pelo sr. Washington Luiz quando presidente do Estado.[22]

Proviriam realmente da capela de Fernão Pais de Barros? A dúvida nos é sugerida por uma passagem do sr. Afonso Taunay em sua *História da Vila de São Paulo no século XVIII*, onde se diz que as estátuas de "negros portadores de círios", hoje no Museu do Ipiranga, teriam pertencido à capela primitiva da fazenda de Pedro Vaz de Barros.[23] Ora, a capela de Pedro Vaz, irmão de Fernão Pais de Barros e cognominado Pedro Vaz Guassú ou Pero Guassú era a de São Roque do Carambeí, não a de Santo Antônio.

Na casa-grande da capela de Santo Antônio existiu também, diz-nos o barão de Piratininga, um "retrato a óleo que o último administrador, alferes João de Deus, asseverava ser do venerando padre José de Anchieta". Essa preciosidade teria sido levada a Itu e guardada no antigo Colégio de São Luiz, cujo prédio é hoje sede de um quartel.

Voturuna

Nas proximidades do Morro de Voturuna ou Ibituruna, onde em fins do século XVI Afonso Sardinha andou em busca de ouro, foi assente a fazenda e a capela de Nossa Senhora da Conceição, edificada pelo capitão Guilherme Pompeu de Almeida. A capela erigiu-se em 1687 e seu fundador, segundo Pedro Taques, dotou-a com mão liberal,

> constituindo-lhe um copioso patrimônio em dinheiro amoedado, escravos oficiais de vários ofícios, e todos com tendas para o exercício de

22 *Revista do Serviço do Patrimônio Histórico e Artístico Nacional*, n.1, p.125. A mesma informação nos é transmitida pelo sr. Paulo Duarte: "Washington Luis, diz-nos esse autor, visitando-a há anos, dali trouxe duas estátuas de madeira, espécimes preciosos de escultura de escravos, que se encontram hoje no Museu do Ipiranga". Duarte, *Contra o vandalismo e o extermínio*, p.13.

23 *Anais do Museu Paulista*, CXCII. Ver também *Guia da Seção Histórica do Museu Paulista*, p.91.

> suas ocupações. Adornou a capela com retábulo de telha toda dourada e lhe deu ornamentos ricos para as festividades, e outros de menos custo para semanário com castiçais de prata.

No testamento de seu filho, o padre Guilherme Pompeu refere-se – isso em 1710 – que existiam na "capela de Ibyturuna" sob sua administração 204 peças de gentio da terra, 52 cabras, 100 porcos e 80 cabeças de gado.[24]

O capitão Guilherme Pompeu determinou na escritura de data de 13 de fevereiro de 1687 que a administração deveria passar de seu genro capitão Antônio de Godói Moreira aos herdeiros e descendentes deste.

Um documento copiado pelo historiador de Parnaíba, padre Paulo da Silveira de Camargo, do *Livro do Tombo* da paróquia refere que além do campo e o sítio de terras lavradias foram também deixados 200$000 para os festejos de Nossa Senhora da Conceição. Na cópia que publicou o referido historiador lê-se que a capela de Voturuna foi

> erecta, segundo a Escriptura de dotte, em 1687 pelo Capitão-Mor Guilherme Pompeu de Almeyda, Administrador, e por seu falecimento o seu genro o Capitão Antonio de Godoi Moreira, e delle correndo linha recta por seos herdeiros, e presentemente se acha de posse desta Administração um netto do ditto Capitão, Manoel Vieira Raposo.[25]

O nome desse administrador ajuda-nos a fixar aproximadamente a data do documento citado, em fins do século XVIII ou princípios do XIX, pois o mesmo Manuel Vieira Raposo tinha, segundo Silva Leme,[26] 50 anos de idade ao casar-se, no ano de 1805, em Parnaíba, com Escolástica Maria de Camargo. Ajuda-nos também a tentar estabelecer a lista dos vários administradores que vieram sucessivamente depois do capitão Antônio de Godói Moreira. Manuel Vieira Raposo era filho de Rita da

24 Marques, op. cit., p.179.

25 Camargo, *Notas para a história de Parnahyba*, p.161.

26 Silva Leme, *Genealogia paulistana*, VI, p.142.

Silva Godói, casada em 1749 em Parnaíba com João de Matos Raposo, que morreu aos 87 anos de idade em 1786. Seriam os antecessores de Manuel Vieira Raposo na administração da capela. Rita de Godói era filha de João de Godói de Almeida (ou de Mendonça), morto de bexigas em 1727 e que era, por sua vez, filho de Antônio de Godói Moreira.

A este, segundo cópia do documento citado, caberia a administração da capela ao falecer o capitão-mor Guilherme Pompeu de Almeida, seu sogro. Como explicar, entretanto, que o padre Guilherme Pompeu, o banqueiro dos bandeirantes e filho do referido capitão-mor, fizesse menção, em seu testamento publicado por Azevedo Marques, da capela velha de Ibituruna, acrescentando: "que também me coube de herança"?

O provável é que na cópia publicada pelo padre Silveira de Camargo tenham sido saltadas algumas palavras do original, pois no texto tal como aparece em seu livro o sentido se torna difícil: "erecta, segundo a escriptura de dotte, em 1687 pelo capitão-mor Guilherme Pompeu de Almeyda, Administrador, e por seu falecimento o seu genro". O trecho omisso estaria imediatamente antes da palavra "Administrador", e deveria indicar que o capitão-mor *fazia a seu filho homônimo, o reverendo dr. Guilherme Pompeu de Almeida, administrador e por morte deste ao capitão Antônio de Godói Moreira.*

Que a capela de Voturuna esteve sob a administração do dr. Guilherme Pompeu até a morte deste, ocorrida a 7 de janeiro de 1713, não resta dúvida. E aliás o próprio padre Silveira Camargo declara em outro escrito que o capitão-mor Pompeu deixara a administração ao dr. Guilherme Pompeu e por morte deste ao capitão Antônio de Godói Moreira, "dele correndo linha reta por seus herdeiros".

Tendo erigido a capela de Nossa Senhora da Conceição em Araçariguama, que fez sua herdeira universal, e pretendendo legar aos padres da Companhia os bens deixados a essa capela, é de presumir tivesse o padre Pompeu abandonado um pouco à sua sorte a de Voturuna da mesma invocação, que deveria passar à administração do cunhado, Antônio de Godói, casado com sua irmã Ana de Lima e Morais.

É possível mesmo que tivesse havido alguma divergência entre os cunhados, pois, tendo feito certa doação à capela de Voturuna, o padre

Pompeu revogou-a mais tarde "pela incompetência e confusa ordem que na revogada doação havia".

Como assistiram nas imediações os jesuítas, administradores de Araçariguama, é possível supor que com eles estivessem em relações constantes os moradores de Voturuna, em sua maioria índios e mestiços.

O padre Silveira Camargo refere que há poucos anos assistiu na Santa Casa de Parnaíba à morte do índio José Lacerda, de quem se dizia: é "o último índio da capela velha".

Conforme vimos, o capitão-mor Guilherme Pompeu, falecido a 12 de novembro de 1691, deixara diversos legados à capela de Voturuna. Com os de menor custo, destinados ao semanário, figuravam castiçais de prata. E, efetivamente, entre as riquezas doadas, a única coisa que ainda resta, segundo d. Duarte Leopoldo, são quatro castiçais de prata, que se acham, ou se achavam, na capela do Santíssimo Sacramento em Parnaíba, para onde foram levados.

Amazônia I*

A Amazônia conserva até hoje o prestígio de certos mundos remotos, cuja simples evocação é um estímulo para a fantasia. Sua realidade não nos parece ainda bem presente e a sedução particular que ela exerce sobre muitos espíritos aproxima-se das terras de sonho e de lenda.

Existe um estilo especial para falar sobre esse mundo fabuloso, uma prosa semibárbara, cheia de exclamações, de *staccatos*, de nomes próprios e de termos científicos, que o exemplo ilustre de Euclides da Cunha parece ter consagrado. Um modelo sugestivo dessa prosa pode ser encontrado no belo prefácio que Abguar Bastos redigiu para o livro recente de Craveiro Costa sobre a conquista do Acre.[1]

Não se escreve com naturalidade sobre a Amazônia, sinal de que ainda não se pensa nela com naturalidade. E semelhante atitude não é simples apanágio de escritores e literatos, ela reflete um pouco o embaraço com que os próprios homens públicos, os sociólogos, os economistas, os publicistas, encaram tradicionalmente o problema amazônico, que é em resumo o da integração de um mundo equatorial em nossos padrões

* Artigo originalmente publicado no *Diário de Notícias*, Rio de Janeiro, 5 jan. 1941. (N. O.)

1 Costa, *A conquista do deserto ocidental.*

de civilização e cultura. Um exame sereno e realista dos fatos não pode sustentar-se em bases tão equivocadas. O verbalismo é em muitos casos – e nesse o é seguramente – um disfarce para a incapacidade de encarar certas realidades incômodas. As condições geográficas da Amazônia e, sobretudo, suas condições climáticas são para muito brasileiro uma dessas realidades incômodas que não podem ser encaradas de frente. A convicção de que existem condições geográficas adequadas, "climas ideais" para a civilização que recebemos de herança, é bem generalizada entre nós. O que renunciamos a admitir com a mesma ostentação são as consequências deploráveis que tudo isso acarretaria para o Brasil, onde não parecem prevalecer aquelas condições.

O assunto é dos mais complexos e sobre ele se tem pronunciado opiniões divergentes. Aos antropólogos que negam a possibilidade de uma perfeita aclimação dos brancos puros, dos nórdicos, sobretudo, nas regiões tropicais, objetam outros, frequentemente, com o exemplo dos descendentes dos colonos alemães em nosso Estado do Espírito Santo, ou dos colonos ingleses no North Queensland, que uns e outros não se deixaram entorpecer pelos climas quentes. Contra as opiniões de um Samuel P. Huntington, por exemplo, que sustenta a ideia de que os engaces temperados são os apropriados para o homem – e chega a fixar as regiões onde predominam esses climas excelentes –, não falta quem, como Friedrich Karl Albrecht Penck, acredite que precisamente as zonas tórridas oferecem condições de vida verdadeiramente privilegiadas para a espécie humana. Baseado em sua teoria de que as regiões de maior densidade demográfica serão para o futuro não as zonas temperadas, como sucede hoje, mas ao contrário as terras tropicais. O geólogo alemão conclui que só o Brasil, graças a essas terras, poderá suportar uma população quase trinta vezes superior a atual, ou seja, 1,2 bilhão de habitantes.

Por audaciosas que pareçam tais profecias é admissível esperar que certos progressos técnicos, em particular o desenvolvimento da medicina, permitam retificar em muitos pontos o conceito antigo de que os trópicos são incompatíveis com a civilização. Se tal conceito fosse válido, a Amazônia especialmente estaria fadada a comportar-se com relação a outras regiões brasileiras mais ou menos como as colônias tropicais com relação as suas metrópoles europeias. Teria de conformar-se com uma cultura puramente reflexa, permanecendo na melhor hipótese uma espécie de feitoria imensa, destinada ao serviço dos habitantes de outras terras menos opulentas, porém mais ditosas. Para evitar essa contingência serão precisos, sem dúvidas, rudes trabalhos. A civilização não se implantará ali sem desfigurar a terra. Quase tudo o que hoje nos parece verdadeiramente local, verdadeiramente amazônico, há de ser repelido, aniquilado. As florestas disciplinadas e corrigidas, as árvores replantadas como nos seringais melancólicos da concessão Ford, deixarão, talvez, apenas uma lembrança longínqua da celebrada *Hileia* de Humboldt. E será mais uma paisagem perdida para a poesia.

O estudo do passado, dos sucessivos esforços empreendidos pelo colonizador português para conformar esse mundo primordial às suas tradições, à sua economia, à sua polícia, aos seus costumes, não é inútil para os que procurem considerar o problema com lúcido equilíbrio. A este estudo convida-nos um livro recente, no qual Artur César Ferreira Reis, seu autor, atesta ainda uma vez seus extensos e profundos conhecimentos da história amazônica.[2]

A atitude de Portugal com relação a essa parte das suas possessões americanas revela desde o início uma diligência toda particular, o cuidado de atender as necessidades próprias da região, inconfundíveis com as do resto do Brasil. Tendo provado a Europa que as terras equatoriais são habitáveis, os portugueses esforçaram-se por demonstrar que as mesmas terras são, além disso, acessíveis a uma colonização sistemática e bem dirigida. Pensaram mesmo, ao tempo de Francisco Xavier de Mendonça Furtado, na possibilidade de transferência da casa real para Belém. Pode-se imaginar que resultados extraordinários a realização desse sonho não teria para o mundo de língua portuguesa.

Há aspectos da história da Amazônia que embora superficialmente comparáveis aos de outros pontos do Brasil, têm realmente um acento peculiar, que justifica exame a parte. Um deles é a expansão para o imenso

2 Ferreira Reis, *A política de Portugal no vale amazônico.*

oeste, que lembra em muitos pontos a dos bandeirantes. Como os do Sul, os mamelucos do Pará foram movidos principalmente pela necessidade de prear índios, elemento indispensável para a prosperidade da região. Mas no caso do extremo norte esse expansionismo não destoava a rigor das tendências naturais da colonização portuguesa – colonização de marinha –, pois a ocupação do rio-mar e de seus grandes afluentes era um prolongamento lógico da conquista do litoral atlântico.

Por outro lado os aventureiros paraenses tinham menores razões do que os paulistas para temer a oposição constante do castelhano perdido pelos confins dos Andes e do Orenoco. E não foi a própria Espanha quem animou praticamente essa intrusão? Desde 1621 – observa-nos Ferreira Reis – os castelhanos tinham entregue todo o vale à exploração dos portugueses.

> Em atos posteriores, até 1640, essa renúncia, essa desobrigação continuou, proclamada muito naturalmente em 1637, quando Pedro Teixeira raiou na confluência do Napo com o Aguarico, os extremos das duas nações na Floresta Amazônica, garantindo aos portugueses, bem tranquilamente, sob esse aspecto, a internação, os fundamentos da posse, que lhes seriam peças magníficas para o domínio real que exerceram até a segunda década do século XIX.[3]

Essa posse sujeita a dúvidas, pois o domínio português pelo tratado de Tordesilhas não deveria ultrapassar o estuário do Amazonas, e mais a cobiça de outras nações estrangeiras explicam o zelo meticuloso que puseram sempre os portugueses em defender esse patrimônio por todas as formas. De onde também o caráter acentuadamente militar que assumiu desde cedo sua ocupação do vale. A colonização principiou aqui com um estabelecimento militar, o Presépio. Iniciada a expansão para o norte e para o oeste, o processo de garantia do domínio não se modificaria substancialmente. Ferreira Reis anota toda a série de casas-fortes

---

3 Ibid., p.60.

que se ergueram a pouco e pouco pelo sertão a fim de estimular o avanço dos sertanistas e proteger os missionários. Algumas dessas fortalezas chegaram a ter proporções monumentais, como a de Macapá, construída segundo o modelo das de Sébastien le Prestre, marquês de Vauban, e artilhada com 58 peças de groso calibre. A criação da Capitania de São José do Rio Negro obedece também a imperativos de defesa do Alto Sertão.

A essa colonização de cunho militar correspondia o esforço diligente do governo para dirigir de perto a vida política e econômica da região. A ação da Corte portuguesa foi aqui mais visível, mais imediata, mais atenta a minúcias, do que em outros pontos do Brasil. Em 1772, a Amazônia passava a constituir um novo estado, sem sujeição ao vice-rei do Brasil e diretamente subordinado a Lisboa. Mais tarde, cogitou-se em criar ali um vice-reinado independente e a autonomia da região pareceu sempre imposta pela consideração das exigências singulares da terra.

O vale do Amazonas seria para Portugal um substituto da Índia. As drogas do sertão valiam bem o ouro das capitanias do centro. Daí uma legislação econômica especial, um esforço insistente para a compreensão dos negócios da terra.

> Nada se realizou, no campo da produção, que não tivesse sido controlado, orientado pelo Estado. A produção se fazia sob a fiscalização e sob a direção do Estado. A fase das Companhias, rápida, não vale como desmentido. Porque essas companhias, assistidas, patrocinadas pelo Estado, apenas realizavam, como era do sistema português, por delegação de poderes. E essa mesma sempre assistida, examinada pelo Estado.[4]

A sinopse cronológica da legislação lusitana que o autor organizou para este volume é um espelho do esforço sempre atento às circunstâncias, jamais apressado, com que os portugueses tentaram a incorporação política e econômica do vale amazônico ao seu vasto Império.

4 Ibid., p.109.

Amazônia II*

"Nada nas conquistas de Portugal é mais extraordinário que a conquista do vale do Amazonas." A frase de Joaquim Nabuco que poderia servir de epígrafe ao novo livro de Artur César Ferreira Reis sobre a ação colonizadora dos portugueses no extremo norte do Brasil não se explica como simples recurso dialético, ou como produto de irrefletido entusiasmo. A conclusão que impõem as páginas do escritor nortista é de que, para ocupar territórios frequentemente adversos aos modos de viver e conviver trazidos da metrópole, as autoridades portuguesas exerceram uma solicitude paternal e uma atenção meticulosa, que os modernos métodos de colonização dificilmente superariam.

O caráter nitidamente militar de semelhante ocupação, exigido, aliás, pelas imperiosas contingências de defesa, não significou que ela se regulasse apenas por planos ostentosos e irremissíveis. O que ao contrário caracteriza a colonização portuguesa na Amazônia foi, no terreno político e no econômico, uma série contínua de experimentações, tornando possível uma ação cada vez mais segura, atenta às circunstâncias novas e às exigências nem sempre previsíveis da região.

---

* Artigo originalmente publicado no *Diário de Notícias*, Rio de Janeiro, 12 jan. 1941. (N. O.)

Já em 1667 era permitido aos próprios governadores e provadores fazerem a agricultura do cacau e da baunilha para que "servisse de exemplo aos colonos". Mais tarde, em 1685, determina-se a concessão de prêmios aos que cultivassem o cacau "proibindo-se a colheita antes do tempo". Ainda em 1753, veda-se terminantemente a colheita do cacau verde. Esse zelo pela minúcia aparece também no regulamento sobre o corte e o carregamento do cravo. Só era admitida a colheita em árvores que tivessem anos de descanso ou vinte de plantadas. Em 1694, ordena-se que se colham todo ano paus e cascas que produzam tintas para se verificar o período em que ficam sazonados. Em 1755, é proibida a pesca de tartarugas no Tocantins entre agosto e novembro. Reclamam-se constantemente amostras de produtos da terra, como a pimenta-longa, a quina, as ervas "com efeito de chá", cochonilha, pau-preto, campeche, cajurá, puxuri, fibras... Isentam-se de pagamento de imposto várias plantas indígenas e exóticas. Em 1722, determina-se o plantio do algodão. O do café é objeto de especiais cuidados e, em 1731, quatro anos depois de Francisco de Melo Palheta ter trazido de Caiena as primeiras sementes e mudas da rubiácea, isenta-se de imposto por doze anos o produto cultivado no estado. Em 1743, é renovada por outros dez anos a mesma isenção.

Procurando corrigir a inclinação dos moradores à indolência ou a negócios que os distraíssem de atividades realmente produtivas, tais medidas visavam, na maioria dos casos, dirigir todas as energias no sentido do melhor aproveitamento da terra. Na sinopse da legislação econômica organizada por Ferreira Reis encontra-se menor número de proibições do que de incitamentos. É certo que com o fim de estimular a lavoura, a administração lusitana fez o possível para impedir que os colonos se deixassem atrair por outras fontes de riqueza menos convenientes ao bem do estado. A própria mineração é vedada a partir de 1730. E vinte anos depois bate-se ainda na mesma tecla, chegando a ser interdito o simples "descobrimento das minas". O exemplo do que ocorria em outras partes da América portuguesa, onde a exploração das minas condenou à paralisação todas as demais atividades, basta para justificar semelhantes resoluções. O mesmo cuidado aplicou-se em impedir a venda de produtos falsificados, arruinados ou desnaturados.

Esse misto de rigor militar e de zelo carinhoso pelas necessidades da região encarnou-se em determinado momento numa figura excepcional de administração, a do coronel Manoel da Gama Lobo d'Almada, cuja ação admirável em benefício do extremo norte do país quase se compara a que no extremo sul tinha desenvolvido o brigadeiro José da Silva Pais. Sob seu governo chegou a tomar apreciável impulso a indústria nativa, fabricando-se velas de cera do Solimões, cordoalha de piaçaba do Rio Negro, redes e panos de algodão, de tucum e de miriti.

É desolador em alguns pontos o confronto entre isso e o que se fez mais tarde, proclamada a Independência. A agitação política dos primeiros tempos, seguida de contínuas dissensões partidárias, contribuiu em escala considerável para se perderem muitos esforços das autoridades coloniais. A indústria puramente extrativa passou a ser a maior ocupação dos moradores, dando-se em muitos casos verdadeiro retrocesso à economia do indígena. A abertura do Amazonas ao comércio internacional, em 1867, e a procura crescente da borracha nos mercados mundiais teriam de contribuir para a prosperidade da região, mas a verdade é que foi uma prosperidade mais aparente do que real, mais fachada do que alicerces.

O povoamento, que tanto preocupa as autoridades portuguesas, passou a fazer-se sem plano prévio, desordenadamente, gerando aos poucos essa raça de seringueiro do Amazonas que Oliveira Vianna considera "o mais rebelde, o mais indisciplinado, o mais apolítico dos brasileiros". No caso do Acre, o sociólogo fluminense propõe mesmo, para melhorar o estado de coisas criado com as próprias condições em que se deu esse povoamento, a organização de um governo estranho à população, "governo marcial, à lacedemônia, espécie de czarismo legal, ou estado de sítio permanente".

Contra semelhante sugestão indigna-se Craveiro Costa em seu livro *A conquista do deserto ocidental*, mencionado no artigo anterior. Tratando exaustivamente dos fatos que culminaram na incorporação do Acre ao Brasil, esse historiador procura mostrar, com abundância de argumentos, a capacidade dos acreanos para se organizarem em estado autônomo. Sua obra termina com uma espécie de programa de salvação para a terra e a gente do Acre que – afirma enfaticamente – "sonha traçar o episódio mais sugestivo e de maior intensidade cívica da nacionalidade".[1] A esse programa de salvação quis subordinar o autor todas as suas graves e pacientes pesquisas. Tal circunstância perturba um pouco o julgamento dessa obra de indiscutível mérito e nem sequer deixa ver os pontos onde a isenção e a serenidade do historiador cedem passo ao ardor do apóstolo.

O exame cuidadoso das condições amazônicas supõe um conhecimento exato do homem amazônico em suas relações com a natureza, em suas necessidades e em suas virtualidades. Essa missão compete em grande parte aos etnólogos. Os estudos etnológicos sobre o Amazonas são em realidade numerosos, mas, escritos quase sempre em língua estrangeira, sobretudo em alemão, escapam facilmente ao nosso público letrado. A tradução de algumas dessas obras – a de um Curt Nimuendajú, por exemplo, ou a de um Koch-Grünberg – constitui a tarefa patriótica e das mais urgentes para melhor se conhecer o Brasil. Faça-se com elas o que já se vem fazendo com as de um Von den Steinen, de um Karl Krause ou de um Max Schmidt e se evitará a frequência verdadeiramente alarmante de conceitos falsos ou antiquados em relação aos nossos indígenas, assim como a abundância de etnólogos e etnógrafos mal improvisados.

Heloisa Alberto Torres pertence ao número excepcional dos nossos estudiosos que se dedicam a tais problemas com critério seguro e honesto. O prefácio e os comentários que escreveu para o álbum de fotografias de objetos de arte feitos por indígenas da Amazônia, especialmente da ilha de Marajó, revelam uma preocupação de objetividade e rigor científico que raramente aparecem entre nós em pesquisas semelhantes.[2] Diante das manifestações artísticas expressas nas cinquenta fotografias que compõem esse álbum, ela não se perde, um momento se quer, diante de hipóteses imaginosas ou simplesmente sugestivas. A opinião, tantas vezes expressa, de que os Marajoaras teriam alcançado um grau de cultura mais elevado do que o comum dos povos naturais do Brasil ao tempo do Descobrimento, dificilmente se mantém, a seu ver, em face das peças existentes da cerâmica de Marajó. Parece-lhe, ao contrário, que os

1 Costa, *A conquista do deserto ocidental*, p.412 et seq.

2 Torres, *Arte indígena da Amazônia*.

antigos Marajoaras deveriam compor com outras populações amazônicas um panorama bem equilibrado. As ligações são bem manifestas nas fotografias publicadas, entre as quais também se encontram peças de Rio Branco, de Uaupés, do Uaricuera, do Rio Negro e de outras regiões.

Às peças de Marajó não faltam, é certo, alguns traços locais característicos. A influência das técnicas da canastraria, da arte de trançados, cuja revelação, devida sobretudo a William Henry Holmes, veio mostrar como os desenhos ornamentais da cerâmica primitiva podem ocorrer independentemente de qualquer intenção representativa, explicaria a rigidez peculiar à arte clássica de Marajó, comparada a objetos artísticos encontrados em outras regiões amazônicas, como os da chamada cerâmica de Santarém. Mesmo entre os Marajoaras, porém – observa Heloisa Torres –, os objetos teriam adquirido com o tempo maior liberdade no manejo do material, posto que nunca se perdesse entre eles, mesmo no período de maior desenvolvimento da modelagem, "certo senso de sobriedade, que impediu a sobrecarga de elementos plásticos, tal como se verifica em outras localidades do Baixo Amazonas".[3]

É dispensável dizer que as observações contidas nesse prefácio, tão bem ilustrado pela admirável coleção de fotografias que publica o Serviço do Patrimônio Histórico e Artístico, nos parecem concluentes e definitivas.

O zelo científico que orienta as pesquisas de Heloisa Torres não é a qualidade dominante nos dois opúsculos sobre etnologia amazônica, que nos envia do Pará o sr. Nunes Pereira. O próprio autor, de resto, prefaciando uma dessas obras, declara-se "por um movimento de inteligência e de sensibilidade [...] em louvor da cultura espiritual do índio e consequentemente em louvor de nossa própria cultura".[4] Contra um movimento de ciência, diz de modo expresso. E acrescenta, como para atenuar o efeito de tal idiossincrasia: "de ciência e de sensacionalismo apenas".[5]

3 Ibid.

4 Pereira, *Baira e suas experiências.*

5 Ibid.

Apesar dessa confissão, a coleção de lendas Cavaica-Parintintins preservadas no livro encerra grande interesse para os etnólogos. É a história maravilhosa de um personagem mítico, transmitida através de uma série de episódios significativos. Baira, o "deus que sabe rir" dos Parintintins, era conhecido até aqui apenas por uma breve passagem de certo manuscrito anônimo citado por Nunes Pereira: "Esta nação conhece que há Deus, e dão-lhe o nome de Bairy...".[6]

Nas histórias de Baira, que reproduz o autor desse livro, tais como as ouviu de Kuahan, de Inambú-Té e do velho Iguá. Isto é, sem estilização ou literatura, podem distinguir-se motivos correntes em outras lendas indígenas. Um desses motivos é o do fogo guardado por uma ave. As traças usadas para sua captura é que variam com maior frequência. Na lenda de Baira,[7] essa ave é urubu-rei. Exatamente como em uma das lendas dos Tembés, colhidas por Curt Nimuendajú, ou na história bacairi de Keri e Kame, reproduzida por Von den Steinen, onde o fogo é representado pelo sol. Até no Chaco, Erland Nordenskiold foi encontrar motivo semelhante. Assim, também a tradição de que a noite se achava antigamente guardada dentro de uma cabaça e que apareceu apenas quebrado o receptáculo é simples variante de um tema bastante espalhado entre os índios.[8] No célebre mito com que se abre a série de lendas tupis de *O selvagem* de Couto de Magalhães, o receptáculo é um coco de tucumã dado pela Cobra-Grande aos fâmulos de sua filha: "Quando já estavam muito longe ajuntaram-se no meio da canoa, acenderam fogo, derreteram o breu que fechava o coco e abriram-no. De repente tudo escureceu". Em uma lenda também transmitida por Nimuendajú, a noite era conservada dentro de um vaso preto.

Não insistirei na análise comparativa das lendas publicadas pelo sr. Nunes Pereira. A tentativa que acabo de esboçar pode, no entanto, dar uma ideia do interesse que elas oferecem aos estudiosos.

6 Ibid.
7 Ibid., p.44.
8 Ibid., p.73.

Em outro volume que nos manda o autor, já não se oculta o propósito de fazer obra científica.[9] Nunes Pereira chega a anunciar a intenção de averiguar até onde é possível aplicar "na estrutura psicológica e material" dos índios (felizmente o autor ainda não escreve "ameríndios") "os métodos de indagação e análise de um Lévy-Bruhl, de um Freud, de um Malinowski, de um Frazer, de um W. Schmidt, de um Thurnwald, de um Lowie, decifradores da mentalidade primitiva".[10] Nas páginas seguintes desfaz-se logo a desconcertante impressão que pode deixar essa companhia eclética e difícil. Trata-se em realidade de um trabalho sério e bem orientado acerca das tribos Maués, no qual, além de uma parte histórica sobre as primeiras relações com os brancos, há dados preciosos referentes à vida espiritual e à cultura material desses índios. Tudo para servir de subsídio a um estudo mais amplo. Esperamos que o autor disponha de tempo e paciência para cumprir sua promessa. O pouco que agora nos dá já é excelente.

9 Id., *Ensaio de etnologia amazônica.*

10 Ibid.

O problema do Sul*

No dia em que começaram a instalar-se no Sul do Brasil grupos compactos de imigrantes germânicos, criou-se um problema cujas ressonâncias iriam afetar decisivamente o caráter do povoamento naqueles territórios. A alteração assim operada na composição racial das populações sulinas não é o que mais impressiona e nem sobretudo o que mais importa em um exame atento de tal problema. Já se notou como o estabelecimento de casais de açorianos – que com os homens de São Paulo, idos diretamente ou através da Laguna, formavam a base daquelas populações – representa para elas uma afusão nada desprezível de sangue nórdico. Saint-Hilaire fala na brancura dos rio-grandenses comparados aos habitantes de outras províncias, de Santa Catarina inclusive, cuja formação se aparentava à deles. E um pesquisador recente, alemão de raça ou de nacionalidade, observa com certa complacência, que ainda hoje os gaúchos, descendentes de colonos açoritas, ostentam frequentemente traços nórdicos, na medida em que não sofreram mistura com índios ou brasileiros de outra estirpe. De onde também seu gosto de liberdade, que ao mesmo pesquisador parece virtude genuinamente germânica e lem-

* Artigo originalmente publicado no *Diário de Notícias*, Rio de Janeiro, 19 jan. 1941. (N. O.)

braria, no caso, o fervor e a altivez dos filhos dos Países Baixos durante as lutas de independência.[1]

Não é de um ponto de vista exclusivamente biológico, que só deixaria encarar uma face da questão, e talvez das menos importantes, nem é com critério marcadamente político, suscetível de descair para uma atitude polêmica, que se estuda o problema no recente livro de Emilio Willems. Livro que, apenas publicado, já ocupa lugar de relevo entre os documentos indispensáveis para o conhecimento do assunto.[2]

O autor não é dos que se interessam particularmente pelas "marcas raciais, o cabelo louro, as formas cefácilas, a cerveja, as lendárias salsichas do alemão, a polenta e o vinho do italiano, os trajes e as artes populares, a propaganda pangermanista ou fascista, a cruz gamada em escolas 'germânicas', a refratariedade dos colonos à língua portuguesa", e outros temas semelhantes. O que o preocupa são os aspectos fundamentais da questão, isto é, a estrutura da família, a organização do trabalho, o influxo de ideias ou convicções religiosas. E tudo isso é estudado com rara objetividade e com uma disciplina científica aprendida ao contato dos métodos de pesquisa mais modernos e prestigiosos.

Assim é que seu ensaio principia por uma delimitação rígida do conceito de assimilação, que entende como um processo de fusão e, por conseguinte, de afiliação cultural, espiritual e afetiva. Distinto de certos processos biológicos paralelos, como a aclimação ou adaptação (do organismo ao clima ou ao meio físico no sentido mais amplo da palavra) e a amalgamação (de etnia e raças diversas). Outro conceito que tem papel importante em seu estudo é o de marginalidade, tão popular hoje nos estudos sociológicos norte-americanos. O homem marginal é aquele que tendo deixado um grupo social, por outro, não chegou a ser inteiramente conquistado pelo segundo e permanece hesitante entre ambos. Um sintoma bem típico dessa condição é o ressentimento.

1 Portzelt, *Der Deutsche Bauer in Rio Grande do Sul.*

2 Willems, *Assimilação e populações marginais no Brasil: estudo sociológico dos imigrantes germânicos e seus descendentes.*

Com esse rigor nas definições, que poderia acarretar certo escolasticismo sociológico, tornando o livro pouco acessível, pouco "interessante" ao leitor comum, o autor chega a criar um instrumento de pesquisa capaz de o conduzir ao verdadeiro núcleo do assunto. Precisamente os aspectos interessantes e coloridos podem escapar muitas vezes a essa visão, que aprende menos com os olhos do que com a inteligência discriminadora, mas não me parece que haja nisso um mal. O método que consiste em acentuarem-se sobretudo aqueles aspectos interessantes pode realmente ser digno de apreço em determinados casos. Ele sugere talvez intuições justas e admiráveis, mas com o risco de nos deter em singularidades unicamente vistosas, que não deixam penetrar a fundo os problemas. Como as árvores, que não deixam enxergar a floresta. Ou então seduz com hipóteses estimulantes para o espírito, mas baseadas em impressões falsas ou em irremediáveis prevenções. E justamente essas prevenções e impressões falsas têm perturbado muitas vezes o estudo da colonização germânica no Brasil. No conhecido ensaio de Ernst Wagemann sobre os colonos alemães no Estado do Espírito Santo lê-se, por exemplo, que os tipos de habitação variam entre eles conforme seus ascendentes procederam da Suíça ou da Pomerânia.[3] Visitando a mesma região depois de Wagemann, o geógrafo Otto Maull, cujo livro poderia constar da bibliografia que Willems acrescenta a seu estudo, nada encontrou que justificasse tal suposição. As casas dos teuto-brasileiros acomodam-se antes a condições econômicas normais em uma terra subtropical e mal explorada. Nada nelas parece indicar a persistência de uma tradição étnica nos colonos.

É claro que essas impressões falsas ou mal verificadas são inevitáveis em qualquer tentativa de investigação dessa natureza. As vantagens que oferecem os estudos orientados por um método rigoroso estão, porém, no fato de evitarem que elas tomem uma importância primordial e no de conterem em seus justos limites as divagações e especulações. Sob esse aspecto, o trabalho de Emilio Willems constitui esforço realmente modelar, sobretudo no Brasil, onde fazem tanta falta pesquisas dessa natureza.

3 Wagemann, *Colonização alemã no Espírito Santo.*

A situação particular dos descendentes de alemães no Sul, disputados de uma parte por propagandistas empenhados em frustrar o processo de absorção do elemento marginal pelo meio luso-brasileiro e de outra pela ação desse mesmo meio, que se exerce às vezes independentemente de qualquer esforço governamental em favor de uma completa assimilação, abre perspectivas para estudos do mais vivo interesse. Colocando-se em ponto de vista oposto ao daqueles que consideram os teuto-brasileiros como portadores autênticos da cultura alemã, capazes de desempenhar entre nós, futuramente, papel comparável ao dos franco-canadenses no domínio do Canadá, Willems procura mostrar que o característico daquelas populações é sua marginalidade. "Realmente" – diz –

> não se pode considerar uma população em estado transitório, caracterizado por desequilíbrios e conflitos psíquicos e culturais, como minoria étnica. O termo nos vem da Europa, e as minorias da Europa não são grupos marginais. As minorias germânicas, por exemplo, na Rússia, na Romênia, na Iugoslávia, são grupos com vida social e cultural consolidada e definida. Aí pode-se falar em minorias étnicas e, por vezes também, políticas.[4]

Essa posição de instabilidade entre dois mundos, entre duas culturas, tem correlativos na linguagem, nas maneiras, nos ritos sociais dos teuto-brasileiros. O autor aponta exemplos numerosos. Pode ser lembrado, entre outros, o caso de uma tradução alemã do Hino Nacional Brasileiro, editada por certa firma de São Leopoldo, na qual se encontra, além dos versos conhecidos, toda uma estrofe suplementar que começa com isto: "Tu te elevas, Brasil, pela força alemã/ ao paraíso dourado pelo sol/ o comércio e as fábricas das cidades, a coroa florida das colônias/ proclamam a bênção da nossa operosidade". E conclui assim: "Entre outras mil és tu Brasil/ oh pátria amada/ dos filhos alemães és mãe gentil/ pátria amada Brasil".[5]

4 Willems, op. cit., p.151.

5 Ibid., p.151.

A nacionalização do ensino nas zonas coloniais, que tanto vem preocupando os últimos governos, pode ser um meio eficiente de sustar a tendência para a estabilização da situação étnica e cultural das populações marginais. A esse tema têm sido dedicados vários estudos, entre os quais cabe citar a interessante monografia ultimamente publicada por Pedro Calheiros Bonfim.[6] Mas a questão é inseparável de um exato conhecimento das condições sociais e culturais dos descendentes de alemães nos estados do Sul. A circunstância de muitos deles ainda persistirem em falar a língua dos seus antepassados é sem dúvida um indício eloquente da posição marginal dessas populações, mas não convém exagerar desmedidamente sua importância. Há fatores mais complexos, se bem que menos ostensivos, onde uma análise sociológica pode franquear caminhos novos e imprevistos. Essa análise inaugura-a entre nós Emilio Willems, e conquanto o autor não se proponha sugerir diretrizes ou traçar programas de ação, muito aproveitaria o exame de suas observações aos educadores, administradores e legisladores.

6 Bonfim, *Nacionalização do ensino.*

Letras norte-americanas I*

Reunião de conferências sobre problemas de cultura latino-americana, este volume[1] é mais um atestado apreciável do interesse que os Estados Unidos vêm dedicando aos países irmãos do continente. A palavra cultura, segundo observa em prefácio o professor James T. Shotwell, deve ser entendida aqui nas diferentes e numerosas acepções que assume hoje. Essa indiscriminação, que certamente não seria o ideal em outras circunstâncias, mas que não se pode evitar em obra necessariamente eclética, previne o leitor contra qualquer interpretação demasiado estreita. Em Byrdcliffe, lugar de nobres tradições espirituais e que foi escolhido para sede das conferências, podia-se esperar que as coisas da inteligência, da imaginação e da arte merecessem atenção particular.

Entre os estudos incluídos no volume encontram-se vários efetivamente dedicados a problemas artísticos, um dos quais, particularmente lisonjeiro para o Brasil, o de Robert C. Smith, da Biblioteca do Congresso de Washington, a respeito da arte brasileira. Nele se estudam, em síntese breve mas compreensiva e inteligente, os vários aspectos da evolução

* Artigo originalmente publicado na *Revista do Brasil*, Rio de Janeiro, jan. 1941. (N. O.)

1 Berrien, *Concerning Latin America Culture*.

artística do Brasil desde os jesuítas e holandeses até Candido Portinari, que o autor considera "um dos maiores artistas vivos". Síntese que pode instruir em muitos pontos até os brasileiros, embora um leitor minucioso, em contato assíduo e direto com nossos valores culturais, possa achar estranháveis certas sugestões, como a de que Portinari havia sofrido possivelmente uma influência do romancista Jorge Amado só porque entre os motivos do artista não faltam baianas carnavalescas.

No estudo sobre música latino-americana, que ocupa trinta páginas do livro, a contribuição brasileira merece especial relevo. Seu autor, que é William Berrien, diz, entre outras coisas, o seguinte: "No século passado o Brasil deu à América do Sul seu maior compositor na pessoa de Carlos Gomes e hoje apresenta indiscutivelmente o maior dos compositores sul-americanos, Heitor Villa-Lobos".[2]

Cabe pôr ainda em relevo a colaboração de Gilberto Freyre: um excelente estudo acerca de alguns aspectos do desenvolvimento social da América Portuguesa. Para os que já conheçam os livros do sociólogo pernambucano esse trabalho nada oferece de muito novo além do que tem sido dito largamente nas suas obras em português. Para o leitor norte-americano será, todavia, mais um estimulante à melhor compreensão de nosso passado cultural e social.

Essas referências são o bastante para indicar a que ponto os assuntos brasileiros ocupam hoje a atenção dos sociólogos, dos historiadores e dos letrados nos Estados Unidos. Há nisso um indício da evolução significativa que se opera atualmente na inteligência norte-americana para a apreciação da posição singular que ocupa o Brasil entre os países ibero-americanos. Essa evolução é assinalada por um dos colaboradores desse livro, Ben Cherrington, que, na qualidade de chefe da Divisão de Relações Culturais do Departamento de Estado em Washington, tem trabalhado eficientemente para estender também às coisas de cultura a política de boa vizinhança. "O Brasil" – observa ele –

2 Ibid.

constitui geograficamente metade da América do Sul e com seus 40 milhões de habitantes é uma das nações de maior vitalidade no Novo Mundo. Sua língua, o português, é parte e parcela de sua herança cultural. Já é tempo de se reconhecer nos Estados Unidos a importância da língua portuguesa, rica em literatura, enérgica, expressiva e maleável, constituindo, além disso, o instrumento de pensamento de um povo notável.

Em uma breve nota não há lugar para o exame pormenorizado dos vários trabalhos que compõem esse livro. É impossível, porém, deixar de mencionar o estudo intitulado "The Crossways of America", obra de Richard F. Patee, a quem devemos outros trabalhos de particular interesse sobre o Brasil e outros países latino-americanos; duas belas conferências de Fernando de los Rios sobre a Espanha e sua ação colonizadora, e o ensaio de Charles G. Griffin a respeito da significação da cultura indígena na América hispânica.

Letras norte-americanas II*

O conflito entre as intransigências doutrinais, o desajuste das antigas soluções com os problemas novos e o progresso recente realizado em alguns setores da ciência social impõe cada vez mais a necessidade de uma revisão ampla de nossas opiniões tradicionais sobre a política e a administração pública. Tal necessidade torna-se particularmente sensível nos Estados Unidos, colocados de um lado em fase de terríveis transformações econômicas internas, que se refletiram decisivamente sobre a vida administrativa do país no último decênio, e de outro perante o espetáculo das nações divididas entre si por motivos complexos, entre os quais as posições ideológicas divergentes parecem ocupar primeiro plano.

Esses fatos tendem irremediavelmente a desenvolver no administrador, no estudioso das questões políticas, no publicista e até no simples cidadão uma atitude menos passiva e menos apática do que o normal em épocas tranquilas. Diante da crise velada ou manifesta, às vezes atrozmente manifesta, de tantas instituições que atravessaram séculos inteiros de prestígio incontestado, a atitude natural há de ser uma atitude crítica. Crítica e também construtiva na medida em que os dois termos não se

* Artigo originalmente publicado na *Revista do Brasil*, Rio de Janeiro, mar. 1941. (N. O.)

repelem formalmente. E é nesse ponto que pode intervir com vantagem a palavra dos espíritos lúcidos e não prevenidos, que se tenham familiarizado nas instituições de cultura com os mais intrincados problemas da Ciência Política.

Em publicações recentes e autorizadas tem sido examinada a possibilidade de se lançar uma ponte sobre o abismo que separa a análise e a especulação teórica imparcialmente conduzida e sua aplicação prática nos terrenos da política e da administração. Entre essas merece apreço a série de estudos organizados por Carl J. Friedrich e Edward S. Mason, que acaba de lançar a Escola de Administração Pública da Universidade de Harvard. O traço comum a todos esses estudos, talvez seu único traço comum, é a vontade de encarar os assuntos tratados com claro discernimento e sem o empenho de propor sofregamente soluções prontas e definitivas. É um livro de perguntas e não de respostas o que nos oferecem os dois professores de Harvard. "Não é nosso propósito" - dizem-nos eles - "apresentar panaceias ou ilustrar povo e governo acerca do que é preciso fazer. O objetivo central destes estudos é demonstrar como o esforço da ciência e o da administração podem ser postos em contato mais íntimo e - assim o esperamos - mais fecundo".[1]

As contribuições da Economia, da Administração, da História, da jurisprudência, da Ciência Política e da Sociologia foram requeridas nesse volume, que pretende ser o primeiro de uma série cada vez mais compreensiva, para a análise das condições determinantes do êxito e do malogro de qualquer empreendimento governamental. Entre os estudos que abrange - e a simples leitura do sumário basta para indicar sua complexidade - cabe mencionar o de C. J. Friedrich sobre política e responsabilidade política, o de Edward S. Mason sobre preços e estabilidade econômica, o de Donald Wallace sobre mercados industriais, monopólio e política, o de George Jaszi sobre a experiência orçamentária da Grã-Bretanha durante a grande crise e o de Frederick M. Watson sobre as possibilidades de ditadura constitucional.

1 Friedrich; Mason, *Public Policy*.

Ante a possibilidade de examinar um por um esses estudos, pareceu-me interessante dar ao menos uma ideia do último que, encerrando o volume à maneira de conclusão, desenvolve com método seguro um tema da maior oportunidade. Depois de considerar a alegação de que as restrições impostas aos dirigentes nos regimes constitucionais se transformam facilmente em freios para qualquer ação efetiva em favor do bem geral, seu autor passa a examinar, em 55 páginas de análise cerrada, todos os problemas relacionados com a questão da ditadura constitucional.

A seu ver não são as restrições legais o único estorvo à ação administrativa eficaz em um Estado moderno. Se qualquer autoridade estivesse em condições de realizar seus projetos livres de quaisquer obstáculos, então o problema da política perderia todo o seu significado. Além da necessidade de manter um complicado e dispendioso sistema para assegurar a tranquilidade pública, uma vez que não dispõe de meios miraculosos para evitar as paixões e inquietações sofreadas, os regimes ditatoriais correm quase sempre os riscos da estagnação e da corrupção burocráticas. O resultado é que os frutos imediatos de uma adesão aos princípios ditatoriais podem ser um positivo acréscimo de eficiência, mas seus efeitos remotos são francamente problemáticos.

Há momentos, porém, em que o constitucionalismo, quaisquer que sejam seus benefícios remotos, não pode ser tolerado como base para a organização política. Em face de certos perigos, a menor dúvida sobre as consequências remotas do abandono das fórmulas constitucionais torna-se puramente acadêmica.

É certo que nos países onde as condições de sobrevivência são graves, os poderes ditatoriais, o absolutismo, tendem a transformar-se em forma normal de governo. "A história nos mostra" – diz Watson – "como o constitucionalismo é estritamente um artigo de luxo, só acessível aos que dispõem de uma ampla margem, que ultrapasse e supere o nível de subsistência".[2] E é bem notório que o absolutismo só surgiu nos últimos tempos de modo espontâneo em países onde há excesso de população,

2 Ibid.

contrastando com os recursos relativamente parcos de que dispõem. É o caso da Alemanha e da Itália.

Para distinguir a ditadura constitucional de outras formas de absolutismo, o autor propõe alguns critérios, a saber: que ela seja absoluta apenas na medida em que possa salvaguardar os interesses da ordem constitucional estabelecida; que se mantenha apenas enquanto tais interesses se achem efetivamente ameaçados e, finalmente, que seja seguida de uma volta integral ao sistema constitucional anteriormente dominante.

Resta saber se pode ser completa a volta às condições anteriores passado o momento de perigo. Para isso é necessário: I – que o período de semelhante ditadura seja relativamente breve; II – que ela seja de caráter legítimo; III – que a autoridade para determinar a necessidade da ditadura não caiba em hipótese alguma ao próprio ditador.

A razão dessa última condição é clara para quem quer que se tenha familiarizado com a natureza do poder político.

> Por vantajoso que possa ser o absolutismo temporário, não há esperança de sucesso duradouro para um sistema constitucional que dê a qualquer homem o direito de assumir poderes especiais em épocas de grave emergência. Onde quer que seus desejos sejam contrariados, um indivíduo ambicioso chega sem dificuldade à convicção de que os fundamentos da sociedade estão abalados. A vida transforma-se em perpétuo estado de emergência. A concessão de poderes ilimitados a um homem pode significar, por conseguinte, o fim do governo constitucional.[3]

Não se veja em tais palavras uma conclusão definitivamente estabelecida contra o recurso à ditadura constitucional. Elas representam apenas um convite à meditação e à prudência no uso de medidas excepcionais, que podem ser comparados a remédios excessivamente drásticos para males passageiros.

3 Ibid.

O romance do café*

A ruína das velhas propriedades rurais do Nordeste açucareiro, invadido pela usina metódica e progressiva, é um drama que não envolve apenas a vida econômica de uma região. Com o desaparecimento dos engenhos de cana condena-se irremediavelmente todo um cortejo de instituições, costumes e sentimentos fixados por longos séculos de tradição. E, a par de aspectos que interessam necessariamente ao economista e também ao sociólogo e ao geógrafo, esse processo de tão vasta ressonância envolve elementos que podem aspirar à expressão artística. Como excluir do romance, por exemplo, esses dados tão ricos em conteúdo emocional, sem limitar arbitrariamente o campo da arte literária? Quando se fala em "romance sociológico", tende-se quase invariavelmente a restringir não só a esfera do romanesco, mas ainda a do social. Se os processos sociais ou inter-humanos constituem o objeto próprio da Sociologia, seria lícito recusar o mesmo objeto à literatura de ficção?

O que se pode e se deve denunciar em certos romancistas dessa família tão unida e já numerosa a que algum historiador futuro não deixará de chamar Escola Nordestina, como falamos hoje em Escola Mineira

* Artigo originalmente publicado no *Diário de Notícias*, Rio de Janeiro, 11 mai. 1941. (N. O.)

ou Baiana, é sem dúvida o interesse às vezes excessivo pelo pitoresco regional, que procura substituir outras virtudes mais raras e valiosas. Não é o romance social o que se condena nesse caso, mas o romance documentário. Por um conjunto de circunstâncias que não seria muito difícil discernir, o Nordeste, entre todos os cenários brasileiros, é aquele onde os problemas nitidamente regionais – inclusive em seus aspectos econômicos e sociológicos – costumam atingir com maior frequência esses trágicos desequilíbrios que ajudam a desvendar a realidade mais viva do homem e sua riqueza mais genuína. Não admira que, depois de ter vivido longo tempo de uma espécie de existência reflexa seguindo com maior ou menor fidelidade os modelos prestigiosos do sul, a literatura nordestina conseguisse por esse caminho uma verdadeira autonomia.

O tema da decadência do café, que inspirou ao sr. Luiz Martins sua última novela,[1] está bem longe dos acentos dramáticos que caracterizam no Nordeste a ruína progressiva dos engenhos de cana ou a tragédia das secas periódicas. Se nas crises mais agudas puderam criar-se situações penosas, abalando e destruindo fortunas, ou perturbando hábitos de tranquilo otimismo produzidos nos anos de prosperidade, o certo é que nunca chegaram a conseguir uma ampla repercussão. Ao café não sobrará tempo para formar em São Paulo a mesma tradição que a lavoura do açúcar veio a criar no Nordeste em torno da família de estilo patriarcal. Se serviu para apressar a constituição de uma sociedade capitalista e até plutocrática, não lhe faltou certo sentido democratizante, que distanciaria as fazendas, cada vez mais, das baronias açucareiras. O industrialismo não chegou a ser imposto a viva força, abolindo quadros preexistentes, mas amadureceu espontaneamente – favorecido pelas próprias condições que atingiram a lavoura do café e não passaram de situações transitórias –, retificada segundo o curso dos acontecimentos, e sua influência na vida social seria quando muito comparável à das crises de crescimento.

Sem ingente esforço superam-se em tal sociedade as contradições e os desfalecimentos, ficando pouco lugar para o patético ou o romanesco.

1 Martins, *Fazenda*.

O grande romance do café, que ainda é uma aspiração, não passará, nesse caso, de simples capricho intelectual. O tempo poderá trazê-lo, mas as circunstâncias ainda não o reclamaram. Existem, é certo, os dramas individuais e isolados, que acompanham obrigatoriamente todas as depressões. Mas esses mesmos desaparecem quase sempre no ritmo vigoroso dos ressurgimentos e estão longe de adquirir qualquer valor simbólico.

É um desses pequenos dramas que pretende retratar agora Luiz Martins. Seu romance, que ele mesmo considera simples "instantâneo de um momento que infelizmente já vai passando", é a história melancólica de um lavrador improvisado que, vítima da própria incompetência e dos vizinhos gananciosos, não encontra forças para resistir à crise e vê-se condenado à miséria. Não deve escapar o fato de o autor fazer do seu personagem central um indivíduo sem raízes na terra e para quem a própria vida na fazenda jamais passará de uma trágica aventura. O malogro dessa aventura é que constituíra, a bem dizer, o tema do livro, ainda mais do que o drama da decadência do café. João Paulo, carioca de nascimento e antigo estudante de medicina, não nascera para resistir às provações impostas pela crise. Ligando a sua sorte à de uma antiga família de cafezistas, nunca se afeiçoara bem às imposições do novo ambiente. A luta pela sobrevivência da velha fazenda, tal como existira nos bons tempos da alta, não é nele um esforço enérgico e persistente. Seu Jesuíno, espécie de réplica sulina do Zé Marreira de José Lins do Rego, prevalece-se facilmente de tais hesitações para fazer valer sua ambição e apoderar-se ao cabo da fazenda.

A ascensão social do imigrante ou filho de imigrante, encarnado em Jesuíno – uma das boas figuras do livro –, é o que melhor integra a obra de Luiz Martins na linha de certos "romances documentários" modernos. Pode-se mesmo perguntar se a vontade insistente de produzir uma obra representativa de determinados conflitos sociais ou econômicos, a obediência muito estrita ao esquema pré-fixado no próprio subtítulo – "drama da decadência do café" –, não teria prejudicado o que houvesse de legitimamente espontâneo no romance. Esse esquema é demasiado intencional e visível para chegar a convencer. Vale como um sistema de referência, que na melhor hipótese pode dar certa harmonia ao conjunto, mas que, no caso, serve frequentemente para tolher o romancista. Um esforço mais atento e cuidadoso na elaboração do romance compensaria ou corrigiria talvez esse e outros defeitos. Mas é precisamente Luiz Martins quem se confessa inapto a rever obras já escritas, ainda quando reconheça plenamente seus defeitos capitais. Prefere publicá-las tais como a imaginação as ditou, sem se ocupar do resto. Não haveria nessa confissão, em todo caso grave e desconcertante, sinal de uma complacência secreta na suposta incapacidade? Ela indicaria que o autor, à velha moda romântica, ainda acredita que o primeiro impulso é sempre o melhor.

Nesse ambiente de ambições insofridas, de desânimos e de desastres, que o autor tenta pintar, surge, porém, o vulto de Damião, varando a mataria com sua matilha de cães esqueléticos. "O vento zumbia e ele respondia com a corneta roufenha. O lobisomem tinha medo de Damião, assombração bem perigosa, com o pica-pau carregado de chumbo e o estômago cheio de cachaça." Há nessa figura de preto velho e irresponsável uma profunda sugestão poética.

Americanismo e letras[*]

Em minha crônica anterior,[1] ocupei-me das falsas barreiras que se opõem, às vezes com desconcertante insistência, à ideia de maior aproximação espiritual entre o Brasil e os Estados Unidos. Não quero supor que essa aproximação seja fácil tarefa ou só encontre barreiras supostas e ilusórias. O que pretendo é que, antes de aceitarmos como insuperável um obstáculo aparente, devemos examiná-lo sem pontos de vista pré-concebidos e definitivos, penetrar-lhe as causas profundas e verificar até onde ele pode resistir a um esforço contínuo e bem dirigido. Por mais ajustadas que pareçam ao caso as expansões sentimentais, esse esforço compete acima de tudo à inteligência. A atitude contrária dos que se fiam sem crítica nas aparências é comparável à dos que fingem desconhecer essa espécie de valor simplesmente convencional e fiduciário que encerram certas manifestações oratórias da política pan-americanista. Existe um sentimentalismo de negação, contagioso como qualquer sentimentalismo e ao cabo enganador, porque usa a mímica do ceticismo. Nunca será excessivo denunciá-lo aos homens de boa vontade.

---

* Artigo originalmente publicado no *Diário de Notícias*, Rio de Janeiro, 5 out. 1941. (N. O.)

1 Cf. "Letras norte-americanas I" e "Letras norte-americanas II".

O indiscutível é que, apesar de tudo quanto nos distingue dos anglo--saxões da América, ainda restam zonas de coincidência nascidas já nas primeiras épocas da colonização e que o tempo não apagou. Delas resultam fatores de solidariedade ou, pelo menos, terrenos de possível entendimento, que podem ser largamente explorados. É por esse aspecto que uma vitória sobre certas incompreensões recíprocas deverá ser interpretada por nós como um enriquecimento. Ela nos dará maiores energias e melhores instrumentos para enfrentar nossos próprios problemas e nos fará admitir com menos hesitações o que há de inelutável na condição de povo americano. Porque em nosso continente, não obstante todas as diversidades étnicas e culturais, existem de norte a sul feições sociais com raízes idênticas, geradas da aplicação de velhas instituições e velhas ideias a uma terra nova e livre. Nesse sentido pode-se mesmo dizer, como o oeste de Frederick Jackson Turner, a América é antes uma forma de sociedade do que uma área geográfica. Ostentando embora muitos traços diferentes e em certos casos antagônicos entre si, essa forma de sociedade traduz-se em problemas particulares, determinados por uma experiência comum, e que nenhum dos nossos países partilha no mesmo grau com qualquer nação de outro hemisfério.

É por enquanto no campo intelectual e artístico que esses problemas eminentemente americanos encontram talvez expressão mais definida e parece desculpável que eles ocupem um cronista literário de torna viagem. Sobretudo quando esse cronista chegou a percorrer grande extensão dos Estados Unidos, sem poder perder de vista as manifestações da inteligência brasileira. Em Nova York, em Washington, no oeste, durante uma excursão que se prolongou por várias semanas, nunca deixei de encontrar entre homens de letras, artistas, ou simples curiosos, quem se interesse assiduamente por nossa vida literária. Jorge Amado, Mário de Andrade, Tristão de Ataíde, Manuel Bandeira, são nomes familiares para essa gente. Em Nova Jersey, na casa de campo de um industrial nova-iorquino, aparentemente isento de maiores preocupações intelectuais, tive a surpresa de deparar com um exemplar do *Guia de Olinda*, de Gilberto Freyre. A mesma surpresa puderam ter outros brasileiros presentes: João Carlos Muniz, Caio de Melo Franco, João Daudt de Oliveira e A. G. Pacheco e

Silva. Em Chicago, na gigantesca Chicago de Carl Sandburg, que a distância parece tão alheia às coisas de arte, encontrei muitas vezes, ora na acolhedora residência da sra. e do prof. Robert Platt, ora nos *roundtables* da William H. Harris Foundation, pessoas perfeitamente informadas sobre nossos escritores, nossos músicos, sobre Portinari, por fim, até em um vago recanto das Montanhas Rochosas, onde ainda hoje se preserva zelosamente a lembrança do romanesco *far-west* de há um século, fui descobrir estudantes que se esforçavam por aprender o português a fim de lerem no original livros brasileiros.

De resto, dentro de alguns anos nem tal esforço será preciso. Neste momento está em preparo a primeira tradução inglesa dos *Sertões*, de Euclides da Cunha, que vai ser publicada pela University of Chicago Press. Por sua vez, a Columbia University Press lançará *Casa-Grande e Senzala* de Gilberto Freyre. Dois livros, pelo menos, de Erico Verissimo, estão sendo traduzidos para uma editora de Nova York, assim como todo o *Ciclo da cana-de-açúcar* de José Lins do Rêgo. Ainda recentemente outra firma nova-iorquina telegrafou à Livraria José Olympio, solicitando os direitos de tradução inglesa para o romance que mereceu o Prêmio José de Alencar, lançado pela editora do Rio de Janeiro. De uma universidade do sul dos Estados Unidos sei que se prepara uma coleção de romances, contos e ensaios americanos, onde serão incluídos alguns livros brasileiros. Muitas outras iniciativas – entre as quais convém pôr em relevo a do *Handbook of Brazilian Studies*, que será publicado em 1942 – servem para dar uma ideia da atenção que vem despertando entre norte-americanos a produção intelectual brasileira.

Sobre a atividade de um dos organizadores do *Handbook*, William Barrien – o outro é Rubens Borba de Morais, o diretor da Biblioteca Municipal de São Paulo –, não se precisava dizer muito a leitores brasileiros de hoje. Mas suponho que quando algum dia for escrita a história das relações intelectuais entre o Brasil e os Estados Unidos, será de justiça dedicar-lhe um capítulo. O interesse de Bill Barrien pelas letras brasileiras, por tudo quanto é brasileiro, não data de muito tempo. Manifestou-se desde os seis dias que passou entre nós, há alguns anos, quando em trânsito para Buenos Aires. Até então dedicara-se de preferência às literaturas de língua espanhola. De regresso à América do Norte, dispôs-se, porém, a intensificar seus estudos luso-brasileiros. Tratou de aprender e de ensinar: inclusive de ensinar para aprender.

Seus conhecimentos de linguística românica e o contato com os netos de açorianos da importante colônia existente no extremo oeste, foram-lhe de grande auxílio. Transmitia o que lhe era possível com tais conhecimentos, ao mesmo passo que obtinha outros, na prática diária da conversação. Quase sozinho e à custa de tremendo esforço, procurava assimilar a pronúncia brasileira. Pouco depois podia inaugurar na Universidade da Califórnia seu curso de literatura brasileira, o primeiro que se fundou nos Estados Unidos. Outro curso idêntico deve-se a sua iniciativa, o da Northwestern University, em Chicago.

Foi graças a um convite de Barrien, em sua qualidade de diretor geral do Instituto de Estudos Intensivos de Português e Espanhol – patrocinado pelo Conselho das Sociedades Doutas, com o apoio da Fundação Rockfeller –, que durante dez dias pude assistir aos cursos de português realizados no *campus* da Universidade de Wyoming, na cidadezinha de Laramie. O clima fresco da cidadezinha de Laramie, que se acha a 7.000 pés de altitude, foi um dos motivos que determinaram sua escolha para sede dos cursos de verão do Instituto. Para ter a medida do êxito alcançado por esses cursos, basta dizer-se que tendo sido limitado a trinta o número de matrículas para cada uma das duas línguas lecionadas, eram exatamente trinta os alunos de português. E entre eles figurava nada menos do que um dos campeões da aproximação espiritual entre os países da América, Charles A. Thompson, atual chefe da Divisão de Relações Culturais do Departamento de Estado. O curso era dirigido pelo próprio Barrien, com a admirável colaboração de nosso compatriota Paulo Duarte, e a assistência, na parte de conversação, de Maria Tereza de Oliveira Martins e dos professores Flávio Nobre de Campos e Mário Wagner Vieira da Cunha, os dois últimos de São Paulo. O corpo docente era integrado ainda pelo professor Silveira, português de nascimento e cuja missão é familiarizar os estudantes com as diferenças entre as pronúncias de Portugal e do Brasil. A organização do curso não poderia ser melhor e os resultados alcançados foram excelentes, segundo informações que acabo de obter.

Não faltam outros exemplos igualmente significativos do decidido interesse que o Brasil começa a ter, não apenas para homens de negócios e políticos, mas agora também para a inteligência norte-americana. Há nisso uma promessa de compreensão moral e espiritual.

Missionário e viajante I*

Descobrindo, coordenando e, sobretudo, comentando com extraordinário zelo e isenção numerosos documentos da atividade da Companhia de Jesus no Brasil, o dr. Serafim Leite[1] prepara uma contribuição inestimável para o estudo de nossa história nacional. Nessas mesmas crônicas já houve oportunidade de aludir-se à significação excepcional desses subsídios e comentários. Tudo faz crer que eles nos darão finalmente aqueles elementos sem os quais, no juízo de Capistrano de Abreu, será presunçoso escrever-se uma História do Brasil. Convém não esquecer, todavia, que o objeto principal de tais estudos – a província jesuítica do Brasil – ainda não é todo o Brasil jesuítico. Fora dessa província, fora mesmo dos extensos territórios que chegou a compreender a Assistência de Portugal, há regiões em nosso país onde os inacianos deixaram vestígios apreciáveis de sua presença.

Essas regiões pertenceram em grande parte à província jesuítica do Paraguai. Aqui também não há coincidência entre a atual expressão política e geográfica e os antigos domínios da Companhia. Apenas, ao

---

* Artigo originalmente publicado no *Diário de Notícias*, Rio de Janeiro, 12 out. 1941. (N. O.)

1 Leite, *História da Companhia de Jesus no Brasil.*

oposto do que sucede no primeiro caso, a República do Paraguai não representa hoje mais do que uma parcela, modesta parcela, do que foi a famosa província do mesmo nome. Das trinta reduções que esta chegou a compreender em seus tempos de maior prosperidade, oito somente se achavam enquadradas em território atualmente paraguaio: as restantes ficaram distribuídas entre o Brasil e a Argentina. Não obstante esse fato, a coincidência dos nomes conseguiu gerar entre nós certo alheamento displicente em face da história das doutrinas paraguaias: ela nos parece estranha à nossa própria história. Lemos as narrativas de um Pedro Lozano, de um Nicolas Del Techo ou de um Pierre Charlevoix como se falassem de um país de lenda.

Agora, com o trabalho admirável que vem realizando o Serviço do Patrimônio Histórico e Artístico Nacional – a restauração dos templos e monumentos da zona missionária do Rio Grande do Sul, o tombamento e conservação do seu material de interesse artístico ou histórico, a organização do Museu das Missões em São Miguel –, já não há mais motivos que justifiquem tal alheamento. Mas, para que esse trabalho se complete, para que a história das doutrinas guaranis do sul possa integrar-se, enfim, na história do Brasil, é preciso que tenham a palavra nossos historiadores. As obras de um Pablo Pastells ou de um Pablo Hernandez foram escritas em espanhol e de um ângulo que não é o brasileiro. Os três imponentes volumes do padre Karl Teschauer precisariam ser refeitos em grande parte se quiséssemos que corresponda à grandeza do assunto. A obra sistemática e ampla que podemos esperar de Aurélio Porto ainda não foi escrita, ou não foi publicada: o que dele por ora se pode ler sobre o assunto é por vezes excelente, mas ainda não passou de trabalhos fragmentados. A reimpressão já anunciada do livro do Cônego Jean Pierre Gay,[2] sobre a "República" jesuítica do Paraguai, será, sem dúvida, uma contribuição de primeira ordem: creio que menos pelo texto propriamente do que pelas notas que lhe ajuntara o mais douto dos nossos historiadores – Rodolfo Garcia.

2 Gay, *História da República do Paraguai.*

Entretanto uma obra que acaba de ser publicada vem, de algum modo, corrigir semelhante falta. Trata-se da reedição da narrativa da viagem feita pelo padre Antonio Sepp, em fins do século XVII, às doutrinas guaranis do sul.[3] Embora impresso em alemão – a tradução portuguesa, ao que consta, acha-se em preparo –, esse livro, acrescido de um prefácio e de numerosas notas elucidativas do dr. Wolfgang Hoffmann-Harnisch, inscreve-se agora na pobre bibliografia brasileira sobre as reduções sulinas. Um historiador exigente poderia opor restrições a essa reedição como foi feita. Poderia preferir, por exemplo, que em lugar de uma linguagem modernizada, nos fosse apresentado o texto alemão primitivo, mesmo com o risco de se tornar a leitura penosa. Poderia também objetar contra o sistema de anotações adotado pelo dr. Harnisch, preferindo que seus esclarecimentos, em vez de se inserirem entre colchetes no próprio texto, figurassem ao pé de cada página ou ao fim do volume. Mas essas objeções parecem pequeninas e impertinentes diante da pura satisfação que nos proporciona a possibilidade de ter finalmente essa obra até aqui quase inacessível. Para se ter ideia de sua extrema raridade, basta dizer que apesar de seu considerável alcance no estudo das doutrinas guaranis, ela não parece relacionada sequer na extensa bibliografia apensa no livro hoje fundamental do padre Pablo Hernandez. Nesse livro só vejo referência à *Continuatio* de Sepp, publicada em 1710, e cuja edição brasileira nos é prometida para o próximo Natal.

Teschauer, em sua *História do Rio Grande do Sul*, cita-a, porém, de segunda mão, aproveitando referências contidas no volume de Anton Huonder[4] sobre os missionários seiscentistas. De outras referências modernas, ocorrem-me as da dra. Maria Fasbinder[5] na bela tese que publicou há alguns anos, em Halle, sobre o Estado jesuítico. A descrição que a autora nos transmite da "época do couro" no sul, tirada da obra do padre Sepp, e de que tento traduzir o trecho seguinte, suporta confronto

3 Sepp, *Meine Reise zu den Indianern am Uruguai.*

4 Huonder, *Die Volkergruppierung im Gran Chaco im 18 ten. Jahrhundert.*

5 Fasbinder, *Der Jesuitenstaat von Paraguay.*

a meu ver com a passagem frequentemente citada, na qual Capistrano de Abreu nos pinta condições semelhantes no sertão do nordeste:

> Caixas e baús, bruacas e surrões, cobertas de carros ou de balsas, fabricam-se de couro. De couro são as pelotas à feição de botes, que servem para navegar, as redes para dormir, os esquifes para carregar defunto. À falta de prego usam-se tiras de couro. Com o couro e guarnecida a madeira de que se fazem muitos canhões e as paredes que dividem o interior das casas. Nos campos as próprias casas edificam-se de madeira e couro, ainda que seja forçoso renová-lo constantemente, visto como logo se arruína.[6]

Tirolês de nascimento, Anton Sepp tem seu nome intimamente ligado às missões do Rio Uruguai. Construiu casas para índios e fabricou-lhes igrejas; fundou o povo de São João Batista, fundiu o primeiro ferro das missões, depois de ter construído o primeiro forno, feito de adobe. Contam que descobriu um processo de fazer aço, deitando água fria no metal ainda incandescente. Embarcara para a América aos 35 anos de idade, dirigindo-se a Japeiú através de Buenos Aires. Conforme assinala o dr. Harnisch, o território que visitou e que descreve nesse livro – publicado pela primeira vez justamente no ano em que fundava São João Batista – abrange não só a margem ocidental, argentina, do Rio Uruguai, como os atuais municípios brasileiros de Alegrete, Livramento, Quarai e Uruguaiana.

Na longa carta que abre o volume, datada de Buenos Aires, o padre Antônio Sepp, depois de referir-se à tormentosa travessia, demora-se em uma descrição da terra e de seus habitantes. Buenos Aires, o pobre vilarejo de onde escrevia, compunha-se, então, unicamente de casas de barro – taipa ou adobe – cobertas de sapé. Pouco tempo antes tinham os padres descoberto o modo de explorar o cal e de cozinhar o barro. A indústria, ainda incipiente, dera, no entanto, para telhar a casa da com-

6 Sepp apud Fasbinder, op. cit.

panhia. "Por isso o Colégio é coberto não de palha, mas de telha, como na Alemanha."[7] Tão rico em pastagens para o gado eram os arredores de Buenos Aires, que se encontravam manadas de 12 e 15 mil cabeças. Gado alçado e sem dono, que qualquer pessoa podia laçar e levar consigo. Os habitantes desperdiçavam a carne dos bois abatidos (melhor do que a dos bois da Hungria) abandonando-a às aves de rapina ou aos cachorros bravios. Contudo, tinham o cuidado de arrancar-lhes sempre a pele e algumas vezes a língua e era o que neles mais prezavam. O pão de que se servia o povo era feito do melhor trigo do mundo, mas não levava sal. E nesse ponto concordavam índios espanhóis e mouros (negros).

As páginas mais sugestivas desse livro são, porém, aquelas onde o autor se detém na exposição dos costumes do gentio, do regime nas missões e do espírito que dominou os esforços da Companhia quando procurou reduzir, domesticar, policiar e elevar os filhos da terra. A essas páginas será dedicada a próxima crônica.

7 Sepp, op. cit.

Missionário e viajante II*

A leitura do precioso relato do padre Antonio Sepp, cuja importância para o conhecimento da história do Brasil, particularmente das Missões, ficou assinalada em meu último artigo, deixa-nos a impressão de um espírito indagador, sempre disposto a contar com minúcia o que depara em suas viagens. Falta-lhe, sem dúvida, aquele deslumbramento fácil, aquele entusiasmo virginal e sempre disponível, que vamos encontrar em outros cronistas. As descrições que nos deixou não são simplesmente de quem observa, e sim de quem observa com ânimo de corrigir. Para esse discípulo de Santo Inácio, o mundo não representa um espetáculo amável, mas um convite à ação. Tudo denuncia em seu relato um homem capaz de lutar e vencer, um homem para quem cada novo entrave a seus intentos é apenas uma trincheira nova.

O resultado é que ele padece com frequência de limitações comuns a todo indivíduo unicamente talhado para a luta. Mas sua visão, sempre prevenida e raras vezes generosa, nunca deixa de ser instrutiva. E, para nós, é isso ao cabo o que realmente importa. A simpatia humana pode

* Artigo originalmente publicado no *Diário de Notícias*, Rio de Janeiro, 19 out. 1941. (N. O.)

ser o começo da sabedoria, mas só o começo; é bom não chamar simpatia a simples benevolência.

Um exemplo flagrante de sua pouca generosidade revela-o desde a primeira vez em que trata de descrever índios, homens e mulheres: "Os homens" – diz –

> têm quase a estatura dos europeus; são, todavia, mais atarracados de corpo (*untersetzter*) e têm braços e pernas mais desenvolvidos. Os semblantes, quase todos idênticos entre si, e como que vazados num mesmo molde, não são oblongos, mas arredondados; não são pretos como os dos mouros africanos [assim se exprime o autor sempre que fala dos negros], mas de cor pardacento escura ou acinzentada. Em suma, repelentes ao olhar [...] Para descrever o mulherio da terra, teria de usar a palheta de um pintor. Ó reverendos padres! Ó irmãos amantíssimos! Gentis leitores! Se acaso contemplardes o quadro de uma fúria infernal ou de um fantasma horrendo de uma medusa ou megera, então terei fixado uma dessas mulheres! Os cabelos negros como carvão e descompostos, enrodilhados e soltos à feição de serpentes, derramam-se sobre as costas, mas sem cobrir a testa e nem mesmo os olhos! Uma visão medonha, capaz de aterrar já não digo nossas crianças, esses brancos anjinhos da Europa, mas até as mulheres mais valentes, amazonas e heroínas.[1]

Enquanto um Jean de Lery, por exemplo, não se cansa em gabar a sobriedade exemplar dos seus queridos "*toupinambaoults*" da Guanabara, o zelo do jesuíta, entre a gentilidade do sul, é constantemente alarmado pela gula insaciável desses monstros: "Dois índios – exclama – conseguem facilmente devorar um boi inteiro em uma ou duas horas!"[2] Terminada essa "bestial refeição", atira-se o índio à água fria, quando não se estende de bruços na areia cálida e dorme até concluir a digestão.

1 Sepp, *Meine Reise zu den Indianern am Uruguai.*

2 Ibid.

Só se ergue para tornar ao campo, apanhar outra rês, abatê-la e devorá-la com o mesmo apetite. Não admira, pois – observa o padre Sepp –, se raros logram chegar aos 50 anos. E ainda aqui seu singular depoimento entra em choque com os de tantos outros cronistas, quase todos acordes em afirmar a longevidade dos primitivos americanos.

Quando, ao contrário, o juízo do tirolês não fica distante do consenso geral é quando afirma a inconstância e a imprevidência de nosso gentio. Um episódio pitoresco dessa crônica de viagem serve bem para ilustrar semelhante afirmativa. Certo padre das missões, depois de distribuir, como de costume, na época das sementeiras, dois a três bois a cada índio, para o amanho da terra, sai a percorrer os campos a fim de verificar pessoalmente o trabalho feito. Sua primeira visita é a um lavrador, tido como dos mais diligentes. O que teria ele feito dos bois que o padre lhe emprestara? Quantas geiras de terreno teriam sido roteadas e cultivadas? Quantos moios de trigo semeados? Resposta: nem um moio, nem um alqueire, nem uma quarta, nem sequer um punhado de grãos! O admirável lavrador dera uma, duas voltas com seu arado, e logo sentira um irreprimível cansaço. Doíam-lhe as pernas, os ombros. Cruzara os braços, contemplara a linda junta de bois e apiedara-se de si mesmo em face do tremendo esforço realizado. Que fazer agora? Uma ideia extraordinária assaltara-o de súbito. Se em lugar de descansar imediatamente recorresse a uma ceia reparadora? Dito e feito. Ali estavam uns bois, escolhe um deles, abate-o rapidamente e devora-o em companhia da mulher. Esta se incumbira ela mesma e sem perda de tempo de fazer o fogo no meio do campo ainda mal lavrado. Para tanto era inútil cortar lenha. Pois não tinha ali na mão o arado e a madeira? A própria gordura do boi servia para animar as chamas.

O padre chegou ao local do sacrifício quando a família já digeria gloriosamente o soberbo churrasco. A simples vista dos ossos fora o suficiente para inteirá-lo do ocorrido. Volta-se então para o ativo lavrador, que em verdade trabalhara mais com os dentes do que com as mãos, e sucede entre eles o seguinte diálogo:

– Filho! O que significam esses ossos? Que é feito do outro boi que lhe emprestei? Por que interrompeu o trabalho?

– Meu padre! Eu estava faminto. Minha mulher é testemunha de que estou fraco e abatido...[3]

É claro que as reprimendas não bastam em casos tais. O missionário deve então recorrer ao argumento mais ponderável. Mas de que modo são punidos os índios nas missões? A resposta do padre Sepp merece registro: "Evidentemente" – diz ele –

> não é o sacerdote e sim um índio mais esperto quem toma do chicote (pois não usamos vara ou coisa semelhante) e fustiga o delinquente como na Europa um pai espanca o filho dileto ou um mestre-escola surra o aluno. Assim costumamos desasnar adultos e crianças, mulheres inclusive. E esse sistema paternal de castigar nos tem sido de grande proveito em toda parte, mesmo entre os bárbaros mais embrutecidos. A prova está em que eles nos estimam como os filhos aos pais. No mundo inteiro não há gente que nos estime tanto como essa bugrada. Enquanto o chicote canta, não se escuta um grito, uma praga, uma imprecação. Nem mesmo uma palavra de mau humor, de impaciência ou de zanga. O mais que fazem é chamar pelos nomes sagrados de Jesus e Maria, enquanto recebem resignados e até agradecidos a punição imposta. Depois de castigados, então dirigem-se ao padre, beijam-lhe a mão e pronunciam essas palavras de reconhecimento:
>
> – Meu padre! Venho agradecer-vos milhares de vezes, e jamais cessarei de agradecer-vos por terdes acordado minha razão com vossos paternais castigos, fazendo de mim aquilo que até agora não tenho sido: um ser humano.[4]

Essa docilidade, essa humildade – virtudes excelentes para um jesuíta – conseguem despertar no padre Sepp algumas palavras de simpatia quase terna pelos pobres índios. Mas não são essas as únicas virtudes que encontra entre seus Guaranis tão severamente domesticados e po-

3 Ibid.

4 Ibid., p.140.

liciados. Gaba-lhes, por exemplo, a prodigiosa habilidade manual. Um deles era tão bom calígrafo, que suas páginas manuscritas pareciam ter saído de uma imprensa de Colônia ou Antuérpia. Outros chegavam a fabricar relógios mecânicos rigorosamente iguais aos de Augsburgo, clarinetas e trombetas às de Nuremberg. Um órgão construído nas missões imitava por tal forma o outro, vindo da Europa e usado para modelo, que mal se distinguiam. Não faltava entre eles quem pintasse, e quadros que admitiam confronto com os de Rubens. Apenas era preciso que tivessem sempre a amostra diante dos olhos. Tirassem-lhes os modelos e transformavam-se imediatamente artífices ainda mais toscos do que as crianças da Europa.

Outros aspectos inumeráveis da vida nas missões, meticulosamente descritos nesse livro, podem interessar os eruditos e curiosos. A disposição particular das ruas nas "doutrinas" guaranis; os tipos de habitação adotados para os índios; o emprego do arado de madeira (enquanto o padre Sepp, ele próprio, não instalava a primeira fundição de ferro das missões); o modo de abater e de cortar o gado para consumo; as doenças da terra – uma das quais, pela descrição, faz pensar o célebre "maculo" ou "corrução do bicho", e que o autor atribui ao abuso da alimentação carnívora –; a ausência completa de sal na comida. Tudo isso é matéria interessante para quem se disponha a estudar alguns dos aspectos mais curiosos do passado brasileiro, e que essa obra, agora ressuscitada, nos ajuda a bem conhecer.

Do rancho ao palácio*

Na crônica anterior já se indicou a importância considerável de alguns dos problemas de história formulados no livro de Otoniel Mota, *Do rancho ao palácio.*[1] Assinalou-se a propósito o grave risco que podem oferecer algumas soluções precipitadas, decorrentes de um exame imperfeito de velhos textos. Seria injustiça, em todo caso, não ponderar que as pesquisas do autor, mesmo depois de obras como a de Alcântara Machado em *Vida e morte do bandeirante*, representam, em mais de um ponto, legítimo trabalho de pioneiro. Se isso não basta para justificar alguns dos seus enganos, inclinará certamente a julgá-los com benevolência e simpatia. Quase todos resultam, na realidade, menos das deficiências de documentação do que da vivacidade nas conclusões, da ânsia compreensível de dar sentido e voz articulada ao material muitas vezes informe que encerram os arquivos.

O fato é que existem nesse livro observações dignas do maior interesse, como as do terceiro capítulo, nas quais se mostra – ao meu ver, decisivamente – que só muito aos poucos, e bem mais tarde do que se

* Artigo originalmente publicado no *Diário de Notícias*, Rio de Janeiro, 23 nov. 1941. (N. O.)

1 Mota, *Do rancho ao palácio: evolução da civilização paulista.*

costuma supor, o arroz ficou sendo elemento quase obrigatório na dieta dos brasileiros. Tal circunstância torna-se, sobretudo, significativa quando se tem em conta que não faltam referenciais a seu consumo entre nossas populações litorâneas durante o primeiro século da colonização. Anotado nos valiosos depoimentos de um Frei Gaspar e mesmo dos jesuítas, o autor mostra a importância primitiva do arroz em nossa agricultura, principalmente no litoral vicentino. A esses depoimentos podem complementar-se testemunhos ainda mais eloquentes. Sabe-se, por exemplo, que em 1552, quando foi regulada à mercê dos dízimos e primícias de todas as capitanias da costa do Brasil ao bispo e ao cabildo da cidade de Salvador, determinou-se expressamente que não estaria no caso o "arroz da Capitania de São Vicente, por ser a principal coisa depois do açúcar".[2]

Posteriormente, e à medida que se povoa o planalto, vão escasseando nos documentos paulistas as referências ao cultivo ou ao consumo do arroz. Quais as razões de tal silêncio? Otoniel Mota limita-se a referir que até o século XIX esse consumo era reduzidíssimo. Sugere mesmo que só na segunda metade do século é que se teria popularizado, ao menos em São Paulo. Creio que nesse último ponto houve exagero, pois, segundo os dados estatísticos do marechal Müller,[3] já em 1835 o arroz figura em quinto lugar – acima do feijão – entre as exportações da província feitas pelo porto de Santos, e em primeiro lugar entre as que se faziam por Iguape e Cananeia. Isso permite supor que a produção e o consumo não fossem tão limitados.

Logo a seguir afirma que no Norte do país é alimento até hoje pouco generalizado entre o povo. "Há estados", sustenta, "que conservam a alimentação do tempo dos holandeses, em cuja civilização ainda não encontrei o arroz nem para remédio. Nem sequer o vocábulo, salvo se vem em Piso e Marcgrave, que ainda não li".[4] A ressalva é prudente. Quando

2 O testemunho em questão figura no volume XIV dos *Documentos Históricos*, publicados pela Biblioteca Nacional (Rio de Janeiro), p.420.

3 Müller, *Ensaio d'um quadro estatístico da Província de São Paulo (Ordenado pelas leis provinciais de 11 de abril de 1836 e 10 de março de 1837).*

4 Mota, op. cit., p.34.

tiver ocasião de ler Piso e Marcgrave,[5] o autor sem dúvida mudará de opinião. Não sei se o arroz seria usado como remédio no Brasil holandês, mas a julgar pelo que dizem os autores citados, entrava pelo menos na composição de certa "marmelada de mandioca" ao lado do açúcar e da água de flor de laranjeira. Na *Memorável viagem*, de Nieuhof,[6] cuja tradução brasileira será brevemente lançada na *Biblioteca Histórica* da Livraria Martins, com notas de José Honório Rodrigues, erudito pesquisador da história do Brasil holandês, também aparece o arroz como componente da mesma marmelada de mandioca. Parece que esta não era apreciada somente pelos portugueses e índios. Piso gaba-lhe o sabor, proclamando-a "gratíssima". Nieuhof fala em seu "gosto muito agradável". Marcgrave, mais discreto, considera-a apenas "*non ingrata*". Não é fácil acreditar que só para a fabricação dessa iguaria fosse plantado e colhido o arroz no Nordeste holandês. E se é certo, como diz Otoniel Mota, que nos estados do Norte é alimento ainda hoje pouco generalizado, cabe notar que Henry Koster, em princípio do século passado, já o encontra entre os próprios sertanejos nordestinos, substituindo por vezes a farinha de mandioca, indício de que seu uso não seria tão recente.

Outro capítulo de muito interesse é o que trata da importância do milho na alimentação bandeirante. A julgar pelas informações do autor, essa importância foi nula ou pouco menos do que nula. Palavras como "canjica", "fubá", "angu" ou "farinha de milho" não surgem nos documentos coloniais que compulsou e isso parece sinal de que tais gêneros não existiam. A custo admite que o fubá ou o angu poderiam ser usados nas senzalas antes de irem para a casa-grande. Impossível, por outro lado, afirmar a inexistência da canjica, mencionada por Anchieta e mais tarde até nominalmente pelo padre Manuel da Fonseca, que Otoniel Mota conhece bem. Mas quanto à farinha de milho mostra-se irredutível: positivamente não existiu entre os velhos paulistas e muito menos entre os índios. Seu uso "é relativamente moderno" – diz – e acrescenta: "Onde e quando principiou, isso não sei dizer com absoluta precisão. Reclamaria

5 Piso; Marcgrave, *Historia Naturalis Brasiliae.*

6 Nieuhof, *Memorável viagem marítima e terrestre ao Brasil.*

pesquisas em arquivos de Piratininga, se ainda os há para tanto. Digo apenas que principiou no sul de São Paulo".[7]

A certeza é tão absoluta que parece cortar qualquer debate. Mas convida, em todo caso, a algumas reflexões. A existência da farinha de milho paulista está largamente associada, ainda hoje, à presença do monjolo. Por sua vez, o monjolo é privilégio de populações rurais de uma vasta zona, que tem o Estado de São Paulo por núcleo e se estende aparentemente do centro de Minas ao norte do Rio Grande do Sul, incluindo partes de Goiás e Mato Grosso. Informes dos primeiros decênios do século passado já indicam a existência tanto da farinha de milho como do monjolo em pontos distanciados entre si, mas dentro dessa área. Mesmo rejeitando a tese de Varnhagen, tão mal apoiada de que o monjolo teria sido trazido do Oriente por Braz Cubas, é difícil crer que, com uma zona de dispersão tão ampla, seu aparecimento no Brasil fosse de data recente. O fato, porém, é que os velhos inventários não o mencionam, como não mencionam a farinha de milho.

Essa omissão poderá ser explicada sabendo-se que era o instrumento rústico, inseparável dos sítios de cultura e de fácil construção, havendo água, madeira própria e lugar adequado. Demais, se a ausência da canjica nos velhos inventários não consegue demonstrar sua ausência na culinária colonial paulista, por que exigir essa prova quando se trata do monjolo ou da farinha de milho? Não é significativo, por outro lado, que, descrevendo o roteiro de São Paulo às Minas Gerais, Antonil mencionasse roças de milho e nunca de mandioca? Suas palavras são bem claras: "aqui há roças de milho, abóboras e feijão, que são as lavouras feitas pelos descobridores das minas e por outros que por aí querem voltar. E só disso constam aquelas e outras roças nos caminhos e paragens das minas: e quando muito, tem algumas batatas".[8] Resumindo suas afirmações sobre a farinha de milho, diz ainda Otoniel Mota que se trata de produto paulista, mas só de parte do estado – "de minha zona, de Porto Feliz, Itu ..." –, tendo ido para Minas por vias ignoradas e além disso

7 Mota, op. cit., p.47.

8 Cf. Antonil, *Cultura e opulência do Brasil.*

que não é do bugre nem dos demais brasileiros... Acrescenta que já tinha chegado a tais conclusões quando leu em Martius que na Bahia "em vez da farinha de milho, mais comum em São Paulo e em parte de Minas Gerais, aumenta cada vez mais o consumo da farinha de mandioca".[9] Mas ainda não lhe parece bem exata a observação do naturalista bávaro. Estaria perfeitamente certo, se dissesse: "parte de São Paulo e parte de Minas". Por que essa limitação? "Porque Piratininga e o norte de São Paulo, repetimos, comportaram-se como o resto do Brasil: ficaram com a farinha de mandioca."[10]

Mas, caso Otoniel Mota se desse ao trabalho de ler no próprio Martius a parte correspondente à viagem a São Paulo, verificaria que foi precisamente no norte da província – o norte segundo a designação popular e tradicional, isto é, o Vale do Paraíba, não o norte geográfico – que o autor das *Reise in Brasilien* observou pela primeira vez a preferência dos paulistas pela farinha de milho.[11] E se pretendesse ser fiel à geografia, nem assim poderia demonstrar que o norte de São Paulo jamais conheceu a farinha de milho. Sua presença entre os habitantes da região cortada pelo antigo caminho de Goiás, a única parte então povoada – mal povoada – do verdadeiro norte, foi assinalada por Luiz d'Alincourt,[12] que percorreu esse caminho pouco depois da viagem de Martius.

Que os índios sabiam pelar e pilar milho, depois de ternarem os grãos menos resistentes, seja cozinhando-o em água fervente, seja deixando-o de molho por alguns dias, parece indiscutível. Não admira que, usando o milho para a farinha – e farinha feita de milho existiu certamente mesmo em áreas onde predominava o consumo da mandioca conforme se pode ler nos relatos de Jean de Lery[13] ou Claude d'Abeville[14] –, recorressem aos processos já conhecidos no preparo da mandioca-puba e da farinha de guerra. O pilão de madeira, com o vaso aberto em um tronco de árvore

9 Mota, op. cit., p.47.
10 Ibid.
11 Cf. Martius, K. F. P. *Viagem pelo Brasil.*
12 Cf. D'Alincourt, *Memória sobre a viagem do Porto de Santos à cidade de Cuiabá.*
13 Cf. Lery, *Histoire d'un voyage faict en Terre du Brésil.*
14 Cf. D'Abeville, *História das missões dos padres capuchinhos na ilha do Maranhão.*

e a "mão da grossura de uma perna", era e é generalizado entre os indígenas. Existiram mesmo pilões especiais para triturar o milho. Nas lendas bacairís de Kari e Camé, a mulher aparece como originária do pilão, e não de um pilão qualquer, mas exatamente do pilão de milho. Isso indicaria que a mulher se destinava a trabalhar para sustento da tribo, como o homem – originado de uma flecha – destinava-se à guerra, à caça e à pesca. Entre os Apiacás, Hércules Florence registrou expressamente o fabrico da farinha de milho "socada e torrada", e quando Florence se refere à farinha de milho, refere-se seguramente à de São Paulo, não ao fubá.[15]

Em Montoya, a expressão "abati cui" é traduzida como farinha de milho no *Dicionário português-brasiliano*, redigido no século XVIII. A mesma expressão, ou melhor, "abaxi cui", tem significativa idêntica. Dirá Otoniel Mota que isso nada tem a ver com a autêntica farinha de milho, isto é, milho fermentado, pilado e torrado, e sim com qualquer coisa de semelhante ao fubá. Mas no mesmo dicionário traduz-se logo adiante "abaxi kyrera" por "pequenas porções de milho que ficam na peneira, de milho de molho pilado, quando se côa para farinha". Essas palavras "milho de molho pilado" parecem indicar que a farinha peneirada, nesse caso, é aproximadamente o que em São Paulo sempre se entendeu por farinha de milho.

Todos esses fatos não parecem o bastante para que hesitemos antes de acolher as conclusões a que chega Otoniel Mota, de que o índio não conheceu a farinha de milho, de que esta foi introduzida recentemente e finalmente de que nasceu no sul de São Paulo e jamais penetrou em outras partes do estado?

Muitas outras observações do autor mereceriam reparos, se fosse possível aqui uma análise mais prolongada do livro. Reparos que, embora refletindo frequentes discordâncias com suas opiniões, atestassem o interesse e o estímulo que tais opiniões podem oferecer. E ao lado das discordâncias não faltariam certamente pontos de contato. Lembrarei, por exemplo, que, no capítulo IX, quando o autor contraria a tese recente

15 Cf. Florence, *Viagem fluvial do Tietê ao Amazonas de 1825 a 1829.*

de alguns ensaístas mal-avisados sobre a influência dos africanos no povoamento e nas atividades da São Paulo seiscentista, seu argumento é cabal: "o negro custava em média 40$000; o paulista precisaria vender quarenta vacas para comprar um negro".[16] Só isso basta para explicar como o autor anônimo da *Informação sobre as minas do Brasil* pudesse escrever com exagero, sem dúvida, pouco tempo antes da Guerra dos Emboabas, que os moradores de São Paulo nunca tiveram escravaria de Angola ou da Guiné.

16 Mota, op. cit., p.87.

Inatualidade de Cairu*

De 1935, quando se celebrou o centenário de seu nascimento, data o prestígio excepcional que ainda hoje desfruta no Brasil o nome de Visconde de Cairu. Explica-se em parte esse prestígio pelo reforço inesperado que, aproximadamente há um decênio, a obra de José da Silva Lisboa pareceu dar a certas ideias então trazidas à tona pelo ambiente político e espiritual do país.

O economista baiano era uma espécie de precursor de emergência, capaz de reabilitar e dignificar altamente essas ideias. Para os apologistas que logo conquistou, sua grandeza não provinha do fato de ter importado em boa hora as doutrinas de Adam Smith, tornando-se o arauto entre nós, da economia liberal, mas ao contrário, no de ter hesitado por ocasiões, em aceitar a lição do mestre com todas as suas consequências lógicas. E foi nessas hesitações que procuraram pressurosamente a novidade, a originalidade e, mais do que tudo, a atualidade das ideias de Cairu.

Assim, um pensador tão respeitável como Alceu Amoroso Lima, descobre nas vagas e mal sistematizadas alusões de Lisboa a inteligência

* Artigo originalmente publicado em *O Estado de S. Paulo*, 14 mar. 1946. (N. O.)

como fator de produção econômica, a verdadeira medida de sua importância para a época presente, ao ponto de arriscar esta afirmação surpreendente: "Cairu é o precursor de Ford, de Taylor, de Stakhanov, a um século de distância".

Não é provável que tais opiniões acerca do valor da obra de Cairu para o pensamento brasileiro ainda venham a subsistir por muito tempo, quando estiverem reimpressas e mais largamente acessíveis as suas obras. Creio mesmo que uma investigação atenta do desenvolvimento das nossas ideias político-econômicas há de mostrar como foi pouco fecunda a contribuição de Silva Lisboa, em confronto com as de alguns de seus contemporâneos menos lembrados, de um Rodrigues de Brito, por exemplo, ou de um Veloso de Oliveira.

Na realidade, a importância de Cairu parece relacionar-se principalmente com o surto, pela primeira vez, no Brasil, ao tempo que redigiu sua obra, de uma classe média de formação puramente urbana. Pouco numerosa e mal aparelhada para impor seus ideais, essa classe não podia aceitar, por isso mesmo, os da burguesia europeia, então em ascendência, e aparentemente mais adequado à sua condição. Adotava, por conseguinte, padrões de vida e conduta social que caracterizavam o elemento tradicionalmente privilegiado da colônia, que eram os potentados rurais. Oriundo da cidade de Salvador e filho de modesto arquiteto reinol, Silva Lisboa torna-se um representante natural dessa raça citadina. Assim como seu contemporâneo e rival, o bispo Azeredo Coutinho – antigo proprietário de engenho em Campos e defensor, exaltado, do comércio de escravo – é o representante natural da casta dos senhores rurais.

Com o declínio da velha lavoura e a quase concomitante ascensão dos meios urbanos, precipitada pela vinda em 1808 da Corte Portuguesa para o Rio de Janeiro, os senhorios agrários principiavam a perder muito de seus privilégios. Outras ocupações reclamam agora preeminência igual, ocupações nitidamente citadinas, como a administração pública, a burocracia, as profissões liberais. É compreensível que semelhantes ocupações fossem disputadas pelas gentes principais do país, toda ela constituída, ainda por essa época, de lavradores e senhores de engenho. E que transportada de súbito para as cidades, essa gente introduzisse consigo a mentalidade, os preconceitos e, tanto quanto possível, o teor de vida que tinham sido atributos específicos de sua primitiva situação.

Não parece absurdo associar a tais circunstâncias um traço constante de nossa vida social: a posição suprema que nela detêm, de ordinária, certas qualidades de imaginação e inteligência, em prejuízo das manifestações do chamado espírito prático ou positivo. A fascinação pelo "talento", com o timbre particular que recebe essa palavra nas regiões, sobretudo, onde deixou vínculo mais fundo a lavoura colonial e escravocrata como o são eminentemente os do Nordeste do Brasil, provém, sem dúvida, do maior decoro que parece conferir a todo indivíduo o simples exercício da inteligência, em contraste com as atividades que requerem esforço físico.

O trabalho mental, trabalho que não suja as mãos e não fatiga o corpo, pode constituir, com efeito, participação em todos os sentidos digna de antigos senhores de escravos e seus herdeiros. Não significa, forçosamente, nesse caso, amor ao pensamento especulativo – nós, brasileiros, embora presumindo o contrário, dedicamos em geral, pouca estima às especulações intelectuais –, mas amor à frase sonora, ao verbo espontâneo e fácil, à erudição ostentosa, à expressão rara. É que, para bem corresponder à função que mesmo sem o saber lhes conferíamos habitualmente, inteligência há de ser ornato e prenda, não instrumento de conhecimento e de ação.

Numa sociedade como a nossa em que certas virtudes senhoriais ainda merecem, apesar de tudo, largo crédito, as qualidades do espírito substituem, não raro, os títulos honoríficos, e alguns dos seus distintivos materiais, como o anel de grau e a carta de bacharel, podem assumir papel comparável a autênticos brasões de nobreza. Aliás, o exercício dessas qualidades, que ocupam a inteligência sem ocupar os braços, tinha sido expressamente considerado, já em outras épocas, como pertinente a homens nobres e livres, de onde, segundo parece, o nome de liberais dado a determinadas artes, em oposição às mecânicas, que pertencem às classes servis.

Nos seus *Estudos do bem comum*, publicados a partir de 1819, o futuro Visconde de Cairu propõe-se a mostrar aos seus compatriotas, brasileiros ou portugueses, como o verdadeiro fim da economia não está em carregar a sociedade de trabalhos mecânicos, braçais e penosos. Apoiando-se confusamente em Adam Smith, pergunta de início se, para a riqueza e prosperidade das nações, contribui mais, em que grau, a quantidade de trabalho ou a quantidade de inteligência. É a propósito dessa questão que, diga-se de passagem, não figura no trecho referido de Smith, mas resulta sem dúvida de uma tradução malfeita[1] e, em verdade, mais segundo o espírito do tradutor do que do original, nossos economistas tomam decididamente o partido da inteligência. A ela caberia, no seu modo de ver, a imensa tarefa de aliviar as atividades corporais "pelos estudos das leis e obras do criador", a fim de "terem os homens a maior riqueza possível com o menor trabalho possível".[2]

Ao economista baiano deveria parecer inconcebível que a tão celebrada "inteligência" dos brasileiros não pudesse operar prodígios no acréscimo dos bens materiais, que costumam fazer a riqueza e prosperidade das nações. Essa é, em resumo, a ideia de que, julgando corrigir ou rematar o pensamento do mestre escocês, expõe em seu livro. Não lhe ocorre um só momento que a qualidade particular dessa famosa "inteligência" é ser simplesmente decorativa, que ela existe em função do próprio contraste com o trabalho físico e, finalmente, que corresponde, em uma sociedade no fundo aristocrata e personalista, à necessidade que sente cada indivíduo de se distinguir dos demais por alguma virtude aparentemente congênita e intransferível, semelhante por esse lado à natureza de sangue.

A inteligência, que haveria de constituir o alicerce do sistema sugerido por Silva Lisboa, é, assim, um princípio essencialmente antimoderno. Nada, com efeito, mais oposto ao sentido de todo pensamento econômico oriundo da Revolução Industrial e orientado para o emprego progressivo da máquina do que essa primazia conferida a certos fatores subjetivos,

---

1 A própria palavra "inteligência" está, ao que parece, no lugar dos vocábulos *skill, dexterity* e *judgement*, do original inglês, nenhum dos quais, isoladamente ou em conjunto, poderia ter tal significado.

2 Silva Lisboa, *Estudos do bem comum*, 1819, p.xii.

irredutíveis às leis da mecânica e aos termos de matemática. O que agora se procura é cada vez mais restringir o terreno do capricho individual, do engenho criador inventivo, o gosto artístico da destreza, do cunho pessoal, que são virtudes cardeais na velha economia do artesanato, em proveito da capacidade de atenção perseverante a todas as minúcias do esforço produtivo. A mais cabal expressão de semelhante tendência encontra-se precisamente nos atuais sistemas de organização racional do trabalho, como o taylorismo, e a experiência de Ford, que levam às suas consequências extremas o ideal da completa despersonalização do trabalhador.

É claro que, se existe qualquer coisa de dificilmente compatível com a atividade impessoal, "inteligente", que reclama o caráter da economia moderna, deve-se buscá-la naquele tipo de talento ornamental e declamatório que Cairu parecia admirar entre os brasileiros. Por esse aspecto pode-se dizer que o autor dos *Estudos do bem comum*, apesar do seu trato com economistas britânicos, não contribuiu para a reforma de nossas ideias econômicas. Às vésperas da Independência,[3] ainda andava comprometido na tarefa do frustrar a qualquer preço a liquidação das concepções e formas de vida originadas de nosso passado rural e colonial que, à falta de outras igualmente poderosas, tinham sido perfilhadas por nossa nascente burguesia.

---

3 Um ponto de vista oposto ao que se exprimiu aqui é o defendido pelo sr. Alceu Amoroso Lima em conferência sobre Cairu, publicada a 1º de novembro de 1944 no *Jornal do Commercio*, do Rio de Janeiro. Referindo-se aos *Estudos do bem comum*, assim se manifesta o ilustre pensador: "Na impossibilidade de analisar devidamente essa grande obra, seja-me permitido apenas, para provar a atualidade das ideias econômicas de Cairu e, de outro lado, a sua autonomia em face de seu mestre Adam Smith, relembrar um traço essencial de sua teoria da produção econômica. Haviam os fisiocratas colocado a *terra* como elemento capital da produção. Veio Adam Smith, e acentuou o elemento *trabalho*. E com o manchesterianismo, o *capital* é que passou a ser considerado o elemento básico da produção. Pois bem, o nosso grande Cairu, no seu tratado de 1819, mencionando embora a ação de cada um desses elementos, dá sobre eles a preeminência a outro fator, que só modernamente, depois da luta entre o socialismo e o liberalismo de todo o século XIX, é que viria a ser destacado – a *inteligência*". E acrescenta, linhas adiante: "Cairu é o precursor de Ford, de Taylor, de Stakhanov, a um século de distância".

Tradicionalistas e iconoclastas*

Em artigo anterior tentei mostrar como a obra do Visconde de Cairu, ao oposto do que pretendem seus mais ardentes apologistas, acha-se íntima e exclusivamente relacionada a uma fase transitória de nossa evolução político-social. Ultrapassada em parte essa fase, graças aos acontecimentos que se verificaram em rápida sucessão depois da chegada da Corte Portuguesa ao Brasil, sua missão estava cumprida e para sempre encerrada.

Silva Lisboa foi, com efeito, o contrário do profeta ou precursor que nos pintam complacentemente seus adeptos de hoje. Nos últimos tempos de sua carreira de publicista, deu mesmo exemplos frequentes de uma comovedora submissão ao passado, ou àquilo que, no presente, só se mantinha pelo prestígio do passado e da tradição.

É essa fidelidade obstinada e muitas vezes rancorosa que se espelha com nitidez perfeita em suas opiniões filosóficas, em suas genuflexões diante do poder e, sobretudo, em sua noção da sociedade civil e política considerada uma espécie de prolongamento ou ampliação da comunidade doméstica, noção essa que surge, ao longo de toda a sua obra, com a insistência de um "*leitmotiv*". "O primeiro princípio da Economia Polí-

* Artigo originalmente publicado em *O Estado de S. Paulo*, 21 mar. 1946. (N. O.)

tica", exclama, "é que o soberano de cada nação deve considerar-se como chefe ou cabeça de uma vasta família, e consequentemente amparar a todos que nela estão, como seus filhos e cooperadores da geral felicidade [...]". "Quanto mais o governo civil se aproxima a este caráter paternal", diz ainda em seus *Princípios de economia política*, "e forceja por realizar essa ficção generosa e filantrópica, tanto ele é mais justo e poderoso, sendo então a obediência a mais voluntária e cordial, e a satisfação dos povos a mais sincera e indefinida".[1]

A família patriarcal fornece assim o grande modelo em que se hão de calcar, na vida política, as relações de governantes e governados, entre monarcas e súditos. Uma lei moral inflexível, superior a todos os cálculos e vontades dos homens, pode regular a boa harmonia do corpo social e, portanto, deve ser rigorosamente respeitada e cumprida.

Esse rígido paternalismo inspira-se em motivos bem diversos daqueles que animam, não já as ideias da França revolucionária, "*opios politicos*", conforme os qualificou acrimoniosamente o mesmo Silva Lisboa,[2] mas aos próprios princípios que inspiraram os homens de Estado norte-americanos na fundação e constituição de sua República. Pois não foi um desses homens, e exatamente dos mais conservadores, James Madison, quem sustentou a impotência dos motivos morais e tradicionais na repressão das causas de dissídio entre os cidadãos, e apresentou como finalidade precípua dos governos – finalidade da qual resultaria certamente sua natureza essencial – a fiscalização e o ajuste dos interesses econômicos divergentes?[3]

No Brasil, o decoro que corresponde ao poder e às instituições de governo não pareceria conciliável com a excessiva importância atribuída, nesse caso, a apetites tão materiais, por isso mesmo subalternos e desprezíveis, de acordo com as ideias mais geralmente aceitas na época. Era preciso, para se fazerem veneráveis, que as instituições fossem ampa-

1 Silva Lisboa, *Princípios de economia política...*, p.39.
2 Silva Lisboa, *Observações sobre a prosperidade do Estado pelos liberais princípios da nova legislação do Brasil*, p.68.
3 Apud Beard, *An Economical Interpretation of the Constitution of the United States*, p.152.

radas em princípios longamente consagrados pelo costume e pela opinião. O próprio Hipólito da Costa não ousara defender algumas de suas convicções mais audaciosas sem procurar emprestar-lhes a chancela da antiguidade. É assim que chega a ressuscitar um documento sem dúvida apócrifo, as famosas atas das Cortes de Lamego, onde o poder real é associado a um contrato expresso entre o primeiro monarca português e o povo,[4] para dar nobreza e cidadania lusitana à teoria dos pactos sociais, tão abominadas por todos os reacionários de seu tempo.

Tradicionalistas e iconoclastas movem-se, em realidade, na mesma órbita de ideias. Estes, não menos que aqueles, mostram-se fiéis preservadores do legado colonial, e as diferenças que os separam entre si são unicamente de forma e superfície. As célebres "Cartas chilenas", atribuídas com boas razões a um dos homens da Inconfidência Mineira, a Gonzaga de preferência, podem, a falta de outro documento, indicar qual o verdadeiro estado de espírito de alguns heróis da conjuração. Não é contra as instituições transatas que se volve impiedoso o sarcasmo de Critilo, mas precisamente contra o afrouxamento das tradições momentaneamente encarnadas na pessoa de um déspota. O que principalmente o horroriza são as considerações que – sinal dos novos tempos – começavam a receber certas pessoas de ínfima condição social:

> É também, Doroteu, contra polícia
> Franquearam-se as portas, a que subam
> Aos distintos empregos as pessoas
> Que vem de humildes troncos.[5]

Sua revolta é, em realidade, um ressentimento da aristocracia que vê os altos cargos preenchidos por mulatos e filhos de tendeiros. E procura

---

4 Costa, Paralelo da Constituição portuguesa com a inglesa, *Correio Brasiliense*, III, p.307 et seq. [escrito em Londres]. Sobre as cortes de Lamego, cujas atas foram publicadas em Portugal, pela primeira vez, em 1632, reinando Felipe III (IV), por Francisco Brandão, na *Monarquia Lusitana*, leia-se Herculano, *História de Portugal*, II, p.286. Acerca da influência política desse documento, Martins Afonso, Valor e significação das atas das cortes de Lamego no movimento da restauração, p.475 et seq.; e Gama Barros, *História da administração pública em Portugal*, p.301-303 e 410-411.

5 Apud Bandeira, A autoria das Cartas Chilenas.

disfarçá-lo acenando com os perigos de subversão, da velha ordem social que representa a tolerância crescente para com os indivíduos da ralé:

> Os tendeiros
> Mal se veem capitães, já são fidalgos;
> Seus néscios descendentes já não querem
> Conservar as tabernas, que lhes deram
> Os primeiros sapatos e os primeiros
> Capotes, com capuz de grosso pano
> Que império, Doroteu, que império pode
> Um povo sustentar, que só se forma
> De nobres sem ofício?[6]

A própria Revolução Pernambucana de 1817, pode-se dizer que, embora tingida de "ideias francesas", foi em grande parte uma reedição da luta secular do natural da terra contra o adventício, do senhor de engenho contra o mascate. Vitoriosa, é pouco provável que suscitasse alguma transformação substancial em nossa estrutura político-econômica. É sabido que, entre os condutores do movimento, muitos pertenciam de fato à chamada nobreza da terra, e nada indica que estivessem intimamente preparados para aceitar todas as consequências de seu gesto, despindo-se das antigas prerrogativas. A declaração com que um Antônio Carlos se escusará perante o juiz da alçada na Bahia, de ter participado do levante, pode não exprimir perfeitamente suas opiniões, destinada como era a atrair a boa vontade dos magistrados. É difícil, em todo caso, negar qualquer parcela de sinceridade ao documento em que exprime sua áspera repulsa às tendências, pelo menos teóricas, de uma revolução que visava abolir todas as barreiras sociais, nivelando-o, e aos demais membros da classe superior, com as camadas humildes da população. Ou para repetir as suas mesmas palavras, a um "sistema que, derrubando-me da ordem da nobreza a que pertencia, me punha a par da canalha e ralé de todas as

6 Ibid.

cores e me segava em flor as mais bem fundadas esperanças de ulterior avanço e de maiores dignidades".[7]

E o que era verdadeiro em 1817 não deixaria de sê-lo depois de nossa emancipação política. Em 1847, dirigindo-se aos praieiros, que tinham movido uma justa campanha, posto que improfícua, contra a predominância esmagadora de certas famílias de proprietários rurais em Pernambuco. Nabuco de Araújo podia notar sabiamente como o espírito antissocial e perigoso representado por tais famílias eram um vício que "nasceu da antiga organização e que nossas revoluções e civilização não puderam acabar". E logo a seguir acrescentava:

> Excitastes essas ideias generosas para carear a popularidade e para triunfar, mas ao depois e na prática, tendes respeitado e conciliado esse feudalismo dos vossos e combatido o dos adversários; tendes dividido a província em conquistadores e conquistados; vossos esforços têm sido para dar aos vossos aquilo que reprovais aos outros; só tendes irritado e lançado os elementos de uma reação funesta; tendes obrado com escarnecimento e odiosidade de uma facção, e não com o patriotismo e vistas de um partido político.[8]

Esse caráter puramente epidérmico de numerosas agitações ocorridas entre nós durante os anos que antecederam e sucederam a Independência mostra o quanto era difícil ultrapassarem-se os limites que à nossa vida política tinham traçado certas condições específicas geradas pelo caráter da colonização portuguesa. E seria lícito afirmar que, nos tempos atuais, já os ultrapassamos? Não é em suma o mesmo paternalismo, de raízes coloniais e barrocas, que forma ainda hoje, abertamente ou não, o núcleo de quase toda atividade pública no Brasil? A vantagem de Cairu está em que pode exprimi-lo em estado bruto, quando apenas começavam as tentativas para encobri-lo de vestiários novos e, ao cabo, enganadores.

---

7 Tavares, *História da Revolução de Pernambuco em 1817*, p.115.

8 Nabuco, *Um estadista no Império*, I, p.63.

Em torno do cunhadio*

Em trabalho recente, no qual se propõe oferecer uma interpretação sociológica dos designativos de parentesco do tupi-guarani, J. Philipson, da Faculdade de Filosofia da Universidade de São Paulo, teve ocasião de aludir a importância particular que assumem entre muitos povos indígenas as relações de cunhado a cunhado.[1] E mostra como é sobretudo significativa essa circunstância, tratando-se de sociedades em que nem mesmo os irmãos costumam tratar-se em termos de igualdade, mas hão de dizer sempre "meu irmão mais velho" ou "meu irmão mais moço".

O fato assinalado, aliás, por mais de um pesquisador, e que não passara despercebido a antigos cronistas, sugere reflexões que podem iluminar de uma luz nova aspectos característicos de nossa formação colonial. É bem conhecido o socorro que a presença de alguns europeus, náufragos ou degredados, longamente fixados na terra, pôde prestar ao esforço colonizador durante o primeiro século. Nesses casos a conquista não encontrou, ao menos de início, estorvo sério, e é bem explicável que

---

* Artigo originalmente publicado em *O Estado de S. Paulo*, São Paulo, 30 mar. 1946. (N. O.)

1 Philipson, *Nota sobre interpretação sociológica de alguns designativos de parentesco do tupi-guarani.*

assim sucedesse. Mesmo sem precisar invocar o regime de organização de família peculiar ao nosso gentio da costa, seria lícito supor que aqueles pioneiros e seus descendentes mamelucos representaram os intermediários naturais da ocupação do país, e que entre eles se recrutassem obrigatoriamente os práticos a línguas.

Há muitas probabilidades, entretanto, de que certos comportamentos ancestrais dos indígenas e, em primeiro lugar, suas categorias de parentesco tenham determinado a ênfase singular com que se verificou entre nós aquele processo, repercutindo nas fases subsequentes da colonização. Enquanto a pressão dos costumes europeus não foi suficientemente intensa para desintegrar os padrões de conduta social da população primitiva, os brancos que se perdiam na terra e entre gente da terra tinham de acomodar-se, no essencial, a semelhantes padrões. Sobretudo quando tomavam para si mulheres indígenas, porque então ficavam associados aos naturais através de laços de família e de solidariedade dificilmente inteligíveis para nós, se adotarmos como norma de referência as concepções e convenções europeias.

Entre aqueles laços inclui-se a obrigação que caberia ao branco, segundo os costumes do país, de prestar determinado serviço aos parentes da mulher, especialmente sogros e cunhados. Da parte do português, não faltariam meios de cumprir tal obrigação graças à vantagem que lhe assegurava uma superioridade manifesta em recursos de ordem técnica. Pode-se mesmo acreditar que, com suas armas de fogo, seus machados, seus anzóis metálicos, ele dispunha de um arsenal capaz de lhe permitir tirar todos os benefícios da situação.

Essa especificidade da composição amigável na qual o indígena, adotando embora certas formas adventícias, preserva praticamente intactas suas tradições raciais e culturais parece ter caracterizado os primeiros contatos entre o colono português e o gentio, em mais de um ponto de nosso território, enquanto não principiava a ocupação regular e sistemática. Na parte que se destinaria a Martim Afonso de Souza, quase se pode afirmar que foi a regra corrente, de modo que a progênie dessas uniões mistas, ainda que aceitasse até certo ponto ideias da religião cristã e da civilização europeia, situava-se naturalmente sobre um fundo de quadro indígena. Assim se explica, entre outros fatos, como até fins do século XVII, e mesmo mais tarde, o tupi continuasse a ser em São Paulo a língua da intimidade doméstica, principalmente das mulheres, ao passo que o português precisavam os meninos ir aprendê-lo na escola.

Não é difícil admitir que, para tais condições, tenha sido decisiva, inicialmente, a influência do sistema de organização da família peculiar aos antigos naturais do país. O que se deu em São Paulo, deu-se também, em larga escala, no Paraguai, com resultados que ainda em nossos dias perduram. E no Paraguai, está fora de dúvida que as noções de parentesco usuais entre a população guarani contribuíram predominantemente para suavizar o conflito racial. Uma relação anônima, datada de 1620, cujo manuscrito, ainda inédito, segundo todas as probabilidades, se encontra em nossa Biblioteca Nacional (Coleção De Angelis I), refere de modo expresso que o estabelecimento dos castelhanos em Assunção se fez antes através do "cunhadio" do que da violência, "mais por via de *cunhadazzo*, que de conquista..."

O sentido da frase ficaria obscuro sem maior explicação. E a explicação que fornece o relato concorda em muita coisa com o que sabemos a respeito do sistema de organização da família generalizado entre os povos tupi-guaranis e também com certos aspectos da fase inicial da colonização do Brasil, particularmente de São Paulo.

Declara o referido documento que, subindo os espanhóis o Rio Paraguai, os índios que povoavam o sítio onde depois se ergueria a cidade de Assunção perguntaram-lhes quem eram, de onde vinham, para onde iam e o que buscavam. Satisfeita a curiosidade, pediram ainda aos adventícios que não passassem avante e, porque lhes parecessem boa gente, acrescentaram que dariam a eles suas filhas e se tornaram todos parentes. A proposta foi bem acolhida pelos brancos, que se estabeleceram no lugar e tomaram por mulheres as filhas do gentio. Logo chamaram-se uns aos outros, índios e espanhóis, de cunhados e toda a parentela dos primeiros acudia a servir os últimos, orgulhosa de agora permanecer a sua casta. Em breve tempo tiveram os europeus tamanha quantidade de filhos mestiços que, com pouca ajuda de novos colonos puderam sair a povoar todas as comarcas sujeitas ao governo do Rio da Prata, desde

Santiago de Xerez, em terras hoje pertencentes ao nosso Estado de Mato Grosso, até Buenos Aires.

De alguns desses aventureiros a história conservou-nos o nome, chamavam-se João Ramalho, Antônio Rodrigues, Pedro Afonso Gago – o da *Tapuia Anônima* –, Domingos Luis Grou, Bras Gonçalves e Pedro Dias. Por obra deles e certamente de muitos a influência indígena chegou a penetrar fundo nos moradores da região paulista e, mais tarde, a animar, se não tornar possível, a ação das bandeiras.

No caso, essa influência não constitui herança desprezível e que devesse ser dissipada ou ocultada, foi ao contrário, elemento fecundo e positivo, capaz de criar fortes vínculos entre o invasor e o mundo novo.

O retrocesso a costumes mais agrestes a cada contato com a terra antes desconhecida foi uma etapa obrigatória no processo de aclimação.

Deve-se, em verdade, admitir que nessas épocas inaugurais, a mais justa compreensão das realidades, as probabilidades maiores de determinar e criar o futuro, o legítimo manancial de energias ativas, não estavam nos hábitos naturalmente mais policiados, e sem dúvida mais suaves, que se iam implantando no litoral e talvez, nem mesmo na virtuosa indignação dos jesuítas contra homens que ameaçavam aniquilar a Inquisição a flechadas. Estariam antes nos instintos obscuros, nas inclinações muitas vezes grosseiras daqueles rudes patriarcas e de seus filhos mestiços, e estavam certamente nessa incorporação necessária de numerosos traços da vida da população indígena enquanto não fosse possível uma comunidade civil e bem composta, segundo os modelos europeus.

Economia Colonial I*

Quando procuramos discernir as causas profundas da difícil adaptação de nossa vida econômica a condições mais racionais e modernas, logo ocorre a importância particular que entre nós assume tradicionalmente a lavoura latifundiária e a monocultura.

Não falta quem atribua tal circunstância a causas históricas, notadamente as formas de que originalmente se revestiu a ocupação de nosso território. O sistema agrário a que desde cedo nos habituamos teria sido uma espécie de manipulação arbitrária dos antigos colonos portugueses, mantido até aqui pelo amor à rotina. Outros presumem e com razões aparentemente poderosas, que tenha resultado de condições específicas e talvez irremovíveis do meio tropical e subtropical.

Parece mais plausível admitir, contudo, que nossos colonizadores representaram, nesse caso, um instrumento mais ou menos dócil de fatores extrínsecos, que eles próprios não tinham contribuído para provocar. O fato de a Europa achar-se insuficientemente industrializada na era dos descobrimentos e poder dedicar-se, por conseguinte, a produzir a quantidade de gêneros agrícolas necessária a seu consumo, só precisando im-

* Artigo originalmente publicado em *O Estado de S. Paulo*, 21 abr. 1946. (N. O.)

portar os produtos naturais de climas quentes, foi o que tornou possível e fomentou a expansão, entre nós, daquele sistema agrário.

É instrutiva, a propósito, a circunstância do mesmo sistema, nas colônias inglesas da América do Norte, ter podido florescer apenas em regiões apropriadas ao cultivo do tabaco, do arroz, do algodão, produtos tipicamente coloniais. As áreas do centro e as da Nova Inglaterra tiveram de contentar-se com uma simples agricultura de subsistência, enquanto não se abria passo à extensão comercial e manufatureira, fundada quase exclusivamente sobre o trabalho livre. O clima e, em geral, as condições físicas peculiares a terras quentes só levaram de modo indireto a semelhante resultado.

A portugueses, em menor grau a castelhanos, coube sem dúvida a primazia no emprego do regime que serviria de norma ao tipo de exploração rural adotado depois por outros povos colonizadores. E a boa qualidade das terras do litoral brasileiro para a lavoura altamente lucrativa da cana-de-açúcar fez com que essas terras se tornassem o cenário onde se iria elaborar em seus traços mais nítidos o sistema característico das colônias europeias localizadas em zona tórrida. O problema do trabalho ficou resolvido, por sua vez, quando, frustradas as primeiras tentativas para o emprego do braço indígena, se verificou que o recurso mais fácil estaria na introdução de escravos africanos.

Pode dizer-se que a presença do negro constituiu sempre fator obrigatório no desenvolvimento dos latifúndios coloniais. Os primitivos moradores da terra foram eventualmente prestimosos colaboradores dos brancos nas indústrias extrativas, na caça, na pesca, em determinados ofícios mecânicos e na criação do gado. Dificilmente se acomodavam, porém, ao esforço acurado e sistemático que exige a exploração dos canaviais. Sua inclinação espontânea era para atividades menos sedentárias, ou que pudessem exercer-se sem regularidade forçada e sem vigilância de estranhos. Versáteis ao extremo, eram-lhes inacessíveis certas noções de ordem, constância e exatidão, que no europeu formam como que uma segunda natureza parecem exigências fundamentais de toda a existência social e civil. Ou então adaptavam-se só exteriormente, sem adesão íntima, a esses modelos "civilizados", mais ou menos como um ator desempenha o papel que lhe foi distribuído; ou como uma criança que recita a lição que aprendeu de cor. Foi o que sucedeu, de algum modo, nas velhas missões jesuíticas, onde, após a expulsão dos padres, voltaram os índios, em muitos casos, a sua primitiva condição.

O resultado eram incompreensões recíprocas que, de parte dos indígenas, assumiam quase sempre a forma de uma resistência obstinada, ainda quando silenciosa e passiva, às imposições da raça dominante. Nisso assemelhavam-se aqueles Aruaques das Antilhas, dos quais, segundo Du Tertre, diziam os colonos franceses, comparando-os aos negros: "*regarder un sauvage de travers c'est le battre, le battre c'est le tuer; battre un nègre c'est le nourrir*".[1]

Numa produção de índole semicapitalista, orientada, sobretudo, para as necessidades do consumo externo, teriam de prevalecer por forças critérios grosseiramente quantitativos. Só com alguma reserva se pode aplicar a palavra agricultura aos processos de exploração da terra que se introduziram amplamente no país com os engenhos de cana. Nessa exploração, a técnica europeia serviu apenas para fazer ainda mais devastadores os métodos rudimentares de que se valera o indígena em suas plantações. Se tornou possível, em certos casos, a fixação do colono, não cabe atribuí-la a esse zelo carinhoso pela terra, tão peculiar ao homem rústico entre povos genuinamente agricultores. A verdade é que a grande lavoura conforme se praticou, e se pratica no Brasil, participa, por sua natureza perdulária, quase tanto da mineração quanto da agricultura. Sem braço escravo e terra farta, terra para gastar e arruinar, não para proteger ciosamente, ela seria irrealizável.

O que o português vinha buscar era, sem dúvida, a riqueza, mas riqueza que custasse ousadia, não riqueza que custasse labor. A mesma riqueza, em suma, que se tinha acostumado a alcançar na Índia com as suas especiarias e os metais preciosos. Os lucros que proporcionou de início o esforço de plantar a cana e fabricar o açúcar para mercadores

---

1 Du Tertre, *Histoire générale des Antilles*, II, p.490. [Provérbio francês que, em tradução livre, significa: "olhar atravessado um selvagem é agredi-lo, agredi-lo é assassiná-lo; agredir um negro é alimentá-lo". – N. E.]

europeus compensavam abundantemente esse esforço, efetuado de resto com as mãos e os pés dos negros, mas era preciso que fosse muito simplificado, restringindo-se ao estrito necessário as diferentes operações.

Não foi, por conseguinte, uma civilização tipicamente agrícola, a que instauraram os portugueses no Brasil com a lavoura latifundiária. Não o foi, principalmente, porque a tanto não conduzia o gênio aventureiro que os trouxe à América. Nisso não se pode afiançar que fossem eles diferentes dos outros europeus. Foram apenas mais ditosos, encontrando no Brasil um meio excepcionalmente apto para recompensar certas virtudes heroicas, que o espírito do Renascimento acordara no mundo cristão.

Onde se distinguiram de outros povos, sobretudo de povos do norte, foi em terem continuado a manter o velho sistema quando já não se fazia indispensável e inevitável. Esse conservantismo pode ser atribuído em parte à escassez da população do Reino, que permitisse emigração em grande escala de trabalhadores rurais. E também ao fato de as atividades agrícolas nunca terem ocupado em Portugal posição de primeira grandeza. No mesmo ano em que Duarte Coelho desembarcava em sua donataria pernambucana, o humanista Clenardo, escrevendo de Lisboa a seu amigo Latônio, notava que a agricultura era tida ali em maior desprezo que em qualquer outro país. E algum tempo mais tarde, respondendo às críticas dirigidas por Sebastião Muster aos habitantes da península hispânica, Damião de Góis admitia que o trabalho agrícola era pouco atraente para seus compatriotas comparado às aventuras marítimas e às glórias da guerra e da conquista.[2]

Tais fatos explicam como a lavoura, no Brasil, permaneceu tão longamente aferrada a concepções rotineiras, sem progressos técnicos que elevassem consideravelmente o nível de sua produção.

2 Damião Góis apud Cerejeira, *O humanismo em Portugal: Clenardo*, p.271.

Economia Colonial II*

Se os métodos agrícolas adotados no Brasil pelos portugueses representam, de modo geral, comparados aos da Europa, um retrocesso em muitos pontos verdadeiramente milenar, é inegável, de qualquer modo, que para isso contribuíram as resistências da natureza, de uma natureza distinta da europeia, não menos do que a passividade e a inércia dos colonos.

O escasso emprego do arado, por exemplo, em nossa lavoura de feição tradicional, tem sua explicação, em grande parte, nas dificuldades que oferecem frequentemente ao seu manejo os resíduos da pujante vegetação florestal. Só assim é compreensível que não se tivesse se generalizado esse emprego, muito embora fosse tentado em épocas bem anteriores àquelas que costumam ser mencionadas para a introdução.

Há notícia de que, entre senhores de engenho do Recôncavo Baiano, era corrente o uso do arado em fins do século XVIII. Cumpre considerar, em todo caso, que esse uso se restringe unicamente à lavoura da cana onde, para se obterem safras regulares, já se faz necessário um terreno previamente limpo e arroteado. E onde os grandes lucros que propor-

* Artigo originalmente publicado em *O Estado de S. Paulo*, 27 abr. 1946. (N. O.)

ciona o produto podem admitir desses melhoramentos. Sem embargo disso, sabemos por um ofício que a d. Rodrigo de Sousa Coutinho dirigiu o governador da Bahia em 1798, o quanto eles custavam. É que os fazendeiros tinham de empregar, para cada arado, juntas de dez, doze ou mais bois, o que vinha não só da pouca resistência desses animais no Brasil, como também de "custarem as terras mais a abrir pela sua fortaleza". E o governador acrescentava:

> os arados são feitos segundo o modelo de uns que vieram para aqui do Reino há muitos anos, mas, como se terão aperfeiçoado talvez muito de então para cá, não deixaria de ser conveniente que daí se remetessem alguns modelos mais modernos e mais bem fabricados, para por eles se fazerem outros.

A regra era irem buscar os lavradores novas terras em lugares de mato dentro e assim raramente decorriam duas gerações sem que uma mesma propriedade mudasse de sítio ou de dono. Essa transitoriedade, oriunda, por sua vez, dos costumes indígenas, servia apenas para corroborar o caráter rotineiro do trabalho rural. Como a ninguém ocorria revigorar os solos gastos por meio de fertilizantes, faltavam estímulos a melhoramentos de qualquer natureza. A noção de que o trabalho de enxada é o único que as nossas terras suportam, ganhou, assim, fácil crédito.

Em São Paulo, onde, como em outros lugares do Brasil, o emprego de processos menos rudimentares chegara a ser tentado desde o segundo século da colonização – num inventário de 1637 já se assinala "um ferro de arado" entre os bens deixados por certo lavrador da zona de Parnaíba –,[1] a força de tal convicção logo contagiara os filhos do Reino, conforme atesta em 1766 um capitão-general, em carta ao então Conde de Oeiras. Todos, dizia, sustentam que a terra, no Brasil, só tem sustância

1 *Inventários e testamentos*, X, p.464.

na superfície, "que se não pode usar arado, que alguns já usaram dele, que tudo se lhes perdeu, e finalmente todos falam pela mesma boca".[2]

Que assim sucedesse com relação a portugueses não é para admirar, sabendo-se que ainda em nossos dias os mesmos métodos predatórios e dissipadores se acham em uso por colonos de pura estirpe germânica, e isso não só no meio tropical que representam as baixadas capixabas, mas também em regiões de clima temperado como em certos distritos rio-grandenses do sul. Leiam-se a esse respeito as observações do doutor Hans Porzelt em sua monografia sobre o campônio alemão no Rio Grande publicada pouco antes da última guerra e as de Ernst Wagemann no belo livro que escreveu sobre os colonos teutos no Espírito Santo.[3]

Deve-se, em todo o caso, considerar que a procedência, sobretudo, mercantil e citadina da maioria desses colonos germânicos, seu número não muito considerável e os limitados recursos materiais de que geralmente dispunham ao transplantar-se do Velho Mundo explicam em grande parte a docilidade com que se sujeitaram às técnicas já usuais entre brasileiros de ascendência lusitana. Na economia agrária também prevalece uma espécie de Lei de Gresham, e pode-se dizer que os métodos maus, isto é, rudimentares, danosos e orientados apenas para o imediato proveito de quem se aplica, tendem constantemente a expulsar os bons métodos. Acontece, além disso, que no Brasil as condições locais quase reclamavam, pelo menos ao primeiro contato, muitos daqueles métodos "maus", e que para suplantá-los era mister uma energia paciente e metódica.

O que com segurança cabe afirmar dos portugueses e seus descendentes é que jamais se sentiram eficazmente estimulados a essa energia. Mesmo comparados a colonizadores de outras áreas, onde viria a predominar uma economia rural fundada, como a nossa, no trabalho escravo, na monocultura, na grande propriedade, sempre se distinguiram, em verdade, pelo muito que pediam à terra e o pouco que lhe davam em re-

2 *Documentos interessantes para a história e costumes de São Paulo*, XXIII, p.3.

3 Wagemann, *Die Deutsche Kolonisten in brasilianischen Staate Espírito Santo*, p.72; Maull, *Vom Itatiaya zum Paraguay*, p.98; Porzelt, *Der Deutsche Bauer in Rio Grande do Sul*, p.24.

tribuição. Salvo se encarados com um critério estritamente quantitativo, os métodos que puseram em vigor no Brasil não representam nenhum progresso verdadeiramente essencial sobre os que, antes deles, já praticavam os indígenas do país.

O contraste entre as condições normais da lavoura brasileira, ainda na segunda metade do século passado, e as que, pela mesma época, prevaleciam no sul dos Estados Unidos é bem mais apreciável do que as suas semelhanças, tão complacentemente assinaladas, e às vezes exageradas, por alguns historiadores. Os fazendeiros oriundos dos estados confederados, que por volta de 1866 imigraram para o Brasil, e a cuja influência se tem atribuído, com ou sem razão, o desenvolvimento no emprego de arados, cultivadores, rodos e grades nas propriedades rurais paulistas, estiveram bem longe de partilhar da mesma opinião. Certos depoimentos da época refletem, ao contrário, o pasmo causado entre muitos deles pelos processos alarmantemente primitivos que encontraram em uso. Os escravos brasileiros, diz um desses depoimentos, o do reverendo Ballard Dunn, que aqui esteve e, de volta ao seu país, publicou em Nova Orleans um livro sobre a emigração de fazendeiros sulinos, os escravos brasileiros plantam algodão exatamente como os índios norte-americanos plantam o milho.[4]

O princípio que, desde os tempos mais remotos da colonização, norteara a criação da riqueza no país não cessou de valer um só momento para a produção agrária. Todos queriam extrair do solo excessivos benefícios sem grandes sacrifícios. Desses colonos já dizia o mais antigo dos nossos historiadores, frei Vicente do Salvador, que queriam usar da terra, não como senhores mas como usufrutuários, "só para a desfrutarem e a deixarem destruída". Palavras que são como um eco destas outras, escritas setenta anos antes a el-rei D. João III pelo padre Manuel da Nóbrega: "[...] não querem bem a terra [...], nem trabalham tanto para a favorecer como para se aproveitarem de qualquer maneira que puderem; isto é geral, posto que entre eles haverá alguns fora dessa regra".[5]

4 Dunn, *Brazil, the Home for the Southeners*, p.138.

5 Salvador, *História do Brasil.*

Assim formulado nos primeiros tempos da colonização, o problema ainda é, com pouca diferença, o dos nossos dias. Suas raízes penetram fundo em velhas superstições que tinham por incompatível a zona tórrida com a civilização europeia. Aos portugueses cabe, sem dúvida, a glória de terem sido os primeiros a descobrir a falsidade dessa opinião. Apenas não quiseram, ou não souberam, ou não puderam, tirar o melhor proveito do descobrimento. E é essa a tarefa que se acha reservada às atuais gerações brasileiras.

Cooperação e trabalho livre*

O fato de terem existido no Brasil colonial certas formas de regulamentação dos ofícios mecânicos segundo moldes importados do Reino e inspirados em ideias medievais constituiu, entre nós, temas prediletos de certa escola de doutrinadores políticos nos anos em que o princípio das corporações e os "Estados corporativos" andaram no auge do prestígio. Apregoar as excelências do corporativismo não era, segundo esse critério, enaltecer uma novidade estrangeira de mérito quando muito duvidoso, mas querer reatar uma venerável e perdida tradição dos nossos maiores. Com isso o princípio ganhava de um ímpeto raízes profundas, que se iam nutrir nos recônditos subsolos do passado nacional. E era o suficiente para que se fizesse aceitável e digno de estima.

Ora, a regulamentação dos ofícios urbanos nunca chegou a ser peculiaridade nossa, pois que existiu pelas mesmas épocas, em maior ou menor grau, através de todo o mundo ocidental e cristão. Nossa, caracteristicamente nossa, foi, isso sim, a fragilidade, a tibieza e melhor dito, a pouca eficácia de tal regulamentação.

---

* Artigo originalmente publicado em *O Estado de S. Paulo*, 6 abr. 1946. (N. O.)

São frequentes nos velhos documentos municipais as queixas contra mecânicos que, ou transgridem impunemente regimentos de seu ofício, ou se esquivam aos exames prescritos, contando para isso com a proteção de juízes benévolos. Uma simples licença com fiador era, em casos tais, o bastante para o exercício de qualquer profissão, e com isso se abriam malhas numerosas na disciplina só aparentemente rígida das posturas. Os que conseguiam acumular algum cabedal, esses tratavam logo de abandonar os seus ofícios para poderem desfrutar das regalias ordinariamente negadas a mecânicos. Assim sucedeu, por exemplo, a certo Manuel Alves, de São Paulo, que deixou em 1639 a sua profissão de seleiro para subir à posição de "homem nobre" e servir os cargos da República.[1]

Por vezes, nem tal cautela se torna imprescindível: muitos foram os casos de pessoas consideradas da nobreza da terra que se dedicavam como meio de vida a serviços mecânicos, sem perderem as prerrogativas de sua classe. Contudo, não seria essa a lei geral: é plausível admitir que constituíssem antes um abuso, como tal reconhecido, embora largamente tolerado, pois do contrário não se compreende que um Martim Francisco, já em princípio do século passado, se admirasse de que muitos moradores de Itu, sendo "todos pelo menos nobres", se dedicassem a ofícios mecânicos "que pelas leis do Reino derrogam a nobreza".[2]

Embora a lei não tivesse cogitado estabelecer qualquer hierarquia entre as diferentes espécies de trabalho manual, não se pode negar que existiam discriminações consagradas pelos costumes, e que uma intolerância maior prevaleceu constantemente com relação aos ofícios de mais baixa reputação social. Quando, em 1720, Bernardo Pereira de Barredo, governador do Estado do Maranhão, mandou assentar praça de soldado a certo Manuel Gaspar, eleito almotacé, alegando que "bem longe de ter nobreza, havia sido criado de servir", conformou-se logo o Senado com a decisão e, ainda por cima, anulou a eleição de outro indivíduo que "vendia sardinhas e berimbaus".[3]

---

1 Taunay, *História seiscentista da Vila de São Paulo*, IV, p.325.

2 Ribeira de Andrada, Jornais das viagens pela Capitania de São Paulo 1803-1804, p.18.

3 Cf. Lisboa, *Obras*, III, p.383.

Nos ofícios urbanos reinava, assim, o mesmo amor ao ganho fácil e a infixides que caracterizam, no Brasil, os trabalhos rurais. Espelhava bem essas condições o fato notado por alguém, em fins da Era Colonial, de que nas tendas de comerciantes se distribuíam as coisas mais disparatadas deste mundo, e era tão fácil comprarem-se ferraduras a um boticário como vomitórios a um ferreiro.[4] Poucos indivíduos sabiam dedicar-se a vida inteira a um só mister, sem se deixarem atrair por outro negócio aparentemente lucrativo. E ainda mais raros seriam os casos em que um mesmo ofício perdurava na mesma família por mais de uma geração, como acontecia normalmente em terras onde a estratificação social alcançava maior grau de estabilidade.

Era esse um dos sérios empecilhos à constituição, no Brasil, não só de um verdadeiro artesanato, mas ainda de oficiais suficientemente para trabalhos que requerem vocação decidida e longo tirocínio. Uma única exceção, e isso mesmo nos principais centros urbanos, parecem ter constituído aqueles que, pela natureza dos seus ofícios, necessitavam de aptidões e conhecimentos artísticos que não se improvisam facilmente. O viajante espanhol Juan Francisco de Aguirre, que andou em 1782 no Rio de Janeiro, admirou-se dos progressos atingidos então pelos nossos lapidários, prateiros e carpinteiros, observando que suas obras já tinham muita procura no Rio da Prata e poderiam constituir, com o tempo, apreciável fonte de riquezas.[5]

O outro obstáculo que se opunha ao aperfeiçoamento das artes mecânicas estava, sem dúvida, no recurso muito ordinário aos chamados "negros de ganho", que trabalhavam mediante simples licenças obtidas pelos senhores em benefício próprio. Assim, qualquer pessoa com fumaças de nobreza podia alcançar proventos derivados dos trabalhos mais humildes, sem degradar-se e sem calejar as mãos. Spix e Martius tiveram ocasião de assinalar a radical incompatibilidade existente entre esse hábi-

4 Cf. Beyer, Notas de viagens no Brasil em 1813, *RIHGSP*, XII, p.287.

5 *Diário de Juan Francisco de Aguirre*, p.101.

to e o princípio medieval das corporações de mesteres,[6] ainda bem vivos em muitos lugares da Europa ao iniciar-se o século passado.

Da tradição portuguesa que, mesmo em território metropolitano, jamais chegara a ser extremamente rígida nesse particular, pouca coisa se conservou entre nós que não tivesse sido modificada ou relaxada pelas condições adversas do meio. Manteve-se melhor do que outras, como é fácil imaginar, a obrigação de irem os ofícios embandeirados, com suas insígnias, às procissões reais, o que se explica simplesmente pelo gosto do aparato e dos espetáculos coloridos, tão peculiar à nossa sociedade colonial.

O que, sobretudo, nos faltou para o bom êxito dessa e de tantas outras formas de labor produtivo foi seguramente uma capacidade de livre e duradoura associação entre os elementos empreendedores do país. Trabalhos de índole coletiva, espontaneamente aceitos, podiam ocorrer nos casos em que fossem de natureza a satisfazer certos sentimentos e emoções coletivas, como sucede com os misteres relacionados de algum modo com o culto religioso. Casos, por exemplo, como o da construção da velha matriz de Iguape, em fins do século XVII, em que colaboraram os homens notáveis e o povo da vila, carregando pedra desde a praça até o lugar onde ficava a obra,[7] ou da matriz de Itu, erigida em 1679, com o auxílio dos moradores que, de longa distância levavam à cabeça, em romaria, a terra de pedregulho com que deveriam ser levantados os muros.[8] Não é difícil distinguir, em tais casos, uma sobrevivência de costumes reinóis, cuja implantação no Brasil data, pelo menos, dos tempos remotos de Tomé de Sousa e da edificação da cidade de Salvador.

Outros costumes, como o do muxirão ou mutirão em que os roceiros se socorrem uns aos outros nas derrubadas do mato, nos plantios, nas colheitas, na fiação de algodão, na construção de habitação, teriam sido tomados de preferência ao gentio da terra e fundavam-se ao que parece, na expectativa de auxílio recíproco, tanto quanto na excitação

6 Spix; Martius, *Reise in Bresilien*, I, p.133.
7 Young, Esboço histórico da fundação da cidade de Iguape, *RIHGSP*, II, p.89.
8 Documentos inéditos, *A Esperança*, Itu, 27 mar. 1867.

proporcionada pelas ceias, danças, descantes e desafios que acompanham obrigatoriamente tais serviços. Se os homens se ajudam uns aos outros, notou um observador setecentista, fazem-nos mais "animados do espírito da caninha do que do amor ao trabalho".[9] É evidente que explicações semelhantes são exatas apenas na medida em que patenteiam o que há de excêntrico e mais ostentoso na verdade: realismo do traço grosso e da caricatura.

Por outro lado seria ilusório pretender relacionar a presença dessas formas de atividades coletivas a alguma tendência para a cooperação disciplinada e constante. De fato o alvo material do trabalho em comum importa muito menos, em tais casos, do que os sentimentos e inclinações que levam um indivíduo ou grupo de indivíduos a socorrer o vizinho precisado de assistência.

Para determinar o significado exato desse trabalho em comum, seria preciso recorrer à distinção que recentes estudos antropológicos, depois de examinados e confrontados os padrões de comportamento de vários povos naturais, permitiram estabelecer entre a genuína "cooperação" e a "prestância" (*helpfullness*).[10] Distinção que se apresenta, de algum modo, a que investigações anteriores já tinham fixado entre "competição" e "rivalidade".

Tanto a competição como a cooperação são condutas orientadas, embora de modo diverso, para um objetivo material comum: é em primeiro lugar, sua relação com esse objetivo o que mantém os indivíduos respectivamente separados ou unidos entre si. Na realidade, ao oposto, como na prestância, o objetivo material comum tem significação praticamente secundária: o que antes de tudo importa é o dano ou o benefício que uma das partes possa fazer a outra.

Em sociedades de origens tão nitidamente personalistas como a nossa, é compreensível que os simples vínculos de pessoa a pessoa, independentes e até exclusivos de qualquer tendência para a cooperação autêntica entre os seus componentes, tendo em vista um fim exterior a

9 *Documentos interessantes*, p.96.

10 Mead, *Cooperation and Competition among Primitive People*, p.16.

eles, foram sempre os mais decisivos. De onde, com certeza a vitalidade, entre nós, de certas forças afetivas e tumultuosas, em prejuízo das qualidades de disciplina e método, que parecem convir melhor a um povo em vias de se organizar politicamente.

A língua geral em São Paulo I*

Da importância singular dos contatos entre os hábitos e formas de vida característicos dos portugueses e os dos indígenas do Brasil, especialmente de São Paulo, nos tempos iniciais da colonização, nada mais expressivo do que o uso corrente da língua geral ou da terra entre os descendentes dos primeiros colonos. A determinação histórica desse fenômeno que pode bem dar a medida do processo aculturativo desenvolvido em nosso meio colonial oferece perspectivas que ainda não foram suficientemente exploradas.

Admite-se, em geral, sobretudo depois dos acurados estudos de Teodoro Sampaio, que ao bandeirante, mais talvez do que ao indígena, se deve a extraordinária riqueza de topônimos procedentes do tupi em nossa geografia. Mas admite-se sem convicção muito arraigada, pois parece evidente que uma população "primitiva", ainda quando numerosa, tende inevitavelmente a aceitar os padrões de vida dos seus dominadores mais eficazes.

Não faltou, por isso mesmo, quem opusesse reservas à justeza de um dos argumentos invocados por Teodoro Sampaio, o de que os paulistas

* Artigo originalmente publicado em *O Estado de S. Paulo*, 11 mai. 1946. (N. O.)

do século das bandeiras se valiam do idioma tupi em seu trato civil e doméstico, exatamente como os dos nossos dias se valem do português.

Esse argumento funda-se, no entanto, em testemunhos precisos e que deixam pouco lugar a hesitações, como o é o do padre Antonio Viera no célebre voto que proferiu acerca das dúvidas suscitadas pelos moradores de São Paulo em torno do espinhoso problema da administração do gentio. "É certo", sustenta o grande jesuíta, "é certo que as famílias dos portugueses e índios de São Paulo estão tão ligadas hoje umas com as outras, que as mulheres e os filhos se criam mística e domesticamente, e a língua que nas ditas famílias se fala é a dos índios, e a portuguesa, vão os meninos aprender à escola".[1]

Não se diga que tal afirmação, vinda de quem veio, pudesse ter sido uma invenção piedosa, destinada a abonar o parecer dos adversários da entrega do gentio a particulares e partidários do regime das aldeias, onde, no espiritual, pudessem os índios ser doutrinados e viver conforme a lei da Igreja. Era antes um escrúpulo e dificuldade que tendia a estorvar o projeto de Vieira, pois "como desunir essa tão natural união", sem rematada crueldade para com os que "assim se criaram e há muitos anos vivem?".

Tentando precaver-se contra semelhante objeção, chega a admitir o jesuíta que se os índios ou índias tivessem realmente tamanho amor aos seus chamados senhores que quisessem ficar com eles por espontânea vontade, então ficassem, sem outra qualquer obrigação além desse amor que é o cativeiro mais doce e a liberdade mais livre.

Que Vieira, conhecendo apenas de informação o que se passava em São Paulo, tenha sido levado facilmente a repetir certas fábulas que, entre seus próprios companheiros de roupeta, corriam a respeito dos moradores da capitania sulina, não é, contudo, improvável. Caberia, por conseguinte, ao lado de seu depoimento, lembrado por Teodoro Sampaio, coligir outras notícias contemporâneas que versassem sobre o assunto, e verificar até que ponto elas possam ter sido expressão da verdade.

---

1 Vieira, *Obras Várias*, I, p.249.

O empenho que mostraram constantemente os paulistas do século XVII no sentido de serem dadas as vigárias da capitania de preferência a naturais dela pode ser atribuído ao mesmo exclusivismo nativista que iria explodir mais tarde na luta dos emboabas. Mas outro motivo plausível é apresentado por mais de uma vez em favor da pretensão: o de que os religiosos procedentes de fora, desconhecendo inteiramente a língua da terra, se entendiam mal com os moradores.

É explícita a propósito uma exposição que, isso já em 1725, enviavam a el-rei os camaristas de São Paulo.[2] E em 1698, solicitando de sua majestade que o provimento de párocos para as igrejas da repartição do sul recaísse em religiosos que soubessem a língua geral dos índios, o governador Artur de Sá e Meneses exprimia-se nestes termos: "[...] a maior parte daquela gente se não se explica em outro idioma, e principalmente o sexo feminino e todos os seus servos, e dessa falta se experimenta irreparável perda, como hoje se vê em São Paulo com o novo vigário que veio provido naquela igreja, o qual há mister que o interprete".[3]

Que entre mulheres principalmente o uso da língua geral tivesse caráter mais exclusivista, eis uma precisão importante que o texto citado vem acrescentar ao de Vieira. Mais estreitamente vinculada ao lar do que o homem, a mulher era aqui, como aliás tem sido em toda parte, o elemento estabilizador e conservador por excelência, o grande custódio da tradição. E a tradição que, no caso, mais vivaz se revelara foi precisamente a introduzida na sociedade dos primeiros conquistadores e colonos pelas cunhas indígenas que com elas se misturaram.

Em favor da persistência de semelhante situação em São Paulo através de todo o século XVII, deve ter agido, em grau apreciável, justamente o lugar preeminente que ali ocuparia muitas vezes o elemento feminino. Casos como o de uma Inês Monteiro, a famosa "Matrona" de Pedro Taques, que quase sem auxílio se esforçou por assegurar a vida do filho e de toda a sua gente contra terríveis adversários, ajudam a fazer uma ideia de tal preeminência. Atraindo periodicamente para o sertão distante

2 Ordens régias, *Revista do Arquivo Municipal*, XXI, p.114 et seq.

3 Sá e Meneses, Carta a el-rei, *Revista do Instituto Histórico e Geográfico de São Paulo*, XXVIII, p.354.

parte considerável da população masculina da capitania, o bandeirismo terá sido uma das causas indiretas do sistema quase matriarcal a que ficavam sujeitas as crianças antes da idade da doutrina e às vezes depois. Na rigorosa reclusão doméstica, entre mulheres e servos, uns e outros igualmente ignorantes do idioma adventício, era o da terra que teria de construir, para eles, o meio natural e mais ordinário de comunicação.

Num relatório escrito por volta de 1692, dizia o governador Antonio Pais de Sande das mulheres paulistas que eram "formosas e varonis, e é costume ali deixarem seus maridos a sua disposição o governo das casas e das fazendas". Linhas abaixo ainda acrescentava que "os filhos primeiro sabem a língua do gentio do que aprendem a materna".[4]

Com esses elementos ficamos aptos a reconstituir um detalhe significativo do quadro da vida doméstica e familiar da gente paulista na época das bandeiras, não obstante as hesitações que possa sugerir uma interpretação demasiado literal e seguramente errônea da expressão "língua materna", empregada aqui pelo autor.

Um século depois de Antonio Vieira, de Artur Sá e Menezes, de Antonio Pais de Sande, condição exatamente idêntica a que, segundo seus depoimentos, teria prevalecido no São Paulo do último decênio seiscentista será observada por d. Félix de Azara em Curuguati, no Paraguai. Ali também as mulheres falavam só o guarani e os homens não se entendiam com elas em outra língua, posto que entre si usassem por vezes do castelhano. Essa forma de bilinguismo desaparecia, entretanto, nas outras partes do Paraguai, onde todos os homens e mulheres, indiscriminadamente, só se entendiam em guarani e apenas os mais cultos conheciam o espanhol.

Deve-se notar, de passagem, que ao mesmo Azara não escapam as coincidências entre o que lhe fora dado observar no Paraguai e o que se afirmava dos antigos paulistas: "*Lo mismo*", escreve, "*ha sucedido exactamente en la imensa provincia de San Pablo, donde los portugueses, habiendo olvidado su idioma, no hablan sino lo guarani*".[5]

4 Sande, Relatório do governador Antonio Pais de Sande, *Anais da Biblioteca do Rio de Janeiro*, XXXIX,p.199.

5 Azara, *Viajes por la America del Sur*, p.210.

Ao tempo em que redigia suas notas de viagem, essa particularidade no que diz respeito a São Paulo, já pertencia ao passado e a um passado relativamente remoto. Tenho a suspeita de que no lugar do "*hablan*" das suas "*viajes por la America del Sur*", na edição pouco fidedigna que pude consultar, o autor tenha escrito originariamente "*hablaban*", o que de resto, concorda melhor com o "*ha sucedido*" da primeira parte da frase. Ou então que Azara abrangesse por equívoco, em sua "*imensa provincia*" de São Paulo, partes do território do atual Estado de Mato Grosso, as quais, como também muitas regiões da Amazônia, poderiam ajustar-se perfeitamente.

O mais provável, em todo caso, é que pretendesse simplesmente reportar-se a um fato histórico verídico e que continuava na lembrança dos habitantes das terras do Paraguai e do Prata castelhanos, tantas vezes ameaçadas e trilhadas pelos antigos bandeirantes. E essa lembrança ainda era bem viva no próprio São Paulo do século XVIII e princípios do seguinte, conforme se tentará mostrar em outro artigo.

A língua geral em São Paulo II*

Sobre os textos indicados no artigo anterior pode-se dizer que, precisamente seu caráter demasiadamente genérico permitiria atenuar, embora sem destruir de todo, a alegação de que entre paulistas do século XVII fosse corrente o uso da língua geral, mais corrente em verdade, do que o do próprio português. Nada impede, com efeito, que os depoimentos citados fizessem alusão, sobretudo, às camadas mais humildes (e naturalmente as mais numerosas) do povo, nas quais a excessiva mistura e a convivência de índios quase impunham o manejo de seu idioma.

Que os paulistas das classes educadas e abastadas também fossem, por sua vez, muito versados na língua geral do gentio, comparados aos filhos de outras capitanias, nada mais compreensível, dado seu gênero de vida. Aliás, não é outra coisa o que um Jean de Laet, baseando-se, este, certamente, em informações de segunda mão, dá a entender na *Histoire du Nouveau Monde*, publicada em Leide, 1640. Depois de referir-se ao idioma tupi que no seu parecer é fácil, copioso e bem agradável, exclama o então diretor da Companhia da Índias Ocidentais: "*Or les enfants des*

* Artigo originalmente publicado em *O Estado de S. Paulo*, 18 mai. 1946. (N. O.)

portugais nés ou élevés de jeunesse dans ces provinces, le savent comme leur propre, principalement dans le gouvernement de St. Vincent".[1]

Outros dados ajudam, entretanto, a melhor particularizar a situação a que se referem os já mencionados testemunhos. Um deles é o inventário de Brás Esteves Leme, que pode ser consultado no décimo volume dos *Inventários e testamentos* publicados pelo Arquivo do Estado de São Paulo. Consta desse documento que, ao fazer-se o referido inventário, o juiz de órfãos precisou dar juramento a Álvaro Neto, prático na língua da terra, a fim de poder compreender as declarações de Luzia Esteves, filha do defunto, "por não saber falar bem a língua portuguesa".[2]

Cabe esclarecer que o juiz de órfãos era, no caso, dom Francisco Rendon de Quebedo, novo em São Paulo, pois aqui chegara depois de 1630 e o inventário em questão data de 1636. Isso explica como, embora morador da capitania, tivesse ele necessidade de intérprete para uma língua tão generalizada entre a população.

O exemplo de Luzia Esteves não será, contudo, dos mais convincentes se considerarmos que, apesar de pertencer, por seu pai, à gente principal da terra, era ela própria mameluca de primeiro grau.

Bem mais importante, sem dúvida, para elucidar-se o assunto que aqui nos ocupa é o caso de Domingos Jorge Velho, o vencedor dos Palmares e desbravador do Piauí. Na ascendência do grande régulo parnaibano, o elemento português predomina francamente, embora, para acompanhar a regra geral, não isento de mestiçagem com o gentio, pois, se não erram os genealogistas, foi tetraneto, por um lado, da filha de Piquerobi e, por outro, da "tapuia anônima" de Paulo Afonso.

Não deixa, assim, de ser curioso que tendo de tratar com o bispo de Pernambuco no sítio dos Palmares, em 1697, precisasse levar intérprete, "porque nem falar sabe", diz o bispo. E ajunta: "nem se diferença do mais bárbaro Tapuia mais que em dizer que é cristão, e não obstante o haver-se

1 Laet, *L'histoire du Nouveau Monde ou description des Indes Ocidentales*, p.478. [Do francês: "Ora, e os filhos dos portugueses nascidos ou educados desde cedo nas províncias os reconheciam como seu próprio, principalmente no governo de St. Vicente". – N. E.]

2 Leme, Inventário, *Inventários e testamentos*, X, p.328.

casado, de pouco lhe assistem sete índias concubinas e daqui se pode inferir como procede no mais".[3]

Um obstáculo sério a plena aceitação desse depoimento está no fato de se conhecerem, escritos e firmados do próprio punho de Domingos Jorge Velho, diversos documentos em que se denuncia um atilamento intelectual que as linhas citadas não fariam supor. Leiam-se, por exemplo, no mesmo volume em que vem reproduzida a carta do bispo de Pernambuco – o livro do sr. Ernesto Ennes, de Lisboa, acerca da Guerra dos Palmares –, as palavras com que o famoso bandeirante procura escusar e até exaltar o comportamento dos sertanistas preadores de índios, em face das acres censuras que tantas vezes lhes endereçaram os padres da companhia.

Primeiramente, observa, as tropas paulistas não são de gente matriculada nos livros de sua majestade, nem obrigada por soldo ou pão de munição. Não vão cativar, mas antes reduzir ao conhecimento da civil e urbana sociedade um gentio bravo e comedor de carne humana. E depois, se esses índios ferozes são postos a servir nas lavras e lavouras, não entra aqui nenhuma injustiça clamorosa, "pois é para os sustentarmos a eles e aos seus filhos, como a nós e aos nossos", o que, bem longe de significar cativeiro, constitui para aqueles infelizes, inestimável serviço, pois aprender a arrotear a terra, a plantar, a colher, enfim a trabalhar para o sustento próprio, coisa que, antes de amestrados pelos brancos, não sabiam fazer.

É esse, segundo seu critério, o único meio racional de se fazer com que cheguem os índios a receber da luz de Deus e dos mistérios da sagrada religião católica, o que basta para sua salvação eterna, pois, observa, "em vão trabalha quem os quer fazer anjos antes de os fazer homens".

Deixando de parte toda aquela rústica e especiosa pedagogia com que se procura disfarçar o serviço forçado do gentio em benefício de senhores particulares, é impossível desprezar a sentença cabal que aqui se lavra contra o sistema dos padres. Anjos, não homens, é o que pretendem realmente fabricar os inacianos em suas aldeias sem conseguir,

3 Carta do bispo de Pernambuco. In: Ennes, *As guerras dos palmares*, I, p.353.

em regra, nem uma coisa, nem outra. Ainda nos dias de hoje, é essa, sem dúvida, a mais ponderável crítica que se poderá fazer ao regime das missões jesuíticas.

Permanece intacto, todavia, o problema de saber-se se o "tapuia bárbaro", que nem falar sabia, terá sido, efetivamente, autor de tão judiciosos raciocínios. Só restaria, em verdade, o recurso de admitir que, sendo de fato sua a letra com que foram redigidos os escritos, não o seriam as palavras e, ainda menos, as ideias.

Seja como for, não cabe repelir de todo algumas das afirmações do bispo pernambucano, apesar de sua rancorosa aversão ao bandeirante, que se denuncia da primeira a última linha. No que diz respeito ao escasso conhecimento da língua portuguesa por parte de Domingos Jorge, a carta constitui mais um depoimento, entre muitos outros semelhantes, sobre os paulistas do século XVII. Depoimento que, nesse caso especial, pode merecer reparos e reservas, mas que não é lícito esquecer, nem desprezar.

Além desses testemunhos explícitos, quase todos do século XVII, e mesmo do último decênio do século XVII, existe uma circunstância que deve merecer aqui nossa atenção. Se procedermos a um rigoroso exame das alcunhas tão frequentes na antiga São Paulo, verificaremos que, justamente por essa época, quase todas são de procedência indígena. Assim é que Manuel Dias da Silva era conhecido por "Bixira"; Domingos Leme da Silva era o "Botuca"; Gaspar de Godoi Moreira, o "Tavaimana"; Francisco Dias de Siqueira, o "Apuçá"; Gaspar Vaz da Cunha, o "Jaguareté"; Francisco Ramalho, o "Tamarutaca"; Antonio Rodrigues da Silva, ou de Góis, o "Tripoi". Segundo versão nada inverossímil, o próprio Bartolomeu Bueno deveu aos seus conterrâneos, não aos índios Goiás, que não falavam, aliás, a língua geral, a alcunha tupi de "Anhanguera", provavelmente por ter um olho furado, ou estragado. O episódio do fogo lançado a um vaso de aguardente, que anda associado a sua pessoa, Pedro Taques atribuiu-o a outro sertanista, Francisco Pires Ribeiro.

Nesse mesmo século, as alcunhas de pura origem portuguesa é que constituem raridade. Um dos poucos exemplos que se podem mencionar é a de "perna de pau", atribuída a Jerônimo Bueno, que morreu em

1693. Não faltam, ao contrário, casos em que, a prenomes ou apelidos de genuína procedência lusa, se junta o sufixo aumentativo do tupi, como a espelhar-se, num consórcio às vezes pitoresco de línguas tão dessemelhantes, a mistura assídua de duas raças e duas culturas. É por esse processo que Mécia Fernandes, a mulher de Salvador Pires, se transforma em Meciuçu. E Pedro Vaz de Barros passa a ser Pedro Vaz Guaçu. Num manuscrito existente na Biblioteca Nacional do Rio de Janeiro leio que ao governador Antonio da Silva Caldeira Pimentel puseram os paulistas o cognome de "Cazacuçu", porque trazia constantemente uma casaca comprida.[4] Sinal, talvez, de que em pleno setecentos, persistiria, ao menos em certas camadas do povo, o uso da chamada língua da terra. E não é um exemplo isolado, Salvador de Oliveira Leme, natural de Itu e alcunhado o "Sarutaiá", só vem a morrer em 1802.

Tratam-se, porém, de casos isolados que já escapam à regra geral e podem ocorrer em qualquer tempo. O que de fato se verifica, à medida que nos distanciamos do século XVII, é a frequência cada vez maior das alcunhas tipicamente portuguesas – "Via Sacra", "Ruivo", "Orador", "Cabeça do Brasil", "Pai da Pátria" –, ao mesmo passo que vão diminuindo de número os de origem tupi, predominantes, ao contrário, na era seiscentista. Não parece inteiramente fortuita a coincidência cronológica entre esse fato, que indica provavelmente infiltração maior e progressiva do sangue reinol na população da capitania, e os grandes descobrimentos de ouro das Gerais com o declínio quase concomitante das bandeiras de caça ao índio. É o que, a seguir, se pretenderá mostrar.

4 Sumário dos senhores generais que têm governado a Capitania, I-7, 4-10.

A língua geral em São Paulo III*

Em que época, aproximadamente, principia a declinar entre moradores do planalto paulista o uso corrente da língua tupi? Os textos até aqui invocados para indicar o predomínio de tal idioma na Capitania de São Paulo procedem, em sua grande maioria, do século XVII, como se viu, e precisamente do último decênio do século XVII. De 1692 ou 1693, pouco mais ou menos, é o relatório já mencionado de Antonio Pais de Sande. O famoso voto do padre Antonio Vieira sobre as dúvidas dos habitantes da capital traz a data de 1694. De 1697 é o depoimento do bispo de Pernambuco acerca de Domingos Jorge Velho. 1698 é o ano da carta do governador Artur de Sá e Meneses, recomendando que recaísse em sacerdotes práticos na língua do gentio o provimento de párocos em São Paulo, assim como em todo o território da repartição do sul.

Nos primeiros tempos da era setecentista ainda aparecem, é certo que menos numerosas, referências precisas ao mesmo fato. Em 1709, conforme documento manuscrito que me acaba de ser amavelmente comunicado pelo mestre Afonso Taunay, Antonio de Albuquerque Coelho de Carvalho teve ocasião de surpreender uma conversa entre cabos de

* Artigo originalmente publicado em *O Estado de S. Paulo*, 13 jun. 1946. (N. O.)

forças paulistas acampadas perto de Guaratinguetá, cujo teor, desprimoroso para ele e sua gente, o governador emboaba só conseguiu perceber devido a ter sido anteriormente capitão-general do Maranhão, terra onde era usual o emprego do tupi. E talvez devido à presença em sua comitiva de algum padre catequista habituado ao trato do gentio.

A textos semelhantes junte-se ainda o significativo testemunho do biógrafo, quase hagiógrafo, do padre Belchior de Pontes. Este, segundo afiança-nos Manuel da Fonseca, dominava perfeitamente o "idioma que aquela gentilidade professava, porque era, naqueles tempos, comum a toda a comarca".[1]

Tendo-se em consideração que Belchior de Pontes nasceu no ano de 1644, isso quer dizer que a língua do gentio seria usual em toda a capitania pela segunda metade do século XVII. Já não o era em meados do seguinte, pois o padre Manuel da Fonseca se refere ao fato como coisa passada. De modo que o processo de integração efetiva da gente paulista no mundo da língua portuguesa pode dizer-se que ocorreu, em todas as probabilidades, somente durante a primeira metade do século XVIII.

E é possível que, mesmo nessa primeira metade, não se tivesse completado inteiramente em certos lugares ou entre algumas famílias mais estremes de contato com europeus. Assim se explica como Hércules Florence, escrevendo em 1828, dissesse, no diário da expedição do cônsul Langsdorff, que as senhoras paulistas, sessenta anos antes – isso é, pelo ano de 1763 –, conversavam naturalmente na língua geral brasílica, que era a da amizade e da intimidade doméstica. "No Paraguai", acrescenta, "é comum a todas as classes, mas (como outrora em São Paulo) só empregada em família, pois com estranhos se fala espanhol".[2]

Observação que se ajusta à de d. Félix de Azara, já citada, e que ainda em nossos dias pode ser verificada, não apenas no Paraguai, mas também na província argentina de Corrientes e em partes do sul de nosso Mato Grosso. Na província de São Paulo, aonde chegou no ano de 1825, o próprio Florence ainda pudera ouvir a língua geral da boca de alguns velhos.

1 Fonseca, *Vida do venerável padre Belchior de Pontes*, p.22.

2 Florence, Expedição Langsdorff, *Revista do Instituto Histórico e Geográfico Brasileiro*, XXXVIII, p.284.

Não seria para admirar se isso se desse durante demora de mais de um semestre em Porto Feliz, distrito onde fora numerosa a mão de obra indígena e onde, segundo se lê nas reminiscências de Ricardo Gumbleton Daunt, publicadas no almanaque literário de São Paulo para 1879, em princípios do século passado, "de portas adentro não se falava senão o guarani".[3]

Nos lugares onde escasseavam ou faltavam de todo índios administrados, e era o caso de Campinas, por exemplo, já o português dominava sem contraste. Mesmo em Campinas, porém, havia, pela mesma época, quem ainda soubesse falar correntemente o tupi. O mesmo Daunt, fundando-se em tradição oral, informa que um genro de Barreto Leme, Sebastião de Sousa Pais, era "profundo conhecedor dessa língua". Poderia acrescentar que tendo nascido bem antes de 1750, posto que morresse no século seguinte já centenário segundo ainda reza a tradição, Sousa Pais era de origem e ascendência ituana, como talvez a maioria dos primeiros moradores de Campinas. Da terra, por conseguinte, onde tinha sido considerável o número de índios administrados durante grande parte do setecentos.

A utilização em larga escala de tais índios nos misteres caseiros e na lavoura, enquanto não se generalizava a importação de escravos pretos, deve atribuir-se a menor docilidade com que, em algumas zonas rurais, os habitantes cederam ao prestígio, já então sempre expansivo da língua portuguesa. Ainda em princípio do século passado, Dona Joana Furquim de Campos, filha de português, não falava sem deixar escapar numerosas palavras do idioma da terra. E isso vinha, segundo informa Francisco de Assis Vieira Bueno, em sua curiosa autobiografia publicada em 1889, da circunstância do pai, estabelecido em Mogi Guaçu, ter tido ali grande "escravatura indígena por ele domesticada".[4]

Note-se que essa influência da língua geral no vocabulário, na prosódia e até nos usos sintáxicos de nossa população rural, não deixava de exercer-se ainda quando os indígenas utilizados fossem estranhos à família tupi-guarani: o caso dos bororos e também dos parecis, que no

3 Daunt, Reminiscências do Distrito de Campinas, *Almanaque Literário de São Paulo...*, p.189.

4 Vieira Bueno, *Autobiografia*, p.16; Ribeiro, *Cronologia Paulista*, III, p.755 et seq.

São Paulo setecentista tiveram papel em tudo comparável ao dos carijós no século XVII, o século por excelência das bandeiras. É que, domesticados e catequizados de ordinário na língua geral, não se entendiam com os senhores em outro idioma.

Sabemos que a expansão bandeirante deveu seu impulso inicial, sobretudo, à carência em São Paulo de braços para a lavoura, ou antes à falta de recursos que permitissem à maioria dos lavradores socorrer-se de mão de obra africana. Falta de recursos que decorria, por sua vez, da falta de comunicação fácil entre os centros produtores mais extensos, senão mais férteis, e os grandes mercados consumidores de ultramar.

Ao oposto do que sucedeu, por exemplo, no Nordeste, as terras apropriadas para lavoura da cana ficavam, em São Paulo, a apreciável distância do litoral, nos lugares de serra acima – pois as da exígua faixa litorânea, procuradas pelos primeiros europeus, já se achavam gastas e imprestáveis para o cultivo, antes de terminado o século XVI. O transporte de produtos de lavoura através das escarpas ásperas da Paranapiacaba representaria sacrifício quase sempre penoso e raramente compensador.

Para vencer tamanhas contrariedades impunha-se a caça ao índio bravio como remédio inevitável. As grandes entradas e os descimentos tinham aqui objetivo bem definido: assegurar a mesma espécie de sedentarismo que os barões açucareiros de Pernambuco alcançavam sem precisar mover pé dos seus engenhos. Por estranho que pareça, a maior mobilidade, o dinamismo da gente paulista ocorre, nesse caso, precisamente em função do mesmo ideal de permanência, estabilidade, que em outras terras pôde realizar-se com pouco esforço, desde os primeiros tempos da colonização.

Mas se é verdade que, sem a presença fortemente acusada do índio, os portugueses não poderiam viver no planalto, com ela não poderiam sobreviver. Isto é, teriam de renunciar a muitos de seus hábitos hereditários, de suas formas de vida e de convívio, de suas técnicas, de suas aspirações e, o que é bem significativo, de sua própria linguagem. E foi, em realidade, o que fizeram.

O que ganharam, ao cabo, por obra dos seus descendentes mestiços, foi todo um mundo opulento e vasto, galardão insuspeitado ao tento do

Tratado de Tordesilhas. O Império Colonial Lusitano foi descrito pelo historiador R. W. Tawney como "pouco mais do que uma linha de fortificações e feitoria de dez mil milhas de comprido".[5] O que seria perfeitamente exato se referisse ao Império Português da era quinhentista, era em que, mesmo no Brasil, andavam os colonos arranhando as praias como caranguejos. Mas já no século XVIII a situação muda de figura e as fontes de vida do Brasil, do próprio Portugal metropolitano, se transferem do litoral para o sertão que as bandeiras desbravaram. E não será, talvez, por mera coincidência, que o primeiro passo definitivo para a travessia e exploração do continente africano fosse dado, naquele século XVIII, por um filho de São Paulo e descendente de mamelucos: Francisco José de Lacerda e Almeida. Tão memorável tentativa que, passados muitos decênios, ainda se conservava na lembrança dos pretos selvagens, conforme observou e assinalou Livingstone em seu diário.

No monumental trabalho que escreveu sobre o caráter do descobrimento e conquista da América pelos europeus, Georg Friederici teve essas palavras acerca da ação das bandeiras:

> Os descobridores, exploradores, conquistadores do interior do Brasil não foram os portugueses, mas os brasileiros, brasileiros de puro sangue branco e especialmente brasileiros mestiços, mamelucos. E também, unidos a eles, os primitivos indígenas da terra. Todo o vasto sertão do Brasil foi descoberto e revelado à Europa, não por europeus, mas por americanos.[6]

Não penso em tudo com o etnólogo e historiador alemão, onde pretende diminuir sistematicamente, por esse ou outros motivos, a importância da obra que realizaram, em geral, os portugueses na era do descobrimento e das conquistas. Acredito mesmo que, nessa capacidade de amoldar-se a todos os meios, em prejuízo tantas vezes, de suas próprias características raciais e culturais, o português revelou melhores aptidões

5 Tawney, *Religion and the Rise of Capitalism*, p.72.

6 Friederici, *Der Charakter der Entdeckung und Eroberung Amerikas durch für Erdkunde*, p.95.

de colonizador de que outros povos, porventura mais inflexivelmente aferrados às peculiaridades formadas no Velho Mundo. E não hesitaria mesmo em subscrever o ponto de vista recentemente sustentado pelo sr. Júlio de Mesquita Filho em seus belos *Ensaios sul-americanos*, de que o movimento das bandeiras se enquadra, em substância, na obra realizada pelos filhos de Portugal na Ásia, África e América desde os tempos do infante d. Henrique e de Sagres.[7] Mas subscreveria com esta reserva: a de que o português precisou anular-se durante longo tempo para afinal vencer. Como o grão de trigo dos evangelhos, o qual há de morrer primeiramente se tiver de dar frutos.

7 Mesquita Filho, *Ensaios sul-americanos*, p.139 et seq.

Armas de algodão I*

Entre as peças mais características da velha indumentária bandeirante, nenhuma é tão curiosa como o "escupil", ou gibão estofado de algodão. É conhecida a passagem de Montoya acerca do assalto dos mamelucos à redução de Jesus Maria, onde os homens de São Paulo aparecem muito bem armados de escopeta e vestidos de "escupis", que eram ao modo de dalmáticas, estofadas de algodão, com que o soldado, coberto dos pés à cabeça, podia pelejar seguro de flechas.

Como surgiu entre nós essa arma defensiva e que relação guarda com outras de evidente origem europeia? Parece provável que, entre os primeiros povoadores luso-brasileiros da Capitania de São Vicente, não faltou quem usasse eventualmente armaduras de aço originárias do Velho Mundo. Um exemplar dessas armaduras existe mesmo em exposição no Museu Paulista vindo do acervo do antigo Museu Sertório, assim como peitorais de malhas também de aço; um e outros foram usados segundo as indicações, no século XVI, e em terras da donataria de Martim Afonso. Faltam, infelizmente, elementos que ajudem a fixar com maior minúcia a procedência de tais peças.

* Artigo originalmente publicado em *O Estado de S. Paulo*, 19 jan. 1947. (N. O.)

De couro de anta igualmente se fez uso, ao que consta, e dessas não se conhece atualmente nenhuma amostra. Tudo leva a crer, porém, que não se distinguissem muito dos modelos europeus, salvo na matéria-prima de que eram fabricadas. Matéria que servia também para rodelas e paveses. As primeiras são especialmente referidas em documentos de procedência castelhana e jesuítica, como fazendo parte dos recursos ordinários de defesa que levavam os paulistas nas suas incursões ao Guairá. Eram pequenas adagas, circulares como sugere seu nome, feitas de pele simplesmente seca do tapir e talvez semelhantes aos escudos que faziam os Tupinambás do litoral. Pode-se ter ideia de sua rijeza pelas que se encontram ainda hoje em certas tribos da Amazônia e que, segundo testemunhou Thomas Whiffen em princípio deste século, são impenetráveis a quaisquer projéteis que não sejam niquelados e de velocidade extrema.[1] Os paveses eram grandes anteparos quadrangulares ou oblongos que serviam para proteger todo o corpo do arcabuzeiro quando se voltava para carregar a arma.

Quanto às armaduras de algodão não há notícia de terem sido empregadas na Europa ou por europeus antes do descobrimento da América. Pode-se afirmar com certeza que foi uma criação americana. Também é certo que não constituiu um invento dos paulistas embora, no Brasil, se achem constantemente associados às expedições de gente piratiningana. Antes dos paulistas usaram-na, sem dúvida, os castelhanos, e antes dos castelhanos, os indígenas de algumas regiões menos rudes do nosso continente.

É de supor que mesmo nas terras platinas já se conhecessem, nos tempos das grandes invasões paulistas, desses gibões acolchoados, que as flechas não atravessam e somente "ficam penduradas", conforme se lê na *Conquista espiritual*. Sabe-se que, mesmo entre clérigos, não desdenhavam alguns de vestir seus "escupiletes", quando deviam percorrer paragens remotas e infestadas de inimigos.[2] Numa escultura da época

1 Whiffen, *The North-West Amazonas:* Notes of Some Months Spent Among Cannibal Tribes, p.116.

2 Manuscrito Guarani [...] sobre a primitiva Catequese dos Índios das Missões, *Anais da Biblioteca Nacional*, VI, p.232; *Anais do Museu Paulista*, V, parte 2, p.36.

das Missões Guaranis, conservada ainda hoje na igreja de Nosso Senhor do Bonfim, em São Gabriel, Rio Grande do Sul, e que representa um São Miguel agreste e com feições de bugre, tendo, prostrado aos pés, o demônio, na figura de um aventureiro paulista, quem aparece armado de escupil é o arcanjo, e não, como se poderia supor, o bandeirante.

O recurso a essa espécie de armadura impermeável às flechadas perdurou, aqui e ali, durante longo tempo, enquanto prevaleceram condições que o impunham. Sua existência no Brasil, ainda em começo do século passado, é atestada em conhecida gravura de Debret, e no Paraguai há notícia de que foi empregada correntemente em épocas muito mais recentes. Como e quando se implantou seu uso entre nós é o que não se pode afirmar com segurança absoluta, embora a data dessa introdução tenha sido muito anterior ao domínio espanhol.

É provável que de início fosse conhecido em quase todo o litoral. Com o tempo e o progressivo desaparecimento das ameaças do gentio é que seu emprego se foi restringindo aos centros mais rústicos ou em contato permanente com o sertão, como foi o caso de São Paulo nos séculos XVI e XVII. Em 1590, Jerônimo Leitão, capitão e governador da Capitania de São Vicente, já expedia uma ordem aos vicentinos para que fizessem suas "armas d'algodão", a fim de melhor se defenderem dos Tupiniquins, rebelados e ameaçadores. Poucos anos depois dessa data principiam a aparecer tais vestimentas mencionadas em inventários de sertanistas, como, por exemplo, no de João do Prado, falecido em 1597.[3] São essas as primeiras referências ao escupil que encontramos em antigos documentos de São Paulo. Tão bem se identificaria, ao cabo, esse instrumento de defesa com os hábitos de vida dos moradores da capitania, que aos poucos se transformou em peça quase obrigatória nas suas viagens aventurosas ao sertão. Assim se explicam os termos de uma carta régia divulgada pelo sr. Basílio de Magalhães, em que se lembra, isso já em 1684, ter mostrado a experiência que "para a resistência das flechas são

3 *Atas da Câmara da Vila de São Paulo*, I, p.397; *Inventários e testamentos*, I, p.79.

mais cômodas as casacas estofadas de algodão na forma que usam os sertanejos de S. Paulo".[4]

Não há exagero, talvez, em acreditar-se que o clima temperado do planalto paulista e de algumas regiões sulinas percorridas pelas primeiras bandeiras tenha contribuído ainda de modo mais decisivo para que, no Brasil, seu uso se tornasse particularmente característico de semelhante área. Pesados, espessos, volumosos, esses gibões deveriam representar, em alguns casos, verdadeiro tormento para os que deles se servissem em lugares mais quentes.

A hipótese de que teriam sido importados por força do contato entre paulistas e castelhanos do sul, numa época em que São Paulo pertencia à família platina quase tanto como à comunidade brasileira, torna-se pouco verossímil ante o texto de Gabriel Soares, em que se assinalam as "maravilhosas armas de algodão" fabricadas antes do ano de 1587 em todas as casas da Bahia.[5] Preferiam-nas já então, os portugueses, aos seus cossoletos e couraças, por apresentarem a vantagem de reter em si as flechas, o que não ocorria com as de metal ou couro, onde elas resvalavam muitas vezes, e iam fazer dano aos companheiros.

Não é preciso, aliás, chegar-se até Gabriel Soares para encontrar referências ao emprego, no Brasil, de saios acolchoados, pois no próprio regimento de Tomé de Sousa já se mencionam expressamente entre as armas de que deveria dispor cada um dos capitães das capitanias, "quarenta corpos d'armas d'algodão, das que na dita terra do Brasil se costumam". Por sua vez, os senhores de engenhos e fazendas teriam, cada qual, pelo menos vinte dessas mesmas armas.

O regimento do primeiro governador geral é de 1548, e não consta que por esse tempo já existissem, entre São Paulo e o Paraguai, as assíduas comunicações que alguns anos mais tarde se estabeleceriam. Parece assim excluída a possibilidade de ter penetrado por essa via um instrumento de defesa que tanta importância teria nas futuras expedições bandeirantes.

4 Magalhães, *Expansão geográfica do Brasil colonial*, p.75.

5 Sousa, *Tratado descritivo do Brasil em 1587*, p.427.

Armas de algodão II*

Mostrou-se em artigo anterior como o primeiro depoimento seguro acerca da presença e uso, no Brasil, da estranha arma de defesa que são os gibões acolchoados de algodão traz a data de 1548. Sabemos também, de modo positivo, que essa indumentária guerreira fora desconhecida na Europa antes de descoberto o Novo Mundo e que não pertencia ao arsenal dos nossos indígenas.

Há notícia, por outro lado, de que na América espanhola seu uso por parte dos conquistadores já era considerável durante o terceiro decênio do século XVI. De que maneira chegaram eles a encontrar remédio tão engenhoso contra as flechas, sobretudo flechas ervadas, que empregava o gentio em determinadas áreas das chamadas Índias de Castela? Sabe-se que, embora conhecendo de longo tempo, das velhas contendas com os mouros, todo o dano que podem causar os venenos aplicados às pontas das flechas, os conquistadores ibéricos do Novo Mundo viram-se praticamente inermes quando tiveram de enfrentar esse instrumento de combate e destruição.

* Artigo originalmente publicado em *O Estado de S. Paulo*, 6 fev. 1947. (N. O.)

Muitas das famosas crueldades dos conquistadores castelhanos da América, que iriam ajudar a compor mais tarde sua "lenda negra", parecem ter origem no sentimento generalizado de repulsa contra os que recorriam a tal arma. Compreende-se a espécie de indignação moral que se apoderaria então dos netos daqueles fidalgos peninsulares que chegavam a dividir as armas em vis, compreendendo nessa última categoria todas as que ferem à distância, tidas por traiçoeiras e admissíveis na defesa. Mesmo em Portugal, as Ordenações Manuelinas ainda registram semelhante distinção, e Costa Lobo assinala que nos séculos XV e XVI o clérigo que de manhã cedo saia de casa para ir à Sé rezar as matinas, podia levar sua adaga ou seu punhal, instrumentos esses de bom nome, porque ferem de frente a frente.

Se ainda ao tempo da Conquista da América o labéu de inumanas e indignas se achava assim associado, de certo modo, às próprias armas de fogo, como julgar, segundo esses critérios, instrumentos que lançados de surpresa e geralmente por inimigo oculto, tendiam a corromper, com o tempo, todas as virtudes cavalheirescas? Nenhum dos tradicionais recursos de defesa se revelara suficientemente seguro contra a peçonha terrível arremessada nas pontas das flechas e que condenava suas vítimas à morte curta e sem apelo.

Nenhum, salvo as pesadas armas de aço que, no entanto, expostas à constante umidade da selva tropical, ofereciam pouca resistência à ferrugem e ficavam logo imprestáveis. É claro que, contando apenas com esse custoso elemento de defesa, os conquistadores não poderiam domar facilmente as tribos mais bravias ou incorporar extensas arenas a seu império. Foi durante a jornada de Hernandes de Córdoba ao continente que os espanhóis depararam pela primeira vez com a solução salvadora. Os gibões acolchoados em uso entre os maias protegiam eficazmente contra as flechas que se embaraçavam no forro do algodão. Na expedição de Juan de Grijalba são já europeus, não mais indígenas, os que, por sua vez, ostentavam desses "*sayos basteados*". Fernão Cortez chegou a encomendar às tribos aliadas grande quantidade de casacos acolchoados e, desde então, muitos conquistadores passaram a exigir como tributo a entrega, por parte do gentio, de certa porção de algodão destinada expressamente ao preparo de tais casacos.

No território da atual Venezuela, onde o emprego das setas ervadas por uma grande parte dos indígenas do litoral exigia dos conquistadores precauções extremas, consta que o recurso aos justilhos acolchoados foi contemporâneo das primeiras entradas. Uma dessas entradas inspirou mesmo a Juan de Castellanos os versos que se comparam expressivamente às flechas pendentes dos escupis do invasor às bandeirinhas espetadas no touro por ocasião de uma corrida:

Como toro que lidian los villanos
Que ya del suelo, ya de talanquera,
Tantas garrochas salen de las manos
Que le cargan el curpo de madera,

No menos a las partes sucedia
En aquestos recuentros porfindos,
Por ser gran cuantidad de flecheria
La que cuelga se sayos estofados.[1]

Em realidade foram europeus os grandes agentes de disseminação do uso do escupil em quase todo o continente americano e mesmo fora dele, nas Filipinas e na África, tendo-o tomado, por sua vez, como foi dito, aos indígenas do Yucatá. Até o nome com que essa arma veio a ser conhecida, em geral, nos países de língua castelhana é, segundo parece, de procedência yucateca, ou antes mexicana, pois "escupil", segundo nos refere Friederici, viria diretamente de "*ichcauipilli*" ou "*ichcahuipilli*",[2] que é como chamavam os astecas aos saios estofados usados entre certas populações do seu império.

Verificadas as vantagens que oferecia esse meio de proteção, generalizou-se logo seu uso, não apenas contra as setas ervadas, mas contra toda sorte de flechas. E foi com esse caráter que se introduziu no Brasil e serviu mais tarde às expedições dos bandeirantes. Embora faltem

1 Castellanos, *Elegias de varones ilustres de Indias*, p.198.

2 Friederici, *Hilfsworterbuch für den Amerikanisten*, p.39.

elementos que permitam fixar precisamente a data dessa introdução, pode-se, com segurança, dizer que ocorreu entre o ano de 1518, quando os conquistadores espanhóis do México travaram conhecimento, pela primeira vez, com os gibões acolchoados dos maias, e o de 1548, quando se registram como usuais, entre nós, as "armas de algodão".

As informações de fonte castelhana que permitem estabelecer a procedência dessa arma de defesa podem também ajudar a fixar, em traços mais nítidos, sua fisionomia verdadeira. No Brasil, ao que se deduz de velhas crônicas e documentos iconográficos, fabricavam-na pespontada em quadrados e descendo ora quase até os joelhos – conforme se vê numa estampa de Debret – ora pouco abaixo da cintura – conforme aparece na estátua, já mencionada, da igreja de São Gabriel, no Rio Grande do Sul – e quase sempre escondendo parte dos braços. No primeiro caso deveriam conter cerca de 8 libras de algodão, ao passo que as mais curtas, cobrindo o busto e o ventre, tinham 6 libras no máximo. De qualquer modo, seriam bastante espessas para poder embaraçar os projéteis e, com isso, proporcionar maior segurança ao soldado ou sertanista.

Entre as outras vantagens que esses saios promoviam, durante as entradas ao sertão remoto, conta-se ainda a de poderem servir de colchões para dormir, onde não houvesse risco de surpresas. Nesse último caso, era melhor que os conservasse cada qual no corpo pois impediam o contágio da umidade do solo e permitiam enfrentar qualquer situação arriscada. Sua eficiência podia ser prejudicada pelo mau tempo, supunham-no alguns, pois molhados deixavam passar flecha, dardo ou lança. Mas nem todos os cronistas pensavam desse modo, e um honesto informante quinhentista, d. Bernardo de Vargas Machuca, chega a registrar opiniões contraditórias a respeito.[3] De qualquer modo, seria em geral bem apreciável a segurança oferecida por esses estofados, do contrário não se compreende como pudessem ter alcançado tão longa vida. Deles não só armavam o corpo os sertanista, mas – a informação é de Gabriel Soares – fabricavam muito boas adagas e também celadas

3 Vargas Machuca, *Milícia y descripcion de las Indias*, p.144-5; Debret, *Viagem pitoresca ao Brasil*, p.55 et seq.

para a cabeça. Se assim era, temos uma explicação, talvez plausível, para as palavras de Montoya, quando diz que, com os mesmos estofados, os bandeirantes de São Paulo se protegiam da cabeça aos pés.

Mentalidade capitalista e personalismo*

Considerando-se o papel decisivo que coube a povos de estirpe ibérica, portugueses inclusive, na formação do mundo moderno, como explicar satisfatoriamente a constante resistência oferecida pelos mesmos povos a esse produto natural dos novos tempos, que é a mentalidade capitalista? O problema, que toca tão de perto nossa história econômica, tem sido diversamente explicado pelos historiadores e psicólogos. Há os que invocam, a propósito, alguma fatalidade biológica inelutável e há os que sugerem motivos culturais capazes de perdurar indiferentes às condições mutáveis de nossa vida terrena.

Um critério aparentemente mais fecundo para a abordagem desse problema seria, contudo, o que não perdesse de memória as conexões históricas em que ele veio a surgir. Tal critério levaria primeiramente a ponderar as circunstâncias que, na Idade Média, fizeram com que a Península Ibérica não conhecesse, ou só conhecesse superficialmente, os tipos de relações sociais que prevaleceram ao norte dos Pirineus e

* Artigo originalmente publicado no *Digesto Econômico*, mar. 1947. (N. O.)

que tiveram sua expressão mais nítida nos princípios feudais. De onde, entre portugueses e espanhóis, um igualitarismo fundamental, posto que nem sempre muito ostensivo, e que teve exemplo, talvez, no mundo muçulmano, mas que o resto da Europa cristã ignorou, ao menos até a aurora dos tempos modernos.

Durante o Renascimento que, em toda parte, tendeu a minar velhos preconceitos, puderam aqueles povos exibir, por isso mesmo, uma fisionomia acentuadamente moderna por muitos aspectos. Apenas esse aparente modernismo não constitui, entre eles, fruto de uma paulatina conquista, mas desenvolvimento normal de longa tradição. Vinha de um passado mais ou menos remoto, mas não se projetava no futuro.

Ao passo que em outras terras as camadas sociais puderam desenvolver quase independentemente umas das outras suas próprias virtualidades e aptidões, aqui, o igualitarismo tradicional fez com que todas as classes tratassem de submeter-se desde cedo a um padrão único. Dessa singularidade já se podia queixar Gil Vicente, quando dizia: "[...] em Flandres e Alemanha, em toda França e Veneza, que vivem per siso e manha, por não viver em tristeza. Não é como nesta terra, porque o filho do lavrador casa lá com lavradora, e nunca sobem mais nada, e o filho do broslador, casa com a brosladora, isso por lei ordenada".[1]

É claro que o padrão geral era o fornecido, nesse caso, pelas classes privilegiadas, a nobreza de solar. À medida que ascendiam na escala social, as camadas populares deixavam de ser portadoras de sua primitiva mentalidade de classe, para aderirem à dos grupos dominantes. Nenhuma das "virtudes econômicas" tradicionalmente associadas à burguesia pôde, por isso, conquistar bom crédito, e é característico dessa circunstância o sentido depreciativo que assumiram em português palavras tais como traficante e, sobretudo, tratante, que a princípio, e ainda hoje no próprio castelhano, designam simplesmente, sem qualquer labéu, o homem de negócios. Boas para genoveses, aquelas virtudes – diligência per-

1 Vicente, *Obras Completas.*

tinaz, parcimônia, exatidão, pontualidade, solidariedade social – nunca chegariam a representar qualidades ideais para a gente lusitana.

Negócios e amizade

Os atributos morais que requer naturalmente a vida de negócios distinguem-se da ética da classe nobre, tal como a formularam os antigos códigos de cavalaria, nisso que respondem, em primeiro lugar, à necessidade de crédito, não à de glória e de fama. São virtudes antes de tudo lucrativas, que à honra cavalheiresca e palaciana procuram sobrepor a simples honorabilidade profissional, e aos vínculos diretos, pessoais, a crescente racionalização da vida.

Acontece que justamente a repulsa firme a todas as modalidades de racionalização e, por conseguinte, de despersonalização tem sido, até os nossos dias, um dos traços constantes dos povos de raiz ibérica. Para retirar vantagens seguras em transações com portugueses e castelhanos, sabem muitos comerciantes de outros países que é da maior conveniência estabelecerem com eles vínculos mais imediatos do que as relações puramente formais que constituem norma ordinária nos tratos e contratos. É bem ilustrativa a respeito a anedota referida por André Siegfried acerca do negociante de Filadélfia que verificou ser necessário, para a conquista de um freguês no Brasil ou na Argentina, principiar por fazer dele um amigo.

"Dos amigos", nota um observador, referindo-se à Espanha e aos espanhóis,

> tudo ali se pode exigir e tudo se pode receber, e esse tipo de intercurso penetra as diferentes relações sociais. Quando se quer alguma coisa de alguém, o meio seguro de consegui-lo é fazer desse alguém um amigo. O método aplica-se inclusive aos casos em que se quer prestação de serviços, e então a atitude imperativa é considerada particularmente descabida. O resultado é que as relações entre patrões e empregados costumam ser mais amistosas aqui do que em outra qualquer parte.

A esse fino psicólogo que é Alfred Rühl chamou atenção, entre espanhóis, o fato de julgarem perfeitamente normal a aquisição de certo gênero de vantagens pessoais por intermédio de indivíduos com os quais travaram relações de afeto ou camaradagem, e não compreenderam que uma pessoa, por exercer determinada função pública, deixa de prestar a amigos e parentes favores dependentes de tal função. Das próprias autoridades requerem-se sentimentos humanos. Como explicar por outra forma, pergunta, a circunstância das companhias de estradas de ferro viverem embaraçadas diante das autênticas avalanches de pedidos de passes gratuitos ou com redução de preço, pedidos esses que partem, em regra, de pessoas pertencentes justamente às classes mais abastadas?[2]

Assim, raramente se tem podido chegar, na esfera dos negócios, a uma adequada racionalização: o freguês ou cliente há de assumir, de preferência, a posição do amigo. Não há dúvida que, desse comportamento social, em que o sistema de relações se edifica essencialmente sobre laços diretos, de pessoa a pessoa, procedem os principais obstáculos que em todos os países hispânicos – entre eles Portugal e Brasil – se erigem contra a rígida aplicação das normas de justiça e de quaisquer prescrições legais.

Contraste com a mentalidade capitalista

De outra parte, o bom ou mau êxito alcançado por certos povos em suas relações econômicas com espanhóis e portugueses tem dependido sempre, necessariamente, de sua maior ou menor capacidade de ajuste a esse tipo de relações. O contraste com a chamada mentalidade capitalista não é, nesse ponto, fenômeno recente. Existem a respeito sugestivos testemunhos históricos. Conhecemos, por exemplo, graças a Henri Sée, o texto de uma circular dirigida em 1742 pelo intendente de Bretanha aos seus subdelegados, no qual se lê que os negociantes locais

2 Rühl, Die Wirtschaftpsychologie des Spaniers. In: *Zeitschrift der Gessellschaft für Erdkunde*, p.95.

appréhendent de commercer avec les Portugais, attendu leur infidélité, si les Portugais sont si infidèles, ils le sont pour toutes les nations; cependant les Hollandais commercent avec Portugal utilement et les Anglais y font un commerce d'une étendue et d'un avantage étonnants, c'est donc la faute des Français de ne savoir pas prendre les mesures justes pour établir en Portugal un commerce assuré.[3]

Sobre a "infidelidade" dos comerciantes portugueses, revela ainda Sée o caso de certo armador de Saint-Malo que, no período de 1720 e 1740, costumava expedir muitos tecidos para Lisboa por conta dos seus fregueses, mas só raramente os remetia por conta própria, pois desconfiava da exatidão daqueles comerciantes, os quais, por outro lado, pediam sempre créditos excessivos.[4]

Essa infidelidade e falta de exatidão nos negócios com estranhos – quer dizer, aqueles cujo trato não é tingido por laços especiais de afeto – podem denunciar nos portugueses da época setecentista, e certamente de outras épocas, um gosto desordenado e imprevidente da pecúnia. Um investigador mal-avisado discerniria, talvez, nesse apetite, o germe do espírito capitalista. O certo é, porém, que a simples ganância, o amor às riquezas acumuladas à custa de outrem, principalmente de estranhos, pertence a todas as épocas e não caracteriza a mentalidade capitalista, se desacompanhada de certas virtudes econômicas que tendam a contribuir decisivamente para a racionalização dos negócios. Virtudes como a honorabilidade profissional, distinta da honra, ou como a pontualidade e a exatidão, diversas da lealdade devida a superiores, amigos e afins.

Nada indica que nos portugueses ou espanhóis sejam menos pronunciados do que em outros povos a ambição e o prestígio dos bens materiais. Na própria Itália do Renascimento, onde tiveram seu berço, nos

3 Sée, *Nota sobre el comercio franco-portugues en el siglo XVIII*, p.5. [Do francês: "aprendem a negociar com os portugueses, dada sua infidelidade; se os portugueses são tão infiéis, eles o são com todas as nações; contudo, os holandeses comercializam com Portugal com proveito e os ingleses mantêm com eles um vasto comércio com vantagens assombrosas; portanto é culpa dos franceses não saber tomar as medidas justas para estabelecer um comércio seguro com Portugal". – N. E.].

4 Ibid., p.4.

tempos modernos, algumas daquelas virtudes burguesas, distinguem-se os catalães, "*que de las piedras sacan panes*", segundo o ditado célebre, como gananciosos e avaros.[5] E o autor de *Guzmán de Alfarache*, a novela picaresca publicada a partir de 1599, podia lamentar-se de que câmbios e recâmbios de toda sorte, assim como diversos estratagemas de mercadores, longe de constituírem privilégios de genoveses, já faziam sua granjearia ordinária por toda parte, "especialmente en España", observa, "onde tinham por lícitos numerosos negócios de especulação que a Igreja condenava como usurários. Entre outros, os empréstimos sobre prendas de ouro e prata, com prazo limitado, e particularmente o chamado câmbio seco".[6]

Usurários

Para mostrar como não viviam os povos ibéricos, durante esse tempo, tão alheios ao incremento geral das instituições financeiras, poderiam acrescentar-se os aperfeiçoamentos que precisamente nas feiras espanholas de Villalón, Rioseco e Medina del Campo, tanto como nas de Gênova, tinham alcançado certos gêneros de operações de crédito que depois se disseminariam em outros países. Ou ainda a contribuição dos negociantes portugueses da era dos grandes descobrimentos para a elaboração de certos pormenores do direito comercial e singularmente para o progresso dos seguros marítimos. Cabe lembrar que a Portugal se deve mesmo o primeiro corpo de doutrina acerca do seguro: o *Tractatus perutibilis et quotidianus de assecurationibus et spensonibus mercatorum*, de Santerna (Pedro de Santarém), que, publicado em 1554, foi várias vezes reeditado durante o século XVI.

Lembre-se, finalmente, o papel nada irrelevante, embora tão esquecido, que tiveram na história das finanças do mesmo século banqueiros e comerciantes espanhóis da Bolsa de Antuérpia – principalmente bur-

5 Croce, *La Spagna nella vitta italiana durante La Rinascenza*, p.27.

6 Alemán, *Guzmán de Alfarache*. La novela picaresca española, p.168.

galeses, não apensa catalães ou judeus –, e que só desapareceu, por assim dizer, com a segunda bancarrota do Estado, em 1575. Desses, sobretudo de um Curriel de la Torre e de um Fernandez de Espinosa, isto é, dos que vicejaram no penúltimo quartel do século, informa-nos Ehrenberg, o historiador dos Fugger, que em ausência de escrúpulos no emprego dos cabedais ultrapassavam todos os seus competidores. "Eram usurários autênticos", exclama, "e no sentido atual da palavra, não apenas no sentido canônico...". Os próprios feitores dos Fugger em Antuérpia escandalizavam-se continuamente diante da ilimitada ganância desses homens, e um deles afirma que o rei costumava encontrar mais virtude entre genoveses, tradicionalmente vezeiros em toda sorte de especulações, do que entre os comerciantes espanhóis.[7]

Tawney também se refere a esses comerciantes como "*a class not morbidly prone to conscientious scruples*",[8] embora sua deferência para com a autoridade eclesiástica os levasse a mandar confessores a Paris, a fim de consultarem os teólogos da universidade sobre a compatibilidade entre certas especulações e a lei canônica. As práticas usurárias já eram normais nas antigas feiras espanholas, embora tivessem tomado maior incremento ao tempo de Carlos V e de seus sucessores, assumindo feições que "em outros países dificilmente assumiriam", nota um historiador.

As armas e a fazenda

Dos fidalgos portugueses que andavam então pelas partes do oriente sabemos que, apesar de toda a sua prosápia, não desdenhavam dos bens da fortuna, mesmo nos casos em que para alcançá-los precisassem desfazer-se até certo ponto de preconceitos associados à sua classe e condição. Diogo do Couto refere-nos casos de nobres e até vice-reis do seu tempo que não hesitavam em "despir as armas e tratar da fazenda", ou que deixavam de ser capitães e se faziam mercadores, "largando por mão

7 Ehrenberg, *Das Zeitalter der Fuggers*, p.359.

8 Do inglês: "Uma classe sem propensão mórbida a escrúpulos de consciência". (N. E.)

as obrigações de seu cargo e descuidando-se das armadas e tudo mais por fartarem o seu apetite", ou a quem pouco importava "pôr a Índia em uma balança, só por cumprir com sua paixão". "E não sei", diz ainda, pela boca de seu soldado prático, "se passou aquela peste deste reino àquele Estado, porque todos chegam a ele com essa linguagem de quanto tens, tanto vales."[9]

A própria liberalidade, virtude capital da antiga nobreza, caíra em descrédito, ao menos na prática, entre alguns desses fidalgos de decadência, se é certo que só então se puseram a comer fechados em silêncio, para deixarem de repartir o seu com os pobres, e a ter, não por honra ou grandeza, antes por infâmia, o precisar agasalhá-los e sustentá-los. Assemelhavam-se nisso ao filho avarento de pai nobre, do conto que vem na *Corte na aldeia*, o qual, tendo ajuntado em poucos anos imensa quantidade de ouro, guardava-o com tão solícito cuidado, "como costumam os que com cobiça e trabalho o adquiriram".[10]

Em realidade, não é pela maior temperança na aquisição das riquezas que se separam espanhóis e portugueses de outros povos, entre os quais viria a florescer essa criação tipicamente burguesa que é a mentalidade capitalista. Não é sequer por sua menor parviciência, pecado que os moralistas medievais apresentavam como uma das modalidades mais funestas da avareza. O que os distingue em primeiro lugar é, isso sim, o uso que fazem de preferência da riqueza acumulada, destinando-a a garantir-lhes antes a ostentação ou o luxo do que o próprio conforto. E, além disso, uma incapacidade, que se diria congênita, de conceber qualquer forma de ordenação impessoal e mecânica prevalecendo sobre os vínculos de caráter orgânico e comunal, como o são os que se fundam no parentesco, na vizinhança e na amizade.

9 Couto, *O soldado prático.*

10 Lobo, *Corte na aldeia*, p.41.

A pesca em nossa economia colonial*

A existência de largas áreas opulentas em animais de toda casta explica muitas vezes as constantes migrações dos nossos indígenas. Uma paragem despovoa-se de caça como uma terra lavrada se gasta, após anos consecutivos de exploração sistemática. Para escapar à destruição e ao aniquilamento é que aquelas populações primitivas transferem facilmente sua morada para territórios menos usados. A caça é complemento, não raro substituto da lavoura. De certos povos indígenas, no Chaco especialmente, consta que só não chegaram a possuir lavoura evoluída por terem habitado sempre, desde eras muito remotas, áreas de muita caça.

O mesmo, e certamente em proporções bem maiores, é verdadeiro com relação à pesca. Isso já foi notado expressamente a propósito da região amazônica, onde a diminuição do pescado teve como consequência a redução do número de índios, ao ponto de a própria população branca se ver desamparada de braços que a servissem na agricultura e na coletade produtos florestais. Mas a pesca, secundada por embarcações capazes de longa

* Artigo originalmente publicado no *Digesto Econômico*, São Paulo, abr. 1947. (N. O.)

viagem e de transportar facilmente o pescado, tornou possível entre alguns grupos humanos um grau apreciável de sedentariedade. Seu rendimento chega a ser tão elevado, que parece dispensar qualquer outra atividade produtiva. Há populações que se fizeram escravas de seus rios e do mar. Retirado o meio de sustento que neles se oferece, já não terão muito de que subsistir. Martius, depois de observar o aspecto doentio e miserável que apresentam muitos dos nossos pescadores, concluiu que nas terras quentes, onde o mantimento depressa se deteriora, ao maior ou menor consumo de peixe entre seus habitantes, corresponde maior ou menor indolência, pobreza e predisposição a doenças,[1] o que talvez seja verdadeiro onde o peixe, por sua extrema abundância, chega a suprir todas as necessidades, tornando-se alimento exclusivo.

Nos primeiros tempos de São Paulo

Se na caça e principalmente na lavoura, a técnica europeia, introduzida com os primeiros colonos e posta a serviço dos métodos indígenas, teve como resultado tornar ainda mais nocivos esses métodos, dificilmente se poderá afirmar o mesmo em relação à pesca. O emprego do pari, o recurso frequente a ervas e cipós que entroviscam o peixe, foram certamente admitidos, e de bom grado, pelos primeiros colonos, mas estes não dispunham de meios que os tornassem ainda mais nefastos. Salvo se considerarmos que, desprezando quase sempre os processos de conservação do pescado a que recorriam tradicionalmente os indígenas – o moquém e a farinha de peixe, o piracuí – e impossibilitados de praticar os que corriam no Reino, devido à carência ou carestia de sal, eles só podiam contribuir para que se agravasse grandemente o desbarato.

A verdade é que, já no ano de 1591, os camaristas de São Paulo tentavam impedir a destruição inútil de peixe, adotando uma resolução que deveria parecer radical para os costumes do tempo: proibiram ter-

1 Spix; Martius, *Reise in Bresilien*; Martius, *Zur Ethnografie Amerikas zumal Brasiliens.*

minantemente que em todo o curso do Tamanduateí se fizessem pescarias com tingui, uma das plantas ictiotóxicas de que então se abusava. Ficou assentado, com efeito, na sessão do Conselho de 15 de julho daquele ano, lançar-se pregão em altas vozes para que "se não desse tingui, neste rio abaixo da vila Tamandoatí em todo ele com pena de 500 réis por pessoa que se achasse dando tingui para o conselho e acusador".[2] Alguns anos depois, em 1598, estendia-se a mesma proibição a todos os ribeiros e rios caudais existentes dentro do termo da vila. Para tais resoluções teria contribuído, segundo todas as probabilidades, alguma vaga reminiscência de medidas regulamentares semelhantes que já em Portugal se opunham às pescarias feitas com materiais peçonhentos. Sobre os moradores primitivos de Piratininga deveriam exercer, porém, uma invencível sedução esses métodos bárbaros, se é certo, como afirmou Anchieta, que o total de peixes graúdos assim obtidos ultrapassa em muitos casos de 12 mil.[3]

Outro motivo militaria igualmente em favor das providências da Câmara paulistana, como seja a necessidade de se resguardar a saúde do povo. A dificuldade de se consumirem todos os peixes no lugar, a escassez de meios para os transportar a longas distâncias e a pouca frequência entre os colonos – não entre os índios – de conservas onde fosse aproveitado o sobejo forçavam muitas vezes ao abandono, nas praias, de grandes quantidades de pescado. Não falta exemplo de epidemias graves, atribuída ao acúmulo de peixe arruinado, que corrompia a atmosfera em seguida às ricas pescarias com timbó ou tingui. Luiz d'Alincourt refere-se a uma dessas epidemias, que assolou toda a freguesia de Mogi Guaçu em fins do século XVIII: "foi tão grande a quantidade de peixe que, apodrecendo, infestou de tal forma o ar, que foi causa de perecer um grande número de pessoas".[4]

2 *Atas da Câmara da Vila de São Paulo*, I, p.422-5; II, p.41-2.

3 Anchieta, *Cartas, informações, fragmentos históricos e sermões*, p.111.

4 D'Alincourt, *Memória sobre a viagem do Porto de Santos à cidade de Cuiabá*, p.47.

Costumes portugueses

De Portugal, muitos colonos já vinham aptos a aceitar sem relutância os rudes métodos de pescaria que encontraram praticados entre o gentio. O próprio costume de intoxicar peixes, sem prejuízo de quem os consome, não teria para eles o sabor de uma estranha novidade. O tingui e o timbó eram simples réplicas americanas do barbasco, do trovisco, da coca, da cal e tantas outras substâncias peçonhentas de que no Reino se fazia largo uso. As várias formas de barragem para cercar peixe ocorriam com pouca diferença nos dois continentes. Fabricavam-nas os índios não só de galhos como também de pedra, sendo que as últimas denunciavam, por vezes, uma indústria e um tirocínio a toda prova. Em expedição realizada aos campos de Guarapuava no ano de 1770, por ordem de Luis Antonio de Sousa Botelho Mourão, Morgado de Mateus, pôde admirar o explorador Antonio da Costa Pimentel o cerco feito em um rio por índios aparentemente extremes de contato com brancos: "qual modo é cercar o rio todo de pedras, e bem postas, e no meio um encano das mesmas pedras e na boca do encano um cesto amanhando o peixe".[5] Não é outro o processo que ainda aplica em nossos dias o caipira do interior de São Paulo.

Anzóis do Reino

Foi exatamente na pesca fluvial e lacustre que as influências indígenas chegaram a exercer-se e a perdurar entre nós, quase sem temer competição. Dos portugueses veio-nos certamente o anzol metálico, que substituía com vantagem os espinhos tortos usados pelos naturais do país. Só isso explicaria, em verdade, a acolhida que encontrou, tão grande que pôde torná-lo dos principais artigos de resgate. Em Portugal, os oficiais anzoleiros do século XVI teriam chegado a instituir uma indústria

5 Pimentel, Relações da viagem de Antonio da Costa Pimentel. In: Correia, *Livro dos regimentos...*, p.320.

lucrativa com o fabrico de mercadoria inferior e imprópria destinada ao consumo no Brasil. Assim é que para os anzóis pargueiros, os mais sólidos e dispendiosos, recorriam abusivamente aos fios metálicos pouco resistentes que se empregavam de ordinário na pesca de gorazes. Em 1572, com a reforma dos regimentos de oficiais mecânicos de Lisboa, procurou-se remediar o abuso mediante imposição de penalidades severas aos infratores.[6] Sabe-se que alguns anos depois, em 1587, já havia, pelo menos na Vila de São Paulo, quem fabricasse pargueiros a seis réis, meios pargueiros a três e outros tipos a dois e menos.[7] Tais fatos servem para atestar a grande procura que encontrava o artigo.

Mas esse instrumento parcimonioso nem sempre seria recurso ideal num sertão largo, de rios largos e piscosos, sem coutadas, sem defesas, sem governos que pudessem cuidar de coisas tão miúdas. Quanto às redes de arremesso ou de arrastão, também apontadas como de procedência europeia, essas concordariam mais com as condições da terra. Principalmente se tivessem malhas bem apertadas, que é como dão boa renda, arrastando os peixes com suas crias pequenas – motivo que, no Reino, levou autoridades zelosas a estabelecer prolixos regulamentos fixando a largura mínima das malhas.

É difícil exagerar a importância que assume a pesca na economia alimentar das nossas povoações coloniais. Importância que só em parte se pode relacionar ao uso forçado do peixe nos dias de jejum e de abstinência preceituados pela Igreja. Outros motivos favoreciam certamente essa situação, e não já nas terras da marinha, onde ela seria compreensível, mas no próprio sertão. As reservas de pescado que oferecem os cursos de água não se consomem tão depressa como, por exemplo, a fauna dos campos e das matas. Além disso, onde não faltassem pastagens, não faltariam gados trazidos pelos colonos, com o que se podia suprir a veação. Na Capitania de Martim Afonso, os rebanhos bovinos e suínos subiram desde cedo as escarpas acantiladas da Paranapiacaba, e já pelos meados

6 Correia, *Livro dos regimentos dos oficiais mecânicos da mui nobre e sempre leal cidade de Lisboa*, p.68.

7 *Atas da Câmara da Vila de São Paulo*, I, p.313.

do século XVI surgem eles no planalto, salteando roças de lavradores ou invadindo as ruas do vilarejo andreense. Tudo isso devia tornar acessório o papel da caça como fonte de sustento, onde quer que povoadores brancos se tivessem organizado em núcleos estáveis. O contrário do que ocorreria durante as jornadas ao sertão remoto, onde a subsistência do europeu, tanto como a do nativo, dependiam principalmente da abundância de caça.

Da Lei Eusébio à crise de 1864*

É em 1851 que se inicia entre nós o movimento regular de constituição das sociedades anônimas. Na mesma data precisamente surge o "segundo" Banco do Brasil, que três anos mais tarde se reorganiza sob novos moldes, com unidade e monopólio das emissões. Em 1852 inaugura-se a primeira linha telegráfica na cidade do Rio de Janeiro. Em 1853 funda-se o Banco Rural e Hipotecário que, sem desfrutar dos privilégios do Banco do Brasil, pagará dividendos muito mais avultados. Em 1854 abre-se ao tráfego a primeira linha de estradas de ferro do país – os 14,5 quilômetros entre o Porto de Mauá e a Estação do Fragoso. A segunda, que irá ligar a Corte à capital da Província de São Paulo, começa a construir-se em 1855.

Nesse breve quatriênio – de 1851 a 1855 – criam-se, assim, em sequência quase vertiginosa, os elementos básicos de uma radical transformação na paisagem econômica brasileira. É bem provável que nenhuma

* Artigo originalmente publicado no *Digesto Econômico*, São Paulo, mai. 1947. (N. O.)

outra fase de nossa história nacional, nem mesmo depois de proclamada a República, se tenha revelado tão intensamente fértil em realizações materiais de ampla ressonância. A organização e expansão do crédito bancário, literalmente inexistente desde 1829, e o consequente estímulo à iniciativa privada; a abreviação e incremento dos negócios, favorecidos pela rapidez maior na circulação de notícias; o estabelecimento, enfim, de meios de transporte modernos entre os centros de produção agrícola e as grandes praças comerciais do Império, são algumas das consequências mais decisivas de tais sucessos. Seria inútil acrescentar que a riqueza oriunda dos novos tipos de especulação, que eles vieram a provocar, tendia a ampliar-se, de certo modo, não só à margem, mas também, e, sobretudo, à custa das tradicionais atividades agrárias. Pode-se mesmo dizer que o caminho aberto para essas transformações só poderá levar logicamente a uma liquidação mais ou menos rápida de nossa velha herança rural e colonial, ou seja, da riqueza que se funda no emprego do braço escravo e na exploração extensiva e perdulária das terras de lavoura.

Não é por simples coincidência cronológica que um período de excepcional vitalidade dos negócios e que se desenvolve sob a direção e em proveito de especuladores sem raízes rurais tenha ocorrido nos anos que se seguem imediatamente ao primeiro passo dado para a abolição da escravidão, ou seja, a superação do tráfico negreiro.

Primeiro passo e, sem dúvida, o mais decisivo e verdadeiramente heroico, tendo-se em conta a trama complexa de interesses mercantis poderosos, e não só de interesses como de paixões nacionais e prejuízos fundamente arraigados, que a Lei Eusébio de Queiroz iria golpear de face. Servindo-se da coleção de documentos parlamentares britânicos sujeitos à epígrafe *Slave Trade* [tráfico de escravos], pôde Calógeras compor um quadro verdadeiramente impressionante do que foram, então, as resistências e recalcitrâncias. Em mais de uma ocasião, a revolta suscitada pela violência dos cruzeiros ingleses de repressão, que chegavam a apresar navios brasileiros dentro dos nossos portos, pôde fortalecer de algum modo a corrente de opinião favorável ao prosseguimento do tráfico, fazendo apelo aos sentimentos patrióticos do povo. Não faltou, além disso, o constante argumento dos partidários eternos do *status quo*, dos que, temerosos do futuro incerto e insondável, só querem a qualquer custo, o repouso permanente das instituições. Estes eram, naturalmente, de parecer que em país novo e mal povoado como o Brasil, a importação de negros, por mais algum tempo, seria, na pior hipótese, um mal inevitável, em todo o caso diminuto, se comparado à miséria geral que a carência de mão de obra poderia produzir.

Por outro lado, as circunstâncias de serem principalmente portuguesas, não brasileiras, as grandes fortunas formadas à sombra do comércio negreiro tendia a mobilizar contra a introdução de escravos e, por conseguinte, em favor de um governo disposto a enfrentá-la sem hesitações, toda a descendência ainda numerosa dos caramurus da Regência. E sabe-se que o nativismo lusófobo chegou a representar, direta e indiretamente, uma ponderável influência no movimento para a supressão do tráfico.

Os interessados no negócio tinham logrado organizar uma extensa rede de precauções que salvaguardassem o exercício franco de suas atividades. Desenvolvendo um sistema apurado de sinais e avisos costeiros para indicar qualquer perigo à aproximação dos navios negreiros, subvencionando jornais, subornando os funcionários, estimulando, por todos os modos, a perseguição política e policial aos adversários, julgaram assegurada para sempre a própria impunidade, assim como a invulnerabilidade das suas transações.

> Conforme a classe do navio, por 800$000 e 1:000$000, se arranjavam papéis brasileiros e portugueses exigidos pelos regulamentos, a fim de se realizarem as viagens. Voltando da costa da África, e após o desembarque da carga humana, entrava o barco com sinal de moléstia a bordo. Por 500$000, o oficial de saúde passava um atestado comprobatório, e o navio ia fazer quarentena no distrito de Santa Rita, cujo juiz de paz era sócio dos infratores. Removiam-se, então, todos os sinais denunciadores do transporte de negros, e por 600$000 se adquiria nova carta de saúde, limpa dessa vez. Assim purificado de culpa, o navio ia ancorar no fundeadouro costumeiro. Acontecia, por vezes, que o negreiro pa-

rasse na proximidade da Ilha Rasa, e que o faroleiro o fosse visitar; por 200$000 se comprava o seu silêncio.[1]

Não é para admirar se, com esse aparelhamento, puderam os interessados no tráfico promover, mesmo e principalmente depois de 1845 – o ano de "Bill Aberdeen" –, um comércio cada vez mais lucrativo e que os transformaria em verdadeiros magnatas das finanças do Império. Pode-se bem estimar a importância do golpe representado pela Lei Eusébio de Queiroz considerando que naquele ano de 1845 o total de negros importados fora de 19.463; em 1846, de 50.324; em 1847, 56.172; em 1848, de 60 mil; em 1849, de 54 mil e em 1850, de 23 mil. A queda súbita que se assinala a esse último ano resulta, aliás, não só da aprovação da Lei de Eusébio de Queiroz, que é de 4 de setembro, como da intensificação das atividades britânicas de repressão ao tráfico.

A eficiência das medidas adotadas reflete-se no fato de, já em 1851, terem entrado no país apenas 3.287 negros, e 700 em 1852. Depois disso, só se verificaram dois pequenos desembarques: o de Serinhaem, em Pernambuco, e o de São Mateus no Espírito Santo, que resultaram na apreensão, por parte das autoridades, de mais de 500 africanos.

Essa extinção de um comércio que constituiria a origem de algumas das maiores e mais sólidas fortunas brasileiras do tempo deveria forçosamente deixar em disponibilidade os capitais até então comprometidos na importação de negros. A possibilidade de interessá-los firmemente em outros ramos de negócios não escapou a alguns espíritos esclarecidos. A própria fundação do Banco do Brasil de 1851 está, segundo parece, relacionada com o plano deliberado de aproveitamento de tais recursos na organização de um grande instituto de crédito. Mauá, promotor da iniciativa, escreverá, quase trinta anos mais tarde, em sua "Exposição aos credores":

1 Calógeras, *A política exterior do Império*: da Regência à queda de Rosas, III, p.362.

> Acompanhei com vivo interesse a solução desse grave problema; compreendi que o contrabando não podia reerguer-se, desde que a "vontade nacional" estava ao lado do ministério que decretava a supressão do tráfico. Reunir os capitais que se viam repentinamente deslocados de ilícito comércio e fazê-lo convergir a um centro onde pudesse ir alimentar as forças produtivas do país foi o pensamento que me surgiu na mente, ao ter a certeza de que aquele fato era irrevogável.[2]

Pode-se assim dizer que, das cinzas do tráfico negreiro, iria surgir uma era de aparato sem precedentes em nossa história comercial. O termômetro dessa transformação súbita pode ser fornecido pelas cifras relativas ao comércio exterior do Império. Até 1850, nossas importações jamais tinham chegado a atingir a soma de 60 mil contos. Entretanto, no exercício de 1850-1851, alcançam, de um salto, 76.918:000$000, e no ano de 1851-1852, 92.860:000$000. De então por diante, até 1864, registram-se alguns declínios que, contudo, não afetam a tendência geral para o progressivo aumento de quantidade e valores, conforme pode atestar o seguinte quadro:

1852 - 1853	87.332:000$000
1853 - 1854	85.839:000$000
1854 - 1855	85.171:000$000
1855 - 1856	92.779:000$000
1856 - 1857	125.227:000$000
1857 - 1858	130.264:000$000
1858 - 1859	127.268:000$000
1859 - 1860	113.028:000$000
1860 - 1861	123.720:000$000
1861 - 1862	110.531:000$000
1862 - 1863	99.163:000$000
1863 - 1864	124.200:000$000

2 Mauá, *Autobiografia*, p.123.

Sebastião Ferreira Soares, assinalando as gigantescas proporções que tomaram o movimento comercial da praça do Rio de Janeiro depois de abolido o tráfico, nota como nos exercícios de 1850-1851 e 1851-1852 a soma global das importações ultrapassou a dos exercícios de 1848-1849 e 1949-1850 em 50.043:000$000. O mesmo, posto em menor escala, ocorre com as exportações, que cresceram num total de 11.498:000$000.[3]

A ânsia de enriquecimento, favorecida pelas facilidades de crédito, contaminou logo todas as classes sociais e foi uma das características desse período de "prosperidade". O fato constituía singular novidade no país e, pelas suas consequências, muitas vezes desastrosas, chegaria a alarmar os homens cautelosos. Num depoimento citado por Nabuco, que vem no Relatório da Comissão de Inquérito sobre a Crise de 1864, lê-se este expressivo desabafo do espírito conservador diante dos costumes novos introduzidos com a febre de especulações:

> Antes bons negros da costa d'África, para a felicidade sua e nossa, a despeito de toda mórbida filantropia britânica, que esquecida de sua própria casa deixa morrer de fome o pobre irmão branco, escravo sem senhor que dele se compadeça, e hipócrita e estólida chora, exposta ao ridículo da verdadeira filantropia, o fado do nosso escravo feliz. Antes bons negros da costa d'África para cultivar os nossos campos férteis do que todas as teteias da Rua do Ouvidor, do que vestidos de um conto e quinhentos mil réis para as nossas mulheres; do que laranjas a quatro vinténs cada uma em um país que as produz quase espontaneamente, do que milho e arroz, e quase tudo que se necessita para o sustento da vida humana, do estrangeiro, do que finalmente empresas mal avisadas, muito além das legítimas forças do país, as quais, perturbando as relações da sociedade, produzindo uma deslocação de trabalho, tem promovido mais que tudo a escassez e o alto preço de todos os víveres.[4]

3 Soares, *Elementos de estatística*, I, p.171-2.

4 Nabuco, *Um estadista no Império*, I, p.188.

Ao otimismo infrene dos que, sobre o regime da ampla liberdade de crédito, alcançavam riquezas rápidas, correspondiam a perplexidade e o descontentamento dos lavradores que tinham sido mais duramente atingidos pela cessação do tráfico. A instabilidade daquelas fortunas que ao menor sopro contrário se desfaziam pareceu frequentemente dar razão aos nostálgicos do velho Brasil rural e patriarcal. Eram dois mundos distintos que se hostilizavam com rancor crescente. Os próprios fazendeiros endividados pelos recursos constantes aos povoados, onde se proviam de escravos para as suas lavouras, não viam muitas vezes sem desconfiança os remédios que, sobre a capa de curar doenças momentâneas, pareciam uma permanente ameaça aos fundamentos tradicionais de seu prestígio. Em São Paulo chegou-se mesmo a falar de socialismo a propósito de certo projeto de criação de um Banco Rural e Hipotecário. É que os socialistas, segundo observa um deputado em 1854, na Assembleia Provincial, sendo "inimigos capitais das propriedades imóveis, se lembraram disso como meio de converterem essas propriedades em capitais".[5]

Não é de admirar que essas prevenções e rancores tenham contribuído para o caráter drástico da Lei Ferraz de agosto de 1860 que, pretendendo combater os abusos de crédito, ajudou a precipitar a tremenda crise comercial de 1864, a primeira, desde a Independência, que não constitui fruto exclusivo de comoções políticas internas ou reflexo de crises europeias e norte-americanas.

---

5 *Anais da Assembléia Legislativa Provincial de São Paulo - 1854*, p.225.

O arroz em São Paulo na Era Colonial*

Sobre o cultivo e o consumo do arroz há escassas notícias nos documentos paulistas da maior parte da Era Colonial. O fato parece tanto mais estranhável quanto a presença desse cereal, trazido do Cabo Verde, ao que consta, já nos primeiros tempos da colonização; é assinalada, por depoimentos merecedores de crédito, no litoral vicentino, em meados do século XVI. Sabe-se mesmo que, em 1552, ao regular-se a mercê dos dízimos e primícias de toda a costa, ficou expressamente estipulado que não entraria no caso o arroz de São Vicente. E isso, conforme se lê em textos da época, devido a ser ele "a principal coisa depois do açúcar".[1]

Como explicar o laconismo da documentação correspondente ao longo intervalo que vai daquela época à primeira metade do século passado, sem admitir que essa lavoura, aparentemente próspera nos tempos

* Artigo originalmente publicado no *Digesto Econômico*, São Paulo, jun. 1947. (N. O.)

1 Título do Registro das Provisões que se passaram do serviço de El-Rei Nosso Senhor, que tocam a Fazenda de Sua Alteza, p.420.

iniciais, foi por qualquer motivo abandonada, não chegando, talvez, a transpor as escarpas da Serra do Mar?

Para semelhante explicação há apoio, aliás, em certa passagem de Frei Gaspar da Madre de Deus, na qual se fala no desprezo em que, ao seu tempo, jaziam nas terras vicentinas culturas tais como a do açúcar e a do arroz, atribuindo-o à indolência dos moradores.[2]

Fiado em parte nesse depoimento, que interpretou demasiado ao pé da letra, pôde Otoniel Mota, em uma de suas estimulantes investigações da história paulista, concluir que "o consumo de arroz, em São Paulo, como no Rio, veio tarde, e limitadíssimo até o século XIX".[3] Outro comentador ocasional desses assuntos, impressionando-se aparentemente nesse ponto com a vivacidade da argumentação do professor Mota, admitiu a conclusão como plausível, embora hesitando um pouco em dar-lhe a mesma amplitude.

Voltando nestas linhas a tratar da questão, o comentador quer penitenciar-se do erro ou, ao menos, da presteza com que acolheu, sem exame mais acurado dos textos históricos, asseveração tão categórica. De resto, no próprio livro onde o sr. Otoniel Mota procura demonstrar a pouca ou nenhuma importância do arroz em nossa dieta e em nossa economia coloniais, não deixaria ele de encontrar elementos que justificassem as maiores reservas. Assim é que a certa altura da obra se pode ler isto:

> A primeira menção do arroz que se me deparou nas Atas do Conselho é de 1691, 19 de março. Reza o texto: "Se advertisse aos almotaceis que não almotaçassem arroz, nem açúcar, nem farinha, nem feijão, nem milho, por não ser de uso" etc. Confesso não compreender a expressão – "não ser de uso". Conclusão: no Planalto não se plantava e, falando de modo geral, não se comia arroz, e isto até o século XIX.[4]

2 Cf. Madre de Deus, *Memórias para a história da Capitania de São Vicente.*

3 Mota, *Do rancho ao palácio.*

4 Ibid., p.28.

Parece perfeitamente claro, entretanto, que a expressão incompreensível para o autor indica apenas que em 1691, em São Paulo, não era costume taxarem-se preços para os mantimentos aludidos. De modo que, pretendendo fazê-lo, o almotacé agiria abusivamente, quer dizer, contra o uso consagrado da terra. Por outro lado, a simples presença dessa advertência só é explicável se admitirmos que no São Paulo seiscentista ou, mais exatamente, de fins do século XVII, eram consumidos todos os gêneros alimentícios citados, arroz inclusive. Conclusão: no Planalto comia-se arroz em fins do século XVII.

O certo é que a venda do arroz se fazia então independentemente de quaisquer restrições, e tal situação perdurou até muito mais tarde, provavelmente até 1730. É desse ano, 23 de julho, o edital da Câmara de São Paulo em que se ordena que só fosse vendido arroz, além de outros produtos, depois de sujeito a almotaçaria, salvo nos casos em que o vendedor fosse o próprio produtor:

> Ordenamos e mandamos que "de hoje em diante" as quitandeiras que costumam vender nas quitandas ou pelas ruas desta cidade não vendam fumo, sal e "arroz" e toucinho sem que almotacem primeiro pelo requerimento que nos fizeram os taverneiros desta cidade cujos gêneros só podem vender os tais com licença nossa debaixo de almotaçaria, e "aquelas pessoas que os tais gêneros tiverem de sua lavra", porque só a estas o não proibimos etc.[5]

Não se conhece, ou pelo menos, não se encontra nos volumes publicados do *Registro Geral da Câmara de São Paulo*, o requerimento dos taverneiros, que talvez servisse para melhor esclarecer o caso. O edital de 1730 basta, no entanto, para convencer de que o arroz já então galgara a serra e era plantado e consumido pelos moradores do planalto. Que era plantado, mostra-o a referência a pessoas que tivessem os tais gêneros de sua lavra. A omissão da palavra "arrozal" nos inventários paulistas – e

5 Ordens régias, *Revista do Arquivo Municipal*, XXXVIII, p.248.

os inventários publicados abrangem, em sua quase totalidade, apenas o século XVII – não deve autorizar a opinião de que essa lavoura fosse aqui inexistente até o século XIX. Seria, na pior hipótese, de importância comercial limitada, em comparação com a de outros gêneros. E isso devido, talvez, à circunstância de não se conhecerem na capitania, antes do século passado, máquinas para a descasca do arroz mais aperfeiçoadas do que o pilão de mão ou o monjolo, que dão produto escasso e sem grande valor mercantil, pois raramente se conseguem, com esses instrumentos, grãos intactos e limpos.

Um documento de 1767, explicando a dificuldade de se carregarem com produtos da capitania os navios destinados ao Reino, diz: "se aqui houvesse engenho de arroz como já há no Rio de Janeiro [...], então seria mais fácil haver carga".[6] No mesmo ano, em carta escrita pelo capitão-general d. Luis Antonio de Souza Botelho Mourão, Morgado de Mateus, acerca da situação da agricultura na capitania, declara-se expressamente: "O arroz é admirável, e dá-se em qualquer parte". Esse "em qualquer parte" poderia referir-se, é verdade, à região litorânea, não ao planalto. Mas logo no ano seguinte, e tratando, dessa vez, da própria área da cidade de São Paulo e seu termo, o mesmo Morgado de Mateus sustenta que "o arroz produz-se aqui com muita facilidade e abundância".[7]

No Rio, o emprego dos engenhos para a descasca, a que se refere d. Luis Antonio, seria então de data recente, visto como, ainda em 1753, Antonio Francisco Marques Guimarães, ali residente, requerera licença para a construção de uma fábrica de descascar arroz. E parece que a iniciativa deu logo bons resultados do ponto de vista comercial, pois já no ano seguinte pede o mesmo Marques Guimarães a fixação de penalidades para os transgressores do privilégio que lhe fora concedido, de ereção da referida fábrica no Recôncavo do Rio de Janeiro.[8]

Tudo faz crer que o produto então consumido em São Paulo e no Rio de Janeiro descendesse das sementes de Cabo Verde plantadas aqui

6 *Documentos interessantes para a história e costumes de São Paulo*, XXIII, p.194.
7 Ibid., p.194-5 e 385.
8 *Anais da Biblioteca Nacional*, p.297 e 415.

no século XVI. Do arroz da Carolina, que se expandiria pelo Brasil todo, sabe-se que só foi introduzido mais tarde, e primeiramente no Maranhão, Gayozo conservou-nos a data dessa introdução – 1765 e 1766 – e atribui sua iniciativa ao administrador da Companhia de Comércio, capitão José Vieira de Souza, "que pedira aos deputados de Lisboa uma porção de arroz da Carolina, repartindo-o entre os moradores".[9] Até essa época plantara-se ali unicamente o arroz vermelho, da terra, nativo na região amazônica e em partes do território do atual Estado de Mato Grosso.

Em São Paulo, onde não consta ter existido o arroz bravo, é lícito pensar-se que o produto trazido nos primeiros tempos continuara a ser cultivado pelos sitiantes, embora para uso doméstico. Isso não impedia que ocasionalmente e em reduzida escala servisse como artigo de comércio. Já se lembrou como, em 1691, devia ser vendido livre de almotaçaria. Posteriormente aparece, uma ou outra vez, entre os gêneros levados nas frotas do comércio de Cuiabá. E em começo do século XIX é assinalado como elemento predominante nas rações administradas aos doentes nos hospitais paulistanos e santistas, ao lado do pão, que se substituía eventualmente pela farinha de milho ou de mandioca.

Parece positivo, no entanto, que já por essa época constituísse o arroz uma das lavouras importantes da capitania. Contra semelhante afirmação pode-se invocar o já citado depoimento de Frei Gaspar acerca do abandono em que tinham ficado entre seus conterrâneos as lavouras do açúcar e do arroz. Não creio que tal depoimento autorize a conclusão de que a do arroz em particular fosse praticamente nula em São Paulo. Para liquidar a questão seria interessante consultarem-se os mapas de carga de navios saídos do Porto de Santos. Dos poucos que existem publicados, sucede que três se referem a 1797, o mesmo ano, precisamente, em que se imprimiam em Lisboa as *Memórias* de Frei Gaspar. Por esses mapas ficamos sabendo que nas três embarcações – o "Santos Mártires Triunfo do Mar", o "Nossa Senhora da Cana Verde" e o "Nossa Senhora de Oliveira" – se transportaram, ao todo, daquele porto para o

9 Gayozo, *Compêndio histórico-político dos princípios da lavoura no Maranhão*, p.181.

de Lisboa, 9.932 arrobas de arroz. Mais do que qualquer outro produto agrícola, exceção feita, apenas, do açúcar fino, que conserva sempre o primeiro lugar.[10]

É que, já então, de simples produto caseiro que tinha sido durante dois séculos, o arroz se tornara verdadeiramente um artigo comercial de certa importância. Deve-se tal fato, segundo todas as probabilidades, à introdução na capitania de engenhos de água mais aperfeiçoados do que o monjolo, fato ocorrido em data incerta, mas que deve situar-se seguramente nos três últimos decênios do século XVIII. Como tantas vezes tem acontecido no curso da história econômica, o progresso técnico na elaboração do produto precedeu, na realidade, a criação de um artigo de permuta e de uma fonte de riqueza.

10 *Documentos interessantes para a história e costumes de São Paulo*, XXXI, p.151, 155-6.

O algodão em São Paulo nos séculos XVI e XVII*

Em carta de agosto de 1549, endereçada da Bahia ao padre Mestre Simão,[1] encarecia Nóbrega a necessidade de virem pessoas que soubessem tecer algodão, "que cá há muito". E sugeria ao mesmo tempo algum petitório de roupa para se cobrirem os novos convertidos: "ao menos uma camisa a cada mulher, pela honestidade da religião cristã, porque vêm todas a esta cidade à missa aos domingos e festas, que faz muita devoção e vêm rezando as orações que lhes ensinamos e não parece honesto estarem nuas entre os cristãos na igreja e quando as ensinamos".[2]

Nove anos mais tarde, conforme outras cartas jesuíticas, já existia pelo menos um tecelão índio com seu tear numa das aldeias baianas, tendo aprendido o ofício por iniciativa dos padres. Outros seguiram-lhe o exemplo, e o cuidado que antes punham todos nos festejos bestiais de

* Artigo originalmente publicado no *Digesto Econômico*, São Paulo, out. 1947. (N. O.)

1 Trata-se de mestre Simão Rodrigues, fundador da Companhia de Jesus em Portugal. A referida carta encontra-se publicada na *Revista do Instituto Histórico e Geográfico Brasileiro*, tomo V, p.429-35.

2 Nóbrega, *Cartas do Brasil: 1549-1560*, p.59.

carne humana e também nas guerras e cerimônias gentílicas aplicavam--no agora em plantar algodão, fiarem-no e vestirem-se.[3] Em 1562, levada da Bahia, introduzia-se a indústria têxtil nas aldeias do Espírito Santo.[4]

Tais depoimentos ajudam a desfazer a crença ainda muito generalizada de que nossos indígenas do litoral, que como se sabem utilizavam o algodão em variados misteres, inclusive na fiação, conhecessem qualquer sistema de tecelagem antes dos primeiros contatos com o europeu. Não deixa de ser significativo ainda hoje, nos nossos grupos indígenas que praticam a tecelagem de rede, o recurso quase exclusivo a técnicas adventícias, e já se notou que estas desaparecem entre as tribos estremes de convívio com civilizados. O processo de fabrico assinalado na Amazônia por Koch-Grünberg é, em essência, o mesmo que tive ocasião de testemunhar pessoalmente entre tecedeiras de rede de Cuiabá e Sorocaba. A aparelhagem usada, o modo de produção, o próprio vocabulário técnico dessas tecedeiras filiam-se claramente à primitiva indústria portuguesa. Das partes que compõem o seu tear vertical só sei de uma peça, a que serve para dividir em duas séries os fios do urdume, cuja designação – "barití" em Cuiabá, "buruchê" em Sorocaba – pode sugerir influência indígena.

As redes de algodão de que se serviam a princípio os índios da costa do Brasil seriam feitas de fios trançados não tramados. E é às desse tipo que se refere Nóbrega, aparentemente, quando, em carta escrita no ano de 1561 ao Geral da Companhia de Jesus, afirma que, sendo elas as camas da terra, não se alcançavam com facilidade em São Vicente por serem caras, mas podiam vir de outras capitanias, "onde são muito baratas".[5]

Em que época teriam vindo para o Brasil os primeiros teares de rede? Nos inventários paulistas conhecidos, eles não aparecem expressamente mencionados antes de 1729, mas é pouco verossímil que até então os moradores da capitania dependessem nesse particular da indústria indígena. Quanto aos de tecer pano, estes já existiam seguramente, em São Paulo,

3 *Cartas Avulsas: 1550-1568*, p.183, 204-5.

4 Ibid., p.341-2.

5 Nóbrega, Carta a Serafim Leite. In: *Novas cartas jesuíticas*, p.108.

desde o século XVI. É de 1578, com efeito, a ordem dos camaristas da vila para que só se teçam panos de acordo com a marca do mar, isto é, que tenham 3,5 palmos de largura.[6]

Mas a indústria de tecidos ainda seria incipiente e escassa nesse período. Por isso, "por haver na terra pouco pano de algodão", deliberam os oficiais da Câmara que o tecido grosso seja vendido a 200 réis a vara e o delgado a 240. Decidem que ninguém venda o quintal de algodão "em caroço, enxuto e bem acondicionado" por mais de 2 mil réis, e ainda, que não vendam para fora da vila sem licença especial. Essa última resolução aplica-se não somente ao algodão bruto como aos tecidos: que "nenhuma pessoa venda pano de algodão para fora da vila sem primeiro o trazer à Câmara para se fazer diligência se no povo é mister".[7]

É mais do que provável que a carência desse produto fosse em parte compensada com a importação de outras capitanias e também de fora do Brasil. De Buenos Aires sabe-se com segurança que veio para São Vicente em 1587 uma enorme partida de pano de algodão de Tucumã remetida pelo bispo Francisco Vitória, o mesmo que no ano antecedente recolhera em San Miguel e Santiago – por meios compulsivos, diziam as más línguas – trinta carretas de tecido a fim de enviá-los àquele porto. Tem essa remessa a particularidade de ser a primeira de produto "argentino" embarcada em Buenos Aires desde a sua fundação.[8]

A taxa estipulada em 1585 pela Câmara de São Paulo mantém-na os oficiais oito anos mais tarde para os panos tecidos: 200 réis a vara, mas dessa vez sem discriminação de qualidade.[9] As avaliações consignadas nos inventários revelam, em todo caso, oscilação apreciável nos preços, refletindo talvez irregularidade no abastecimento do produto, que não dependeria unicamente do plantio local. Num inventário de 1597 encontramos o valor de 3$200 para o quintal de algodão em caroço;[10] 0,5 arroba do limpo é orçada no ano de 1593 em 1$200, o que equivale

6 *Atas da Câmara da Vila de São Paulo: 1562-1596*, I, p.118.
7 Ibid., p.264.
8 Coni, *Agricultura, comércio y industria coloniales*, p.63.
9 *Atas da Câmara da Vila de São Paulo: 1596-1622*, II, p.13.
10 *Inventários e testamentos*, I, p.92.

a nada menos do que 9$600 para o quintal.[11] Nesse caso, entretanto, a divergência só à primeira vista pode parecer excessiva: na realidade 2 arrobas de algodão em caroço davam, de ordinário, meia do produto limpo. E é preciso considerar o tempo e trabalho consumidos na limpeza. Calculou-se que uma pessoa, trabalhando um dia inteiro sem auxílio de máquina, não chegava a produzir mais de 1 arrátel de algodão livre de sementes. Com o rústico descaroçador de madeira, importado da Ásia, que prevaleceu no Brasil até fins do período colonial e ainda em nossos dias se encontra esporadicamente em lugares do interior, o rendimento do trabalho podia ser oito vezes maior, pois dois indivíduos manejando o aparelho limpavam, em 24 horas, 2 arrobas de algodão em caroço.

Não está provado, entretanto, que essa máquina existisse no planalto paulista durante o período que nos ocupa. O primeiro inventário em que ela ocorre é o de Henrique da Cunha Machado, e traz a data de 1680. É verdade que o autor anônimo dos *Diálogos das grandezas do Brasil*[12] registra a presença desse tipo de descaroçador nas capitanias do norte já durante as primeiras décadas do século XVII.

Num inventário de 1598, o de Isabel Félix, com sítio no Tejuguaçu, encontramos o preço de 400 réis para 1 arroba menos 6 ou 8 arráteis de algodão, o que concorda aproximadamente com a taxa oficial de 2 mil réis para o quintal.[13] Mas em outros textos, de 1599 e 1600 respectivamente, registram-se os preços de 800 e de 640 réis para a arroba.

É a partir dessa época, aparentemente, que se intensificam as plantações no planalto, e em 1606 os camaristas de São Paulo já poderão escrever no donatário que em sua capitania "há muito algodão". Esse fato reflete-se aos poucos no declínio e estabilização dos preços, que depois do segundo decênio do século oscilam apenas entre 1 pataca e 480 ou 500 réis no máximo por arroba de algodão em caroço, conforme se pode ver no quadro abaixo, organizado de acordo com avaliações constantes de inventários seiscentistas:

11 Ibid., p.47.

12 O livro é atribuído a Ambrósio Fernandes Brandão. (N. O.)

13 *Inventários e testamentos*, I, p.133.

ANO	VALOR
1600	$640
1606	$480
1607	$800
1608	1$000
1613	$500
1615	$500
1616	$500
1619	$400
1620	$320
1622 (qualidade inferior)	$300
1628	$400

ANO	VALOR
1631	$400
1635	$480
1636	$320
1637	$320
1638	$480
1640	$500
1641	$480
1642	$400
1644	$400
1646	$320
1649	$320
1650	$400

As avaliações variavam algumas vezes de acordo com a qualidade do produto. Assim é que as 3 arrobas deixadas por Antônio Cubas de Macedo em 1622 são vendidas à razão de 300 réis cada uma, "por ser ruim".[14] E num mesmo inventário datado, este de 1654, figuram 42 arrobas de algodão bom a 1 cruzado a arroba, e outras tantas "de somenos" a 12 vinténs.[15]

O produto inferior não seria utilizado na tecelagem, mas de preferência na fabricação de outros objetos, tais como pavios de vela, redes de pescar, fios de sapateiro, franjas ou varandas de rede etc. Serviriam além disso para acolchoar os célebres gibões estofados dos bandeirantes, que consumiam, os maiores, até 8 arráteis de algodão, e os outros, os "escupiletes" destinados a resguardar apenas o busto e o ventre, 6 arráteis ou pouco menos.

O valor do pano tecido, que em 1585 e em 1596 fora taxado pelo Conselho em 200 réis a vara, corresponde de perto ao do algodão em caroço. Quando este, em 1613, é avaliado em 500 réis a arroba, aquele se vende a 7 vinténs a vara. Por volta de 1641, quando o algodão está a 1 cruzado ou, quando muito, a 480 réis, o tecido custa 4 vinténs e 1 tostão (enquanto o

14 *Inventários e testamentos*, V, p.475.

15 *Inventários e testamentos*, XV, p.371.

pano importado, de linho, se vende a 1$600 a vara). Em 1681 descerá a 75 réis e a 4 vinténs, quando a arroba de algodão bruto vale apenas 240 réis.

O pano tinto alcança naturalmente preços maiores por exigir emprego de matéria corante importada: o anil, o brasil, a grã. Os mais zelosos não deixariam de umar o tecido com alúmen antes de lançar-lhe a tintura, para que não se estragasse ou desbotasse. E sendo o pano de cor preta, tratá-lo-iam antes com sumagre. Tudo isso contribui para elevar-lhe o custo.

A lavoura algodoeira acompanha a expansão do povoamento do planalto e cresce com ela. Quase todos os sítios da roça têm seu pequeno algodoal, tão pequeno em certos casos que um deles, o de João Gomes, em Mogi, não conta mais de quatro árvores e vem citado no inventário. Mas há de dar para alguma necessidade caseira ou para vestir a gente de serviço. A tecelagem compete, por isso, a essa gente, e por ser, entre portugueses, ofício pouco limpo e sem primor.

Nos primeiros tempos planta-se nos próprios arredores da Vila de São Paulo, não obstante seu clima úmido e inconstante. Especialmente na Embuaçava e na Mooca. Transposto o Tietê, as plantações acompanham-lhe as margens, sobretudo rio abaixo, e também as dos seus tributários como o Pinheiros, o Cotia e, em partes, o Jaguari. Em Parnaíba são assinalados algodoais no sítio de Belchior Carneiro desde 1609, dezesseis anos antes de fundar-se a vila;[16] no Ururaí em 1624 nas terras de Matias de Oliveira[17] e Marcos Fernandes;[18] em 1620 na área de Mogi das Cruzes.[19]

Ao lado dos canaviais, dos milharais, até mesmo dos trigais, que ocupam o melhor da atividade rural dos moradores, o papel do algodão, ao menos na primeira metade do século, é praticamente insignificante. Só em um ou outro inventário da época se encontram, entre os bens deixados, mais de 6 arrobas de algodão, e essa mesma quantidade é excepcional. A partir de 1650 mais ou menos é que começam a surgir produções

16 *Inventários e testamentos*, II, p.122.
17 *Inventários e testamentos*, VI, p.276.
18 Ibid., p.251.
19 *Inventários e testamentos*, I, p.312.

mais avultadas. Certo inventário de 1668 assinala 44 arrobas,[20] 64 é quanto apresenta outro, de 1670;[21] e em um de 1693 chega-se a registrar 94![22]

Nem todos dispõem de teares, de modo que alguns proprietários devem auferir bons lucros fazendo tecer o algodão próprio e o alheio. Isso explica que num inventário de 1674 figurem 960 varas de pano de algodão,[23] e em outro, de 1685, 1.058 varas.[24] Domingos Fernandes, o fundador de Itu, tem em casa, no ano de 1652, três teares pelo menos, onde labutam escravos e administradores. E nos de Guilherme Pompeu de Almeida há, em 1658, mil varas de pano pertencentes a Pedro Dias Leite.[25]

Repete-se com esses magnatas do algodão o que se dá, em muito maior escala, com os potentados do açúcar, quando concentram no seu engenho a moagem da cana de todos os lavradores da vizinhança. Recebem o algodão em caroço e encarregam-se da limpeza, carda, fiação, tecelagem, pagando-se, ao cabo, com uma porcentagem regular do próprio pano que assim fabricam. Apenas o que determina, nesse caso, a concentração não é o custo do maquinismo, pois um descaroçador pode ser construído por qualquer carpinteiro e um tear vale, quando muito, o que valem 10 arrobas de algodão bruto, mas, sobretudo, o processo demorado, fastidioso e fatigante que requer a indústria, mesmo havendo mão de obra numerosa e disponível. A verdade é que de nenhum produto tropical se pode dizer, tanto como o algodão, que os progressos no seu cultivo dependeram estreitamente da existência de maquinismos adequados e de métodos de elaboração mais aperfeiçoados. Métodos e maquinismos que só dois séculos mais tarde principiariam a surgir entre nós.

---

20 *Inventários e testamentos*, XVII, p.181.

21 Ibid., p.298.

22 Ibid., p.72.

23 *Inventários e testamentos*, XVIII, p.441.

24 *Inventários e testamentos*, XXII, p.22.

25 *Inventários e testamentos*, XVI, p.9.

Redes e redeiras de São Paulo I*

Ao visitar pela segunda vez a Capitania de São Paulo, tendo entrado pelo registro da Mantiqueira, Saint-Hilaire se impressionou com a presença de redes de dormir ou descansar em quase todas as habitações que orlavam o caminho. O apego a esse móvel "quase desconhecido" em Minas Gerais pareceu-lhe dos característicos notáveis da gente paulista, denunciando pronunciada influência dos índios outrora numerosos na região.

Antes de considerar a técnica do fabrico de redes e a extensão da influência indígena sobre essa técnica, caberia aqui o exame do processo que levou à generalização de seu emprego. É sabido que o europeu recém-chegado ao Brasil aceitou o costume indígena sem relutância, e há razão para crer que, nos primeiros tempos, esses feitos maneáveis e portáteis constituiriam objeto de ativo intercâmbio com os naturais da terra. Tão grande seria a sua procura que, em 1587 no regimento feito pelo Conselho da Vila de São Paulo para bem definir as relações entre os moradores e o gentio Tupinaen descido do sertão, foi necessário ordenar que nenhuma

* Artigo originalmente publicado em *O Estado de S. Paulo*, 28 out. 1947. (N. O.)

pessoa "lhe tomasse redes nem outra coisa". Essa referência explícita não poderia ser mais significativa.

É lícito pensar que ainda não se disseminara então, entre paulistas, o fabrico doméstico dessas redes. Cercado de parcialidades que em muitos casos ignoravam seu uso, como os Guaianases e os Guarulhos, por exemplo, tratariam eles de ir adquiri-las onde e como o pudessem. Já em 1561 dissera Nóbrega, em uma dessas cartas, que sendo essas redes as verdadeiras camas da terra, não se alcançavam facilmente em São Vicente, por serem caras, mas podiam vir de outras capitanias, "onde são muito baratas".[1]

No admirável relato da Missão dos Carijós de 1605-1607, redigido pelo padre Jerônimo Rodrigues e ultimamente publicado por Serafim Leite, diz-se que indo os homens de São Paulo a resgatar índios nos Patos, também trabalhavam por haver suas redes e tipoias.[2] E em inventários da mesma época, o de Francisco Barreto, por exemplo, que é precisamente de 1607, encontramos alusão, entre outras, a "redes de Carijós",[3] sinal de que não seriam confeccionadas aqui, mas trazidas, por bem ou por mal, das paragens sulinas onde habitava esse gentio.

Contudo, a simples necessidade de especificar a procedência já denunciava bem claramente que nos achamos em face de exceções à regra geral. A regra geral, pelo menos em princípios do século XVII, deveria ser a fabricação doméstica. Com as peças de serviço do gentio da terra – Tamoios, Tupiniquins, Tupinaens, Carijós – introduziram-se também, nas casas paulistas, as cunhas tecedeiras. E, com elas, os teares "de tecer rede", onde a tradição indígena, pouco modificada, nesse caso, pela influência das técnicas adventícias, tem permanecido até os nossos dias.

É certo que, existindo em São Paulo os teares horizontais de procedência europeia – teares de tecer pano – pelo menos desde 1578, o ano em que tecelões e tecedeiras começam a ser mencionados nas Atas da Câmara, são também os únicos a que expressamente se referem, duran-

1 Nóbrega apud Leite, *Novas cartas jesuíticas*, p.108.
2 Rodrigues apud Leite, op. cit., p.243.
3 *Inventários e testamentos*, II, p.207.

te todo o século XVII, os documentos paulistanos publicados. O mais antigo tear de fazer rede de que temos notícia surge só no inventário do capitão Diogo Bueno e sua mulher, Isabel Bueno de Oliveira, e esse inventário data de 1729.

Pode-se alegar que muitas redes seiscentistas seriam talvez de pano grosso, pano de duas varas, fabricado em teares horizontais de modelo europeu, e é esse provavelmente o caso das redes atoalhadas e de picote que aparecem em certos inventários da época. Mas não se conclua sem maior exame que eram inexistentes no século XVII, entre os moradores brancos de São Paulo, os teares especiais para a confecção de redes, que os colonos e os filhos de colonos adotaram ao contato com a primitiva população indígena. E o próprio fato de se esclarecer, a respeito de muitos dos teares inventariados que são "de tecer pano", é prova de que existiriam outros, no caso, os de tecer rede.

A importância que a rede assume para nossa população colonial prende-se, de algum modo, à própria mobilidade dessa população. Em contraste com a cama e mesmo com o simples catre de madeira, trastes "sedentários" por natureza e que simbolizam o repouso e a reclusão doméstica, ela pertence tanto ao recesso do lar como ao tumulto da praça pública, à morada da vila como ao sertão remoto e rude.

Móvel caseiro e, ao mesmo tempo, veículo de transporte, é em suas redes lavradas, por vezes luxuosamente adornadas, como a de Pascoal Leite Pais, feita de tecido carmesim com forro de tela verde e passamanes de prata, que saem às ruas as matronas paulistanas, ou viajam entre a vila e o sítio da roça. De Manuel José Bueno contam que, tendo ido a Lisboa para levar a el-rei o célebre cacho de bananas de ouro, andava pelas ruas da Corte em uma rede de fios de algodão e lã de várias cores, carregada por mulatos calçados, que levara de São Paulo especialmente para esse mister. Pedro Taques, ao referir o episódio, acrescenta que "seria objeto de grande riso essa nova carruagem em Lisboa, e na verdade só a providência o faria escapar às pedradas dos rapazes da Cotovia".[4]

4 Paes Leme, Nobiliarquia paulistana histórica e genealógica, II, *Revista do Instituto Histórico e Geográfico de São Paulo*, XXXIX, p.333.

Não só as matronas, como Inês Monteiro, ou os velhos, como um Manuel João Branco – "caduco velho" chama-lhe o autor da *Nobiliarquia* –, serviam-se de semelhante veículo. Os próprios sertanistas não desdenhavam desse meio de transporte, menos, talvez, por amor à comodidade, do que por amor à própria distinção e ao prestígio que o aparato impunha. O poeta José Eloi Ottoni, que ainda pôde ser contemporâneo das últimas bandeiras paulistas, fala-nos, e não sem rancor, naqueles capitães que iam pelo mato dentro carregados "em redes, aos ombros de seus semelhantes".[5] E já no século passado o cronista Baltazar da Silva Lisboa registra a mesma tradição. O fato é que as redes – redes de dormir ou de transportar – são peças obrigatórias em todos os antigos inventários feitos no sertão.

Dados esses préstimos numerosos, não seria de estranhar-se que sua confecção monótona e fatigante tivesse papel de singular relevo na vida dos velhos paulistas e ocupasse grande parte do pessoal doméstico. Basta dizer-se que, sendo preciso vários arráteis de algodão para fazer-se uma rede, só para a limpeza de um arrátel, uma pessoa consumia ordinariamente quase um dia inteiro. Quando se introduziu o descaroçador manual de madeira, o que em São Paulo parece ter ocorrido só em meados do século XVII, e isso mesmo em poucas casas, tornou-se possível maior economia de tempo, já que, segundo a estimativa de Manuel de Arruda Câmara, um desses aparelhos é capaz de limpar por dia duas arrobas de algodão em caroço, que vem a dar meia arroba de lã. Em compensação eram precisas duas pessoas trabalhando ao mesmo tempo – trabalho que, ao cabo de um dia, deixava inteiramente exausto qualquer indivíduo – para que pudesse funcionar o aparelho.

A fiação, posto que menos fatigante, requeria, por sua vez, ainda mais tempo e trabalho. Sabe-se que nas missões do Paraguai os padres entregavam aos sábados meia libra de algodão a cada índia casada, com a obrigação de a devolverem, já em novelo, na quarta-feira seguinte. O prazo poderá parecer excessivamente longo, mas não é de acreditar que

5 Ottoni, Memória sobre o estado atual da Capitania de Minas Gerais, 1798; *Anais da Biblioteca Nacional do Rio de Janeiro*, XXX, p.312.

as caboclas de São Paulo, sem o peso da disciplina que impunham os jesuítas das missões, fossem, nesse particular, mais industriosas do que suas irmãs paraguaias.

Finalmente, para o principal, isto é, para fazer a rede, tendo os fios necessários, nenhuma tecedeira, por ativa que fosse, gastava menos de três ou quatro semanas de trabalho incessante, e muito mais, em regra, se a rede tivesse abrolhos e varandas. Por isso, e porque comportavam em geral maior lavor e mimo, as redes eram avaliadas, em São Paulo, a preços mais elevados do que os catres de mão, que qualquer carpinteiro podia fazer em algumas horas.

A presença desses catres é explicável, em muitos casos, pelo maior abrigo que podem proporcionar em terra de grandes frios como São Paulo. Ainda assim, a grande maioria do povo, e não apenas índios e mamelucos, só se deita em redes. Ao redor da rede de Lourenço Vaz, e na sua morada, chega mesmo a realizar-se certa vez, em 1580, uma sessão da Câmara, porque, sendo ele o escrivão do Conselho, achava-se mal disposto e não podia levantar-se dela.

Essa preeminência quase sem contraste da rede de dormir conserva-se em São Paulo durante todo o século XVII e a maior parte do seguinte. A cama com seu pavilhão ou sobrevéu só surge ocasionalmente e nas casas de grande prosápia. Como exceção cabe citar a de Gonçalo Pires, tão justamente célebre. Sabe-se pela narrativa de Afonso de Taunay como requisitada e, por fim, apreendida, pelos camaristas para uso do ouvidor geral da Repartição do Sul, durante a sua estada em São Paulo, em 1620, passados sete anos ainda não a queria de volta o dono, alegando prejuízo sério.[6]

Para os homens bons da vila, a presença desse móvel em casa de um simples oficial mecânico, como Gonçalo Pires, que era precisamente carpinteiro, deveria parecer coisa extraordinária, quase escandalosa. Isso parece explicar cabalmente sua atitude arbitrária. Em verdade não era essa cama a única existente na época em São Paulo. Existia ainda a

6 Taunay, *História seiscentista da Vila de São Paulo*, I, p.59.

de Gaspar Cubas e a de sua mulher Isabel Sobrinha. Quando esta veio a morrer, em 1619, o juiz de órfãos Antonio Teles mandou que se avaliasse o pavilhão, o que foi feito, e deixou a cama ao dito Gaspar Cubas "por ser pessoa nobre".[7]

Podem contar-se as demais camas assinaladas nos inventários de São Paulo durante todo o correr do século XVII. Há, por exemplo, a de Diogo Dias de Moura, em 1627.[8] Em 1651, o leito de jacarandá, com sua grade, que pertencera a Valentim de Barros.[9] E três anos mais tarde, as duas camas de Diogo Coutinho de Melo, uma das quais, com seus dois colchões, de lã e de macela, dois lençóis de linho com rendas, travesseiros e almofadas também de linho, cobertor de damasco alaranjado com forro de baeta verde, pavilhão de pano de algodão com rendas e um catre novo, é avaliada em nada menos do que 20 mil réis.[10] Quantia então apreciável, principalmente quando consideramos que por 25 mil réis se orçara, em 1649, o lanço de casa deixado por Catarina do Prado à rua de São Bento, quase no coração da vila.[11] Mas 25 mil réis é também, em 1664, o preço da cama de Pascoal Leite Pais, com seu forro de tafetá azul e cortinas e sobrecéu com franja de retrós.[12] Dois decênios depois não alcançará, entretanto, mais de 8 mil réis o leito de Marcelino de Camargo, embora de jacarandá todo "pranzeado".[13]

Essa meia dúzia de leitos e casas é tudo quanto podemos encontrar nos inventários seiscentistas de São Paulo. Aos poucos e à medida que os paulistas vão adotando costumes mais civis e urbanos é que a presença das camas de madeira, substituindo-se as de algodão tecido – esses leitos, da terra como diziam os primeiros cronistas –, deixam de constituir uma rara exceção. Mas seria preciso esperar pelo século XIX para assistirmos ao seu triunfo total e definitivo.

---

7 *Inventários e testamentos*, V, p.282.
8 *Inventários e testamentos*, VII, p.304.
9 *Inventários e testamentos*, XV, p.201.
10 Ibid., p.368.
11 Ibid., p.90.
12 *Inventários e testamentos*, XXVII, p.125.
13 *Inventários e testamentos*, XXI, p.489.

Há cem anos já se podia dizer que da antiga indústria doméstica de tecelagem só restavam, na Província de São Paulo, as redes sorocabanas, tão disputadas pelos negociantes de animais durante as feiras. Com o desaparecimento das feiras, desterradas afinal pelo caminho de ferro, também acabam praticamente as redes e as redeiras. O que ainda hoje nos resta destas últimas é muito pouco – uma única na cidade de Sorocaba e uma outra pelos arredores, informa-nos Aloísio de Almeida. Mas é por intermédio delas, e também das tecedeiras de Cuiabá – antiga colônia de sorocabanos e ituanos – que podemos ainda conhecer alguma coisa dessa indústria caseira, outrora tão florescente em toda a Capitania de São Paulo.

Redes e redeiras de São Paulo II*

A adoção generalizada do tear indígena para a fabricação de redes ilustra bem uma atitude frequente dos portugueses da época da colonização em face de certos elementos da civilização material dos primitivos habitantes do país. Atitude que se caracteriza antes por uma aquiescência simplesmente formal e passiva a tais elementos do que por sua integração orgânica nos padrões ancestrais.

Sabe-se, por exemplo, que na navegação dos rios puderam imperar longamente e sem contraste as canoas de pau inteiriço, não apenas fabricadas mas também manejadas, durante a mareagem, ao modo e estilo dos índios. É significativo que o desaparecimento das antigas monções do Tietê, já no século passado, tenha tido entre as suas causas imediatas a diminuição, em nossas florestas, das perobeiras e zimbouvas gigantes, apropriadas à construção daquelas canoas. A ninguém, salvo a sonhadores da espécie de d. Luis Antonio de Souza, o Morgado de Mateus,

* Artigo originalmente publicado em *O Estado de S. Paulo*, 14 nov. 1947. (N. O.)

ocorria seriamente a possibilidade de se suprir a falta com a construção de barcões de taboado, semelhantes aos que se usavam no reino.

No caso das redes de algodão, também não existiria obstáculo a que, para seu fabrico, empregassem os adventícios, os teares tradicionais do Velho Mundo: "teares de tecer pano". No entanto, quando se puseram a confeccionar eles próprios e seus descendentes, ou serviçais domésticos, as redes que antes tomavam já prontas ao gentio da terra, não hesitaram em apegar-se às técnicas usuais entre esse gentio.

Mas seriam, efetivamente, de procedência indígena os teares de rede que encontramos mencionados em documentos coloniais ao lado dos outros, os de "tecer pano"? Poderá responder pela negativa quem se atenha exclusivamente a certo texto de Gabriel Soares de Souza referente aos índios da costa: "As mulheres deste gentio", diz, "não cosem, nem lavram, somente fiam algodão, de que não fazem teias, como puderam, porque não sabem tecer; fazem desse fiado as redes em que dormem, que são lavradas".[1]

A última parte da observação parece, entretanto, contrariar o restante "porque não sabem tecer". A menos que o autor se referisse nessa passagem ao tipo de redes feitas de fio trançado e com malhas mais ou menos largas, cujo preparo poderia, a rigor, dispensar o auxílio de qualquer tear. Dizem dos índios que não sabiam tecer, Gabriel de Soares quereria referir-se particularmente à tecelagem de panos e segundo processos europeus, ou melhor, em teares horizontais, como o das tecelãs portuguesas.

Que os índios tupis possuíam, não obstante, teares próprios, "feitos à sua arte", e evidentemente mais singelos e grosseiros do que os do Velho Mundo, afirma-o expressamente Magalhães Gandavo. E chega mesmo a precisar que esses teares tinham de comprimento nove a dez palmos, ou seja, de 1,9 metro a 2,2 metros aproximadamente. Jean de Lery, ainda mais explícito a respeito, não só se refere aos mesmos teares como ainda os descreve, embora sucintamente:

1 Soares de Souza, *Tratado descritivo do Brasil em 1587*, p.290.

> *Touchant les lits de coton, qui sont appelés iniz par les sauvages, leurs femmes ayant des métiers de bois, non pas à plat, comme ceux de nos tisserands, ni avec tant d'engins, mais seulement élevés devant elles de leur hauteur, après qu'elles ont ourdi à leur mode, commencent à tisser par le bas, elles en font les uns em manière de rets ou filets à pêcher, et les autres plus serrés comme gros canevas.*[2]

A descrição pode aplicar-se exatamente ao processo empregado ainda em nossos dias pelas redeiras domésticas de São Paulo e Mato Grosso, que também se servem de teares verticais – não horizontais como os de fazer pano – e tecem de baixo para cima. Se isso não bastasse para atestar a filiação indígena de sua técnica, caberia ainda acrescentar que o mesmo sistema, com poucas variantes, pratica-se até hoje entre numerosas tribos do continente sul-americano. Erland Nordenskiöld, assinalando sua presença entre indígena do Grão Chaco e da Bolívia, exclui cabalmente qualquer possibilidade de ter sido ele introduzido por europeus ou negros da África. E as variantes locais que pôde registrar referem-se menos à técnica da tecelagem propriamente, ou à forma e disposição geral do tear, do que ao modo característico de se urdirem os fios para a teia.

Assim, em um dos casos assinalados pelo etnólogo sueco, o tear representa uma espécie de bastidor, e os fios da urdidura fixam-se nos dois eixos horizontais e paralelos. É o tipo chamado peruano, que encontramos representado em certos desenhos da *Nueva corónica* de Guamán Poma e aparece entre alguns dos atuais agrupamentos indígenas do Grão Chaco. No outro, que apoiado em uma referência de Max Schmidt, Nordenskiöld supõe ter sido trazido e difundido pelos povos do ramo aruaque, a urdidura é feita em volta das mesmas traves, formando como um rolo oblongo, que a tecedeira, sempre sentada ao chão, em geral sobre uma esteira, pode manejar a vontade, ajustando-o na posição mais con-

2 Lery, *Histoire d'un voyage faict en Terre du Brésil*, II, p.97. [Do francês: "Tocando as camas de algodão, que são chamadas de *iniz* pelos selvagens, suas mulheres tendo teares de madeira, não horizontais, como os teares de nosso tecelões, nem com tantos mecanismos, mas apenas levantados diante delas a sua altura, depois que urdiram a sua moda, começam a tecer por baixo, fazem alguns à maneira de malha ou rede de pescar e outros mais fechados, como tela grossa". – N. E.]

veniente e cômoda, enquanto vai introduzindo e sucessivamente batendo os fios da trama.[3]

A esse último tipo associam-se os teares encontrados por Jean de Lery se, como parece certo, a técnica posteriormente disseminada entre os colonos, e que em São Paulo gerou uma indústria ainda próspera em começo do século passado, provém, em última análise das antigas tecedeiras Carijós e Tupiniquins. E a ele ainda pertence, muito provavelmente, a atual indústria de redes do Nordeste – especialmente do Ceará – e também, a da Amazônia, cujos produtos chegavam a representar, ao tempo da expedição de Spix e Martius, importante ramo de comércio com as Antilhas.

As observações que tive oportunidade de realizar pessoalmente limitaram-se, contudo, à antiga área da expansão paulista, ou melhor, aos dois centros, dentro da mesma área, onde se conservam até agora sobrevivências dessa indústria. Em um deles – Sorocaba –, as sobrevivências resumem-se atualmente em escasso vestígio, que a invasão da máquina ainda não conseguiu desfazer de todo. As velhas e raras tecedeiras que hoje preservam a tradição das célebres redes sorocabanas, tão cultivadas no século passado, encontram-se, na sua quase absoluta totalidade, para além das fronteiras da agitação cosmopolita e industrial. Vivem em sítios relativamente afastados e ainda mal contaminados pela influência desses grandes agentes da "modernização", que são o trem de ferro e a página impressa. Ou, se vivem por ventura na cidade, praticando ali sua ocupação favorita, como ocorre pelo menos em um caso, representam, sem dúvida, uma espécie de pitoresco anacronismo.

Em Cuiabá a tecelagem de redes não é hoje, mais do que em Sorocaba, mister citadino. Para encontrá-la em pleno florescimento tive que ir no ano passado ao Coxipó do Ouro e também à Várzea Grande. É principalmente na Várzea e em alguns outros lugarejos situados pelas proximidades da capital mato-grossense, como o Picarrão, o Sovaco, a Praia Grande, o Capão Grande, o Capão do Pequi, o Pai André, que ainda

3 Nordenskiöld, *Eine geographische und ethnographische Analyse der Materielen Kultur Zweier Indianerstamme in El Gran Chaco*, p.216.

prospera essa velha indústria caseira desterrada da cidade pelo progresso juntamente com tantas outras reminiscências de um passado que já parece longínquo: as folias do Divino ou de São Benedito, que d. Aquino Correia proibiu, as lavagens de São João nas águas do Rio Cuiabá, os famosos cururus de siá Blandina e os de siá Emiliana, que Deus haja em glória, as corridas de touro – a última celebrou-se em 1935, quando morreu o último toureiro –, os próprios chapéus de palha de carandá que há três anos não se fabricam mais.

Em compensação, a rede de algodão não representa em Cuiabá simples recreio de gente ociosa. Seu uso, na cidade e na roça, estende-se às mais diversas camadas da população, porque, como antigamente em São Paulo, é ali a verdadeira cama da terra. A atividade das redeiras alimenta-se assim com a procura constante e obrigatória de seu produto. E nada, por enquanto, parece tender a modificar essa situação em terra onde a sesta é habitual e as noites são invariavelmente quentes.

A vitalidade que assim se assegura a essa indústria doméstica tem seu natural reflexo numa tendência para o aperfeiçoamento da aparelhagem empregada. O simples confronto entre os dois teares ultimamente adquiridos pelo Museu Paulista, um procedente de Sorocaba, outro de Cuiabá, serviria para atestar esse fato. No último, não só os esteios laterais e os eixos ou travessas foram trabalhados com maior esmero, mas todo o conjunto – a "grade", como dizem as redeiras cuiabanas – descansa sobre sólidas bases de madeira, que o fazem inteiramente independente de qualquer outro amparo e mantêm-se em posição vertical.

O modelo sorocabano, ao contrário, não tendo estabilidade própria, pois durante o trabalho de tecelagem há de ficar apoiado a uma parede e com calços de sarrafo aos pés, conserva-se ligeiramente inclinado. Nisto segue, talvez, o sistema usual entre as antigas tecedeiras paulistas. E, com efeito, pode inscrever-se, ele próprio, ao menos pelo critério de antiguidade entre as peças de legítimo interesse histórico. Construído durante a primeira metade do século passado por certo Inácio Mingote, foi vendido mais tarde a Guilhermina Martins Prestes, que morreu há mais de cinquenta anos, deixando-o a sua irmã Agueda Martins Prestes, de quem passou agora para o Museu. É em grande parte pelos ensinamentos de

d. Agueda Prestes, que veio ela própria a São Paulo fazer uma demonstração de suas habilidades de tecelã; pela observação direta do trabalho de siá Lola (Antonia Paula da Silva), redeira na Várzea Grande, perto de Cuiabá; e finalmente pelos escritos do sr. Aloísio de Almeida, notável conhecedor da história do sul de São Paulo, que temos elementos para reconstituir alguns aspectos mais importantes dessa indústria caseira.

Desde já cumpre dizer que as ligeiras discrepâncias notadas entre o tear de Cuiabá e o de Sorocaba não são de natureza a afetar a técnica de tecelagem, que é idêntica em ambos os casos. E parece plausível admitir, com Aloísio de Almeida, que o centro inicial da transmissão dessa técnica foi, nos mesmos casos, o São Paulo de Piratininga da Era das Bandeiras. De São Paulo, ou melhor, dos primitivos bairros paulistanos de Parnaíba, Pinheiros e Cotia, saiu a maior parte dos povoadores antigos de Sorocaba, assim como de Sorocaba provém parte considerável dos habitantes do arraial do Bom Jesus de Cuiabá, localizado no mesmo sítio onde o sorocabano Miguel Sutil, andando certo dia em busca de mel-de-pau, achou mais de meia arroba de ouro.

Redes e redeiras de São Paulo III*

A especialização de Sorocaba na manufatura de redes de dormir – e também de tapetes feitos em teares de rede – é devida provavelmente à circunstância de ali se congregarem, ao tempo das célebres feiras de animais, indivíduos de procedências várias, que consumiam largamente esse produto e asseguravam, assim, a sobrevivência de seu fabrico.

Razões semelhantes teriam feito com que, depois de encerrada a fase colonial, ainda fossem famosos os panos de algodão e lã de Franca, os cobertores de Lorena e os conchonilhos de Castro, na antiga comarca paulista de Curitiba. O que ocorreu em tais casos foi apenas um prolongamento de certas técnicas de produção já esquecidas ou abandonadas em outras regiões do planalto.

O corpo principal do tear de rede consta de um par de fortes esteios de madeira, dispostos paralelamente e tendo, cada qual, dois largos orifícios por onde se introduzem as extremidades de dois eixos também de madeira, colocados em sentido horizontal e formando o todo, um

* Artigo originalmente publicado em *O Estado de S. Paulo*, 16 nov. 1947. (N. O.)

quadrilátero de dimensões variáveis: a "grade de tear", como dizem as tecedeiras cuiabanas.

É principalmente a distância entre os dois esteios laterais que condiciona o tamanho da tela. No tear sorocabano existente no Museu Paulista, essa distância é de 2,2 metros, ou seja, precisamente uma braça, e isso pode sugerir que foi construído antes de se generalizar entre nós o sistema métrico. Outro tanto medem de comprimento os próprios esteios que completam a moldura da grade. Note-se, aliás, que uma braça, isso é, dez palmos, mediam também os antigos teares dos indígenas da costa, segundo o depoimento de Gandavo, citado anteriormente. No tear cuiabano, de fabricação recente, a distância entre os dois esteios é, entretanto, de 1,2 metro, sendo de 1,8 metro sua altura.

Como os orifícios que recebem as extremidades dos dois eixos horizontais são ordinariamente bem mais largos do que estes, costumam as tecedeiras fixá-los – de preferência o eixo inferior – com o auxílio de duas ou três cunhas de madeira para cada lado. Graças a esse recurso podem ainda regular aproximadamente o comprimento da rede, dentro do limite que permite a largura o quadrilátero.

Entre as outras peças empregadas na tecelagem cabe função importante a um grosso cilindro de madeira ou de espique de palmeira e quase tão longo quanto os eixos horizontais da grade, que serve para a amarração dos fios ao iniciar-se o trabalho. Essa peça, que também se destina a separar em duas camadas os fios já urdidos, chama-se em Sorocaba, "buruchê", e em Cuiabá "bariti". É a única parte do tear que conserva, entre as atuais tecedeiras, uma designação de aparente procedência indígena. No tear de tipo chamado peruano ela é dispensável, porque a urdidura se fixa diretamente nas traves horizontais e os fios constituem uma só camada.

Amarradas ao buruchê as pontas dos fios, a primeira operação da redeira consiste em distendê-los, enrolando-os, depois, de alto a baixo, em volta dos dois eixos ou traves, de maneira a formar o "urdume". Em seguida inicia, na parte dianteira, a separação entre os fios pares e os ímpares. Para isso recorre a duas varetas chamadas "taquarinha de trocar os fios". Estes vão sendo sucessivamente apartados, ora para frente, ora para trás, ao mesmo tempo que as varetas são metidas entre os dois sistemas assim formados, uma por cima e outra por baixo de seu ponto de cruzamento, em toda a largura do urdume. Isso feito, trata a tecedeira de substituir a vareta superior por uma grossa taquara – a "abrideira" –, que é depois pendurada ao eixo superior por meio de dois cordões presos às suas extremidades.

Ficam estabelecidos, desse modo, na camada anterior do urdume, duas novas sequências de fios – uma externa e outra interna. A cada um dos fios da série interna atam-se a seguir longas argolas de fio de algodão, que encadeadas entre si na parte externa, do lado da operária, oferecem o aspecto de um babado irregular. Puxadas pela redeira, essas argolas, que têm papel correspondente ao dos liços no tear horizontal e que também recebem esse nome, trazem para a frente os fios do segundo plano.

Não há dúvida que esse tipo de liço foi herdado pelas antigas redeiras paulistanas dos naturais da terra, conquanto se tenha perdido hoje a lembrança de sua primitiva designação. Sem esse dispositivo o trabalho de tecelagem poderia ser executado do mesmo modo, mas exigiria considerável desperdício de tempo, além de uma atenção meticulosa e exata.

É de notar-se que entre muitas tribos indígenas ele alcança uma perfeição que estão longe de conhecer nossas redeiras civilizadas. Assim é que no *aquigo epa* Bororo, espécie de tear de rede em miniatura, destinado à confecção de faixas de algodão, empregam-se duplos liços, isto é, uma série de argolas presas aos fios ímpares e outra nos fios pares, aquela pendente da parte exterior dianteira e a outra da face oposta, de modo que o tecelão pode economizar tempo manejando alternadamente com as duas séries, sem precisar separar os fios correspondentes por meio da batedeira.[1]

Em outro caso – entre os indígenas do Caiauri-Vaupés, por exemplo, que Koch-Grünberg visitou em 1903 –, é usual introduzir-se uma vala estreita nas argolas, do lado do tecelão, que consegue assim, de um só movimento, fazer passar para o primeiro plano todos os fios da série

1 Colbacchini; Albisetti, *Os bororos orientais*, p.54 et seq.

interna,[2] trabalho que as redeiras domésticas, desconhecendo esse expediente, só podem executar lentamente e em partes.

É interessante observar-se também que, entre muitos índios, os fios que hão de servir para a tecelagem são previamente emaranhados em breves canelas de madeira correspondente as lançadeiras europeias, ao passo que as redeiras, tanto de Sorocaba como de Cuiabá, se servem para o mesmo fim de simples novelos de linha. Entre as cuiabanas, essas linhas são frequentemente de fabricação caseira e feitas, não raro, pela própria tecedeira.

Somente depois de preparado o liço ao largo de todo o urdume é que se inicia, a bem dizer, o trabalho de tecelagem. Uma das varetas usadas para a troca dos fios, nesse caso a inferior, pois a outra já foi retirada, a fim de dar lugar à abrideira, serve de ponto de partida. Entre os fios das duas séries do primeiro plano, mete a tecedeira uma espátula de madeira que, virada depois em sentido transversal, vai dar espaço para o lançamento de cada um dos fios da trama.

Disposto horizontalmente, de maneira a formar ângulo reto com os do urdume, o fio da trama é comprimido depois, em toda a sua extensão, com a mesma espátula que serviu para alargar o vão entre as séries par e ímpar. De onde o nome clássico de "batedeira" que ainda lhe dão em Cuiabá ao ponto que em Sorocaba recebe a designação de "régua".

Depois de comprimido o primeiro fio com a batedeira é que a tecelã, puxando o liço, faz passar para o exterior a carreira interna do urdume a fim de poder introduzir no espaço intermédio um novo fio. Repete então a operação anterior. Daí por diante todo o seu trabalho consiste em lançar os fios da trama entre as duas carreiras verticais, alternando-se sucessivamente as posições destas, e batê-las de cada vez com a régua, para que o teçume fique bem travado, trabalho que as boas redeiras sabem executar com espantosa agilidade e rapidez.

A largura regular e constante da teia é obtida por meio de uma espécie de régua articulada ao centro e que se fixa de um lado ao outro e junto

2 Koch-Grünberg, *Zwei Jahre unter den Indianern*, II, p.213.

ao eixo inferior do tear, sobre os fios previamente tramados. O nome de "tempereira" que recebe esse instrumento em Sorocaba – em Cuiabá chamam-lhe "espichadeira" – e também seu formato peculiar evocam a peça que, nos aparelhos horizontais, tem função idêntica. E, com efeito, é esse o único elemento do tear de rede que não parece ter sido tomado ao indígena, mas introduzido posteriormente por influência europeia entre as redeiras domésticas. Pelo menos não é assinalada por nenhum dos etnólogos que tem estudado mais detidamente a técnica de tecelagem entre índios sul-americanos, como Roth na Guiana, Koch-Grünberg na Amazônia, Nordenskiöld no Grão Chaco e Max Schmidt entre os Guato de Mato Grosso. Não é mesmo impossível que entre as nossas redeiras seiscentistas fosse ainda desconhecida essa peça cuja ausência pode, em verdade, ser compensada pela paciência e habilidade da operária.

Além dessas peças que formam propriamente o tear vertical, recorrem as redeiras a instrumentos acessórios que servem para se fazerem as varandas internas e franjas correspondentes. Tratando-se de instrumentos próprios de brosladores e sirgueiros, não de tecelões, é lícito suspeitar-se que evoluíram independentemente da tecelagem de rede e mesmo que tenham sofrido influência de técnicas modernas. Não pude conhecer os que usam presentemente entre as tecedeiras de Sorocaba. Em Cuiabá empregam-se para a confecção das varandas ou guarnições laterais, longos bastidores quadrilaterais, idênticos aos que se utilizam hoje em certos trabalhos de agulha, particularmente o filé. As franjas são feitas em pequenas peças de madeira chamadas "franjeiras", tendo os fios passado previamente pela "esteirinha", formada de uma série de pranchas também de madeira, ligadas entre si.

Seja como for, a adaptação à rede de varandas e franjas só se efetua depois de concluído o trabalho de tecelagem. Ou melhor, quando apenas uma vara, se tanto, do primitivo urdume, deixou de receber os fios correspondentes à trama. Corta-se então ao meio essa parte não tramada, e as extremidades dos fios soltos – os futuros punhos da rede – são reunidos de modo a formarem uma argola resistente.

Nas redes mais singelas, os fios do urdume e os da trama têm todos a mesma cor, geralmente branca. É muito frequente, entretanto, o emprego de linha de cores distintas, respectivamente para a trama e urdidura, obtendo-se dessa forma combinações mais ou menos felizes. Os desenhos são feitos mudando-se segundo o modelo, em pontos determinados de antemão, a cor ou a qualidade do fio da trama. Quando o fio chega a um desses pontos, cede então lugar a outro.

A frequência quase exclusiva do traço retilíneo em muitos desses desenhos não se deve atribuir às influências indígenas que presidiram à própria técnica da fabricação de redes, ou apenas a tal influência. Segundo todas as probabilidades relaciona-se antes às dificuldades que ofereceria um motivo mais complexo nos fios tramados no tear vertical. Contudo, o uso de fios delgados permite vencerem-se algumas dessas dificuldades. De qualquer forma, a ornamentação interna das redes constitui, talvez, a parte mais delicada do trabalho de tecelagem, e seu efeito final depende exclusivamente da perícia das tecedeiras. Algumas fazem o desenho tendo constantemente diante dos olhos o cartão onde figura o modelo original. Outras, pelo menos em Cuiabá, timbram em reter na memória a maior variedade possível de desenhos ou combinações, e disso fazem uma questão de honra ou dignidade profissional. Redeira de um só desenho merece pouco caso. É como cururueiro de uma toada só.

Fiação e tecelagem em São Paulo na Era Colonial*

Se é certo que no preparo do algodão para a indústria têxtil as técnicas adventícias prevaleceram continuamente sobre as indígenas desde os tempos iniciais da colonização, não parece menos verdadeiro que a índios da terra e mamelucos, de preferência, estivessem confiados, pelo menos em São Paulo, os misteres da fiação e tecelagem.

Houve ocasião – no ano de 1628, conforme o atesta uma vereação datada de 9 de setembro – em que os senhores do Conselho tiveram de escolher para juiz do ofício de tecelão certo moço do gentio da terra chamado Antonio, serviçal na casa do vereador Francisco Jorge, "por não haver homem branco que o seja". Como tal, entrava em suas atribuições examinar todos os "negros que tecem" – negros da terra, bem entendido, isto é, índios, diferentes dos negros da Guiné, que eram os pretos –, dando carta aos que fossem peritos, "e o que não for para isso que não trabalhe".[1]

---

* Artigo originalmente publicado no *Digesto Econômico*, São Paulo, nov. 1947. (N. O.)

1 *Atas da Câmara da Vila de São Paulo: 1623-1628*, III, p.322.

A que atribuir semelhante fato? Podem-se apresentar explicações várias, mas não parece estranha a essa tendência para a especialização profissional de Carijós domesticados a pouca consideração com que era tido o ofício entre os portugueses, o que fazia com que relegassem a gente ínfima. Nisto pareciam competir os tecelões com os pedreiros, por exemplo, aos quais a inventiva popular dera o diabo por patrono.

Certos documentos acerca dos salários pagos a mecânicos em Portugal durante os tempos medievais podem dar ideia da posição dos tecelões na hierarquia dos ofícios. Assim, na tabela de preços organizada pelo infante d. Henrique em 1457 para pôr termo às dúvidas movidas entre o vigário geral e os mesteirais e braceiros da vila de Thomar, a avaliação do dia de trabalho dos tecelões de burel é de 8 reais, igual à dos trabalhadores de campo e inferior à de todas as demais profissões masculinas e urbanas. Quanto aos tecelões de pano de cor e mantas, receberiam 12 reais, tanto quanto os tanoeiros, os tosadores e os alfaiates e pedreiros que não tivessem mancebo servindo por soldada (aqueles que os tivessem ganhariam respectivamente 15 e 20 reais), menos do que carniceiros, ferradores, brosladores, saboeiros, carpinteiros (15 reais), sapateiros (18 reais), ferreiros com mancebo (25 reais) e muito menos do que os mercadores (40 reais). As tecedeiras que tecessem em tear alheio ganhariam apenas 5 reais, menos do que as padeiras, lavadeiras, forneiras e regateiras, ao passo que as donas de tear eram equiparadas, em matéria de salário, aos tecelões de burel, isto é, receberiam 8 reais por dia de trabalho.[2]

Esse desapreço pelos profissionais do tear, de que ainda há sinal em Lisboa por volta de 1572, quando os tapeceiros da mui nobre e leal cidade, que seguiam até então o regimento dos tecelões, conseguem alcançar da Câmara que os anexe aos brosladores, por ser melhor ofício,[3] parece ter raízes remotas. Entre os antigos romanos, o "*textor*", segundo Friedländer, era tido como representante característico das profissões grosseiras e rudes. Da baixa reputação do mesmo ofício entre os árabes, que por tanto tempo dominaram a Península Ibérica, há testemunhos

2 Baião, A Vila e o Concelho de Ferreira do Zêrere, p.65-7.

3 *Livro dos regimentos dos Officiaes mecânicos da mui nobre e sempre leal Cidade de Lisboa*, p.161.

numerosos. Significativa a respeito é a frase atribuída ao califa Walid: "Três espécies de ocupações só se recrutam entre indivíduos da ralé: os tecelões, os sarjadores e os curtidores". Para algumas tribos muçulmanas, "tecelão" e "filho de tecelão" eram termos considerados particularmente injuriosos. Para outras, a tecelagem achava-se tão intimamente associada à escravidão, que a palavra tecedeira valia por sinônimo de escrava. Um ditado corrente sustentava que de toda estupidez reinante no mundo, nove décimos estão com os tecelões.[4]

No Brasil, outra circunstância, além dessas tradições, contribuía para que a tecelagem passasse por mister humilde. É que, destinando-se os panos de algodão a vestir escravos e índios administrados, a eles, não aos brancos, devia caber normalmente sua manufatura. Em muitos casos, sobretudo nos distritos rurais, trabalhariam em proveito de terceiros, dos seus senhores, e assim se explica como entre donos de teares numerosos figurasse, em São Paulo, alguns homens dos mais abastados da capitania.

Aos vizinhos de menos posses compravam eles o algodão em caroço, de maneira que trabalhavam com o fruto das próprias lavouras e com o alheio. Por vezes chegavam a assegurar-se o produto de uma colheita futura, pagando algum sinal por conta. É o que sugere a seguinte passagem do processo de inventário de Antonio Pedroso de Barros: "Deve Gonçalo Pires Garape dez mil reis que o defunto lhe tinha dado de sinal de um pouco de algodão que lhe havia de dar e a essa conta lhe deu os ditos dez mil reis".[5]

Dez mil réis corresponderiam pelo ano de 1652, época do inventário, a 25 a 30 arrobas de algodão em rama. Quantidade que poderia dar para cerca de seiscentas varas de pano, tomando-se como base de cálculo que uma arroba de fios, correspondente a quatro de algodão em caroço, rendia em média oitenta varas de pano da velha marca do mar (três palmos e meio de largura). Considerando-se mais que a vara de pano, ao tempo em que se fez o inventário, valia de oitenta a cem réis, teremos que o dono

4 Goldziher, Die Handwerk bei den Arabern, *Globus*, LXVI, p.204 et seq.

5 *Inventários e testamentos*, XX, p.23.

do tear, sem despender mais do que o necessário para o sustento e manutenção da gente do serviço, ganharia 500% e mais em todo o negócio.

Dificilmente obteriam lucros comparáveis esses proprietários quando fizessem tecer algodão alheio, pagando-se simplesmente com uma determinada porção do pano fabricado. Nos centros urbanos, onde o ofício se achava regulado por meio de posturas definidas e os artífices trabalhavam por conta própria, a porção era fixada pelas Câmaras. Em São Paulo, a partir de 1587, caberia a cada tecelão uma vara de sete que fabricasse. Esse regime de pagamento, bem compreensível em terra de numerário escasso, não se distinguia, ao cabo, do sistema da *poia* e *maquia*, tradicional entre moleiros e lagareiros de Portugal. Imperava também na América espanhola, e sabe-se que no Paraguai jesuítico, por exemplo, os índios recebiam dos padres quatro arrobas de fio e deviam devolver duzentas varas de pano, correspondendo-lhes, de salário, seis varas do mesmo tecido.[6]

Mais tarde o salário passaria a variar, em São Paulo, conforme os fios utilizados na textura. Para isso distinguiram-se três tipos de pano, o grosso, o médio e o delgado, em que um arrátel de fio daria respectivamente para duas, duas e meia e três varas de pano. Segundo proposta que a 21 de outubro de 1628 apresentou aos camaristas o procurador do Conselho Melchior Martins de Melo, seriam fixadas para os tecelões paulistanos novas posturas, de maneira que guardassem para si uma vara de pano em dez que tecessem do primeiro tipo, nove do segundo e sete do último. Em substituição a esta proposta alvitrou, três semanas mais tarde, o juiz ordinário, Gaspar de Louveira, que coubesse ao tecelão uma vara em nove do primeiro tipo, em oito do segundo e em sete do terceiro.

A presença de medidas semelhantes, não deve interpretar-se, todavia, como indício de que a tecelagem do algodão tivesse importância comercial ponderável. A escassez relativa das posturas sobre tecelões entre os velhos documentos municipais paulistas sugere mesmo o contrário. Mais do que outras atividades manufatureiras, a fabricação de

6 Hernandez, *Organización social de las doctrinas guaraníes de la Compañia de Jesús*, I, p.236.

fios e tecidos destinados a uso doméstico anda estreitamente associada, aqui, à vida do lar. Nos sítios da roça, onde quer que exista mão de obra suficiente para o mister, o excesso da produção servirá para permutas e pagamentos, ainda quando o pano de algodão tenha deixado de constituir a principal moeda da terra.

Todavia, nos últimos anos do século XVII e sobretudo nos três primeiros decênios do seguinte, alguns lavradores e comerciantes irão vender seu tecido em regiões onde o clima é pouco propício ao algodoeiro. Ainda ao tempo das viagens de Saint-Hilaire, o cultivo da malvácea cessa totalmente a pequena distância de Itapeva – a atual Faxina –, de modo que os moradores do planalto curitibano e até os de Paranaguá se servem ordinariamente de tecido importado.

Entre 1699 e 1725, a maioria das peças de pano de algodão que pagam subsídio em Curitiba provém de terras hoje paulistas. E negocia-as, em grande parte, gente de São Paulo, a julgar pelo que mostram os livros de receita e despesa da Câmara curitibana. Em mais de um caso menciona-se expressamente, em tais documentos, o local de procedência da mercadoria. Assim, nos assentos do ano de 1721, lê-se que o Procurador do Concelho cobrou de Manuel Lopes Ferreira "os subsídios de duas peças de pano de algodão que trouxe nesta última viagem que fez à vila de *hutu* que importarão mil e duzentos e oitenta réis". Nesse mesmo ano de 1721 cobrava o dito procurador de Joseph de Godoy e de seu irmão, "moradores na vila de *hutu*, os subsídios de quatro peças de pano de algodão".[7]

E há razão para supor-se que o negócio fosse de algum modo sedutor, quando se sabe que não o desdenhavam homens de grosso cabedal. Do capitão-mor José de Góis Morais, por exemplo, o mesmo que em 1708 se propusera comprar ao conde de Monsanto nada menos do que toda a Capitania de São Vicente e Santos, consta que três anos mais tarde ia vender em Curitiba suas vinte peças de algodão, voltando logo depois

7 Receita e despesa da Câmara Municipal de Curitiba: 1715-1734, *Boletim da Câmara Municipal de Curitiba*, VI, p.62.

para São Paulo sem ter pago o subsídio correspondente, no total de quarenta patacas.

O caso chegou a ter grave consequência porque outros negociantes deixaram de cumprir a mesma obrigação, e um deles, convidado a deixar sua quota, relativa a três peças de algodão que vendeu, chegou a replicar que "se os mais pagassem, que pagaria, e não pagou". À vista desses fatos e informados, em abril de 1712, de que em mãos de certo morador de Curitiba estavam 50 mil réis pertencentes ao sobredito José Góis de Morais, apressaram-se os camaristas em embarcar a quantia, indenizando-se assim o Conselho com os bens do devedor faltoso. Sabemos, contudo, por outro documento, que este compareceu no ano seguinte com a soma devida e que a multa lhe foi perdoada.[8]

A expansão da lavoura algodoeira não pôde, apesar de tudo, produzir-se em São Paulo na mesma medida em que se produziu noutras terras, no Maranhão principalmente, e também em Pernambuco e partes de Minas Gerais. Mesmo acolhendo-se argumentos tão otimistas como por exemplo os de um José de Sá Bitencourt na "*Memória*" que publicou Conceição Veloso, quando assegura, com precisão singular, que um algodoeiro dá de colheita ordinária exatamente 1.364 maçãs, as quais, por sua vez, rendem quatro arráteis de lã, essa expansão via-se limitada aqui pelos mercados relativamente restritos que desfrutavam nossos lavradores.

É digno de vista, por outro lado, que a produção e comércio do algodão andassem geralmente em mãos de pessoas que, como no caso de um Antonio Pedroso Barros, de um Guilherme Pompeu de Almeida ou de um José de Góis Morais, podiam dispor de braços abundantes e terra farta.

Nada se conhece de positivo acerca do regime de trabalho a que ficavam ordinariamente sujeitos escravos e índios administrados nos teares desses potentados. Sabemos, entretanto, pelo que ocorria nas Índias de Castela, o quanto seria preciso exigir dos naturais da terra, gente

8 Termos de vereança da Câmara, 1711, *Boletim da Câmara Municipal de Curitiba*, VI, p.53-5.

morosa e presa a uma técnica morosa, para que a produção dos panos de algodão constituísse mister verdadeiramente lucrativo. Tais foram os excessos praticados contra os índios no México, que el-rei Felipe III precisou ditar em 1612 uma ordem, revigorada doze anos mais tarde por seu sucessor e incorporada finalmente à "*Recopilación de leyes de Indias*", em que se ordena aos vice-reis de Nova Espanha que tratem de relevar os índios de trabalhos de tecelagem, pois ainda quando estes os exerçam por vontade própria e mediante jornais bem pagos, "importará menos a fabricação de panos que o agravo que possam receber".[9]

Em Tucumã, segundo os regulamentos do governador Abreu, de 1576, os índios deviam tributo dos 10 anos de idade aos 50, além do serviço pessoal. Suas mulheres, filhas e irmãs deviam trabalhar para os "*encomenderos*" das segundas às quintas-feiras inclusive, fiando algodão. Na realidade, trabalhavam a semana inteira e, por vezes, aos domingos e dias de festa, isso quando não chegava a cobiça dos amos ao ponto de obrigá-las a fiar durante a noite, à luz de velas ou candeeiros. Nem sequer os meninos de dez a quinze anos eram poupados desse serviço, e os velhos ficavam destinados aos grosseiros tecidos de caraguatá.

O fuso e o tear tornaram-se desse modo, observa em nossos dias um historiador argentino, o símbolo mais perfeito da escravidão naquelas terras. Quando os índios do Chaco assaltam e destroem Concepción del Bermejo, trucidam todos os espanhóis que não puderam escapar em tempo, exceção feita de uns poucos reservados para saciar sua sede de vingança, e estes foram postos... a fiar algodão.[10] Parece inevitável, em face deste episódio, recordar o fim trágico de nosso Antonio Pedroso de Barros, vítima, ele também, de uma rebelião dos seus índios – cerca de quinhentos carijós e Guaianases –, os quais, depois de feri-lo de morte, não se esqueceram, entre as tropelias praticadas, de inutilizar todos os teares da fazenda de cultura do Potribú.

A documentação de que hoje dispomos não autoriza a tentar, neste caso, mais do que uma aproximação muito hesitante. O que sabemos

9 *Recopilación de leyes de los Reynos de las Indias*, IV, p.107.

10 Coni, *Agricultura, comercio y industria coloniales*, p.67.

efetivamente do trabalho de nossos antigos tecelões da roça, por informe de um Luiz d'Alincourt, é que, procurando atender à exigência de mão de obra numerosa para a limpeza e fiação de algodão, se sirvam de um recurso bastante cômodo e não sem fortes atrativos entre a gente rural: o mutirão. A tecelagem, por sua vez, era largamente uma indústria doméstica, isso ainda em começo do último século. Panos feitos em casa davam não só para vestir serviçais, mas também para o traje íntimo de gente remediada: calças ou simplesmente ceroulas e camisas de algodão de três varas, além do surtum de baeta nos dias de muito frio.

O progresso desterrou de São Paulo essa velha indústria, companheira dos primeiros colonos portugueses. Antigos teares de fazer pano ainda se encontram, é verdade, em Franca, Igarapava, Pedregulho, Ituverava, patrocínio de Sapucaí, Mococa e, no Vale do Paraíba, em São Luis do Paraitinga e outros lugares, mas vieram-nos muito provavelmente de torna-viagem, procedentes dos municípios mineiros da vizinhança. Quanto aos teares de fazer rede, que pertencem a espécie distinta, estes ainda aparecem ocasionalmente no sul do estado, pobre sobrevivência de uma tradição perdida. Um dos três ou quatro que ultimamente ainda restavam em Sorocaba, foi adquirido há pouco pelo Museu Paulista.

Revista do Museu Paulista*

Ao entrar a *Revista do Museu Paulista* em nova fase, torna-se indispensável um esclarecimento preliminar. Encetada sua publicação em 1895 sob a orientação do então diretor do Museu, Hermann von Ihering, a *Revista* espelhou a princípio o caráter eclético que por esse tempo dominava as atividades do estabelecimento. Assim é que, já no seu primeiro número, encontravam-se trabalhos relacionados com História do Brasil, Arqueologia, Botânica, Zoologia e Paleontologia.

O zelo esclarecido e o rigor que àquelas atividades do dr. von Ihering puderam equilibrar alguns dos inconvenientes desse ecletismo. E o fato é que, dentro em pouco tempo, a *Revista* chegou a alcançar ampla e merecida repercussão nos círculos científicos do Brasil e também do estrangeiro.

Era inevitável, entretanto, que a tendência para a especialização se impusesse cada vez mais acentuadamente em suas páginas.

Aos esforços do dr. Von Ihering devera-se o desenvolvimento particularmente notável do acervo de Zoologia do estabelecimento e também, embora em menor escala, o enriquecimento de suas coleções de

* Artigo originalmente publicado em *O Estado de S. Paulo*, 16 nov. 1947. (N. O.)

Arqueologia e Etnografia. E é significativo que o interesse por essas mesmas disciplinas se refletisse de modo cada vez mais exclusivo na própria *Revista*.

Assumindo a direção do Museu em 1917, Afonso de E. Taunay, historiador dos mais ilustres de nossa terra, criou-se pouco mais tarde a seção de História Nacional, especialmente de São Paulo, e de Etnografia. Essa iniciativa prometia transformar a orientação primitiva do estabelecimento, em que as tradições brasileiras e paulistas ocupavam lugar quase apagado. Na realidade o autor da *História Geral das Bandeiras Paulistas* não se descurou durante a sua administração de desenvolver as seções dedicadas às varias ciências naturais enquanto estiveram sob sua alçada, mas ao mesmo tempo empenhou-se para que o Museu correspondesse melhor às finalidades que sugeria tacitamente sua própria localização em sítio histórico, e onde tudo parecia estimular o interesse pelo estudo do nosso passado.

A instituição dos *Anais do Museu Paulista*, cujo primeiro número saiu no ano em que se celebrava o centenário da Independência do Brasil e com o propósito expresso de comemorar a grande data, foi corolário natural dessa nova orientação. Destinando-se particularmente a servir ao estudo da História do Brasil, sobretudo de São Paulo, correspondia, por outro lado, à necessidade de criação de um órgão especializado nesses estudos.

Na própria *Revista*, que continuava a ser publicada simultaneamente com os *Anais*, acentuou-se também a tendência para a especialização – nesse caso, porém, em favor dos estudos de Zoologia e também de Etnologia e Linguística Indígena – quando, em 1927, a seção de Botânica do Museu Paulista foi integrar um organismo à parte. Finalmente, doze anos depois, em 1939, a própria seção de Zoologia emancipou-se, por sua vez, indo constituir o Departamento de Zoologia da Secretaria da Agricultura. O nome da tradicional *Revista do Museu Paulista* passou a servir de subtítulo para os *Arquivos de Zoologia do Estado de São Paulo*. Essa situação prevaleceu de 1940 a 1942, anos em que saíram os números I, II e III dos *Arquivos* correspondentes aos números XXIV, XXV e XXVI da *Revista*.

Desde o número IV dessa série, que pelo próprio formato já se distingue dos 23 primeiros volumes da *Revista*, desapareceu o subtítulo com a numeração correspondente. Isso queria dizer, em outras palavras, que a já tradicional *Revista do Museu Paulista* deixara de existir.

A oportunidade do seu reaparecimento deve-se à reforma que, em dezembro de 1946, criou a seção de Etnologia, destinada a preservação, enriquecimento e estudo do acervo antropológico do Museu Paulista – compreendido aqui o precioso material de Etnologia, Arqueologia e Antropologia Física reunido no estabelecimento. A conexão íntima entre os modernos estudos de História do Brasil e os de Etnologia requer a aliança, no mesmo instituto, entre as duas disciplinas. Por outro lado, a diversidade nos seus métodos de pesquisa e em suas finalidades precípuas, aconselhava e impunha mesmo uma separação que se refletisse em publicações distintas e especializadas.

Destinando-se a *Revista*, doravante, aos estudos antropológicos, enquanto os *Anais* continuam dedicados, de preferência, a assuntos históricos, consagra-se nitidamente essa separação.

O presente volume corresponde ao número 27 da série primitiva. Ressurgindo com especialização dessa vez mais definida não pareceu plausível conservar-se, na aparência, uma continuidade que, de fato, deixara de subsistir. Entre manter-se a série primitiva da *Revista* e iniciar-se uma publicação inteiramente nova optou-se pela solução intermediária. Na série que se inaugura com o presente volume, a *Revista do Museu Paulista* espera manter-se à altura das suas grandes tradições. O nome do prof. Herbert Baldus, a quem, na qualidade de chefe da Seção de Etnologia do Museu Paulista, caberá orientá-la, é por si só uma garantia de que essas esperanças não serão frustradas.

Um aspecto da iconografia bandeirante I*

A silhueta convencional do bandeirante com o sombreiro largo de feltro, o arcabuz ou escopeta, e a respectiva forquilha, o terçado à cinta, o gibão de armas acolchoado de algodão, as calças tufadas e as botas altas de cordovão parece já definitivamente incorporada à nossa imaginação histórica. Como tentar corrigir uma imagem tão largamente difundida pelos retratos supositícios, sem ao mesmo tempo suprimir certas convicções, que a força de repetidas, tornaram-se inseparáveis da ideia que fazemos do antigo devassador do sertão.

Mas a teia de ficções, embora generosas ou inofensivas, que envolve tantos fatos do passado, há de ser primeiramente desfeita, se quisermos chegar a uma justa e exata compreensão de tais fatos. Precisamente a iconografia das bandeiras que pode tornar-se auxiliar prestimoso da história deve ser revista em mais de um ponto.

Para começar tome-se um pormenor aparentemente irrelevante, mas significativo, sem dúvida, dessa silhueta forjada com tanto capri-

---

* Artigo originalmente publicado em *O Estado de S. Paulo*, 16 nov. 1947. (N. O.)

cho. Em todas as estampas onde se apresentam figuras de bandeirantes, aparecem estes indefectivelmente calçados. Até que ponto corresponde isso à verdade histórica? A leitura atenta de inventários e testamentos de bandeirantes mortos no sertão leva-nos a julgar que, ao menos durante as expedições, andavam eles frequentemente com as pernas e os pés desprotegidos. Em muitos casos não se assinala sequer a presença de calçados em semelhantes textos. Assim sucede, por exemplo, no inventário de Pascoal Neto, mandado fazer por ordem de Antonio Raposo Tavares na paragem de Ibitucaraíba; no de Manuel Preto, o moço; no de Pedro Sardinha; no de Francisco de Almeida; no de Gaspar Fernandes. Há certamente exceções, como é o caso do sapato "novo" de couro de veado, que pertenceu a Antonio de Oliveira. Mas esse mesmo "novo", depois de tamanhas e tão longas peripécias num sertão bravio, não serviria para indicar que seu uso estava reservado para as ocasiões mais solenes?

E para aqueles que ainda não julguem decisivo argumentar-se com as omissões dos inventários - e têm algumas razões para isso - caberia invocar outros testemunhos aparentemente idôneos. É assim que o padre Montoya, em memorial de 1643 divulgado por Pablo Hernandez[1] em sua obra sobre as doutrinas guaranis do Paraguai, diz-se expressamente dos paulistas que a pé e descalços marchavam por terras, montes e vales, trezentas e quatrocentas léguas, com a agilidade de quem passeasse pelas ruas de Madri. E em carta do cabido de Assunção a el-rei, de que existe cópia manuscrita no Museu do Ipiranga, mandada fazer em Sevilha pelo sr. Afonso Taunay, diz-se textualmente o seguinte: "*los portugueses que hasta aqui se na visto son todos mansevos descalsos de pie y pierna con escopetas y alianges*".[2] Referem-se os missivistas, neste caso, aos "*portugueses de San Pablo*", que é como chamavam os temidos paulistas.

Sabe-se que o calçado teve, com bastante frequência, prestígio quase mágico em terras de portugueses, valendo como prova de nobreza ou da importância social de quem o usava. Houve quem dissesse que, no Brasil, foi o verdadeiro distintivo da liberdade, e em Angola, em fins do sécu-

1 Cf. Hernández, *Organización social de las doctrinas guaraníes de la Compañia de Jesús*, II.

2 *Archivo General de las Indias.*

lo XVIII, chamavam "brancos" os negros que pelo trato estivessem em condições de usá-lo.[3] Ainda quando não constituísse em todos os casos, privilégio de homens livres, indicaria, de qualquer modo, certa dignidade e ascendência pessoal. O grande Afonso de Albuquerque, segundo tradição recolhida e preservada por Diogo de Couto, era "fidalgo tão honrado, tão cristão, tão honesto, que nunca criado seu lhe viu o pé descalço".[4]

De Bento do Amaral, que viveu em São Paulo em princípios do século XVIII, consta que tinha casa servida por escravos calçados, e tal fato era reputado entre seus contemporâneos, e mesmo muito mais tarde, como sinal de luxo extremo.[5] Calçados também andavam, no século anterior, os criados que Manuel José Branco levou a Lisboa para carregarem sua rede de transporte, com o risco de ser apedrejado pelos rapazes da Cotovia.

É possível que nas nossas vilas, durante toda a Era Colonial, a essa função dignificadora que conferia o uso de calçados correspondesse sua generalização entre a gente de maior qualidade. Afonso Sardinha, justificando-se, em 1576, pelo fato de não comparecer a uma sessão do Conselho de São Paulo, no qual era vereador, alegava que "não tinha duas botas para vir à Câmara". Como o velho Sardinha já fosse então, segundo todas as probabilidades, o homem mais rico da terra, o fato não deixa de ser estranhável. Mas seu escrúpulo em comparecer sem botas à presença dos seus pares já sugere que, no meio urbano e em circunstâncias especiais, o andar descalço podia ser objeto de reparo. Não é de admirar-se, pois, se o ofício de sapateiro alcançou certa prosperidade em São Paulo, desde os primeiros tempos, obtendo regimento de postura e juiz de ofício já no ano de 1583.[6]

Entretanto, fora dos lugares povoados, e mesmo em sua vizinhança imediata, é lícito crer que tudo isso fosse considerado supérfluo. Ao en-

---

3 Kidder; Fletcher, *Brazil and Brazilians*, p.133; Handelmann, *História de Angola*, I, p.120; Watjen, *Das Hollandische Kolonialreich in Brasilien*, p.253.

4 Couto, *O soldado prático*, p.140.

5 Paes Leme, Nobiliarquia paulistana histórica e genealógica, I, *Revista do Instituto Histórico e Geográfico de São Paulo*, XXXIX, p.79.

6 *Atas da Câmara da Vila de São Paulo*, I, p.110, 213 et seq.

trar na vila é que o caminhante tinha o cuidado de calçar-se depois de limpar cuidadosamente os pés para livrá-los dos bichos e do pó. O nome de Lavapés, que designa em São Paulo o lugar onde ficava antigamente a entrada da cidade para quem vinha do lado de Santos, é reminiscência desse velho costume. Ainda hoje, entre homens do campo, prevalece a tradição de só se calçarem ao penetrar nas cidades; na roça andam, em geral, de pés nus, quando muito carregando ao ombro as botinas pendentes de uma vara.

O sistema de marcharem a pé e descalços teve ação persistente sobre os hábitos dos sertanistas. Ação que já bem tarde, quando começa a disseminar-se o recurso às cavalgaduras para viagens prolongadas, chega a exercer-se até sobre a forma e o tamanho dos estribos. Havia-os tão pequenos, que apenas deixavam lugar para quatro dedos, e estes eram firmados com o auxílio do polegar, que ficava de fora. Alguns viajantes de começos do século passado ainda registram seu uso entre nós. No Rio Grande do Sul prevaleceu por muito tempo um modelo de estribo ainda mais singular. Consta de um pequeno cilindro de pau, suspenso horizontalmente por duas guascas, que formavam um triângulo em que só cabia o polegar. É provável que esse modelo tivesse origem nas possessões castelhanas do Prata, onde aparece desde épocas remotas. De seu uso resulta a deformação característica que se descreve no Martín Fierro, a propósito do velho Viscacha: "*con las patas como loro, de estribar entre los dedos*".[7]

7 Hernández, *Martín Fierro*, p.172.

Um aspecto da iconografia bandeirante II*

Durante suas jornadas sertanejas, muitos missionários religiosos, sobretudo jesuítas, também dispensavam frequentemente toda e qualquer proteção para os pés. A isso os forçava a pobreza da terra e também a necessidade de caminharem por lugares fragosos ou encharcados, onde não duram muito os calçados de couro. Sabe-se que nesses casos recorreram, algumas vezes, a alpargatas de estrigas de caraguatá, e há notícia de que o próprio Anchieta se tornou mestre no ofício de fabricá-las.

Menos industriosos do que os padres, os colonos e os conquistadores não se davam sequer a esse luxo. Informa-nos Georg Friederici que já Cabeza de Vaca fez descalço todo o longo percurso entre o litoral de Santa Catarina e Assunção do Paraguai.[1] O fato não vem relatado nos *Comentários* de Pero Hernández, mas há razões para se admitir sua autenticidade. Europeus apenas chegados à América e mesmo antes disso, a bordo dos

---

* Artigo originalmente publicado em *O Estado de S. Paulo*, 18 jan. 1948. (N. O.)

1 Krickeberg, Amerika. In: Buscha, *Illustrierte Völkerkunde*, p.261; Friederici, *Der Charakter der Entdeckung und Eroberung Amerikas durch die Europaer*, I, p.516.

navios, andavam descalços à maneira dos índios. Não há dúvida que estes ignoravam praticamente toda espécie de calçados, ao menos na área onde se desenvolveu mais intensamente a colonização portuguesa. Citam-se esporadicamente casos como os de certos índios das regiões pedregosas de Roraima, que usam espécie de sandália leve e elástica, fabricada com hastes de meriti. É esse dos raros exemplos conhecidos de um sistema indígena de revestidura para os pés, ou antes, para as plantas dos pés, empregado nas florestas tropicais.

Depreende-se da descrição oferecida por Koch-Grünberg que, embora se gastem com facilidade, as sandálias desse tipo são rapidamente substituídas durante as expedições, graças à abundância notável do meriti nas regiões do extremo-norte.[2] Menos frequentes, devido talvez ao fato de serem duras, incômodas, as alpargatas de pele de tapir ou veado, assinaladas na mesma área, relacionam-se possivelmente com as sandálias de couro que, já no século XVI, se encontravam à embocadura do Amazonas, e de que há menção no relato de Ortiguera sobre a jornada do Rio Maranhão. O mapa organizado por Erland Nordenskiöld abrangendo a distribuição do uso de calçados indígenas na América do Sul consigna para o Brasil, além desses, as alpargatas de caraguatá encontradas por Marcgrave e Frei Vital de Frescarolo entre Tapuias do Nordeste – possivelmente Cariris – e as dos Caingang do Sul.[3]

O emprego dessas sandálias ou alpargatas nem sempre estaria ligado, entretanto, à necessidade de proteção para os pés. Dos Caingang, que normalmente não as usam, diz Ambrosetti que só quando não querem ser seguidos cobrem as plantas dos pés com um atado de folhas cujas extremidades são revitadas para cima. Desse modo, ninguém poderá suspeitar, pela simples observação dos rastros, qual a direção tomada, uma vez que as marcas impressas no solo são iguais de ambos os lados.

É natural que o empenho em dissimular perante o inimigo o verdadeiro rumo das expedições obrigasse os indígenas a constantes e va-

2 Koch-Grünberg, *Vom Roraima zum Orinoco*, III.

3 Nordenskiöld, *Analyse Ethno-geographique de la culture materialle de deux tribus indiennes*, p.118 et seq.; Marcgrave, *História natural do Brasil*, p.271.

riados estratagemas. Ao caso das sandálias Caingangues, referido por Ambrosetti e registrado mais tarde por Nordenskiöld em seu mapa, cabe acrescentar que entre os Xerente, um autor brasileiro, o sr. Urbino Viana encontrou "certo calçado muito próximo das alpargatas, feito de palha estrançada". A parte da frente servia de descanso ao calcâneo, e o rastro saia impresso em sentido inverso ao da marca. Inquirido um índio Xerente sobre os motivos que determinaram tal conformação para sua sandália, teria ele respondido: "É para branco não saber da viagem".[4]

A presença de expediente semelhante, em grupos geograficamente tão apartados um do outro, como o são os Caingang e Xerente, sugere que o uso das alpargatas destinadas a disfarçar o rumo das marchas seria mais disseminado do que realmente se pode supor. E ao mesmo tempo fornece uma explicação, talvez plausível, para os fabulosos "Matuyus" mencionados por Simão Vasconcelos em suas *Notícias do Brasil*, casta de índios que tinham a singularidade de nascer com os dedos dos pés voltados para trás, de modo que, para segui-los, era preciso andar em sentido oposto ao que pareciam denunciar as pisadas.

Esses Matuyus são, sem dúvida, os mesmos "Matuyus" do padre Cristóvão de Acuña, que aqui, como em tantos outros pontos, foi o inspirador direto das informações do cronista inaciano português. Efetivamente, no *Nuevo descubrimiento*, aparecem eles como "*gente que todos tienen los pies al revés, de suerte que quien no conociendo les quisiere seguir sus huellas, caminaría al contrario de ellos*".[5]

Não é preciso ir buscar antepassados para essa nação lendária entre os "monstra" da Antiguidade Clássica, ou do Oriente, ou da Idade Média. A anomalia dos pés às avessas, que no ermo das florestas pode evitar perseguições, deve parecer uma espécie de privilégio milagroso entre povos naturalmente andejos e assustadiços. O fato de esse privilégio surgir associado com bastante frequência a entidades mitológicas dotadas de poderes sobrenaturais é por isso mesmo bem compreensível.

4 Viana, Akuen ou Xerente, *Revista do Instituto Histórico e Geográfico*, n.155, p.39.

5 Vasconcelos, *Crônica da Companhia de Jesus*, p.XLIII; Acuña, *Nuevo descubrimiento de gran Río de las Amazonas*, p.171.

Ao curupira, por exemplo, que aparece mencionado através de toda vasta área onde dominaram povos de língua tupi, e cuja missão específica é proteger as matas e as caças.

Segundo a versão mais popular, ele se manifesta aos índios, sobretudo aos caçadores sob a aparência de um tapuiozinho calvo, de orelhas enormes, um só olho no meio da testa, corpo cabeludo, dentes verdes ou azuis e sempre com os pés voltados para trás. É pelo menos assim que costuma aparecer em certos lugares da Amazônia.[6]

Um dos aspectos que assumiria o saci-pererê no interior de São Paulo aparenta-o bastante ao curupira amazônico. A versão divulgada por Afonso A. de Freitas caracteriza esse tipo de saci como tendo duas pernas e pisando com os calcanhares para frente, de modo que suas pegadas indicam sempre direção oposta a que na realidade tomou.[7]

Martius atribui, não ao curupira, nem ao saci, mas ao upupiara, a especialidade dos pés com as pontas voltadas para trás.[8] No Rio Grande do Sul, existiria, segundo outro autor, a crença numa personagem mítica dotada de duplos pés, "para não se saber quando caminha para frente ou para trás".[9] A preocupação constante entre os índios de dissimular ao inimigo todas as pistas que possa deixar sua marcha através dos sítios mais infestados reflete-se claramente em semelhantes lendas. As marcas dos pés descalços são entre essas pistas, das mais evidentes e, por conseguinte, das mais perigosas. No caso do curupira elas têm uma função particular, a de atrair o caçador que pretenda escapar-lhe, iludindo por sua direção suposta e falsa.

A conveniência de ocultar a pista ao inimigo por meio de expedientes astuciosos parece explicar, assim, o aparecimento de certos tipos de calçados entre alguns de nossos grupos indígenas mais do que a necessidade de proteger os pés durante a marcha. Necessidade que o índio da terra sentiria, sem dúvida, muito menos do que o sertanista ou o invasor branco.

---

6 Smith, *The Amazon and the Coast*, p.561 et seq.

7 Freitas, *Vocabulário Nheengatu*, p.144.

8 Spix; Martius, *Reise in Bresilien*, III, p.1092 e 1110.

9 Rodrigues, Poranduba amazonense; *Anais da Biblioteca Nacional*, XIV, p.12.

A água e o sertão I*

Se os cursos de água nem sempre foram auxiliares prestimosos na marcha das bandeiras, sua ausência completa pôde determinar, não raro, problemas de difícil solução. Em certos lugares e em certas ocasiões, era possível caminhar dias inteiros sem precisar transpor um único arroio. Ribeirões que na estação chuvosa ofereciam água em abundância só deixavam, agora, distinguir das terras marginais o álveo enxuto e calcinado. Poupava-se com isso a obrigação de procurar vau, lançar pinguelas ou fabricar pirogas e balsas, mas não se evita o pior: a tortura da sede.

E aqui aparece a intuição admirável e verdadeiramente divinatória desses rudes topógrafos que são os sertanejos. Pela configuração, pelo colorido do terreno, por algum sinal só perceptível a olhos experimentados, sabem dizer com certeza a senda que há de levar a alguma remota aguada. Tanto mais digna de admiração é tal capacidade quanto, justamente nesses sítios as nascentes se acham, em geral, bem abrigadas, parecendo desafiar a atenta argúcia do caminhante. "Para nós europeus", exclamou Max Schmidt, certa vez, "é coisa absolutamente inconcebível

* Artigo originalmente publicado em *O Estado de S. Paulo*, 29 nov. 1947. (N. O.)

o senso topográfico dessa gente que, num terreno uniforme e sem a menor indicação, sabe achar logo o rumo exato para o olho-d'água mais próximo."[1]

A experiência do gentio da terra terá sido, ainda nesse caso, de inapreciável valor para os nossos práticos do sertão. O zelo que põem estes em localizar e descobrir água potável pode ser avaliado pelos vários e engenhosos métodos que ainda hoje se empregam entre várias tribos indígenas com o mesmo fim. Diz-se dos carajás, por exemplo, que quando pretendem saciar a sede, a primeira coisa que fazem é colocar-se com o rosto para o lado de onde sopra o vento. Se o vento é fraco, então se certificam de que passaram por lugar onde existe água. Se, ao contrário, é quente, nada adiantarão as pesquisas naquela direção. Não é outro o expediente de que se serve o gaúcho argentino, segundo parecem sugerir os versos do *Martín Fierro*:

> Tampoco á la sé lo temo
> yo la aguanto muy contento,
> busco agua olfatiando al viento [...]

Os verdadeiros meios de que dispunham tanto índios como sertanistas quando procuravam algum veio d'água em lugar onde nada anunciava sua presença escapam, todavia, a uma análise precisa e objetiva. Em regra, esses meios decorrem do extraordinário senso topográfico peculiar a esses homens e inacessível ao civilizado; a longa prática do sertão ensinava-lhes que o remédio para a sede bem poderia estar sob uma laje ou um rochedo, ou mesmo disfarçado por um tronco de árvore, onde não o alcançariam viajantes descuidados e inexperientes. Um desses verdadeiros tesouros ocultos existiu durante muito tempo no Campo dos Parecis, que atravessava a estrada para Vila Boa de Goiás. Num pau de cinco palmos de espessura e no ponto onde começava a enramar, havia um buraco sempre cheio de água. Ali, por meio de ca-

1 Schmidt, *Indianerstdien in Zentralbrasilien*, p.31.

nudos de taquara, costumavam refrescar-se os sequiosos. Consumida a água, em pouco tempo voltava-se a encher o buraco. Não fosse isso, o viajante poderia percorrer em todos os sentidos a vasta planície sem ter onde beber, pelo menos numa extensão de quatro léguas. "Eu sempre suponho" - escrevia em 1766 Thomaz de Sousa na descrição da jornada à fortaleza da Conceição - "que por baixo do raizame de tal pau há olho-d'água."[2]

Isso tornaria plausível a suspeita de que o padre Fernão Cardim não estaria muito iludido ou mal informado quando, dois séculos antes, registrara ocorrência semelhante no sertão da Bahia. Aqui também a árvore "que tem água" se dava justamente em lugares secos. Muito grande e copada, tinha nos ramos buracos cheios de água, que não transbordavam nem no inverno nem no verão, tal como a da estrada de Vila Boa. Acrescenta o jesuíta que "quer dela bebam muitos, quer poucos, sempre está no mesmo ser, e assim serve não somente de fonte, mas ainda de grande rio caudal, e acontece chegarem cem almas ao pé dela e todos ficam agasalhados, bebem e lavam tudo o que querem e nunca falta água".[3] Terá havido muito exagero nas informações em que se fiou o cronista inaciano, mas o exagero é companheiro da surpresa.

Ao lado da árvore-fonte, árvore-rio, a samaritana dos sertões baianos e goianos, outras espécies milagrosas, plantas que vertem água como o lendário escapu dos missionários do Paraguai, entretiveram imaginações brasileiras durante o período colonial. Muitas não seriam mais dignas de admiração do que o "umari", lembrado justamente a propósito da passagem citada de Fernão Cardim. Essa leguminosa do Nordeste tem a peculiaridade de, no inverno, lançar de si tal quantidade de líquido que chega a molhar o solo em volta do caule.[4]

Do escapu também se dizia que pode converter a terra em derredor num pequeno charco. Esse vegetal, cujas folhas fariam pensar nas do limoeiro se fossem pouco maiores e menos pálidas, lembrou a Martin

2 Jornada de Thomaz de Sousa de Vila Boa a fortaleza de Nossa Senhora da Conceição no ano de 1766.

3 Cardim, *Tratados da terra e gente do Brasil*, p.67.

4 Ibid., p.128.

Dobrizhoffer, o historiador dos Abipões, o que diziam certas narrativas de viagem sobre uma planta da ilha do Ferro, nas Canárias, dotada de propriedades idênticas. O líquido que vertia essa árvore era em tamanha quantidade que os habitantes do lugar, dada a escassez de água fresca, chegariam a colocar alguidares e bacias por baixo dos ramos, a fim de recolhê-la, não só para seu uso como para o gado.[5]

Em nossos dias o padre Teschauer julgou ter avistado nas imediações da cidade de São Luis, no Rio Grande do Sul, a célebre árvore que chora, árvore que pinga, dos antigos jesuítas castelhanos. Seria a mesma a que os moradores da região costumam denominar hoje "rabo-de-bugio" ou "maria-preta". E não faltariam imaginações generosas para sugerir que se aproveitasse semelhante maravilha como remédio às secas do Norte do Brasil.

São de vantagens bem mais evidentes certos vegetais, ainda hoje amplamente conhecidos e utilizados, que pela capacidade de preservarem em si a água das chuvas ou a umidade interior – no tronco, nos talos, nas raízes ou entre as folhas –, mesmo durante as piores secas, constituem verdadeiro regalo para o habitante dos sertões áridos. A essas plantas providenciais deve-se em parte a travessia e exploração de muitos territórios de outra forma intransponíveis.

Uma das defesas com que contaram outrora as minas de Cuiabá – a extensa região áspera e pobre de aguadas que separava essas minas da primeira povoação de castelhanos a oeste – seria certamente mais vulnerável se o inimigo tivesse aprendido a beneficiar-se com o auxílio desses vegetais. Se os paulistas conseguiram palmilhar em vários sentidos semelhantes ermos, isso só lhes foi possível porque, segundo depoimento do governador Rodrigo César de Menezes, "para satisfazerem a sede se valiam da raiz de um pau que metiam na boca".[6]

Não é difícil reconhecer aqui a raiz do umbuzeiro, que tanto no Nordeste como em diversos pontos do Brasil Central constitui refrigé-

5 Dobrizhoffer, *An Account of the Abipones, an Equestrian People of Paraguay*, I, p.400.

6 *Documentos interessantes para a história e costumes de São Paulo*, XX, p.25.

rio habitual dos sertanejos em época de secas. As batatas que deita essa árvore desmancham-se facilmente na boca e com isso dessedentam o viajante. Já entre os antigos gabava-se o gosto adocicado das raízes do umbuzeiro: "gostosas e mais saborosas do que a balancia [melancia], porque são muito doces e a doçura parece de açúcar",[7] dizia Gabriel Soares.

7 Soares de Souza, *Tratado descritivo do Brasil em 1587*, p.213; Cardim, op. cit., p.59.

A água e o sertão II*

A decisiva importância do umbuzeiro entre as várias "fontes vegetais" de que se serviram as antigas bandeiras na exploração de nosso sertão ocidental parece evidenciada pela referência expressa que lhe fez d. Rodrigo César de Meneses quando governador da Capitania de São Paulo. Ainda nesse ponto mostraram-se nossos mamelucos dignos herdeiros e aprendizes em muitos pontos dos antigos naturais da terra. Destes já dissera Gabriel Soares que costumavam bater ao solo com um cajado, em volta do lugar onde se achasse o umbuzeiro, e pelo som das pancadas sabiam onde cavar, pois os tubérculos ficavam, por vezes, a cinquenta e sessenta passos da árvore.

O autor anônimo do *Roteiro do Maranhão a Goiás*, escrito por 1700 e tantos, refere-nos como, no sertão que corre entre o Rio de São Francisco e a Capitania do Piauí, muita gente, durante os meses de agosto a dezembro, sustentava a vida, nas ocasiões de seca, unicamente com as raízes suculentas dessa anacardiácea. E Euclides da Cunha pôde comprovar o mesmo fato em nossos dias: "Se não existisse o umbuzeiro", diz, "aquele trato de sertão, tão estéril, que nele escasseiam os carnaubais

* Artigo originalmente publicado em *O Estado de S. Paulo*, 4 dez. 1947. (N. O.)

tão providencialmente dispersos nos que o convizinham: até o Ceará, estaria despovoado."[1]

Ao lado desses, cabe mencionar outras plantas que, pela particularidade de resguardarem a umidade mesmo nas piores secas, eram avidamente procuradas no sertão. Certas cactáceas, que medram normalmente em sítios arenosos, servem para desalterar tanto o homem quanto o gado. Assim o mandacaru, o "mondurucu" do Tratado descritivo, pelo socorro que pode prestar ao viajante nesses lugares, mereceu o entusiasmo caloroso de mais de um cronista. Simão de Vasconcelos, que no afã de canonizar nossas frutas quase se antecipa a um frei Antônio do Rosário, não podia deixar de maravilhar-se diante dessas plantas, sempre vestidas com seu cilício de espinhos no exterior, mas sempre "no interior nobre nas suas qualidades".

Entra aqui uma sugestão mística: para a mentalidade da época seria penhor seguro de grandes virtudes. Com efeito, além de apetecida dos caminhantes "por seu bom cheiro, por sua umidade gostosa, que satisfaz a sede", essa fruta também era aplicada com grande vantagem aos febricitantes, "porque" – prossegue o autor da *Crônica da Companhia de Jesus* – "resfria e umedece o palato, tira o desejo de água e recreia; corrobora o coração e com mais força o sumo espremido é remédio único às febres biliosas".[2]

Verdadeiras preciosidades para os sertanistas seriam, por outro lado, certas castas de cipós que, ao contrário do umbuzeiro e dos cactos, dão preferência ao recesso das florestas espessas. Cortados a jeito e mantidos por algum tempo em posição vertical, esses cipós deixam escorrer boa quantidade de líquido fresco. Líquido que serve apenas para enganar e prorrogar a sede durante as longas caminhadas; a própria cor clara e cristalina que apresenta ao ser colhido, logo se turva quando conservado por algum tempo em garrafas. Mas se esse líquido não serve para saciar inteiramente o viajante sequioso, compensa de algum modo pela notável abundância. Uma ou duas varas do cipó dão com facilidade para um

1 Roteiro do Maranhão a Goyaz pela Capitania do Piauy, p. 80; Cunha, *Os sertões*, p.46.
2 Vasconcelos, *Crônica da Companhia de Jesus no Estado do Brasil*, I, p.130-1.

copo cheio. Calculou-se mesmo que podem fornecer até meio litro de água e mais.

Não menos abundante é o líquido que se conserva nos entrenós de algumas variedades de taquara, nomeadamente no taquaruçu, cujos colmos alcançam, por vezes, quatro e cinco polegadas de grossura. Aparece em quantidade maior nas hastes mais tenras. Foi provavelmente da água do taquaruçu que se serviu a gente de Álvaro Nuñez Cabeza de Vaca durante sua famosa expedição do litoral catarinense até o Paraguai, no ano de 1541: "*de los canutos de otras afias sacaban agua, que bebían y era muy buena, y se holgaban con ello*", observava o escrivão Pero Hernandez.[3]

Numa relação das plantas que ajudam a matar a sede e, com isso, contribuíram de algum modo para o conhecimento e exploração de extensas zonas do território brasileiro, é impossível deixar de realçar especialmente os caraguatás. O vaso natural que compõem as folhas dessa bromélia serve de reservatório para as águas das chuvas, que ali se depositam em considerável quantidade – muitas vezes de um litro e mais em cada planta –, constituindo valiosíssimo recurso por ocasião das caminhadas em sítios onde escasseiam rios e fontes naturais. Nos lugares rochosos, que costumam eleger por habitat, os caraguatás são talvez, entre os diferentes "poços vegetais", aqueles que podem fornecer maior quantidade de água e, por conseguinte, aqueles a que recorrem de preferência os viajantes sedentos. À sua falta é que se buscam os cipós e mesmo os taquaruçus e as raízes do umbuzeiro.

Assim, no relato da expedição que efetuaram em 1675 às Serras de Itabaiana e Jacobina, Pedro Barbosa Leal e seus companheiros, em busca das fabulosas minas de Belchior Dias Moreira, há notícia de que foram cortadas "12 léguas de mato e caatinga sem água nem carabatá que a tivesse, e com as raízes do umbu e mandacaru se remediou a gente, que abriu o caminho em dezenove dias".[4]

3 Hernandez apud Cabeza de Vaca, *Naufragios y comentários*, p.176.

4 Carta do coronel Pedro Barbosa Leal ao Conde de Sabugoza, vice-rei do Estado do Brasil, sobre as várias incursões realizadas no sertão da Bahia em busca de minas metálicas. In: *Documentos interessantes para a história e costumes de São Paulo*, XLVIII, p.71.

Os velhos roteiros assinalam muitas vezes córregos, lagoas e nascentes onde existia água abundante e saudável. Tais indicações eram de alto preço para o sertanista, pois a experiência mostrara que nem sempre o aspecto e sabor da água constituíam critério para avaliar de sua bondade. No traçado das estradas, como no estabelecimento de arraiais e povoados, o problema de água desempenhou quase sempre papel de importância primordial. Viajantes estrangeiros como Saint-Hilaire e Burton chegaram a assinalar a constante preferência dos povoadores do centro do Brasil pelas baixadas e vales. A regra sofria exceção apenas nas zonas mineiras, onde a posição exata dos povoados não podia depender do arbítrio exclusivo dos seus fundadores, ou então nos estabelecimentos de origem religiosa, que a tradição mandava edificar em eminência de terreno.

Essa predileção pelos vales distinguirá muito particularmente os homens de São Paulo, se é exata a presunção de Capistrano de Abreu, quando diz que nas margens do São Francisco, as regiões onde os altos deixam de ser preferidos para a habitação, mesmo quando não existe o perigo de ser inundado o terreno, marcam a presença do paulista ou de seu descendente.[5] A água, copiosa nas baixadas, água para bebida, para as diferentes utilidades caseiras e também para o funcionamento do monjolo, fornece a explicação mais plausível para essa preferência.

Já nos primeiros tempos da colonização europeia, a presença de boas águas determinou muitas vezes a escolha de sítios destinados à instalação de povoados. Bons ares e boas águas: dois requisitos que andam sempre juntos e de certo modo relacionados entre si, pois que a qualidade dos ares seria forçosamente prejudicada, segundo as noções então correntes, onde quer que existissem águas miasmáticas e deletérias.

Em caminhos trilhados, o sertanista procurava sempre que lhe sobrasse alguma alternativa para fugir às poças e aos rios considerados pestilentos. Muitos achavam preferível trazer água de grandes distâncias a servirem-se desses focos de enfermidades. Já em fins do século XVIII

5 Abreu, *Capítulos de história colonial*, p.277-8.

se teria introduzido nos lugares mais adiantados o costume de quinarem as águas transportadas durante as expedições, e que iam geralmente em grandes cabaças ou borrachas de couro, às vezes levadas pelos escravos e animais de carga.[6] É lícito, entretanto, pensar que semelhante providência fosse usada apenas em caráter excepcional e, sobretudo, nas explorações determinadas ou amparadas pelas autoridades.

No Brasil, as cisternas e poços artificiais mais ou menos permanentes, em que o viandante pudesse desalterar-se durante as expedições, não parecem ter pertencido a uma tradição muito generalizada entre os indígenas. Pelo menos não há notícia de que os colonos portugueses tivessem encontrado entre nós qualquer coisa de comparável às numerosas fontes e "*jagueyes*" que serviram aos castelhanos em suas conquistas na América. A perfuração de poços, em caminhos ermos, fazia-se quando muito para atender a necessidades momentâneas dos viajantes. Uma vez utilizados, esses poços eram deixados à lei da natureza sem qualquer espécie de resguardo. É certo que em sítios não muito distantes dos povoados e junto aos pousos e registros, existiam já em princípios do século XIX, aguadas sofrivelmente protegidas, onde se poderia obter água fresca. Obra de administrações caprichosas ou mesmo de alguns particulares, essas cacimbas não primariam pela comodidade, nem pelo asseio, nem pela salubridade. É notório que mesmo em nossas cidades coloniais mais populosas e ilustres, o estado de conservação das fontes públicas foi assunto permanente de queixas por parte dos moradores.

6 Vilhena, *Recopilação de notícias soteropolitanas e brasílicas, contidas em XX cartas*, II, p.846.

Lanifícios seiscentistas de São Paulo*

De nenhuma outra região do Brasil seiscentista é lícito dizer-se, tanto quanto do planalto de São Paulo, que oferecia condições admiravelmente propícias à multiplicação dos rebanhos de ovelhas. O clima, que em contraste com o das baixadas litorâneas parece favorecer essa criação, também reclama dos moradores o frequente recurso a agasalhos de lã.

Um precioso depoimento de fins do século XVI, o do padre Fernão Cardim, já nos apresenta o povo de Piratininga vestindo-se ordinariamente de burel em pleno mês de fevereiro.[1] A preponderância desse "pano de dó" não seria ditada, aqui, apenas pela austera tristeza das modas de Felipe II, pois os paulistanos timbravam pouco em acompanhar as modas, admite-o o próprio Cardim, nem pelo temperamento da terra, sombria e até melancólica de seu natural, mas antes pela conveniência de se resguardar o corpo contra surpresas do clima, num lugar de "grandes frios e geadas".

---

* Artigo originalmente publicado no *Digesto Econômico*, São Paulo, dez. 1947. (N. O.)

1 Cardim, Depoimento. Manuscrito do *Arquivo Nacional do Rio de Janeiro*.

Quem folheie inventários da mesma época não deixará de notar o excesso de trajos de baeta, sarja e outros panos de lã mais ou menos grossa: roupões, roupetas, calções, mantos com ou sem capuzes, rebuços, pelotes, "ferragoulos". Mais tarde chegará também a vez do surtum, invariavelmente de baeta, e a do poncho, este trazido das possessões castelhanas, e que durante longo tempo constituirá elemento obrigatório na clássica indumentária paulista.

Sabemos, além disso, particularmente por informação de Pedro Taques, que os grandes rebanhos de ovinos constituíram nos séculos iniciais da colonização uma das riquezas da terra "cujos habitantes não logram no presente tempo daquela abundância antiga na criação de ovelhas".[2]

Ignora-se o quanto montava, por exemplo, a criação de um Amador Bueno, senhor de muitos rebanhos e pastagens, mas há notícia segura de que não faltavam potentados de mais de uma centena de cabeças de lanígeros. Um deles, Antonio Raposo da Silveira, deixa rebanhos de 115, em 1663, entre carneiros, ovelhas e crias.[3] Outro, Lourenço Castanho Taques, apresenta, no ano de 1671, 164 cabeças, incluindo-se nesse número 140 carneiros machos e fêmeas e mais 12 ovelhas com seus borregos e crias tenras.[4] Em uma só localidade da capitania, Parnaíba, não é muito raro encontrarem-se, pelos últimos decênios do mesmo século, criadores de sessenta cabeças e mais como é o caso, por exemplo, de um Pedro Vaz de Barros (o moço)[5] ou o de um Francisco Pedroso Xavier.[6]

Cifras semelhantes só parecerão mesquinhas a quem encare com olhos de hoje a situação de São Paulo do século XVII. Destinando-se nossas malhadas seiscentistas quase unicamente à produção de lã, não à de carne ou de leite, e tendo-se em conta a escassez da população da capitania e a escassez também dos recursos para a alimentação de grandes rebanhos, elas parecem ratificar, ao contrário, certas expressões só

2 Paes Leme. Nobiliarquia paulistana histórica e genealógica, II, *Instituto Histórico e Geográfico de São Paulo*, XXXIX, p.9.

3 *Inventários e testamentos*, XVI, p.432.

4 *Inventários e testamentos*, XVIII, p.94.

5 *Inventários e testamentos*, XXIV, p.37.

6 *Inventários e testamentos*, XX, p.303.

aparentemente excessivas do genealogista. E se é certo que essa lã se destinava em parte à fiação e tecelagem, considere-se que a capacidade de absorção do produto se restringia, segundo todas as probabilidades, à gente abastada ou remediada, que por sua vez também consumia, e sem dúvida em escala muito maior, tecidos vindos de fora. Os outros, os escravos especialmente e os índios de administração, esses tinham de contentar-se com as simples vestimentas roceiras de algodão, que em geral eles mesmos fiavam, teciam e cosiam.

Para ter-se melhor ideia do que significava um rebanho de uma centena de ovelhas, é bastante observar que na América do Norte, por volta do ano de 1650, as 3 mil cabeças de lanígeros então existentes em todo o Massachusetts, já serviam, segundo informa o historiador T. J. Wertenbaker, para alimentar uma ativa indústria têxtil na Nova Inglaterra, e que antes de terminado o terceiro quartel do mesmo século, já saiam de Newport apreciáveis quantidades de lã para a França, em troca de linho, e para a Espanha, em troca de vinho.[7]

Um exame dos preços que costumam ser atribuídos aos nossos lanares nos velhos inventários ainda pode lançar alguma luz sobre a sua situação relativa no quadro de nossa economia colonial, em particular durante o decorrer do século XVII. A regra geral – mas ainda nesse caso a regra comporta exceções – é que uma ovelha se vende a preços mais elevados do que um carneiro.

No inventário de Estevão Furquim, por exemplo, que é do ano de 1660, prevalece a regra geral: cada um dos seus dezesseis carneiros é avaliado em 2 patacas, ou seja, 640 réis, e cada uma das suas treze ovelhas em mil réis. No mesmo inventário, uma égua, um cavalo pastor e um poldro são estimados, cada um, indiferentemente, em mil réis. Mil réis é também o preço de uma novilha, ao passo que uma vaca e um boi de três para quatro anos se avaliavam, cada qual, em 1.600 réis.[8] Vinte anos mais tarde a relação achava-se consideravelmente alterada. Assim é que, no inventário de Ana de Proença, datado de 1680 precisamente, quarenta

7 Wertenbaker, *The First Americans*, p.77.

8 *Inventários e testamentos*, XVI, p.213-4.

ovelhas, entre grandes e pequenas, são orçadas, ao todo, em 12$800, e isso quer dizer que cada ovelha custaria, em média, apenas 1 pataca, ou seja, 320 réis. Pois bem, no mesmo inventário atribuiu-se o preço de 800 réis a um bezerro e o de 2 mil réis a uma cavalgadura.[9]

Uma das interpretações plausíveis para esse fato seria a de que, durante a segunda metade do século, teria havido aumento progressivo nos rebanhos de lanares da capitania. Hipótese que parece plenamente confirmada, aliás, pela circunstância dos inventários da mesma época assinalarem geralmente malhadas mais numerosas do que os da primeira metade do século.

É interessante notar como os preços de lã não decaem em progressão correspondente. Dois mil réis por arroba é a estimativa mais corrente entre os anos de 1630 e 1660. Pois em 1675 as 3 arrobas deixadas por um Aleixo Leme de Alvarenga, com sítio na Parnaíba, não custarão mais de 5 mil réis, ao todo.[10] E outros exemplos poderiam citar-se igualmente ilustrativos.

Nos anos 1690 é que principia a registrar-se novo aumento, tanto no preço das ovelhas como no da lã, mas esse fato deve relacionar-se ao encarecimento geral dos gêneros, consequente à grande desorganização da vida econômica da capitania, que o *rush* para as minas suscitara. A motivos idênticos deve atribuir-se, sem dúvida, a decadência das antigas malhadas piratininganas, iniciada com o século seguinte, segundo parece sugerir Pedro Taques. Pode-se, talvez sem grande erro, considerar o trintênio que se estende de 1660 e 1690 como o de maior pujança na criação de lanares em São Paulo.

Até que ponto essa pujança se teria refletido no aproveitamento industrial do principal produto dos rebanhos de ovinos? Para começar cumpre dizer que a lã da terra, como fibra têxtil, jamais chegou a tornar-se competidor importante para o algodão. Cabe mesmo perguntar se o seu próprio emprego na tecelagem doméstica teria chegado a verificar-se, ainda que em escala reduzida. É certo que, pelo menos na confecção de redes de dormir,

9 *Inventários e testamentos*, XX, p.270.

10 *Inventários e testamentos*, XIX, p.16.

empregavam nossas tecedeiras seiscentistas, em muitos casos, fios de lã misturados aos de algodão. Mas nada impede de supor que essa mesma lã fosse de proveniência exótica. Sabemos, por testemunho de princípio do século passado, que as tecelãs paulistas faziam as suas redes e colchas felpudas, empregando, ao lado do algodão, fios de lã tirados de velhos retalhos de baeta. Não ocorreria coisa semelhante no século XVII?

Note-se que Pedro Taques, aludindo à abundância antiga da criação de ovelha em São Paulo, só lembra, a propósito, o emprego de sua lã na confecção de chapéus de feltro. Com a diminuição dos rebanhos, observa, "extinguiram-se as fábricas de chapéus grossos, que ainda no fim do século e ano de 1699 estavam estabelecidas".[11] Outra utilidade que costumam dar a esse produto os habitantes da capitania, segundo o atestam diferentes documentos, era a fabricação de colchões, em que entrava, para cada um, de arroba a arroba e meia de lã.

Quanto às baetas e papas de cobertor, que com tamanha frequência aparecem nos antigos inventários, o provável é que fossem, em sua totalidade ou quase totalidade, fruto de importação. O preparo de lãs finas para a fiação não exigiria esforço maior do que o benefício do algodão, mas é verdade, por outro lado, que no caso deste, tratando-se de produto da terra, a limpeza fazia parte de uma experiência ancestral dos indígenas que eram, ao cabo, os serviçais dos moradores brancos.

Os próprios jesuítas das missões do Paraguai não conseguiram, por muito que o fizessem, industriar seus Carijós domésticos no fabrico de telas mais delicadas do que certa espécie de xerga rude, a que chamavam *bechara* – de *becha* ou *obechá*, que é como denominavam os Guaranis a ovelha de procedência europeia –, tal o horror que inspirava a esses índios todo esforço que não se achasse vinculado às velhas atividades tribais. O que faziam, comenta o padre Pablo Hernandez, S. J., era tingir a lã e depois tecer telas listadas ou floreadas, de que fabricavam seus ponchos de gala.[12]

É bem sabido que para a fiação a lã deve ser convenientemente lavada, até tomar a aparência aproximada de capulhos de algodão, e que nessa

11 Paes Leme, op. cit., p.9.

12 Hernandez, *Organización social de las doctrinas guaraníes de la Compañia de Jesús*, I, p.236.

lavagem se vai pelo menos 50%, e em geral duas terças partes do peso primitivo. Assim sendo, há de crescer por força seu valor, na proporção do peso que lhe foi tirado.

Ora, percorrendo velhos inventários, não se nota divergência sensível de preço entre as lãs sujas e as lavadas. Cada uma das duas arrobas de lã "lavada" que Januário Ribeiro deixou em 1639, é orçada em 2.560 réis. Sendo de cerca de 2 mil réis o preço corrente da lã suja pela mesma época, resulta que a diferença a mais é, no caso, inferior a 2 patacas.[13] Isso pode significar que os processos e os recursos técnicos empregados na sua limpeza não estariam, entre nós, suficientemente aperfeiçoados para permitirem o aproveitamento verdadeiramente eficaz no mister da fiação.

Não cabe, porém, excluir de todo a possibilidade do emprego dessa lã mal lavada na confecção de panos semelhantes aos que fabricariam os índios das missões do sul. Há um indício, pelo menos, de que isso ocorreria em um ou outro caso. No inventário de Lourenço Castanho Taques aparecem registrados 38 pares de cardas ao preço de 400 réis cada par. Trata-se seguramente dos aparelhos manuais de procedência europeia, que, com efeito, só se manejam aos pares, e ainda são correntemente utilizados pelas nossas fiandeiras domésticas para cardar a lã, não o algodão. Para o algodão, o instrumento habitual de carda, na indústria caseira, e único registrado em textos antigos, é um cordão estirado em pequeno arco de madeira, que a operária tange sobre os capulhos desfeitos, e em quantidade que corresponda a uma batedura.

Não se trata certamente de um acaso, se entre os inventários seiscentistas publicados, o de Lourenço Castanho Taques assinale a malhada mais numerosa, deixando de fazer qualquer referência à presença eventual de algodoais.[14] E não seria de esperar que, destinando-se essa lã apenas a encher colchões, ou a fazer chapéus de feltro grosseiro, fosse necessário cardá-la previamente. De qualquer modo, há aqui uma simples sugestão, que outros documentos poderão ratificar, talvez, algum dia, ou tornar improvável.

13 *Inventários e testamentos*, XII, p.141.

14 *Inventários e testamentos*, XVIII, p.37.

A fábrica de ferro de Santo Amaro*

O primeiro engenho de fundir ferro que se erigiu em terras americanas – os de Jamestown, na Virgínia, são posteriores a 1607 – foi provavelmente o de Araçoiaba, perto da atual Sorocaba, e data de fins do século XVI.

O segundo principiou a funcionar exatamente em 1607 e localizava-se a apenas 2 ou 3 léguas da Vila de São Paulo, no sítio de Ibirapuera, do lado esquerdo do Rio Pinheiros.

Tudo inclina a crer que, das duas, a fábrica sorocabana tenha sido sempre a mais considerável. Isso, e também a maior riqueza das jazidas que Afonso Sardinha, o velho, desvendou em Araçoiaba, explica as diversas tentativas efetuadas para se reviver a exploração primitiva e que culminaram, já no século passado, com a fundação da fábrica real do Ipanema. Não é, pois, de admirar se dispomos de informações relativamente numerosas, embora nem sempre coerentes e precisas, a respeito do estabelecimento das imediações de Sorocaba.

---

* Artigo originalmente publicado no *Digesto Econômico*, São Paulo, jan. 1948. (N. O.)

Sobre o de Ibirapuera, entretanto, o que existe publicado ainda é extremamente vago e confuso. Tão confuso, em verdade, que nem o próprio Pandiá Calógeras, ordinariamente lúcido e bem informado nesses assuntos, pôde oferecer esclarecimentos satisfatórios a respeito. Pretende o notável historiador das minas do Brasil, fundando-se, aliás, num engano do cronologista José Jacinto Ribeiro, que certo contrato celebrado em 1609 entre o governador d. Francisco de Souza, o provedor da Fazenda Diogo de Quadros, e o cunhado deste, Francisco Lopes Pinto, visava o estabelecimento de um segundo engenho de fundir ferro – o primeiro fora o de Araçoiaba –, não no local acima referido, mas na "ilha de Santo Amaro, próximo ao Rio Geribatuba, fronteiro à ilha de São Vicente e à esquerda do Morro das Neves".

Calógeras não exclui, é certo, a possibilidade de ter havido uma forja nas proximidades do atual Rio Pinheiros, pois que sua ruínas foram visitadas por Eschwege em princípio do século passado e dela existem ainda hoje sinais visíveis, mas acredita que se tratasse de estabelecimento mais recente. Sobre a outra, entretanto, a da ilha de Santo Amaro, fornece precisões importantes: estava a fábrica bem situada, "à beira-rio, o combustível era facilmente transportado, a mina estava à porta, e os produtos acabados, descendo o Geribatuba, encontravam logo o mercado de Santos ou, subindo a estrada antiga, melhorada, ao que se diz, por Anchieta, os das vilas acima da Serra do Cubatão".

Estariam perfeitamente certas essas considerações no caso de ter existido a forja mencionada e no local apontado. Mas cabe aqui uma restrição aparentemente decisiva: a fábrica da ilha de Santo Amaro nunca existiu. Perfilhando a informação fornecida por J. J. Ribeiro, que se baseia, sem dúvida, num equívoco, Calógeras apenas publicou ainda mais e endossou, com sua grande autoridade, uma versão inaceitável à luz dos fatos históricos.

O trecho da *Cronologia paulista*, que serviu de fundamento para semelhante versão, diz textualmente o seguinte:

> 26 de fevereiro de 1609. O Marquês das Minas, d. Francisco de Souza, o Provedor da Fazenda, Diogo de Quadros, e seu cunhado Francisco

Lopes Pinto, por escritura desta data, formam uma sociedade tendo por fim a fundação de uma fábrica de ferro na ilha de Santo Amaro, nas margens do Rio Geribatuba, fronteiro à ilha de São Vicente e à esquerda do Morro das Neves.

Há aqui mais de um engano que cumpre desfazer. Em primeiro lugar, a sociedade referida, em que efetivamente participavam Diogo de Quadros, Francisco Lopes Pinto e o filho primogênito de d. Francisco de Souza, não visava propriamente à fundação de uma fábrica, pois esta já existia em funcionamento dois anos antes, conforme o atestam documentos da época. E acrescenta-se, de passagem, que o contrato em apreço não foi assinado a 26 de fevereiro, mas a 11 de agosto de 1609. Vinte e seis de fevereiro – de 1629, não de 1609 – é a data de morte do referido Francisco Lopes Pinto, e como os dois fatos são mencionados no mesmo lugar na obra de Azevedo Marques, uma das fontes prováveis de José Jacinto Ribeiro, torna-se facilmente explicável a confusão.

Finalmente, o Geribatiba a que se refere a escritura celebrada na nota do tabelião Simão Borges não é certamente o Rio Jurubatuba que nasce na Serra da Paranapiacaba e correndo para sudoeste deságua no lagamar de Santos, mas seu antigo homônimo do planalto paulista, que é o atual Rio Pinheiros. Este atravessa em parte o atual município de Santo Amaro, circunstância que parece explicar, por sua vez, a confusão com a ilha de igual nome.

Acresce que, segundo pôde apurar o próprio Calógeras, baseando-se dessa vez, principalmente, em Pedro Taques, a forja em questão ficava situada na vizinhança das "terras de Afonso Sardinha, morador em Ubatá, junto ao qual o engenho se achava, no sítio Borapoeira, da outra banda do Rio Jerabatiba". Ora, é bem notório que Afonso Sardinha, embora proprietário de casas em Santos, tinha sua morada principal no planalto e seu sítio da roça justamente ao longo do Rio Pinheiros, abrangendo o atual Butantã, que é o Ubatá de Pedro Taques e o Ibatata, Batata ou Ibitatan de documentos municipais seiscentistas e setecentistas.

Quanto ao Borapoeira, é sem dúvida o Ibirapuera, lugar onde se erigia a capelinha dedicada a Santo Amaro. Que esta existe já quando se instalou nas imediações a fábrica de ferro, não resta a menor dúvida. Demonstra-o cabalmente o fato de Martim Rodrigues ter dado em 1605 a Baltazar Gonçalves, mordomo de *Santo Amaro de Birapuera*, 10 arráteis de cera para a confraria. Em 1628 já se faziam romarias à capela desse orago, e Luiz Fernandes Folgado, residente no lugar e cujo nome se acha relacionado à história ulterior da fábrica, recomenda ao testamenteiro Lourenço Nunes, que cumpra em seu nome a promessa que fizera de uma novena ao santo.[1]

Todas essas razões parecem mais do que suficientes para se desfazer a crença na existência de um engenho de ferro situado na ilha de Santo Amaro. O único que existiu durante o século XVII em território paulista, exceção feita, naturalmente, das forjas de Araçoiaba, foi o das margens do Rio Pinheiros, perto da atual cidade de Santo Amaro.

O documento que permite fixar-se o ano de 1607 para início do funcionamento da referida fábrica é a seguinte passagem do *Livro de assentos* de Martim Rodrigues Tenório, morador em Ibirapuera: "El enjeño de hierro começo a moler quinta fera a 16 de aguosto de mil y seiscientos e siete años al qual enjeño pusieron por nombre nuestra señora de aguosto qués la assunción bendita y su dia a 15 del dicho mes".[2]

A instalação fora dificultosa e demorada devido aparentemente à falta de maquinário e pessoal para as obras. Para cúmulo da infelicidade, os recursos com que poderia contar o provedor da Fazenda perderam-se na viagem marítima, de modo que tudo progredia a passo muito lento. No ano anterior, mais precisamente a 13 de janeiro de 1606, em carta endereçada ao senhor da terra, ou seja, ao donatário da capitania, assim se exprimem os camaristas da Vila de São Paulo:

> Diogo de Quadros é ainda provedor das minas; até agora tem procedido bem; anda fazendo um engenho de ferro a 3 léguas desta vila e como se perdeu no Cabo Frio, tem pouca posse e vai devagar, mas acabá-lo-á e

1 *Inventários e testamentos*, II, p.62; *Inventários e testamentos*, VII, p.457.

2 *Inventários e testamentos*, II, p.74.

> será de muita importância por ser perto daqui coisa de 3 léguas da vila e haver muito metal de ferro.[3]

Para a obtenção das ferramentas indispensáveis requerera Diogo de Quadros ao governador geral do estado, Diogo Botelho, lhe mandasse entregar dos almoxarifados da Bahia, do Rio de Janeiro e de São Vicente tudo quanto pudesse ser útil à fábrica projetada. Atendida a solicitação por provisão dada a 10 de janeiro de 1605, pelo governador, na cidade de Salvador da Bahia de Todos os Santos, a 2 de novembro do mesmo ano já se achavam as ferramentas pedidas no almoxarifado de Santos. A lista dessas ferramentas e sua avaliação respectiva, feita por Jerônimo Maia e Diogo Dias, representam, talvez, subsídio apreciável para o estudo dos inícios da mineração de ferro em terras vicentinas.

Abrangia dois malhos, que podiam pesar pouco mais ou menos 175 quilos entre ambos; duas argolas grandes que pesariam também seus 175 quilos; duas safras, com o mesmo peso aproximadamente; duas chapas pequenas, pesando cada qual cerca de 30 quilos; duas chapas grandes, de 60 quilos cada uma. Tudo somando correspondia a 12 quintais, perfazendo, à razão de 3 mil réis por quintal, a soma de 36 mil réis.[4]

Pode-se supor que esse material tenha sido pelo menos o ponto de partida para a construção da fábrica. Obrigado a contar com índios da terra, gente de pouco trabalho, e dispondo ele próprio de posses escassas, é explicável que não pudesse dar ao engenho o andamento rápido que seria para desejar. Não lhe faltou, no primeiro momento, a ajuda graciosa dos moradores da vila. Sabe-se que a maioria deles o auxiliou o quanto pôde, fornecendo índios de serviço para o transporte da cal dos casqueiros de Santos para a construção do forno catalão no Ibirapuera. Se entre a chegada das ferramentas e o início dos trabalhos de fundição

3 *Registro Geral da Câmara Municipal de São Paulo*, VII, p.112. Os fragmentos omissos dessa publicação podem ser completados com a versão de Azevedo Marques em *Apontamentos históricos*, II, p.225, que, todavia, apresenta incorreções de cópia.

4 Cleto, Dissertação a respeito da Capitania de São Paulo (1782), *Anais da Biblioteca Nacional*, p.225-6.

do ferro decorreram quase dois anos, tudo faz crer que a gente com que contava não pudesse atender a todas as necessidades.

Para obter essa gente, não hesitou o provedor da fazenda em organizar entradas ao sertão e fazer guerra ao gentio, contra ordens expressas de sua majestade. Chegou a merecer, por isso, severa reprimenda do governador geral, em dezembro de 1606.

Mesmo depois de encetada a produção, no ano seguinte, os trabalhos não corriam a contento. Obrigado por contrato a dar o ferro produzido à razão de 2 mil réis o quintal, Diogo de Quadros dava-o pelo dobro desse preço, o que motivou queixas sérias no Conselho da vila, em fevereiro de 1609. Comparecendo perante os camaristas, defendeu-se como pôde o provedor. Disse, entre outras coisas, que durante os quatro anos em que residia na vila, pudera fazer o engenho à custa de muito trabalho. No último ano obtivera apenas oito índios maramomís, que lhe fornecera Antonio Roiz, capitão de sua aldeia, e que esses mesmos índios só lhe tinham feito 3 arrobas de carvão. Nos quatro últimos meses não tivera gente, nem força, para levar adiante os serviços, com notável dano para sua majestade, que perdia com isso os seus reais quintos, e para a própria fazenda, que se achava quase exausta.

As alegações foram ponto por ponto contestadas, depondo Antonio Roiz contra o Provedor que, dizia, não pagava os índios de serviço conforme era de sua obrigação. Como, ao fim, instassem os camaristas com Diogo de Quadros para assinar o termo das suas declarações, lavrado por Simão Borges, o escrivão, recusou-se ele a atendê-los e "foi pela porta fora".

É bem possível que só então, para obter maiores recursos e fazer silenciar os adversários mais recalcitrantes, ocorresse a Diogo de Quadros o expediente de interessar no negócio não só o primo e cunhado, Francisco Lopes Pinto, como o próprio Marquês das Minas, ou o filho mais velho deste, d. Antonio de Souza. Teria sido essa, em verdade, a origem do contrato celebrado a 11 de agosto de 1609, que alguns consideram erradamente como o passo inicial para a construção do engenho de ferro de Santo Amaro. O desenvolvimento ulterior desse engenho, os métodos de produção e o malogro final da iniciativa darão matéria para outro estudo.

Ainda a siderurgia de Santo Amaro*

Em artigo anterior tratou-se de mostrar que o nome de Diogo de Quadros, como o de Afonso Sardinha, se associa aos passos iniciais da indústria siderúrgica, não apenas em São Paulo e no Brasil, mas em todo o continente americano. Há pouco que apurar em nossos velhos documentos municipais acerca do fundador do engenho de ferro de Santo Amaro de Ibirapuera, cujos vestígios ainda podem ser vistos atualmente.

Tendo servido por alguns anos nas capitanias do norte, sob as ordens de d. Francisco de Souza, Diogo de Quadros deve ter estado em São Paulo logo depois de 1601. Por pouco tempo, em todo caso, pois já no ano seguinte embarcava para o Reino, levando amostras de ouro mandadas pelo governador, assim como uma carta dos camaristas paulistanos à sua majestade, solicitando mercês e favores para a vila.

Em começo de 1606 já estava, porém, de regresso, tendo passado pela Bahia, onde, nomeado provedor das minas por Diogo Botelho, tomara as necessárias providências para o bom êxito de seu empreendimento da

* Artigo originalmente publicado no *Digesto Econômico*, São Paulo, fev. 1948. (N. O.)

Ibirapuera. Assim é que requerera do governador geral que lhe fizesse entregar dois almoxarifados da Bahia, do Rio de Janeiro e de São Vicente, tudo quanto se tornasse preciso para a fábrica projetada. Deferiu-se logo o pedido e Diogo de Quadros pôde seguir para a Capitania de São Vicente.

Foi aparentemente durante essa viagem marítima e à altura do Cabo Frio que sobreveio o acidente onde se perdeu o navio em que viajava e mais os aviamentos e recursos necessários à construção e instalação do engenho. Compensou-se em parte o prejuízo com as ferramentas chegadas em novembro de 1605 ao almoxarifado de Santos e com a boa vontade dos moradores de São Paulo, que lhe emprestaram índios de seu serviço para o transporte de cal procedente das ostreiras litorâneas.

Essa boa vontade transluz da carta que a 13 de janeiro de 1606 mandavam os camaristas ao senhor da terra, onde se encaram com otimismo as perspectivas do engenho de fundição.[1] Na semana antecedente, o mesmo Diogo de Quadros tinha entregue aos homens do Conselho uma carta de sua majestade prometendo, entre outros benefícios, a remessa de mil negros de Guiné, que os moradores deveriam pagar num prazo de três anos, além de mineiros destros e experimentados, pois os que vieram até aquela data não tinham dado boa conta de si.[2]

Durou pouco, entretanto, a harmonia entre Diogo de Quadros e os principais da vila. Já em 15 de agosto do mesmo ano de 1606 queixava-se o procurador do Conselho de que o provedor tencionava ir-se para o sertão, largando o engenho principiado, "em bons termos de se acabar", e mais outro, que se obrigara a fazer pelo seu regimento. Entendendo mal o capítulo do mesmo regimento, em que sua majestade mandava juntar homens que trabalhassem nas minas, pagando seu trabalho, ele fizera guerra ao gentio, contra ordem expressa de sua majestade, o que lhe valeria uma censura do governador geral.[3]

Apesar de tamanhos contratempos, Diogo de Quadros consegue pôr em funcionamento o engenho a 16 de agosto de 1607. Não cessaram com isso

1 *Registro Geral da Câmara de São Paulo*, VII, p.112.

2 Ibid., p.110.

3 *Atas da Câmara da Vila de São Paulo*, II, p.151.

as recriminações dos seus adversários, que o acusavam de infringir mais uma vez o regimento, vendendo o produto pelo dobro do preço estipulado.

Com o regresso de d. Francisco de Souza à capitania, o fundador da fábrica tenta dar novo rumo ao negócio, nele interessando um primo e cunhado, Francisco Lopes Pinto, e o próprio governador, ou o filho deste, d. Antonio de Souza. É o que faz supor o contrato assinado a 11 de agosto de 1609 e que tem sido apresentado erradamente como ponto de partida para o estabelecimento de Santo Amaro.

Desde então o nome de Diogo de Quadros quase desaparece da documentação municipal paulistana. Em 1611, o ano da morte de d. Francisco de Souza, ele ainda exerce, entretanto, o cargo de provedor das minas. Quatro anos mais tarde faz uma entrada no sertão do gentio Carijó. Mas em 1618 já está longe do Brasil, nas Índias Orientais.[4]

A Francisco Lopes Pinto cabe agora, aparentemente, a direção exclusiva ou quase exclusiva da fábrica. Pode-se presumir, com motivos plausíveis, que não teve nisso melhor sucesso que o cunhado, seja devido ainda à carência de braços para os trabalhos de fundição, seja à pobreza do minério que, conforme assinalaria Eschwege dois séculos mais tarde, poderia ser vantajosamente explorado por meio dos altos fornos, não de fornos catalães, como os que então se usavam, pois contém apenas 35% a 40% de ferro.[5] É significativo que essas duas causas de malogro – falta de mão de obra e falta de boa pedra – chegaram a ser expressamente confessadas, por volta de 1626, entre os moradores de São Paulo, segundo se lê em requerimento dessa data, feito pelo então provedor, Vasco da Mota.[6]

Faltou ainda a Lopes Pinto, como faltara a Diogo de Quadros, a capacidade de angariar as boas graças do povo da terra. Chegou a ser suspeito de judaísmo, e em 1618 incluiu-se mesmo o seu nome no rol da finta que se fizera da "gente da nação". Isso não por lhe conhecerem pais e avós, "senão pela fama que na terra havia".[7] Para rebater tal calúnia, teve de exibir alvarás

4 Franco, *Os companheiros de d. Francisco de Sousa*, p.37.
5 Eschwege, *Pluto Brasiliensis*, p.511.
6 *Atas da Câmara da Vila de São Paulo*, III, p.242.
7 *Registro Geral da Câmara Municipal de São Paulo*, I, p.252 et seq.

de perfilhamento e instrumentos de cognação. Graças a essa circunstância dispomos de elementos para apurar, não somente sua verdadeira filiação e qualidade – Lopes Pinto era cristão velho, fidalgo da Casa Real e professor da Ordem de Cristo – mas certas razões que o teriam envolvido no negócio do ferro. Numa época em que os ofícios se transmitiam ordinariamente de pais a filhos, o fato de ter sido ele, assim como seu sócio Diogo de Quadros, neto de um oficial de fazer armas e saios de malha, pode explicar, talvez, seu interesse em questões de metalurgia.

É de crer que a experiência ancestral de Diogo de Quadros e Lopes Pinto nessas questões tenha contribuído para o aperfeiçoamento dos processos de fundição e refinação do metal, entregues, até então, a mineiros ou aventureiros da espécie do grande Afonso Sardinha. Incumbidos da construção de dois engenhos – o outro seria em Araçoiaba –, preferiram eles principiar por aquele que se achasse mais ao alcance dos centros de consumo imediato. O produto, saído em barras da fábrica de Santo Amaro, podia ser conduzido sem dificuldade até o alto da Serra do Cubatão e também as portas da vila, pelo caminho fluvial, aproveitando-se, no último caso, os cursos do Pinheiros, do Tietê e do Tamanduateí, que suportavam pequenas embarcações de transporte. Ainda ao tempo da viagem de Eschwege, isto é, em começo do século passado, havia lembrança do emprego dessa via para a condução de sinos e canhões até a cidade. Muito mais breve seria, sem dúvida, o caminho terrestre de Santo Amaro, o primeiro e, por muito tempo, o único "caminho de carro" existente em São Paulo.

A abundância de matas nas margens dos rios vizinhos assegurava, por outro lado, o abastecimento, durante muito tempo, do combustível necessário aos trabalhos de fundição. O sistema usado nesses trabalhos era, sem dúvida, o dos fogos catalães. Constava essencialmente de um poço retangular, com paredes de pedra que resistiam à ação do calor, e de um cano, geralmente de cobre, que, atravessando em sentido oblíquo uma das paredes, quase à boca do poço, servia para conduzir a corrente de ar até a altura do depósito de carvão. O ar podia ser insuflado com o auxílio de simples foles manuais de couro. Eschwege fala, todavia, em uma "casa da roda" (*Radstube*), cujos restos ainda encontrou em Santo

Amaro, no local do antigo engenho. Nesse caso, e até melhor explicação, pode-se supor que a corrente de ar se formasse com coauxílio de uma roda-d'água. Como o engenho fosse situado à margem de um riacho tributário do Pinheiros, não parece desprezível a hipótese.

Pode presumir-se, também, que a roda se destinasse a acionar algum martelo-pilão para os trabalhos de frágua, pois há notícia de que em Araçoiaba, já em fins do século XVIII, se utilizou instrumento semelhante. No rol das ferramentas retiradas em 1605 por Diogo de Quadros do almoxarifado de Santos, constam dois malhos e duas safras, pesando ao todo seus 350 quilos.

Do mesmo rol constam ainda duas chapas, que pesavam, cada uma, 60 quilos. É possível que se tratasse das chapas de ferro requeridas nos trabalhos preliminares da fundição feita conforme o método catalão. Eram introduzidas verticalmente no poço, formando dois compartimentos. No lado onde ia ter o cano condutor de ar colocava-se o carvão vegetal, e no outro dispunham-se, em camadas sucessivas, carvão e minério. Feito isso retirava-se a chapa e lançava-se o fogo ao carvão. Sujeito à ação do monóxido de carbono, que se formava junto à boca do cano, entrava o minério em fusão e, escorrendo através do carvão em brasa, ia acumular-se sob a forma de uma massa esponjosa, ao fundo do poço. Trazida essa massa à superfície, era levada finalmente à forja vizinha, onde a depuravam, reduzindo-a a lingotes.[8]

Nesse estado, o produto achava-se apto a entrar no comércio. Em inventários da época, menciona-se com frequência o ferro em barras servindo de meio de pagamento, e é provável que uma parte dele proviesse da forja de Santo Amaro, pois do contrário se explicariam mal as referências a "ferro do Reino", que deparamos ocasionalmente nesses textos. Sabe-se que o próprio Francisco Lopes Pinto pagava com produto de sua forja até aluguéis de casa, conforme consta do processo de inventário de João Gomes, em 1622.[9]

8 Cf. Byne; Stapley, *Spanish Ironwork*, p.3; Klusemann, Die Entwicklung der Eisengewinnung in Afrika und Europa. In: *Mitteilungen der Anthropologischen Gesellschaft*, LIV, p.123.

9 *Inventários e testamentos*, V, p.346.

Na incipiente indústria local de ferragens, o produto da terra, dada sua qualidade inferior, seria empregado principalmente em artigos toscos, destinados ao resgate de índios. Mas serviria também para o fabrico de alguns instrumentos utilizados na lavoura, na navegação, nas minas, na guerra ao gentio, foices, enxadas, cunhas, machados, almocafres, pregos, cavilhas, verdugos e terçados.

Nos documentos consultados faltam dados que permitam avaliar a produção normal e média da fábrica. Não é de crer, todavia, que fosse considerável, pois tudo indica que as dificuldades com que lutou Diogo de Quadros desde a fundação do estabelecimento só se agravaram depois de 1611, o ano em que desaparece d. Francisco de Souza.

Dezoito anos depois desaparecerá a própria fábrica, com a morte de Francisco Lopes Pinto, ocorrida no ano de 1629. Essa é a versão tradicional, registrada por todos os autores que se ocuparam da matéria. É curioso, contudo, que no inventário dos bens deixados por Lopes Pinto já não figure o engenho de ferro, e que seu testamento apenas mencione as dívidas e contrariedades que lhe resultaram do negócio.

Mas o engenho vai surgir em outro inventário, o de um genro de Clemente Álvares, Luis Fernandes Folgado, que morrera no ano anterior em Santo Amaro. Avaliaram-no em 500 cruzados, isto é, 200 mil réis, correspondendo metade dessa soma à parte do defunto. Com a declaração de que "sendo caso que o malho e safra e *bogua* se achar ser de sua majestade, sempre estarão no dito engenho como até agora estiveram pagando o quinto a sua majestade como até agora se fez, com a mais ferramenta necessária para o dito engenho mover [...]".[10]

A outra metade estaria, talvez, em poder de Cornélio de Arzão, pois figura no inventário que de toda a sua fazenda mandou proceder a Santa Inquisição, naquele mesmo ano de 1628.[11] Apenas os avaliadores deixaram de orçá-la nesse caso, "por não haver pessoa que o entenda".

10 *Inventários e testamentos*, VII, p.461.

11 *Inventários e testamentos*, XII, p.97.

O fio e a teia I*

Em estudo ainda incompleto, mas que desde já pode ser tido entre os mais admiráveis que se escreveram sobre a formação econômica e social do Brasil contemporâneo, Caio Prado Júnior declara que, embora o algodão fosse nativo na América, não consta que o utilizassem nossos indígenas.

É possível que ao autor, ordinariamente tão exato nas informações reproduzidas em sua obra, tenha ocorrido simplesmente uma lembrança imprecisa daquela passagem de Gabriel Soares onde se diz que, sendo o algodoeiro abundante na terra, as mulheres do gentio não fabricavam panos, como o poderiam, "porque não sabem tecer".[1]

Em trabalho anterior, acerca da manufatura de redes de dormir, tentou-se interpretar essa afirmação do cronista como referindo-se à tecelagem à europeia e em teares horizontais, "teares de fazer pano". Que os índios empregavam o algodão para fazer suas redes, declara-o

* Artigo originalmente publicado em *O Estado de S. Paulo*, 5 fev. 1948. (N. O.)

1 Soares de Souza, *Tratado descritivo do Brasil em 1587.*

expressamente, aliás, o mesmo informante: "somente fiam algodão", e desse fiado "fazem as redes em que dormem, que não são lavradas".[2]

E quando se devesse aceitar ao pé da letra a notícia de que as mulheres do gentio da terra ignoravam a tecelagem, isso estaria bem longe de significar que não utilizassem de nenhum modo o algodão nativo. Usavam-no ao menos para fiação, e a esse respeito são positivas e não suportam a menor dúvida as informações de Gabriel Soares sem falar em outros autores quinhentistas.

Há mesmo motivo para acreditar-se, além disso, que a primeira técnica de fiação dos naturais da terra ainda prevaleceu longamente, depois de iniciada a colonização europeia, uma vez que o mister de fiar andava entregue, de ordinário, a mulheres indígenas, embora ladinas e domésticas.

O primeiro progresso decisivo no sentido de se adotarem as técnicas adventícias, sem dúvida mais apuradas, registra-se, aparentemente, com a introdução do primeiro descaroçador manual de madeira, a "churka", originária da Índia, mas que nos pode ter chegado através da Península Ibérica, onde os processos de tratamento do algodão em uso no oriente se tinham generalizado desde eras remotas por intermédio dos árabes.

Esse instrumento que em muitos lugares do Brasil teve o nome de "bolandeira" consiste em um par de cilindros sobrepostos e em sentido horizontal, adaptados a duas virgens fixas numa banqueta, e tendo cada qual sua manivela em uma das extremidades. Na *Memória sobre a cultura dos algodoeiros*, que se publicou primeiramente em Lisboa no ano de 1799 e foi mais tarde incluída por Conceição Veloso no *Fazendeiro no Brasil*, dizia Manuel de Arruda Câmara que cada cilindro deve ter, de preferência, cerca de 1 pé de comprimento e 0,5 polegada de diâmetro, acrescentando que "quanto menos diâmetro tem, com mais facilidade mói ou engole o algodão".[3] No exemplar ultimamente adquirido em Cuiabá pelo Museu Paulista, os cilindros medem 1 polegada (2,75 cm) de diâmetro e 5 (17,75 cm) de comprimento, ao passo que a banqueta correspondente

2 Ibid.

3 Câmara, *Memória sobre a cultura dos algodoeiros e sobre o método de o escolher e ensacar*, p.63.

tem 2 pés (66 cm) de comprido por 1 palmo (22 cm) de largo. Era tão pequeno e maneiro, observa Vieira Bueno, que, de ordinário, eram meninos os que o faziam trabalhar.

Sentados os dois operários frente a frente, com os cilindros de permeio, um deles fazia girar sua manivela com uma das mãos, e com a outra "dava de comer" à máquina, isto é, tocava-a com a ponta do capulho de algodão, entre os dois cilindros em movimento, de modo a que passasse, largando as sementes. O segundo movia também sua manivela com uma das mãos de modo a que o cilindro correspondente girasse em sentido contrário ao anterior, e com a outra mão recebia e puxava o algodão já livre das sementes.

A mais antiga referência ao emprego desse aparelho, entre nós, é aparentemente a que consta dos *Diálogos das grandezas do Brasil*, redigidos em 1618.[4] O autor anônimo referia-se em particular ao Nordeste, ou melhor, às capitanias de Pernambuco e Paraíba, onde o algodão desde cedo foi utilizado para o fabrico dos tecidos rústicos de que se vestiam os escravos. Em outros lugares do Brasil a divulgação do instrumento deve ter ocorrido posteriormente. No Maranhão, por exemplo, que ao fim do século XVIII se tornara um dos maiores produtores de algodão da América lusitana, a limpeza dos capulhos fazia-se inteiramente à mão, ainda em 1795, a julgar pelo testemunho expresso de um informante da época, Raimundo José de Sousa Gayozo.[5] Quatro anos depois, ali também se teria introduzido a primeira bolandeira, pois a ela se refere Arruda Câmara – baseando-se em informações de terceiros – como sendo o único instrumento empregado naquela capitania para o descaroçamento do algodão.[6] Ao passo que em Pernambuco já se tinham utilizado sucessivamente essas máquinas diversas.

---

4 Brandão, *Diálogos das grandezas do Brasil*, p.152.

5 Gayozo, *Compêndio histórico-político dos princípios da lavoura do Maranhão*, p.313.

6 Referindo-se ao Maranhão, "primeira capitania dos Domínios Portugueses em que principiou a negociação em algodões", observa Arruda Câmara que também "é das mais atrasadas no meio de beneficiar este importante gênero, e dizem-me que lá não sabem usar senão dessa imperfeitíssima máquina". Câmara, op. cit., p.63.

Em São Paulo, o primeiro inventário conhecido em que se assinala a presença do descaroçador é o de Henrique da Cunha Machado, e data de 1680.[7] Pode-se presumir que seu uso se tenha generalizado, em todo caso, a partir de meados do século. Assim teríamos explicação plausível, talvez, para o grande desenvolvimento que então alcançou a lavoura do algodoeiro.

Em documentos da primeira metade do século, só de quando em quando aparecem, entre bens deixados por lavradores paulistas, mais de 6 arrobas de algodão. Depois de 1650 é que começam a surgir produções mais consideráveis. Um inventário de 1668 já registra 44 arrobas, 64 apresenta outro, de 1670, e em um de 1693, chegam a assinalar-se 94.

A esse desenvolvimento aparente da produção corresponde uma baixa geral dos preços. Até 1650 aproximadamente, a arroba de algodão é vendida a 400 e 500 réis. De qualquer modo nunca desce a menos de uma pataca. Nos decênios seguintes, entretanto, é orçada em 240 réis ou menos. Apenas durante os últimos anos do século é que volta a registrar-se uma alta apreciável, mas isso deve atribuir-se ao abandono da lavoura em consequência da debandada para as minas de ouro recém-descobertas.

A relação entre o crescente emprego da bolandeira e o aumento da produção é compreensível quando se considera que, na limpeza dos capulhos, uma pessoa fazendo todo o trabalho à mão, dificilmente, conseguia descaroçar mais de 1 libra. Com o auxílio do primitivo descaroçador de madeira, no entanto, é possível limpar-se, no mesmo tempo, 2 arrobas, que vem a dar de meia baeta a vinte arráteis de lã.

O resultado é que, permitindo maior rendimento em menos tempo ou com menor número de trabalhadores, o simples emprego desse aparelho poderia ter contribuído decisivamente para estimular o plantio do algodoeiro, assim como a indústria doméstica da fiação.

Essas vantagens seriam extraordinariamente superadas depois que, em 1792, Eli Whitney inventou seu famoso "saw-gin", destinado a operar uma verdadeira revolução na economia agrária do sul dos Estados Uni-

7 *Inventários e testamentos*, XXI, p.22.

dos. É que, graças a essa máquina, se tornara possível limpar 1.000 libras de algodão no mesmo tempo, afirma um historiador norte-americano, que um escravo consumia para descaroçar apenas 5 libras no antigo descaroçador manual.

No Brasil, contudo, o novo invento só muito lentamente se impõe e, ainda hoje, em alguns lugares do interior, se continua a trabalhar com o mesmo instrumento que os índios de serviço empregavam em São Paulo por volta de 1680 ou antes.

Pretendeu-se ver nesse fato apenas uma das manifestações do espírito de rotina que tem presidido tantos aspectos de nossa atividade rural. Há porém outra razão ponderável para preferência que por tanto tempo continuou a merecer entre nós a bolandeira. É que a máquina de Whitney, baseando-se num sistema de serras circulares que cortam as fibras, adaptou-se mal para os tipos de algodão de fibra longa que durante o período colonial prevaleceram geralmente entre nós mesmo nas capitanias do sul.

O fio e a teia II*

O rústico escaroçador de madeira, manejado ao mesmo tempo por duas pessoas, pôde resolver satisfatoriamente, durante a maior parte do nosso período colonial, o problema da limpeza do algodão. E se o extraordinário progresso técnico que em alguns pontos representou no último decênio do século XVIII o *saw-gin*, de Eli Whitney, não conseguiu convencer os adeptos da primitiva bolandeira entre nós, deve-se, talvez, menos ao gosto da rotina do que à difícil adaptação dos algodões da terra ao novo mecanismo.

Na realidade, a introdução, ou melhor, a generalização do emprego dos novos processos de descaroçamento se deu nos primeiros anos da Guerra Civil norte-americana, com a necessidade de se abastecerem rapidamente os consumidores europeus impossibilitados de receberem o produto dos Estados Unidos. O resultado imediato desse crescente abandono das técnicas tradicionais de benefício de algodão parecem ter afetado desastrosamente, por outro lado, a reputação do artigo brasileiro.

Já em 1863 a Cotton Suply Association de Manchester, sentia-se obrigada a fazer uma representação ao governo imperial sobre a neces-

* Artigo originalmente publicado em *O Estado de S. Paulo*, 8 fev. 1948. (N. O.)

sidade de se renunciar ao emprego dos escaroçadores "de serra" devido aos graves inconvenientes que apresentavam.

Na carta que o Barão de Penedo, então ministro brasileiro junto à Corte de S. James, endereçou ao presidente daquela sociedade comercial britânica, John Chestan - carta que reproduz naquele mesmo ano a revista *O auxiliador da indústria nacional* publicada no Rio de Janeiro - observa-se que, enquanto se utilizou, entre nós, o primitivo escaroçador de cilindros, adaptado ao trabalho manual, o algodão brasileiro tivera extraordinária procura na Inglaterra; ultimamente, porém, começara a ser importado em grande escala daquele país o *saw-gin*, que limpa muito mais rapidamente, por conseguinte, com menos despesas, mas tem a desvantagem de cortar e estragar as fibras tornando-as impróprias, em muitos casos, aos fins a que antes se destinavam.

Não é de admirar, assim, se os preços do produto brasileiro tinham baixado nas praças britânicas, de 2, 3 até 4 dinheiros por libra de peso e se os fabricantes britânicos só recorriam a ele quando não pudessem dispor do egípcio ou de outras variedades beneficiadas com máquinas de rolos, embora mais aperfeiçoadas do que as antigas bolandeiras.

Coincide a introdução no Brasil do *saw-gin* ou escaroçador de serra com a disseminação das variedades de fibra curta, trazidas da América do Norte e que nas províncias sulinas e de São Paulo, entre outros, puderam facilmente prosperar, suplantando, por fim, as próprias espécies indígenas. E com efeito, é significativo que o êxito assombroso alcançado pelo invento de Whitney, andou em toda parte associado à expansão do cultivo daquelas variedades.

Na América do Norte o escaroçador de serra viera corresponder, por volta de 1792, à necessidade em que se viam os fazendeiros dos Estados do sul, de encontrar um meio prático e rápido de separar as sementes sem magoá-las, pois sucedia com frequência que o óleo desprendido delas manchava a lã, desvalorizando-a para o comércio. Isso ocorria especialmente nos casos de muitos algodões de fibras curtas, em que a separação se torna difícil, motivo pelo qual o simples descaroçamento manual continuou a prevalecer largamente nas áreas onde se cultivavam tais espécies.

A introdução, em 1786, na Carolina do Sul de espécie semelhante à variedade que se cultivava no Brasil, pôde resolver provisoriamente a situação. Sucede, entretanto, que esta espécie se cria mal nos climas das terras altas no interior, que vão até o Texas, e onde prosperam, ao contrário, as variedades anuais e de fibra curta.

A grande oportunidade para a expansão dessas espécies surge precisamente quando, seis anos depois, aparece o primeiro *saw-gin*. Até então os grandes mercados importadores consumiam de preferência o algodão de fibra longa, procedente em grande parte das Antilhas e também, posto que em muito menor escala, do Brasil, cuja exportação para o Reino se reiniciaria em 1777, segundo Arruda Câmara, mas só ganharia considerável incremento e seria reconhecido em 1783 a todas as demais variedades.

Pelos dados que compilou o historiador Eric Williams em seu recente estudo acerca das relações entre a instituição da escravidão e os progressos do capitalismo a partir do século XVIII, vê-se que em 1764 as Antilhas contribuíam com a metade de todo o algodão empregado nos teares britânicos. Em 1780 já contribuíam com duas terças partes, tendo o consumo subido de 4 para 6,5 milhões de libras. Entre 1786 e 1790 a parte das Antilhas nas importações britânicas é aproximadamente de sete décimos ao passo que a dos Estados Unidos ainda não chegara a um centésimo.

A posição respectiva das duas regiões exportadoras começa a inverter-se positivamente no terceiro decênio do século seguinte. Assim é que entre 1826 e 1830 os Estados Unidos já forneciam três quartas partes do algodão consumido na Inglaterra, ao passo que a contribuição das Antilhas era de um quinto. E entre 1846 e 1850 a proporção é de quatro quintos para os Estados Unidos e de menos de um centésimo para as Antilhas.

Esse sucesso que significou o decisivo predomínio das variedades de fibras curtas no mercado mundial e a consequente consagração do invento de Whitney reflete-se, por sua vez, na extensão da lavoura algodoeira sobre as regiões oeste dos Alleghany, que conforme observação de F. I. Turner valeu em poucos anos a incorporação de cinco estados novos à união norte-americana.

É claro que não se pode atribuir esse verdadeiro milagre unicamente à invenção dos escaroçadores de serra. Mas entre os motivos que contribuíram para a transformação de tamanhas consequências econômicas e até políticas não foi certamente fator desprezível a criação de um processo mecânico capaz de permitir o melhor aproveitamento de variedades adaptáveis a toda a vasta área que constituiria com o tempo o Cotton Kingdom.

O engenho de Whitney fornece um dos exemplos mais eloquentes de como uma transformação de ordem técnica pode ter consequências extraordinárias e imprevisíveis para a economia de um povo. No Brasil, enquanto prevaleceu uma economia manifestamente colonial e pré-capitalista, a implantação do novo maquinismo pôde encontrar as mais sérias resistências. A rotina explicaria, até certo ponto, sem dúvida, o apego constante aos processos demorados, fastidiosos e fatigantes que até então tinham dominado o preparo do produto indígena para a indústria. Mas além da rotina há de ter contribuído para tais resistências, em parte considerável, a noção, ainda confusa, talvez, de que os métodos tradicionais eram os mais adequados ao nosso produto.

Foi preciso esperar-se até a segunda metade do século passado para que a expectativa de enormes lucros operasse parcialmente entre nós uma transformação semelhante a que na América do Norte tinha ocorrido setenta anos antes. Mas a vantagem que essa novidade técnica representou em nosso país, só pode revelar-se verdadeiramente decisiva onde o algodão da terra foi suplantado por espécies diferentes e mais adaptáveis ao nosso processo. Nos lugares em que não se verificou esse fato, continuam os lavradores agregados frequentemente aos descaroçadores de rolos. E não raro aos modelos mais rústicos, os mesmos que vêm assinalados nos inventários paulistas já em 1680.

O fio e a teia III*

Os motivos econômicos que durante a segunda metade do século passado determinaram a suplantação parcial das nossas variedades indígenas do algodoeiro por uma espécie exótica – o algodão herbáceo, anual, de seda curta – nasceram claramente de uma condição de emergência. Tratava-se de abastecer rapidamente e em grandes quantidades os pulsos consumidores que não podiam receber os produtos norte-americanos em virtude da Guerra de Secessão.

Por uma curiosa inversão das circunstâncias que pareceriam mais normais e, ao cabo, mais plausíveis, importou-se principalmente da Inglaterra um maquinismo capaz de limpar uma arroba de algodão no mesmo tempo em que o antigo descaroçador manual, movido simultaneamente por duas pessoas, limpava apenas um arrátel do mesmo produto. Depois, como verificou-se que o comprimento e qualidade da fibra nativa suportava mal a ação daquele maquinismo, tratou-se de introduzir

---

* Artigo originalmente publicado em *O Estado de S. Paulo*, 7 mar. 1948. (N. O.)

uma espécie algodoeira cujo fruto fosse mais adequado ao novo tratamento mecânico.

Outra razão poderia ter igualmente contribuído, no entanto, para a substituição do algodoeiro da terra pelo herbáceo: é que as plantas dessa última espécie, produzindo, embora, uma só vez, produzem, de ordinário, muito mais, em alguns anos até cinco e seis vezes mais do que as variedades que dão fibra longa.

Essa razão não teria sido a decisiva no movimento que se registrou, já durante o nosso período colonial, mais precisamente durante o último decênio do século XVIII, em favor da aclimação de variedades alienígenas de algodoeiro. Não obstante a alta generalizada nos preços do açúcar, que a partir de 1776, aproximadamente, voltara a prometer lucros apreciáveis aos lavradores, o aumento espantoso do consumo do algodão por parte dos mercados europeus sugeria que a era da monocultura canavieira estava definitivamente encerrada.

Para acompanhar esse ritmo ascendente, urgia adotarem-se providências que levassem ao desenvolvimento da produção entre nós. As vantagens que representava o invento de Whitney não pareceram evidentes, entretanto, fora dos Estados Unidos, salvo nos três últimos anos do século, quando as exportações norte-americanas subiram de 275 fardos em 1797 para 36 mil em 1800.

Um dos recursos estaria precisamente na introdução de variedades mais lucrativas do que a espécie oriunda do país. Assim, em sua resposta a uma ordem régia de 4 de janeiro de 1798, em que se manda informar sobre a cultura e manipulação dos gêneros de exportação brasileiros, José da Silva Lisboa, então secretário da mesa da inspeção da Bahia, lamentava não existir entre nós "o fino de algodão da Pérsia, cuja semente" – diz – "poderia o governo mandar vir bem acondicionada, se fosse possível, dentro dos próprios capulhos e metidas em frascos enlatados e bem fechados, para se tentar sua cultura e propagação".

Não só espécies exóticas poderiam ser experimentadas. Na própria América portuguesa não existiria, porventura, alguma variedade capaz de oferecer as melhores vantagens? "Há também notícia" – prossegue Lisboa – "de que na ilha de Santa Catarina existe uma espécie de algodão de ótima qualidade, que produz uma grande maçã ou capulho de fina e muito felpuda lã".[1]

É estranhável que o futuro Visconde de Cairu não aludisse em sua informação da experiência que mandara proceder, já em 1794, o governador Fernando José de Portugal, da cultura do mencionado "algodão da Pérsia", referida em documentação conservada no Arquivo da Marinha e Ultramar e relacionada por inventário que organizou Eduardo de Castro e Almeida para a Biblioteca Nacional do Rio de Janeiro.[2]

Verifica-se, por esse documento, que seis anos antes d. Fernando já se mostrara preocupado em que se plantasse algodão – e também o arroz, o cacau e o café – em lugar do linho cânhamo que introduzido na Bahia dera resultados desanimadores. As sementes do algodão da Pérsia remetidas de Lisboa aos 30 de março de 1794 foram logo espalhadas entre moradores de diferentes comarcas da capitania e em abril de 1796 mandavam-se de volta para o Reino as primeiras amostras do produto cultivado no país.

Entretanto, o plantio não teve seguimento, talvez porque os lavradores habituados que estavam às da terra estranharam as particularidades específicas da variedade exótica. A planta, diz uma informação da mesma data, crescendo

> unicamente até palmo e meio, pouco mais ou menos, imediatamente que dá o capulho seca, ficando inútil para outra produção, o que assim não acontece com o algodoeiro desse país, cujo arbusto cresce até grande altura continuando a dar fruto com o benefício de serem decotadas as vergônteas antigas.[3]

As plantações feitas na comarca de Jacobina, na Bahia, onde "nasceu algum pé", ainda não tinham dado para se averiguar "se faz conta à

1 Inventário dos documentos relativos ao Brasil existentes no arquivo de Marinha de Ultramar, IV. *Anais da Biblioteca do Rio de Janeiro*, XXXVI, p.122.

2 Inventário dos documentos relativos ao Brasil existentes no arquivo de Marinha de Ultramar, III. *Anais da Biblioteca do Rio de Janeiro*, XXXVI, p.390.

3 Ibid.

lavoura semelhante produção". Assim se manifestara o ouvidor, que de resto não parecia particularmente animado com a novidade, pois chega a comparar o produto ao do algodão-do-mato que crescia sem nenhum trato nos sítios de Bagres e Olho d'Água.

Dos caroços que se plantaram pela mesma época no Camamu sabe-se por informação de José de Sá Bittencourt, em sua *Memória sobre o algodão*, que, tendo ele feito as sementeiras em diferentes tempos e de conformidade com a norma impressa de sua cultura, não foram adiante "por ter sido o gérmen destruído".[4]

O maior, talvez o único interesse dessa tentativa frustrada está em ter sido, aparentemente, a primeira que se realizou para a aclimação de espécies exóticas de algodoeiro entre nós. É verdade que certa variedade existente em alguns lugares do Brasil – na Vila Nova de Abrantes, por exemplo, situada a sete léguas da cidade de Salvador – crescia com maiores cuidados um algodão, a que o vulgo denominava "da Índia". E Sá Bittencourt admitia que se tratasse efetivamente de uma das relíquias dos gêneros e drogas do Oriente que em outros tempos se tinham aqui introduzido e cultivado.

Mais de um viajante e cientista estrangeiro do princípio do século passado pôs em dúvida, todavia, a procedência que sugere a denominação vulgar dessa variedade de algodoeiro. E a dúvida parece encontrar apoio na consideração de que a procura internacional relativamente escassa do produto, durante a maior parte do período colonial, não aconselhava a introdução de qualquer espécie alienígena. Tanto mais quanto o transporte das sementes numa viagem marítima de cinco meses ou mais, entre a Índia e o Brasil, requereria cautelas excessivas e pouco compensadoras, em geral, para o bom sucesso do plantio. Acresce que a aclimação definitiva da canela e a da pimenta-da-índia, que ocorre durante os anos de 680, ou a do gengibre, efetuada, ao que consta, já no século XVI, apesar das ordens em contrário do governo de Lisboa, se acham relativamente bem documentadas. Acerca da introdução do algodão asiático, no entan-

4 Sá Bittencourt, Memória sobre o algodão, *O fazendeiro do Brasil*, V, p.194.

to, não resta nenhuma notícia conhecida que permita situá-la em data anterior a 1794.

Já se viu que mais para fins do século XVIII, quando se tinha particularmente acentuado a procura mundial do produto e, por conseguinte, a perspectiva de fortes lucros para os lavradores que o cultivavam. José da Silva Lisboa chegara a propor, como alternativa para a aclimação do algodão da Pérsia, a maior divulgação de certa espécie nossa, que existiria na ilha de Santa Catarina. Contudo, há bons motivos para a suspeita de que o futuro secretário da Mesa de Inspeção da Bahia se deixava levar nesse caso menos por notícias de primeira mão do que por alguma vaga informação literária bebida em autor francês ou inglês.

A informação bem poderia ter chegado ao seu conhecimento através do *Dicionnaire universel de commerce*, composto na primeira metade daquele século, por Jacques Savary que fala, de passagem, dessa maravilha catarinense. É mais do que provável que a obra fosse conhecida entre nós, alguns extratos seriam vertidos depois para o português e insertos no *Fazendeiro do Brasil* do frei Veloso.[5] A versão não deve merecer excessivo crédito, se seu autor usou com o texto das mesmas liberdades que se permitiu com o próprio nome de Savary – convertido de Savary "des Bruslons" em Savary "de Bruley" e também "du Brulei" –, mas é o bastante para se concluir que a "espécie" assinalada provém diretamente das observações que acerca do algodoeiro realizou o viajante francês durante sua estada na ilha de Santa Catarina.[6] As páginas levam a crer que se tratasse simplesmente do nosso primitivo algodão da terra.

O fato serve, em todo caso, para mostrar o empenho que já no tempo dos vice-reis se dedicava, entre nós, ao desenvolvimento de uma fonte de riqueza capaz de tomar na economia brasileira o lugar outrora ocupado pelo açúcar e pelas minas de ouro e diamantes.

---

5 Savary de Brulei, Sobre o algodão, *O fazendeiro do Brasil*, V, p.132 et seq.

6 Frezier, *Relation du voyage de la Mer du Sud aux Côtes du Chily et du Perou, fait pendant les années de 1712, 1713 et 1714*, p.23 et seq.

O fio e a teia IV*

Tentou-se mostrar em artigo anterior como a introdução de novas técnicas de beneficiamento e também a aclimação de variedades exóticas de algodoeiro entre nós puderam tornar mais lucrativa a lavoura da malvácea. Mas isso somente na segunda metade do século passado e em virtude de uma situação de emergência que, por algum motivo, deveria repercutir profundamente nos mercados consumidores: a Guerra de Secessão norte-americana.

Para fixar o momento decisivo da transformação que colocaria os Estados Unidos em primeiro lugar entre os países produtores e exportadores graças em parte considerável à adoção de novas técnicas, teríamos que recuar até os últimos anos do século XVIII ou aos primeiros do seguinte. E é pela mesma época que o Brasil, por sua vez, também se coloca em posição de poder aspirar nesse terreno, a uma supremacia que, entretanto, jamais chegará a alcançar.

A certeza então generalizada de que a América portuguesa encontrara, finalmente, um gênero de produção e uma fonte de riqueza comparáveis ao que na era seiscentista tinha sido o açúcar e ao que foram os metais

---

* Artigo originalmente publicado em *O Estado de S. Paulo*, 24 mar. 1948. (N. O.)

preciosos na primeira metade do setecentos exprime-se bem nas palavras com que frei José Mariano da Conceição Veloso fecha numa dedicatória do tomo V do *Fazendeiro do Brasil.* O algodão, dizia ele, realiza hoje, em terras de Portugal, "o que fabularão os Antigos dos Veios dourados de Colchos, das nações do Ouro do Jardim das Hespérides, ou Eridas".

Essas palavras foram publicadas em 1808. Justamente no ano anterior a exportação de algodão de Pernambuco pudera ultrapassar a do açúcar, isso pela primeira vez em toda a história da capitania. Sua importância relativa no conjunto da produção brasileira logo transparece quando se considera que, segundo os dados apurados por Simonsen, ela representava, em 1780, 20% do total das nossas exportações, e em 1805, 28%.

Mas também é verdade que se à passagem do século poderíamos ainda contar com alguma possibilidade de enfrentar a crescente competição norte-americana, nos anos subsequentes desfaz-se com rapidez semelhante perspectiva. Em 1800, nossas exportações para a Grã-Bretanha alcançavam 30.593 fardos, contra 40.342 expedidos com o mesmo destino pelos Estados Unidos. Em 1801, a relação já era respectivamente de 37.900 fardos para 51.407; em 1802, de 72.680 para 105.187; em 1803, de 70.203 para 103.083. A partir de 1804 já as exportações norte-americanas começaram a distanciar-se cada vez mais e a perder de vista as nossas.

Não obstante disso, o desenvolvimento do cultivo do algodão assegura apreciáveis proveitos aos lavradores, e é interessante observar que esse desenvolvimento ocorre principalmente nas capitanias onde outrora prosperavam sem competição os canaviais. Assim, em Pernambuco, a vantagem conseguida em 1805 mantém-se ainda por longos anos. Em 1816 exportam-se de suas terras tradicionalmente voltadas à lavoura canavieira 72.300 fardos de algodão no valor de 3.200 contos, contra 15.300 caixas de açúcar correspondentes a quase uma sexta parte daquele total, ou seja, exatamente 378 contos.

Pela mesma época, entretanto, o *Correio Brasiliense*[1] insiste de Londres a pedir medidas enérgicas para a melhora da lavoura e do

1 *Correio Brasiliense*, IV, p.250.

manejo do nosso algodão. Recomenda, por exemplo, que se mandem buscar sementes nos Estados Unidos e mesmo a outras regiões produtoras – Levante, Sicília, Apulla, Índia – e que se façam as experiências necessárias para a obtenção de variedades adequadas às nossas terras e aos nossos climas.

Só assim poderíamos esperar competir seriamente com a América do Norte, não só no que respeita ao volume das exportações, como a própria qualidade e preço do produto. Apesar de geralmente admitida e apregoada a excelência dos algodões brasileiros, a verdade é que não conseguiam comparar-se, na praça de Londres, aos tipos norte-americanos. Em julho de 1812, por exemplo, os melhores tipos procedentes dos Estados Unidos eram vendidos à razão de 21 dinheiros a libra, ao passo que os de Pernambuco não iam além de 17,5 dinheiros. Os da Bahia, por sua vez, não obtinham mais de 16,5 dinheiros; os do Maranhão atingiam apenas 15,5; os de Minas Novas, 13,5 e os do Rio de Janeiro, 12.

A verdadeira causa dessa pouca estima pelo nosso produto viria provavelmente do desleixo com que nas fazendas eram os capulhos apanhados, beneficiados e depois ensacados para a exportação. Um dos remédios que sugeriu Rogério Hunt em suas observações sobre o algodão brasileiro, trazidas no *Correio Brasiliense*, de 1808, estaria em munirem-se os escravos, na ocasião da apanha, de dois sacos onde recolhessem separadamente os frutos amarelecidos e os perfeitos, de modo a que se facilitasse mais tarde a limpeza e catação da lã.

Seria lícito esperar-se essa capacidade de rigorosa discriminação de parte dos nossos trabalhadores rurais, quando o próprio sistema de produção, visando exclusivamente grandes lucros sem excessivos trabalhos, já constituía um convite à desídia e ao relaxamento? Sousa Gayoso, cujas observações, realizadas no Maranhão, se podiam aplicar, de maneira geral, a todo o Brasil de princípios do século passado, não hesita em responder pela negativa. A operação, proposta por quem não conhecia nossas condições de trabalho, atrasaria consideravelmente os serviços ou diminuiria o volume da colheita, ou requereria mais braços para ela.

Alguns lavradores bem avisados chegavam a recomendar aos seus escravos que largassem nas árvores o algodão "chocho", porque do contrário aumentariam a tarefa, mas não a colheita, contribuindo para embargar mais tarde a limpeza da pluma. Também não faltava quem tratasse de segurar, antes do descaroçamento, as cápsulas manchadas pela chuva ou pelo nevoeiro daquelas que se achassem perfeitas, fazendo aplicar o refugo no fabrico de panos de ensacar. Mais do que esses escrúpulos não se poderia esperar dos nossos pobres trabalhadores rurais.

A verdadeira solução estaria em modificarem-se radicalmente semelhantes condições, de modo a que o critério econômico até então adotado para o Brasil, critério puramente quantitativo e dominado acima de tudo pelas exigências do comércio externo, cedesse o passo a uma visão mais justa das nossas reais necessidades. O simples fato da mudança da Corte portuguesa para o Rio de Janeiro tendia a favorecer semelhante transformação, independentemente do desprestígio crescente em que tinham caído por toda parte os preceitos de origem mercantilista consubstanciados no chamado "sistema colonial".

Não há dúvida, porém, que esse fato veio determinar uma nova mentalidade, e pode-se dizer que verdadeiramente revolucionária, no modo de se encararem nossos problemas econômicos. É bastante confrontarem-se os termos do alvará de 5 de janeiro de 1785 em que se proibiam no Brasil as manufaturas de algodão, seda, linho, lã, exceção feita de tecidos grosseiros de algodão, ao de 1º de abril de 1808 que permite e mesmo aconselha o estabelecimento de todo gênero de manufaturas.

No primeiro dispunha-se expressamente que, sendo o Estado do Brasil o mais fértil e abundante em produções de terra, e tendo seus habitantes por meio da lavoura e da cultura, não só tudo quanto lhes é necessário ao sustento da vida, mas muitos artigos importantíssimos para fazerem um extenso e lucrativo comércio, se a essas vantagens ajuntarem as da indústria e das artes para o vestuário, luxo e outras comodidades precisas ou que o uso e costumes tenham introduzido, ficariam totalmente independentes de sua capital dominante. O mesmo escrúpulo já não poderá animar, entretanto, o príncipe regente d. João após a transferência da Corte portuguesa. Agora já é a ambição de promover a riqueza nacional justamente através das manufaturas e indústrias "que multiplicam e dão mais valor aos gêneros e produções da agricultura e das artes", e fornecendo meios de subsistência a muitos vassalos "que por falta deles se entregam ao vício da ociosidade", um dos cuidados máximos da administração lusitana. A isso se deve a derrogação da ordem proibitiva que 23 anos se julgava imperiosa.

Uma sorte de medidas complementares vem então corroborar o intento manifesto nesse alvará. É assim que a 15 de julho de 1808 se estabeleciam taxa de exportação cujo produto permitisse à Junta de Comércio, entre outras coisas, estipular prêmios para os que mais se avantajassem em qualquer gênero de indústria, introdução, invenção e apresentação de alguma nova máquina que poupe braços e despesa de transporte de sementes e plantas úteis. Outro alvará, esse de 6 de outubro de 1810, ordena que todo fio de algodão e todos os tecidos e estamparia dele e igualmente de seda ou de lã que se fabricarem no Brasil fiquem isentos de pagar direitos nas alfândegas. Determinou igualmente facilidades para que entrassem livres de direitos as matérias-primas que servissem de base às ditas manufaturas. Um alvará anterior - de 28 de abril de 1809 - já concedera uma loteria de 60 mil cruzados em benefício das fábricas mais precisadas de socorro.

É inegável que tais medidas determinaram algum incremento nas manufaturas e, ao cabo, na própria lavoura do algodão. Mesmo em São Paulo, terra onde essa lavoura ainda não pudera alcançar a prosperidade que lograra nas capitanias do Norte e de Minas, encontram-se indícios desse incremento. A vinda em 1813 de certo mestre fabricante - Tomás Rodrigues - mandado expressamente pela Corte a instruir os tecelões locais, o início, pela mesma época, na França, das plantações de algodão chamado do Maranhão e a instalação de fábricas bem equipadas, como a de João Marcos Vieira, que o governo mandou proteger em 1820, ou a de Tomé de Jesus Varela, que ainda em 1827 anunciava seus produtos no *Farol Paulistano*, podem bem atestar esse fato.

Nada disso servirá para contrariar, contudo, a opinião de que os progressos realizados foram, em geral, superficiais e efêmeros. Cortando entraves que a legislação colonial acumulara durante dois séculos à expansão normal de nossa vida econômica, as medidas então adotadas prestaram reais benefícios ao país. Mas cumpre, ao lado disso, cortar pela raiz certos hábitos rotineiros contra os quais são inócuas as leis escritas. Para tanto seria preciso, talvez, uma intervenção ativa e enérgica na produção, mais ativa e enérgica, certamente, do que o permitam os preceitos do liberalismo econômico, já então em seu pleno apogeu entre nós.

A mais antiga fábrica de tecidos de São Paulo*

O mais famoso alvará de 5 de janeiro de 1785, que visou à extinção, no Brasil, de todas as indústrias e artes para vestuário e luxo, além de outras comodidades indispensáveis ou apenas introduzidas pelo costume, especifica pormenorizadamente, em seu artigo 19, os produtos cuja fabricação ficava expressamente defesa a partir daquela data. Eram eles os seguintes: galões ou tecidos de ouro e prata, de veludos, brilhantes, cetins, tafetás ou outras quaisquer qualidades de seda; belbutes, chitas, bombazinas, fustões ou outras quaisquer fazendas de algodão ou linho branco e de cores; baetas, droguetes, saetas, durantes ou quaisquer outras qualidades de tecidos de lã.

As fábricas já existentes de algum dos referidos produtos, como também as fábricas e manufaturas de chapéus deveriam ser abolidas e extintas, como abolidos e extintos deveriam estar as oficinas e o próprio ofício de ourives, conforme ficara já anteriormente estabelecido e promulgado.

* Artigo originalmente publicado no *Digesto Econômico*, São Paulo, abr. 1948. (N. O.)

No artigo 20 estabeleciam-se as inevitáveis ressalvas a esse mandamento:

> Atendendo Sua Majestade, porém, ao grande número das escravaturas, índios e famílias indigentes dispersas por todas as capitanias do Brasil, e ao grave incômodo que lhes causaria se houvessem de se vestir de fazendas, ainda das mais ordinárias, remetidas da Europa, manda excetuar da geral proibição acima indicada as manufaturas e teares de panos grosseiros de algodão, que servem ordinariamente para uso e vestuário dos referidos negros, índios e pobres famílias e para enfardar e empacotar fazendas ou outros usos semelhantes: tendo V. Excia. grande cuidado em que debaixo do pretexto dos sobreditos panos grosseiros se não manufaturarem por modo algum os que ficam geralmente proibidos.

Para isso se ordenaria aos donos de fábricas que as desmanchassem no mais breve prazo possível, para não mais usarem delas, sob pena de serem destruídas. O alvará só seria publicado, em todo caso, se falhasse semelhante expediente, o qual, entretanto, "por ser de menos ruído", era o melhor em circunstâncias tais.

O resultado das medidas postas em prática para a execução de ordem tão terminante não parece ter confirmado, porém, a alegação contida no texto do alvará e apresentada como sua justificativa, de que na maior parte das capitanias do Brasil se iam estabelecendo diferentes fábricas de tecidos de várias qualidades. Ao menos no Rio de Janeiro, a diligência executada pelo desembargador provedor da Real Fazenda, José Gomes de Carvalho, só feriu oficinas de tecidos de ouro e prata, como a do francês Jacó Bunier, a do capitão José Antonio Lisboa, a de Miguel Xavier de Morais, a de José Maria Xavier e a de Sebastião Marques, todas sitas à Rua dos Ourives.

Dos donos de teares de "lã, linho e algodão" – a seda não é sequer mencionada –, o mais considerável é João Monteiro Celi, com casa à Rua da Vala. Tinha quatro teares ao todo, onde tecia e fabricava mantas e riscados de algodão para vestuários de negros, que são excetuados no alvará, e por isso não os mandou desmanchar o ouvidor. Na casa de certo José Luiz, estabelecido à mesma Rua da Vala, foram achados três teares armados e dois desarmados. Teciam-se ali algumas toalhas de mesa e guardanapos, "além das grosserias de algodão". Na casa de João Francisco, morador de fronte da sacristia da Sé, acharam-se três teares armados e um desarmado, nos quais se fazia o mesmo que nos de José Luiz. Teares semelhantes, destinados, em geral, à manufatura de panos rústicos, localizaram-se em mais sete casas, porém, como não se destinassem à produção de fazendas finas e sim das tais "grosserias", seus donos foram deixados em paz.

O que se deu no Rio de Janeiro deve ter ocorrido, em bem menor escala, nas diferentes capitanias. Aqui o trabalho doméstico, sobretudo nos sítios da roça, era muitas vezes sério entrave ao desenvolvimento da fabricação urbana para fins comerciais e escapava, por sua vez, à ação vigilante das autoridades. O próprio caráter da indústria caseira destinada justamente ao vestuário de negros, índios e famílias pobres incluía-a entre as exceções registradas no alvará de 1785. Muito superiores no equipamento ou no acabamento de seus produtos não seriam, aliás, as oficinas onde se trabalhava para o mercado.

O certo é que só a partir de 1808, dessa vez insuflados pela própria administração central, que se convertera às doutrinas do liberalismo econômico e abandonara, por força das circunstâncias políticas, o apego excessivo ao velho "sistema colonial", principiaram a nascer os estabelecimentos fabris não só no Rio de Janeiro, como nas capitanias.

Não deixa de ser curioso que algumas das tentativas mais notáveis nesse sentido se tenham dado precisamente em São Paulo, terra onde a lavoura do algodão ainda se encontrava em sua fase rudimentar, limitando-se quase unicamente – salvo, talvez, na região de Franca – à produção para os teares domésticos. O fato é que, já a 16 de março de 1812, determinava o regente que à Capitania de São Paulo se mandasse um mestre fabricante de tecidos, à custa dos cofres da Real Junta do Comércio, com os vencimentos de 600 réis por dia, a fim de ensinar a fabricação de tecidos e toda a manipulação pertencente a essa manufatura.

Só em maio do ano seguinte, porém, comunicava sua alteza real ao Marquês de Alegre a escolha do aludido mestre fabricante:

Hei por bem remeter-vos igualmente com esta o dito mestre que é Thomas Rodrigues às vossas ordens para o empregardes a vosso arbítrio naquelas fábricas de que os proprietários vo-lo requererem ou ainda quaisquer pessoas que queiram empreender semelhante estabelecimento tão útil. Determinando-vos que façais pelos ouvidores de todas as comarcas dessa Capitania afixar editais em que se anuncie esta Minha Real Resolução e o benefício que por ela tenho liberalizado em aumento da geral indústria e que com informação dos mesmos ouvidores sobre as possibilidades dos que tiverem fábricas ou quiserem o dito mestre para as estabelecer o concedais a aqueles dentre os pretendentes de quem julgardes fará maiores progressos no dito estabelecimento, arbitrando vós quanto além do predito vencimento do Cofre da Real Junta do Comércio deverá ele perceber de seu trabalho, o que seja conducente à sua sustentação e que grave aos empreendedores que o receberem, recomendando de ordem minha ao ouvidor da comarca onde for empregado o mestre que vigie o mesmo trabalho com assiduidade, e ensine para se não tornar inútil a despesa que com ele mando fazer pelo mencionado Cofre, dando-me anualmente conta o dito ouvidor o seu procedimento e do aumento que tiver a fábrica e propondo-me os meios de seu melhoramento pelo meu antedito Tribunal da Real Junta do Comércio, e logo que não for preciso o mestre naquela fábrica passará a vosso arbítrio, e pelo mesmo modo para ensinar a outro qualquer que tenha estabelecido teares, ou que os queira estabelecer em qualquer comarca dessa Capitania, recomendando ao ouvidor dela que, na forma sobredita, vigie que o dito mestre cumpra com os seus deveres, dando-me conta anualmente na mesma forma e prestareis da vossa parte todo o auxílio tendente a se estabelecerem fábricas de todos os tecidos de que houverem materiais primeiras, e a se aperfeiçoarem os estabelecidos, nessa Capitania, como espero de vosso eficaz e conhecido zelo.[1]

1 *Documentos interessantes para a história e costumes de São Paulo*, LX, p.101-2.

Pouco se sabe acerca das atividades desenvolvidas pelo mesmo Thomas Rodrigues em São Paulo nos anos imediatamente subsequentes ao de sua chegada. Seu nome vai aparecer, entretanto, por volta de 1820, subscrevendo uma representação dirigida à sua majestade sobre os motivos pelos quais não prosperara até então a fábrica de tecidos de seda e algodão que a Real Junta do Comércio mandara erigir na capitania. D. João VI, diante das razões alegadas recomendou ao capitão general Oeynhausen que tomasse as necessárias providências para que o estabelecimento não se fechasse.

Assim ficamos sabendo que a Real Junta do Comércio não só mantinha à sua custa um mestre tecelão em São Paulo, como ainda erigira ou mandara erigir ali uma fábrica de tecidos. Temos notícia, por outros papéis, de que essa fábrica tinha entre os seus responsáveis, ainda em 1820, certo João Marcos Vieira.[2]

Seria a mesma que já no ano seguinte conta entre os seus sócios Tomé Manuel de Jesus Varela. Esse nome aparece firmando um requerimento dirigido à Real Junta e provocado pelo edital de 7 de maio de 1821, da mesma repartição, que propõe vender as máquinas de fiar e cardar algodão então existentes no sítio da Lagoa Rodrigo de Freitas. Solicitando preferência, nesse caso, para o estabelecimento que tinha em São Paulo, Varela se propunha fazer os pagamentos regulados por quartéis, sendo o primeiro ano livre; no segundo e mais que decorressem, pagaria as quartas partes dos tecidos que lhe comprasse a Real Fazenda. Depois de ouvido a respeito o deputado inspetor das fábricas e feitas outras diligências, foi despachada favoravelmente a petição e aprovada pelo príncipe. De um trecho da resolução a probatória deduz-se que a fábrica de tecelagem favorecida era a única então existente em São Paulo. Diz-se, com efeito, nesse documento que o material seria transferido "à sociedade de fiação dessa cidade de que também é sócio o suplicante Tomé Manuel de Jesus Varela, pelo preço de três contos de réis, vista a

2 *Documentos interessantes para a história e costumes de São Paulo*, XXXVI, p.120.

utilidade nacional que daqui resulta ao Brasil, fazendo-se o transporte dos teares e mais utensílios à custa dos compradores".[3]

A partir de então o nome de Varela anda sempre associado ao estabelecimento. É lícito acreditar-se que, antes de se dedicar à tecelagem, se interessara ele por atividades manufatureiras, pois a 1º de outubro de 1808 fora eleito da Câmara de São Paulo avaliador de artefatos de ouro e prata, juntamente com José Wenceslau de Andrade.[4]

Essa circunstância dá lugar, aliás, à única referência ao seu nome que deparamos em documentos municipais paulistanos anteriores a 1821. Nesse ano, contudo, figura entre os signatários da representação dirigida pela Câmara ao príncipe regente, concitando-o a desobedecer às Cortes de Lisboa e a ficar no Brasil.[5]

A fábrica sobreviveu pelo menos durante algum tempo à Independência e achava-se instalada no próprio edifício do Colégio, que servia de residência aos presidentes da Província. Ocupava ali um salão, dois corredores e uma despensa, que davam para a Várzea do Carmo, conforme consta do termo de avaliação do prédio mandado fazer por ordem do governo imperial, quando se cogitou da instalação dos Cursos Jurídicos em São Paulo. Ainda existia em 1827, e no nº 5 do *Farol Paulistano*, de 7 de março daquele ano, lê-se o seguinte anúncio: "As fazendas manufaturadas nesta cidade na fábrica de Varela e Companhia acham-se à venda nas lojas dos srs. capitão José Rodrigues Veloso e ajudante Antonio Justiniano de Souza, e de Marciano Pires de Oliveira, na Rua da Quitanda".

3 *Documentos interessantes para a história e costumes de São Paulo*, LX, p.263.
4 *Atas da Câmara de São Paulo*, XX, p.436.
5 *Registro Geral da Câmara de São Paulo*, XVI, p.207.

À procura de um humanismo I*

Um dos sintomas do sentimento de constante insegurança e catástrofe que persegue o mundo atual é, sem dúvida, o excepcional prestígio de certas fórmulas, cuja ressonância tem o dom de restituir o sossego a corações conturbados. Uma dessas fórmulas apaziguadoras é a que se resume nesta simples palavra: humanismo. Evocando circunstâncias históricas que, bem ou mal, nos acostumamos a julgar mais ditosas do que as nossas, ela representa, em época de ceticismo, sofreguidão e turbulência, uma promessa de descanso e de certeza.

Há casos certamente em que essa fórmula pode ser pouco mais do que uma palavra sem sentido. Que se cogita, por exemplo, em humanismo católico, ou em humanismo socialista e marxista, não é para admirar. A simples confiança num mundo melhor, ainda quando póstumo, é cimento sólido com que se podem construir edifícios pomposos. Mas falar-se, como já hoje se fala, em humanismo existencialista é qualquer coisa que quase alcança as raias do escandaloso.

---

* Artigo originalmente publicado em *O Estado de S. Paulo*, 22 abr. 1948. (N. O.)

O escândalo, nesse caso, está principalmente em que semelhante doutrinação pretende filiar-se aos escritos do profeta que até hoje mais fez para desacreditar o que possa oferecer de atraente a ideia de humanismo. De que modo se tornou possível forjar, pois, essa genealogia para seus propugnadores, Søren Aabye Kierkegaard continua a ser um filósofo da subjetividade, uma espécie de professor do desespero, mas a subjetividade tomou entre eles um sentido particular e o próprio desespero perdeu seu acento trágico.

Quem leia qualquer dos inumeráveis ensaios em que o mais ativo corifeu da nova escola, Jean-Paul Sartre, tenta vulgarizar as suas ideias surpreende-se de não encontrar neles nada que possa seriamente magoar as opiniões mais geralmente aceitas e respeitadas. E a própria ânsia de vulgarizar e justificar a qualquer preço um pensamento que se quer naturalmente recatado e que, pela sua filiação declarada, há de fugir à esfera do geral – do "inautêntico", para recorrer ao vocabulário de seu mestre Heidegger – já não constitui motivo de surpresa.

O estratagema peculiar aos existencialistas atuais consiste principalmente em evitar, na medida do possível, todos os elementos paradoxais e problemáticos que formam a trama do verdadeiro pensamento existencial. No livro de Sartre intitulado *L'existencialisme est un humanisme* [O existencialismo é um humanismo] lê-se a propósito de "desespero" que essa expressão "tem um significado muito simples, quer dizer que nós nos limitaremos a contar com o que dependa de nossa vontade ou com o conjunto de probabilidades que tornam a ação possível". A própria noção de possibilidade, que em Kierkegaard se opôs à necessidade hegeliana e representa uma das pedras fundamentais do seu pensamento, perde, por sua vez, o timbre patético. "A partir do momento", prossegue Sartre, "em que as possibilidades que eu considero não se acham rigorosamente comprometidas por minha ação, eu devo desinteressar-me delas, porque nenhum Deus, nenhum projeto pode adaptar o mundo e seus possíveis à minha vontade". Há nessas palavras não um convite ao quietismo, certamente, mas a uma discreta e resignada sabedoria, que poderá aplaudir qualquer casuísta vulgar, mas nada tem a ver com a experiência do Cavaleiro da Eterna Resignação.

É verdade que entre mãos habilidosas, o sentimento da incompatibilidade com nossos possíveis, com os possíveis do mundo e de Deus, o sentimento do absurdo, em outras palavras, pode estimular criações artísticas não raro admiráveis. Alguns existencialistas chegariam a fundar, assim, uma verdadeira técnica do absurdo, como os surrealistas tinham criado uma técnica do delírio e da vertigem.

Dificilmente se compreende, porém, que para semelhantes efeitos fosse necessário invocar alguma doutrina filosófica determinada. Cabe mesmo perguntar se a doutrina escolhida, nesse caso, pode ser de considerável préstimo nas criações puramente literárias – em particular na literatura de ficção – a que se devotaram alguns dos seus novos adeptos. Sabe-se como, empenhado em coonestar essa aliança, Jean-Paul Sartre precisou recorrer, não tanto a Kierkegaard, que enaltecia constantemente a verdade subjetiva, a "interioridade", mas à fenomenologia de Husserl, para quem a consciência é sempre consciência de alguma coisa. Tudo está fora de nós (inclusive nós mesmos), segundo tal concepção, fora, no mundo, entre os outros... Esse "estar no mundo", que juntamente com sua noção da "historicidade" da existência forneceu a Heidegger uma ponte para a adesão ao nazismo – assim o quer, ao menos o seu antigo discípulo Löwith –, fornece a Sartre um pretexto para denunciar o romanesco da retrospecção, o das reações subjetivas ("*nous voilà délivrés de Proust*",[1] exclamou em certa ocasião), e da vida interior assim como o critério da onisciência do autor de obras de ficção.

Mas partindo de tão entusiástica adesão a uma doutrina previamente elaborada em seus vários aspectos, como chegar àquele grau de consciência e liberdade que parece inseparável da verdadeira criação artística e se reflete, não raro, nos próprios elementos técnicos dessa criação. Em seu sugestivo ensaio sobre Faulkner, afirma Sartre que uma técnica romanesca remete sempre à metafísica do autor. Seria verdadeira a recíproca. Não parece muito mais plausível admitir que as melhores realizações de Sartre nos domínios do conto, do romance, do teatro,

1 Do francês: "ei-nos libertos de Proust". (N. E.)

da crítica literária, decorram unicamente de um extraordinário talento, capaz de disfarçar as incongruências inevitáveis entre a sua metafísica e a literatura?

É inegável que às modernas filosofias da existência devemos certa concepção da liberdade humana, por exemplo, a da "temporalidade" – oposta ao tempo mensurável e público –, de fecundas aplicações no campo literário. Mas vai daí uma distância imensa à pretensão de coordenar a literatura às aquisições do existencialismo filosófico. O malogro dessa pretensão parece refletir-se especialmente em algumas obras recentes do próprio Sartre, que deixam com muita frequência a impressão do postiço ou mal costurado. É o caso, por exemplo, de sua tentativa de psicanálise existencial de Baudelaire. E mesmo o do romance *Le Sursis* [*Sursis*], o segundo da série *Les chemins de la liberté* [Os caminhos da liberdade], com sua construção simultaneísta, quase cinematográfica, inspirada nas invenções técnicas de alguns romancistas norte-americanos.

Mas a forma de atividade que representa a criação artística apenas constitui, na esperança desses estetas, uma das feições de um plano mais ambicioso. Se o homem só pode existir projetando-se para fora de si e perseguindo fins que lhe são transcendentes, não se torna bem claro que o único universo é um, o universo humano, o universo da subjetividade humana. Assim, de uma existência desamparada e evanescente, aquela simples "permuta aérea" que na elegia de Rilke não pode suportar a presença do Anjo, este, sim, criatura perfeita e por isso mesmo "terrível", o homem erige-se, de um salto, em seu próprio legislador. Repousa nesse pensamento todo o humanismo "existencialista", tão distante, em realidade, do humanismo clássico, quanto o desespero sartriano o é do desespero cristão.

Os subterfúgios que se fizeram precisos para a elaboração desse sistema não escaparam ao autor de *L'être et le néant* [O ser e o nada]. Quando, no curso de um debate em torno de *L'existencialisme est un humanisme*, lhe foi perguntado se nesse ensaio sua doutrina tinha sido atenuada para efeitos de vulgarização; a resposta foi positiva. É que, no fundo, declarou, quando apresentamos uma teoria consentimos em atenuá-la até certo ponto, a fim de torná-la mais acessível ao público, uma vez, é claro, que se mantenha intacta ("*à condition que la vulgarisacion ne la deforme pas*"[2]).

Caberia aqui perguntar se não entra nessa explicação um raciocínio de algum modo tautológico e se do ponto de vista do pensamento verdadeiramente existencial a vulgarização a todo custo já não é em si uma deformação. Em todo caso, os recursos verbais e intelectuais são os únicos de que dispõe um professor, e seria difícil condená-los totalmente, não obstante o risco que apresentam de atenuar suas ideias fundamentais. Risco absolutamente certo no caso especial da filosofia existencialista, que antes quer ser vivida do que apreendida pelo raciocínio abstrato.

2 Do francês: "sob a condição de que a popularização não a deforme". (N. E.)

À procura de um humanismo II*

Não será precisamente com uma atenuação e deformação da filosofia existencial que conta Sartre para organizar toda a sua predicação moral, política, estética e até humanística? E é lícito considerar verdadeiramente legítima ou sequer possível sua tentativa de prolongamento das investigações existencialistas para além dos domínios do pensamento puro e desinteressado? Essa é uma pergunta para filósofos, e ninguém mais autorizado a responder-lhe do que o próprio mestre de Sartre, aquele mesmo de quem ultimamente dizia Emmanuel Levinas – com patente exclusivismo, que transpôs para a ordem da Filosofia as proposições de Kierkegaard, pertencentes, até então, à ordem do ensaio, da Psicologia, da Estética ou da Teologia.

A resposta de Martin Heidegger – resposta indireta, é exato, mas não menos incisiva por isso – acha-se contida em longa carta que dirigiu a Jean Beaufret e cujo trecho final vem inserto, em tradução francesa, no número de novembro de 1947 da revista *Fontaine*. O texto com-

* Artigo originalmente publicado em *O Estado de S. Paulo*, 23 abr. 1948. (N. O.)

pleto, revisto e em alguns pontos ampliado pelo autor, foi publicado no original alemão por uma editora de Berna, como anexo e complemento ao estudo do mesmo Heidegger acerca do problema da verdade em Platão.

Com efeito, os dois estudos são inseparáveis por seu conteúdo, e nenhum pode ser bem compreendido sem constante referência ao outro. É inútil, sem dúvida, procurar resumir em poucas linhas esses escritos, que se distinguem por sua extrema densidade e concentração, mas não parece impossível assinalar, em traços gerais, o que neles se relaciona, expressamente ou não, com a nova aventura humanista de certos existencialistas franceses.

Esses estudos, particularmente o primeiro, representam uma nova contribuição de Heidegger para o esclarecimento do problema da verdade de acordo com a sua filosofia. O ponto de partida é fornecido por uma tentativa de elucidação do que lhe parece implícito, se bem que não formulado, em alguns diálogos platônicos e particularmente na famosa "Parábola da caverna". A noção da verdade do Ser como o "não velado" ou melhor inabscôndito (*Unverborgen*), que se encontra na origem de certas proposições básicas do heideggerismo, seria familiar aos antigos pensadores gregos, que a designavam com a palavra *alotheia*. No próprio Platão ela ainda poderia ser claramente discernida, embora já aqui se introduza, pela primeira vez, uma ambiguidade, desde o momento em que o inabscôndito aparece sob o jugo da ideia. A mesma ambiguidade acentua-se em Aristóteles: a sede do verdadeiro e do falso transfere-se agora das próprias coisas para o intelecto, e a essência da verdade passa a residir num perfeito ajustamento, na adequação entre o intelecto e as coisas.

A partir de então, e até os nossos dias, implanta-se firmemente essa concepção em todo o pensamento ocidental. A própria palavra "filosofia" não tarda em acomodar-se a ela, e a "metafísica" também se insinua sob o mesmo signo. É precisamente com os começos da metafísica, dentro do âmbito do pensamento platônico, que principia, por sua vez, o humanismo: uma e outro acham-se intimamente vinculados entre si ao longo de toda a sua trajetória histórica. O homem em qualquer acepção que adquira essa palavra, como "hominalidade" ou humanidade, como indivíduo humano ou como unidade, como povo ou agrupamento de povos, surge sempre, nesse caso, como o animal racional. Essa determinação é tida como evidente por si, de acordo com os costumes da metafísica tradicional, que jamais interroga sobre a verdade do Ser e nem, por conseguinte, sobre a relação entre a verdade do Ser e a essência do Homem.

Seja no humanismo romano, haurido nas formas tardias da cultura helênica, seja no humanismo renascentista, que na Itália dos séculos XIV e XV é uma *renascentia romanitatis*, e se opõe à barbárie do gótico e da escolástica, assim como o homem romano se opusera ao homem bárbaro, seja finalmente, no humanismo alemão do século XVIII, o humanismo de Winckelmann, Goethe e Schiller, encontram-se sempre as mesmas origens metafísicas.

Essas origens são manifestas, aliás, nos próprios humanismos que não preceituam um retorno à Antiguidade Clássica. Todos eles coincidem em tratar a humanidade do *homo humanus* partindo de uma concepção previamente dada – e tida por evidente – da Natureza, da História, do Mundo, do Fundamento do Mundo. A metafísica tradicional, que não só deixa de encarar o problema da verdade do Ser como trata de obstruir o acesso a esse problema, está à base de tais concepções, e isso é tão exato do humanismo de Marx como do humanismo de Sartre.

No caso deste último, sua afirmação, tantas vezes reproduzida, de que a existência precede a essência, ainda trai as mesmas origens. Nesse caso, observa Heidegger, "ele toma existência e essência no sentido da metafísica, que diz, desde Platão: a essência antecede a existência". Sartre inverte a proposição. Mas uma proposição metafísica invertida não deixa por isso de ser uma proposição metafísica.

Depois de ler esse trecho, à página 72 do livrinho de Heidegger, releia-se o que está escrito à página 17 de *L'existencialisme est un humanisme*. Tendo afirmado que o existencialismo é a mais austera e a menos escandalosa das doutrinas, Sartre lança a responsabilidade da confusão surgida a respeito sobre o fato de existirem duas espécies de existencialistas:

os primeiros, que são cristãos, e entre eles eu colocaria Jaspers e Gabriel Marcel, de confissão católica, e de outra parte os existencialistas ateus, entre os quais cumpre mencionar Heidegger e também os existencialistas franceses e eu próprio. O que eles têm em comum é simplesmente o fato de acreditarem que a existência precede a essência.

Essa espécie de cumplicidade com os "existencialistas franceses" de Sartre viu-se como Heidegger a repele enfaticamente, e em nome de certos pontos de vista centrais de sua doutrina. A proposição sartriana decorreria simplesmente de uma interpretação precipitada de uma frase de *Sein und Zeit* [Ser e Tempo] – "a existência do homem é sua essência" –, e tem como fundamento uma posição metafísica.

Mas, em nome daqueles mesmos princípios, não cabe ainda discutir a outra concepção que Sartre manteria em comum com seu mestre? Não seria também o ateísmo uma posição metafísica?

Nesse caso, entretanto, não parece necessário esperar por uma resposta de Heidegger. Ela já está contida naquela passagem de seu ensaio acerca da *Essência do fundamento*, de 1929, onde se lê que a interpretação ontológica da realidade humana, como "estar no mundo", não decide nem pró, nem contra a possibilidade de um "estar em direção a Deus" (*zu Gott sein*). Reproduzindo agora essa passagem, Heidegger faz questão de dizer que a assimilação ao ateísmo da interpretação da essência do homem do ponto de vista da relação dessa essência com a verdade do Ser é não só precipitada como errônea.

Em verdade sua filosofia não pode definir-se nem pelo teísmo, nem pelo ateísmo. Defendendo-se contra os que o possam acusar de imobilizar-se na indiferença, uma indiferença que tocaria as fronteiras do niilismo, a esses ele responde, com antecipação, que só partindo da verdade do Ser é possível pensar-se a essência do sagrado de maneira mais fundamental (*anfanglicher*) do que o pode fazer a metafísica. Somente partindo da essência do sagrado é possível, além disso, pensar-se a essência do Divino. E somente pensando à luz da essência do Divino será dado, finalmente, pensar e dizer que pode significar a palavra Deus. De que modo o homem atual seria capaz de perguntar, com seriedade e rigor, se

Deus se aproxima ou, ao contrário, se retira de nós, quando esse homem não principie por enveredar seu pensamento pela única dimensão em que a pergunta pode ser efetivamente formulada? Essa dimensão é a do sagrado, e há de ficar dissimulada enquanto não se elucide a aporidade (*das Offene)* do Ser, e na elucidação ele não se torne mais próximo do homem.

A essas reflexões que já pertencem à carta de Beaufret, acrescenta-se mais esta, particularmente significativa para quem tentasse aplicar ao texto de Heidegger uma hermenêutica semelhante à que ele recorreu para os textos de Platão: "é possível que o traço mais característico da época atual consista precisamente nesse estado de dissimulação (*Verschlossenheit)* da dimensão do sagrado. Seria, talvez, nossa única desgraça".

Pode-se supor que essa última sugestão, contida no texto em língua alemã, mas omissa na versão francesa, se destine a tornar um pouco menos intolerável para certas almas atribuladas uma filosofia em que muitos só veem aspereza, amoralidade e desalento. Isso seria, entretanto, uma concessão dificilmente compatível com um pensamento que aspira ao rigor e ao escrúpulo. Escrevendo há mais de vinte anos sua obra capital, *Ser e Tempo*, Heidegger mostrava-se menos complacente, em todo caso, chegando a dizer das chamadas "verdades eternas" que não passarão de simples afirmação fantasiosa, vestígio da velha teologia cristã, até que se possa provar a eternidade do *Dasein*, ou seja, da realidade humana. A ênfase com que aqui se denunciam aparentemente aquelas mesmas "verdades" explicaria a palavra "ateísmo" usada por Sartre, se Heidegger já não timbrasse então em apresentar o problema como provisoriamente destituído de qualquer sentido inteligível.

Muitas outras incompreensões do escritor francês tornam-se patentes à leitura desse novo escrito do autor de *Ser e Tempo*. E seria a ocasião de voltar-se contra o próprio Sartre as palavras que, não há muito, ele usava a respeito de outro escritor ilustre: "*M. Camus met quelque coquetterie à citer des textes de Jaspers, de Heidegger, de Kierkegaard, qu'il ne semble d'ailleurs pas toujours comprendre*".[1]

1 Do francês: "M. Camus imprime certa graça ao citar textos de Jaspers, Heidegger, Kierkegaard, que nem sempre, aliás, ele parece compreender". (N. E.)

Para registrar semelhantes equívocos de interpretação não é obrigatória, aliás, uma indiscriminada aquiescência à posição filosófica de Heidegger. Parece, ao contrário, altamente suspeita essa sua ambição, particularmente acentuada nos últimos anos, de fazer tábula rasa de todo pensamento ocidental, a fim de retornar às suas origens remotas e puras. É possível que a introdução, já ao tempo de Platão e Aristóteles, de uma "interpretação técnica do saber", colocando a Filosofia na constante dependência das ciências a fim de poder justificar sua própria existência, tenha transviado algumas formas essenciais do pensamento. Sabemos, graças, sobretudo, aos trabalhos modernos de Worner Jäger, a que ponto o método, as normas, o próprio vocabulário da Medicina, que era entre os gregos, ainda mais do que as matemáticas, padrão ideal da verdadeira *techne*, puderam influir sobre o desenvolvimento da filosofia helênica. Como todos os outros grandes filósofos, diz aquele autor, Platão não poderia ter formado seu pensamento sem a influência fertilizadora exercida pela ciência da época, através de suas novas questões e de suas novas soluções.

Quem nos garante, porém, que um regresso sobre os caminhos desvendados pela filosofia grega – os caminhos, em suma, da civilização ocidental – em nome de um pensamento pretensamente puro e perfeitamente atécnico não seria apenas um salto no vazio. De Sócrates, que construiu o seu mundo em prejuízo das velhas especulações dos cosmólogos, dissera Cícero que trouxe a filosofia do céu para as cidades e as moradas dos homens. O céu heideggeriano, por sedutor que pareça, lembra inevitavelmente o ideal de certa corrente filosófica que empolgou a Alemanha no intervalo entre as duas grandes guerras, em que procurava descobrir as fontes da vida e da sabedoria nesse misterioso mundo pré-helênico e pré-romano dos Pelasgos, dos Lícios, dos Etruscos, que Bachofen entrevira com intuição genial. A filosofia de Ludwig Klages e de seus adeptos acabou dissolvendo-se no nazismo; a de Heidegger correu o risco de soçobrar com ele.

Sejam quais forem as reservas que ela deva merecer, é impossível, entretanto, não concordar, interpretando-as livremente, é certo, com estas palavras que encerram a última obra de Heidegger: "É tempo de perdermos o costume de superestimar a filosofia e, por conseguinte, de lhe fazer exigências desmesuradas. Na atual situação do mundo é necessário: menos filosofia e mais vigilância de pensamento; menos literatura e mais desvelo pelas letras".

Relíquias das monções I*

O estudo acurado das nossas monções seiscentistas mostra como esse movimento que se prolonga e, por assim dizer, remata a obra dos bandeirantes na formação da atual silhueta geográfica do Brasil dependeu de uma constante e estrita fidelidade a velhas práticas indígenas. Tão característica foi sua dependência que o declínio daquele movimento – e isso já nos primeiros decênios do século passado – se relaciona em grande parte com a diminuição, às margens do Tietê e seus tributários, das essências florestais apropriadas ao fabrico de embarcações de madeira inteiriça; as canoas monóxilas dos antigos naturais da terra.

A ninguém ocorreria seriamente salvo, por momentos, a um d. Luis Antonio de Souza Botelho Mourão, o Morgado de Mateus, substituir o processo de construção náutica aprendido diretamente dos indígenas, por algum outro, mais civilizado, mais parcimonioso, por conseguinte, mais conforme as possibilidades de uma terra já empobrecida de árvores corpulentas.

Pode-se, com bons motivos, acreditar que, por volta de 1720, quando as frotas de comércio principiaram a trafegar regularmente para o

---

* Artigo originalmente publicado em *O Estado de S. Paulo*, 6 jun. 1948. (N. O.)

Coxipó e o Cuiabá, a lembrança das técnicas primitivas da construção de canoas e de mareagem não se achasse de todo apagada entre a população da capitania. E são essas, com efeito, as técnicas que se irão impor de modo praticamente exclusivo por mais de um século à notícia das opulentas aluviões do coração do continente.

Embora a importância dos caminhos fluviais no bandeirismo quinhentista e seiscentista tenha sido com frequência exagerada, não há motivo para cair no excesso oposto, negando-a inteiramente. E cumpre salientar, por outro lado, que esses caminhos não podiam ser de todo desprezados durante os primeiros tempos para o trânsito e transporte entre os sítios da roça e os povoados. Em pleno centro da cidade de São Paulo, o nome da Ladeira do Porto Geral ainda evoca as eras em que o movimento da fazenda beneditina, de São Caetano, era trazido em batelões aos padres do mosteiro. Mais movimentado seria o Porto das Canoas, em Pinheiros, de onde muitos produtos roceiros ganhavam a vila pelo caminho de Cotia e Sorocaba, que corresponde em parte ao percurso da atual Rua da Consolação.

Ao tempo do barão de Eschwege ainda persistia em Santo Amaro a lembrança do transporte dos sinos da matriz pela via fluvial. Pela mesma via teriam sido conduzidos, muito antes, os produtos da forja de ferro que Diogo de Quadros erigiu em 1807 à margem esquerda do rio. E é lícito imaginar que a necessidade de transporte desse produto e depois das pedras santamarenaes destinadas ao calçamento de ruas e de outros misteres tenha sido o motivo de se abrir, já em começo do século XVII, o único "caminho de carro" que se conheceu em São Paulo durante longo tempo.

A remessa de produtos excessivamente pesados ou volumosos para simples cavalgaduras e índios de carga – as tropas de muares só se generalizaram em meados do século XVIII – devia efetuar-se, entre São Paulo e outros sítios de serra acima, através de uma articulação da via carroçável – de carros de boi – com a estrada fluvial. Ganhando depois o Tietê, as canoas rumariam em geral para jusante procurando os povoados da banda de Santana de Parnaíba. Menos frequentes seriam as navegações a montante, que duplicavam o caminho terrestre, aberto em 1610 por Gaspar Vaz. Caminho áspero, ao menos nos tempos iniciais, e de muitas águas, razão pela qual os avaliadores do inventário de Francisco Cardoso desistiram de ir a Mogi no ano seguinte. O fato reproduz-se, sem pouca diferença, em 1620, a propósito do espólio de João Gomes que tinha sítio na mesma vila. O motivo dessa vez alegado era "não haver canoa nem ponte". Isso se explica, talvez, pela circunstância de as comunicações de Mogi se fazerem, então, de preferência, com o litoral, pelo caminho de Bertioga, que ia desembocar no oceano ou a da Piaçaguera velha, que se estendia do alto da serra ao do Jurubatuba.

Num inventário paulista correspondente aos dois primeiros séculos, encontram-se, não raro, referências a embarcações fluviais. Assim, entre os bens deixados em 1613 por Domingos Luis, o moço, que morava para além do Anhembi, consta uma canoa pequena orçada em 800 réis. A de Paula Fernandes, mulher de Rafael de Oliveira, avaliou-se, no ano seguinte, em 1.600. E em 1622 a de Antonio Furtado de Vasconcelos era posta na praça a mil réis.

De todas elas consta expressamente que eram "canoas de pau". Precisão importante para distingui-las das "canoas de casca", tais como a de Isabel Fernandes, mulher de Henrique da Cunha, que se estimou em 400 réis apenas, no ano de 1599.

Esses preços se contariam, naturalmente, segundo o estado de conservação da canoa e também segundo seu tamanho, que deveria variar consideravelmente. De uma, que pertencia a Matias Rodrigues da Silva, o avô do moralista Matias Alves, sabemos, por exemplo, que tinha de comprimento mais ou menos cinco braças – ou seja, onze metros – e essa foi avaliada em 8 mil réis no ano de 1710. Mesmo considerando que a partir do último decênio do seiscentos se verificará apreciável alta nos preços de todos os produtos, essa quantia permite supor que se trataria de embarcação de grande tamanho. Onze metros, ou pouco mais, será o comprimento médio das canoas que dez anos mais tarde começarão a descer o Rio Tietê para o comércio de Cuiabá. E tudo faz crer que, para percursos mais breves, especialmente para o transporte de gêneros no planalto, se empregassem embarcações muito menores.

A verdade é que ao lado desses percursos, o do Tietê abaixo, rumo ao Paraná, e às terras da Vacaria, nunca deixará de ser utilizado para as entradas ou os descimentos do gentio. E que em semelhantes jornadas o lugar de embarque se fizera desde cedo nos campos de Pirapitingui (ou seja, na região de Itu), algumas léguas adiante de Salto, e muito provavelmente no mesmo sítio onde se ergueria, com o tempo, o Porto Feliz das monções.

Assim, na informação de uma entrada de 1613, redigida por Pero Domingues e ultimamente publicada por Serafim Leite, já se diz que o embarcadouro dos navegantes era um porto no Rio Anhembi chamado Pirapitingui, 25 léguas abaixo da Vila de São Paulo. Vinte e cinco léguas não são muito para a distância entre São Paulo e Porto Feliz ao longo da vereda primitiva (Azevedo Marques, em 1879, ainda registra 22 léguas). D. Luis de Céspedes Xeria, que desceu o Tietê em 1628, tendo embarcado provavelmente no mesmo local, fala, é certo, em quarenta léguas de "caminho fragosíssimo". Mas nessa conta deveria incluir o percurso entre o litoral e o planalto, através da Serra de Paranapiacaba, fragosíssima, em verdade.

Qual a razão de se eleger esse embarcadouro situado a quatro léguas de Itu? O mais provável é que a escolha fosse ditada antes de tudo pela necessidade de se evitar o salto. Desse dia d. Luis Céspedes que, "cae de altíssimos penhascos, por cuia causa nos venimos a embarcar abajo de el".[1] E não é impossível que a esse motivo se juntasse o da presença, em grandes quantidades, nas matas vizinhas, de paus de peroba e ximbó, as árvores usadas na confecção das canoas monóxilas.

O fato é que, por essa ou aquela causa, a região ituana, compreendida nela [Arariguataba] ou Porto Feliz, parece ter-se especializado desde muito cedo na produção de tais canoas. De um morador de Parnaíba, em fins do século XVII, Antonio de Godoy Moreira, sabe-se, pelo inventário de sua mãe, [Eufêmia] da Costa, que em 1678 "era ido a Itu buscar canoa para o sertão". Pode-se, pois, sem receio, afirmar que tal região se acha associada não somente à história, mas ainda à pré-história das monções.

1 Cf. Mapa presentado a S. M. por D. Luiz de Céspedes Xeria para La mejor inteligência del viaje que hizo desde la Vila de San Pablo del Brasil a la Ciudad Real de Guayrá. Reproduzido em *Collectanea de Mappas da Cartographia paulista*, abrangendo nove cartas, de 1612 a 1837, e acompanhadas de breves comentários por Afonso E. Taunay, I, São Paulo, Carta 2ª.

Relíquias das monções II*

Quando em 1718 Pascoal Moreira descobre os granitos de ouro dos barrancos do Coxipó-Mirim, atraindo sobre seu rastro inúmeros aventureiros, o local de embarque, no Tietê, já tinha sido fixado muito tempo antes. E não só o local de embarque como o próprio modelo das embarcações que iriam ser usuais nessas jornadas.

Em estudo que tive ocasião de publicar há alguns anos,[1] procurei mostrar como essas canoas, que alguns cronistas acharam semelhante, em seu formato esguio, às lançadeiras de tecelão, não sofreram modificação sensível durante todo o ano em que perduraram as monções de povoado. Infelizmente as descrições contidas nesse estudo baseiam-se todas em informes de segunda mão. Nenhuma palavra acerca das canoas ou restos de canoa de monção, que ainda em nossos dias podem ser vistas. Destas, uma se encontra, embora incompleta e remendada, no próprio embarcadouro das antigas frotas do comércio em Porto Feliz. A outra, ou antes, o beque de proa de outra canoa, acha-se numa das salas

* Artigo originalmente publicado em *O Estado de S. Paulo*, 22 jun. 1948. (N. O.)

1 Buarque de Holanda, *Monções*.

de exposição do Museu do Ipiranga. Nenhuma, ao que me consta, foi, até aqui, objeto de descrição e estudo.

Segundo informações que me prestou obsequiosamente Afonso de Taunay, baseado em notícias merecedoras de crédito, o exemplar conservado na antiga Araritaguaba é um dos dez ou doze que, por volta de 1890, ainda se viam abandonados no mesmo lugar à beira-rio. Pude examiná-lo com vagar em viagem recente a Porto Feliz. O que ficou da canoa primitiva – uma estrutura de peroba escavada com 8,71 metros de comprimento, amputada da proa e da popa – acha-se mais ou menos protegido por um abrigo e por cercas de arame farpado. Alguma autoridade, menos zelosa de preservar, no possível, a antiga fisionomia da embarcação, do que de resguardar a qualquer preço a relíquia histórica, mandou pichar a face extrema do casco e disfarçar, com pedaços de tabos, as falhas existentes. Seria injustiça, entretanto, registrar apenas a piedosa intenção do responsável por tais providências. Sem elas é bem possível que não dispuséssemos hoje dessa peça única.

Vista de alguma distância, sua aparência é a de um cilindro quase perfeito. O tronco primitivo pode-se dizer que persiste nos restos da canoa. A própria curvatura do casco reflete a procedência, de modo que a distância entre as bordas – 1,14 metro em média – é bem inferior à maior largura no bojo, 1,43 metro. O pontal, ao centro da estrutura, é, por sua vez, de 0,87 metro, reduzindo-se apenas de alguns centímetros, três ou quatro, na extremidade mais estreita e que corresponderia à proa. No lado contrário, o fundo do casco alteia-se ligeiramente, mas não em forma de ângulo, e aqui deveria inserir-se o chapuz da popa. É o que leva a supor a circunstância de ser o casco, nesse ponto, de grande espessura – 23 centímetros – e isso se fazia necessário, certamente, para a aplicação da rodela. Ao centro da embarcação, entretanto, o fundo não mede mais de 9 centímetros de espessura, como se pode averiguar graças a uma fresta ali existente. Essa espessura do casco decresce progressivamente para as bordas, onde não ultrapassa 3 centímetros. Ao longo das bordas existiria, outrora, uma faixa suplementar de madeira – a bordadura, como então se dizia – destinada a aumentar as dimensões da canoa e que hoje desapareceu por completo.

Pode-se talvez admitir que essa canoa, quando ainda em uso, tivesse, no mínimo, mais 3 ou 4 metros de comprimento até o bico da proa. Note-se, entre parêntesis, que uma estimativa dessa ordem não deixa de ser relativamente arbitrária, pois nem ao menos dispomos de elementos muito seguros para determinar, no caso, a localização respectiva da proa e da popa, a não ser, como se disse acima, o tipo de curvatura e a forte espessura do casco a uma das extremidades. A simples redução da distância entre as bordas da extremidade oposta a essa pode ser fortuita e não indica forçosamente vizinhança da proa. Sabe-se, ao contrário, que, nas canoas monóxilas, a maior largura se observa exatamente na direção da proa, que é feita, geralmente, da parte inferior e mais grossa do tronco.

De acordo com a estimativa aqui sugerida, teríamos para a embarcação um comprimento de 12 metros aproximadamente. Não é muito. Treze ou quatorze metros, e às vezes mais, tinham as antigas canoas do Tietê e do Cuiabá. As duas que se fabricavam nas redondezas de Porto Feliz para a expedição Langsdorff mediam, cada qual, seus 50 pés de comprimento, ou seja, mais de 15 metros. Isso numa época em que já seriam escassos na região os paus de canoa de grande altura e corpulência. Uma das três embarcações que, duzentos anos antes, conduzira ao Paraguai, pela mesma via fluvial, o governador d. Luis de Céspedes Xeria e sua gente, chegara a medir 17,5 metros, se não entrou algum exagero nos informes deixados pelo dignitário espanhol.

Resta-nos o magro consolo de pensar que o exemplar de Porto Feliz, incompleto como se acha, só é pouco inferior, no comprimento, à canoa indígena encontrada há alguns decênios no delta do Paraná e atualmente conservada no Museo de la Plata, onde o estudou minuciosamente, para a revista da mesma instituição, Fernando Márquez Miranda. Mede ela 10,5 metros de popa à proa e representa, segundo essa autoridade, a maior canoa monóxila conhecida em território argentino. Por outro lado, é bem inferior à nossa na largura (70 centímetros) e no pontal (50 centímetros ao centro).

Conforme pôde apurar ainda o Márquez Miranda, a canoa do Museo de la Plata é feita de ximbó, justamente uma das duas qualidades de madeira, ao lado da peroba, que entre nós se empregavam no fabrico das embarcações fluviais de comércio. Dessa madeira disse Martius que, embora não seja muito compacta, é de boa classe, flexível e elástica: "em taboados e pranchas é empregada para portas, construção de barcos, tinas de banho, tabuleiros, vasilhas de toda espécie, bateias de lavar ouro, rodas hidráulicas e muitas outras coisas".[2] Na fabricação de canoas monóxilas era preferida muitas vezes a peroba, por fender-se com menos facilidade. Tinha, além disso, a virtude de resistir longamente à umidade.

De ximbó é um dos dois únicos restos de canoa da era das monções que ainda hoje se conservam. Infelizmente não passa de um beque de proa com cerca de 3 metros de comprimento. Há mais de vinte anos estava numa fazenda no município de Porto Feliz, reduzida a simples cocho para cavalos. Salvou-a de completa ruína Afonso de Taunay, trazendo-a para o Museu Paulista, onde se encontra exposta numa das salas da seção de História Nacional.

---

2 Spix; Martius, *Reise in Brasilien*, I.

Pré-história das bandeiras I*

Convidado a participar do Seminário de Estudos sobre as Fontes Primárias para a História de São Paulo, organizado pelo Instituto de Administração da Faculdade de Ciências Econômicas e Administrativas da Universidade de São Paulo, e incumbido de dissertar sobre a expansão paulista no século XVI, pareceu-me a princípio que a fixação de limite tão preciso se ajustava mal ao tema proposto.

Não creio que os acontecimentos históricos possam enquadrar-se com rigor entre balizas cronológicas caprichosamente fixadas. No Brasil em particular, o quinhentismo não morre em 1600. E a história das bandeiras só principia, a bem dizer, mais tarde, com o governo de d. Francisco de Sousa.

Nesse sentido, as entradas de Brás Cubas e Luis Martins, as guerras de Jerônimo Leitão, as sondagens de minas dos dois Sardinhas, que se situam no século XVI, seriam movimentos preliminares para as grandes investidas posteriores. Mas movimentos nascidos de circunstâncias

---

* Artigo originalmente publicado em *O Estado de S. Paulo*, 4 jul. 1948. (N. O.)

aparentemente fortuitas e desconexas, que não bastam, por si sós, para explicar a vocação expansionista dos antigos moradores da Capitania de São Vicente. Considerados sem referência aqueles sucessos mais tardios, eles seriam talvez comparáveis às entradas que, pela mesma época, aproximadamente, ocorreram em outras áreas da incipiente América portuguesa, na Bahia, no Espírito Santo, no Nordeste.

Contudo, essa vocação já existia de modo inconfundível. Para entender todo o seu alcance é escusado considerar tal ou qual episódio particular ocorrido durante a segunda metade do século XVI. Nem as jornadas de Brás Cubas e de Luis Martins, nem as campanhas de Jerônimo Leitão, nem os descobertos de Afonso Sardinha chegam a fornecer o ponto de partida ideal para uma visão de conjunto da obra dos bandeirantes. Para tanto será preciso um maior recuo, até atingir as primitivas navegações costeiras que revelaram como dessas terras austrais seria possível, e relativamente fácil, o acesso ao coração do continente e mesmo às fabulosas cordilheiras do extremo ocidente.

Não foi certamente por uma casualidade que Martim Afonso, tendo corrido toda a costa dos domínios portugueses, obteve o seu quinhão nessas terras quando se instituiu o regime das capitanias. Ou que os jesuítas, comandados por Nóbrega, dedicariam uma atenção toda especial a São Vicente, principalmente ao sertão de São Vicente, caminho do Paraguai e do Peru.

Sabe-se que, por muito tempo, a faixa litorânea que se estende para o sul de Cananeia recebera dos navegantes o nome "costa do ouro e da prata", assim como certa região, muito mais ao norte, tivera a denominação de "costa do pau-brasil". As notícias levadas à Europa pelos homens da expedição de d. Nuno Manuel, ocorrida por volta de 1514, sobre um misterioso povo serrano que trazia "ouro batido à maneira de arnês e adiante do peito", segundo se lê na *Nova Gazeta Alemã*, o machado de prata colhido nessas paragens pela mesma expedição, as lendas do "rei branco" transmitidas pela gente de beira-mar aos marujos castelhanos e portugueses devem ter influído largamente para isso.

Dois anos após a viagem de d. Nuno, em 1516, João Dias de Solis era morto traiçoeiramente pelos índios no litoral platino, em frente à ilha de

Martin Garcia.[1] Diante desse trágico sucesso as três caravelas de sua armada decidiram regressar à Espanha. Uma delas, porém, veio a naufragar nas proximidades da ilha de Santa Catarina, ou seja, no chamado Porto dos Patos, salvando-se, entre outros, quatro tripulantes que se tornariam, cada qual a seu modo, os grandes arautos do povo serrano, do rei branco e de suas riquezas sem par. Chamavam-se eles Melchior Ramirez, Enrique de Montes, Francisco de Chaves e Aleixo Garcia.

Ramirez e Montes permaneceriam em Santa Catarina, onde os recolheria, dez anos depois, a armada de Sebastião Caboto. Francisco Chaves fixa-se mais ao norte, no porto de Cananeia e ali o encontraria Martim Afonso, em 1531, ao lado do célebre "Bacharel" e de outros europeus náufragos ou degredados. A Aleixo Garcia, finalmente, caberia, com a sua marcha memorável até os contrafortes andinos, confirmar a existência das terras lendárias no sertão longínquo.

Sacrificado, embora, pelos índios Guarani, ao chegar, no regresso, às margens do Rio Paraguai, Garcia tivera tempo de mandar emissários a Santa Catarina com notícias e amostras do metal achado. Em carta de um dos componentes da armada de Caboto diz-se que, ao encontrar-se o comandante com Melchior Ramirez, este lhe fizera entrega de algumas peças de ouro que conserva em seu poder e se propusera levar, em promessa, à Virgem de Guadalupe, se regressasse são e salvo à Espanha.

A jornada de Aleixo Garcia, que morreu provavelmente em 1525, foi durante longo tempo objeto de dúvidas e controvérsias.[2] A primeira fonte conhecida dessa extraordinária façanha foi *La Argentina* de Ruy Dyaz de Guzmán,[3] escrita antes de 1612. Ainda em 1911, ao publicar no tomo IX dos *Anales de la Biblioteca de Buenos Aires* sua edição crítica dessa famosa crônica, Paul Groussac admitia-a com prudente discrição. E não poderia ser de outra forma, dados os numerosos enganos e os exageros patentes que encerra a narrativa. Retificada está, porém, à luz

1 Carta de Luiz Ramirez, *RIHB*, XV, p.40.

2 Essa data – fins de 1525 – pode ser estabelecida com certa verossimilhança por Charles E. Nowell em Aleixo Garcia and the White King, *HAHR*, XXVI, p.460.

3 Guzmán, *La Argentina*, p.34-41.

de outras fontes documentais, como a carta de Luis Ramirez, publicada por Varnhagen; o *Memorial* de Diego Garcia (onde se diz que Aleixo era um dos seus – "*uno de los mios*" –[4] querendo talvez significar que era seu parente); as declarações de Caboto, várias cartas de Irala que se acham insertas em apêndices no livro de Lafuente Machain sobre esse governador do Paraguai;[5] os comentários de Alvár Nuñes Cabeza de Vaca[6] tornam inevitável admitir-se que a expedição se realizou com efeito, tendo saído de Santa Catarina – e não de São Vicente como dissera Guzmán, nem de Cananeia como o presumem outros – para atingir o território de Charcas.

O empreendimento desse português refletiu-se no próprio desenvolvimento étnico de vasta região sul-americana, conforme o demonstram Erland Nordenskiöld especialmente, em trabalho publicado no ano de 1917 com o título de "The Guarani Invasion of the Inca Empire in the Sixteenth Century"[7] e Alfred Métraux, em *Migrations historiques des Tupi-Guarani.*[8] Esse último autor nos seus *Études sur la civilization des indiens Chiriguano*, publicados no tomo I, fascículo 3º da *Revista del Instituto de Etnologia* da Universidad Nacional de Tucumán, em 1930, diz textualmente, referindo-se à expedição de Garcia, que "esse episódio da conquista tão estreitamente associado a um fenômeno étnico surge como acontecimento capital, cuja repercussão sobre o desenvolvimento das províncias do Rio da Prata foi considerável".[9]

Não terá sido menor a influência exercida por essa proeza sobre a colonização portuguesa do litoral sul do Brasil. As informações à Espanha pela gente da armada de Caboto constituíram, como se sabe, um dos incentivos para a ocupação da região platina. E é interessante notar que Enrique Montes, um dos náufragos da viagem de Solis, tendo tornado à

4 Memorial de Diogo Garcia, *RIHB*, XV, p.387; Relacion y derrotero de Diego Garcia. In: Medina, *Los Viages de Diogo Garcia de Moguer*, p.246.

5 Lafuente Machain, *El gobernador Domingo Martinez de Irala*, p.367-568.

6 Cabeza de Vaca, *Naufragios y comentários*, p.271 et seq.

7 Nordenskiöld, The Guarani Invasion of the Inca Empire in the Sixteenth Century, *Geographical Review*, IV, p.103-121.

8 Métraux, *Migrations historiques des Tupi-Guarani*, p.18 et seq.

9 Métraux, Études sur la civilization des indiens Chiriguano, *Revista del Instituto de Etnologia da Universidad Nacional de Tucumán*, I, fascículo 3, p.314.

Europa nessa armada, voltara pouco depois a estas terras na expedição de Martim Afonso, a quem serviria como língua e guia. Anima-o, sem dúvida, aquele entusiasmo, com que, dirigindo-se à gente de Caboto, segundo o testemunho de Anton Falcon de Colibia, publicado por Toríbio Medina, dissera que "nunca homens foram tão bem afortunados como os da dita armada, porque dizem que havia tanta prata e ouro no Rio de Solis que todos seriam ricos, e tão rico seria o pajem como o marinheiro, e da alegria que tinha o dito Enrique Montes quando aquilo dizia e, mostrando as contas de ouro, chorava".[10]

Outro náufrago, Francisco de Chaves, o mesmo que se estabelecera na Cananeia com o Bacharel, aparece no diário de navegação de Pero Lopes de Sousa a propósito da jornada que mandou o capitão terra adentro, em busca do metal precioso, porque, declara, "o dito Francisco de Chaves se obrigará que em 10 meses tornará ao dito porto com 400 escravos carregados de prata e ouro".[11]

10 Medina, *El veneciano Sebastian Caboto*, I, p.140.

11 Souza, *O diário da navegação de Pero Lopes de Sousa 1500-1532*, p.211 et seq.

Pré-história das bandeiras II*

Cronologicamente, a primeira grande "entrada" paulista saiu de Cananeia a 1º de setembro de 1531 sob a chefia de Pero Pinheiro Lobo, com quarenta besteiros e quarenta espingardeiros. O que se sabe acerca de sua partida, de seus propósitos e da esperança que nela depositava Martim Afonso vem contado no *Diário da navegação* de Pero Lopes. O resto da história pode-se deduzir de uma passagem das *Atas da Câmara da Vila de São Paulo*, relativa a abril de 1585, em que se narram as tropelias praticadas pelos índios carijós contra os portugueses

> pella qual matança que asi fizerão e fazem cada dia está mandado tempo a pollo sor Martim Afonso de Souza que som da gloria azo que lhe fizesse guerra quando se desta terra foi por lhe matarem oitenta homens que mandou pella terra a dentro a descobrir e pêra a dita guerra deixou a Ruy Pinto e a Pero de Goes fidalgos e se então não se fez foi por a gente desta capitania hire a guerra aos de Yguabe e por la mataro muita gente

* Artigo originalmente publicado em *O Estado de S. Paulo*, 6 jul. 1948. (N. O.)

se desfez a dita guerra e ate agora não ouve oportunidade para se poder fazer como agora.[1]

Verifica-se por aí como a entrada de 1531 pode ser associada às guerras de Jerônimo Leitão, que deveriam ocorrer meio século mais tarde. Ao lado das fontes indicadas para o estudo da entrada de Pero Lobo Pinheiro (o *Diário* sobretudo e as *Atas da Câmara*), fornecem pormenores a respeito as crônicas de Herrera, de Oviedo, e os comentários de Cabeza de Vaca, redigidas pelo escrivão Pero Hernández. Nesta última obra lê-se que, entre o Rio Iguaçu e o Paraná, "mataron los índios a los portugueses que Martin Afonso envio a descubrir aquella tierra, al tiempo que passaban el rio em canoas, dieron los índios y los mataron".[2] Temos, dessa forma, um resumo completo do que foi a expedição de Pero Lobo.

A jornada de Aleixo Garcia, apesar do tecido de fábulas e exageros que desde o início a envolvera, serviu, assim, para indicar que da costa do sul do Brasil, especialmente da parte que vai do litoral de Santa Catarina à Cananeia, seria possível chegar-se ao Peru por terra, suspeita que encontraria, bem cedo, outros testemunhos que a corroborassem. Entre eles, o dos curiosos "Apontamentos" que certo Diogo Nunes ofereceu a d. João III sobre a viagem que realizara às terras da América, tendo andado no Peru e participado, em 1538, da expedição de Mercadillo à província de Machifaro, junto às cabeceiras do Amazonas e ao país dos Omágua.

Nesse documento, redigido por volta de 1554, que Varnhagen encontrou na Torre do Tombo e publicou pela primeira vez na *Revista Trimestral do Instituto Histórico*, diz-se que da referida província peruana se podia ir à costa do Brasil pelo Amazonas. E acrescenta-se: "também poderei ir por São Vicente atravessando pelas cabeçadas do Brasil, tudo por terra firme, porém há muita terra que andar".[3]

Varnhagen tentou identificar o redator desse documento com certo Diogo Nunes de Quesada, que em 1544 andava em Lisboa, de volta do

1 *Atas da Câmara da Vila de São Paulo*, I, p.276.

2 Cabeza de Vaca, *Naufragios y comentários*, p.182.

3 Apontamentos de Diogo Nunes das suas viagens na América, p.367.

Peru, onde ajuntara grosso cabedal.[4] Capistrano de Abreu, em nota à *História Geral do Brasil*, mostra, no entanto, o infundado dessa tentativa. A seu ver, o Diogo Nunes dos "Apontamentos" seria o mameluco levado do Brasil por Tomé de Souza, mencionado em uma carta que o embaixador Luiz Sarmiento de Mendoza escreveu de Lisboa, no ano de 1553. Esse mameluco, filho de um português, também viera do Peru ao Brasil, trazendo notícias de muito ouro e prata. Como argumento em favor dessa identificação, observa Capistrano de Abreu que "é mais fácil existir no mesmo tempo, no mesmo lugar, com os mesmos planos, um só homem que dois". E ainda aventura mais essa hipótese: "Se Diogo Nunes descendia de pai português e mãe índia, é provável que fosse natural da Capitania de São Vicente".[5]

Todas essas razões dariam, talvez, de que pensar, se não houvesse outro documento, aparentemente inédito, entre os que Rodolfo Schuller copiou em Sevilha e Salamanca para várias bibliotecas, inclusive a Library of Congress e a Biblioteca Nacional do Rio de Janeiro. Trata-se de uma "Relação" que Martim de Orue escreveu, em setembro de 1554, sobre o que lhe fora dado ver e observar em Portugal para o Conselho de sua majestade o imperador. Nela deparamos o seguinte trecho:

> Del Peru vyno por el año pasado un pasajero natural português que se dize Domyngo Nunes natural de moron ques junto ala Raya de Castilla el qual trajo de veynte a treynta myil ducados este andado persuadiendo al Rey por una conquysta por el (Brasil) para por ally entrar a las espaldas de Cuzco.[6]

Essa passagem deixa poucas dúvidas sobre o assunto. A dificuldade principal para a identificação entre o Nunes natural de Mourão, junto às raias de Castela, e o dos "Apontamentos", ou seja, a diferença nos prenomes torna-se de pouca monta quando pensamos que "Domingo"

4 Varnhagen, *História Geral do Brasil*, I, p.231.

5 Ibid., p.243 e 321.

6 *Archivo de Indias*, 2-5-1/14 R. 22.

e "Diogo" são palavras que se podem eventualmente confundir e que, quando abreviadas, segundo uso generalizado na época, não apresentam diferença alguma.

A "Relação" de Orue, que em outros passos oferece alguns subsídios apreciáveis para o estudo das primitivas comunicações por terra firme entre São Vicente e o Paraguai, é por isso mesmo de excepcional valor para a história dos indícios da expansão paulista. Seu autor tinha longa prática das coisas da América, especialmente do Paraguai, onde andara por mais de uma vez durante anos consecutivos. Dele afirma Lafuente Machain que foi dos "conquistadores de maior influência da incipiente Colônia.[7] É estranho que esse historiador, tão meticuloso no resenhar as atividades de tal personagem, em seu livro *Los conquistadores del Río de la Plata*, não diga sequer uma palavra acerca de sua importante missão secreta em Lisboa. A respeito existem, no entanto, duas cédulas reais perfeitamente claras. A primeira datada de 21 de abril de 1554, discrimina o que haveria de fazer o referido Orue "*com la mejor diligencia que pudiere*" durante sua jornada a Lisboa. A outra, de 9 de agosto do mesmo ano, é uma carta de recomendação ao embaixador Luiz Sarmiento de Mendoza. O espião deveria entregá-la, caso o julgasse necessário, sem prejuízo para sua missão.

Na "Relação" de Orue trata-se não somente da armada de Luis de Melo, que depois se perderia na costa norte do Brasil, como ainda das pretensões dos portugueses de São Paulo sobre a região do Rio Piquiri e sobre a própria Assunção. São Vicente tornara-se já então, depois do Porto dos Patos e da Cananeia, um dos grandes centros de penetração do continente, a partir do litoral atlântico. Dos Patos saíra Aleixo Garcia e sairá mais tarde Cabeza de Vaca. Ambos subiram o atual Rio Itapucu rumando para terras do atual Estado do Paraná e sabe-se que o *adelantado*, servindo-se de guias indígenas, seguiu o itinerário de seu antecessor. Esse itinerário acha-se descrito nos *Comentários* de Pero Hernández e sobre ele discorre, com sua habitual segurança, o barão do Rio Branco,

7 Lafuente Machain, *Los conquistadores del Río de la Plata*, p.477-9.

reproduzindo-o também em mapa.[8] Tudo indica que, em algum ponto dessa via, devesse desembocar o caminho que tinham percorrido, partindo de Cananeia, os expedicionários de Pero Lobo Pinheiro. Do contrário explica-se mal o fato da gente de Cabeza de Vaca ter transitado pelo mesmo local onde, dez anos antes, se verificara o trucidamento daqueles expedicionários e encontrado, à altura do Tibagi, um índio recém-convertido, chamado Miguel, natural da costa do Brasil e que voltava à sua terra, depois de ter vivido muitos anos entre os espanhóis de Assunção. Desse Miguel dirá mais tarde Irala, em documento publicado por Machain, que seguira "*por el camiño que Garcia vino*".[9]

Também existem muitas probabilidades de que a via de São Vicente a Assunção, aberta, segundo parece, no ano de 1552, ou pouco antes, fosse um dos galhos dessa mesma estrada. Não há prova de que antes da vinda de europeus tenha sido ela correntemente utilizada em todo o seu curso pelos tupi vicentinos. Ao menos em certa informação que, depois de 1554, escreveu no Paraguai doña Mencia Calderón, viúva de Juan de Sanabria, e que foi publicada por Carlos Morla Vicuña em seu estudo histórico sobre o descobrimento e conquista da Patagônia e da Terra do Fogo, lê-se que de São Vicente se podia ir àquela cidade "*por cierto camiño nuevo que se habia descubierto*".[10] Esse "*camiño nuevo*" é, sem dúvida, com alguma ligeira variante, o mesmo que trilhariam, um século mais tarde, numerosos bandeirantes, para seus assaltos ao Guairá.

8 Exposição que os Estados Unidos do Brasil apresentam ao presidente dos Estados Unidos da América, II, p.223 et seq; Ibid., V, Mapa 31.

9 Lafuente Machain, *El gobernador Domingo Martinez de Irala*, p.458.

10 Morla Vicuña, *Estudio historico sobre el descubrimiento y conquista de la Patagonia y de la Tierra del Fuego*, p.50.

Pré-história das bandeiras III: de São Vicente a Assunção*

A única descrição conhecida do caminho quinhentista por terra firme, entre São Vicente e Assunção do Paraguai, consta do livro do célebre aventureiro alemão Ulrich Schmidl, que em 1553 o percorreu quando se dirigia, de regresso, ao Velho Mundo. Infelizmente os topônimos que serviram de pontos de apoio para a reconstituição do itinerário transparecem tão mal através de sua áspera ortografia, que dificilmente chegarão a fornecer referência segura.[1]

A lei do menor esforço pode inclinar-nos a identificar certo Wiessache ou Biesail da narrativa com o Mbiaza ou Biaçá do litoral catarinense – e mais de um autor moderno interpretou-o nesse sentido –, muito embora Schmidl apresente a palavra em apreço como designativo de nação ou tribo, não de localidade. E o Urquale, que ocorre algumas linhas adiante, seria, segundo as aparências, o Rio Uruguai, mas nesse caso seríamos forçados a admitir que Schmidl e seus companheiros, tendo a

* Artigo originalmente publicado em *O Estado de S. Paulo*, 10 jul. 1984. (N. O.)

1 Schmidl, *Reise nach Sud-Amerika in den Jahren 1534-1554*.

princípio rumado para nordeste de Assunção, prolongaram inexplicavelmente sua caminhada. Não teria sido muito mais natural se aproveitassem em parte a estrada já existente entre o Rio Paraná e o litoral, e que tinham utilizado, entre outros, Aleixo Garcia e Cabeza de Vaca?

Resulta de tudo isso que uma reconstituição quase unicamente baseada na confusa nomenclatura do livro de Schmidl, escrito quando ainda estava longe de fixar-se a toponímia da área do sul do Brasil percorrida pelo argente-arcabuzeiro, levaria a deduções mais ou menos caprichosas. Não parece, assim, das mais plausíveis, com toda a erudição e meritória paciência desenvolvidas por seus autores, a tentativa realizada ultimamente nesse sentido, pelos srs. W. Kloster e F. Sommer, quando fizeram Schmidl e seus companheiros subir o Paraná até junto à boca do Tietê, para depois atravessar a pé, de oeste a leste, terras hoje paulistas, rumo a Santo André e a São Vicente. Essa reconstituição, que não se aproxima de qualquer das vias históricas palmilhadas, antes ou depois da jornada de Schmidl, e que, já por isso, deve ser considerada com alguma reserva, funda-se toda ela, numa hipotética identificação entre o Glengle do aventureiro germânico e o nosso Tietê. Identificação que, por sua vez, se baseia principalmente na pretensa similitude fonética entre Glengle e Anhembi ou Nhembi, nome primitivo do Tietê.

Há, por outro lado, muitos motivos que levam a crer na possível coincidência, em trechos da rota de Schmidl, com a das expedições anteriores, em particular a de Cabeza de Vaca. Nada, em sua narrativa, pode contrariar seriamente tal presunção. Sabe-se, por outro lado, que o caminho de Adelantado tinha sido, já antes dele, ordinariamente adotado pelos carijós e resultava, segundo as melhores probabilidades, da experiência ancestral dos naturais da terra.

Por esse aspecto parece acertado o critério que Gentil de Assis Moura, em trabalho publicado no volume XIII da *Revista do Instituto Histórico de São Paulo*, quando toma em consideração o percurso de Cabeza de Vaca nas partes em que seu itinerário e o de Schmidl poderiam confundir-se.

Se o ilustre historiador e geógrafo tivesse examinado a reconstituição do referido caminho feito pelo barão do Rio Branco – e lamentavelmente não o fez –, teria chegado muito possivelmente aos resultados mais plausíveis. É interessante notar que o caminho estabelecido pelo barão do Rio Branco para a viagem de Cabeza de Vaca concorda, em quase todo o seu percurso a oeste do Rio Tibagi, no atual Estado do Paraná, com um "Caminho das bandeiras" que vem traçado no mapa de Antonio Reiz Montezinhos, elaborado nos anos de 1791 e 1792. Tudo indica assim, que o famoso Peabiru, o Caminho de São Tomé dos jesuítas castelhanos, tenha sido o preferido dos viajantes, desde antes da conquista europeia até a Era das Bandeiras.

Cabe notar que o nome de Peabiru só circulou verdadeiramente nas áreas de domínio castelhano e seria aplicável apenas ao trecho a oeste de Tibagi, quando muito a parte que ia ter no litoral catarinense, através do curso do Itapucu. É certo que o padre Pedro Lozano, um dos numerosos jesuítas castelhanos que desse caminho se ocuparam, depois de dizer que tinha o nome de Peabiru entre os guarani e de São Tomé, ou Payçumé, entre castelhanos, acrescenta que o percorreu "*el gloriosisimo Aposto, por más de 200 leguas, desde la capitania de S. Vicente en el Brasil*".[2] De seu caráter mais ou menos permanente há uma sugestão nesta outra passagem do mesmo Lozano:

> *tiene ocho palmos de ancho, en cujo espacio nolo nace una yerba muy menuda que se distingue de toda la demás de los lados, que por la fertilidad cresce a media vara, y aunque agostado la paja, se quemen los campos, nunca la yerba del dicho camino le eleva más, en reverencia sin duda de las sagradas plantas que la hollaron y para testemonio de las fatigas que en tierras tales padeceria el apóstol primero de América.*[3]

Contudo, em nenhum documento de procedência portuguesa e paulista encontramos essa designação referida ao ramal que procurava São Vicente. E não faltam indícios, por outro lado, de que o ramal vicentino teria sido aberto somente após a conquista europeia, e não muito antes da

2 Lozano, *História de la conquista del Paraguay*, I, p.67.

3 Ibid.

jornada de Schmidl. Deveria sair da margem direita do Tibagi, à altura da Serra dos Agudos para, depois de cruzar o Paranapanema perto da Serra de Botucatu, continuar na direção de Itapetininga e Sorocaba.

Foi esse o caminho tomado por Schmidl que, como parece provável, saiu do primitivo Peabiru. E aqui, segundo as aparências, enganou-se ainda uma vez Gentil de Assis Moura, em resultado de sua tentativa de relacionar os nomes de Urquale e Biessale ao Tietê e a região de Pirapitingui respectivamente, sugerindo uma inflexão do caminho na direção da atual Itu e depois pelas margens do rio até Jurubatuba, nome antigo do Pinheiros.

O erro provém, nesse caso, do fato de Gentil de Moura se ter servido da versão francesa do livro de Schmidl, publicado por Ternaux-Conpans em 1837. Nessa versão lê-se efetivamente, à página 244, que tendo os viajantes partido de Biessale, chegaram à aldeia de "Shebetueba", situada a 11 milhas de distância: "*Aprés un mois de marche nous partinme à Shebetueba, village a onze milles loin*".[4] No original, verifica-se que a distância entre as duas paragens era de 100, não de 11 milhas, e esse pormenor não só se concilia melhor com o tempo dado para o percurso, como toma insustentável a interpretação oferecida nesse ponto por Gentil de Moura.

Numerosos dados esparsos e, em parte, ainda mal conhecidos, mostram que foi assiduamente percorrido o caminho nos meados do século XVI, até que as autoridades portuguesas, por motivos que ainda não foram suficientemente esclarecidos em todas as suas minúcias, determinaram seu fechamento, precisamente em 1533. A esse respeito, a fonte mais importante continuará sendo a obra de Schmidl, principalmente segundo a nova tradução castelhana de Edmundo Wernicke, publicada em 1938 em Santa Fé e na qual, pela primeira vez, se tomou por base o manuscrito original, conservado na Biblioteca de Stuttgart.

Cabe ainda mencionar, com relevo, a relação do irmão Antonio Rodrigues, inserta nas páginas da *História do Brasil* de Serafim Leite. Rodrigues, que viera à América em 1535, na armada de Mendoza, andou

4 Cf. Schmidl, op. cit., p.7. [Do francês: "Depois de um mês de caminhada, fomos a Shebetueba, vila a onze milhas distante"– N. E.]

pela via terrestre entre o Paraguai e o Peru. Depois, tal como Schmidl, veio, ainda por terra, de Assunção a São Vicente.

A carta traz a data do último de maio de 1553 e foi escrita em São Vicente. Depois de sua chegada do Paraguai, tinha ido à Europa e regressado. De onde se deduz que voltara de Assunção durante a primeira metade de 1552, se não antes.

Esse Antonio Rodrigues, como tantos portugueses e espanhóis, vieram à América pela primeira vez – são suas palavras – movidos assim por vaidade como por cobiça de ouro e prata. Morreu padre da Companhia no ano de 1568. Outros, carregados dos mesmos pecados, continuariam ainda por algum tempo nas suas jornadas entre São Vicente e Assunção, presos a apetites profanos. Para os castelhanos, o trânsito por esse caminho, além de oferecer facilidades de algum modo apreciáveis, desde o abandono da primeira Buenos Aires, era ocasião de lucrativos negócios com os vicentinos. Tomé de Souza, em carta de junho de 1553, que se pode ter na *História da colonização portuguesa*, dá um depoimento importante a esse respeito quando diz que, em resultado das comunicações assíduas com o Paraguai, a alfândega de São Vicente rendera, no ano anterior, 100 cruzados de direitos das coisas que traziam os espanhóis a vender.

Pré-história das bandeiras IV: as peças da terra*

Entre as mercadorias que os castelhanos de Assunção traziam por terra para vender no Porto de São Vicente nos anos de 1552-1553 deveriam ter papel considerável as índias domesticadas no Paraguai. Índias, não índios, é o que se lê na maioria dos documentos conhecidos, e a precisão é importante, porque reflete de algum modo o próprio sistema de colonização e organização do trabalho estabelecido desde muito cedo naquelas terras platinas.

Em certa relação ainda inédita acerca *de las ciudades de la governación del Paraguay y de sus índios*, redigida pelo ano de 1620 e que se encontra entre os manuscritos da preciosa Coleção De Angelis na Biblioteca Nacional do Rio de Janeiro, diz-se expressamente da fundação de Assunção que resultou menos da ocupação violenta do que de um trato amistoso, pelo qual os naturais do lugar se entregaram à proteção dos brancos cedendo-lhes, em troca, suas mulheres, suas filhas e suas parentas para serviços domésticos e roceiros. Era, em suma, o processo

* Artigo originalmente publicado em *O Estado de S. Paulo*, 11 jul. 1948. (N. O.)

então chamado de *cunhadio*, princípio e origem da própria povoação que se tornaria o centro da expansão castelhana em terras do Paraguai e do Prata, segundo consta expressamente do citado manuscrito: "*La fundación de esta Ciudad fue más por via de cuñadazgo que de conquista*".[1]

Espanhóis e índios chamavam-se reciprocamente de cunhados, e como cada europeu tinha muitas mancebas nesse "Parayso de Mahoma", toda a parentela acudia a servir ao cunhado quando necessário, honrando-se com o novo parente. Podiam assim, os brancos, viver sua vida farta e folgada, desfrutando de abundante mantimento e contentando-se, para o vestuário, com algum pano de algodão, da terra, tingido de preto.

O recurso em grande escala ao trabalho rural feminino, que além do mais não feria tradições indígenas, pôde, assim, implantar-se nas províncias do Prata. Suas vantagens eram particularmente manifestas nas conquistas de Castela, pois constituía um modo suave de se quebrantar o rigor das leis de proteção ao gentio amigo. Em São Vicente, onde os regulamentos sempre foram mais frouxos nesse ponto, o sistema introduzido no Paraguai nunca chegaria a generalizar-se amplamente. Mas a docilidade dos guaranis ou carijós dos dois sexos, porventura maior do que a dos tupis da costa, tornava-se um atrativo para a cobiça dos portugueses e mamelucos. A palavra "carijó" tornou-se logo, entre eles, sinônimo de índio manso ou doméstico, aplicável indiscriminadamente aos de qualquer procedência, e nesse sentido deveria prevalecer, em São Paulo, até o século XVIII.

Em alguns casos, não hesitavam os vicentistas em sair a buscá-los no litoral catarinense. A lembrança do assalto à bandeira de Pero Lobo, que por longo tempo ainda seria comentada entre eles, podia servir de pretexto fácil e justificação para qualquer violência. A guerra transformava-se desse modo em justa guerra, e portanto lícita, segundo as leis consagradas. Reunidos aos tupis da costa, seus amigos e compadres – inimigos, por outro lado, dos carijós – começaram por ir fazer suas investidas no

1 Coleção De Angelis.

litoral ao sul de Cananeia. Em uma das relações do piloto Sanchez, datada de 1559, de que há cópia na Biblioteca Nacional do Rio de Janeiro, diz-se da ilha de Santa Catarina que se achava despovoada, "*por causa que los portugueses y sus amigos ysieron muchos saltos em las yndias naturales y an destruydo todos los yndios de la costa de la mar que eran amigos de los vasalos de su magestad*".[2]

Num ataque praticado por certo navio de Pasqual Fernandes, que foi dos primeiros donos das terras onde se erigiu a Vila de Santos, e outro de Martim Vaz, este morador na Capitania de Ilhéus, foram capturados todos os índios e alguns espanhóis que moravam na Laguna. Entre estes o próprio frei Alonso Lebron, antigo morador do lugar, que, justamente com outro franciscano, acompanhara Cabeza de Vaca na famosa entrada do Adelantado. Carregados para São Vicente – isso tudo no ano de 1548 –, foram postos em liberdade pelo então loco-tenente do governador da capitania, Brás Cubas. Mas frei Alonso, que era homem teimoso, não se conformou com as providências: espalhou os índios pelas casas de alguns vizinhos e embarcou-se para a Europa a fim de apresentar queixa. Como dois anos mais tarde ainda não estivesse de volta, supôs-se que teria sido aprisionado por corsários.

Os assaltos aos carijós do litoral sul, e mais tarde os resgates mais ou menos pacíficos, resultaram no despovoamento de toda aquela região. Deles dá longa notícia, em 1609, uma carta do governador Hernandarias de Saavedra, que se publicou em 1937 no tomo I da *Revista de la Biblioteca Nacional* de Buenos Aires. Nesse documento ressuscita Hernandarias o velho projeto de alguns conquistadores no sentido de se formar uma povoação castelhana na costa de Santa Catarina, por onde se comunicassem mais facilmente com a metrópole os moradores da região mediterrânea em torno de Assunção. Propunha entre outras coisas que sua majestade mandasse despovoar o vilarejo que os portugueses tinham começado a fazer na Cananeia, porque diz: "*demas de que aquello esta en la corona de Castilla y no en la de Portugal y ellos pretenden yrse entrando se cuitara*

2 Ibid.

el ir llevando desta província del Biaça al Brasil della resgatada y della a fuerça de armas y los tienen y subtenden por esclavos y tienen este nombre entre ellos".[3]

Da maneira pela qual faziam os vicentistas esses resgates há descrição circunstanciada e de vivo interesse em uma relação do padre Jerônimo Rodrigues, redigia entre 1605-1607 e pela primeira vez publicada entre as *Novas cartas jesuíticas* de Serafim Leite.

Pode-se bem imaginar a importância que por meados do século XVI já teriam na vida econômica da capitania de Martim Afonso esses índios e índias já mansos e domésticos, trazidos "de pazes" pela via terrestre que comunicava Assunção e São Vicente. Entre os que vinham para embarcar de regresso à Europa, firmou-se o costume de contarem com a venda de peças carijós no porto, para o pagamento da viagem marítima. É esse o caso, por exemplo, do próprio Ulrich Schimidl. Em uma carta de Juan de Salazar datada de Santos em 30 de junho de 1553, e que foi publicada por Edmundo Wernicke, segundo cópia tirada do Arquivo de Sevilha, diz-se que o alemão trazia em sua companhia um escravo, que haveria de vender ao piloto por seu frete. É bem provável que fosse esse um entre os muitos índios que ele e seus companheiros teriam negociado no Brasil ou levado à Europa, pois no próprio livro Schimidl diz-se que vieram em sua companhia cerca de sessenta carijós da cidade de Assunção. E algumas páginas adiante conta-se como lhe morreram em Portugal dois "escravos", que levava das terras da América. De certo espanhol que viajava com o sargento-arcabuzeiro no mesmo barco, refere-se Salazar que também levava consigo um índio e este ficaria em Lisboa com o piloto, se não lhe fosse paga a quantia de 20 ducados.

Consta ainda da mesma carta de Juan de Salazar que o tráfico de escravos se fazia livremente em São Vicente, e aqueles que os vendiam alegavam, e provavam-no, que os tinham recebido das autoridades do Paraguai, inclusive do próprio governador Domingos de Irala. Contra tamanhos abusos protestara vivamente Salazar junto ao governador e ao

3 Cartas y memoriales de Hernandarias de Saavedra, *Revista de la Biblioteca Nacional*, I, n.3, p.576 et seq.

próprio Brás Cubas, pedindo que não levassem direitos desses índios, que eram na sua maior parte guaranis domésticos, por isso mesmo súditos e vassalos de sua majestade. Em resposta diziam-lhe com grande rancor, que não conheciam outro rei além do seu, e que o Rio da Prata, assim como o Paraguai, eram das terras da Coroa de Portugal.

São Vicente tornara-se para os espanhóis lugar obrigatório de trânsito, e a via terrestre entre o porto brasileiro e o Paraguai, a mais curta para os que se destinaram ao Velho Mundo. Em uma carta de poderes que ao capitão Nufrio de Chaves concedeu, em 1555, Domingos de Irala, pode-se ler em Apêndice ao livro de Lafuente Machain sobre esse conquistador a notícia de como o genovês Bartolomeu Justiniano trouxera da Espanha provisões e despachos para que "*más brevemente por la via de Portugal e costa del Brazil pudiessen venir a mi poder*".[4] Os produtos que, na volta, levavam eram principalmente tecidos importados e ferro. Alguns tentaram levar também algumas cabeças de gado, mas os moradores da terra não queriam vender seus bovinos nem a peso de ouro e prata, enquanto não tivessem para isso licença especial de seu rei. Só mais tarde iriam às escondidas "as sete vacas do oeste", origem, segundo alguns, dos primitivos rebanhos paraguaios e platinos. O que aparentemente interessava aos vicentistas da época era menos o ouro do que a mão de obra para a faina rural. Para obtê-la não só entravam em relações com os viajantes espanhóis, mas também saíam a buscá-la por sua própria conta e risco, através do caminho terrestre de Assunção.

4 Lafuente Machain, *Los portugueses en Buenos Aires en siglo XVII*, p.19.

Pré-história das bandeiras V: as primeiras entradas vicentistas*

Quase um século antes das investidas dos caçadores de índios sobre o sertão ao sul do Paranapanema, numerosos moradores de São Vicente já iam até o Paraguai em busca de gentio manso, destinado principalmente às lides agrárias. Para isso recorriam ora à violência, ora ao trato pacífico e mais ou menos clandestino com alguns conquistadores castelhanos.

Acerca da responsabilidade direta do próprio governador do Paraguai nesse negócio há mais de um testemunho preciso. Além da citada denúncia de João de Salazar de Espinosa, podem mencionar-se as de certo Antonio de la Trinidad, morador de Assunção, em carta datada de 1556, que figura entre os documento quinhentistas copiados por Schüller em Sevilha e Salamanca. As acusações dirigidas a Domingos Martinez de Irala, que – diz o missivista – não hesitava em favorecer estrangeiros,

* Artigo originalmente publicado em *O Estado de S. Paulo*, 18 jul. 1948. (N. O.)

parentes e amigos, em detrimento dos que tinham ajudado a ganhar a terra e padeceram os trabalhos da conquista, são corroboradas por uma declaração do clérigo Martin Gonzáles, também de 1556, onde se lê que o governador, não contente em despojar os naturais da terra, tomando-lhes as filhas e as mulheres, "dava licença aos moradores de São Vicente para que pudessem retirar índias deste país e levá-las a São Vicente, e assim levaram muitas".[1]

Graças ao depoimento de Antonio de la Trinidad conhecemos o nome de dois desses traficantes vicentistas. Assim é que Afonso Farinha, vizinho daquele porto da costa do Brasil, tendo ido a Assunção, conseguira licença, ao regressar à sua terra para levar índias do lugar, e ainda lhe venderam outras, que Farinha, por sua vez, foi revender em São Vicente, pagando a dízima. Ao todo teriam ido, dessa vez, trinta índias, sem falar nas muitas que morreram no caminho.

Mais tarde aparece outro português, chamado Diogo Dias, a quem o governador permite a compra de muitos índios corocotoquis. De repente vai tomando mais peças, que venderá depois em São Vicente, pagando também os direitos ao seu rei. Três ou quatro cristãos, vendo que essas coisas se toleravam, levaram a vender, cada qual, sua meia dúzia de indígenas, pelo que não foram molestados. E, com efeito, não era cruel, nesses casos, o governador, "que a nenhum mau castiga e a nenhum bom ajuda para que se faça melhor". Com essa tirada encerra-se a carta.

É interessante, por outro lado, que o próprio Irala, em sua *Relacion breve* datada de 1556, também dá notícia de tais transações, esquivando-se, naturalmente, de aludir a partir de responsabilidade que nelas lhe caberia. A culpa de tudo estava com algumas pessoas saídas sem permissão e às ocultas, "*sin licencia fugitivamente*" para ir aos reinos de Espanha. Essas tinham levado à ilha de São Vicente certa quantidade de índios que deixaram, ali, em servidão e cativeiro. A tal respeito já se escrevera às justiças da dita ilha, requerendo da parte de sua majestade que os envias-

1 Gonçalves, *Cartas da India*, II.

sem de volta à sua terra, por se tratar de homens livres, com as pessoas que para buscá-los fossem enviados de Assunção.

Mas a proposição não fora aceita e alguns portugueses de São Vicente chegaram à audácia de ir até o Rio Paraná, de onde levaram índios e índias que lhes venderam como escravos diversos conquistadores meio sublevados. Com o fim de evitar a reprodução de semelhantes fatos, tão em desserviço de Deus e de sua majestade, já tinha sido decidido mandar povoar as referidas terras do Rio Paraná, o que até então não se fizera por várias causas, entre outras, por constar que os portugueses pretendiam as terras para si.

Excluídos os pormenores que incriminam pessoalmente, as palavras de Irala confirmam, em suma, o que declara na carta Antonio de la Trinidad. Sobre os dois nomes de traficantes referidos nessa carta é discreta ou omissa, no entanto, a documentação de origem portuguesa. Se o Farina ou Farinha veio a São Vicente vender suas índias é provável que tivesse logo depois regressado ao Paraguai, pois tudo indica tratar-se do Alonso Farina que, em documento de 1556, vem relacionado entre os moradores de Assunção que entravam pela via terrestre, e que em 1556 figura na eleição do capitão Ortiz de Vergas para tenente do governo.

Acerca de Diogo Dias estamos mais bem informados, desde que a divulgação do manuscrito primitivo de obra de Ulrich Schimidl revelou tratar-se da pessoa que, tendo ido por terra a Assunção, anunciou ao arcabuzeiro a presença, em São Vicente, de um navio de Lisboa. Se no regressar ficou em São Vicente, seja talvez o mesmo Diogo Dias que Brás Cubas produziria como testemunha em 1581, quando se tratou de mostrar o verdadeiro percurso antigo entre aquela vila e Santos. Em seu juramento, reproduzindo por frei Gaspar, diz-se: "O primeiro homem que povoou a Vila de Santos foi Pascoal Fernandes e o senhor Brás Cubas, daí se fez a Vila de Santos".[2] Isso indica que seria morador velho na ilha de São Vicente, podendo ter assistido ao povoamento de Santos, iniciado em 1540.

2 Schmidl, *Reise nach Sud Amerika in den Jahren 1534-1554.*

O nome de Diogo Dias ainda surge entre signatários do auto que em 1583 se fez no engenho de São Jorge dos Lemos sobre a guerra ao gentio Carijó e Tupinaem, conforme se lê nas *Atas da Câmara da Vila de São Paulo.* Não seria a mesma pessoa o Diogo Dias que também em 1585, aos 23 de abril, figura nas Atas entre moradores de São Paulo, assinando de cruz, e é duvidoso que, residindo em São Vicente já antes de 1540, ainda em 1608, obtivesse certa data de terras de sesmaria concedida então por Gaspar Conqueiro. Na petição apresentada, alega este Diogo Dias, se assim é possível interpretar o texto bastante truncado do documento, que era morador havia quarenta anos na Vila de Santos e que tinha servido a sua majestade em todas as guerras e ocasiões que se ofereceram, não somente na Capitania de São Vicente, mas também na costa do Brasil, ele com seus escravos e fazenda, enfrentado não apenas Tamoios e Carijós, mas ainda numerosos outros inimigos ingleses, franceses, flamengos...

Se há grande exatidão nas datas, e isso não ocorre com excessiva frequência em semelhantes documentos, o autor da petição só teria ido residir na Vila de Santos pelo ano de 1568. Mas tendo lutado contra franceses, possivelmente no Rio de Janeiro, é de acreditar-se que já andaria bem antes dessa data no litoral sul do Brasil.

A existência de uma ou mais de uma pessoa com o nome de Diogo Dias em São Vicente, por volta de 1583 e muito mais tarde, torna bem plausível a suspeita de entre estas se deve procurar a que foi por terra para Assunção, descendo, às voltas, grande leva de índios. Não há motivo para pensar que tenha regressado depois disso ao Paraguai e lá permanecido. Ao menos na memória da gente que vivia nas províncias do Prata, Paraguai e Paraná, manuscrito do Arquivo Histórico de Madri ultimamente publicado por Lafuente Machain e referente a 1556, ano em que já estava trancado o caminho por terra de São Vicente, não consta seu nome, ao contrário do que sucede com o de Afonso Farina e outros, entre os moradores que tinham entrado pelo dito caminho.

Nesse caso, fica aparentemente desfeita a suposição de Wernicke, de que o traficante de 1583 fosse o mesmo Diogo Dias morto pelos índios em 1558 (no texto está, por engano, 1599) ou o Diogo Dias de Adorno que no mesmo ano de 1559 firma um requerimento dirigido ao capitão

Nufrio de Chaves pelos seus soldados no Chaco. A suposição de que este último pudesse ser só mesmo dos Adornos genoveses do Brasil sustenta-se mal quando sabemos que também no Paraguai havia uma família Adorno e mesmo Dias de Adorno ou Adorna. Estes últimos procediam, no entanto, de Hernando Dias de Adorna, natural de Corunha e vindo com Caboto às costas do Brasil, onde o recolheria mais tarde Gonçalo da Costa, português a serviço de Castela e genro do Bacharel Cananeia. Não encontro elementos que permitam elucidar seu possível parentesco com a família do mesmo apelido que tanto sobressaiu durante todo o século XVI, não só em São Vicente mas também na Bahia.

Pré-história das bandeiras VI: ainda os traficantes vicentistas*

Além de Diogo Dias e de Afonso Farinha, vários traficantes de peças do gentio do Paraguai são referidos em todos os documentos de procedência castelhana dos meados do século XVI. Entre outros, na citada carta de Juan de Salazar, escrita de Santos em 30 de julho de 1553 aos senhores da Casa de Contratação em Sevilha. Um desses traficantes era sobrinho do próprio governador Antonio de Oliveira e trouxera a São Vicente vinte índios escravos, além de doze guaranis, todos eles, ou a maior parte, obtidos de Domingos Martinez de Irala em trocoa de ferro. É bem possível que se tratasse dos filhos de Jerônimo Leitão, pois não consta que Antonio de Oliveira tivesse no Brasil outros sobrinhos.

Certo Francisco Vidal também se meteu no negócio dos gentios paraguaios e chegou, de volta, com vinte peças sem ter precisado ir até Assunção, pois conseguira adquiri-las a cristãos que andavam roubando a terra para trocar por ferro e resgates o produto do seu latrocínio. Não foi possível encontrar nenhuma outra referência à pessoa desse nome na

* Artigo originalmente publicado em *O Estado de S. Paulo*, 20 jul. 1948. (N. O.)

documentação quinhentista referente a São Vicente ou ao Paraguai. A menos que se tratasse de algum dos Vidal ou Pontes de Vidal estabelecidos em Cananeia, segundo Ernesto Young, já no século XVI.

Teria o traficante de índios de 1553 alguma relação de parentesco com o Alonso Perez Cafiamares ou Calhamares, natural de Assunção, e que em 1585 se acha estabelecido e casado em São Paulo com uma filha de Gaspar Afonso? Em sua meticulosa resenha dos povoadores quinhentistas do Campo de Piratininga, observa Américo de Moura como os descendentes, particularmente as filhas desse Cafiamares, tomariam o apelido de Vidal.

Recorrendo à relação da gente entrada por São Vicente, que figura no já citado padrão ou memória de 1555 relativo aos moradores do Paraguai, do Prata e das terras do Paraná, podem acrescentar-se aos nomes já aludidos alguns outros. Um deles é certo Cardoso, que aparece sem indicação de prenome. Lafuente Machain presume que seria o português Luis Cardoso, também chamado Luis Fernandes. O nome Cardoso surge na Capitania de São Vicente, nos primeiros decênios do século XVII, relacionado, entre outros fatos, às origens da vida de Mogi das Cruzes. Não há notícia segura, entretanto, de que já lá existissem na era quinhentista. Por outro lado, entre os diversos Fernandes que desde cedo assistiram na mesma capitania, não consta nenhum que tivesse o prenome de Luis.

A mesma incerteza pode suscitar-se com relação a um Domingos Baez, ou Vaz, que no padrão referido figura com outros moradores do Paraguai que tinham entrado pela via de São Vicente. Entre os habitantes da Capitania de São Vicente durante a segunda metade do século XVI era relativamente frequente o sobrenome Vaz, mas em nenhum caso com o nome de Domingos, a julgar pelos textos que se conhecem.

O nome de outro português entrado pelo caminho de São Vicente e mencionado no mesmo documento, o de Marcos Fernandes, pode admitir, porém, alguma especulação. Entre os habitantes da Capitania de Martim Afonso, cuja ida à Assunção é cronologicamente possível antes de 1556, existem em realidade dois Marcos Fernandes: o "velho" e o "moço". O primeiro foi, segundo Pedro Taques, neto materno de Antônio Rodrigues, o companheiro de João Ramalho. Esse morreu assassinado em 1583. O outro, seu filho ou sobrinho, é mencionado com relativa assiduidade nos documentos paulistanos correspondentes ao período que se estende entre 1579 e 1587. Depois disso desaparece misteriosamente e por longos anos, só ressurgindo em 1616, quando pelos seus "muitos serviços" é provido no ofício de meirinho do campo. Ao assinalar esse fato, observa Américo de Moura que Marcos Fernandes deve ter passado quase toda a vida a perlustrar os sertões, "em que ficaria apagada sua memória, se não fosse esta última nota". Nada impede, assim, que ele, ou seu homônimo já citado, tenha ido antes de 1556 até o sertão paraguaio, tomando parte, dois anos após essa data, da eleição do tenente do governador Ortiz de Vergara.

Outros Fernandes de São Vicente, talvez relacionados com Marcos, teriam realizado o percurso por terra firme a Assunção, embora não figurem como de tal procedência no padrão de 1556. É o caso de Manuel Gaspar e Mateus Fernandes, que, no entanto, constam como idos do Brasil, na relação dos conquistadores do Rio da Prata elaborada pelo historiador Lafuente Machain. Os nomes dos dois primeiros figuram também entre os de povoadores quinhentistas da Capitania de São Vicente, conquanto não existem elementos que permitam fixar com segurança sua verdadeira identidade. O fato de constarem do padrão de 1556 como tendo entrado de lugares diferentes e em diferentes datas não impede que tenham andado, como tantos outros, pelo Brasil, regressando por terra. Contudo, nenhum elemento, ao menos por enquanto, autoriza a afirmar que Manuel Fernandes, incluído no aludido rol entre aqueles que procediam do Peru, seja uma das duas pessoas que, com esse mesmo nome, irão surgir mais tarde em terra vicentina. Ou que o Gaspar Fernandes, chegado a Assunção com a gente da armada de Sanabria, seja o que se estabelecera também na Capitania de São Vicente pelo ano de 1561, consoante suas próprias declarações.

Um pormenor do padrão de 1556 que merece alguma atenção está no fato de figurarem sob a rubrica "*gente venida de Sant Vicente*", e logo abaixo do nome de Marcos Fernandes, os de raçoeiro Juan Gabriel, de frei Isidro de Castro e de frei João de Salazar, que aparentemente nunca fizeram a viagem aludida. A confusão que pode decorrer de uma relação desleixada da resenha manuscrita parece desfazer-se quando lemos, logo após a menção de frei João de Salazar, que, diga-se de passagem, nada tem a ver com o capitão do mesmo nome, a de certo Rodriguez, seguido da observação "*vyno de Sant'Vicente*". Ora, essa indicação de procedência teria sido perfeitamente dispensável se o raçoeiro e os outros dois religiosos também proviessem daquele porto da costa do Brasil.

Os demais nomes que figuram sob a mesma rubrica são seis, ao todo. Note-se que seis também eram os "soldados portugueses" que acompanharam Cipriano de Góis na jornada que fez este entre São Vicente e Assunção, na companhia do capitão João de Salazar de Espinosa. Tendo sido organizado o padrão pouco depois da chegada do capitão e sua gente ao Paraguai, não seria para admirar se a rubrica indicasse apenas aqueles "soldados portugueses", tanto mais quanto sua relação é encabeçada justamente pelos nomes dos dois filhos de Luis de Góis.

O Rodrigues que aparece na lista seria possivelmente o João Rodrigues, natural de Cezimbra (outros escrevem Coimbra), que na carta de Salazar, escrita de São Vicente a 30 de junho de 1553, figura entre os que tinham vindo por terra a Assunção. Este ia à Europa a chamado de sua mulher. Assim, teria regressado dois anos mais tarde. De Afonso Farinha já se sabe pela carta de Antonio de la Trinidad que também estivera em Assunção (provavelmente pelo ano de 1552, se foi antes de Diogo Dias), levando de regresso índias guaranis para vender em São Vicente.

Não é de grande interesse para o objeto do presente estudo uma investigação meticulosa acerca dos personagens castelhanos ou moradores de Assunção, em todo o caso, que em meados do século XVI teriam palmilhado o caminho por terra até São Vicente como Juan Diaz Melgarejo, Bartolomeu Justiniano, Francisco Gambarrota, Jacomo Cornucio, Juan de Castro...

Para muitos deles essa estrada era apenas um extenso caminho do mar, primeira etapa da jornada de volta ao Velho Mundo. Não pertencem evidentemente ao capítulo das "entradas vicentinas". A rigor também não pertencem a esse capítulo os companheiros de Juan de Salazar, de Espinosa, que foram fugidos de São Vicente e, segundo todas as aparências, pela via fluvial do Tietê e do Paraná. Mas a verdade é que sua jornada se associa intimamente à primeira crise verificada nas comunicações diretas entre o porto brasileiro e a cidade paraguaia. Por isso, e pela repercussão que a crise viria a ter no desenvolvimento ulterior da expansão paulista, merecem capítulo à parte.

Pré-história das bandeiras VII: o caminho cego*

Como local de trânsito, o Porto de São Vicente tendia desse modo a adquirir significação particular no sistema de comunicações dos domínios espanhóis situados entre o Peru e a costa do Atlântico, devido sobretudo à presença ali de um núcleo estável de população, em contato mais ou menos assíduo com o Velho Continente. As datas das cartas jesuíticas conhecidas, além de alguns outros elementos disponíveis, precisamente para o período que ora nos interessa, permitem admitir que embarcações destinadas à Europa saíam, senão regularmente, ao menos com relativa frequência de São Vicente ou de Santos.

Como aquelas cartas costumavam ser datadas ordinariamente das vésperas da partida de cada navio, podem representar, por isso mesmo, importante elemento de verificação. Sabemos, assim, que em fevereiro de 1553 deve ter saído uma embarcação, porque há carta de Nóbrega de

* Artigo originalmente publicado em *O Estado de S. Paulo*, 24 jul. 1948. (N. O.)

12 daquele mês e ano. Outra, igualmente de Nóbrega, traz a data de 15 de junho, e essa pode ter ido a 24, "dia de São João", quando saiu navio, levando, entre os seus passageiros, o alemão Ulrich Schmidl. E se considerarmos que há cartas de João de Salazar escritas de Santos em 25 e em 30 de junho de 1553, teremos por força de admitir que logo depois, provavelmente nos primeiros dias de julho, terá saído outro barco e com igual destino. Um quarto deve ter partido já em meados de setembro, porque se conhece uma carta de Nóbrega datada de 31 de agosto, e sendo escrita do sertão, pode-se presumir que o fora com alguma antecedência. Depois, teremos de esperar até princípio de 1554, em todo o caso até depois de 25 de janeiro, à vista de uma carta de Nóbrega em que se menciona a fundação de São Paulo, ocorrida naquela data.

Seja como for, quatro navios em um ano, com destino à Europa, já é muito, bem mais do que se poderia esperar para um pobre vilarejo perdido nos confins desta Índias de Portugal, longe das correntes normais de navegação e comércio ultramarino. E isso se pode atribuir talvez, em grande parte, aos interesses mercantis de firmas como a dos Schetz de Antuérpia, que aqui tinham casa, feitor e engenho, e que, através de seu agente em Lisboa, dispunham de navio para o transporte de mercadorias. O fato é que, com as demais donatarias, as comunicações do Porto de Santos parecem ter sido bem mais escassas naquela época. Em 1555 podia queixar-se o padre Luís da Grã de que, desde sua chegada ao Brasil, ou seja, desde 1553, apenas um navio fora da Bahia a São Vicente. E Nóbrega, em sua carta de 31 de agosto de 1553, escrita do sertão vicentino, observava que "é mais fácil vir de Lisboa recado a esta capitania do que da Bahia".[1]

O que ainda sustentava de algum modo as relações mútuas entre as capitanias era aparentemente a pequena e irregular cabotagem dos navios de resgate. Num desses navios viajou o próprio padre Luís da Grã quando partiu da Bahia com destino ao sul. Faziam eles suas detenças pelos portos de índios o tempo que parecesse necessário ao seu negócio,

1 Cf. Serafim Leite, *Cartas dos primeiros jesuítas do Brasil*, p.495.

em regra muito mais do que o indispensável num sistema aproximadamente regular de navegação.

Mas a própria posição privilegiada de São Vicente e de Santos para o intercâmbio com o ultramar, sua relativa proximidade das possessões castelhanas e o perigo que de tudo isso poderia decorrer, ao cabo, para a integridade das terras da Coroa portuguesa iriam contribuir largamente para a decisão de Tomé de Sousa, mandando "cegar" o caminho por terra. Nesse caso, os interesses de natureza política haveriam de prevalecer distintamente sobre as vantagens econômicas que, segundo se indicou anteriormente, auferiam os vicentinos das suas contínuas transações com castelhanos.

Aquela deliberação do primeiro governador geral anda intimamente associada ao malogro da empresa de Sanabria e aos acontecimentos que desse malogro decorreriam. Muito se tem escrito acerca das vicissitudes dessa empresa, que se traduz num verdadeiro rosário de mortes, perigos, saques, naufrágios e desenganos. Principiam elas na Espanha com o falecimento do governador nomeado para o Rio da Prata, Juan de Sanabria. Sucede-lhe no título seu filho, Diego de Sanabria, que não chegaria a assumir o posto. Da armada de três navios que saiu de Sanlucar levando consigo a viúva do governador defunto, doña Mencía Calderón, desgarrou-se a *capitanes* à altura das Canárias e rumou para a costa da Guiné a fim de renovar a aguada. Ali assaltou-a um corsário francês que tudo roubou, salvo a honra das mulheres, "*lo que tratandose de franceses no fué poca ventura*", diz um documento.

Em Santa Catarina só pode apresentar, além desse, mais um navio da armada; o terceiro se perdera. Para pedir socorros foram mandados por terra, sucessivamente, a Assunção, Cristobal de Saavedra e Hernando de Salazar. Entre os que ficaram no porto, não demorou em surgir uma contenda de modo que se formaram dois grupos. Juan de Salazar e o capitão Francisco Becerra foram-se para São Vicente. Outros, com doña Mencía e o capitão Hernando de Trejo trataram de ir cumprindo as obrigações assumidas pelos Sanabrias, procurando estabelecer um povoado em São Francisco. A tentativa não vingou, e cansados de dissabores, dirigiram-se os remanescentes por sua vez a São Vicente, esperando sair dali para Assunção por um "caminho novo" que então se descobrira.

Essa é a versão de doña Mencía. A de Tomé de Sousa, que por esse tempo chegara a São Vicente, é um pouco diversa. Narra o governador, em sua carta de 1º de junho de 1553, como lhe pedira João de Salazar para fazer vir do sul aqueles homens e mulheres. Parece-me, diz o governador, serviço de Deus e de vossa alteza

> mandallos buscar em hum navyo e trazellos a São Vicente parencedome que as molheres vinham tão enfadadas dos trabalhos que pasarão, que casarão aly com quem lhes der de comer e os homens que farão cada hum sua roça. E parti com elas desa pobreza minha e nom foy tão pouquo que nom fose mais do que eu tinha de meu de trinta he cinquo anos.

Mas não deixou que realizassem seu intento e nisso é possível que entrasse um pouco do ciúme de quem não queria vizinhos tão incômodos para as terras de seu rei e a donataria de seu parente Martim Afonso.

É certo que passados quatorze meses de sempre frustradas esperanças regressaram a São Francisco doña Mencía e Trejo, mas dessa vez para irem a pé a Assunção numa jornada cheia de riscos. Algum tempo depois poderia escrever Irala que, segundo lhe diziam pessoas vindas de São Vicente, pretendiam os portugueses que aquela terra de São Francisco era sua e "*estan en porposito de no dejarla povoar*".

Por outro lado, já em 1553, ordenara Tomé de Sousa com grandes penas que se fechasse o caminho por terra a Assunção: era esse o verdadeiro motivo de se erigir uma vila no campo de serra acima. Porta do sertão e passagem forçada dos viandantes, Santo André podia tornar-se posto de permanente vigilância.

Tanto empenho pôs o governador no cumprimento dessa proibição, que não só impediu por todos os meios a ida da gente de Sanabria como ainda, grande amigo e devoto dos jesuítas, preferiu o risco de indispor-se com eles a consentir que fizessem casa com capela entre o gentio do sertão. Instava em todo o caso com sua alteza e, nesse sentido, escreveu-lhe para que desse a última palavra sobre o assunto.

Em Lisboa a proibição foi mantida. A causa que a tanto movera a Coroa é obscura em alguns pormenores, mas há a respeito uma explicação talvez aceitável na já citada relação que Martin de Orue endereçou ao Conselho de sua majestade em Valladolid. Segundo pudera apurar o capitão castelhano, chegara a Lisboa em setembro de 1553 certo Adão Gonçalves, vizinho de São Vicente, levando amostras de um metal procedente do Paraguai. O portador vinha em nome do capitão da terra e o metal fora obtido de espanhóis que pousaram em sua casa. Feitos os ensaios, verificaram tratar-se de prata e de muito boa mina.

A nova correu logo pela cidade e dois mercadores que na ilha de São Vicente tinham seus engenhos de cana, João Van Hieslt e Felipe de Adorno, pediram com outros a el-rei que de nenhum modo tolerasse a passagem por São Vicente ou qualquer lugar do Brasil para Assunção, já que Tomé de Sousa tinha atalhado o caminho por assim convir aos interesses de sua alteza. Pediram ainda que lhes fosse permitido entrar pela capitania vicentina terra adentro em busca de minas, ficando determinado que onde as achassem dariam os quintos a sua alteza e a ninguém seria lícito ir descobrir metais num raio de 20 léguas ao redor do sítio onde as encontrassem.

O soberano atendeu ao pedido e deu previsão para esse efeito. "E seu fim", nota o informante, "era irem às minas do Piqueri, porque dizem que aquela terra e a própria Assunção entram na demarcação do rei de Portugal". Com esse despacho, partiram para São Vicente Gonçalves e Adorno levando o propósito de executar seus planos.

As informações nesse sentido tivera-as Orue de várias pessoas, entre elas de um Antônio Tomas, "que é, diz, quem continuamente tem comunicado o que se passa a Lope de Ugarte em Sevilha". Esse Tomas tivera parte ativa nos trabalhos da conquista espanhola do Prata e acompanhara d. Pedro de Mendoza, segundo parece, contando 14 ou 15 anos de idade. Português de origem, estava, por isso, em situação de informar-se com diligência dos secretos desígnios de capitães e mercadores de Lisboa. Na verdade não seriam tão secretos, que deles começava a andar cheia a cidade: "*es pubico en toda Lisboa*", prossegue Orue, "*y ala clara dizen estar la Asunción en lo de Portugal*".

A pretensão durou tão pouco como o prestígio dos metais do Açaí, e Assunção continuaria terra do imperador. Mas a iniciativa de sustar as comunicações repetidas com os castelhanos, reafirmada depois por d. Duarte da Costa, denuncia no primeiro governador, que se dizia "mal esférico e pior cosmógrafo", um senso enérgico e previdente.

Pré-história das bandeiras VIII: conclusão*

A julgar pelos documentos de que dispomos, há proibição, em 1553, de trânsito pela via terrestre de São Vicente ao Paraguai com todo o rigor possível. A viagem no ano seguinte de João de Salazar de Espinosa, e sua companhia de fidalgos castelhanos e lusitanos – entre estes, os dois filhos de Luis de Góis –, foi a única transgressão conhecida. A verdade é que se efetuou às escondidas conforme se pode depreender de uma carta ao próprio Salazar, escrita de Assunção em março de 1556.[1] E é significativo, aliás, que em lugar de recorrer ao caminho ordinário, por terra firme, os viajantes tenham preferido descer o Tietê em canoas e balsas.

Deveu-se esse expediente não só, talvez, à necessidade de escaparem à vigilância das autoridades do país e à sanha dos índios tupis, como sobretudo às possibilidades específicas de transporte que proporcionaria a

* Artigo originalmente publicado em *O Estado de S. Paulo*, 31 jul. 1948. (N. O.)

1 Carta del capitán Juan de Salazar a los señores de la Casa de Contratación en Sevilla - 30 de junio 1553. Impresso em apêndice à versão espanhola do manuscrito do conhecido livro de Ulrich Schmidl, por Edmundo Wernicke, *Derrotero y viajes a España y las Indias*, p.240.

via fluvial. Se, como parece, é certo que nessa jornada se levaram de São Vicente algumas cabeças de gado vacum, as primeiras que chegariam ao Paraguai, e considerando-se a dificuldade de se transportar esse gado, talvez de ásperas brenhas, por simples caminhos de índio, nem sempre da espécie do Peabiru, e onde mal havia passagem para uma só pessoa de cada vez, ou nos campos gerais, onde infalivelmente se perderiam, a providência não é para admirar.

O próprio fato de se levarem os vacuns parece requerer, aliás, alguma estrada nova e mal vigiada. Que o transporte se fez contra as leis e a vontade das autoridades portuguesas é o que indica certo requerimento dirigido em 1559 ao governador paraguaio pelo clérigo Martin Gonzáles, no qual se diz que foi contra ordens expressas do rei de Portugal que alguns espanhóis levaram de São Vicente as vacas então existentes em Assunção.

Certas razões de comodidade e de maior segurança também teriam militado, no caso, em favor da via fluvial. Razões particularmente importantes, visto como entre os expedicionários iam mulheres fidalgas. Não será por acaso se muito mais tarde d. Luis de Céspedes, indo ao Paraguai em companhia da esposa, d. Vitória de Sá, também há de preferir o Tietê, embora o caminho por terra firme esteja reaberto e seja o mais frequentado pelos sertanistas.

Entre as mulheres que acompanhavam a Salazar ia d. Isabel de Contreras, a viúva do capitão Francisco Becerra, com quem ele próprio se casara em São Vicente, mais as filhas de d. Isabel, uma das quais se casara, por sua vez, com Rui Diaz Nelgarejo, e ia ainda a mulher de Cipriano ou Cipião de Góis.

É possível que, atingindo o planalto, o grupo se tenha desviado do caminho de Santo André para cortar as redondezas do campo de Piratininga, onde, em último caso, não lhe faltaria a benevolência de Nóbrega, notoriamente simpático à causa da gente da armada de Sanabria. As peripécias dessa parte da viagem são contadas em documento redigido pelo próprio Salazar e que se pode ler nas *Cartas de Indias* publicadas em Madri, 1877. Nele se diz que, faltando licença de Portugal para a ida ao Paraguai e não havendo esperanças de remédio, além de serem maiores as necessidades e os danos que não se podem sofrer, tratara com Cipriano de Góis, recém-chegado da Europa a fim de ficar no engenho do pai, sobre a possibilidade de irem juntos ao Paraguai, porque dele entendera vontade de fazê-lo. E tudo se dispôs para isso. Partiram uma dúzia de soldados que se encontravam com Salazar e outros seis portugueses reunidos por Cipriano, a esposa deste, d. Isabel e duas filhas e mais três senhoras casadas. Saíram sem fazer dano à terra e nem a coisa alguma dela, mas os moradores mandaram os tupis para que os prendessem e, no caso de resistência, que os matassem. Doze léguas adiante de São Vicente e Santos, achando-se os índios armados à espera dos viajantes, soube-o o padre Manuel da Nóbrega, que tinha capela além das serras e a 3 léguas dos índios, para os instruir na fé. Como bom homem e católico que era, moveu-os logo do mau propósito, dizendo-lhes que se enojaria e assim também o rei de Portugal, que os mandantes do ataque eram maus cristãos e o faziam por querer-lhes mal. Com essa ajuda, passaram os fugitivos sem maiores incidentes.

Cipriano, ou melhor, Cipião de Góis não deixou outra marca de sua presença na Capitania de São Vicente além dessa visão romanesca. Partiu com um irmão, Vicente, e não há notícia de que tenha voltado. Existiram, ou ainda existem, no Convento do Carmo, em Santos, uns autos da demanda que lhe moveu Brás Cubas acerca de sua data de terra de Jeribatiba. Consta desses documentos, que frei Gaspar pôde consultar, ter ele residido por algum tempo em Santos após a partida dos pais, que ocorreu em 1553, e "por fim retirou-se fugitivo para o Paraguai, em companhia de certos castelhanos que aqui tinham arribado".

No Paraguai, a lembrança de seu nome se teria apagado provavelmente, não fosse a circunstância já lembrada, de ter sido o introdutor do gado vacum nas províncias do Prata: as sete vacas e o touro que desceram em balsas o Tietê e o Paraná acompanhando os fugitivos. Encarregou-se de transportar os animais um fulano Gaete que os levou até Assunção com enormes trabalhos e dificuldades, tudo por causa de uma vaca que lhe prometeram como salário. De onde o dito que logo se fez corrente naquelas terras: "mais caras do que as vacas do Gaete". Segundo o historiador Lafuente Machain, que faz de Cipriano ou Cipião dois personagens distintos, esse filho de Luis de Góis ainda vivia em Assunção pelo ano de 1565.

Durante o meio século que se segue à viagem de Salazar e dos irmãos Góis, ficou de todo esquecido o caminho por terra ao Paraguai. É significativo, por exemplo, que, para a guerra movida em 1685 por Jerônimo Leitão contra os carijós e tupinaens, os expedicionários não tenham decidido pelo caminho terrestre, preferindo embarcar em Santos com destino a algum ponto mais ao sul, de onde surpreenderiam o inimigo. E, ainda em 1605, d. Reginaldo de Lizarraga podia publicar o seguinte:

> Solisse camiñar desde el Brasil al Río de la Plata en el paraje de la Assumtion (digo venja el camiño a salir frontero ó poço más arriba de donde está poblada la Assumtion), distancia de docientas leguas por tierra poblada y no mal camiño; yo he visto hombre en la provincia de la Plata que desde el Brasil con otros vino hasta Assumtion: agora no se camiña.[2]

Pela mesma época em que d. Reginaldo escrevia essas palavras, chegavam, porém, a São Paulo, quatro soldados de Vila Rica do Espírito Santo, que vinham tratar de ver se seria possível o estabelecimento de comércio por ali. O fato, ocorrido em novembro de 1603, está assinalado nos documentos municipais paulistanos. Tão perdida já andava a lembrança do antigo caminho do Paraguai, que logo ordenaram os camaristas fossem os homens acompanhados ao seu regresso por doze ou quinze homens, a ver a disposição e segurança do percurso, "pelo proveito que se esperava de se abrir esse caminho e comércio".

A reabertura da antiga estrada deve ter repercutido fundamente no ânimo dos paulistas. Quem percorra as *Atas da Câmara de São Paulo* correspondentes aos anos que se seguiram a tal sucesso depara com alusões reiteradas às incursões efetuadas no sertão dos Carijós. Em 1616, bem antes, por conseguinte, de se iniciarem os assaltos às reduções jesuíticas,

2 Lizarraga, *Descripción colonial*, II, p.246.

já o governador paraguaio Hernandarias de Saavedra podia escrever ao seu rei que ascendia a muitos e muitos milhares o número de índios capturados no Guairá pelos "*portugueses de San Pablo*".

Já agora não havia meios humanos que detivessem, como detiveram em 1553, um movimento imposto pelas necessidades mais rudimentares de uma população que lutava contra o isolamento e a penúria. Pode-se dizer que essa primeira fase do movimento, bruscamente interrompido em seu nascedouro, teve um papel realmente decisivo depois de longa hibernação de mais de cinquenta anos. Ela marcou, por assim dizer, a vocação sertanista dos moradores da Capitania de São Vicente. Não é por acaso que a própria fundação de Santo André e mais tarde a de São Paulo, se acham relacionadas, embora em sentido negativo, àquelas primeiras tentativas de penetração do território. Erigidas as duas vilas à porta do sertão, seria ingênuo acreditar que essa porta devesse permanecer trancada para sempre.

Durante algum tempo, e graças sobretudo aos esforços de d. Francisco de Souza, o ímpeto sertanista dos moradores pôde ser desviado para outros rumos, onde não correriam o risco de chocar-se com castelhanos: o vasto e impreciso sertão da Parnaíba, por exemplo, ou o de Paraopeba. Mas ao cabo não foi mais possível fixar limites artificiais ditados por conveniências diplomáticas, em um sertão ainda mal preparado para recebê-las.

A carência de braços para a faina rural constituía-se, desde então, no tema predominante da história paulista. É à volta desse tema, e provocados de algum modo por ele, que irão nascer alguns dos episódios impressionantes de nosso passado, aqueles, sem dúvida, que mais nitidamente assinalarão a história social e política de São Paulo. Quem tente explicar a obra dos bandeirantes apenas pelo seu gosto de aventura ou pela ambição heroica de dilatar neste continente os domínios da Coroa portuguesa dará, quando muito, uma explicação parcial, embora sugestiva, para imaginações generosas. Estaremos bem mais perto daqueles homens, porém, e mais perto de compreendê-los, tentando discernir os móveis imediatos dos seus feitos do que procurando bordar em volta de tais feitos fórmulas declamatórias ou decorativas. A verdade é que os bandeirantes jamais cuidaram em organizar sua glória póstuma e não posaram deliberadamente para a eternidade. Tudo quanto de grande empreenderam obedece em parte considerável às exigências comezinhas e até prosaicas de sua vida doméstica e cotidiana. Lutaram teimosamente contra a pobreza e a mesquinhez, e saíram muitas vezes triunfantes dessa luta. Morando à margem das linhas naturais de comunicação e trato com o Reino, não puderam recolher indolentemente as riquezas fartas e quase ao alcance da mão com que contaram desde muito cedo os plantadores de açúcar do Nordeste ou da Bahia. E como não dispusessem de semelhantes riquezas, também careceram do instrumento capital de produção naquelas áreas – o escravo –, que ia ter o senhor de engenho levado da Guiné no bojo dos navios negreiros. Seus negros foram sobretudo, quase unicamente, os "negros" da terra, nome que, por muito tempo ainda, designou apenas os indígenas do país. Para obtê-los, precisavam correr distâncias cada vez maiores e enfrentar obstáculos de toda natureza. Às vezes, por um feliz acaso, depararíam, nessa demanda incessante, com algum inesperado tesouro, como ocorreria com o Arzão no Rio Casca ou com o Sutil no Rio Cuiabá. E só então podiam realizar, às vezes à custa de terríveis sacrifícios, o ideal muito humano de repouso e estabilidade que lhes parecera negado pela lei da natureza.

Palmares pelo avesso*

Se há gênero literário que, no Brasil ao menos, tem resistido bem à inconstância das modas e costumes, é o das narrativas de guerra. Desde os tempos de um frei Manuel Calado e de um frei Rafael de Jesus, que a fabricação de mitos heroicos e a exaltação das virtudes bélicas, individuais ou coletivas, têm constituído sua função necessária, observada sempre com religiosa fidelidade. É função que requer, por sua vez, uma linguagem mais ou menos luxuriante, de acordo, nisso, com a velha regra retórica do "decoro", que pedia, para assuntos elevados, palavras sublinhadas.

De onde a incurável monotonia de muitas dessas obras, e também sua reduzida popularidade. É certo que o princípio não se pode considerar absoluto; que algumas, ao menos, puderam impor-se à admiração de gerações sucessivas e tendem a participar das mesmas glórias que procuram enaltecer. Nesse caso são guardadas nas bibliotecas com uma espécie de carinho compulsório, embora sua leitura, para falar como no soneto famoso, seja uma hora feliz sempre adiada. Se um caso ao menos, o caso dos *Sertões* de Euclides da Cunha, representa exceção à regra – e

* Artigo originalmente publicado em *O Estado de S. Paulo*, 26 set. 1948. (N. O.)

digo isso sem muita convicção –, é provavelmente por se tratar de livro que, dada a complexidade e variedade dos temas que aborda, está longe de exprimir o gênero em sua perfeita pureza.

Uma das virtudes, e não a mais importante, do livro que o sr. Paulo Duarte consagrou ultimamente à campanha constitucionalista de 1932 está em que escapa nitidamente a esse padrão já consagrado. Redigido poucos meses após o malogro da Revolução Paulista, esse livro traz bem visíveis, no acre pessimismo de algumas de suas páginas, as marcas ainda recentes do desastre.[1] Todos sabem, aliás, como as mais graves consequências desse desastre só se iriam revelar efetivamente cinco anos mais tarde, quando a megalomania astuciosa do caudilho missioneiro conseguiu implantar seu arbítrio sobre uma nação já incapacitada de reagir, ou suspeitosa de que o mal era sem cura.

Três ou quatro meses depois de vencidos os constitucionalistas pelas armas, o mal ainda parecia remediável. É bem verdade que a Revolução de 30 ainda não tinha feito, até aquela data, mais do que exacerbar os mesmos problemas que se propusera a resolver. Mas seria humanamente possível corrigir, em ano e meio apenas, erros imensos e sucessivos, acumulados através de longos decênios de desgoverno? A solução prudente estaria em esperar, esperar com santa resignação até que a semente plantada em 3 de outubro resultasse nos frutos ardorosamente prometidos e esperados.

À luz dessa filosofia medrosa, a atitude dos paulistas que em 1932 se rebelaram não poderia deixar de ser, na hipótese mais favorável, um gesto de precipitação. Na pior hipótese seria lastimável reação de orgulho regional ferido ou tentativa de desesperado retrocesso a uma situação política já amplamente superada. De fato, ninguém acreditava fortemente nas acusações de separatismo atiradas continuamente contra os paulistas, embora os mais tolerantes ousassem admitir a mentira oficial como recurso obrigatório de propaganda.

1 Duarte, *Palmares pelo avesso.*

O incontestável é que todos se achavam, no fundo, plenamente convencidos da justiça da causa defendida pelo povo de São Paulo. As divergências giravam unicamente em torno da oportunidade de se realizarem os objetivos visados e dos processos empregados para isso, pois não faltava quem acreditasse na necessidade imperiosa de se prolongar a ditadura por mais algum tempo. Não era o bastante, pois, vencer os constitucionalistas pelas armas. Tornava-se necessário subjugá-los ainda em outros terrenos e fazer ver, para começar, a pretensa insanidade dos motivos que os tinham levado à rebelião. Se em 1932 foram vencidos nas trincheiras, sua derrota, realmente decisiva, por paradoxal que isso pareça, deu-se algum tempo mais tarde, quando o governo central convocou, enfim, as eleições para a Constituinte.

É mais do que certo que esse ato foi imposto sobretudo pelo ambiente de descontentamento e pelo crescente clamor ante um regime de ilegalidade que já ameaçava eternizar-se. Mas, premido pelas circunstâncias, o ditador tratou de dar aparências de gesto discricionário, emanado pura e simplesmente de sua vontade caprichosa, à própria medida que iria revogar ou limitar seu discricionarismo. E com isso, para uma parte apreciável do público, conseguiria obter, talvez sem medir seu exato alcance, a mais plausível das vitórias. Fazendo-se ostensivamente constitucionalista, ele próprio esmagava o constitucionalismo militante dos adversários e tacitamente apontava para a sem-razão e pelo menos para o imperdoável estouvamento dos que se tinham erguido de armas na mão contra a ditadura ainda incipiente.

Quando, já no exílio, Paulo Duarte redigiu essas recordações de campanha, o movimento constitucionalista ainda não precisava de apologistas ou defensores. Vencido, embora, nas trincheiras, estava vitorioso – ao menos provisoriamente vitorioso – em todos os outros domínios. Não admira, assim, se tratando muitas vezes com brandura e mesmo com certa generosidade os adversários da véspera, ele volte toda aspereza das suas críticas contra muitos dos que tinham militado ao seu lado, sem se compenetrarem verdadeiramente dos sacrifícios que a causa reclamava. Estes deveriam bater-se livremente, mas com denodo e constância, por instituições mais dignificantes, ao passo que os outros, recrutados em todos os quadrantes do país, morriam para manter um regime que só podia constituir motivo de humilhação: os "palmares pelo avesso".

É possível que entre alguma coisa de simplista no raciocínio assim formulado. Contudo, ele é expressivo, em traço grosso, de mais de um aspecto da situação que pretende retratar. Não apenas os objetivos que perseguiam, respectivamente, os combatentes; as próprias forças que os conduziam à luta e a maneira pela qual nela se portavam podem enquadrar-se, com pouco exagero, nesse esquema. "Em nossas linhas", diz o antigo comandante do trem blindado, "havia homens livres. Mesmo a disciplina não ia além da vontade de combater de cada um. Era uma guerra de voluntários".[2]

Compreende-se que, movidos por um comum anseio e também por uma irritação comum, os constitucionalistas pudessem dar ao país admiráveis exemplos de coesão e de coragem. Mas a solidariedade dos interesses, das certezas e mesmo das ambições não basta, por si só, para garantir a perseverança necessária na campanha contra inimigo numeroso e bem armado. A coragem e a energia individuais agem por impulsos momentâneos e inarticulados entre si; de nada valem, ou são contraproducentes, sem um comando exterior respeitado e temido. A paixão é inimiga da paciência metódica e escrupulosa, e era sobretudo com a paixão, desarmada de outros recursos, que agiam os constitucionalistas. É verdade que não faltavam em suas fileiras os jactanciosos, os comodistas, os simples aproveitadores. Muitos surgiam nas trincheiras o tempo necessário para a prática de alguma façanha espetaculosa, e logo desapareciam. Outros contentavam-se com um breve ato de presença, principalmente nas ocasiões de calmaria. Outros, enfim, deixavam-se ficar nas linhas de retaguarda.

Em cada página do livro de Paulo Duarte deparam-se expansões de sua revolta contra esses voluntários pouco desejáveis e que contribuíam, em realidade, para prejudicar a causa. De pouco ou nada serviam os grandes gestos isolados, quando não existia (e provavelmente não podia

2 Ibid.

existir) um plano de conjunto, capaz de aproveitá-los de modo decisivo. E é característico, por outro lado, que onde uma organização mais rígida se tornava possível, o autor não deixa de apreciá-la devidamente. É o que ocorre no caso da engenharia militar,

> a classe que deu 100% em todas as frentes. A única que não passou pelo menor abalo na empresa fulminante da guerra. Parece que já estava adaptada ao sofrimento anormal da luta. Entre nós o bombardeio não tem conseguido desligar o telefone por um dia todo. Interrompe-se a comunicação, lá vai o Godói revistando as linhas. As minas, o engenheiro Antunes fabrica-as noite e dia, em Cruzeiro. O arame farpado à frente das trincheiras foi posto pelos engenheiros, com o Bresser dirigindo, à noite, sob fogo contínuo.[3]

Em compensação, alguns dos episódios mais brilhantes da campanha – o do Morro Verde, por exemplo, ou o da Pedreira – vêm assinalados, não certamente com indiferença, mas com o realismo de quem hesita em aplaudir calorosamente certos sacrifícios dolorosos e, ao cabo, desnecessários. Nem o comovem alguns dos engenhosos recursos de que se serviam os combatentes para suprir ou economizar o escasso material bélico de que dispunham: canhões de madeira, destinados a atrair e a desviar de alvos mais perigosos as bombas da aviação inimiga; matracas para imitar o barulho de metralhadoras inexistentes; capacetes, granadas, bombardas feitas de eixos de locomotivas, visando dar ao inimigo uma noção exagerada das forças que enfrenta. Tais expedientes revelam, sem dúvida, capacidade de imaginação e improvisação, mas denunciavam, ao mesmo tempo, impossibilidade de organização mais eficaz. E sobretudo punham à mostra a fraqueza essencial do exército constitucionalista.

Relembrados hoje os sucessos que narra o sr. Paulo Duarte nesse livro, podemos melhor apreciar o desesperado realismo das suas páginas. A vergonha suprema que representariam os oito anos de ditadura foi

3 Ibid.

mortal para certa atitude bovarista, que a primeira república alimentou, apesar de tudo, e a segunda não apagou inteiramente em muitos de nossos patriotas. Para ele, o Brasil já tinha alcançado sua maioridade e atingido, ao menos nas aparências mais superficiais, um nível superior de educação política, que o imunizava para sempre do triste destino de tantos outros países de raiz ibérica, como o nosso. Pouco importava se tais aparências estavam em rude contraste com os fatos reais, com a famosa "realidade nacional" tão invocada pelos publicistas da época. A simples circunstância de perdurar um sistema de normas ideais e teóricas, que todos acatavam no foro íntimo, representava um freio capaz de contrariar a prática dos abusos piores ou ao menos dos mais ostensivos.

Para abalar essa ilusão tranquila, foi preciso o advento do Estado Novo. Sabemos que em muitos espíritos esse abalo serviria para desenvolver um conformismo descuidado e uma disponibilidade inerte. Em outros, nos melhores, pode criar uma visão menos idílica, menos preguiçosa, de nosso presente e de nosso futuro. Se nos dias de hoje o movimento de 32 chega a parecer a muitos um sucesso já remoto e ultrapassado, se alguns dos problemas que tentou resolver não são mais os nossos problemas ou são de modo incompleto, as virtudes e energias que representou com tanta dificuldade, estas têm valor certo e permanente. A reabilitação daquelas virtudes e daquelas energias é talvez a tarefa mais importante das gerações que mal começam a despertar do pesadelo de 1937-1945. E no seu empenho de reabilitá-las, o livro do sr. Paulo Duarte, livro de revolta e de retrospecção, é, ao mesmo tempo, uma obra fecunda e de atualidade perdurável.

Novos rumos da Sociologia*

O interesse pronunciado pelos estudos de História Social foi, entre nós, dos traços que caracterizaram mais distintamente as gerações situadas entre as duas guerras. Parece provável que o bom êxito de muitos desses estudos se relaciona até certo ponto com a noção ainda hoje bastante acreditada, e não apenas no Brasil, de que a cada povo cumpre discernir e cultivar com carinho sua personalidade essencial e irredutível, informada por tradições que são próprias e que sobretudo não partilha com nenhum outro. Personalidade que encontra a sua razão de ser, sua justificação, seu apoio, não já nos valores racionais e universais, que antes pareciam dominar quase exclusivos, mas no simples fato de ser singular e única.

Essa noção filia-se, por sua vez, às concepções "orgânicas" da sociedade, que se desenvolveram a partir do princípio do século passado e tem sua expressão mais nítida no empenho de criar novos mitos, capazes de congregar em volta de si, numa comunhão sagrada, os indivíduos e as coletividades. Sabemos como, em suas formas extremas e mais grosseiras ou primárias, ela foi desembocar nos fascismos de todos os matizes. Mas a verdade é que semelhantes concepções também se manifestam

* Artigo originalmente publicado no *Diário de Notícias*, Rio de Janeiro, 3 out. 1948. (N. O.)

em atitudes que dificilmente se alçariam à esfera da política e passam, assim, por inofensivas. A elas pertencem, entre outras, o romantismo do regional, o gosto do pitoresco pelo pitoresco, do popular, de certas formas elementares de vida coletiva, do arcaico, da "arte negra", dos ritmos bárbaros, tudo isso apresentado, em muitos casos, como um puro espetáculo para a inteligência ou um deleite para a sensibilidade.

Entretanto, essas atitudes se vão articular, por sua vez, ao patético do tradicional, ao senso de continuidade com o passado, entendida esta não como simples fatalidade, mas antes como grave dever. O passado presta-se, nesse caso, a fornecer os elementos indispensáveis para a fabricação de algum futuro ideal, naturalmente variável segundo os gostos e as inclinações particulares de cada um. E como os valores que ele suscita ou reforça hão de ser absolutos e irrecorríveis, explica-se que seu prestígio, especialmente nos países novos de nossa América Latina, tenha aparentemente importante função psicológica, pois atende à necessidade que eles têm de confiar em si e de buscar, para essa confiança, motivos que prevaleçam contra as aparências adversas.

Não é para admirar, pois, se nesses países os estudos sociológicos tenham tomado de preferência a forma de estudos de História Social. Pouco importa se, em grande número de tais estudos, não prevaleça de modo definido essa atitude nitidamente subjetiva e quase sempre apologética. Mesmo reagindo contra ela, a verdade, no entanto, é que eles parecem pertencer ao "clima de opinião" que as gerou e em grande parte tornou possíveis. Para não citar o caso dos membros mais respeitáveis dessa família numerosa – a obra de Gilberto Freyre, por exemplo, ou de Oliveira Vianna (a de Caio Prado Júnior já pertence a família diferente) –, que exigiriam atenção demorada, ocorre-me citar o de certo parente pobre, um livro que há cerca de doze anos publicou o autor do presente artigo e no qual se propunha investigar nada menos do que nossa personalidade nacional através de suas raízes históricas. Tendo tentado, em segunda edição, corrigir o que pudesse haver de muito ambicioso nesse projeto, renunciou a apagar completamente a marca da origem, para não ter de refundir a obra toda, escrita e impressa quando aquela atitude dominava quase sem contraste.

Assim, ao oposto da Sociologia europeia e norte-americana, que tendem a menosprezar – esta sobretudo – os materiais fornecidos pela história e as preocupações com o que alguém já chamou, de modo significativo, o "passado utilizável", deixando-o de preferência a ensaístas e literatos, no Brasil são elas que constituem, de maneira geral, a substância mesma do estudo das Ciências Sociais. Ainda que não se aceitem as razões aqui propostas para o fato, ele subsiste apesar de tudo, e não há muito assinalou-o o professor McIver em verbete redigido para a *Encyclopaedia of the Social Sciences.*

Não cabe entrar neste momento em pormenores sobre os inconvenientes ou as vantagens dessa inflação das explicações de natureza exclusivamente histórica: a ela procurarei voltar em outra oportunidade. Por ora limito-me a acentuar a importância singular da contribuição de todo um grupo de pesquisadores novos, no sentido de ampliar, entre nós, o campo das investigações sociológicas.

Muito pouco se tem escrito sobre esses trabalhos, e seus resultados, que mal principiam a surgir, ainda não são conhecidos fora de círculos restritos de estudiosos. O próprio livro que fornece pretextos para estes comentários e que há de ser objeto de outro artigo, o volume de Emilio Willems intitulado *Cunha, tradição e transição em uma cultura rural do Brasil*, editou-o há poucos meses a Diretoria de Publicidade Agrícola da Secretaria de Agricultura de São Paulo em tiragem insuficiente para ampla repercussão.

Em realidade, esse livro representa um esforço pioneiro, e não encontra na moderna geração de sociólogos brasileiros quem esteja mais habilitado a efetuá-lo do que Willems. Seus estudos já publicados sobre aculturação entre alemães no Rio Grande e entre japoneses em São Paulo, seu assíduo trato com a literatura sociológica europeia e norte-americana, permitiram-lhe desenvolver um método seguro e rigoroso de análise que vem ampliando com resultados admiráveis a outros setores.

Mas para bem compreender o alcance desse trabalho conviria situá-lo primeiramente entre os que se vão realizando ao mesmo tempo, embora, por vezes, independentemente, sobre pequenas comunidades rurais paulistas, passo inicial, talvez, e indispensável, para um inquérito de maior vulto. Trabalhos como os que vêm realizando Donald Pierson ou, sob a orientação ou o estímulo direto desse professor norte-americano, especialista da Escola Livre de Sociologia de São Paulo, com Carlos Borges Teixeira e Oraci Nogueira. Uma extensa área territorial, incluindo o sudeste paulista e regiões contíguas, já foi metodicamente investigada e inventariada durante meses seguidos, de acordo com um plano de antemão elaborado. Quarenta e oito povoações diferentes, localizadas na referida área, entraram no levantamento prévio, que visava apenas a escolha de uma ou duas comunidades onde um estudo meticuloso prometesse resultados apreciáveis. Do significado dessas tentativas podem dar alguma ideia duas resenhas publicadas durante o ano passado, ambas de autoria de Donald Pierson e Carlos Borges Teixeira – o "Survey de Icapara" e o "Survey de Pecinguaba", que saíram, respectivamente no volume IX de *Sociologia*, órgão da Escola Livre de Sociologia e Política de São Paulo, e no volume I da nova série da *Revista do Museu Paulista*.

Dentre outras pesquisas que vêm empreendendo ao mesmo tempo, e com intuitos semelhantes, especialistas da Faculdade de Filosofia de São Paulo, seria preciso referir, ao lado dos estudos já citados de Willems, os de Gioconda Mussolini – que escolheu para as suas observações uma pequena localidade do litoral de São Paulo – e os de Antonio Candido. Este último, desviado (provisoriamente, ao menos) da crítica literária, em que sua atuação admirável fora um milagre de precocidade, dedica-se atualmente a estudar a estrutura social e a mudança cultural em certas localidades de povoamento antigo, em particular as do vale do Tietê. Estudo que representa, aparentemente, o ponto de partida para um trabalho de maior amplitude, visando acentuar e talvez reabilitar o papel do pequeno lavrador, do roceiro, do sitiante, em nossa vida social.

Esses estudos, que surgiram, em São Paulo, à sombra do ensino universitário e, em grande parte, da influência decisiva de mestres estrangeiros, como Radcliffe-Brown, Melville Herscowicz, Donald Pierson, Roger Bastide, sem falar nos brasileiros por nascimento ou adoção, como Fernando de Azevedo, Emilio Willems e Herbert Baldus (este nos domínios da Etnologia), não se restringem todavia ao território paulista. A eles se vão entrosar, por exemplo, os que realizou, não há muito, em duas comunidades maranhenses (uma urbana e outra rural), Otávio da Costa Eduardo, e cujas observações constituem objeto de livro a sair nas próximas semanas em inglês, nos Estados Unidos. E também os que vêm efetuando na América Central, especialmente em Honduras, para a Northwestern University de Chicago, Raul Coelho, egresso da crítica, como Antonio Candido, e que estreou há alguns anos na literatura, com um pequeno livro sobre Marcel Proust.

É certo que tanto Otávio Eduardo como Raul Coelho, ocupados, um com os negros do Maranhão, outro com os Caribes da América Central, dedicam seu interesse antes à Antropologia Cultural do que propriamente à Sociologia. Mas justamente um dos característicos significativos do movimento que representam está no esforço para estender às comunidades não tribais, e mesmo a centros civilizados, alguns dos métodos de pesquisa, elaborados para o estudo dos povos chamados primitivos, e que constituem o apanágio da Antropologia. Desse modo tendem a dissipar-se as fronteiras convencionais, e em verdade arbitrárias, que se erigiam entre duas disciplinas dedicadas à investigação das comunidades e sociedades humanas.

Até onde é lícito augurar bom êxito para semelhante esforço? O problema é demasiado complexo para ser proposto e desenvolvido em um simples artigo. A ele tratarei de voltar a propósito do livro, já mencionado, de Emilio Willems, expressivo desse movimento que tende, de qualquer modo, a enriquecer extraordinariamente os estudos sociológicos no Brasil.

Fiação doméstica em São Paulo*

Em antigos inventários paulistas, particularmente os dos séculos XVI e XVII, podem apurar-se dados numerosos acerca da fiação doméstica de algodão e lã durante a Era Colonial. Sobre os modos de se obter ou negociar o produto, as diferentes fases de sua elaboração, os preços que sucessivamente lhe correspondem, os maquinismos adotados, encontram-se nesses, e em outros documentos, informações que podem ser utilizadas com proveito pelo historiador. Informações que, só por si, já permitem compor um quadro instrutivo do que significou durante longo tempo, entre nós, essa importante indústria caseira.

Contudo, o quadro permaneceria incompleto se os dados esparsos que semelhantes textos nos proporcionam não pudessem ser articulados entre si por uma visão de conjunto. O socorro às notícias de que podemos dispor, a respeito dos processos manufatureiros então usuais na Península Ibérica e mesmo entre nossos indígenas – cuja influência foi decisiva, por exemplo, na tecelagem de redes –, pode ser nesse caso de grande prés-

* Artigo originalmente publicado no *Digesto Econômico*, São Paulo, out. 1948. (N. O.)

timo. À falta de depoimentos e testemunhos diretos sobre nossa fiação e tecelagem doméstica, não restaria outro recurso além dessas notícias, depois de devidamente verificadas à luz das nossas fontes documentais.

A verdade é que, sobre as épocas quinhentistas e seiscentistas, não se conhecem depoimentos de tal natureza. Existe, no entanto, referente aos primeiros decênios do século passado, a uma época, por conseguinte, em que a manufatura doméstica de caráter primitivo ainda não fora contagiada por novas influências adventícias, um precioso relato que pode elucidar vários aspectos do problema. Com efeito, aquelas influências jamais chegariam a exercer-se decisivamente sobre as técnicas tradicionais, provindas dos primeiros tempos da colonização. E isso porque as tentativas realizadas, já no segundo decênio do século passado, para a modernização dos métodos de produção, se deverem principalmente ao bafejo oficial – em São Paulo, a primeira "fábrica" de tecido instala-se no próprio Palácio do Governo – e, talvez por muito dispendiosas e complexas, não chegaram a repercutir sobre a manufatura privada. Nem puderam, por outro lado, desferir o golpe de morte nessa atividade caseira que por algum tempo, e sobretudo na roça, se conservou relativamente próspera. O golpe de morte viria mais tarde; viria com a crescente importação de tecidos estrangeiros e à medida que seu consumo expande-se mesmo entre camadas rústicas da população.

O depoimento que nos interessa é devido a Francisco de Assis Vieira Bueno e figura, não em sua *Autobiografia*, publicada em volume no ano de 1899, que contém informações do maior interesse para o estudo do passado paulista,[1] mas nas reminiscências sobre "A cidade de São Paulo", impressas posteriormente na revista do Centro de Ciências, Letras e Artes de Campinas.

Nascido em 1816, Vieira Bueno pôde fixar nessas suas "Recordações evocadas da memória" aspectos curiosos do que fora a vida paulista durante o tempo de sua infância, ou seja, durante o terceiro decênio do século passado. Ainda por essa época existiam em São Paulo donas de

1 Vieira Bueno, Recordações evocadas da memória, *Revista do Centro de Ciências, Letras e Artes de Campinas*, ano II.

casa prestimosas, que faziam, para os vender, seus rolos de pano ou suas colchas entretecidas com fios de lã tirados de retalhos de baeta. "Confesso" – diz o autor dessas recordações – "que tenho saudades quando me recordo de que na minha família, em nosso sítio de Tatuapé, a 2 léguas de São Paulo, muitas vezes ajudei a descaroçar o algodão".

O descaroçador empregado, e de que se trata algumas linhas adiante, é ainda o primitivo modelo indiano, cujo emprego no Brasil vem atestado, já em princípios do século XVII, pelo autor dos *Diálogos das grandezas do Brasil*. Esse aparelho de madeira podia ser construído por qualquer carpinteiro remendão, observa o autor. E acrescenta: "Era tão pequeno e maneiro, que de ordinário eram os meninos que o faziam trabalhar".

Consistia essencialmente em um pequeno banco, no centro do qual se encravavam dois suportes para sustentarem, por sua vez, dois cilindros transversais de cerca de 1 polegada de diâmetro e que eram postos em movimento por duas manivelas fixas, em sentido oposto, às extremidades.

Sentados os dois operários, frente a frente, com os cilindros de permeio, um deles fazia girar sua manivela com uma das mãos, e com a outra "dava de comer" à máquina, isto é, encostava a ponta do capulho de algodão entre os cilindros em movimento, de modo que passasse por entre eles, largando as sementes. O outro, do lado contrário, movia também sua manivela com uma das mãos, e com a outra recebia e puxava o algodão já liberto das sementes.

O emprego desse rústico aparelho ainda não desapareceu de todo em certos sítios menos sujeitos à influência urbana, e ainda em 1946 tive a ocasião de adquirir em Mato Grosso um exemplar para o Museu Paulista. Seu uso foi corrente em todas as áreas algodoeiras onde não prevaleceu o simples descaroçador manual, até a invenção do *saw-gin*, ocorrida nos Estados Unidos durante o último decênio do século XVIII.

A segunda operação a que se sujeita o algodão, depois de limpo dos caroços, era a carda. Para tanto usava-se, à época de que trata Vieira Bueno, "um cordão bem esticado em um pequeno arco de madeira apropriado". Para o desfibramento costumava-se tanger o cordão com o polegar e o índice sobre certa quantidade de algodão posta no chão, "o bastante para formar uma batedura". No exemplar existente hoje no Museu Paulista e que foi trazido de Cuiabá juntamente com o descaroçador acima referido, mede a vareta 78 centímetros de comprimento e é arqueada sobre um cordão de 59 centímetros.

Não são certamente dessa espécie, e sim do tipo das cardas manuais de uso mais generalizado na Europa, os aparelhos que se registram em alguns antigos inventários paulistas. O de Lourenço Castanho Taques, por exemplo, que é de 1671, assinala um total de 38 pares de cardas, e essa simples circunstância de só serem elas enumeradas e até avaliadas aos pares – 400 réis é o preço de cada par – serve para mostrar que não se tratava de arcos, ou de *batedeiras* para capulhos, como são chamados em Mato Grosso. E é significativo que estes se usaram constantemente apenas para o tratamento do algodão, ao passo que as escovas de cardar, manejadas sempre aos pares, andam associadas de ordinário à lã animal. Não é de admirar, assim, se o mesmo Lourenço Castanho Taques, possuidor dos 38 pares de cardas, também fosse o proprietário de uma das maiores malhadas que registram os documentos paulistas do século XVII: 174 cabeças de carneiros, ovelhas e borregos.[2]

Sobre a época em que se teria generalizado em nosso meio colonial o emprego desses arcos para o desfibramento do algodão, faltam-nos elementos precisos. O fato de esse instrumento ser ainda hoje correntemente empregado em certos grupos indígenas, sobretudo do Brasil Central, como os Guató, os Carajá, os Javaé, os Guaraíu, pode sugerir a crença de que, tal como o tear vertical para a confecção das redes de dormir, tenha sido transmitido aos primitivos colonos europeus pelos naturais da terra.

Por outro lado, a falta, na obra de nossos cronistas de quinhentos, de qualquer referência a tal aparelho e, além disso, a circunstância de ser geral o seu uso no continente asiático, tende a favorecer a opinião contrária, isto é, a de que ele teria sido importado do Velho Mundo. Nesse caso pode ter vindo juntamente com o descaroçador de madeira. E possivelmente, como este, através da Península Ibérica, onde, já nos primeiros tempos

2 *Inventários e testamentos*, XVIII, p.94-106.

da conquista árabe, o algodão, trazido pelos invasores do Oriente remoto, chegara a constituir uma indústria próspera.

E, ainda nesse caso, a presença do arco de cardar entre diversos agrupamentos indígenas atuais seria atribuível unicamente a um fenômeno de aculturação. Max Schmidt, que assinalou essa presença entre os índios guató, não chega a pronunciar-se acerca do problema de sua procedência. Entretanto, Otto Fredin e Erland Nordenskiöld, que estudaram detidamente a cultura material e em particular a fiação e tecelagem entre indígenas sul-americanos, julgam muito mais verossímil a hipótese de ter sido o instrumento introduzido por missionários do Velho Mundo.[3] A vantagem de seu emprego sobre o desfibramento simplesmente manual, que praticam muitas outras tribos, resulta, segundo os mesmos autores, do fato de tornarem possível evitar-se a fácil ruptura das fibras.

Acerca da fiação propriamente, não se detém Vieira Bueno em suas "Recordações". Observa, entretanto, que em poucas casas era ela feita com o auxílio da *roda*, "como chamavam a roca que usavam". Para esse fim, como para o descaroçamento utilizavam-se de preferência os serviços de menores, muitas vezes escravos e filhos de escravos; e então trabalhavam por tarefa, "rivalizando na destreza com que torciam as longas puxadas, fazendo girar o fuso no chão por longo tempo".

Nesse ponto pode-se dizer que, ainda na primeira metade do século XIX, os processos de fiação nas casas paulistas não era melhores do que os processos tradicionalmente empregados pelos antigos índios da costa e de quem Jean de Lery, entre outros, deixara minuciosa descrição.

Os progressos introduzidos pelos tecelões vindos da Europa fizeram-se, assim, muito lentamente entre nós. Nem esses profissionais, que a julgar pelos nossos antigos documentos municipais nunca foram, aliás, extremamente numerosos em São Paulo, nem mesmo os missionários, que segundo Fredin e Nordenskiöld poderiam ter sido os introdutores das *batedeiras* de capulho entre os indígenas, chegaram a contribuir, por esse lado, para o desenvolvimento de nossa indústria doméstica. Dentre

3 Fredin; Nordenskiöld, *Uber Zwirnen und Spinnen bei den Indianern Südamerikas*, p.14.

os religiosos, os jesuítas, pelo menos, distinguiram-se pelos esforços feitos no sentido de se incentivar a fiação e tecelagem nos seus estabelecimentos, e uma carta de Vieira, datada de 1661, refere como no Colégio do Maranhão existiam, por aquele tempo, "24 fiandeiras com seus teares que podem dar pano não só para vestido senão para todos os usos da casa com grande abundância".[4] De qualquer modo não consta que os padres de São Paulo tivessem levado a tanto, nesse setor, sua atividade e seu gosto da iniciativa. Nos inventários dos bens tomados aos jesuítas dessa capitania, que se encontram ainda manuscritos no Arquivo Nacional do Rio de Janeiro (Col. 481), há escassas referências a aparelhos de fiação e tecelagem. E a pequena quantidade de fios e panos de algodão que neles se assinala não leva a acreditar que a fabricação desses produtos fosse, nas propriedades da Companhia, muito mais considerável do que o era em certas casas particulares de São Paulo e especialmente dos "sítios da roça".

4 Serafim Leite, *Novas cartas jesuíticas*, p.295.

O período colonial*

Na expansão marítima de Portugal, o Brasil só começa a ocupar lugar à parte alguns decênios após o Descobrimento. A posse de terras americanas interessou primeiramente à Coroa lusitana porque assegurava escala e refresco às frotas destinadas à Índia e os mais antigos exploradores do litoral não encontraram aqui muitas riquezas ao alcance da mão. Vespúcio, que esteve em algumas das primeiras expedições de reconhecimento, notou, é verdade, infinitas árvores de *verzino*, ou pau-de-tinta, entre outras essências apreciadas na época, mas confessa que além disso não viu coisa de proveito. Os avultados cabedais, que os primeiros arrendatários da terra e alguns aventureiros felizes parecem ter tirado da exploração do produto, não eram o bastante para distrair os portugueses da miragem do Oriente.

O resultado é que todos os documentos hoje conhecidos sobre a época da história do Brasil, que corre de 1500 a 1532 e mais tarde têm caráter puramente episódico, pertencem a um gênero de que a literatura portuguesa do Renascimento nos oferece exemplos numerosos e ilustres: as relações de viagem. Corresponde a esse gênero, como bem se pode

* Artigo originalmente publicado no *Manual bibliográfico de estudos brasileiros*, 1949. (N. O.)

imaginar, o principal depoimento de uma testemunha direta do Descobrimento, a carta de Pero Vaz de Caminha. Publicado pela primeira vez na *Corografia Brasílica* de Aires de Casal, que se imprimiu no Rio de Janeiro em 1817, o texto do escrivão da esquadra de Cabral constitui uma narrativa admiravelmente preciosa e minuciosa do "achamento" da nova terra. Entretanto esse documento, tal como aparece no livro citado, apresenta frequentes erros de cópia e até omissões, que aumentam os obstáculos à interpretação de uma linguagem antiquada e nem sempre límpida. Já nos meados do século passado iniciaram-se as tentativas de "tradução" do texto. Os esforços de João Francisco Lisboa (1853), notável historiador brasileiro, e, muito depois, os de João Ribeiro (1910) e Capistrano de Abreu (1908 e 1922), fundados em cópia mais fidedigna do que a da *Corografia*, contribuíram largamente para a melhor inteligência da carta. A publicação, no ano de 1923, da *História da colonização portuguesa do Brasil*, em cujo segundo volume vem uma "Versão em linguagem atual da carta", acompanhada de abundantes e eruditas anotações de Carolina Michaëllis, assinalou verdadeiramente uma etapa definida nesses estudos. De então para cá as investigações filológicas, críticas e interpretativas de Malheiros Dias (1923), Sousa Pinto (1933-1934), Antônio Baião (1940) e Simões Ventura (1942), assim como a do senhor Jaime Cortesão (1943), a mais recente de todas e que se apoia numa revisão geral dos vários problemas atinentes à carta e ao seu autor, serviram para reavivar consideravelmente o interesse dos historiadores pelo documento venerando.

As grandes qualidades de observação, a preocupação de medir, calcular e comparar tudo quanto os olhos veem – relacionadas por Capistrano de Abreu a hábitos adquiridos pelo escrivão no seu antigo emprego de mestre da balança da moeda, que obrigava a pequenos números e o fazia responsável por frações mínimas –, tornam o relato de Caminha bem superior ao comum das narrativas de viagem de sua época. Superior, não há dúvida, aos outros testemunhos conhecidos sobre o Descobrimento do Brasil – a "Carta do mestre João", cujo texto original foi encontrado por Varnhagen e reproduzido pela primeira vez no tomo V da *Revista do Instituto Histórico e Geográfico Brasileiro* (1843), ou a chamada "Relação do piloto anônimo", que já aparece na coleção *Paesi nuovamente retrovati* de Montabodde (1507) e nas *Navigationi et Viaggi* de Ramusio (Veneza, 1550) –, mas também à maior parte das notícias de viajantes e cronistas acerca das condições da terra nos trinta ou quarenta anos que se seguiram à expedição de Cabral.

Sem pertencer rigorosamente aos relatos de viagem, a *Nova Gazeta Alemã*, ou *Newen Zeitung aus Pressilg Landt*, contém numerosos pormenores trazidos à Ilha da Madeira por um dos dois navios de uma esquadrilha que correu a costa sul do Brasil. O redator do depoimento, residente na ilha e talvez agente comercial de uma firma de Antuérpia, quase se limita a transmitir o que ouvira de um piloto da expedição. Durante longos anos foi objeto de controvérsias a data em que teria sido redigida a *Nova Gazeta*, impressa na Alemanha já no século XVI. Konrad Habler encerrou definitivamente a questão, divulgando uma cópia do original, que encontrou no arquivo dos Fugger, em Augsburgo, e onde se lê a data de 1514. Servindo-se do apógrafo publicado, Clemente Brandenburger fez uma tradução brasileira, que saiu juntamente com a reprodução do documento e comentários elucidativos.

Sabe-se, com auxílio desse documento, que o navio percorreu a região então ainda inexplorada, que fica ao sul da Laguna, no atual Estado de Santa Catarina, descobriu o cabo de Santa Maria, reconheceu o estuário do Rio da Prata, deixando de prosseguir viagem na direção do Estreito de Magalhães devido a um forte temporal, e chegou de volta à Madeira no dia 12 de outubro de 1514. A *Gazeta* dá notícia de aves e frutas que produzia a terra, fala em sinais de prata, ouro e cobre, detém-se na descrição de peles de animais trazidas a bordo, refere-se aos moradores da costa e, pela primeira vez, faz circular a crença, tão difundida mais tarde, de que havia entre eles memória do apóstolo São Tomé e marcas visíveis de sua estada nas paragens percorridas. Graças sobretudo a Capistrano de Abreu foi possível identificar essa expedição com a armada de d. Nuno Manuel, mencionada em uma carta de Álvaro Mendes de Vasconcelos, que Varnhagen divulgou. Nenhum outro documento conhecido sobre as expedições que se sucederam entre a viagem de Cabral e a de Martim Afonso de Sousa é tão informativo no tocante a coisas do Brasil como a *Newen Zeitung*.

Pouco se sabe dos estabelecimentos de civilizados que já por esse período se foram fixando em alguns pontos de nosso litoral. Povoados em grande parte de degredados, segundo todas as aparências, esses núcleos incipientes ajudavam o abastecimento das frotas de comércio e facilitavam de todos os modos o trato com o indígena. Criaram-se, dessa forma, autênticos "viveiros" de línguas e práticas da terra, ao mesmo passo que se lançavam os postos avançados da civilização europeia.

Os moradores brancos deveriam acomodar-se aos costumes do gentio e viver do seu mantimento, à falta de outro. Não é crível que então fizessem suas granjearias à europeia, embora em certos lugares, em São Vicente por exemplo – a julgar pelo que se lê no *Islario general* de Alonso de Santa Cruz –, existisse, já em 1530, abundância de galinhas e porcos de Espanha. Em todo o caso, e não obstante afirmativa em contrário de Varnhagen, não se conhece até hoje nenhuma prova cabal de que antes da viagem de Martim Afonso fosse cultivada a cana-de-açúcar em qualquer parte do nosso litoral.

A produção brasileira, em que ainda não entravam os metais preciosos, nem as especiarias, exceção feita da pimenta-da-terra que, de resto, só a partir de meados do século se transforma em gênero de comércio, principia a fazer-se manifesta graças a tais entrepostos. Aos poucos e apesar da concorrência de aventureiros franceses, o Brasil ajusta-se aos moldes característicos do Império Português da era quinhentista, que R. M. Tawney definiu expressivamente como "uma linha de fortalezas e feitorias de 10 mil milhas de extensão" ("*a line of forts and factories 10.000 miles long*").

É escassa a documentação existente ou impressa acerca dos produtos comerciáveis que se tiravam da terra antes da criação das capitanias. A fonte mais conhecida, do lado português, é o *Llyuro da naoo Bertoa*, publicado na íntegra e pela primeira vez na *História Geral do Brasil*, de Varnhagen, 1ª ed. (1854).[1] Armada por Fernão de Noronha e alguns sócios, entre os quais contava-se o opulento Bartolomeu Marchione, a

1 Varnhagen, *História Geral do Brasil*, I, p. 427 et. seq.

nau *Bertoa* partiu do Tejo a 22 de fevereiro de 1511 e ancorou a 17 de abril na Baía de Todos os Santos, onde esteve alguns dias, partindo em seguida para Cabo Frio. A carga que de regresso levou incluía 5.009 toros de pau-brasil, 36 escravos, 22 tuins, 16 gatos, 16 saguis, 15 papagaios e 3 macacos.

Mais variado, aparentemente, e mais abundante, era o carregamento levado vinte anos depois pela nau marselhesa *La Pèllerine*. Querem alguns historiadores que, além dos artigos enumerados a propósito da nau *Bertoa*, essa embarcação tenha conduzido também trezentos quintais de algodão e outro tanto de pimenta. Não está apurado, em todo o caso, se a palavra "*bombicis*", usada no texto latino do 2º *Libelo do Barão de Saint Blancard*, pode ser interpretada adequadamente como significando algodão, e nada autoriza a ler "pimenta" onde o original diz apenas "sementes" ou "grãos": "*tantunem de granis illius patrie*".

La Pèllerine, apresada em 1532 por uma armada portuguesa, ao sair do Porto de Málaga, abastecera-se em Pernambuco, onde deixou construída a fortaleza que Pero Lopes destruiu ao regressar a Portugal. O libelo do senhor de Saint Blancard, armador da nau, contra os responsáveis pelo apresamento é valioso como fonte de informações sobre as mercadorias que os franceses vinham buscar à costa do Brasil e sobre o preço que alcançavam as mesmas na França. Sua publicação integral foi feita na *História Geral*, 1ª ed. O sr. Eugênio de Castro, reproduziu-a em sua edição do *Diário de navegação* de Pero Lopes (1927 e 1940), de acordo com o manuscrito existente no arquivo da Torre do Tombo, fazendo-o acompanhar de uma tradução portuguesa da autoria de Pandiá Calógeras.

Foi exatamente a frequência de navios franceses no Atlântico Sul e o perigo que isso representava para a soberania de Portugal em suas possessões americanas o que conduziu a Coroa lusitana a cuidar mais seriamente do Brasil. Às armadas que demandavam a Terra de Santa Cruz, competia agora não só perscrutar nosso litoral, como ainda desalojar dele os intrusos. Ao partir de Lisboa em 3 de dezembro de 1530, com destino às cobiçadas regiões ultramarinas, a armada de Martim Afonso de Sousa trazia instruções precisas a tal respeito. O que significou a expedição como ponto de partida para a atividade colonizadora de Portugal no

Brasil é bem sabido dos historiadores. O ponto alcançado pela frota em nosso litoral foi o cabo de Santo Agostinho, onde se aprisionaram navios franceses. De Pernambuco, primeira escala depois desse sucesso, mandou Martim Afonso duas caravelas para o norte a explorarem o Rio do Maranhão, enquanto uma das suas naus apresadas era enviada a Lisboa. O resto da armada rumou para o sul e esteve sucessivamente na Baía de Todos os Santos, na do Rio de Janeiro, em Cananeia, seguindo depois para o Rio de Solis. Parte das embarcações sob o comando de Pero Lopes de Sousa chegou a subir o rio e, depois de assinalarem a posse da Coroa portuguesa por meio de padrões de pedra, voltaram todos em direção de São Vicente, aonde chegaram a 21 de janeiro de 1532.

Nenhuma expedição anterior abarcara tamanha extensão do litoral brasileiro. O próprio sertão chegou a ser percorrido em alguns pontos. Assim é que do Rio de Janeiro, onde a esquadra permanecera cerca de noventa dias, foram mandados quatro homens pela terra adentro. Regressariam ao cabo de dois meses, tendo andado 115 léguas e trazendo consigo amostras de cristal, notícias do longínquo Rio Paraguai e a informação de que existiria muito ouro e prata nessas paragens. Outra bandeira subiu de Cananeia, onde os de bordo encontraram um misterioso bacharel degredado, residente no lugar havia trinta anos.

Seduzido por informações de outro morador, Francisco de Chaves, "grande língua da terra", mandou-lhe o capitão-mor 80 homens, sob o comando de Pero Lobo, a descobrirem o sertão. Obrigara-se Chaves, como guia dos expedicionários, a tornar ao porto em dez meses, trazendo quatrocentos escravos carregados de ouro e prata. A bandeira teve fim trágico, destroçada que foi pelos índios bravos num ponto sito entre o Rio Iguaçu e o Paraná. Deve-se esse último detalhe aos *Comentários* do Adelantado Cabeza de Vaca, governador castelhano do Rio da Prata, que efetuou por terra, nos anos de 1541 e 1542, o percurso entre Santa Catarina e Assunção do Paraguai.

De São Vicente, o próprio governador internou-se serra acima alcançando as margens do Rio Piratininga nos campos onde mais tarde se ergueria São Paulo. Aqui ou em São Vicente permaneceu ele por algum tempo, à espera de notícias da bandeira mandada ao sertão, enquanto seu irmão Pero Lopes tornava a Portugal para dar conta a el-rei do sucedido. Mas em fim de julho ou princípio de agosto de 1533 já se achava de volta, em Lisboa, tendo estado quase três anos em viagem.

Além dos serviços que prestara explorando o litoral e despejando da terra os franceses, coube a Martim Afonso lançar as verdadeiras bases do povoamento regular do Brasil. Ao regressar ao Reino, tinha estabelecido uma vila em São Vicente, outra em Piratininga, fazendo nelas oficiais e repartindo terra aos colonos para suas fazendas. No Rio de Janeiro levantara uma casa-forte. Na Bahia deixara dois homens "para fazerem experiência do que a terra dava e lhes deixou muitas sementes". Em Pernambuco, depois de destruir a fortaleza edificada pelos franceses da nau *La Pèllerine*, Pero Lopes instalara em seu lugar uma guarnição portuguesa.

Justamente a Pero Lopes e ao seu *Diário de navegação* deve-se a narrativa mais ou menos circunstanciada desses feitos. A publicação em primeira mão do documento foi feita por Varnhagen, que se serviu de um manuscrito pertencente ao bispo conde d. Francisco de São Luís, retificando-o e completando-o em alguns pontos com auxílio de um códice da Biblioteca do Paço da Ajuda. A essa edição, saída em 1839, seguiu-se em 1847 uma segunda, impressa no Rio de Janeiro, por iniciativa da Assembleia Provincial de São Paulo. A terceira, apoiada, já agora, apenas no Códice da Ajuda, publicou-se em 1861 na *Revista do Instituto Histórico e Geográfico Brasileiro*, tomo XXIV. Além dessas, e da quarta, devida também à iniciativa de Varnhagen, cumpre acrescentar agora a de 1927 e a de 1940, em que o texto original aparece restabelecido em alguns pontos e enriquecido de copiosas anotações e comentários, devidos ao comandante Eugênio de Castro.

O diário de Pero Lopes valerá menos pelas qualidades de observação nele reveladas do que pela importância singular que assume a expedição de 1530-1532 em face dos sucessos ulteriores da colonização. Diante do espetáculo da terra e de seus habitantes, o autor não poupa adjetivos. Na Bahia a gente parece-lhe toda alva, os homens bem dispostos e as mulheres tão formosas que não lhes fariam inveja as da Rua Nova de Lisboa. No Rio de Janeiro ocorre o mesmo, apenas "é mais gentil a gente". Em

São Vicente a situação ainda melhora: "a todos nos pareceu tão bem esta terra", diz, "que o capitão determinou de a povoar".

São até hoje dignas de atenção as notícias que dá o *Diário* acerca dos indígenas do Prata e da região do Cabo de Santa Maria. É possível avaliar a importância que teve a expedição, sabendo-se que só depois de seu regresso resolveu d. João III levar avante o plano de dividir o Brasil em donatarias – primeiro passo decisivo para a colonização –, reservando ao capitão da frota o que lhe parecesse o melhor quinhão.

Essas donatarias, ou capitanias hereditárias, inauguraram uma fase bem definida na política adotada pela Coroa portuguesa com relação ao Brasil. Reproduz-se aqui, com pouca diferença, o sistema já experimentado por Portugal em suas possessões insulares do Atlântico, e que não chegara a ser tentado nem na África continental, nem nas Índias.

Os princípios que regulavam o sistema das capitanias estão compendiados por um lado nas "Cartas de doação", nas quais o soberano fazia mercê de certas porções de território a seus protegidos, e por outro nos "Forais", que fixam direitos, foros, tributos e coisas que nos mesmos territórios seriam pagas à Coroa e aos donatários. Esses textos, que podem ser lidos, em parte, nos *Documentos históricos* da Biblioteca Nacional do Rio de Janeiro, vol. XIII (1929), são, juntamente com as *Ordenações manuelinas*, a fonte mais importante para o conhecimento do regime jurídico que dominou o Brasil durante os primeiros tempos da colonização.

O malogro do sistema das capitanias hereditárias foi quase geral, não obstante algumas exceções de relevo. Por esse motivo e também no intuito de reforçar a autoridade da Coroa, recorreu-se à instituição do governo-geral, iniciado em 1549 com a vinda de Tomé de Sousa. A partir desse momento, a ambição de povoar e defender a terra recebe constante impulso. Com os donatários e governadores, afluem, em número cada vez maior, os colonos. Trazem consigo o boi, o cavalo, a vinha, o trigo. Trazem também negros de Guiné e Angola, mais dóceis do que o gentio do país, principalmente para a faina agrícola. Com esses elementos traçam-se os primeiros esboços da vida civil e implantam-se na Colônia nascente muitas instituições tradicionais da Metrópole. Em companhia do primeiro governador-geral chegam também os primeiros jesuítas que, além de exercerem sua missão espiritual, vão deixar depoimentos numerosos e alguns deles preciosos acerca da fase inicial da ocupação europeia.

Graças a esses e outros testemunhos, pode-se, com alguma precisão, reconstituir o que foi a vida da Colônia na segunda metade do século XVI. A história do Brasil apresenta-se, já agora, não mais na marcha irregular e episódica dos acontecimentos, mas, se assim se pode dizer, em seu movimento interno. Informações epistolares, tratados descritivos e históricos redigidos por homens mais ou menos letrados, ajudam a fixar mais nitidamente os contornos dessa sociedade em germe. A literatura dos missionários forçados à longa assistência na terra é fonte de primeira ordem para os historiadores dos nossos dias. Mesmo do ponto de vista etnológico, alguns desses documentos ainda conservam todo o seu valor, e já puderam ser comparados vantajosamente a trabalhos de especialistas modernos que realizam suas viagens com prazo fixo.

As cartas e informações, em grande parte inéditas, que nos ficaram dos padres da Companhia têm lugar importante nessa literatura. As primeiras missivas do padre Manuel da Nóbrega, datadas do ano de 1549, representam, cronologicamente, os primeiros depoimentos existentes acerca das condições em que viviam índios, clérigos e colonos após a instalação do governo-geral. São particularmente numerosos os textos jesuíticos divulgados sobre a situação do Brasil no primeiro meio século da colonização, ou seja, na segunda metade do século XVI. Entre 1931 e 1933, a Academia Brasileira de Letras reuniu em três volumes uma parte apreciável desses textos, saídos anteriormente em publicações esparsas e em geral pouco acessíveis aos estudiosos. No primeiro volume incluem-se cartas de Nóbrega, abrangendo o período que vai de 1549 a 1560; no segundo, sob o título de *Cartas avulsas*, as de Aspilcueta Navarro, Leonardo Nunes, Pero Correia, Diogo Jácome, Antônio Blasquez, Antônio Rodrigues, Luís da Grã etc., escritas entre 1550 e 1568; o terceiro, finalmente, contém as *Cartas, informações, fragmentos históricos e sermões do padre José de Anchieta*, envolvendo o período de 1554 a 1594. Recentemente, com as *Novas cartas jesuíticas* (São Paulo, 1940), publicadas pelo dr. Serafim Leite, S. J., imprimiu-se numerosa documentação inédita sobre o Brasil quinhentista. Basta dizer que só de Manuel da

Nóbrega foram acrescentadas com essa publicação mais 15 cartas às 21 até então conhecidas.

Os depoimentos dos primeiros jesuítas detêm-se sobretudo na descrição dos costumes dos indígenas e das relações entre eles e os brancos; isso é bem compreensível em homens que tinham como principal missão e ocupação conquistar para a religião cristã as almas do gentio. "Des que uma vez vim aqui" – diz uma carta do padre Rui Pereira, datada de 1560, na Bahia – "não pude deixar de fazer todo o possível para vir viver entre eles, e quando vou à cidade, uma tarde que lá estou parece estar em deserto".[2] No epistolário jesuítico tem particular relevo a carta "*Quam plurimarum rerum naturalium*" (1560) de José de Anchieta, na qual, ao lado de informações etnológicas de excepcional importância, encontram-se dados sobre a fauna e flora do país. Aos contemporâneos de Anchieta não escapou o valor informativo desse documento, pois já em 1565 era ele publicado em tradução italiana. Em 1799 imprimia-se em Lisboa o texto latino acompanhado de notas elucidativas de autoria de dr. Diogo de Toledo Lara Ordonhes. À versão portuguesa que desse documento deu Teixeira de Melo e que foi aproveitada na edição da Academia Brasileira, acima citada, deve ser preferida, por mais fiel, a do professor Vieira de Almeida, publicada em São Paulo, em 1900. Igualmente valiosos como testemunhos de primeira mão sobre a religião e costumes dos naturais do país são a "Informação da Terra do Brasil" (1549) de Nóbrega e a "Informação dos casamentos dos índios do Brasil", atribuída a José de Anchieta. Outro documento do maior alcance sobre a vida colonial nos decênios que se seguiram à vinda do primeiro governador é sem dúvida a "Informação da Província do Brasil para nosso padre" (1585). Embora incluída entre as cartas e informações de Anchieta, está hoje fora de dúvida que não foi redigida pelo canarino, mas segundo todas as probabilidades, pelo padre Fernão Cardim.

Trata-se de um relatório acerca da situação dos colégios e casas da Companhia no Brasil, com descrição pormenorizada das vestimentas e vitualhas em uso na terra. As obras principais de Cardim, e que se situam

2 *Cartas avulsas*, p.263.

positivamente no primeiro plano entre as crônicas quinhentistas suscetíveis de servir à história da colonização, são os tratados sobre o *Clima e a Terra do Brasil*, o *Princípio e origem dos índios* e a *Narrativa epistolar*. Os dois primeiros saíram em inglês no volume IV da coleção *Purchas, his Pilgrims*, publicado em Londres no ano de 1625, com o título *A Treatise of Brazil Written by a Portugall Which Had Long Lived There*. Em 1881 e 1885, respectivamente, foram editados os dois escritos, no Rio de Janeiro, no idioma original e de acordo com o texto manuscrito encontrado na Biblioteca de Évora. A *Narrativa epistolar* imprimiu-se pela primeira vez em 1847, na Imprensa Nacional de Lisboa, tendo sido republicada total ou parcialmente, por mais de uma ocasião, durante o século passado. Em 1925 saíram em um único volume os três principais escritos de Fernão Cardim, precedidos de um estudo da autoria de Rodolfo Garcia, e com o título *Tratados da Terra e gente do Brasil*. Nova edição desse volume publicou-se em São Paulo, no ano de 1939.

Chegando ao Brasil em 1583 e redigindo seus tratados depois dessa data e antes de 1601, Cardim encontrou os índios já em grande parte domesticados e os colonos bem assentes na terra. Excetuada a *Narrativa epistolar*, que contém observações pessoais, os outros fundam-se em grande parte nas informações deixadas por outros observadores. Averiguaram-se, com efeito, entre seus escritos e os de Anchieta, por exemplo, coincidências que não devem ser puramente fortuitas. Seja como for, o depoimento de Fernão Cardim é fonte indispensável para quem tente reconstituir o que foi nossa vida colonial nos últimos decênios da época quinhentista. Graças à *Narrativa epistolar* sabemos, entre outras coisas, quantos engenhos funcionavam nos vários centros da colônia; qual a sua produção em arrobas de açúcar; quantos os habitantes brancos, índios e negros, quais os mantimentos de que se sustentavam, as roupas de que se vestiam, os jogos e divertimentos em que se entretinham.

É bem conhecida sua página sobre o viver da gente de Pernambuco, onde Cardim encontrou mais vaidade do que em Lisboa. Longe, porém, de ser um ríspido censor, à maneira de tantos dos seus próprios confrades, a começar por Manuel da Nóbrega, Cardim sabia envolver homens e coisas numa atmosfera de risonha simpatia. Escrevendo quase um século depois de Pero Vaz de Caminha, a terra ainda lhe parecia graciosa e primaveril.

No entanto, a fisionomia da sociedade colonial se transformara quase radicalmente durante os três ou quatro decênios anteriores. Na época em que Cardim, por comissão do padre visitador Cristóvão de Gouveia, registrava suas impressões da viagem empreendida ao longo da costa, o Brasil já tinha um passado. Nove anos antes, em 1576, aparecera em Lisboa um livrinho de 48 páginas trazendo o título significativo de *História da Província de Santa Cruz*. Dedicado ao muito ilustre senhor dom Leonis Pereira, governador que foi de Malaca e de partes do sul da Índia, a *História* trazia a assinatura de Pero de Magalhães de Gandavo, já conhecido como autor de umas *Regras que ensinam a maneira de escrever a ortografia portuguesa*. Natural de Braga, posto que de ascendência flamenga, como indica seu nome (Gandavo queria dizer morador ou natural de Gand), o autor desse escrito, destinado expressamente a publicar as excelências da terra, esteve no Brasil em época e lugar que não se podem determinar com precisão. Em realidade o único indício de que conheceu pessoalmente a "Terra de Santa Cruz", "pouco sabida", aparece na dedicatória, na qual ele se diz "testemunha de vista".

Muitas das informações contidas no texto já se acham, efetivamente, em escritos anteriores, inclusive nas cartas jesuíticas. O fato de esses escritos não serem facilmente acessíveis na época, salvo a um público restrito, fez, por outro lado, que a obra de Gandavo tenha sido muito aproveitada por autores que trataram mais tarde desta parte da América. John B. Stetson pôde demonstrar cabalmente como Herrera chegou a utilizar o texto da *História* na compilação de seu relato dos feitos dos castelhanos nas ilhas e terras firmes do Mar Oceano.[3] Certas passagens do cronista-geral das Índias sobre o clima ou os índios do Brasil reproduzem mesmo, quase palavra por palavra, trechos do escritor bracarense. Outro cronista de Castela, Gil González Dávila, recomenda o livro de Gandavo a propósito do clima e das frutas do Brasil.

3 Oceano Atlântico. (N. E.)

As notícias contidas na *História* e até a maneira de apresentá-las ajustam-se bem às finalidades práticas que se propôs seu autor. Logo às primeiras linhas do prólogo dirige-se ele aos que no Reino viviam em pobreza, a fim de que não duvidassem escolher a terra do Brasil "para seu amparo". E continua: "porque a mesma terra he tal, e tam favorável aos que a vão buscar que a todos agasalha e convida com remédio, por pobres e desamparados que sejam".

É a linguagem de um agente de imigração, na medida em que esse mister fosse compatível com o espírito da época. Não admira se, conforme disse Capistrano de Abreu, sua inspiração é principalmente utilitária. O otimismo quase invariável com que Gandavo considera as condições da terra, o cuidado com que discrimina e descreve suas várias partes, seu sistema de governo, seus moradores, suas riquezas, seus bichos e plantas, concordam igualmente com esse espírito. Impressa pela primeira vez em 1576, na oficina de Antônio Gonçalves, a *História* foi reeditada em 1858, ao mesmo tempo em Lisboa e na *Revista do Instituto Histórico*, do Rio de Janeiro. Uma edição fac-similiar do texto de 1576, seguida de tradução inglesa e enriquecida de numerosas notas de John B. Stetson Junior, foi publicada em Nova York, 1922, por The Cortes Society.

Além da *História*, deixou Gandavo uma obra manuscrita mais concisa e que, não obstante, completa em alguns pontos a antecedente. É o *Tratado da Terra do Brasil*, no qual se contém a informação das coisas que há nestas partes. Divide-se em duas partes: a primeira trata, uma por uma, das diferentes capitanias; a segunda descreve as coisas "que são gerais por toda a costa do Brasil", como fazendas, costumes, qualidades, mantimentos, caça, frutas, índios e animais da terra. Esse manuscrito só foi impresso em 1826, por iniciativa da Academia Real das Ciências, de Lisboa. Em 1924, *Tratado* e *História* são reunidos pela primeira vez em um só volume, publicado no Rio de Janeiro, e precedidos de ensaios críticos e bibliográficos de Afrânio Peixoto, Rodolfo Garcia e Capistrano de Abreu.

Em seu lúcido estudo, observa o mesmo Capistrano de Abreu, que a *História* de Gandavo é antes natural do que civil. O mesmo e com iguais razões pode dizer-se da obra de Gabriel Soares de Souza, que permaneceu inédita até 1825 e é hoje conhecida pelo título de sua reimpressão, feita na *Revista do Instituto Histórico*, do Rio de Janeiro, tomo XIV (1851): *Tratado descritivo do Brasil*. Essa obra, que Varnhagen disse enfaticamente ser, talvez, "a mais admirável de quantas em português produziu o século quinhentista", representa uma verdadeira suma dos conhecimentos que um espírito curioso e indagador, residente dezessete anos na Bahia dos fins do século XVI, pudesse adquirir sobre o Brasil, por volta de 1587. Principia com um minucioso roteiro geral da costa, abrangendo a região que se estende do Amazonas à Baía de São Matias, ao sul do Rio da Prata. Continua com o "Memorial e declaração das grandezas da Bahia", compreendendo um esboço histórico da colonização, que abre a segunda parte do livro, uma descrição da cidade do Salvador e do Recôncavo e um quadro geral da agricultura baiana. Em seguida apresenta notícias copiosas acerca das plantas e animais indígenas, do gentio da terra, dos recursos de que dispunha a Bahia para defender-se e, finalmente, dos metais e pedras preciosas existentes no sertão.

Durante o largo tempo em que permaneceu no Brasil, Gabriel Soares deteve-se sobretudo na Bahia, onde foi proprietário de engenho. É provável que nesse período tenha tido ocasião de percorrer grande parte da colônia, conforme se lê no título de um dos três códices manuscritos de sua obra existentes na Biblioteca Municipal do Porto. A verdade, porém, é que a Bahia, primeiro centro administrativo da Colônia, foi também o principal objeto de sua tenção. As notícias que proporciona sobre as demais capitanias são, em geral, menos prolixas e menos precisas.

Sente-se que o autor só escrevia com absoluta segurança e à vontade sobre o que conhecia de experiência própria e de longa experiência. Isso faz seu testemunho singularmente valioso para os historiadores de hoje. É claro que a obra de Gabriel Soares, como as dos demais cronistas acima citados, ofereceria por si só uma visão superficial da vida brasileira nos primeiros tempos da colonização portuguesa.

A essa contribuição é preciso, por conseguinte, acrescentar as que fornecem muitos dos documentos administrativos – leis, provisões, cartas e ordem régias etc. – que se acham publicados. Para isso convém recorrer não somente às várias revistas dos Institutos Históricos do Rio de

Janeiro ou aos *Anais da Biblioteca Nacional*, do Rio de Janeiro, aos *Anais do Museu Paulista*, de São Paulo, à *Revista do Arquivo Público Mineiro*, de Belo Horizonte etc., mas ainda às coleções especiais que se destinam precisamente a divulgar tais documentos, como seja, as *Publicações do Arquivo Nacional* e os *Documentos Históricos*, hoje sob a responsabilidade da Biblioteca Nacional. Nesse gênero é notável o esforço já empreendido em São Paulo, onde coleções como os *Inventários e testamentos* ou as *Atas* e o *Registro Geral* da Câmara Municipal, todas em curso de publicação e cada qual abrangendo mais de três dezenas de volumes, constituem poderoso auxílio e incentivo para o estudo objetivo de nosso passado.

É certo que nessas coleções a parte correspondente aos dois primeiros, sobretudo ao primeiro século da colonização, não é a que avulta em quantidade. Como compensação há, para o último decênio do século XVI, uma série de documentos cuja importância para a história do Brasil é verdadeiramente singular. São as denunciações e confissões feitas perante a mesa do Santo Ofício por ocasião da primeira visitação, realizada às partes do Brasil nos anos de 1591 a 1595. Os depoimentos prestados ao licenciado Heitor Furtado de Mendonça por pessoas de todas as classes sociais, na Bahia e em Pernambuco, permitem conhecer a vida colonial em seus desvãos obscuros, que as crônicas da época não chegam a esclarecer. Os volumes até aqui publicados são três e correspondem respectivamente às confissões e denunciações da Bahia e às denunciações de Pernambuco. Da outra visita da Santa Inquisição feita, esta, à Bahia e em 1618, existem publicadas apenas as denunciações, nos *Anais da Biblioteca Nacional* do Rio de Janeiro, vol. XLIX (1936), páginas 97-198.

Para completar o quadro que oferecem as crônicas, tratados e cartas de origem portuguesa, será preciso recorrer também às obras de certos viajantes estrangeiros, relativas sobretudo ao primeiro século. Cabe mencionar, ao menos de passagem – uma vez que são estudadas na seção competente – as dos alemães Hans Staden e Ulrich Schmidl, dos franceses Jean de Lery e André Thevet e a do inglês Anthony Knivet. No século XVII, se excluirmos os cronistas do Brasil holandês, distinguem-se os escritos dos frades capuchinhos Claude d'Abbéville (1614) e Yves d'Évreux (1615), acerca do Maranhão durante a ocupação francesa.

O firme empenho manifestado, sempre, pelos governos português e espanhol no sentido de evitar que chegassem ao conhecimento de estrangeiros noções muito precisas acerca de suas possessões ultramarinas, parece explicar suficientemente a relativa escassez de escritos significativos de autores estrangeiros sobre o Brasil, a partir dessa época e até princípios do século XIX.

Quase o mesmo, e por motivos parecidos, pode dizer-se, aliás, com relação a escritos dos próprios portugueses. Não deve ser por mero acaso se uma obra importante como a de Gabriel Soares ficou durante perto de três séculos sepultada nos arquivos e longe da vista dos curiosos. Destino semelhante ao do livro de Gabriel Soares tiveram duas obras da primeira metade do século XVII, nas quais se encontra, talvez, o melhor que sobre o Brasil e em português nos legou a época seiscentista.

A primeira são os *Diálogos da grandeza do Brasil*, escritos por um anônimo em 1618 e tirados em livro, pela primeira vez, no ano de 1930. O outro é a *História do Brasil* de frei Vicente do Salvador, concluída em 1627 e só publicada integralmente em 1889. Atualmente, depois das acuradas pesquisas de Capistrano de Abreu, admite-se que os *Diálogos* foram redigidos por certo cristão-novo chamado Ambrósio Ferreira Brandão, que residiu longamente no Nordeste do Brasil, onde desempenhou diversos cargos. Varnhagen julgou descobrir, pela leitura da obra, que seu autor era brasileiro. Capistrano de Abreu pensa, ao contrário, que era português do Reino, e precisa mesmo, levado por indícios poderosos, que seria do sul de Portugal. O que importa notar é que, como informante das coisas do Nordeste do Brasil, o autor dos *Diálogos* não fica atrás de seus principais antecessores: na clareza e exatidão de suas notícias chega a ser, em alguns pontos, superior a eles. Para as capitanias ao norte do Rio São Francisco, com especialidade as de Pernambuco e Paraíba, sua obra equivale de certo modo ao que é para a da Bahia a de Gabriel Soares. A diferença entre as datas em que foram escritas uma e outra – trinta anos, aproximadamente – não chega a ser excessiva. É verdade que a escravaria africana tinha feito, durante esse período, consideráveis progressos, não só numericamente, como em relação aos demais grupos da população. A grande quantidade de negros importados chegara a fazer do Nordeste do Brasil "um novo Guiné", e havia capitanias onde eles ultrapassavam em número os naturais da terra.

Os dados etnográficos que se deparam, aqui e ali, nos *Diálogos* também encerram algum interesse. O que neles se diz do gentio da costa está geralmente conforme ao que dizem seus antecessores. Acerca dos indígenas do sertão nordestino – certamente os do grupo Cariri, distinto dos Tupis do litoral – fornece-nos entretanto informações ainda hoje apreciáveis, como, por exemplo, a que se refere ao emprego do propulsor para flechas.

Ao frei Vicente do Salvador, natural da Bahia, cabe principalmente o mérito de ter disposto em ordem cronológica os dados esparsos que pôde encontrar nos documentos impressos ou manuscritos e na tradição oral de seu tempo. Pode ser considerado o mais antigo historiador do Brasil, já que esse título não pode caber rigorosamente a Gandavo. Sua obra consta de cinco livros; destes, os três primeiros nos chegaram completos. O primeiro trata da terra e gente do Brasil na ocasião do descobrimento; o segundo abrange todo o período que precede à criação do governo-geral; o terceiro termina com a reunião das coroas de Portugal e Castela, sob Filipe II; o quarto alcança os governos de d. Diogo de Meneses e, no sul, d. Francisco de Sousa; o quinto aborda a marcha da colonização portuguesa para o extremo norte e a guerra holandesa, que sobreveio.

Na narrativa de frei Vicente avulta o interesse pelo anedótico e pelo pormenor pitoresco, muitas vezes em prejuízo do conjunto. Capistrano de Abreu, que tanto a apreciou, contribuindo como ninguém para ressuscitá-la dos arquivos, chegou a dizer dessa obra que é "mais histórias do Brasil do que história do Brasil". Apesar disso, ou talvez por isso mesmo, ela é hoje insubstituível para quem estude nossas origens.

Ao lado da luta contra os holandeses, que já aparece no livro de Vicente do Salvador, um dos fatos que dominam nossa história no segundo século da colonização é, sem dúvida, a expansão bandeirante. Aos dois sucessos foram dedicadas no presente volume seções especiais, o que nos dispensa de abordá-los aqui. Um terceiro acontecimento, também de notáveis consequências, ocorre, porém, a partir da época seiscentista, e é a incorporação de grande parte do vale amazônico à América portuguesa.

As semelhanças entre esse movimento de expansão e o bandeirismo são menos profundas do que pode parecer ao primeiro exame.

Frei Vicente queixa-se em sua *História* de que, sendo os portugueses grandes conquistadores de terras, contentavam-se arranhá-las ao longo do mar, como caranguejos. É justamente de 1628 – a *História do Brasil* tinha sido concluída no ano anterior – a primeira entrada arrasadora ao Guairá, que vai condenar definitivamente as pretensões castelhanas a esse território. Se o movimento que toma vulto com essa expedição pode contrariar de modo decidido os rumos da colonização portuguesa – colonização de marinha, como na Antiguidade a dos gregos e fenícios –, o mesmo não cabe dizer, tão enfaticamente, da expansão lusitana na Amazônia. A rigor, a ocupação do extremo norte foi como um prolongamento da conquista do litoral. Os colonos continuaram a arranhar as areias; apenas, às areias do mar, substituíam-se as do rio-mar e seus afluentes.

A jornada de Pedro Teixeira, que se inicia no Gurupá (ou, segundo outros, no Cametá) em 1637 e termina dois anos depois em Belém, compreendendo ida até Quito e regresso, teve como principal cronista um castelhano, o padre Cristóbal de Acuña, religioso da Companhia. No ano de 1641 publicava-se sua relação em Madri, na Imprensa do Reino, sob o título de *Nuevo Descubrimiento del Gran Río de las Amazonas*. Nesse breve volume dão-se notícias detalhadas do grande rio – curso, largura, comprimento, ilhas, pescados, flora e fauna da região, habitantes etc.

Ao lado de informações exatas, muitas delas baseadas em testemunho ocular, assinala o padre Acuña, como verídicas, numerosas lendas que corriam mundo acerca do Rio de Orellana. Diante das maravilhas que deparara ao longo da viagem, custava-lhe pôr em dúvida essas lendas. A das amazonas, por exemplo, parecia-lhe indiscutível: "nem se pode acreditar" – declara – "que tendo esse rio tantas grandezas a que lançar mão, só quisesse glorificar-se do título que não lhe competia".

Outro depoimento sobre a viagem de Pedro Teixeira é o do franciscano frei Laureano de la Cruz, intitulado *Descubrimiento de Rio Marañon, llamado de las Amazonas, hecho por la Religion de S. Francisco*, só publicado em 1878. Ao lado dessas e de outras relações escritas em idioma castelhano, é necessário acrescentar-se a *Descrição do Estado do*

Maranhão, Pará, Curupá e Rio das Amazonas, redigida em português por Maurício de Heriarte, um dos companheiros de Pedro Teixeira. Acha-se transcrita em nota do 3º volume da 3ª edição da *História do Brasil* do Visconde de Porto Seguro. O histórico das sucessivas penetrações dos portugueses ao longo do vale amazônico só começou a ser escrito, em realidade, no século seguinte por Bernardo Pereira de Berredo, autor dos *Anais históricos do Estado do Maranhão* (1749).

Um material copioso a respeito das capitanias do extremo norte durante a era seiscentista pode ser encontrado, além disso, nos escritos do padre Antônio Vieira, especialmente em suas cartas, de que existe uma bela edição, organizada sob os cuidados do historiador português João Lúcio de Azevedo. É interessante assinalar que as fontes documentais jesuíticas até agora divulgadas sobre o Brasil do século XVII, compreendidas também as capitanias do centro e sul, não são muito numerosas se excluirmos esses escritos de Vieira. Pelo menos quando comparadas às que dizem respeito ao século anterior. E se hoje conhecemos bem a obra de Vieira, deve-se isso muito menos ao valor que possam ter para o estudo da história do Brasil do que à projeção excepcional de seu autor na História das literaturas de língua portuguesa.

Pode compensar de algum modo a escassez da documentação inaciana seiscentista no Brasil a existência do famoso tríptico do padre Simão de Vasconcelos, S. J., abrangendo a *Vida de P. João de Almeida* (1658), a *Crônica da Companhia de Jesus no Estado do Brasil* (1663) e a *Vida do venerável padre José de Anchieta* (1672). É certo, entretanto, que esses livros, principalmente os dois últimos, relacionam-se com a atuação da Companhia na época quinhentista, que conhecemos largamente através das já mencionadas *Cartas*. Por outro lado, o valor documental desses livros está em parte prejudicado pelo tom apologético, quase de hagiografia que frequentemente assumem. O mesmo, e talvez com mais razão, pode dizer-se das numerosas *Vidas* de Anchieta, que se começaram a escrever já em 1598, ou seja, no ano seguinte ao de sua morte.

Essa falta de textos jesuíticos acerca do século XVII no Brasil só agora começa a ser suficientemente reparada com a publicação em curso de alguns documentos que servem de base à opulenta *História da Compa-*

nhia de Jesus no Brasil, de autoria do padre Serafim Leite. Convém lembrar, em todo o caso, que a um jesuíta deve-se a melhor e mais completa descrição da vida econômica do Brasil em fins do século XVII e princípios do seguinte. Embora publicado em 1711, o livro de Antonil – *Cultura e opulência do Brasil por suas drogas e minas* – representa, principalmente onde se refere à vida agrária, um espelho fiel de muitos aspectos significativos do Brasil seiscentista. Confiscada a edição da obra, sob a alegação de que divulgava as excelências da Colônia e, com isso, poderia excitar a cobiça de nações poderosas, dela só ficaram alguns poucos exemplares, que serviram para as reimpressões modernas. É em todo o caso uma das fontes diretas a que terá de recorrer obrigatoriamente todo aquele que pretenda conhecer o Brasil nos primeiros séculos da colonização.

Tradições populares[*]

Dos estudos do folclore de Amadeu Amaral, ultimamente reunidos em volume de mais de quatrocentas páginas impressas em corpo miúdo – *Tradições populares* –, pode-se dizer que representaram uma autêntica surpresa para muitos dos que hoje se interessam em estudos brasileiros. Sabe-se geralmente que o poeta de *Lâmpada antiga* se ocupara mais de uma vez das nossas tradições rurais e podia-se bem imaginar que não o fizera por desfastio ou simples curiosidade distraída. Quem, dizendo-se embora um hóspede em giotologia, chegara a dar-nos um livro exemplar sobre o "dialeto" caipira, não poderia oferecer sobre aqueles assuntos menos do que uma contribuição digna de interesse.

Poucos sabiam, no entanto, que semelhante contribuição tinha como ponto de partida um zelo assíduo e sistemático pelas nossas coisas rurais, na medida principalmente em que se manifestam através da linguagem e da poesia. Amadeu Amaral não foi um viajante [...][1] nesses estudos. E a reunião agora, em volume, dos numerosos artigos que publicou e

* Artigo originalmente publicado no *Diário de Notícias*, Rio de Janeiro, 20 fev. 1949. (N. O.)

1 Palavra ilegível no original. (N. E.)

escreveu acerca das tradições regionais autoriza colocá-lo, sem hesitação, na linha dos nossos principais folcloristas do passado.

Mas a surpresa que oferece o presente volume não vem, ou não [...][2] apenas da abundância do material apresentado, mas em primeiro lugar da descrição, do método seguro, do empenho de rigor objetivo que as denuncia em cada um desses escritos, datados, em sua generalidade, dos anos 1920 e que nos permitem ver neles, por muitos dos seus aspectos, uma antecipação de alguns dos processos mais rigorosamente científicos da atualidade.

Deveria parecer de sobriedade quase ascética, para muitos estudiosos brasileiros daqueles tempos, a atitude desse poeta, que nos terrenos da investigação erudita se rebelava contra os "subjetivismos perturbadores", as traições da imaginação, as inflações emotivas, o gosto exclusivo e exuberante do bonito, tão frequente entre nossos eruditos, e que ousava comparar o trabalho do pesquisador de tradições populares ao dos herbanários e dos naturalistas.

Há, contudo, motivo para se acreditar que sua ambição de rigor e objetividade foi uma penosa e paulatina conquista, não uma virtude espontânea. Em quem se deu tão zelosamente ao esforço de recolher e examinar as lendas, poesias, canções e superstições de nossa gente roceira, entrava sem dúvida alguma coisa do empenho de preservação de um legado tradicional contra mudanças que o ameaçavam e que em parte já o arruinaram para sempre.

E entraria alguma vaga nostalgia do filho de uma das áreas paulistas mais aferradas a antigos costumes – a área inicialmente desbravada por moradores de Itu, no vale do Tietê – em face dos progressos do cosmopolitismo. A crença de que em São Paulo esses progressos não deveriam encontrar resistências severas por não terem, em realidade, a que destruir corresponde a uma opinião moderna, da qual ninguém partilharia antes do apogeu da lavoura cafeeira e da imigração italiana.

2 Palavra ilegível no original. (N. E.)

A tendência, até então dominante, e de que há exemplo significativo nas cartas escritas em meados do século passado ao barão Homem de Melo pelo doutor Ricardo Gumbleton Daunt era, ao contrário, a de opor São Paulo, reduto da tradição, a outras províncias muito mais acessíveis por essa época, ao contato de forasteiros. Aquele curioso tipo de irlandês, que se identificou com a terra adotiva a ponto de se bater por um "verdadeiro nacionalismo paulista" contra a imigração de estrangeiros, e até contra a "tendência estrangeira de grande parte dos homens educados em nossas faculdades de Direito", revoltava-se diante dos que timbravam em não querer distinguir profundamente São Paulo, do "semiestrangeirado Rio de Janeiro".[3]

É precisamente desse São Paulo tradicional e conservador, tal como se manifesta na linguagem e nas lendas de seu povo – e com São Paulo todo o resto do Brasil –, o que buscou com afinco Amadeu Amaral. E, embora em traços furtivos, deixou sinal dessa preocupação em mais de um passo de sua obra. Assim é que, em um dos estudos agora reunidos em volume, chega a acentuar o poder educativo das tradições, que em contraste com o ensino árido da História e com o ensino cívico, podem falar à imaginação e ao sentimento comum, antes de falarem ao raciocínio, tornando-se por isso mesmo mais perduráveis. As tradições, no seu parecer, servem mais do que as "refletidas construções lógicas" para identificar o indivíduo com sua terra e sua comunidade. Sendo as mais individuais, elas são, não obstante, profundamente sociais: "dão-nos o sentimento agudo de nossa personalidade, no que ela tem de mais nosso e mais recôndito e dão-nos a percepção do irresistível enlaçamento que nos conjuga ao torrão nativo, independente de todo o raciocínio antes de qualquer reflexão e mesmo contra a nossa vontade".[4]

Havia nela suficiente lucidez de espírito e capacidade de crítica para ver, no entanto, as falsificações a que pode levar essa espécie de propedêutica emocional, se ampliada até as suas últimas consequências. Devia saber, embora não o dissesse precisamente nesses termos, que as tradições

3 Ultimamente publicadas na *Revista do Instituto Histórico de São Paulo*.

4 Amaral, *Tradições populares*, 1948.

não se reconstroem com artifício, que os laços com o passado não podem ser deliberadamente refeitos onde pareçam já rotos, que as reconstruções históricas, quando fabricadas à imagem das nossas paixões, dos nossos preconceitos, dos nossos temores ou suspeitas, não conduzem ao genuíno sentimento nacional, mas podem ser, ao contrário, o caminho dos histerismos coletivos, sem verdadeiras raízes na tradição. "A continuidade com o passado", disse sabiamente o juiz Holmes, "é apenas uma necessidade, não é um dever."

Não foi outra coisa, aliás, o que pretendeu mostrar Amadeu Amaral quando, depois de assinalar o papel educativo das tradições, interrompe em boa hora seus argumentos para notar que certa forma de imoderado apego às imagens do passado, "quando se consubstanciam em regras e pautas impostas à atividade política, econômica, artística ou literária, pode tornar-se uma tirania tão detestável como qualquer outra".[5] Essa consideração, em parte, e ainda mais um senso profundo de honestidade intelectual levaram-no a depurar sua observação de tudo quanto pudesse perturbar nelas o rigor objetivo. Volta-se, por isso mesmo, contra a atitude de tantos dos nossos folcloristas, que são atraídos ao estudo das criações populares por uma espécie de admiração romântica de seus conterrâneos. O resultado mais constante dessa atitude é o afã de selecionar aquelas tradições segundo pareçam apresentar sob uma luz favorável e lisonjeira os seus autores. Esse critério de seleção deixa à parte, no entanto, as manifestações da literatura popular, naturalmente numerosas, que daquele ponto de vista possam passar por insignificantes. E ao lado disso introduzem no estudo do folclore "preconceitos estéticos, sentimentos bairristas ou patrióticos",[6] que escurecem em vez de iluminarem o objeto desse estudo.

Características do seu receio de deformar pela superestimação a literatura rural são as palavras de que faz acompanhar, em conferência de 1925 acerca da poesia nativa, a apresentação de algumas quadras po-

5 Ibid.
6 Ibid.

pulares que lhe parecem particularmente encantadoras em sua ingênua frescura e clara fluência. "Estes exemplos", diz,

> costumam ser apresentados por comentadores imaginosos, como simples amostra, como pequena, modesta amostra da poesia popular. Na verdade, não são amostras: são o mais fino da mais fina flor. E ainda resta examinar se toda essa fina flor é verdadeiramente popular em sua origem e propagação, isto é, se brotou, entre o "povo" e se foi de fato adotada pelo "povo". Porque há muito verso que se dá como popular, por o terem ouvido a um ou dois indivíduos mais inteligentes, mais espertos ou mais em contato com as camadas cultas e com a literatura, mas que de fato não têm mais popularidade do que aquele que se lhe proporcionou pela imprensa, entre a gente que lê.[7]

Sua sedução pelos produtos da imaginação popular, sedução que não exclui a clarividência, nem o gosto de analisar, confrontar e, se preciso, julgar, contra os que as exaltam sem reservas, coloca Amadeu Amaral em posição de poder tentar uma revisão completa de certos clichês que vêm acompanhando desde o seu começo os estudos de folclore no Brasil. Um deles – provavelmente o mais generalizado –, a da tristeza de nosso povo, tristeza que se refletiria tão detalhadamente em nossa poesia regional, parece-lhe uma simples mistificação, aceita até agora sem crítica e que o exame atento da literatura popular não confirma.

Onde prevalece aparentemente essa tristeza não seria lícito discernir apenas uma espécie de convocação tácita e universal da poesia popular, e que dificilmente autorizaria qualquer generalização ousada? Amadeu Amaral pensa dessa forma e justifica seu pensamento: "Os versos alegres", diz,

> são mesmo mais numerosos, talvez, do que os versos tristes. E como, na realidade, o povo não canta pelo prazer civilizado e perverso de revolver

7 Ibid.

> e espalhar sofrimentos, mas para se divertir, as suas próprias mágoas começam a tornar-se um divertimento, um vinho generoso de festa, desde que entram na medida do verso, se enfeitam de rimas e acompanham as marchas e sapateados dos fandangos, no claro som das violas.[8]

Outro lugar comum que acha necessário reduzir a proporções mais modestas é a fama de sensualidade bruta de que goza nosso caboclo. E ainda nesse caso vem-lhe em socorro seu largo conhecimento da literatura popular. Apesar de "avesso a afirmações absolutas e generalizações ousadas", se lhe fosse lícito tirar uma conclusão definida de seus estudos nesses domínios, ela seria contrária à opinião geralmente aceita:

> As manifestações que se podem apresentar em nosso folclore são antes pálidas em comparação com o que há de [...][9] na poesia popular de outros povos. Ainda assim têm elas muito reflexo [...][10] da poesia popular portuguesa e não têm talvez nada original, nem uma imagem, nem uma ideia, nem um acento, que se possa dizer caracteristicamente nosso.[11]

Essas e outras conclusões, tão em contraste com os pontos de vista geralmente aceitos, não resultam aqui no gosto do paradoxo ou da novidade pela novidade. Em Amadeu Amaral, o senso da medida e a própria modéstia pessoal eram suficientemente pronunciados para não o deixarem empolgar-se pela luz falsa de certas afirmações simplesmente ousadas e brilhantes. Em tudo quanto escreveu, predomina a constante vontade de conferir com a observação pessoal quaisquer opiniões formadas, ainda quando pareçam particularmente sedutoras ao primeiro relance. Só isso assegura a sua obra, no Brasil, uma grande originalidade, e a esses estudos, escritos há vinte e há trinta anos, uma atualidade permanente.

---

8 Ibid.

9 Palavra ilegível no original. (N. E.)

10 Palavra ilegível no original. (N. E.)

11 Amaral, op. cit.

Os problemas da democracia mundial*

Mais do que qualquer outra época da história, as divergências políticas de nosso tempo são inseparáveis dos conflitos de ideias. Até onde aquelas divergências podem tomar vulto, convertendo-se em nova ameaça à paz entre as nações e, no interior das nações, entre as classes e os indivíduos, mostram-no a evidência dos sucessos destes três últimos decênios e, muito em particular, dos últimos três anos.

Por ocasião da Conferência de Teerã, em 1943, no curso da última Guerra Mundial, o objetivo que se propunham os estadistas das potências aliadas era expressamente o estabelecimento de uma "família mundial das nações democráticas". Em declarações posteriores dos mesmos estadistas, durante a guerra e logo depois de assegurada a vitória, sublinhou-se constantemente o propósito comum de se atingir uma solução, conforme os princípios democráticos, dos problemas políticos e econômicos do mundo de amanhã.

---

* Artigo originalmente publicado no *Diário de Notícias*, Rio de Janeiro, 19 jun. 1949. (N. O.)

E, no entanto, não se pode dizer que o alijamento, em 1945, dos fascismos nacionalistas como fator ponderável nos conclaves internacionais tenha ajudado decisivamente a clarear a atmosfera. A verdade, bem ao contrário, é que as esperanças de paz nunca pareceram mais longínquas e inúteis do que nos dias atuais. Subjugado o inimigo, que permitira uma composição ou compromisso de emergência entre as forças antifascistas, o que testemunhamos presentemente é o expandir-se, por modo às vezes assustador, das diferenças radicais que de fato os separavam, mesmo nos anos de guerra. As posições adversas definem-se e elucidam-se com tamanha nitidez, que deixam escassa margem a qualquer perspectiva de um entendimento tranquilizador.

Essas posições acham-se representadas, de um lado pelos que professam confiança ilimitada nos princípios defendidos pela Revolução Norte-Americana e pela Revolução Francesa, por tudo enfim quanto os seus contrários qualificam, não sem desdém, de democracia liberal ou formal, ou estritamente política; de outro, pelos que aceitaram sem reservas os postulados do marxismo e o processo de sua realização prática nas repúblicas soviéticas, ou seja, a "democracia" tomada numa acepção, sobretudo político-social.

É claro que nesse caso só se apresenta a forma extrema e, em verdade, ideal do conflito, que nenhuma das duas posições se apresenta em estado simples fora do reino das puras abstrações e que entre uma e outra sempre subsistiram, e subsistem cada vez mais, numerosas gradações, encarnadas ora nos programas dos partidos confessadamente socialistas, ora nas experiências propugnadas do próprio setor capitalista e burguês, em prol de uma economia dirigida ou planificada.

Todavia, um inquérito filosófico em torno daquelas divergências fundamentais, conduzido sem rancor, não parecerá inútil, quando se admita que um desacordo na apreciação dos valores pode converter-se em ponto de partida para conflitos de maior amplitude, e que uma solução teórica das divergências atuais serviria para facilitar uma compreensão recíproca, de grandes consequências, entre os dois mundos que ora se defrontam.

Esse inquérito, visando a precisar os conceitos fundamentais de liberdade, de democracia, de direito e de legalidade, assim como o papel que desempenham tais conceitos nos atuais conflitos ideológicos, as divergências em sua interpretação e as oposições, verdadeiras ou não, que decorrem dessas divergências, acaba de ser empreendido pela Unesco, e não parece exagerado atribuir-se importância singular aos seus resultados.

O empreendimento foi consequência de uma resolução em novembro de 1947, durante a conferência da Organização das Nações Unidas para a Educação, Ciência e Cultura, que se reuniu na Cidade do México. O passo preliminar para o seu cumprimento foi a elaboração de um meticuloso questionário, envolvendo uma parte considerável dos diferentes tópicos que gravitam em torno da expressão "democracia".

Embora sem pretender esgotar o tema que se propusera, o documento não deixava de incluir questões que, atentamente examinadas e respondidas com perfeita isenção, ajudam a colocar melhor um dos mais graves problemas de nossa época – Em que medida se pode admitir que o termo "democracia" é ambíguo? Em que condição se justifica eventualmente a denúncia de abuso do mesmo termo, lançada contra esse ou aquele argumento ideológico? Cabe dizer que a palavra em apreço é hoje empregada em acepções verdadeiramente novas, comparadas às do século XIX ou às de antes da Guerra Mundial? Entre essas diferentes espécies de democracia, existem caracteres comuns? É possível admitir-se hoje que a célebre fórmula "governo do povo, pelo povo, para o povo" serve para determinar os critérios essenciais da democracia? Problema terminológico: a palavra "democracia" deve ser usada para exprimir uma noção estreita, noção política, designando os métodos que dirigem a tomada de decisões, ou há de ser empregada para exprimir um conceito largo, conceito político-social, designando não apenas as condições e métodos das tomadas de decisões, mas também os seus resultados? Problema psicológico e social: uma "democracia" na acepção estreita da palavra poderia funcionar como tal, se nada fosse feito para torná-la "democracia no sentido *lato* da palavra"? Problema político, problema das prioridades, das relações entre os fins e os meios: "democracia política" representaria o melhor meio para se atingir o objetivo da "democracia social"? A democracia social seria o melhor meio de alcançar o objetivo da democracia política? A democracia política seria o meio de se chegar a algum objetivo particular, fosse qual fosse? Existe entre esses dois conceitos uma relação de meio e fim? Há situações, e no caso afirmativo quais seriam elas, em que a um governo democrático compete reprimir em tempo de paz uma propaganda tendente à mudança de regime? É admissível que um sistema político de partido único seja conciliável com uma forma democrática de governo? Qual a natureza, terminológica, de fato, ou normativa, do desacordo entre os teóricos adeptos da prioridade da democracia política considerada como o meio de se realizar a democracia social e aqueles que preconizam a democracia social como o meio de se realizar a democracia política?

São essas, em suma, algumas das muitas questões constantes do documento que, em fins de 1947, a Unesco distribuiu largamente a estudiosos do mundo inteiro, acompanhando uma carta circular de seu então diretor geral, Julian Huxley. Nelas a palavra democracia assume papel saliente, o que não será em realidade para estranhar, quando se considere que ela representa a palavra chave para o exame dos problemas mundiais de nosso tempo. Com efeito, não deixa de ser altamente significativo que, para cada um dos grupos ideológicos em contraste, essa palavra tenha um valor igualmente honorífico e cada qual presume interpretá-la da maneira mais genuína. Semelhante circunstância permite que, sem uma simplificação lamentável, o inquérito conduzido pela Unesco possa apresentar-se como visando a elucidação do conceito de democracia e dos problemas que sugere a sua interpretação e também a possibilidade de se conciliarem, eventualmente, as divergências de ordem geral.

As respostas dadas a esse questionário, num total de 83, foram encaminhadas a uma comissão de oito estudiosos especialmente convocados para esse fim, com a incumbência de proceder ao estudo das respostas originais e dos esclarecimentos propostos no curso dos debates, e redigir um relatório mencionando as divergências que persistem na terminologia e também nos julgamentos de valor.

O fato de ter integrado essa comissão, que em princípios de maio último se reuniu em Paris, na sede da Unesco, sob a presidência de Edward H. Carr, da Inglaterra, coloca-me em situação favorável para abordar alguns dos problemas por ele tratados e de assinalar neste e em artigos subsequentes o considerável alcance do esforço empreendido pela Unesco no sentido de uma análise das atuais divergências ideológicas e das soluções possíveis para essas divergências.

A democracia e a tradição humanista*

Se a um exame teórico pode caber função apaziguadora nos conflitos de ideias que dividem o mundo atual – e foi dessa suposição que nasceu o recente inquérito empreendido pela Unesco em torno do conceito de "democracia" e as divergências surgidas em sua interpretação –, parece claro que semelhante exame há de ser conduzido sem *parti pris* e, para usar das próprias expressões da carta circular de Julian Huxley, "num espírito de serenidade filosófica".

Assim, desde as primeiras reuniões de peritos realizadas em maio último no palácio da Avenue Kleber, deliberou-se proscrever no debate em torno das diferentes formas de democracia certos termos que, eventualmente prestimosos e encerrando elementos de verdade histórica ou filosófica, possam abrigar um conteúdo polêmico. Renunciou-se por esses motivos à oposição tão corrente entre expressões tais como democracia formal e real, que envolve uma intenção pejorativa. E mesmo a oposição "ocidental"–"oriental", fundada em um simples fato geográfico

---

* Artigo originalmente publicado no *Diário de Notícias*, Rio de Janeiro, 26 jun. 1949. (N. O.)

e em circunstâncias históricas contingentes, pareceu ao menos inadequada. Como usar a expressão "oriental" para descrever as chamadas democracias populares do oriente da Europa, se a mesma expressão é inapta para descrever os métodos de governo que ainda vigoram no Extremo Oriente?

Um dos correspondentes, que critica por outros motivos, não menos plausíveis, a oposição expressa nesses termos, o escritor Emmanuel Mounier sugere em seu lugar a fórmula "democracia liberal"–"democracia de massas". Não me recordo se tal alternativa foi debatida em nossas reuniões da Unesco. Todavia, será possível objetar que a designação "democracia de massas", cunhada primitivamente para designar não apenas o regime soviético, mas ainda os sistemas totalitários fascistas, lança no debate uma indistinção perigosa e discutível. Pouco importa que o próprio autor se aplique, em seguida, em frisar as diferenças de qualquer modo subsistentes entre o princípio totalitário e o das "democracias populares", uma vez que tais diferenças não se apresentam como verdadeiramente específicas.

Falar, por outro lado, em "democracia liberal" como sucedâneo de uma das designações rejeitadas a de "democracias ocidentais" é atribuir diminuta importância ao fato, sem dúvida significativo, de os sistemas liberais, oriundos da Revolução Americana e da Revolução Francesa, já não serem praticados com rigor ortodoxo em nenhum dos Estados que se filiam historicamente a tais sistemas. Note-se que o próprio Mounier não deixa de distinguir dentro da democracia liberal, que em seu tipo parlamentar abrangia os Estados europeus antes de 1922, a forma "socialista" que teria aliciado alguns desses Estados depois da libertação em 1945 e "se aproxima das democracias populares pelos seus objetivos, mas não subverte as formas de representação, as relações de classe e a estrutura do Estado".[1]

Parece indiscutível que tais esquemas só se tornam possíveis quando se imprecisam deliberadamente certos aspectos da realidade. E é indispensável, efetivamente, semelhante recurso? O que se impõe, ao contrá-

1 Mounier, *Relatório da Unesco sobre democracia.*

rio, num debate sereno é evitar, na medida do possível, certas fórmulas ambíguas e que só existem no reino das puras abstrações.

E já que estamos no domínio da terminologia, é preciso salientar uma ambiguidade muito mais considerável e que se encerra, esta, na própria palavra "democracia", objeto imediato do inquérito. Na própria introdução ao questionário da Unesco observa-se como, embora desde a época da Revolução Francesa, se não antes, tenham surgido queixas constantes contra a imprecisão e falta de rigor com que essa palavra é ordinariamente empregada, o fato é que somente após duas guerras mundiais desastrosas em que, destinadas a defender a democracia e assegurar a vitória, foram seguidas de violentos desacordos sobre o sentido e alcance da sacrossanta palavra, tais clamores tomaram a amplitude de uma tempestade de indignados protestos, chamando a atenção, ao mesmo tempo, sobre os problemas que sugere a noção de democracia.

Não admira se no inquérito o ponto de partida adotado se relaciona com a ambiguidade dessa palavra. Um exame das 83 respostas dadas ao questionário da Unesco revelou que, de modo geral, os correspondentes consideram que a ambiguidade não reside tanto na noção de democracia como na variedade de sua interpretação. Essa variedade pode relacionar-se a condições históricas, sociais e psicológicas cuja análise foge em geral à alçada dos investigadores.

Considerando-se, entretanto, que, ao menos presentemente, parece geralmente aceitável, conforme observou o professor Richard McKeon, de Chicago, um dos correspondentes e também um dos membros do comitê que se reuniu em Paris, a interpretação de "democracia" como o "governo do povo, no seu próprio interesse" resulta que a fonte das controvérsias decorreu das diferentes maneiras de se compreenderem os meios de exercer o governo.

É relativamente fácil a um partidário dessa ou daquela maneira acusar a posição diversa ou adversa de abuso e erro. Assim como um representante do ponto de vista soviético censurará as democracias nascidas sob a égide do liberalismo de constituírem, de fato, democracias reservadas a minorias, privilégios das classes poderosas, apanágio exclusivo dos ricos, não faltarão por outro lado os que denunciam no atual regime soviético a intolerância sistemática de toda opinião divergente. A estes últimos responde, por exemplo, um dos correspondentes, o professor Bethlehelm, de Paris, que "a tolerância de opiniões divergentes" não lhe parece essencial na democracia, mas apenas um dos seus aspectos secundários e que só se pode desenvolver em certas condições muito particulares.

Esse mesmo professor não deixa de lembrar como a instauração da democracia burguesa na França só se pôde efetuar através do terror e, em seguida, da ditadura napoleônica. E que mesmo depois de instaurada a "democracia burguesa" não teria passado a "tolerar" as "opiniões divergentes", salvo na medida em que estivessem longe de representar ameaça para a dominação capitalista.

Se é verdade que em certos casos a democracia, tal como é compreendida no Ocidente, pareceu admitir uma propaganda tendente à efetiva subversão do capitalismo, isso se deu, ora porque essa propaganda não produziu muitos frutos, e parece mais hábil não chamar atenção sobre ela, "tanto mais quanto toda expressão contribui para a *desmistificação* das massas, deixando à mostra o caráter formal e de classe da democracia burguesa, ora, ao contrário, porque deu frutos em demasia e não é possível agir abertamente contra uma poderosa corrente de opinião". Nesse último caso julgou-se preferível, acrescenta ainda o mesmo professor, recorrer a formas novas de mistificação ("assim", diz, "nos períodos de florescimento do movimento operário, os próprios partidos que representam interesses da burguesia se proclamam anticapitalistas ou socialistas, como sucedeu na França no dia seguinte à libertação").[2]

A oposição a semelhante ponto de vista torna-se naturalmente mais sensível entre aqueles que se aproximam da concepção extrema do liberalismo do *laissez-faire*. É significativo, por outro lado, que, na medida em que nos distanciamos de tal concepção, estereotipada através de todo o século XIX, a delimitação da noção de democracia se torna praticamente impossível. Tentando distinguir a democracia, tal como é compreendida entre os anglo-saxões, de um lado, e os russos, de outro, Bertrand Russell

2 Bethlehelm, *Relatório da Unesco sobre democracia.*

notou que os primeiros a definem como o reino da maioria e os últimos como o interesse da maioria. É certo que ambas as definições, como tais, se identificam com a noção mais geralmente aceita do que seja a democracia. Mas como excluir, nesse caso, os regimes totalitários fascistas que, eles também, pretendem agir no interesse da maioria, embora esse interesse não seja determinado, no caso, pela filosofia política do marxismo? Sabemos que nos Estados fascistas a palavra "democracia" também teve frequentemente um sentido humorístico: na Itália de Mussolini teve-o expressamente e na Alemanha de Hitler, ao menos de modo implícito. E cairíamos de novo na indistinção já assinalada a propósito das opiniões de Emmanuel Mounier.

A reserva não deixou de ser apresentada durante as nossas reuniões de Paris. Contra ela pode-se argumentar, contudo, que entre as diferentes posições democráticas e antifascistas, apesar da violência dos conflitos que as dividem, existe ao menos um elemento comum e de importância essencial. Esse elemento, que foi justamente acentuado nas conclusões a que chegou o comitê, relaciona-se intimamente com a história das tradições comuns em que se apoiam esses pontos de vista. Todas as formas de democracia, conforme se lê nessas conclusões, "participam de uma tradição comum de humanismo". Tanto as formas coletivistas como as instituições liberal-democráticas procuram igualmente a justiça, a igualdade, a liberdade, a liberação do homem para o amplo desenvolvimento das suas faculdades, o igual acesso aos benefícios da civilização e a livre participação nas funções públicas. Nenhuma delas professa a doutrina da dignidade superior de uma raça ou a prioridade definitiva do Estado sobre o indivíduo. Seria lícito talvez objetar que, na prática atual, nenhum desses princípios é universalmente respeitado. Contudo, a simples circunstância de existir sobre eles um acordo geral basta para que se considere sem pessimismo a possibilidade de um auspicioso entendimento.

A sociedade tupinambá I*

A leitura do livro recente do sr. Florestan Fernandes sobre *A organização social dos Tupinambás* convida a refletir sobre a parte paradoxalmente modesta que tem cabido a brasileiros num ramo de estudos dos mais importantes para quem deseje bem conhecer o Brasil. Não há exagero em dizer-se que, até hoje, qualquer noção, mesmo rudimentar, dos nossos problemas etnológicos dependa inevitavelmente de certa familiaridade com as duas ou três línguas estrangeiras em que eles foram mais versados. E que a sede principal de tais estudos tem sido a Alemanha, a França e ultimamente os Estados Unidos, muito mais do que o Brasil.

É certo que mesmo no século passado – e já não me refiro aos cronistas coloniais – nossos grupos indígenas tiveram entre brasileiros quem os estudassem com zelo metódico e paciente. Parte considerável de tais estudos acha-se no entanto viciada pelo nosso gosto das generalizações audaciosas ou ao contrário – e aqui situam-se talvez as melhores contribuições – pela crença no valor terminante da simples documentação direta, desajustada de quaisquer disciplinas retóricas.

* Artigo originalmente publicado no *Diário de Notícias*, Rio de Janeiro, 30 out. 1949. (N. O.)

É significativo que mesmo algumas obras de excepcional interesse não se acham isentas de vícios semelhantes, e essa, sem dúvida, muito mais do que tantas outras razões insistentemente invocadas, entre nós, próprias apenas para machucar a vaidade nacional de patriotas mal avisados, é uma das causas da pobre figura que fazemos nas bibliografias dedicadas a esse setor de estudos brasileiros e americanos.

Lembro-me ainda, a propósito, das reservas discretas e talvez um pouco maliciosas com que um sábio tão devotado a coisas do Brasil, como o foi Charles Hartt, se referia em sua numerosa correspondência com Domingos Ferreira Pena, preservado na seção de manuscritos da Biblioteca do Congresso, em Washington, a certos escritos de nosso admirável Couto de Magalhães. Reservas que, se não servem para diminuir o merecido prestígio do brasileiro, parecem acenar, contudo, para as insuficiências flagrantes na grande maioria de nossos americanistas, insuficiências a que não escaparia sequer a obra de um observador bem dotado e honesto como o autor do *Selvagem*.

Mas não seriam exatamente essas qualidades de um bom observador, atento a todas as minúcias e despreocupado de teorias abstratas, tantas vezes pretensiosas e supérfluas, o que faz, em suma, o verdadeiro etnólogo? E não cabe mesmo dizer que semelhantes teorias representam apenas um passo, a rigor dispensável, para a boa documentação dos fatos, e que atribuir-lhes alta importância equivaleria propriamente a querer converter os meios em fins?

Essa exigência de se dar voz ativa aos fatos e deixar que eles falem, por isso mesmo que das mais louváveis na aparência, pode acarretar, sem dúvida, perigosas consequências. É certo que os fatos "falam", mas conforme já notou com justeza um etnólogo, só falam verdadeiramente a quem saiba formular perguntas precisas. "Cada pergunta consciente e claramente expressa", prossegue Wilhelm Muhlmann, "resulta por força de uma expectativa de ordem teórica". O etnólogo não pode reconhecer nenhuma verdade absoluta que esteja presente no objeto das suas pesquisas, como o demônio, que o curandeiro vai esconjurar, estaria presente no corpo do possesso.

Todavia, a arte de formular as perguntas necessárias e que efetivamente importam não constitui, ressalvadas algumas raras exceções – e entre as maiores é impossível emitir a desse extraordinário Curt Nimuendajú, que há poucos anos desapareceu nos igapós do Tucumã –, um dom capaz de dispensar qualquer aprendizado. E se é certo que esse aprendizado, sob a forma de ensino universitário, não pode só por si fabricar etnólogos ou sociólogos, como não pode evidentemente fabricar poetas e romancistas, ninguém duvidará seriamente que propicia, em muitos casos, um tirocínio fértil e um método seguro.

O que no domínio da ciência antropológica, para ficar só nesse, já realizaram entre nós os institutos universitários, nos poucos anos de sua existência, preparando, orientando e organizando pesquisas, inclusive pesquisas de campo, ainda não recebeu toda a atenção que merece, mas já é lícito prever que tais esforços tendem a marcar o início de uma fase decisiva para os estudos brasileiros.

Os resultados dessas pesquisas são aparentes particularmente em São Paulo, não só através dos trabalhos de sua Faculdade de Filosofia, mas ainda, e sobretudo, de sua Escola Livre de Sociologia, admirável organização, nascida do movimento constitucionalista de 1932 e da ambição de se formarem entre nós gerações de estudiosos melhor preparados para enfrentar as circunstâncias políticas e sociais de nossa terra e de nosso tempo.

Entre os estudos recentes de Antropologia Brasileira que já parecem justificar aquela expectativa que lembraria, por exemplo, na ordem de sua publicação, o *Ensino étnico-sociológico sobre a mitologia heroica de algumas tribos indígenas do Brasil* (1945), de autoria do sr. Egon Schaden, da Faculdade de Filosofia da Universidade de São Paulo, e o mais recente do sr. Otávio da Costa Eduardo, da Escola Livre de Sociologia e Política, sobre a aculturação dos negros no norte do Brasil.

Este último, fruto de longos meses de investigação efetuadas em duas comunidades do Maranhão, ainda não foi impresso em português, mas já apareceu em edição em língua inglesa, lançada ultimamente pela American Ethnological Society sob o título de *The Negro in Northern Brazil – A Study in Acculturation* [O negro no norte do Brasil – um estudo sobre aculturação]. O do dr. Florestan Fernandes sobre a organização social dos índios tupinambás, motivo imediato destes comentários, situa-se cronologicamente entre os dois estudos citados.

Mais do que estes, e muito mais do que o do sr. Otávio Eduardo, o trabalho do sr. Florestan Fernandes tem como base fontes escritas e impressas, de preferência o opulento material descritivo sobre os primitivos habitantes do litoral brasileiro que nos deixaram as crônicas quinhentistas e seiscentistas. E em realidade não se poderia esperar outra coisa de quem visa a reconstituir, com o socorro dos modernos critérios de investigação e interpretação etnológica e sociológica, os diferentes aspectos de uma cultura que só conhecemos nos seus traços mais característicos por intermédio daqueles documentos.

A tentação de se aproveitarem cientificamente os dados esparsos e não raro contraditórios que apresentam os escritos de antigos cronistas é bem compreensível, dado o papel singularmente importante que os índios tupinambás, e em geral, o chamado "gentio da costa" assumem em nossa formação histórica. Embora um trabalho sistemático e de conjunto, nesse sentido, ainda não tivesse sido empreendido, sua possibilidade e sua necessidade já têm sido amplamente comprovadas. Desde 1927, Alfred Métraux especialmente vinha divulgando em publicações sucessivas os resultados de seu estudo minucioso dos velhos textos acerca dos índios tupi, realizado segundo critérios etnológicos modernos. Suas monografias mais conhecidas sobre o assunto tratam respectivamente da religião dos Tupinambás em suas relações com a de outras tribos afins, e da civilização material dos índios tupi-guarani e são de consulta obrigatória para todos os que se interessam por nossa Etnologia.

Os problemas mais difíceis, talvez, e para nós provavelmente os mais importantes que sugere o exame dos velhos textos – os que se relacionam com a organização social daquelas tribos –, tinham sido até aqui deixados à margem. A omissão tornava-se particularmente sensível à vista do interesse que tais problemas oferecem por muitos aspectos no estudo da formação da atual sociedade brasileira.

Não foi, contudo, apenas no intuito de preencher uma lacuna que o sr. Florestan Fernandes imaginou esse trabalho, preparado inicialmente como tese para a obtenção de grau de mestre em Ciências Sociais pela Escola Livre de Sociologia e Política de São Paulo. A análise metódica da obra dos primeiros cronistas e as pesquisas diretas entre descendentes das tribos tupi-guarani localizadas em São Paulo, encaminham-no naturalmente para o tema do presente estudo. E se em certo sentido é lícito dizer que ele completa as monografias anteriores de Métraux fornecendo-nos, ao lado delas, um amplo quadro de conjunto dos grupos indígenas que entraram em mais assíduo contato com o colonizador europeu e mais influíram sobre nosso desenvolvimento histórico, deve-se isso a um feliz acaso. É como obra independente que o estudo do sr. Florestan Fernandes merece ser tratado e é nesse aspecto que ele adquire todo o seu valor.

A sociedade tupinambá II*

Em artigo anterior, a propósito da organização social dos Tupinambás, já se aludiu aqui à importância do tema versado pelo sr. Florestan Fernandes para o estudo de nossa formação nacional. Quantos aspectos de nossa vida social do passado e, em parte, do presente, não têm suas raízes no sistema de organização do "gentio da costa", que o professor paulista busca reconstituir, servindo-se dos meios que põe ao seu alcance a moderna ciência etnológica.

O interesse, ainda atual, entre nós, pelos problemas afro-brasileiros, não deveria servir para fechar nossos olhos à significação dessas outras influências, e ao menos por esse aspecto a obra do sr. Florestan Fernandes parece de grande oportunidade.

Assim, quem leia nesse livro, especialmente à página número 120 e seguintes, a análise pormenorizada da cooperação econômica vicinal entre aqueles índios, apoiada sobretudo nos dados de Laet, Cardim, Ivo d'Evreux, Lery, não deixará de reconhecer nela a forma primitiva do mutirão, ainda praticado entre nossas populações rústicas. E quem à página número 94 se certifique da relação decisiva que imperava entre

* Artigo originalmente publicado no *Diário de Notícias*, Rio de Janeiro, 20 nov. 1949. (N. O.)

a escolha pelos Tupinambás do local para seus estabelecimentos e as variações da fertilidade do solo atestado pelo rendimento agrícola terá um elemento sem dúvida apreciável para o estudo das origens de nossos métodos tradicionais, e até hoje vigentes, de exploração extensiva do solo.

E não ficariam nisto os confrontos. À página número 89 lê-se, por exemplo, como os índios, em suas expedições, marchavam apenas uma ou duas léguas por dia durante a manhã, reservando o resto do tempo ao arranchamento, ao descanso, à pesca e às atividades venatórias. E não é isso, com pouca diferença, o que caracteriza a marcha dos antigos bandeirantes, os quais – segundo Antonil – não caminhavam de sol a sol, mas só nas horas matinais, "assim para se arrancharem como para terem tempo para descansar e de buscar alguma caça ou peixe aonde o há, mel-de-pau e outro qualquer mantimento"?

À página número 79 lemos que a principal unidade de tempo entre os Tupinambás eram as lunações. Quem tenha em conta essa circunstância, não estranhará, por certo, que a *Ata da Câmara* paulistana de 7 de julho de 1591, referindo-se à perspectiva de uma agressão à Vila de São Paulo pelo Tupis das vizinhanças, declara: "pra o fim desta lua an de vir sem falta". Numa ata de outubro de 1593 sugere o procurador do Conselho que se deixe para março do ano seguinte uma guerra projetada, "porquanto não havia adereço para se poder fazer jornada". Não caberia associar semelhante proposta ao costume assinalado pelo sr. Florestan Fernandes, entre os Tupinambás, de usarem as épocas normais de colheita como pontos de referência para suas guerras e mesmo para suas cerimônias rituais?

A insistência em tais comparações, que justamente documentos como as atas quinhentistas da Câmara de São Paulo propiciam em grande abundância, pode interessar vivamente a quem se preocupe com problemas de aculturação, mas nos levaria muito longe do tema essencial desse livro. O que o sr. Florestan Fernandes se propõe, servindo-se, é claro, de textos do tempo da conquista e colonização – porque não existem outros elementos acessíveis – é, bem ao contrário, considerar e interpretar a organização social dos Tupinambás e grupos afins exatamente à medida que não foram afetados pela ação dos conquistadores e colonos.

A dificuldade estava em retirar de informes tão dispersos, e não raro contraditórios, uma visão de conjunto da realidade estudada e, ao mesmo tempo, em depurar os mesmos informes de tudo quanto lhes acrescentou a interpretação muitas vezes defeituosa que davam aos fatos os antigos cronistas e viajantes. Para vencer essa dificuldade, o autor teve de recorrer largamente a métodos elaborados pela ciência antropológica de nossos dias.

E não se pode dizer que o tenha feito orientado apenas por determinado sistema com exclusão de outros. Uma das particularidades do estudo de Florestan Fernandes está justamente em que a íntima coesão de seu quadro de vida social tupinambá não provém, como se poderia esperar, da eventual coesão de métodos de pesquisa empregados. Essas pesquisas não são coordenadas com o socorro de algum princípio central, imperioso, ou com apoio em alguma doutrina científica particular. O autor prefere, quando necessário, utilizar-se instintivamente de teorias, algumas delas expressas em seus trabalhos.

O extenso emprego de termos tais como "biosfera", "ordem biótica" e "equilíbrio biótico" poderia ao primeiro relance sugerir uma adesão sistemática aos métodos dos ecologistas de Chicago, se não se acotovelassem, sem prévio aviso, com outros de proveniência bem distinta. E, quando aparece, esse aviso prévio nem sempre será muito convincente. Onde ele recorre à palavra "eunomia" no significado conceitual definido em certo trabalho de Radcliffe-Brown, para onde remete o leitor sem mais detidas explicações, o sr. Florestan Fernandes chega a ser traído pelos tipógrafos que, no lugar de "eunomia", escrevem insistentemente "euforia", aumentando por essa forma o embaraço dos incautos. A propósito do conceito de "estrutura racionalizada",[1] usado expressamente no sentido proposto por Karl Mannheim, o leitor meticuloso terá de recorrer talvez à longa explicação do autor alemão em nota ao seu livro bem conhecido, *Ideologia e utopia*, para admitir que "racionalizado" possa aparentar-se, no caso, à ideia de "rotineiro", embora essas duas no-

1 Fernandes, *A organização social dos Tupinambás*, p.77.

ções sejam normalmente distintas e até contrárias. E se o mesmo leitor ainda for demasiado exigente, precisará procurar outra obra de Mannheim, que o autor não chega a citar a tradução inglesa: *Man and Society in an Age of Reconstruction*,[2] onde fica esclarecido que se referiria aqui ao que chama a racionalidade "funcional", oposta à "substancial", mais de acordo, esta, com a acepção normal do termo. Talvez se recorresse à fórmula "estereotípico", "estrutura estereotípica", usada por Max Weber, o sr. Florestan Fernandes teria evitado essas dúvidas.

Em favor do autor de *A organização social dos Tupinambás* é preciso notar que essa procissão multicor de termos técnicos, usados aliás com propriedade e sem sombra de pedantismo cientificista, vem atender à necessidade em que ele se vê de bem aparelhar-se para o tratamento de um assunto que pela primeira vez é abordado de forma sistemática.

Além disso, a circunstância de não se achar fortemente comprometido com qualquer método ou escola particular pode ser, com frequência, uma vantagem, e o é certamente nesse caso. Seja no exame da distribuição espacial dos Tupinambás ou dos grupos locais, do sistema de parentesco, das categorias de idade ou do conselho de chefes, que formam, respectivamente, os diferentes capítulos do seu livro, o sr. Florestan Fernandes chegou a resultados sempre dignos de interesse e quase sempre independentes. Independentes inclusive de muitas das conclusões a que chegaram Métraux em estudos semelhantes sobre a religião e a cultura material dos Tupinambás.

Alguns desses resultados – os que se referem, por exemplo, ao Conselho de Chefes, apresentado como verdadeiro fulcro da vida social desses índios, já que transcende as relações congeniais de parentesco e co-habitação; aos ritos de iniciação; à *couvade*, ao repasto antropofágico – são de particular importância pela variedade de problemas que suscitam. Na interpretação da atividade guerreira, em que o autor diverge de Métraux e outros, acentuando menos as questões envolvidas pelo sacrifício ritual do que a forma assumida pela revindita, abrem-se novas e amplas

2 Cf. Mannheim, *Man and Society in an Age of Reconstruction*; especialmente p.51 et. seq.

perspectivas para a investigação etnológica. Sua noção de guerra como condução de equilíbrio social permite uma compreensão mais nítida de aspectos ainda obscuros da organização social Tupinambá. Essa interpretação parece esclarecer admiravelmente certa observação feita por Martius na qual diz que, interrogado um índio brasileiro sobre o nome de sua tribo, ele menciona, muitas vezes, simultaneamente, e mesmo sem ser interpelado, o da tribo tradicionalmente adversária. Assim, o estado de guerra permanente aparece realmente como um recurso visando a assegurar melhor e de modo constante os laços de coesão e solidariedade entre os membros da tribo ou do grupo. Ou, para usar as palavras muito mais expressivas do autor, representam um elemento que, contribuindo eficazmente para a conservação do estado de equilíbrio social, ajudam a construir o arcabouço onde assenta a sociedade tupinambá.

Falta naturalmente a quem redige o presente comentário a autoridade necessária para melhor debater o trabalho de Florestan Fernandes, nem é esse o lugar para semelhante debate. Mas não creio enganar-me muito dizendo que sua contribuição é das mais valiosas que um autor brasileiro já ofereceu para a Sociologia e a Antropologia Social.

A política de Ruy Barbosa*

Não sei se a ocasião do centenário de Ruy Barbosa é das mais próprias para se tentar falar com justiça em sua obra e em sua grande vida. Nas exaltações comemorativas, nos entusiasmos mais ou menos compulsórios, a prazos fixos, que se inventaram para celebrar vidas e obras exemplares, é, com frequência, tão absorvente a parte do convencional, que pode comprometer e tornar suspeitas as devoções mais sinceras. Por isso mesmo chega a ser compreensível, às vezes, um gesto como o de Benedetto Croce, ministro da Instrução Pública da Itália, que, quando se preparavam as solenidades do sexto centenário da morte de Dante, teve a coragem de reduzir a dimensões diminutas as verbas já destinadas àquele fim.

Todavia, em personalidades de exceção, deparamos não raro algum elemento inquebrantável, capaz de resistir à própria fúria dos louvores convencionais. Em Ruy Barbosa creio que não erro muito dizendo que esse elemento é o político, tomada a palavra no seu mais alto e perfeito sentido.

* Artigo originalmente publicado no *Diário de Notícias*, Rio de Janeiro, 6 nov. 1949. (N. O.)

A observação ocorreu-me à leitura do volume constituído de estudos vários e de várias datas, que Luis Viana Filho escreveu e a livraria José Olympio Editora, do Rio de Janeiro, publicou agora em sua coleção *Documentos brasileiros*, sob o título *Ruy e Nabuco*. Nesta nota, redigida um tanto às pressas, e atendendo à intimação do diretor do suplemento para que se consagre o artigo de hoje à memória do grande brasileiro, não me é possível comentar pormenorizadamente o livro que mal acabo de receber e folhear.

Gostaria, apesar disso, de poder chamar atenção para o luminoso contraste que, logo em seu capítulo inicial, se traça entre os dois homens de Estado. No livro de Luis Viana Filho, ele se apresenta sob o aspecto do contraste entre o "reformador" e o "revolucionário" ou "radical". Contraste que já assentaria, por sua vez, na formação respectiva e na própria hereditariedade de um e de outro. "De fato", diz,

> enquanto Nabuco, embebido desde a adolescência nos princípios do sistema parlamentar inglês, era pelo berço um filho mimado da fortuna, belo, abastado, cheio de talento, e a ostentar no nome uma estirpe da qual era o conselheiro Nabuco; em linha reta, o segundo a sentar-se na Câmara vitalícia do Império, Ruy, de formação norte-americana, provinha de um lar modesto, abatido por duras e longas privações. Nascera na pobreza e presenciara a luta desesperada do pai, sempre a braços com terríveis dificuldades financeiras. Também a saúde não lhe fora propícia na mocidade. E tudo isso contribuíra para se lhe gravarem na alma, indelevelmente, marcas e reações inteiramente desconhecidas de Nabuco. Um é filho do antigo revolucionário da Sabinada. O outro é herdeiro dum velho defensor das prerrogativas da Coroa.[1]

Mas a causa fundamental da divergência – e ainda esse ponto é finamente notado por Luis Viana Filho – estaria em que num primaria o homem de sensibilidade e de coração, no outro o homem de ação e de

1 Viana Filho, *Ruy e Nabuco*.

razão. E quando Nabuco falava em sua "fixação monárquica inalterável", dizia que seu apego ao velho regime proviria da leitura de Bagehot. Existem bons motivos para supor-se que em tudo isso entrava uma simples racionalização de sentimentos profundos e inexpugnáveis. Partidário da autonomia das províncias, ao ponto de julgá-la, em dado momento, motivo para uma "campanha tão grande como a da abolição", abandona-a sem hesitar quando a julga comprometida definitivamente com a causa da república. "A bandeira federal", discursava, "passou das minhas mãos para as do sr. Ruy Barbosa", e acrescentava, "infelizmente Ruy Barbosa, que está representando o papel de Evaristo, é no fundo um republicano e eu sou monarquista, fato que impede de acompanhar meu ilustre amigo na campanha que ele está dando pela federação com ou sem monarquia".[2]

Em verdade, não cabe dizer de Ruy Barbosa que foi verdadeiramente um radical e revolucionário. A ideia de mudança de regime jamais o seduziu ou o ocupou enquanto não tornou possível a realização de objetivos políticos merecedores de instar sacrifícios. "A Monarquia e a República são meios", exclamava. Aos conservadores, por instinto de conservação, aos tradicionalistas por simples gosto estético ou sentimental, da rotina, poderia talvez repetir as palavras ainda hoje atuais de Thomas Paine em sua réplica de Burke:

> as instituições e os regimes de ontem não têm o direito de dispor dos homens de hoje ou de congregá-los e sujeitá-los ainda mais do que as de hoje têm o de congregar ou sujeitar aqueles que viverem daqui a cem e mil anos. Cada geração é e deve ser capaz de corresponder às exigências que o momento apresenta.

Palavras que não se confundem com as do mero oportunismo, salvo na medida em que a política e o "senso político" são erigidos em categoria autônoma, com leis próprias e moralmente irresponsáveis. Em Ruy Barbosa, ao contrário, o apreço das normas jurídicas e éticas, peculiar ao seu

2 Ibid.

século e ao seu gênio, bastaria para torná-lo inconciliável com a atitude dos que fazem da ação política um outro nome para a força executiva procurada, alcançada ou conservada a qualquer preço.

Mais de um episódio de sua vida pública mostra a que ponto ele era capaz de subordinar seu senso da oportunidade a princípios superiores, que em verdade lhe serviam de constante guia. No auge da questão religiosa, durante a Monarquia, o empenhado de corpo e alma no combate ao ultramontanismo não hesitara em opor-se, do ponto de vista jurídico, ao processo movido contra os bispos. Como não hesitaria depois em romper publicamente com Floriano Peixoto, seu amigo pessoal até as vésperas, e em sofrer todas as consequências desse ato, quando viu ameaçada de ruína a verdade constitucional.

Admirador dos Estados Unidos e de suas instituições, que ajudou a implantar entre nós, não teve dúvidas em assumir papel saliente contra a posição norte-americana em Haia. E quando mais tarde se viu instado para saudar no Rio de Janeiro o secretário Root, que vinha acompanhado de poderosa esquadra, não quis aceitar a proposta que lhe permitiria corrigir a falsa impressão, deixada em Haia, de uma aversão íntima à democracia americana. Na carta que então endereçou a Rio Branco e que Luis Viana Filho reproduz em seu livro, assim se justifica a terminante recusa: "Louvar esse resgo de prepotência marcial em plena paz seria não só constranger os meus sentimentos, mas até contradizer o meu correto papel em Haia."[3]

Em 1922, o governo Epitácio Pessoa, que ele tinha tantas razões pessoais para não apreciar, solicita do Congresso o estado de sítio, e Ruy Barbosa interrompe prontamente um descanso aconselhado pela sua saúde, já muito precária, a fim de ir ao Senado votar em favor da medida de exceção, que atendia aos preceitos constitucionais e, no seu modo de ver, às exigências da situação política.

Se em tudo isso vamos encontrar o oposto do oportunismo e do "realismo", no mau sentido que tomou a palavra em nossos dias, nada

3 Ibid.

ajuda a crer que o espírito legístico de Ruy Barbosa estivesse irremediavelmente ligado às formas transatas do formalismo liberal. Sabemos como na sua campanha pela abolição ele vira o primeiro passo para todo um conjunto de reformas positivas, que inclui a liberdade religiosa, a democratização do voto, a desoligarquização do Senado, a federação e desenfeudação da propriedade. E as suas mesmas palavras, citadas por João Mangabeira, mostram-no, quatro anos antes de morrer, um adepto convencido da democracia social. "A concepção individualista do direito", afirmava, "tem evoluído rapidamente com os tremendos sucessos deste século, para uma transformação incomensurável das noções jurídicas do individualismo, restringidas agora por uma extensão, cada vez maior, dos direitos sociais". E afirmava ainda:

> As nossas constituições têm ainda por normas as declarações de direito consagradas no século XVIII. Suas fórmulas já não correspondem exatamente à consciência jurídica do universo. A inflexibilidade individualista dessas cartas, imortais, mas não imutáveis; alguma coisa tem que ceder [...] ao sopro de socialização, que agita o mundo.[4]

Palavras que servem para mostrar como é sempre oportuna – e agora em particular – a lembrança de quem representou em vida tão bem o verdadeiro senso da política.

---

4 Cf. Barbosa, *Ideias políticas de João Mangabeira.*

Referências bibliográficas*

ABREU, C. de. *Capítulos de história colonial.* Río de Janeiro: [Civilização Brasileira], 1928.

ACUÑA, C. de. *Nuevo descubrimiento de gran Rio de las Amazonas.* Madri: [J. C. Garcia], 1891.

ALCÂNTARA MACHADO. *Vida e morte do bandeirante.* [São Paulo: Imprensa Oficial, 2006.]

ALEMÁN, M. *Guzmán de Alfarache.* La novela picaresca española. Madri, 1943.

ALMEIDA, J. M. de. *Notas genealógicas.* [Pauperio: Typ. Baruel, 1886].

ALMEIDA PRADO, J. F. de. *Primeiros povoadores do Brasil.* São Paulo: [Companhia Editora Nacional], 1935.

AMARAL, A. *Tradições populares.* São Paulo: Instituto Progresso Editorial, 1948.

AMARAL, L. *História da agricultura.* [São Paulo: Companhia Editora Nacional, 1946].

AMARAL, L. do. *O imperador.* São Paulo: O Pensamento, 1913.

________. *Cartas, informações, fragmentos históricos e sermões.* Rio de Janeiro: [Civilização Brasileira], 1933.

ANAIS da Assembléia Legislativa Provincial de São Paulo – 1854. São Paulo, 1927.

ANAIS da Biblioteca Nacional. Rio de Janeiro, 1936.

ANAIS do Museu Paulista. v.V.

ANAIS do Museu Paulista. v.CXCII.

* As informações entre colchetes são acréscimos da edição. (N. E.)

ANCHIETA, *Cartas.*

ANCHIETA, J. de. *Cartas, informações, fragmentos históricos e sermões.* [Belo Horizonte: Itatiaia, 1988].

ANDRADA, M. F. R. de. Jornaes das viagens pela capitania de São Paulo: copiados dos originaes que possue o sócio Francisco Adolpho de Varnhagen. *Revista do Instituto Histórico e Geográfico Brasileiro,* São Paulo, v.XLV, p.[5]-47.

ANDREAS-SALOMÉ, L. *Friedrich Nietzsche in seinen Werken.* [C. Konegen], 1894.

A NOITE, 3 de março de 1931.

ANTONIL, A. J. *Cultura e opulência do Brasil.* São Paulo: Edusp, 1982.

APONTAMENTOS de Diogo Nunes das suas viagens na América. *História da colonização portuguesa no Brasil,* v.III.

ARCHIVO de Indias. 2-5-1/14 R. 22.

ARCHIVO General de las Indias. Sevilha. Est. 74, Caj. 4, Leg. 18, Museu Paulista, São Paulo.

ATAS da Câmara da Vila de São Paulo: 1562-1596. v.I. São Paulo, 1914.

ATAS da Câmara da Vila de São Paulo: 1596-1622. v.II. São Paulo, 1915.

ATAS da Câmara da Vila de São Paulo: 1623-1628. v.III. São Paulo, 1915.

ATAS da Câmara de São Paulo. v.XX. São Paulo, 1921.

AZARA, F. de. *Viajes por la America del Sur.* Montevidéu, 1850.

BAIÃO, A. A Vila e o Concelho de Ferreira do Zêrere. In: *O arqueólogo português.* v.XVI. Lisboa, 1911.

BALDUS, H. *Ensaios de Etnologia Brasileira.* [São Paulo: Companhia Editora Nacional, 1937].

BANDEIRA, M. A autoria das Cartas Chilenas. *Revista do Brasil,* [abr.] 1940.

BARBOSA, F. de A. *Ideias políticas de João Mangabeira.* [Brasília: Senado Federal do Rio de Janeiro: Fundação Casa de Rui Barbosa, MEC], 1980.

BARBOSA, H. *Pelo índio e pela sua proteção oficial.* [Rio de Janeiro: Imprensa Nacional, 1947.]

BARLAÉUS, C. *História dos feitos recentemente praticados durante oito anos no Brasil e noutras partes sob o governo de Wesel, tenente-general de cavalaria das Províncias--Unidas sob o príncipe de Orange.* Amsterdam, 1647. [BAERLE, C. *História dos feitos recentemente praticados durante oito anos no Brasil e noutras partes sob o governo de Wesel, tenente-general de cavalaria das Províncias-Unidas sob o príncipe de Orange.* Rio de Janeiro: Serv Graf do Min da Educacao, 1940.]

BARROS, H. G. *História da administração pública em Portugal.* Lisboa: [Sá da Costa, 1945].

BEARD, C. A. *An Economical Interpretation of the Constitution of the United States.* Nova York, 1944.

BERGSON, H. *L'évolution créatrice.* [Paris: Alcan], 1907. [Ed. bras.: *A evolução criadora.* São Paulo: Unesp, 2010.]

BERRIEN, *Concerning Latin America Culture.*

BETHLEHELM, Relatório da UNESCO sobre democracia.

BEYER, G. Notas de viagens no Brasil em 1813. *RIHGSP*, São Paulo, v.XII, 1908.

BOMFIM, M. *América Latina:* males de origem. Rio de Janeiro: [Garnier], 1905.

BONFIM, P. C. *Nacionalização do ensino.* Rio de Janeiro: [Canton e Reile], 1940.

BRANDÃO, A. F. *Diálogos das grandezas do Brasil.* [Salvador: Progresso, 1956. (Marajoara, n.4)]

[BRANDÃO, A. F.] *Diálogos das grandezas do Brasil.* Rio de Janeiro: [Officina Industrial Graphica], 1930.

BRANDÃO, Francisco. *Monarquia lusitana.* Lisboa: Ioam da Costa, 1772.

BUARQUE DE HOLANDA, S. *Monções.* Casa do Estudante. [3.ed. São Paulo: Brasiliense, 2000 (1945).]

BYNE, A.; STAPLEY, M. *Spanish Ironwork.* Nova York: [The Hispanic Society of America], 1915.

CABEZA DE VACA, A. N. *Naufragios y comentários.* Madri: [Calpe], 1922.

CALÓGERAS, J. P. *A política exterior do Império*: da Regência à queda de Rosas. v.III. São Paulo: 1933.

CÂMARA, M. de A. *Memória sobre a cultura dos algodoeiros e sobre o método de o escolher e ensacar.* Lisboa, 1799.

________. *Fazendeiro no Brasil.*

CAMARGO, P. F. da S. *Notas para a história de Parnahyba.* São Paulo: [Officinas Graphicas da "Ave Maria", 1935].

CARDIM, F. *Tratados da terra e gente do Brasil.* Rio de Janeiro: [J. Leite & Cia., 1925].

CARDIM, F. *Do princípio e origem dos índios do Brasil.* Londres, 1623.

________. Depoimento. Manuscrito do *Arquivo Nacional do Rio de Janeiro.* Coleção 1481.

CARLETTI, Conferência. *Fanfulla.* 5 maio 1935.

CARLETTI, Entrevista, *Il leggionario.* Roma, 28 jul. 1934.

CARTA de Luiz Ramirez. *RIHB,* v.XV.

CARTA del capitán Juan de Salazar a los señores de la Casa de Contratación en Sevilla – 30 de junio 1553. Impresso em apêndice à versão espanhola do manuscrito do conhecido livro de Ulrich Schmidl por Edmundo Wernicke. *Derrotero y viajes a España y las Indias.*

CARTA do bispo de Pernambuco. In: ENNES, E. *As guerras dos palmares.* v.I. São Paulo: [Companhia Editora Nacional, 1938].

CARTA do coronel Pedro Barbosa Leal ao conde de Sabugoza, vice-rei do Estado do Brasil, sobre as várias incursões realizadas no sertão da Bahia em busca de minas metálicas. *Documentos interessantes para a história e costumes de São Paulo.* v. XLVIII. São Paulo, 1929.

CARTAS avulsas: 1550-1568. Rio de Janeiro: [Officina Industrial Graphica], 1931.

CARTAS y memoriales de Hernandarias de Saavedra. *Revista de la Biblioteca Nacional,* Buenos Aires, v.I, n.3.

CASTELLANOS, J. de. *Elegias de varones ilustres de Indias.* Madri,1847.

CEREJEIRA, M. G. *O humanismo em Portugal:* Clenardo. Coimbra: [Coimbra Editora], 1926.

CLETO, M. P. Dissertação a respeito da Capitania de São Paulo (1782). *Anais da Biblioteca Nacional,* Rio de Janeiro, v.XXI, 1900.

COLBACCHINI, A.; ALBISETTI, C. *Os bororos orientais.* São Paulo: [Companhia Editora Nacional], 1942.

COLEÇÃO De Angelis. Rio de Janeiro: Biblioteca Nacional, 1954.

COMMYNES, P. *Mémoires.* [Paris], 1552.

CONI, E. A. *Agricultura, comercio y industria coloniales.* Buenos Aires: ["El Ateneo"], 1941.

CONTREIRAS RODRIGUES, F. *Traços da economia colonial.* [Rio de Janeiro: Ariel Editora, 1935.]

CORREIO BRASILIENSE. Rio de Janeiro, v.IV, 1810.

COSTA, H. da. Paralelo da Constituição portuguesa com a inglesa. *Correio Brasiliense,* Rio de Janeiro, v.III, 1809.

COSTA, J. C. *A conquista do deserto ocidental.* São Paulo: Editora Nacional, 1940. (Coleção Brasiliana, n.191.)

COUTO DE MAGALHÃES, J. V. *O selvagem.* 1876.

________. Ensaio de Antropologia: região e raças selvagens. *Revista do Instituto Histórico e Geográfico Brasileiro,* Rio de Janeiro, v.XLVII, n.36, p.359-516, 1873.

COUTO, D. de. *O soldado prático.* Lisboa: [Sá da Costa], 1937.

CROCE, B. *La Spagna nella vitta italiana durante La Rinascenza.* Bari: [G. Laterza], 1941.

CUNHA, E. da. *Os sertões.* 13.ed. Rio de Janeiro: [Livraria Francisco Alves], 1936.

D'ABEVILLE, C. *História das missões dos padres capuchinhos na ilha do Maranhão.* 1614.

D'ALINCOURT, L. *Memória sobre a viagem do Porto de Santos à cidade de Cuiabá.* Rio de Janeiro, 1830.

DAUNT, R. G. Reminiscências do Distrito de Campinas. *Almanaque Literário de São Paulo para 1879,* São Paulo, 1878.

DEBRET, J.-B. *Viagem pitoresca e histórica ao Brasil.* São Paulo: [Martins], 1940.

D'EVREUX, Y. *Voyage dans le nord du Brésil* [*fait durant les années 1613 et 1614.* Publié d'après l'exemplaire unique conserve a la Bibliothèque Impériale de Paris. Bibliotheca Americana, Coll. d'ouvrages inédits ou rares sur l'Amérique. Leipzig/Paris,:A. Franck, Albert L. Herold, 1864]. [Ed. bras.: *Viagem ao norte do Brasil.* Trad. César Augusto Marques. Maranhão. Rio de Janeiro: Livraria Leite Ribeiro, 1874.]

DIÁRIO de Juan Francisco de Aguirre. *Anales de la biblioteca,* Buenos Aires, v.IV, 1905.

DOBRIZHOFFER, M. *An Account of the Abipones, an Equestrian People of Paraguay.* v.I. Londres: [J. Murray], 1822

DOCUMENTOS inéditos. *A esperança,* Itu, 27 mar. 1867.

DOCUMENTOS históricos. v.XIV. Rio de Janeiro: Biblioteca Nacional.

DOCUMENTOS interessantes. v.LIV. São Paulo, 1915.

DOCUMENTOS interessantes para a história e costumes de São Paulo. v.XXXI e XX-XIV. São Paulo, 1901.

DOCUMENTOS interessantes para a história e costumes de São Paulo. v.XXXVI.

DOCUMENTOS interessantes para a história e costumes de São Paulo. v.XXVI. São Paulo, 1902.

DOCUMENTOS interessantes para a história e costumes de São Paulo. v.XXVIII. São Paulo, 1898.

DOCUMENTOS interessantes para a história e costumes de São Paulo. v.XXIII. São Paulo, 1897.

DOCUMENTOS interessantes para a história e os costumes de São Paulo. v.XX e XXIII. São Paulo, 1896.

DOCUMENTOS interessantes para a história e costumes de São Paulo. v.XLIV.

DOCUMENTOS interessantes para a história e costumes de São Paulo. v.LX.

DU TERTRE, J. B. *Histoire générale des Antilles.* v.II. Paris: T. Iolly, 1667.

DUARTE, P. *Palmares pelo avesso.* São Paulo: Instituto Progresso Editorial, [1947].

DUARTE, P. *Contra o vandalismo e o extermínio.* São Paulo, 1938.

DUNN, B. S. *Brazil,* the Home for the Southeners. Nova York, 1866.

DYAS DE GUZMÁN, R. *La Argentina.*

EASTMAN, C. A. *Old Indian Days.* [BiblioBazaar, set. 2009].

EDUARDO, O. da C. *The Negro in Northern Brazil:* a Study in Acculturation. American Ethnological Society. [Seattle: University of Washington Press, 1966 (1948)].

EHRENBERG, R. *Das Zeitalter der Fuggers.* Jena, 1896.

EHREREICH, P. *Antropologische Studien über die Urbewohner Brasiliens.* Braunschweig, 1897.

ESCHWEGE, W. L. *Pluto Brasiliensis.* Berlim, 1833.

EXPOSIÇÃO que os Estados Unidos do Brasil apresentam ao presidente dos Estados Unidos da América. v.II e V.

FASBINDER, M. *Der Jesuitenstaat von Paraguay.* Halle, 1926.

FERNANDES, F. *A organização social dos tupinambás.* [São Paulo: Progresso Editorial, 1949.]

FENANDEZ, P. *Organización social de las doctrinas guaraníes.* v.II. Barcelona, [1913].

FERREIRA, L. D. *História de Valença.* [Rio de Janeiro: Empreza Graphica Editora Paulo, Pongetti & C., 1925.]

FERREIRA REIS, A. C. *A política de Portugal no vale amazônico.* Belém, 1940.

FLORENCE, A. H. R. *Viagem fluvial do Tietê ao Amazonas de 1825 a 1829.* São Paulo: Cultrix, 1977.

FLORENCE, H. Expedição Langsdorff. *Revista do Instituto Histórico e Geográfico Brasileiro,* Rio de Janeiro, v.XXXVIII, 2 parte, 1878.

FONSECA, M. da. *Vida do venerável padre Belchior de Pontes.* São Paulo, [s.d.].

FRANCO, F. A. C. *Os companheiros de d. Francisco de Sousa.* Rio de Janeiro, 1929.

FRANK, A. *Elementos da educação cívica.* Rio de Janeiro: Imprensa Casa da Moeda, 1893.

FREDIN, O.; NORDENSKIÖLD, E. *Uber Zwirnen und Spinnen bei den Indianern Südamerikas*. Göteborg, 1918.

FREITAS, A. A. *Vocabulário Nheengatu*. São Paulo: Companhia Editora Nacional, 1936.

FREYRE, G. *Um engenheiro francês no Brasil*. Rio de Janeiro: José Olympio, 1960. (Coleção Documentos Brasileiros).

________. *Uma cultura ameaçada*: a luso-brasileira. Recife, 1940.

FREZIER, M. *Relation du voyage de la Mer du Sud aux Côtes Du Chily et du Perou, fait pendant les années de 1712, 1713 et 1714*. Paris, 1716.

FRIEDERICI, G. *Hilfsworterbuch für den Amerikanisten*. Halle, 1926.

________. *Der Charakter der Entdeckung und Eroberung Amerikas durch die Europaer*. v.I. Stuttgart, 1925.

________. *Der Charakter der Entdeckung und Eroberung Amerikas durch für Erdkunde*. Berlim, 1922.

FRIEDRICH, C. J.; MASON, E. S. *Public Policy*. Cambridge: Harvard University Press, 1940.

GASPAR, Frei. *Memórias para a história da Capitania de São Vicente*. [Belo Horizonte: Itatiaia Editora, 1975.]

GAY, J. P. *História da República do Paraguai*. [Rio de Janeiro], 1863.

GAYOZO, R. J. de S. *Compêndio histórico-político dos princípios da lavoura no Maranhão*. Paris: [P.M. Rougeron], 1818.

GOES, E. E. *A bandeira positivista*. [São Paulo: Antonio Tisi], 1927.

GOLDZIHER. Die Handwerk bei den Arabern. *Globus*, Brunsvique, v.LXVI, 1894.

GONÇALVES, M. *Cartas da India*. Madri: Arquivo Real, 1877, tomo 2.

GUIA da Seção Histórica do Museu Paulista. São Paulo, 1937.

HANDELMANN, H. *História de Angola*. v.I. Lisboa: [Edições 70], 1937.

HEIDEGGER, M. *Sein und Zeit* [Tübingen: Max Niemeyer Verlag, 1986].

________. *Essência do fundamento*. [Lisboa: Edições 70, 2007 (1929).]

HERCULANO, A. *História de Portugal*. v.II. Paris-Lisboa, 1914.

HERNÁNDEZ, J. *Martín Fierro*. Buenos Aires, 1941.

HERNÁNDEZ, P. *Organización social de las doctrinas guaranies de la Compañia de Jesús*. v.II. Barcelona, 1913.

________. *Organización social de las doctrinas guaranies de la Compañia de Jesús*. v.I. Barcelona,1912.

HOMEM DE MELO, F. I. M. *O Brasil de hoje*. 1905.

HUONDER, A. *Die Volkergruppierung im Gran Chaco im 18 ten. Jahrhundert*. 1903.

INVENTÁRIO dos documentos relativos ao Brasil existentes no arquivo de Marinha de Ultramar, v.IV. *Anais da Biblioteca Nacional do Rio de Janeiro*, XXXVI. Rio de Janeiro, 1916.

INVENTÁRIO dos documentos relativos ao Brasil existentes no arquivo de Marinha de Ultramar, v.III. *Anais da Biblioteca Nacional do Rio de Janeiro*, XXXVI. Rio de Janeiro, 1915.

INVENTÁRIOS e testamentos. v.X. São Paulo, 1912.

INVENTÁRIOS e testamentos. v.I, II, III, IV, V, VI, VII e XV. São Paulo, 1920.

INVENTÁRIOS e testamentos. v.XII, XVI, XVII, XVIII, XIX, XX, XXI, XXII, XXIV, XXVII e XXIX. São Paulo, 1921.

JORNADA de Thomaz de Sousa de Vila Boa a fortaleza de Nossa Senhora da Conceição no ano de 1766. Manuscrito do *Instituto Histórico e Geográfico Brasileiro.*

JORNAL de Timon, v.III, 1504.

KADLETZ, T. *Jahrbuch für Auslandische Sippenkunde.* Stuttgart, 1935.

KIDDER, D. *Reminiscências de viagens e permanência no Brasil.* São Paulo: Martins, 1940.

KIDDER, D. P.; FLETCHER, J. C. *Brazil and Brazilians.* [Filadélfia, 1857; São Paulo, Coleção José Mindlin.]

KLUSEMANN, K. Die Entwicklung der Eisengewinnung in Afrika und Europa. *Mitteilungen der Anthropologischen Gesellschaft,* Viena, v.LIV,1924.

KOCH-GRÜNBERG, T. *Vom Roraima zum Orinoco.* v.III. Stuttgart: [Strecker and Schroder], 1923.

________. *Zwei Jahre unter den Indianern.* v.I. Berlim, 1908.

________. *Zwei Jahre unter den Indianern.* v.II. Berlim, 1910.

KRICKEBERG, W. Amerika. In: BUSCHAN, G. *Illustrierte Völkerkunde.* Stuttgart, v.I, 1922.

LAET. J. de. *L'histoire du Nouveau Monde ou description des Indes Ocidentales.* Leide: [Elzevir], 1640.

LAFUENTE MACHAIN, R. *El gobernador Domingo Martinez de Irala.* Buenos Aires: La Facultad, 1939.

________. *Los portugueses en Buenos Aires en siglo XVII.* [Madrid: Tipografia de Archivos, 1931.]

________. *Los conquistadores del Río de la Plata.* [2.ed. Dicc. Biografico, 1535 a 1580.]

LEITE, S. *Novas cartas jesuíticas.* [São Paulo: Nacional, 1940.]

LEME, B. E. Inventário. In: INVENTÁRIOS e testamentos, X. São Paulo: Arquivo do Estado de São Paulo, 1921.

LEME, S. *Genealogia paulistana.* v.VI. [9v.] [São Paulo: Duprat, 1903-5.]

LERY, J. de. *Histoire d'un voyage faict em Terre du Brésil.* v.II. Paris: [Arthur Bertrand], 1880.

LIMA FIGUEIREDO, J. *Índios do Brasil.* 2.ed. São Paulo: José Olympio, 1949.

LISBOA, J. F. *Obras.* v.III. São Luís do Maranhão, 1866.

LISBOA, B. da S. L. *Annaes.*

LIVRO dos regimentos dos Officiaes mecânicos da mui nobre e sempre leal Cidade de Lisboa. Coimbra, 1926.

LIZARRAGA, R. *Descripción colonial.* [v.II.]. Buenos Aires, 1916. [Coleção Biblioteca Argentina, dirigida por Ricardo Rojas]

LOBO, F. R. *Corte na aldeia.* Lisboa, 1945. [Livraria Sá da Costa, 1907.]

LOPEZ, J. *De "La reforma social"*. jun. 1919.

LOZANO, P. *História de la conquista del Paraguay, [Río de la Plata y Tucumán.* v.I. Buenos Aires: Imprenta Popular, 1873-5].

LULLO, R. *Ars Magna*. [London: British Museum, add. 46139, ff. 85-95b], 1275.

MADRE DE DEUS, G. de. *Memórias para a história da Capitania de São Vicente*. [São Paulo: Martins, 1953.]

MAGALHÃES, B. de. *Expansão geográfica do Brasil colonial*. 2.ed. São Paulo: [Editora Nacional], 1935.

MANNHEIM, K. *Man and Society in an Age of Reconstruction*. London: [Routledge], [s.d.].

MANUSCRITO Guarani (...) sobre a primitiva Catequese dos Índios das Missões. *Anais da Biblioteca Nacional*. [v.VI.]

MAPA apresentado a S. M. por d. Luiz de Céspedes Xeria para "La mejor inteligência del viaje que hizo desde la Vila de San Pablo del Brasil a la Ciudad Real de Guayrá". Reproduzido em *Collectanea de Mappas da Cartographia paulista*, abrangendo nove cartas, de 1612 a 1837, e acompanhadas de breves comentários por Afonso E. Taunay, v.I. Carta 2ª. São Paulo.

MARCGRAVE, J. *História natural do Brasil*. São Paulo: [Imprensa Oficial], 1942.

MARINETTI, F. T. *L'alcova D'acciaio*. [Milan: Vitagliano, 1921.]

________. *Le roi bombance*. 1905.

MARQUES, A. *Apontamentos históricos*. v.II. Rio de Janeiro, 1879.

________. *Apontamentos*. v.I.

________. *Apontamentos da Província de São Paulo*.

MARTINS AFONSO, A. Valor e significação das atas das cortes de Lamego no movimento da restauração. In: *Congresso do mundo português*. v.VII. Publicações Lisboa, 1940.

MARTINS, L. *Fazenda*. Curitiba: Guaíra, 1940.

MARTIUS, K. F. P. *Viagem pelo Brasil*. São Paulo: Edusp, 1982.

MARTIUS, C. F. *Zur Ethnografie Amerikas zumal Brasiliens*. Leipzig: [Friedrich Fleischer], 1867.

MARTIUS, *Glossaria Linguarum Brasiliensium*. [Leipzig: Friedrich Fleischer, 1863.]

MASSA, P. *Pelo rio-mar*.

MAUÁ, V. de. *Autobiografia*. Rio de Janeiro: [Livraria Zélio Valverde], 1942.

MAULL, O. *Vom Itatiaya zum Paraguay*. Leipzig: [Karl W. Hiersemann], 1930.

MEAD, M. *Cooperation and Competition among Primitive People*. [Boston: Beacon Press, 1961 (1937)].

MEMORIAL de Diogo Garcia. *RIHB*, v.XV.

MESQUITA FILHO, J. de. *Ensaios sul americanos*. São Paulo, 1946.

MÉTRAUX, A. Études sur la civilization des indiens Chiriguano. *Revista del Instituto de Etnologia da Universidad Nacional de Tucumán*, v.I, fascículo 3, [1930].

________. *Migrations historiques des Tupi-Guarani*. Paris: [Maison-neuve frères], 1927.

MILLIET, S. *Roteiro do café* [e Outros Ensaios. São Paulo: Bipa Editores, 1946.]

MONTOYA, A. R. de. *Conquista espiritual hecha por los religiosos de la Compartia de Jesus en las províncias del Paraguay, Paraná, Uruguay y Tape.* Madri: 1639a. [Ed. bras.: *Conquista espiritual feita pelos religiosos da Companhia de Jesus nas províncias do Paraguai, Paraná, Uruguai e Tape.* São Paulo: Martins, 1985.]

________. *Dicionário Português Brasiliano.* Madrid, 1639b.

MOSSÉ, B. *A vida de Dom Pedro II:* imperador do Brasil. [São Paulo: Edições Cultura Brasileira.]

MOTA, O. *Do rancho ao palácio*: evolução da civilização paulista. São Paulo: Editora Nacional, 1941. (Coleção Brasiliana).

MOUNIER, E. *Relatório da Unesco sobre democracia.* 1949.

MULLER, D. P. *Ensaio d'um quadro estatístico da Província de São Paulo* (Ordenado pelas Leis provinciais de 11 de abril de 1836 e 10 de março de 1837). São Paulo: Typ. de Costa Silveira, 1838.

NABUCO, J. *Um estadista no Império.* v.I. São Paulo, 1936.

NIETZSCHE, F. *Werke IV,* Leipzig, [s.d.]

NIEUHOF, J. *Memorável viagem marítima e terrestre ao Brasil.* [Belo Horizonte: Itatiaia; São Paulo: Edusp, 1981 (1640)].

NÓBREGA, M. da. *Cartas do Brasil e mais escritos.* Coimbra, 1953.

________. *Cartas do Brasil: 1549-1560.* Rio de Janeiro, 1886.

________. Carta ao mestre Simão Rodrigues (ago. 1549). *Revista do Instituto Histórico e Geográfico Brasileiro,* tomo V, 1863, p.429-35.

NORDENSKIÖLD, E. *Analyse ethno-geographique de la culture materialle de deux tribus indiennes.* Paris, 1929.

________. *Eine geographische und ethnographische Analyse der Materielen Kultur Zweier Indianerstamme in El Gran Chaco.* Göteborg, 1918.

________. The Guarani Invasion of the Inca Empire in the Sixteenth Century. *Geographical Review,* Nova York, v.IV, 1917.

NOTAS de história eclesiástica. As capelas de Araçariguama e seus fundadores. São Paulo, 1916.

NOWELL, Charles E. Aleixo Garcia and the White King. *HAHR,* v.XXVI, p.450-66.

OBERACKER, K. *Die Volkspolitische Lage des Deutschtums in Rio Grande do Sul (Südbrasilien).* Jena: Verlag von Gustav Fischer, 1936.

OLIVEIRA E SILVA, F. *Coletânea de poetas pernambucanos.* Rio de Janeiro: Minerva, 1951.

ORDENS régias. *Revista do Arquivo Municipal,* São Paulo, v.XXXVIII, 1937.

________. *Revista do Arquivo Municipal,* São Paulo, v.XXI, 1936.

OTTONI, J. E. Memória sobre o estado atual da Capitania de Minas Gerais, 1798. In: *Anais da Biblioteca Nacional do Rio de Janeiro.* Rio de Janeiro: v.XXX, 1912.

PAES DE BARROS, *Gazeta Oficial do Estado de Mato Grosso,* n.7.074, 5 set. 1935.

PAES LEME, P. T. de A. Nobiliarquia paulistana histórica e genealógica II. *Revista do Instituto Histórico e Geográfico de São Paulo*. São Paulo, v.XXXIX, 1940.

________. Nobiliarchia paulistana histórica e genealógica. *Revista do Instituto Histórico e Geográfico Brasileiro*, Rio de Janeiro, v.I, Tomo Especial, 1936.

________. *Nobiliarquia paulistana histórica e genealógica*. 2.ed. Rio de Janeiro, 1926.

PERDIGÃO MALHEIRO, A. M. *História Geral*. v.I.

PEREIRA, N. *Baira e suas experiências*. Belém, 1940a.

________. *Ensaio de etnologia amazônica*. Belém, 1940b.

PHILIPSON, J. *Nota sobre interpretação sociológica de alguns designativos de parentesco do tupi-guarani*. Separata do Boletim LVI da FCLUSP. n.9. Etnologia e Língua Tupi-guarani.[São Paulo], 34p.

PIMENTEL, A. da C. Relações da viagem de Antonio da Costa Pimentel. In: CORREIA, V. (org.). *Livro dos regimentos dos oficiais mecânicos da mui nobre e sempre leal cidade de Lisboa*. Coimbra, 1926.

PINTO, E. *Os indígenas do Nordeste*. São Paulo: Companhia Editora Nacional, 1935.

PISO; MARCGRAVE. *Historia Naturalis Brasiliae*. 1648.

PORZELT, H. *Der Deutsche Bauer in Rio Grande do Sul*. Ochsenfurt am Main, 1937.

PRADO, P. *Paulística*. São Paulo, 1925.

PRATELLA, F. B. *Evoluzione della musica*.

RECEITA e despesa da Câmara Municipal de Curitiba: 1715-1734. *Boletim da Câmara Municipal de Curitiba*. v.VI. Curitiba: 1924.

RECOPILACIÓN de leyes de los Reynos de las Indias. v.IV. Madri, 1791.

REGISTRO Geral da Câmara de São Paulo. v.XVI. São Paulo, 1922.

REGISTRO Geral da Câmara de São Paulo. v.VII, suplemento. São Paulo, 1919.

REGISTRO Geral da Câmara Municipal de São Paulo. v.I. São Paulo, 1917.

REGISTRO Geral da Câmara Municipal de São Paulo. v.III.

RELACION y Derrotero de Diego Garcia. In: MEDINA, J. T. *Los viages de Diogo Garcia de Moguer*.

REVISTA do Instituto Histórico e Geográfico de São Paulo, v.XXXVI.

REVISTA do Serviço do Patrimônio Histórico e Artístico Nacional, n.1.

RIBEIRA DE ANDRADA, M. F. Jornaes das viagens pela capitania de São Paulo 1803-1804. *Revista do Instituto Histórico e Geográfico Brasileiro*, Rio de Janeiro: v.XLV, 1882.

RIBEIRO, J. J. *Cronologia Paulista*. v.III, 2ª parte. São Paulo, 1904.

RODRIGUES, B. Poranduba amazonense. *Anais da Biblioteca Nacional*, 2.ed, Rio de Janeiro, v.XIV, 1865.

ROMERO, S. *Evolucionismo e positivismo no Brasil*. [Nabu Press, 2010.]

________. Doutrina contra doutrina: evolucionismo e positivismo no Brasil. In: *Obra filosófica*. São Paulo: Edusp/José Olympio, 1969.

RONDON, F. *Pelo Brasil Central*.

RONDON, J. A. de T. *Memória sobre as aldeias dos índios da Província de São Paulo*.

ROQUETE-PINTO, [Edgard]. Rondônia. [1917]

ROSENBERG, A. *Der Mythos des 20 Jahrhundert*. Munique: Hoheneichen Verlag, 1933.

ROTEIRO do Maranhão a Goyaz pela Capitania do Piauy. *Revista Trimestral do Instituto Histórico*, Rio de Janeiro, v.LXII, 1900.

RÜHL, A. Die Wirtschaftpsychologie des Spaniers. *Zeitschrift der Gessellschaft für Erdkunde*. Berlim: [Jahrgang], 1922.

SÁ BITTENCOURT, J. de. Memória sobre o algodão. In: *O fazendeiro do Brasil*. v.V Lisboa, 1806.

SÁ E MENESES, A. Carta a el-rei. *Revista do Instituto Histórico e Geográfico de São Paulo*, v.XXVIII, 1913.

SAINT-HILAIRE, A de. *Viagem à Província de São Paulo*. [Belo Horizonte: Editora Itatiaia, 1976.]

________. *São Paulo nos tempos coloniais*. [São Paulo, 1922.]

________. *Voyage au Rio Grande do Sul*. Orleans, 1887.

________. *Voyage dans le provinces de Saint Paul et Saint Catherine*. [Paris, 1851.]

SALVADOR, V. do. *História do Brasil*. São Paulo, [s.d.]

SANDE, A. P. de. Relatório do Governador Antonio Pais de Sande. *Anais da Biblioteca do Rio de Janeiro*, [Rio de Janeiro], v.XXXIX, 1921.

SANTA TERESA, G. Istoria delle Guerre del Regno del Brasile. [Roma: Corbelletti, 1698.]

SARTRE, J.-P. *L'être et le néant*. [Paris: Gallimard, 1976.]

________. *L'existencialisme est un humanisme*. [Paris: Nagel, 1954] [Ed. bras.: *O existencialismo é um humanismo*. Petrópolis: Vozes, 2010.]

________. *Le Sursis*. [Paris: Gallimard, 1945] [Ed. bras.: *Sursis*. 4.ed. São Paulo: Nova Fronteira, 2005.]

SAVARY DE BRULEI, J. Sobre o algodão. In: *O fazendeiro do Brasil*. v.V. Lisboa, 1806.

SCHADEN, E. *Ensino étnico-sociológico sobre a mitologia heroica de algumas tribos indígenas do Brasil*. 1945.

SCHMIDL, U. *Reise nach Sud-Amerika in den Jahren 1534-1554*. Tubingen, 1889.

SCHMIDT, M. *Indianerstdien in Zentralbrasilien*. Berlim, 1905.

SCHWEINFURTH, G. Was Afrika na Kulturpflazen Amerikas zu verdanken hat und was es ihm gab. In: KOCH-GRÜNBERG, T. *Festschrift Eduard Seler*. Stuttgart, 1922.

SÉE, E. *Nota sobre el comercio franco-portugues en el siglo XVIII*. Madri, 1930.

SEPP, A. *Meine Reise zu den Indianern am Uruguai*. Rio de Janeiro: Latin Publisher, 1941.

SERAFIM LEITE, S. J. *História da Companhia de Jesus no Brasil*. Lisboa: Portugalia; Rio de Janeiro: Instituto Nacional do Livro, 1938-50.

________. (org.). *Novas cartas jesuíticas*. São Paulo, 1940.

________. *Cartas dos primeiros jesuítas do Brasil*. São Paulo: Ed. Comissão IV centenário de São Paulo.

SESMARIA, v.I

SESMARIA, v.II

SIEGFRIED, A. *Amérique latine*. Paris, 1934.

SILVA LISBOA, J. da. *Estudos do bem comum*. v.I. Rio de Janeiro, 1819.

________. *Observações sobre a prosperidade do Estado pelos liberais princípios da nova legislação do Brasil*. Bahia, 1811.

________. *Princípios de economia política* para servir de "Introdução à tentativa econômica do autor dos princípios de direito mercantil". Lisboa, 1804.

SIMÕES, V. *História da expansão portuguesa no mundo*. 1937.

SMITH, H. *The Amazon and the Coast*. London, 1879.

SOARES D'AZEVEDO. Prefácio. In: MASSA, P. *Pelo rio-mar*.

SOARES DE SOUZA, G. *Tratado descritivo do Brasil em 1587*. 3.ed. Rio de Janeiro, 1938.

________. Tratado descritivo do Brasil em 1587. *Revista Trimestral do Instituto Histórico e Geográfico do Brasil*, 2.ed., Rio de Janeiro, v.XIV, 1879.

________. *Tratado descritivo do Brasil em 1587*. Rio de Janeiro, 1851.

SOARES, S. F. *Elementos de estatística I*. Rio de Janeiro, 1865.

SOUTHEY, R. *História do Brasil*. Trad. Luiz de Castro. Salvador: Obelisco, 1965.

SOUZA. P. L. de. O *diário da navegação de Pero Lopes de Sousa 1500-1532*. [Rio de Janeiro: Comissão Brasileira dos Centenários Portugueses, 1940.]

SPIX, J. B.; MARTIUS, C. F. *Reise in Bresilien*.v.III. Munique, 1831.

________. *Reise in Bresilien*. v.I. Munique, 1823.

STEAD, W. T. *A americanização do mundo*. 1902.

STEINEN, K. von den. *Unter den Naturvolkern Zentral-Brasiliens*. Berlin: Hoefer & Vohsen, 1894.

________. *Através do Brasil*.

SUMÁRIO dos senhores generais que tem governado a Capitania. Manuscrito da Biblioteca Nacional do Rio de Janeiro. I-7, 4-10.

TAUNAY, A. de E. *História Geral das bandeiras paulistas*. [11v. São Paulo: Imprensa Oficial, 1948.]

________. *História seiscentista da Vila de São Paulo*. v.IV. São Paulo, 1929.

TAUNAY, A. de E. *História seiscentista da Vila de São Paulo*. v.I. São Paulo, 1926.

TAVARES, F. M. *História da Revolução de Pernambuco em 1817*. Recife, 1917.

TAWNEY, R. H. *Religion and the Rise of Capitalism*. London, 1936.

TERMOS de vereança da Câmara, 1711. *Boletim da Câmara Municipal de Curitiba*. v.VI. Curitiba, 1924.

TESCHAUER, *História do Rio Grande do Sul*. [2v. Porto Alegre: Selbach, 1918-21.]

THE ADMIRABLE Adventures and Strange Fortunes of Master Antonie Knivet, which Went with Master Thomas Candish in his Second Voyage to the South Sea. In: PURCHAS, S. (Ed.). *Hakluytus Posthumus or Purchas his pilgrins*. v.XVI. Glasgow: James McLehose and Sons, 1591. p.177-289. [Ed. bras.: *As incríveis aventuras e estranhos infortúnios de Anthony Knivet*. Trad. Vivien Kogut Lessa de Sá. Edição, introdução e notas Sheila Moura Hue. Rio de Janeiro: Jorge Zahar, 2007.]

TÍTULO do Registro das Provisões que se passaram do serviço de El Rei Nosso Senhor, que tocam a Fazenda de Sua Alteza. *Documentos Históricos*. Rio de Janeiro, 1929.

TORÍBIO MEDINA. J. *El veneciano Sebastian Caboto*. v.I. [Santiago de Chile, 1908.]

TORRES, A. *O problema nacional brasileiro*: introdução a um programa de organização nacional. 3.ed. São Paulo: Cia. Editora Nacional; Brasília: INL, 1978. (Coleção Brasiliana, v.XVI). Disponível em <http://www.ebooksbrasil.org/eLibris/torresb.html>.

TORRES, H. A. *Arte indígena da Amazônia*. Rio de Janeiro: Ministério da Educação e Saúde/Serviço do Patrimônio Histórico e Artístico Nacional, 1940.

VARGAS MACHUCA, B. de. *Milícia y descripcion de las Indias*. v.I. Madrid, 1892.

VARNHAGEN, F. A. *História Geral do Brasil*. v.I. São Paulo, 1948.

VASCONCELOS, L. M. *Diálogos do sitio de Lisboa*. 1608.

VASCONCELOS, S. de. *Crônica da Companhia de Jesus no Estado do Brasil*. v.I. Lisboa, 1865.

________. *Vida do P. Anchieta*.

VASCONCELOS, S. *Notícias do Brasil*.

VAUTHIER, L. L. *Diário íntimo do engenheiro Vauthier (1840-1846)*. Prefácio e notas de Gilberto Freyre. Rio de Janeiro: Ministério da Educação e Saúde/Serviço do Patrimônio Histórico e Artístico Nacional, 1940.

VIANA FILHO, L. *Ruy e Nabuco*. Rio de Janeiro: Jose Olympio, 1949.

VIANA, U. Akuen ou Xerente. *Revista do Instituto Histórico e Geográfico*. Rio de Janeiro, n.155, 1928.

VICENTE, G. *Obras Completas*. Lisboa, 1562.

VICUÑA, C. de M. *Estudio historico sobre el descubrimiento y conquista de la Patagonia y de la Tierra del Fuego*.

VIEIRA, A. *Obras Várias*. v.I. Lisboa, 1856.

VIEIRA BUENO, F. de A. Recordações evocadas da memória. *Revista do Centro de Ciências, Letras e Artes de Campinas*. Ano II. Campinas, 1903.

VIEIRA BUENO, F. de A. *Autobiografia*. Campinas, 1899.

VILHENA, L. dos. S. *Recopilação de notícias soteropolitanas e brasílicas, contidas em XX cartas*. v.II. Bahia, 1921.

VISCONDE DE SÃO LEOPOLDO, *Annaes*.

WAGEMANN, E. *Colonização alemã no Espírito Santo*. Rio de Janeiro, 1949.

________. *Die Deutsche Kolonisten in brasilianischen Staate Espírito Santo*. Munique--Lepzig, 1915.

WATJEN, H. *Das Hollandische Kolonialreich in Brasilien*. Gotha, 1921.

WERTENBAKER, P. J. *The First Americans*. New York, 1943.

WHIFFEN, T. *The North-West Amazonas*: Notes of Some Months Spent Among Cannibal Tribes. London, 1915.

WIED-NEUWIED, M. de. *Viagem ao Brasil*. São Paulo: Martins (Biblioteca Histórica Brasileira, v.IX).

WILLEMS, E. *Assimilação e populações marginais no Brasil*: estudo sociológico dos imigrantes germânicos e seus descendentes. São Paulo: Companhia Editora Nacional, 1940.

________. *Cunha, tradição e transição em uma cultura rural do Brasil*. Diretoria de Publicidade Agrícola da Secretaria de Agricultura de São Paulo.

YOUNG, A. *Travels in France*. 1856.

YOUNG, E. G. Esboço histórico da fundação da cidade de Iguape. *RIHGSP*, São Paulo, v.II, 1898.

Fls. N.º 38
Proc. N.º [illegible]
Rub. [illegible]

República dos Estados Unidos do Brasil

Estado de São Paulo

FRANCISCO EMILIO
ESCRIVÃO DE PAZ E OFICIAL DO REGISTRO CIVIL

Durvalino Emilio de Moraes
OFICIAL MAIÓR

2.ª ZONA — LIBERDADE
Municipio e Comarca da Capital

Certidão de Nascimento

Certifico e dou fé que, sob n.º 650, a fls. 30 v.º do livro n.º 27 A de registro de nascimentos, encontra-se o assento do teôr seguinte: Aos treze de julho de mil novecentos e dois, nesta Capital, em meu cartorio compareceu o Bacharel Christovam Buarque de Hollanda, pharmaceutico, e declarou que no dia onze do corrente, ás quatro e quarenta e cinco minutos da manhã, na rua de São Joaquim numero seis, nasceu uma criança do sexo masculino que terá o nome de Sergio, filho legitimo delle declarante e de sua senhora Dona Heloiza Costa Buarque de Hollanda, brasileiros e casados nesta Capital ha um anno. A criança é neta paterna do Major Manoel Buarque de Gusmão e Dona Maria Buarque de Hollanda Cavalcanti e materna de Eduardo Eugenio Gonsalves Moreira e Dona Philomena de Castro Gonsalves Moreira, já falecidos. E nada mais declarou, do que para constar mandei lavrar êste termo que assina com o declarante. Eu, Ezequiel Paixão, escrivão que o subscrevi (a.) C. Buarque de Hollanda. É o que consta no referido termo de nascimento para aqui transcrito conforme o original a que me reporto e dou fé. São Paulo, 7 de Abril de 1941. Eu [illegible], official maior, [illegible] assigno.

Durvalino Emilio de Moraes

Officio do Registro Civil do Districto de Liberdade

Certidão de nascimento de Sérgio Buarque de Holanda.

Acervo SBH

Cronologia
Sérgio Buarque de Holanda

1902 Nasce na cidade de São Paulo, no dia 11 de julho. Filho do pernambucano Christovam Buarque de Holanda e da carioca Heloísa Gonçalves Moreira Buarque de Holanda, Sérgio passou toda a infância e a adolescência na capital paulista.

1911 Compõe a valsa "Vitória Régia", publicada posteriormente na *Revista Tico-Tico.*

1920 Publica seu primeiro artigo no *Correio Paulistano.* Começa a colaborar com *Correio Paulistano*, *A Cigarra* e *Revista do Brasil*, onde conhece Monteiro Lobato.

1921 Muda-se, com a família, para o Rio de Janeiro. Na Faculdade de Direito, conhece dois importantes amigos: Prudente de Morais Neto e Afonso Arinos de Mello Franco. Inicia a colaboração com *Rio-Jornal*, *O Jornal* e a revista *Idéia Ilustrada.*

1922 É nomeado por Mário e Oswald de Andrade representante no Rio de Janeiro da primeira revista do movimento modernista, a *Klaxon*, que circulou em São Paulo de maio de 1922 a janeiro de 1923.

1924 Funda a segunda revista do movimento, batizada de *Estética*, com Prudente de Morais e Graça Aranha; a publicação dura apenas três números. Começa a trabalhar para a Agência Havas. É preso por engano, confundido com outro funcionário da agência, um anarquista, e solto um dia depois.

1927 Torna-se colunista do *Jornal do Brasil*, escrevendo diariamente a crônica "O dia dos senadores", e funcionário da Agência United Press.

1929 Contratado por Assis Chateaubriand, viaja para Alemanha, Polônia e Rússia como correspondente dos Diários Associados. Fixa residência em Berlim e colabora com a *Brasilianische Rundschau* [Revista brasileira], do Conselho do Comércio Brasileiro de Hamburgo, e com a revista *Duco*.

1930 Retorna ao Brasil e, durante sua viagem, nasce seu primeiro filho: Sérgio Georg Ernst, filho de Anne Margerithe Ernst.

1931 No Rio de Janeiro, Sérgio colabora com a Agência Brasileira, a Havas e a United Press. Torna-se diretor da sucursal no Rio do *Jornal de Minas*. Publica na *Revista Nova* o conto "Viagem a Nápoles".

1935 Sérgio publica na revista *Espelho* um longo estudo, chamado "Corpo e alma do Brasil" (ver p.59), ponto de partida para seu primeiro livro, *Raízes do Brasil*.

1936 É convidado por Prudente de Morais Neto, então diretor da Faculdade de Filosofia e Letras da Universidade do Distrito Federal, para ser assistente do professor Henri Hauser, em História Moderna e Econômica, e do professor Tronchon, em Literatura Comparada. Sérgio publica *Raízes do Brasil* e, no dia 28 de dezembro, casa-se com Maria Amélia.

1937 Assume as cadeiras de História da América e da Cultura Luso-brasileira na Universidade do Distrito Federal. Em 30 de novembro nasce sua filha Heloísa Maria (Miúcha).

1939 Com o fim da Universidade do Distrito Federal, começa a trabalhar no Instituto Nacional do Livro, do Ministério da Educação, e assume a seção "Publicações".

1941 A convite do Departamento de Estado dos Estados Unidos, viaja a Nova York, Washington e Chicago, e realiza palestras na Universidade de Wyoming (Laramie).

1942 Nasce seu filho Álvaro. Publica a tradução de *Etnologia sul-americana: círculos culturais e estratos culturais na América do Sul*, de Wilhelm Schmidt.

1944 Nasce seu filho Francisco. Assume a Divisão de Consultas da Biblioteca Nacional.

1945 Participa do Congresso de Escritores, em São Paulo, e assina a conhecida "Declaração de Princípios" contra a ditadura de Getúlio Vargas.

1946 Sérgio volta para São Paulo e assume a direção do Museu Paulista, no Ipiranga, onde criou as seções História, Etnologia, Numismática e Linguística. Nasce sua filha Maria do Carmo. É eleito presidente da Associação Brasileira de Escritores, seção de São Paulo, lança-se candidato a vereador pelo Partido Socialista e torna-se colaborador de *O Estado de S. Paulo*.

1948 Passa a lecionar História Social e História Econômica do Brasil na Escola de Sociologia e Política. Nasce sua filha Ana Maria.

1949 Viaja à França e à Itália para apresentar uma palestra na Sorbonne e participar de um comitê da Unesco, em Paris.

1950 Assume a seção de "Crítica Literária" no *Diário Carioca* e na *Folha da Manhã*. Viaja a Washington para participar do 1º Colóquio de Estudos Luso-Brasileiros. Nasce sua filha Maria Cristina.

1953 Muda-se para a Itália e assume a cadeira de Estudos Brasileiros na Universidade de Roma. Colabora com o Istituto Studi Brasiliani.

1955 Retorna a São Paulo como diretor do Museu Paulista. Torna-se vice-presidente do Museu de Arte Moderna (MAM).

1957 Assume a cadeira de História da Civilização Brasileira, na Faculdade de Filosofia, Ciências e Letras da Universidade de São Paulo (USP).

1958 Recebe o grau de Mestre em Ciências Sociais na Escola de Sociologia e Política de São Paulo.

1962 É eleito diretor do Instituto de Estudos Brasileiros (IEB).

1965 A convite do governo dos Estados Unidos, realiza conferências e participa de seminários nas universidades de Columbia, Harvard e Los Angeles. Viaja como professor visitante para as universidades de Indiana e Nova York.

1967 Sérgio participa das reuniões do Comitê de Estudo das Culturas Latino-Americanas, em Lima, no Peru, por iniciativa da Unesco.

1969 Pede sua aposentadoria na USP, em solidariedade aos professores aposentados indiscriminadamente pelo governo militar.

1970 Passa a trabalhar em sua casa, realizando várias publicações, entre elas, a Série Brasil Monárquico e História do Brasil didática.

1973 Viaja à Europa, passando pela Itália, Grécia, Turquia, Hungria, Áustria, parte da Alemanha, Holanda, Inglaterra e França.

1974 Participa novamente do Comitê de Estudo das Culturas Latino-Americanas, desta vez no México. E, a convite do governo venezuelano, vai a Caracas para a instalação da Biblioteca Ayacucho.

1980 Inscreve-se como membro fundador do Partido dos Trabalhadores (PT). Recebe o troféu "Juca Pato", concedido pela União Brasileira dos Escritores e pela *Folha de S.Paulo*, e o troféu Jabuti, na categoria Ensaios, concedido pela Câmara Brasileira do Livro.

1982 Morre no dia 24 de abril.

Sérgio Buarque de Holanda se inscreve no PT. São Paulo, 1980.

Agência F-4/Acervo SBH

Principais obras

Raízes do Brasil. Rio de Janeiro: J. Olympio, 1936.
Cobra de vidro. São Paulo: Martins, 1944.
Monções. Rio de Janeiro: Casa do Estudante do Brasil, 1945.
Antologia dos poetas brasileiros na fase colonial. Rio de Janeiro: Ministério da Educação e Saúde; Instituto Nacional do Livro, 1952-53. 2v.
Caminhos e fronteiras. Rio de Janeiro: J. Olympio, 1957.
Visão do paraíso: os motivos edênicos no descobrimento e colonização do Brasil. São Paulo: Saraiva, 1958.
Elementos básicos da nacionalidade – o homem. Rio de Janeiro: Estado Maior das Forças Armadas; Escola Superior de Guerra, 1967.
Tentativas de mitologia. São Paulo: Perspectiva, 1979.
O extremo oeste. São Paulo: Brasiliense & Secretaria de Estado da Cultura de São Paulo, 1986 [obra póstuma].

Índice onomástico

Sobre o livro

Formato: 16 x 23 cm
Mancha: 27,5 x 49 paicas
Tipologia: Minion Pro 11/15
Papel: Offset 75 g/m² (miolo)
Supremo 250 g/m² (capa)

1ª edição: 2011
648 páginas

Equipe de realização

EDIÇÃO DE TEXTO
Frederico Tell Ventura (copidesque)
Luís Brasilino (preparação de original)
Alexandra Fonseca (Revisão)
Michelle do Amaral (pesquisa iconográfica)

PROJETO GRÁFICO E EDITORAÇÃO
Estúdio Bogari

ASSISTENTE EDITORIAL
Alberto Bononi

Impressão e Acabamento

Prol
EDITORA GRÁFICA